Les Plantagenêts

Dan Jones

Les Plantagenêts

Traduit de l'anglais par
Raymond Clarinard et Isabelle Taudière

LE GRAND LIVRE DU MOIS

Titre original : The Plantagenets
Editeur original : Harper Collins Publishers, 2012

ISBN 978-2-286-12717-6

Un homme sensé devant savoir que la faveur de la fortune varie et que sa roue tourne sans cesse… le prince doit se montrer circonspect et toujours garder présent à l'esprit le fait que bien que le Créateur miséricordieux […] soit longanime et patient […] Il est aussi sévère lorsqu'Il exerce son châtiment et sa vengeance contre les obstinés et les entêtés, et commence habituellement à infliger ce châtiment ici-bas.

Giraud de Barri, La Conquête de l'Irlande

PRÉFACE

Qui étaient les Plantagenêts ? Aucun des personnages de ce livre ne s'est jamais désigné par ce nom, à l'exception de Geoffroy, comte d'Anjou, un beau garçon au caractère batailleur et à la chevelure de feu né en 1133, qui avait pour habitude de planter sur son chapeau un brin de genêt et avait orné son écu de six lions d'or. Le nom latin de cette fleur (*Planta genista*) s'attacha à celui des Plantagenêts, tandis que le léopard d'or devint le symbole héraldique de la monarchie anglaise, porté au-devant de vastes armées, de la froidure des basses terres d'Écosse jusqu'aux plaines poussiéreuses du Moyen-Orient. Il y a là une certaine ironie, car Geoffroy ne mit jamais les pieds en Angleterre, ne s'intéressa que de très loin aux affaires du royaume insulaire et mourut en 1151, trois ans avant que son fils aîné ne montât sur le trône anglais.

Le nom de Plantagenêt n'en est pas moins évocateur. La lignée de souverains descendant de Geoffroy présida pendant plus de deux siècles aux destinées de l'Angleterre, depuis Henri II, qui reçut la couronne en 1154, jusqu'à Richard II, qui en fut dépossédé en 1399 par son cousin Henri de Bolingbroke. Ce fut la plus longue dynastie régnante anglaise, et elle établit en son temps certains des éléments les plus fondamentaux de ce qui constitue l'Angleterre actuelle : le royaume trouva alors ses frontières et définit ses relations avec ses voisins immédiats – l'Écosse, le pays de Galles, la France et l'Irlande –, mais aussi avec les Pays-Bas, les États pontificaux et les États ibériques précurseurs de l'Espagne moderne. Les principes de droit et les instances gouvernementales qui perdurent à ce jour furent instaurés dans leurs grandes lignes

– certains à dessein, d'autres par accident ou par nécessité. Une riche mythologie mêlant histoire et légende nationales se tissa et le culte des deux saints tutélaires du pays, Édouard le Confesseur et saint Georges, fut institué. D'un dialecte local rustique et quelque peu grossier émergea un beau parler anglais, qui devint la langue des débats parlementaires et de la composition poétique. De magnifiques châteaux, palais, monuments publics et édifices religieux sortirent de terre et beaucoup sont encore debout aujourd'hui, témoins du génie des hommes qui les conçurent, les bâtirent et les défendirent contre les assauts ennemis. Le sol anglais vit naître et mourir des héros qui entrèrent dans la légende, ainsi que des vils personnages dont les noms résonnent encore dans les pages d'histoire – certains, pour avoir coiffé la couronne. Ce fut encore en ces temps que se déroulèrent quelques-unes des batailles les plus fameuses et les plus spectaculaires de l'histoire européenne, à Bouvines et à Bannockburn, à L'Écluse et à Winchelsea, à Crécy et à Poitiers. Les tactiques militaires connurent une évolution fulgurante entre l'époque normande, où l'art de la guerre reposait sur la tradition poliorcétique, et l'aube du XVe siècle où l'on s'affrontait en batailles rangées, tandis que les armées anglaises, avec leurs courageux fantassins en armes et leurs redoutables archers, semaient la terreur dans toute l'Europe. Dans les derniers temps de l'ère des Plantagenêts, les Anglais avaient commencé à engager leurs adversaires en haute mer. Ils étaient certes encore un peu moins efficaces sur les flots que sur la terre ferme, mais vers le milieu du XIVe siècle, ils parvinrent à déployer un semblant de force navale pour protéger leurs côtes et attaquer les navires ennemis. En dépit des nombreux et indéniables actes de barbarie, de cruauté, de fureur et de stupidité commis sous les Plantagenêts, en 1399, date à laquelle s'achève notre étude, l'île froide et grise qu'avait envahie en 1066 Guillaume le Bâtard de Normandie était devenue l'un des royaumes les plus raffinés et les plus importants de la chrétienté. Il reposait tout entier sur le pouvoir et le prestige de la famille royale.

Ce sont les événements de cette période que retrace ce livre dans un récit narratif écrit pour le plaisir du lecteur et relatant quelques-uns des grands épisodes de l'histoire d'Angleterre. Sont ainsi racontés la guerre civile qui opposa Étienne de Blois à sa cousine Mathilde l'Emperesse ; le meurtre de Thomas Becket par les chevaliers d'Henri II ; la grande révolte de 1173-1174 ; les campagnes de Richard Ier contre Saladin durant la troisième croisade ; la guerre des barons contre Jean sans Terre et la ratification de la Grande Charte ; les initiatives malheureuses d'Henri II qui tenta de négocier avec les barons, parmi lesquels son beau-frère et ennemi juré Simon de Montfort ; les incursions militaires d'Édouard Ier au pays de Galles et en Écosse ; l'étrange liaison amoureuse qu'entretint Édouard II avec le Gascon Pierre Gaveston et sa piteuse abdication en 1327 ; la façon dont Édouard III déclencha la guerre de Cent Ans, où il combattit aux côtés de son fils aîné, le Prince Noir, et captura le roi de France, puis institua l'ordre de la Jarretière pour exalter la nouvelle suprématie militaire de l'Angleterre ; le fléau de la peste noire ; l'héroïsme de Richard II face aux rebelles de Wat Tyler durant la Révolte des paysans de 1381, à laquelle succéda la tyrannie de Richard et sa chute finale. Toutes ces histoires sont en elles-mêmes palpitantes. Elles s'inscrivent également dans un canon historique qui, même dans le chaos culturel du XXIe siècle, continue de définir l'Angleterre comme une nation et un peuple. Les rois de la lignée des Plantagenêts n'ont pas simplement inventé l'Angleterre en tant qu'entité politique, administrative et militaire. Ils ont aussi contribué à inventer *l'idée* d'Angleterre, une idée qui revêt tout autant d'importance aujourd'hui que par le passé.

Ce livre est déjà très long, et il aurait pu l'être plus encore. Pour en faciliter la lecture, j'ai divisé le texte en sept parties. La première, « Le temps des naufrages », brosse le tableau du pitoyable état dans lequel avait sombré l'Angleterre à la fin de l'époque normande, amorcée sous Guillaume le Conquérant et poursuivie par le règne de deux de ses fils, Guillaume le Roux et Henri Ier. À la mort de ce dernier, l'Angleterre et la Normandie s'enlisèrent dans une guerre civile aussi terrible qu'accablante, opposant deux prétendants au trône, Étienne de Blois, petit-fils du Conquérant, et l'ex-impératrice Mathilde, sa petite-fille. Celle-ci finit par l'emporter au terme de près de vingt années d'hostilités. Tout au long de cette période, l'Angleterre fut prise en étau entre deux cours et deux gouvernements concurrents et, tandis que l'autorité publique se délitait, les campagnes étaient dévastées et infestées de mercenaires. Le royaume ne fut réunifié et ramené sous bonne gouvernance qu'avec l'accession au trône du fils aîné de Mathilde et du comte Geoffroy V Plantagenêt, un garçon débraillé et impétueux mais brillant, que les Normands surnommaient Henri Fitz-Emperess. Ce « fils de l'impératrice » accéda au pouvoir sous le nom d'Henri II et, aidé par les hasards de la fortune, une énergie débordante, d'excellentes qualités militaires et une farouche détermination, il entreprit d'imposer sa domination – et, du même coup, celle de la Couronne anglaise – sur une immense mosaïque de territoires s'étirant des marges de l'Écosse jusqu'aux contreforts des Pyrénées.

L'histoire du règne d'Henri II sur ces vastes possessions qu'il parvint peu à peu et involontairement à intégrer en un empire cohérent est développée dans « Le temps de l'Empire ». Cette deuxième partie retrace les étonnantes conquêtes d'Henri, son funeste différend avec l'homme qui avait été son meilleur ami, Thomas Becket, et les multiples difficultés que lui causèrent l'ineptie de ses enfants et le fort tempérament de son extraordinaire épouse, Aliénor d'Aquitaine – difficultés que d'aucuns interprétèrent comme un châtiment divin en rétribution du meurtre de Becket. Ce chapitre explore également les réformes avant-gardistes qu'introduisit Henri en matière de droit, de justice et d'administration, dotant l'Angleterre d'un système juridique et de principes de gouvernement qui persistèrent pendant plusieurs siècles.

En dépit du remarquable bilan de son règne, Henri II est l'un des souverains les moins connus de la lignée des Plantagenêts. Son troisième fils laissa en revanche sa marque indélébile dans les mémoires. Richard Ier, dit Cœur de Lion, hérita de l'Empire Plantagenêt en 1189, à la grande époque des croisades. Paradoxalement, ce roi qui fut hissé au rang de héros national quelques décennies à peine après sa mort ne séjourna que très peu de temps sur le sol anglais et consacra le plus clair de son existence à défendre le pouvoir des Plantagenêts et à étendre son aire d'influence. Ses ambitions conquérantes le portèrent vers les terres lointaines de Sicile, de Chypre, et jusqu'au royaume de Jérusalem à l'occasion de la troisième croisade ; après une longue captivité en Allemagne, il revint sur son fief continental et reprit les armes contre le roi de France Philippe II Auguste, afin de récupérer son héritage. Ce « temps de l'Empire » se referme en 1204, sur la défaite humiliante du frère de Richard, Jean sans Terre, qui dut céder le duché de Normandie à Philippe Auguste et déshonora la réputation militaire de sa famille par un règne qui devait empoisonner durant près de cent cinquante ans les relations entre la France et l'Angleterre.

Notre troisième partie, « Le temps des oppositions », se penche sur les répercussions de ce cuisant échec militaire. Ayant perdu la Normandie, Jean sans Terre en fut réduit à se replier définitivement sur l'Angleterre, et ne tarda pas à entrer en conflit déclaré avec ses barons, son clergé et ses voisins celtes. Ces pages ouvrent sur les heures les plus sombres du règne de ce roi médiocre, dont l'exceptionnelle cruauté suffit à éclipser les victoires de ses armées contre le pays de Galles, l'Écosse et l'Irlande. Usant et abusant du système de gouvernement parfaitement huilé que lui avait légué son père, Jean provoqua l'une des plus graves crises constitutionnelles qu'eut jamais à connaître le pays. En 1215, l'Angleterre s'abîma dans une longue guerre civile, dont l'enjeu s'articulait sur un épineux problème : par quel moyen un royaume pouvait-il faire rentrer dans le rang un roi tyrannique ? Un traité de paix avorté qui passa dans les annales sous le nom de « Magna Carta » tenta vainement de résoudre cette question. Cette Grande Charte exposait quelques principes fondamentaux du gouvernement anglais, et les opposants à la Couronne brandiraient inlassablement cette charte des libertés sous le règne du fils de Jean, Henri III, puis dans les premiers temps de celui de son petit-fils Édouard Ier. Dans tous les moments de crise jusqu'à la fin du XIIIe siècle, la Grande Charte resta le cri de ralliement des adversaires de la dynastie, dont le plus farouche fut Simon de Montfort. « Le temps des oppositions » ne prit fin qu'après que les armées d'Henri III et d'Édouard eurent écrasé dans le sang la révolte de Montfort et de ses barons.

La quatrième partie reprend le fil des événements à partir de 1260, alors que cette longue période de guerre civile intermittente entre les Plantagenêts et les grands feudataires du royaume tirait à sa fin. Le héros de cette période fut Édouard Ier, homme de belle stature et infatigable monarque que l'on disait si féroce qu'il avait un jour fait mourir l'un de ses sujets de terreur. Son règne belliqueux persuada enfin les Anglais de cesser de s'entre-tuer pour porter la guerre chez leurs voisins écossais et gallois. Les violentes incursions par lesquelles Édouard tenta de se rendre maître, au-delà de l'Angleterre, de toute la Grande-Bretagne, sont évoquées dans « Le temps d'Arthur », époque à laquelle le regain de popularité des légendes arthuriennes et de la chasse aux reliques coïncida avec une volonté manifeste d'auréoler la monarchie anglaise d'une nouvelle mythologie. Se posant en héritier d'Arthur (qui était à l'origine un roi légendaire gallois), Édouard voulait unifier les îles britanniques et faire entrer le pouvoir royal dans une ère de grandeur. En dépit des protestations de ses barons, qui commençaient à organiser l'opposition politique au sein d'un parlement embryonnaire, Édouard fut à deux doigts d'atteindre ses objectifs, et son influence sur les rapports de l'Angleterre avec l'Écosse et le pays de Galles ne s'est jamais totalement estompée.

À défaut d'être le plus attachant, Édouard Ier fut incontestablement l'un des grands Plantagenêts. Son fils Édouard II fut en revanche à tous égards le pire représentant de la dynastie. La cinquième partie, intitulée « Le temps des violences », livre le récit désespérant d'un roi inepte qui manqua à tous les devoirs élémentaires de sa charge et dont le règne dégénéra en une épouvantable farce, marquée par une déplorable politique extérieure, un isolement total de la communauté politique et une guerre civile meurtrière. Les relations désastreuses du souverain avec ses favoris Pierre Gaveston et Hugues le Despenser le Jeune contribuèrent grandement à saper la vie politique de la nation, au même titre que l'hostilité ouverte de son cousin Thomas, comte de Lancastre, qui lui livra une guerre sans merci pour finir exécuté par décapitation, en 1322. L'acharnement militaire de Lancastre et l'impéritie d'Édouard achevèrent de discréditer et de salir la monarchie, à laquelle les barons du royaume assénèrent le coup de grâce. Les pages de l'histoire anglaise écrites entre 1307 et 1330 sont maculées de sang. « Le temps des violences » revient sur les causes de cette déliquescence et explique comment le carnage prit fin.

Le fleuron de la lignée des Plantagenêts fut sans conteste Édouard III. Monté sur le trône à l'adolescence, il n'eut dans un premier temps de roi que le titre, son pouvoir étant dévolu à la régence de sa mère assistée de son amant, Roger Mortimer. Le dauphin s'affranchit néanmoins très vite de cette tutelle et ses trente années triomphantes de règne constituent le sixième épisode de notre récit, « Le temps de la gloire ». Sous la conduite efficace d'Édouard, de son fils aîné, le Prince Noir, et de son cousin, Henri de Grosmont, l'Angleterre l'emporta sur la France et l'Écosse (ainsi que d'autres ennemis, dont la Castille) dès la première phase de la guerre de Cent Ans. Les succès terrestres à la colline d'Halidon (1333), à Crécy (1346), Calais (1347), Poitiers (1356) et Nájera (1367) confirmèrent la supériorité de la machine de guerre anglaise qui, grâce à la puissance meurtrière de son arc long, s'imposa comme l'une des plus féroces d'Europe. Parallèlement, les victoires navales de l'Écluse (1340) et Winchelsea (1350) confortèrent l'assurance des Plantagenêts dans l'art encore incertain de la guerre sur mer. Édouard et ses fils encouragèrent à dessein une mythologie nationale dans laquelle s'entremêlaient des bribes de la légende arthurienne, un culte de saint Georges revu et corrigé, et un renouveau du code chevaleresque avec la création de l'ordre de la Jarretière. Ils mirent en place une culture qui parvint à rallier l'aristocratie anglaise derrière l'objectif commun de la guerre. En 1360, la dynastie des Plantagenêts était au faîte de sa gloire. L'harmonie politique à l'intérieur n'avait d'égale que la suprématie du pays sur la scène du monde. Une nouvelle période de grandeur s'annonçait.

Puis, l'hégémonie anglaise s'effondra aussi soudainement qu'elle était apparue. « Le temps de la révolution » revient sur la vitesse à laquelle la roue de la Fortune pouvait tourner. Le gouvernement d'Édouard III avait amorcé son déclin dès 1360 et, quand en 1377, Richard II succéda à son illustre grand-père, une sérieuse crise du pouvoir se profilait. Richard eut à gérer de nombreux problèmes, plus graves les uns que les autres. La pandémie de peste noire, dont les assauts successifs décimaient la population européenne depuis 1348, avait totalement bouleversé l'ordre économique du royaume. Les scissions entre les fils du vieux roi se traduisirent par une politique étrangère incohérente, tandis que les Français qui, sous l'impulsion de Charles V et Charles VI, avaient retrouvé leur allant combatif, commençaient à repousser les Anglais vers la Manche. Richard avait certes hérité d'une mauvaise main, mais il joua ses cartes avec une diabolique habileté. La maison Plantagenêt dota sa cour des fastes de la royauté ; les premiers grands écrivains médiévaux – Geoffrey Chaucer, John Gower et William Langland – donnèrent à la langue anglaise ses lettres de noblesse. Mais Richard, souverain méfiant, cupide, violent et méprisant, eut tôt fait de s'aliéner une part des plus beaux esprits de son royaume. En 1399, il avait perdu le soutien de ses sujets et il fut destitué par son cousin Henri de Bolingbroke.

Notre récit s'arrête ici. Il aurait été parfaitement possible, en théorie, de le poursuivre. Les descendants directs d'Édouard III continuèrent d'occuper le trône d'Angleterre jusqu'en 1485, date à laquelle Henri Tudor s'empara de la couronne de Richard III à l'issue de la bataille de Bosworth. Ce fut au demeurant pendant la guerre des Deux-Roses qu'un roi de la lignée utilisa pour la première fois le nom de Plantagenêt, dans l'Acte d'Accord passé en 1460 avec le Parlement et stipulant que « Richard Plantagenêt, communément appelé duc d'York » revendiquait la Couronne d'Angleterre. Après quoi, Édouard IV et Richard III transmirent ce patronyme à plusieurs de leurs enfants illégitimes – rappelant ainsi que, sans figurer à la généalogie officielle, ils étaient de sang royal et descendaient eux aussi d'un lignage aussi ancien que légendaire.

J'ai choisi de borner entre 1254 et 1399 la période anglaise des Plantagenêts pour trois raisons. D'abord, parce que ce fut la seule époque du Moyen Âge anglais pendant laquelle la couronne passa d'une génération à une autre sans aucun conflit de succession sérieux ni guerre de légitimité dynastique. À l'exception d'Arthur Ier de Bretagne et du prince français Louis VII « le Lion », qui tentèrent vainement de s'en emparer au début et à la fin du règne tumultueux de Jean sans Terre, ses détenteurs légitimes n'eurent en effet à la défendre contre aucun rival. Ce ne fut le cas ni durant la période normande qui s'acheva avec le règne du roi Étienne, ni au cours du siècle qui suivit la destitution de Richard II, après que la dynastie des Plantagenêts se fut scindée entre ses deux branches cadettes d'York et de Lancastre.

La deuxième raison tient au fait que cette période me paraît être l'une des plus intéressantes et des plus fascinantes du Moyen Âge en ceci qu'elle comporte certains des épisodes les plus marquants de l'histoire anglaise. La troisième, enfin, est d'ordre purement pratique : bien que j'envisage de poursuivre la chronique des Plantagenêts jusqu'à la tragique extinction de la dynastie supplantée par Henri Tudor, je n'ai pu me résoudre à infliger au lecteur un ouvrage si volumineux qu'il ne puisse le feuilleter confortablement dans son lit. Un deuxième livre viendra donc bientôt compléter ce récit.

I

Le temps des naufrages (1120-1154)

« C'était comme si le Christ
et ses saints étaient assoupis »
La Chronique anglo-saxonne

La Blanche-Nef

Le prince était ivre. Tout comme l'équipage et les passagers du navire qu'il avait emprunté. Le soir du 25 novembre 1120, près de deux cents jeunes et magnifiques membres des familles de l'élite d'Angleterre et de Normandie se divertissaient à bord d'un superbe vaisseau long et blanc qui dansait doucement au gré de la houle tandis que résonnaient les rires dans le port encombré de Barfleur, en Normandie. Une traversée de soixante-dix milles l'attendait sur les eaux agitées de la Manche en cette fin d'automne, mais pour l'heure, il était amarré à l'entrée du port grouillant d'activité tandis que l'on embarquait des tonneaux de vin, et tous étaient invités à en profiter.

Le prince avait pour nom Guillaume Adelin. Il était le seul fils légitime d'Henri Ier, roi d'Angleterre et duc de Normandie, et d'Édith (Mathilde) d'Écosse, souveraine habile et lettrée, descendante de la lignée des rois du Wessex qui avaient régné sur l'Angleterre avant la conquête normande. Son prénom, Guillaume, lui avait été donné en l'honneur de son grand-père Guillaume le Conquérant. Quant à son surnom, Adelin, ou Ætheling, c'était un titre anglo-saxon traditionnel réservé à l'héritier du trône. Jeune homme privilégié, sociable, Guillaume avait tout de l'éternel stéréotype du fils aîné adoré et trop gâté. Un chroniqueur normand le décrit « vêtu de soie brodée d'or, entouré d'une foule de servants et de gardes, brillant d'une gloire presque céleste ». De toutes parts, il faisait l'objet d'une « révérence excessive » et était de ce fait prompt à des accès d'une « arrogance sans retenue ».

Guillaume se trouvait en compagnie d'un grand nombre d'autres jeunes nobles. Il y avait là son demi-frère Richard de

Lincoln et sa demi-sœur Mathilde, comtesse du Perche, tous deux bâtards du vigoureux roi Henri, qui avait engendré pas moins de vingt-quatre enfants ; Étienne de Blois, le cousin de Guillaume, également petit-fils du Conquérant ; Richard d'Avranches, duc de Chester, âgé de vingt-six ans, et son épouse Mathilde ; Geoffrey Ridel, un juge anglais ; Otvar, précepteur du prince, et bien d'autres cousins, amis et dignitaires royaux. Ensemble, ils incarnaient la jeunesse dorée de la noblesse anglo-normande. Il leur seyait de voyager en grande pompe.

La *Blanche-Nef* était la propriété de Thomas Fitzstephen, dont le grand-père Airard avait affrété un vaisseau pour participer à l'expédition de Guillaume le Conquérant. Fitzstephen avait demandé au roi l'honneur de ramener le cortège royal en sécurité, de Barfleur jusqu'à la côte sud de l'Angleterre. Henri consentit à lui confier le transport de l'équipée princière, mais l'avertit en ces termes : « Je vous confie volontiers mes fils Guillaume et Richard, que j'aime comme ma propre vie. »

Précieux, Guillaume l'était bel et bien. À 17 ans, c'était déjà un jeune homme riche et auréolé de prestige. Il avait été marié en 1119 à Mathilde, fille de Foulque V, comte d'Anjou et futur roi de Jérusalem. Cette union était censée mettre un terme à l'animosité qui, depuis des générations, empoisonnait les relations entre Normands et Angevins. Au lendemain des noces, Guillaume avait accompagné son père pour une tournée d'un an en Normandie, apprenant à ses côtés l'art de gouverner tandis que le roi devisait ce que le chroniqueur Guillaume de Malmesbury présente comme une « paix remarquable et habilement conçue » avec Louis VI le Gros, le rusé et adipeux roi de France. Une formation aux arcanes du métier de roi, que d'aucuns estimaient tout à fait réussie. Depuis peu, Guillaume était présenté comme le *rex designatus,* ou « roi désigné », dans les documents officiels, preuve qu'il avait accédé au statut de co-régent auprès de son père.

La jeune vie de Guillaume avait connu son apogée quelques semaines plus tôt, quand il s'était agenouillé devant le corpulent roi Louis pour lui prêter hommage en tant que nouveau duc de Normandie. Parée d'une aura religieuse, cette cérémonie permettait de signifier qu'Henri avait transmis le duché à son fils, qui achevait son passage à l'âge adulte. Une nouvelle épouse, un nouveau duché, et l'ascension irrésistible vers le trône : c'étaient là autant de raisons de faire la fête, et c'était précisément ce que le prince était en train de faire. Alors que ce clair après-midi de novembre laissait place à une nuit fraîche et limpide, la *Blanche-Nef* restait amarrée à Barfleur, et le vin coulait à flots.

La *Blanche-Nef* était un navire imposant, capable d'emporter plusieurs centaines de passagers, ainsi qu'un équipage de cinquante marins et toute une cargaison de trésors. L'historien normand Orderic Vital nous la dépeint comme « excellemment gréée et prête au service royal ». Longue et spacieuse, la poupe et la proue ornées de sculptures raffinées, elle était dotée d'un énorme mât central supportant une voile carrée, et percée de sabords d'avirons sur les flancs. Le gouvernail se trouvait sur le côté droit du vaisseau plutôt qu'au centre, aussi le capitaine devait-il maîtriser parfaitement la géographie maritime locale, car sur bâbord, il naviguait à l'aveugle.

Un bon vent soufflait du sud, garantissant une rapide traversée jusqu'en Angleterre. Durant la soirée, l'équipage et les passagers firent leurs adieux au navire du roi. Ils devaient prendre la mer peu après, mais la *Blanche-Nef* était si généreusement pourvue en boisson qu'ils restèrent au mouillage bien après le coucher du soleil. Quand des prêtres survinrent pour bénir le vaisseau avant son départ, ils furent chassés sous les rires et les quolibets.

La fête s'éternisait, et les convives en vinrent à se lancer des défis. Peu chargée, la *Blanche-Nef* comptait cinquante rameurs. Ivre lui aussi, le capitaine se vanta que son navire, voile gonflée et rames frappant les flots, était si rapide que même en ayant laissé de l'avance à celui du roi Henri, il pourrait atteindre l'Angleterre avant lui.

Quelques-uns, à bord, commencèrent à se demander si le fait de traverser la mer à grande vitesse avec un équipage quelque peu imbibé était bien le moyen le plus sûr de rentrer au pays. Se disant pris de nausées, Étienne de Blois, le cousin de Guillaume, s'éclipsa. Il quitta la *Blanche-Nef* et se mit en quête d'un autre vaisseau pour revenir en Angleterre. Effarés par l'entêtement et la témérité de l'entourage princier et de l'équipage, quelques convives l'imitèrent. Faisant fi de ces lâcheurs à l'estomac fragile, les marins, bien que saouls, finirent malgré tout par préparer le navire au départ. Vers minuit, dans la nuit illuminée par une nouvelle lune, la *Blanche-Nef* leva l'ancre et fit voile vers l'Angleterre. « Elle [voguait] plus promptement que la flèche ailée, fendant la surface ridée des profondeurs », écrivit Guillaume de Malmesbury. Mais elle ne vogua pas bien loin.

Fut-ce l'effet des libations à bord, d'une simple erreur de navigation ou du courroux du Tout-Puissant dont l'eau bénite avait été refusée ?… Toujours est-il que quelques minutes après s'être éloignée de la côte, la *Blanche-Nef* se fracassa sur les récifs aigus de Quillebeuf, encore visibles aujourd'hui à l'entrée du port. La collision creusa une brèche mortelle dans la proue. Le choc projeta des fragments de coque dans la mer, et l'eau glacée s'engouffra. À bord, tous n'eurent plus qu'une seule priorité : sauver Guillaume. Tandis que l'équipage s'efforçait d'écoper, on mit une chaloupe à l'eau. Le prince y descendit, avec quelques compagnons et des rameurs pour le ramener en toute sécurité à Barfleur. La scène devait être terrifiante, les rugissements des marins ivres qui se démenaient pour renflouer le navire blessé se mêlant aux hurlements des passagers tombés en mer tant l'impact avait été violent. L'eau dut tremper et alourdir les beaux atours de bien des nobles dames et des gentilshommes, les empêchant de nager ou même de marcher pour ceux qui avaient pied. L'écho des cris de ceux qui se noyaient devait résonner au-dessus des vagues.

Alors que son modeste esquif se dirigeait vers le port, Guillaume reconnut, dans les appels paniqués, la voix de Mathilde, sa demi-sœur aînée, terrorisée à l'idée de se noyer dans le froid et l'obscurité. Ce fut plus que n'en pouvait supporter Guillaume. Il ordonna aux marins de la chaloupe de faire demi-tour pour la sauver.

Une décision fatale. La comtesse ne se noyait pas seule. Quand la chaloupe arriva près d'elle, elle fut repérée par d'autres passagers qui barbotaient frénétiquement dans les eaux glacées. Ils se ruèrent en masse et tentèrent de trouver refuge à bord. La barque chavira et coula à son tour. Mathilde ne fut pas sauvée, pas plus que ne le fut Guillaume Adelin, duc de Normandie et roi désigné d'Angleterre. Comme le dit le chroniqueur Henri de Huntingdon, « au lieu de porter une couronne d'or, sa tête fut brisée par les roches de la mer ».

Il n'y eut qu'un unique survivant au naufrage de la *Blanche-Nef*, un boucher de Rouen monté à bord à Barfleur pour venir réclamer paiement d'une dette et entraîné en mer par les fêtards.

Quand le navire sombra, il s'enveloppa dans des peaux de bélier pour se protéger du froid et se tint agrippé à du bois flottant pendant toute la nuit. Au matin, dégoulinant d'eau et titubant, il rejoignit la côte et put raconter son histoire. Plus tard, la marée commença à rejeter les rares cadavres qui furent jamais retrouvés.

Le navire du roi Henri, piloté par des gens plus sobres qui naviguèrent avec précaution, était parvenu à bon port, et le roi et son entourage s'attelèrent alors à la préparation des fêtes de Noël. Quand la terrible nouvelle de la catastrophe de Barfleur fut rapportée à la cour, tous en furent frappés d'horreur. Au début, on tint le roi dans l'ignorance. Grands seigneurs et ministres étaient terrifiés à l'idée de devoir annoncer au roi que trois de ses enfants, dont son cher héritier, étaient désormais ce que Guillaume de Malmesbury appelait « provende pour les monstres des profondeurs ». Finalement, on envoya un petit garçon porter la nouvelle à Henri. L'enfant se jeta aux pieds du roi et sanglota en lui en faisant le tragique récit. Selon Orderic Vital, Henri « s'écroula, submergé par le chagrin ». La chronique dit qu'il ne sourit plus jamais.

Le naufrage de la *Blanche-Nef* ne fut pas qu'une tragédie personnelle pour Henri Ier. Ce fut un désastre politique pour la dynastie normande. Ainsi que le consigna Henri de Huntingdon, « l'on était plus certain du règne à venir [de Guillaume] que de celui, bien réel, de son père ». Par le mariage de Guillaume Adelin, la Normandie avait fait la paix avec l'Anjou. Grâce à l'hommage qu'il avait prêté à Louis VI, c'étaient toutes les possessions anglo-normandes qui se trouvaient en paix avec la France. Tous les plans d'Henri, tous ses efforts pour préserver ses fiefs et son héritage avaient dépendu de la vie de son fils.

Or, Guillaume Adelin était mort alors que son cousin Étienne de Blois, lui, avait survécu par un caprice du hasard, ce qui allait engendrer trente années de troubles politiques en Europe occidentale.

En quête d'un héritier

Henri Ier était « l'homme face auquel nul ne s'imposait à l'exception de Dieu lui-même », écrivit l'auteur de la chronique de *Brut*. Quatrième fils de Guillaume le Conquérant, il vécut un règne exceptionnellement long, trente-cinq années de paix et de prospérité durant lesquelles l'autorité royale atteignit des sommets inégalés en Angleterre. À la mort de son père, en 1087, l'Angleterre et la Normandie étaient séparées. Henri les réunit sans merci par la force des armes. Après s'être emparé de la couronne d'Angleterre au lendemain de la mort de son frère Guillaume le Roux en 1100, il vainquit un autre de ses aînés, Robert Courteheuse, à la bataille de Tinchebray en 1106, pour prendre le contrôle de la Normandie. Il garda ensuite Robert emprisonné pendant près de trente ans au château de Cardiff. Henri favorisa le métissage de l'aristocratie anglo-normande, dont la culture et les terres enjambaient les rives de la Manche. Et il sut choisir en la personne de son épouse Mathilde (Édith) d'Écosse une reine à même de rassembler les familles normandes et saxonnes, et ainsi de panser les plaies de la conquête.

Grand législateur et administrateur, Henri créa un système de gouvernement complexe, une nette amélioration par rapport à tout ce que l'on avait pu connaître sous le règne de son père Guillaume le Conquérant ou de son frère Guillaume Rufus. Il accorda aux barons anglais une charte des libertés qui respectait les lois établies par le dernier roi saxon, Édouard le Confesseur, qui garantissait les droits des barons et imposait certaines limites au pouvoir royal. Il envoya des juges royaux effectuer de longues tournées judiciaires dans les comtés anglais. Chargés d'enquêter sur les délits, les abus et la corruption, ils renforçaient du même coup le rôle de la Couronne dans l'administration locale. Il réforma les finances royales, mit en place un ministère qui devait tenir des comptes deux fois par an, et regroupa les systèmes de comptabilité d'Angleterre et de Normandie sous une seule autorité. Et il fit beaucoup pour asseoir la position de la Normandie sur le continent. Dans l'ensemble, le gouvernement d'Henri était une des machines bureaucratiques les plus perfectionnées qu'ait connues l'Europe depuis l'époque romaine. « En son temps, commente la *Chronique anglo-saxonne*, nul homme n'osait porter tort à autrui ; il apporta la paix aux hommes comme aux bêtes. » Pourtant, en dépit de tous ses triomphes, il échoua sur un point crucial : jamais il ne put assurer sa succession.

Après la mort tragique de Guillaume Adelin, Henri Ier fit tout pour avoir un autre fils légitime auquel il pourrait léguer ses terres et ses titres. La reine Mathilde était morte en 1118, aussi, en 1121, avait-il épousé une adolescente nubile, Adélaïde de Louvain. Curieusement, lui qui avait eu vingt-deux bâtards s'avéra incapable de féconder sa nouvelle épouse. Il ne restait plus à Henri qu'une solution, ou plutôt un pis-aller : sachant qu'il ne pourrait confier la couronne à l'un de ses fils adultérins (dont le brillant Robert, comte de Gloucester), il décida en désespoir de cause de désigner comme héritier son seul autre enfant légitime, l'impératrice Mathilde.

À la mort de son frère cadet à bord de la *Blanche-Nef*, elle avait dix-huit ans. Elle vivait depuis dix ans en Allemagne, où elle avait été envoyée à l'âge de huit ans pour épouser Henri V, roi des Allemands et empereur des Romains, dont les domaines s'étendaient de l'Allemagne à la Toscane. Elle avait grandi dans la munificence, dans les cités et palais d'Europe centrale, où elle avait tutoyé les cimes du pouvoir politique. Quand son mari était absent, occupé à visiter son immense empire, Mathilde se chargeait de la régence. Par deux fois, elle avait arboré la couronne impériale lors de grandes cérémonies à Rome. Étant l'une des femmes les plus importantes d'Europe, elle côtoyait les personnalités les plus célèbres et les plus influentes de son temps.

Mais en 1125, l'empereur était mort subitement. Puisqu'elle ne lui avait pas donné d'enfant, ce veuvage coupa court à son rôle politique en Allemagne. Henri Ier la fit aussitôt rentrer en Angleterre et lui fit part de ses nouveaux projets pour le royaume. Elle débarqua parée de son titre d'« Emperesse », ou impératrice, avec dans ses bagages sa relique favorite, la main momifiée de saint Jacques, souvenir de la chapelle impériale. À Noël 1126, devant la cour, Mathilde trôna aux côtés de son père tandis que ses fidèles barons défilaient pour lui prêter allégeance en tant qu'héritière du royaume et du duché.

C'était une mesure sans précédent, et tant Henri que les barons en étaient conscients. Au XIIe siècle, les exemples de femmes ayant régné se comptaient sur les doigts d'une main. Être sur le trône, c'était être à la fois soldat, juge et législateur. Autant de rôles qui, au Moyen Âge, étaient exclusivement dévolus aux hommes. En exigeant de ses sujets qu'ils promettent de consentir à être gouvernés par sa fille, le roi leur demandait beaucoup. Malheureusement, Henri n'avait guère d'autre choix.

Il était évident que Mathilde devrait se remarier afin de renforcer ses prétentions à la succession. Comme il l'avait fait pour Guillaume Adelin, Henri proposa alors une alliance aux comtes d'Anjou. Il entra en contact avec Foulque V et négocia un mariage entre sa fille et le fils aîné de Foulque, Geoffroy. Le 17 juin 1128, le couple fut uni dans la ville du Mans, aux confins de l'Anjou et de la Normandie. L'impératrice Mathilde avait vingt-six ans, son époux quinze. Jean de Marmoutier rapporte que le mariage fut célébré « pendant trois semaines sans interruption, et quand il prit fin, nul ne repartit sans présent ».

Le jour de ses noces, Geoffroy d'Anjou était un grand adolescent insolent aux cheveux roux, animé d'une énergie apparemment inépuisable et d'un vrai talent de cabotinage. Sa peau blanche et ses traits fins lui avaient valu le surnom de « le Bel ». À en croire la tradition, il aimait à porter dans les cheveux une fleur jaune, un genêt *(Planta genista* en latin), d'où un autre de ses surnoms, Geoffroy Plantagenêt. Jean de Marmoutier le décrivit par la suite comme « admirable et aimable [...] il excellait dans les débats [...] [et était] extraordinairement doué pour la guerre ». Une semaine avant son mariage, il avait été adoubé par Henri Ier à Rouen. Vêtu de lin et de pourpre, il portait un haubert de mailles et des éperons d'or, un écu orné de lions dorés et une épée qui aurait été forgée par le mythique Völund, dieu forgeron des Nordiques. Dès que les époux eurent prononcé leurs vœux, Geoffroy devint effectivement comte d'Anjou, Foulque V ayant renoncé à son titre pour partir au Proche-Orient et devenir roi de Jérusalem.

Tout cela fut cependant loin d'impressionner Mathilde. Geoffroy avait onze ans de moins qu'elle, et les Normands considéraient les Angevins comme des barbares qui assassinaient les prêtres, profanaient les églises et ne savaient pas se tenir à table. Une légende voulait qu'ils aient été les descendants de Mélusine, la fille de Satan, qui avait autrefois épousé un comte angevin. Contrainte d'assister à la messe, elle avait révélé sa vraie nature : se jetant par une fenêtre, elle avait disparu à jamais, mais son sang démoniaque bouillonnait encore dans les veines de sa postérité. Cette légende était peut-être ancienne, mais il existait des preuves plus récentes de la propension à la violence de la lignée angevine. L'arrière-grand-père de Geoffroy, Foulque III dit « le Noir » était célèbre pour sa cruauté. On raconte qu'ayant découvert que sa première épouse le trompait avec un gardien de chèvres, il l'aurait fait brûler sur le bûcher dans sa robe de mariée. Sa réputation de pervers, de violeur et de pillard était notoire des rives de l'Atlantique jusqu'en Terre sainte.

En dépit de ces origines sulfureuses, Henri Ier voyait en Geoffroy Plantagenêt l'époux idéal pour son impératrice de fille. Le couple ne s'entendait pas, mais peu importait. Durant les premières années de leur mariage, ils se disputèrent et se séparèrent, puis se rabibochèrent sous la tutelle d'Henri Ier et accomplirent leur devoir politique. Le 5 mars 1133, au Mans, Mathilde donna naissance à son premier fils. Le couple le prénomma Henri, comme le roi dont il était censé prendre un jour la succession. Le baptême eut lieu le samedi de Pâques en la cathédrale du Mans, et l'enfant fut placé sous la protection de saint Julien. Et la protection d'un saint ne serait pas de trop pour assurer son avenir. Car en l'espace de deux ans, tout ce qu'Henri Ier avait bâti pour le laisser à son petit-fils allait sombrer dans le chaos et l'incertitude.

Le Naufrage

En ce lundi soir de la dernière semaine du mois de novembre 1135, Henri Ier et sa suite arrivèrent à Lyons-la-Forêt, en Haute-Normandie. Depuis deux siècles, le château et la forêt qui l'entourait étaient un lieu de villégiature privilégié des ducs normands, et Henri était venu avec l'intention de se détendre comme l'avaient fait ses ancêtres avant lui, en s'adonnant dès le lendemain aux plaisirs de la chasse. À soixante-huit ans, le roi était encore vif et robuste.

Pendant la nuit, il tomba malade, et son état s'aggrava rapidement. À la fin de la semaine, il était manifeste que son mal était des plus sérieux. D'après une lettre de l'archevêque de Rouen, Henri « se confessa [...], battit sa coulpe et renonça à ses animosités ». Le dimanche 1er décembre, après trois jours d'absolution, de prières et d'aumônes, l'archevêque lui administra l'extrême-onction et le roi s'éteignit.

Si de nombreux chroniqueurs soulignent en quelle piété il trépassa, l'un d'eux, Henri de Huntingdon, rapporte quelques détails macabres sur les jours qui suivirent son décès. La dépouille royale fut « apportée à Rouen, et là, ses viscères, son cerveau et ses yeux furent enterrés ensemble ». Puis « le corps fut incisé à l'aide de couteaux, copieusement saupoudré de sel, et enveloppé dans des peaux de bœuf pour étouffer la terrible puanteur, qui causait déjà la mort de ceux qui s'en occupaient. Elle foudroya même l'homme qui avait été engagé à grand prix pour trancher la tête à la hache et en extraire la cervelle nauséabonde, bien qu'il eût enroulé des chiffons de lin autour de son visage... »

Si telle fut la réalité de la mort d'Henri Ier, les conséquences politiques en furent encore pires. Car alors même que le cadavre embaumé du roi était transporté en Angleterre pour être inhumé à l'abbaye de Reading, une crise constitutionnelle était sur le point d'éclater, et elle durerait près de vingt ans. Si cette période est généralement connue sous le nom de l'Anarchie, ceux qui la vécurent et en firent le récit préféraient l'appeler le Naufrage. Henri n'ayant laissé derrière lui aucun héritier mâle, le pouvoir anglo-normand était remis en cause. Par trois fois depuis le retour d'Allemagne de Mathilde – en 1126, 1131 et 1133 –, Henri Ier avait fait jurer à ses barons fidélité à sa fille. Mais dès la mort du vieux roi, ses sujets commencèrent à revenir sur leur promesse.

En décembre 1135, Étienne de Blois, le cousin de Mathilde, se trouvait à Boulogne, fief de la famille de son épouse. Aussitôt qu'il eut vent de la mort de son oncle, il débarqua en Angleterre et se rendit directement à Londres où, faisant fi de ses serments, il se fit proclamer roi. Puis, le 22 décembre, il vint à Winchester, s'empara du trésor royal et se fit consacrer par l'archevêque de Canterbury. Il ne tarda pas à s'assurer le soutien des grands seigneurs anglo-normands sur les deux rives de la Manche. Sans hésiter, ils se rallièrent à lui. Soudain, l'impératrice Mathilde, Geoffroy Plantagenêt et leur jeune famille se retrouvaient déshérités.

La rapidité avec laquelle les barons et les évêques d'Angleterre et de Normandie avaient abandonné Mathilde en dit long sur la nature de la royauté au XIIe siècle. Il y avait des précédents – trente ans plus tôt, Mathilde de Toscane, comtesse de Canossa, avait régné à part entière dans le nord de l'Italie –, mais ils étaient rares et peu convaincants. La rumeur courait qu'Henri, sur son lit de mort, avait libéré ses barons de leur serment d'allégeance à sa fille. Et beaucoup ne demandaient qu'à y prêter foi. L'idée d'être gouverné par une femme ne plaisait pas à grand monde.

À l'époque, la royauté comportait un élément distinctement électif. Sans cela, jamais Henri Ier n'aurait été roi. Il avait pris le pouvoir en Angleterre en 1100 et en Normandie en 1106, au nez et à la barbe de son frère aîné, Robert Courteheuse, dont les revendications étaient plus légitimes. L'histoire se répétait. Au regard du droit d'aînesse, les prétentions d'Étienne n'avaient rien de valide. Pour commencer, il avait un frère plus âgé, Thibaud de Blois, qui pouvait donc, mieux que lui, revendiquer le trône. Pourtant, en tant que fils d'Adèle, elle-même fille de Guillaume le Conquérant, sa candidature était crédible. Il avait été élevé à la cour d'Henri Ier avec les fils du roi, et occupait une position en vue parmi les autres barons anglo-normands. Il avait échappé de peu à la mort avec Guillaume Adelin, prétextant d'une diarrhée pour quitter la *Blanche-Nef* avant qu'elle ne fasse voile, et depuis, il avait été l'un des favoris d'Henri. C'était un homme d'une quarantaine d'années, riche, puissant, charmant et courtois, et son épouse Mathilde de Boulogne était essentielle au commerce anglais de la laine. Son frère Henri de Blois, évêque de Winchester, était une voix respectée au sein du clergé anglais, et pouvait compter sur le soutien de nombreux autres évêques. Mais, ce qui était peut-être encore plus important, Étienne avait agi rapidement pour s'emparer du trône en profitant d'un vide du pouvoir. « Nul autre n'était présent qui fût à même de prendre la place du roi et mettre ainsi fin aux grands dangers qui menaçaient le royaume », écrit l'auteur anonyme des *Gesta Stephani (La geste d'Étienne).*

Le contraste avec Mathilde était frappant. En décembre 1135, l'impératrice attendait son troisième enfant (après la naissance d'Henri en 1133, elle avait eu un deuxième fils, Geoffroy, en 1134 ; le troisième, Guillaume, naîtrait en juillet 1136) et n'était pas en mesure d'intervenir aussi vite que son cousin Étienne. Son mari Geoffroy, en tant qu'Angevin, suscitait une grande méfiance en Normandie et en Angleterre, et Mathilde n'avait apparemment pas meilleure réputation. D'après Henri de Huntingdon, l'impératrice « était d'une insupportable arrogance [...] et elle s'aliénait le cœur de presque tous ». Bien que ses deux fils – Henri, âgé de deux ans, et Geoffroy, un an – aient eu davantage de sang royal qu'Étienne, au XIIe siècle, il était peu probable qu'un bambin soit proclamé roi par la seule vertu de sa lignée. Dans les années qui avaient précédé la mort d'Henri Ier, Mathilde et Geoffroy avaient été aux prises avec lui en une violente querelle au sujet de châteaux frontaliers normands que le vieux roi avait promis en dot à sa fille. Tout ce qu'ils purent faire fut de mettre la main sur les places fortes en question et de ronger leur frein pendant qu'Étienne consolidait son pouvoir qui paraissait encore peu vraisemblable.

L'exercice de la royauté lui parut moins aisé que de monter sur le trône. Il s'appuyait sur un petit groupe d'amis auxquels il demandait conseil et assistance, et ne parvint pas à s'imposer face aux barons qui résistaient à son autorité. Le caractère implacable et calculateur d'Henri lui faisait défaut, tout comme son intelligence politique, et il réussit à dresser contre lui des hommes qui auraient pu être ses plus fervents partisans.

En trois ans de règne, la mainmise d'Étienne sur les deux rives de la Manche se trouva sérieusement ébranlée. À partir de 1136, Geoffroy Plantagenêt entama une guerre de conquête depuis la frontière sud de la Normandie, et Étienne ne disposait pas des moyens de s'y opposer. Le roi concentra toute son attention sur l'Angleterre, où il perdit rapidement et successivement le soutien du demi-frère de Mathilde, Robert de Gloucester, le baron le plus puissant du pays ; de son propre frère Henri, l'évêque de Winchester, qu'il avait négligé de promouvoir au diocèse de Canterbury ; et de Roger, évêque de Salisbury, administrateur royal chevronné, dont les alliés et le frère avaient été arrêtés alors qu'Étienne avait promis, lors de son couronnement, de ne s'en prendre ni à l'Église ni à ses évêques.

Dès le début, le règne d'Étienne provoqua des dissensions. Il était généreux, mais inéquitable dans sa façon de distribuer le trésor soigneusement accumulé par Henri Ier. Il couvrit de largesses ses amis, comme les jumeaux Galéran et Robert de Beaumont, aux dépens de barons puissants et bien établis comme Ranulph, comte de Chester. Il sapa en outre le gouvernement efficace édifié par Henri Ier, ce qui ne fit qu'aggraver les effets déstabilisants de son règne arbitraire. Il renvoya un grand nombre d'éminents administrateurs de carrière et tenta de gouverner l'Angleterre à l'aide de nobles ayant l'expérience de la guerre, nommés par la grâce de leur rang.

Tout cela ne pouvait que semer le chaos tout en faisant le jeu de Mathilde et des siens, qui observaient de loin le pouvoir de l'usurpateur tourner à la déconfiture. En 1138, Robert de Gloucester, l'influent demi-frère de l'ex-impératrice, fit officiellement défection et rejoignit son camp. L'année suivante, tandis que Geoffroy Plantagenêt poursuivait son offensive en Normandie, Mathilde en appela à Rome au deuxième Concile du Latran et envahit l'Angleterre. Alliée à Gloucester, elle installa son état-major et son propre gouvernement embryonnaire à Bristol. La guerre civile avait commencé.

Mathilde fut ralliée par une coalition modeste mais constituée de barons importants, dont Brian FitzCount et Miles de Gloucester.

Tous deux étaient des barons des marches, basés dans les terres sauvages séparant l'Angleterre du pays de Galles. Miles avait été un personnage important dans le sud-ouest de l'Angleterre sous le règne d'Henri Ier. Leur défection eut pour effet de couper le royaume en deux. Miles lança des offensives contre les fiefs royalistes dans toute l'Angleterre, qu'Étienne ne parvint pas à écraser, et la faction de Mathilde gagna en puissance et en assurance. Mais l'impératrice était loin d'être assez forte pour faire battre son cousin en retraite et récupérer sa couronne. La guerre traîna en longueur : chacun affirmait être le souverain légitime d'Angleterre, mais aucun n'était capable d'imposer son autorité à tout le royaume.

En 1141, Mathilde remporta sa première victoire significative. À la fin de 1140, le roi Étienne avait offensé Ranulph, comte de Chester, en offrant des terres et des châteaux qu'il convoitait à ses ennemis. Il n'en avait pas fallu davantage pour pousser le comte à prendre les armes. Ranulph chassa la garnison royale du château de Lincoln et, en février 1141, Étienne dut venir l'assiéger. Profitant de l'occasion, Robert de Gloucester marcha sur Lincoln et attaqua l'armée royale. Dans la bataille acharnée qui s'ensuivit, les troupes d'Étienne furent mises en déroute et le roi lui-même fait prisonnier.

C'était, semblait-il, l'heure de gloire de Mathilde. Elle adopta un titre nouveau, celui de « dame des Anglais » et tenta d'organiser son couronnement à Londres. Entre-temps, le frère d'Étienne, Henri, évêque de Winchester, avait été nommé légat du pape, et il usa de toute son influence pour soutenir l'impératrice. Plusieurs des grands féodaux anglais, répugnant à sauver un régime dont ils doutaient depuis longtemps, abandonnèrent le roi et se replièrent sur leurs terres. Mais l'impératrice ne put parachever sa victoire. Elle se heurta à une opposition militaire efficace organisée par l'épouse d'Étienne, eut tôt fait de se quereller avec l'évêque de Winchester et, par son arrogance et sa morgue, offensa la plupart des grands seigneurs qu'elle croisa. À l'approche de l'été, les habitants de Londres se soulevèrent quand elle refusa de soulager la ville, qui ployait déjà sous des impôts impitoyables, en exigeant qu'elle contribue financièrement à son règne. Le 24 juin 1141, ils l'expulsèrent de la capitale. Sa campagne désormais désorganisée, elle voulut assiéger l'évêque de Winchester dans son diocèse.

À l'issue d'une bataille désastreuse, Robert de Gloucester fut capturé. Dans l'espoir d'obtenir la libération de son demi-frère, Mathilde n'eut d'autre choix que d'accepter un échange de prisonniers. Elle relâcha le roi Étienne. Sa victoire avait été brève, et huit mois plus tard, il n'en restait rien.

À l'automne 1142, Mathilde avait été repoussée par les forces d'Étienne jusqu'à Oxford et, à la fin novembre, elle était assiégée dans son château. Ses espoirs s'amenuisaient. Loin de là, de l'autre côté de la Manche, son mari poursuivait sa conquête victorieuse de la Normandie. Robert de Gloucester ne put le persuader de s'en détourner pour venir au secours de son épouse aux abois. Geoffroy se contenta de leur envoyer trois cents chevaliers et leur fils de neuf ans, Henri – nouvelle figure de proue de la cause angevine en Angleterre.

À la veille de Noël, l'impératrice était désespérée. Plutôt que d'attendre les chevaliers de son époux, elle préféra se fier à ses propres ressources. Par une nuit glaciale, elle se drapa dans un manteau blanc, se faufila silencieusement jusqu'à une poterne du château, qu'elle franchit à l'insu des gardes, et se dirigea vers les champs enneigés. Grâce à son camouflage blanc, silhouette spectrale se découpant sur le ciel noir, elle put parcourir la douzaine de kilomètres qui la séparait d'Abingdon sans se faire prendre. Marchant dans le paysage gelé, elle s'attendait à chaque instant à entendre le crissement de sabots dans la neige qui lui aurait annoncé que l'ennemi était sur ses traces. Mais il n'y eut rien. À Abingdon, elle retrouva des amis qui l'aidèrent à se réfugier dans le sud-ouest. Elle était sauvée et avait la ferme intention de continuer le combat pour le royaume d'Angleterre.

Cet épisode célèbre de la guerre, s'il fut providentiel pour l'impératrice, fut en revanche catastrophique pour le pays. Disposant maintenant de troupes fraîches, encouragé par l'évasion presque miraculeuse de sa demi-sœur, Robert de Gloucester prit la tête de la lutte contre le roi Étienne. Mais une fois de plus, la guerre dégénéra en une impasse sanglante. Étienne détenait la couronne, mais n'en était pas moins un souverain fragile qui ne pouvait pas compter sur la loyauté de ses barons anglo-normands. Mathilde était libre et plus puissante que jamais, mais après la débâcle de 1141, elle était discréditée aux yeux de beaucoup, à tel point qu'elle ne pouvait plus espérer l'emporter en son seul nom. Il n'y avait qu'en Normandie que l'évolution de la situation était décisive : Geoffroy Plantagenêt prenait rapidement possession de terres où Étienne ne s'était rendu qu'une seule fois – en 1137 – de tout son règne. En 1144, Geoffroy avait pris Rouen et été reconnu comme duc de Normandie, obligeant ceux des barons qui avaient des fiefs sur les deux rives de la Manche à faire allégeance à deux seigneurs différents pour les mêmes terres, une position insoutenable.

L'Angleterre et, dans une moindre mesure, la Normandie eurent l'une et l'autre à souffrir du conflit. À partir de 1142, l'Angleterre se retrouva clairement divisée entre les deux cours – celle d'Étienne, officiellement à Westminster et Winchester, celle de Mathilde, à Devizes, dans le sud-ouest. L'État de droit se délita et, avec lui, l'ordre public. Le pays, écrivit le chroniqueur William de Newburgh, était « mutilé ». En l'absence d'un roi digne de ce nom dans le nord, le roi d'Écosse David Ier avait étendu son emprise sur le Westmorland, le Cumberland et le Northumberland. L'Angleterre, riche, bien gouvernée et dont les frontières étaient solidement défendues sous Henri Ier, n'était plus qu'une mosaïque de fiefs concurrents se disputant l'autorité et le pouvoir. « C'était comme si le Christ et ses saints s'étaient assoupis », nota l'auteur de la *Chronique anglo-saxonne*.

Étienne et Mathilde se considéraient l'un et l'autre comme le successeur légitime d'Henri Ier et, en conséquence, chacun forma un gouvernement doté de sa propre monnaie, de ses tribunaux, de son système clientéliste et de son appareil diplomatique. Or, il ne pouvait y avoir deux gouvernements. Aucun n'était solidement implanté, ni sûr que ses lois seraient respectées. Ainsi, aucun sujet ne pouvait avoir pleinement confiance dans l'État de droit. Comme dans tout pays où l'autorité est contestée et ne repose plus sur une source unique et centralisée, la spoliation et la violence se répandirent parmi les seigneurs féodaux. Dans tout le pays, des mercenaires flamands étaient en garnison dans les châteaux et les demeures récemment fortifiées. Pour défendre les campagnes, on avait recours aux corvées. Les violences se multipliaient tandis que les propriétaires terriens recrutaient des hommes d'armes pour protéger leurs biens. L'air était empuanti par la fumée noire des récoltes qui brûlaient sur pied, et le peuple souffrait les pires maux des mains de soldats étrangers en maraude.

Les chroniques de l'époque abondent en témoignages sur ces temps lugubres liés à la guerre. L'auteur des *Gesta Stephani* en donne un exemple :

> *[Le roi] entreprit de dévaster cette belle et joyeuse contrée, si pleine de bonnes choses, autour de Salisbury ; ils prenaient et pillaient tout ce qu'ils croisaient, incendiaient maisons et églises et, spectacle plus cruel et brutal encore, boutaient le feu aux récoltes moissonnées et entassées dans les champs, dévoraient et réduisaient à néant tout ce qu'ils trouvaient. Cette cruauté bestiale les prit plus spécialement autour de Marlborough, ils en firent montre fort terriblement aux environs de Devizes, et ils avaient à l'esprit d'infliger la même chose à leurs adversaires dans toute l'Angleterre.*

En 1148, Mathilde finit par quitter l'Angleterre. Il peut paraître étrange qu'elle ait abandonné un combat dans lequel elle avait tant investi, mais après avoir passé dix ans à défendre la cause des Plantagenêts, elle avait accompli sa tâche. Ses enfants – Henri et ses deux cadets, Geoffroy et Guillaume – grandissaient de l'autre côté de la Manche. Mathilde comptait vivre ses dernières années dans une confortable retraite au prieuré de Notre-Dame-du-Pré, une dépendance de l'abbaye de Bec à Quevilly, d'où elle n'avait qu'à traverser la Seine pour venir à Rouen, la capitale normande qu'Orderic Vital décrivait comme une « belle cité sise entre des ruisseaux murmurants et de riantes prairies [...] solidement enceinte de murailles, de remparts et de fortifications ». La ville lui devait beaucoup, car en ne ménageant pas ses efforts pour détourner l'attention du roi Étienne sur le front anglais, elle avait permis à Geoffroy Plantagenêt de s'en emparer. Et maintenant, Mathilde comptait bien profiter de la vue.

Mais elle n'avait pas oublié l'Angleterre. Son fils aîné allait avoir seize ans. Il était temps pour lui de reprendre la lutte. L'heure était venue pour Henri FitzEmpress de jouer les conquérants.

De l'ambition

Henri, fils de l'Emperesse, débarqua sur la côte du Devon le 13 avril 1149. C'était la troisième fois qu'il se rendait dans le royaume divisé dont sa mère lui avait dit et répété qu'il lui revenait de droit. Il l'avait vu dans ses heures les plus sombres : une zone de guerre dans laquelle une ex-impératrice et un roi se pourchassaient de ville en ville, de château au château, brûlant tout dans leur sillage et terrorisant le petit peuple par leur folle ardeur à s'écharper et à s'entre-broyer sur cette terre imbibée de sang. Mais sa mère, qui avait si longtemps mené le combat contre Étienne, s'était maintenant installée dans une paisible retraite. À l'orée de l'âge adulte et animé d'une ambition brûlante, Henri revenait annoncer qu'il reprenait le flambeau de la cause angevine en Angleterre et faire valoir ses droits.

Sans être chez lui – il comprenait l'anglais mais ne le parlait pas –, il n'était toutefois pas totalement étranger à ce pays. Il y avait brièvement séjourné en 1142, lorsqu'on l'avait mené au front pour soutenir la campagne de sa mère. Il était arrivé peu avant l'incroyable évasion de Mathilde des landes enneigées d'Oxford. À l'époque, il avait été placé sous la tutelle de son oncle Robert de Gloucester, tandis que l'Angleterre était prise au piège d'un bras de fer sans pitié. Henri avait passé quinze mois à étudier à Bristol. Il avait rencontré le célèbre astronome, mathématicien et philosophe scolastique Adélard de Bath, qui lui dédia un traité sur l'astrolabe. Puis, à partir de 1144, autant pour des raisons de sécurité que par pragmatisme politique, Henri avait rejoint son père pour l'aider à asseoir son pouvoir en tant que duc de Normandie.

Henri était un curieux jeune homme, capable de passer en quelques secondes d'une bonne humeur débonnaire à une colère noire. Il coulait dans ses veines un puissant mélange du sang des Normands, des Saxons et des Plantagenêts. Il avait hérité de son père sa rousseur et son énergie inépuisable ; de sa grand-mère maternelle un caractère excessivement dominant et un flair imparable. L'ecclésiastique gallois Giraud de Barri, écrivain familier des Plantagenêts, a brossé un portrait saisissant d'un Henri plus âgé :

> *C'était un homme au teint rubicond semé de taches de rousseur, à la grosse tête ronde, dont les yeux gris flamboyaient, féroces, et s'injectaient de sang sous l'effet de la colère, à la mine furieuse et à la voix sèche, rauque. Le cou légèrement en avant par rapport aux épaules, il avait le torse large et carré, les bras épais et puissants. D'aspect robuste, il avait une tendance prononcée à l'embonpoint due davantage à la nature qu'aux excès, et qu'il compensait par l'exercice. Car tant dans l'appétit que dans la boisson, il se montrait modéré et économe.*

Dès son plus jeune âge, Henri fit montre d'une grande bravoure, parfois même de témérité. Lors de sa deuxième visite en Angleterre, en 1147, il était venu non pour étudier, mais pour se battre. Il n'avait alors que treize ans, mais il n'en avait pas moins réussi à recruter une petite compagnie de mercenaires qui l'avaient accompagné de l'autre côté de la Manche, où il avait tenté de participer à l'effort de guerre de sa mère. L'arrivée de cet adolescent impétueux avait brièvement terrorisé l'Angleterre : la rumeur disait qu'il avait débarqué avec des milliers de soldats et des coffres pleins. En vérité, l'affaire avait plutôt tenu de la farce : Henri avait à peine eu de quoi s'offrir les services de ses soldats de fortune, qui avaient déserté quelques semaines après son arrivée. (« Amollis par la paresse et l'oisiveté, croulant sous la misère et le besoin, ils abandonnèrent le noble jeune homme », témoigna Guillaume de Newburgh.) Face à l'invasion adolescente d'Henri, Étienne fut plus amusé qu'inquiet : il racheta ses mercenaires et le renvoya chez lui en Normandie.

Mais qu'il ait eu à treize ans le front de vouloir envahir l'Angleterre par lui-même, aussi piètrement qu'il eût mené son expédition, montre qu'il n'avait guère perdu son temps en guerroyant aux côtés de son père en Normandie. Geoffroy Plantagenêt impliquait son fils dans les affaires de l'État depuis au moins 1144.

Henri avait vu comment se déroulait une longue campagne militaire dans l'univers politique complexe et fragmenté de l'arrière-pays français. Il savait que son père le préparait à devenir duc de Normandie, et peut-être lui avait-on également suggéré qu'il deviendrait un jour comte d'Anjou. Henri avait passé des heures à chevaucher derrière son père sur les routes angevines et normandes, apprenant à galoper à une vitesse qui deviendrait légendaire. (C'était d'ailleurs un cavalier si aguerri qu'il aurait plus tard les jambes arquées par l'habitude de la selle.)

La France du XIIe siècle était morcelée en territoires aux contours flous et mouvants qui, dans le meilleur des cas, ne faisaient que vaguement allégeance à une forme quelconque d'autorité centrale. D'immenses régions étaient gouvernées par des nobles qui n'étaient guère plus que des seigneurs de la guerre. Observant son père, aussi tenace que rusé, mener pied à pied sa conquête de la Normandie, Henri dut apprendre que la survie politique était un jeu où il fallait se prémunir des basculements du pouvoir, gérer des relations volatiles entre amis et ennemis, et savoir faire appel aux bons alliés au bon moment afin d'atteindre ses objectifs territoriaux. Dans cet environnement déconcertant, ne survivaient que les joueurs les plus retors et les plus acharnés.

Mais Henri savait aussi qu'à ce jeu de stratégie féodale, il disposait d'un énorme avantage : il était le fils d'une impératrice, en droit de revendiquer le trône d'Angleterre. La France comptait bien des ducs et des comtes puissants, mais il n'y avait que deux rois, celui d'Angleterre et celui de France. Pour devenir un acteur incontournable sur le continent et tenir la dragée haute au nouveau roi de France, Louis VII, monté sur le trône en 1137, Henri comprenait qu'il lui faudrait être plus qu'un duc ou un comte parmi d'autres. Il était « Henri, fils de la fille du Roi Henri [Ier] et héritier légitime d'Angleterre et de Normandie ».

Quand il arriva en Angleterre en 1149, son premier souci fut de s'imposer en tant que successeur crédible de sa mère. La cause n'était pas gagnée : il était fort bien d'être de sang royal, mais il lui fallait maintenant obtenir la reconnaissance de ses pairs. Ce fut là que les longues journées passées en selle s'avérèrent payantes, quand il chevaucha vers le nord pour être adoubé par son oncle, le roi David d'Écosse.

La cérémonie eut lieu à Carlisle le dimanche de Pentecôte 1149. Arborant désormais le baudrier d'un chevalier, il décida de montrer à l'Angleterre qu'il était également capable de prouesses guerrières. Sur le chemin de retour vers le sud, il lança une attaque contre York. Ce fut un échec, et il dut fuir vers la mer, sans cesse harcelé par les forces royales. Le chevalier de seize ans atteignit le sud-ouest, contraignit Eustache, le fils d'Étienne, à lever le siège de Devizes, et rentra en Normandie. Si l'équipée n'avait pas été totalement fructueuse, il s'était à tout le moins fait des alliés importants et avait laissé sa marque, rappelant le nom de sa lignée au souvenir de l'Angleterre. Il commençait à se forger une destinée.

En 1150, Geoffroy le fit officiellement duc de Normandie, rôle qu'il endossait en réalité déjà depuis plusieurs mois. En août de l'année suivante, Henri prêta hommage, pour la Normandie, au roi Louis VII, concrétisant publiquement dans une déclaration cérémonielle ses droits et de sa dignité ducale.

Puis, en septembre, Geoffroy Plantagenêt mourut subitement, à trente-neuf ans. Selon Jean de Marmoutier, Geoffroy revenait d'un conseil royal quand il fut « saisi d'une forte fièvre à Château-du-Loir. Il s'effondra sur une couche. Lors, contemplant tel un prophète l'avenir de ses terres et de son peuple, il interdit à Henri son héritier d'introduire les coutumes de Normandie ou d'Angleterre dans son propre pays [l'Anjou], ou l'inverse ». Après quoi, « la mort d'un si grand prince ayant été annoncée par une comète, son corps quitta la terre et gagna les cieux ».

Ainsi s'acheva brutalement ce qui avait été une existence des plus agitées. Quant au duc de Normandie, du haut de ses dix-huit ans, il lui restait beaucoup de chemin à parcourir s'il souhaitait réaliser les ambitions de ses parents. La lutte serait âpre, mais la récompense qu'elle promettait dépassait presque l'imagination.

Une épouse scandaleuse

Le 18 mai 1152, Henri, duc de Normandie, épousa Aliénor, duchesse d'Aquitaine, en la cathédrale de Poitiers. La cérémonie, préparée en toute hâte et dans le plus grand secret, fut expédiée en quelques coups de goupillon. Les effets de cette alliance se répercuteraient aussitôt et pour les décennies à venir d'un bout à l'autre de l'Europe occidentale.

Comme son père, Henri prenait une femme plus âgée que lui : Aliénor avait vingt-huit ans, et lui venait de fêter son dix-neuvième anniversaire. C'était un jeune soldat fougueux, peu sensible aux fastes de l'aristocratie. Sa fiancée, célèbre dans toute la chrétienté pour sa beauté atypique, sa sensualité exubérante et sa forte personnalité politique, était pour sa part auréolée d'un prestige quasi surnaturel. Deux mois plus tôt, elle était encore reine de France : elle avait donné deux princesses à Louis VII et étendu l'assise territoriale de la couronne capétienne au duché d'Aquitaine, qui s'étirait des limites méridionales de l'Anjou jusqu'aux Pyrénées.

Par cette union avec Aliénor d'Aquitaine, Henri signait l'un des plus jolis coups de son existence. Lui qui rêvait de jouer un rôle de premier plan sur l'échiquier politique européen n'aurait pu trouver plus beau parti. Dans sa corbeille de mariée, Aliénor apportait fortune, puissance et vastes possessions. Femme de pouvoir expérimentée, c'était également une fine politicienne. Et le fait qu'elle eût récemment été répudiée par le roi de France ne gâchait rien pour un duc de Normandie qui aspirait à se faire une place au sein de la haute aristocratie française.

Aliénor avait déjà derrière elle une vie extraordinaire. Née en 1124, elle était la fille aînée de Guillaume X « le Toulousain », duc d'Aquitaine et comte de Poitiers, protecteur des arts et guerrier intrépide, constamment tiraillé entre ses démêlés avec la papauté et ses pieuses soumissions à l'autorité ecclésiastique. Mais les ducs d'Aquitaine étaient autant imprégnés de poésie que de dévotion. Le grand-père d'Aliénor, Guillaume IX d'Aquitaine, surnommé « le duc troubadour », fut sans doute le plus brillant esprit et le plus grand poète musicien de son temps. Ses vers, composés en occitan, racontaient de ces histoires de séduction, d'héroïsme et de *fin'amor* qui faisaient partie intégrante de la culture populaire méridionale. Sa réputation – et celle de ses descendants – resta inextricablement liée aux passions galantes qui étaient au cœur de son œuvre. La maison d'Aquitaine fut créée à son image.

Guillaume IX était mort en 1126, peu après la naissance de sa petite-fille. Onze ans plus tard, Aliénor perdait son père, décédé soudainement sur la route de Saint-Jacques-de-Compostelle. À treize ans, unique héritière de l'un des plus grands duchés d'Europe, la jeune orpheline vulnérable devait se placer au plus vite sous la protection d'un époux.

L'Aquitaine était un domaine immense et mal gouverné, qui couvrait plus d'un quart du territoire de la France médiévale. Elle englobait le duché de Gascogne, les villes de Bordeaux et de Bayonne, les comtés de Saintonge, d'Angoulême, du Périgord, du Limousin, d'Auvergne et de La Marche. Les ducs d'Aquitaine étendaient leur influence au nord sur le comté de Poitiers, et au sud jusqu'à la péninsule Ibérique, où ils avaient scellé par des alliances matrimoniales des relations étroites avec la Navarre et Barcelone. Pays chaud et fertile, le duché était un carrefour commercial : de ses ports de Gascogne, ouverts sur l'Atlantique, partaient des navires marchands chargés de vin et de sel. C'était également un important lieu de transit, puisqu'il contrôlait les routes de Compostelle convergeant vers les cols des Pyrénées. Les pèlerins s'y arrêtaient pour se ravitailler et profiter de la légendaire hospitalité de la région avant de s'enfoncer dans les montagnes écrasées de soleil. Quiconque se rendrait maître de l'Aquitaine s'attacherait des richesses, un pouvoir et un rayonnement culturel considérables.

Or, le pays était notoirement difficile à contrôler. Les institutions gouvernementales y étaient pratiquement inopérantes, voire inexistantes. L'autorité et le pouvoir étaient aux mains d'un ensemble hétéroclite de seigneuries farouchement indépendantes et indisciplinées, qui ne vouaient à leur suzerain qu'une loyauté de façade. Ce n'était certainement pas une gamine de treize ans qui pourrait administrer un tel domaine. Le roi Louis VI fut prompt à réagir : le 25 juillet 1137, trois mois après le décès de son père, Aliénor fut mariée au prince Louis le Jeune, de quatre ans son aîné, en la cathédrale de Bordeaux. Cette union avec l'héritier de la couronne de France faisait entrer l'Aquitaine dans le giron capétien.

Puis, quelques jours à peine après ces épousailles, Louis le Gros rendit son dernier souffle et Aliénor, encore adolescente, se retrouva reine de France.

La jeune reine-duchesse avait eu bien du mal à s'adapter à l'austérité glaciale de la cour parisienne. Il y avait de profondes différences entre la culture de l'Île-de-France et celle de son Sud-Ouest natal, à commencer par la langue d'oïl, qui n'avait pas grand-chose de commun avec l'occitan que parlaient Aliénor et sa nombreuse suite. Aliénor était par ailleurs une mondaine qui, par sa fougue et son exubérance toutes méridionales, fascinait et terrifiait son nouveau mari. Son goût prononcé pour les splendeurs de la royauté tranchait sur la simplicité monastique et la piété rigoriste de Louis VI. Face à la frugalité de ce « roi en soutane », la reine et ses suivantes firent scandale par l'extravagance de leurs toilettes et la liberté de leur comportement. Leur train de vie somptueux ne manqua pas de choquer les plus proches conseillers du souverain. Selon Guillaume de Newburgh, Aliénor se plaignit par la suite d'avoir épousé « un moine et non un roi ».

Le couple était effectivement très mal assorti, tant sur le plan personnel que politique. Aliénor, nous dit Bernard de Clairvaux, était capable « de prendre des positions politiques fermes ». Elle entraîna Louis dans plusieurs entreprises téméraires, dont une guerre féroce contre le comte de Champagne, provoquée par une liaison passionnée entre la jeune sœur de la reine, Pétronille, et le vieux comte de Vermandois. Aliénor ne tarda pas à se bâtir une réputation à la cour de France : elle était celle par laquelle arrivaient le scandale et le chaos politique. Bientôt, cette réputation la précéda. Quand, en 1147, elle accompagna Louis dans la deuxième croisade, il ne fut pratiquement aucun de ses faits et gestes qui n'alimentât des rumeurs malveillantes. On lui fit porter (à tort) la responsabilité de désastreuses embuscades contre les armées croisées. On l'accusa (injustement) d'avoir comploté – voire couché – avec son oncle, le prince Raymond de Poitiers, qui avait planté son drapeau sur la citadelle d'Antioche. Des années après sa mort encore, des chroniqueurs entretenaient cette légende sulfureuse en affirmant qu'elle avait été l'amante de Saladin avec lequel elle avait tenté de s'enfuir à bord d'un navire – ce qui aurait été une bien belle conquête à accrocher au palmarès du prince sarrasin, puisque celui-ci n'avait alors pas plus de dix ans ! En rentrant de Jérusalem, Louis et Aliénor firent étape à Tusculum pour y rencontrer le pape Eugène III. Celui-ci leur prodigua de sages conseils dans l'espoir de ranimer leur amour mutuel et leur fit préparer un lit conjugal, drapé de précieuses étoffes qui lui appartenaient.

Cette tentative de réconciliation n'eut aucun effet durable. Aliénor, qui avait déjà donné naissance à une fille cinq ans plus tôt – Marie, comtesse de Champagne –, porta certes un deuxième enfant au retour d'Orient, mais c'était encore une fille – Alix, comtesse de Blois. En ce début 1151, il était évident que le mariage de Louis et d'Aliénor n'était plus tenable. La venue d'un héritier mâle aurait peut-être pu le sauver. Mais la reine n'eut point de fils. Lors de la cour de Noël qui se tint cette année-là à Limoges, au cœur des États d'Aliénor, plus personne n'ignorait que le couple royal sombrerait bientôt dans les oubliettes déjà bien encombrées de l'histoire capétienne. Le 21 mars 1152, un concile d'évêques réuni à Beaugency déclara que les époux étaient parents à un degré prohibé par le droit canonique et prononça la nullité de leur union. Aliénor conserverait le duché d'Aquitaine, et Louis, comme tous les Capet depuis Philippe Ier, serait délié des liens du mariage. Il lui faudrait trouver un autre ventre pour perpétuer la lignée royale. On imagine qu'Aliénor en conçut un grand soulagement.

Ce soulagement dut toutefois être mêlé d'inquiétude car, à vingt-huit ans, elle se savait aussi vulnérable qu'elle l'était au jour du décès de son père. Dégagée de son serment, la duchesse d'Aquitaine était à nouveau sur le marché du mariage et ne manquait pas de prétendants. Elle entreprit aussitôt une périlleuse chevauchée par la vallée de la Loire, de Beaugency à Poitiers, capitale de son duché. Elle hâtait sa course, car elle savait les dangers qui la guettaient : elle n'était plus reine de France et la nouvelle s'était déjà propagée. Elle n'ignorait pas que deux audacieux soupirants s'étaient lancés à ses trousses pour lui tendre des embuscades : Thibaut V, comte de Blois, et Geoffroy Plantagenêt le Jeune (le fils cadet de l'impératrice Mathilde et frère d'Henri, âgé de seize ans) s'étaient l'un et l'autre mis en tête de l'enlever pour l'épouser de force. Si elle se laissait prendre, sa vie et son destin ne lui appartiendraient peut-être plus jamais.

Mais en quinze années passées au cœur des intrigues de la cour de France, elle avait beaucoup appris sur l'art de la survie politique. Elle était bien consciente qu'un remariage était inévitable et nécessaire, mais ce serait elle qui poserait ses conditions. Ainsi, tandis qu'elle poussait sa monture à toute bride vers Poitiers, échappant à ses poursuivants, elle pensait au seul homme qui assurerait le mieux son avenir : Henri Plantagenêt, duc de Normandie et comte d'Anjou, du Maine et de Touraine. Celui-ci se trouvait alors à Lisieux où il préparait une expédition en Angleterre afin de reprendre la couronne de sa mère au roi Étienne. Elle l'avait rencontré l'année précédente, lorsqu'il était venu négocier la paix à Paris avec son père. Il se peut que la reine désenchantée et l'ambitieux Plantagenêt aient alors prémédité leur union. Avaient-ils scellé quelque entente ? Nul ne le sait. Mais en couvant le jeune duc de ses yeux de braise, Aliénor vit sans doute un garçon promis à un brillant avenir ; et, en rendant son regard à la fascinante dame, Henri dut entrevoir d'alléchantes perspectives.

Toujours est-il qu'en 1152, cette alliance ne pouvait plus être retardée. À peine arrivée en Poitou, Aliénor fit parvenir un message à Henri, le pressant de venir la chercher et de l'épouser. Henri annula son projet d'invasion du royaume d'Étienne et, ainsi que le consigna Guillaume de Newburgh, vola toutes affaires cessantes à la rencontre de la reine déchue : « Séduit par la noblesse de cette femme et mû, surtout, par le désir de posséder les grands honneurs qui lui étaient attachés, le duc prit quelques compagnons à sa suite et s'élança sans perdre de temps sur les longues routes, et très vite il obtint le mariage qu'il souhaitait depuis longtemps. »

Moins de deux mois après le concile de Beaugency, les nouveaux époux échangèrent ainsi leurs vœux devant l'autel de la cathédrale Notre-Dame-la-Grande de Poitiers.

Le grand perdant de l'affaire fut Louis VII. Il n'aurait naturellement pu espérer qu'Aliénor restât célibataire, mais il aurait été en droit d'attendre qu'Henri – son vassal – et Aliénor – son ex-femme – sollicitent son consentement. Ils n'en firent rien et Louis leur en garda une rancœur tenace. L'union d'Henri II et d'Aliénor fut, comme le releva l'historien anglo-normand Henri de Huntingdon, « la cause et l'origine d'une profonde haine et d'une discorde durable entre le roi de France et le duc ».

En se remariant à Henri – plutôt qu'à son frère Geoffroy le Jeune ou à Thibault IV de Blois – Aliénor modifia en effet d'un trait de plume la carte politique de la France. Henri, qui contrôlait déjà la Normandie, l'Anjou, le Maine et la Touraine, ajoutait désormais à son escarcelle l'immense duché d'Aquitaine. Quasiment toute la façade occidentale du royaume de France et près de la moitié de son territoire étaient à présent aux mains d'un seul et unique vassal. En demandant la dissolution de son mariage, Louis avait pris une décision compréhensible pour l'avenir de la couronne de France. Mais en laissant son ex-femme tomber dans les bras d'Henri Plantagenêt, il avait commis une faute inexcusable.

Pour ajouter aux malheurs du souverain, quelques mois après son mariage précipité, Aliénor attendait un garçon. Humilié dans sa virilité, Louis ne pouvait que redouter l'arrivée d'un héritier Plantagenêt qui, non seulement priverait les princesses Marie et Alix de toute revendication sur le duché de leur mère, mais pourrait un jour régner à lui seul sur la Normandie, l'Anjou et l'Aquitaine. Deux ans plus tard, l'Angleterre viendrait s'ajouter à ce formidable patrimoine.

Henri le Conquérant

Malmesbury n'était plus que l'ombre d'elle-même. Comme tant d'autres villes d'Angleterre, cette petite citadelle du Wiltshire avait déjà été bien malmenée en ces temps de guerre civile. Ses remparts et son château avaient été assiégés trois fois et sa population endurait violences et pillages depuis des années. Par un matin glacial de janvier 1153, un Henri Plantagenêt d'humeur belliqueuse se campa au pied de la forteresse. Des vents impétueux avaient drossé son navire à la côte au terme d'une éprouvante et périlleuse traversée de la Manche et il avait posé pied sur le sol anglais le jour de l'Épiphanie. Mais il ne venait pas en roi mage chargé de présents se prosterner devant le divin enfant. Il débarquait avec une armée d'invasion de cent quarante chevaliers et trois mille fantassins armés jusqu'aux dents et bien décidés à réduire à néant le peu qu'il restait de la ville. L'auteur des *Gesta Stephani* décrivit la scène :

> *Quand une foule de plébéiens accourut vers l'enceinte de la cité comme pour la protéger, [Henri] ordonna aux féroces soldats qu'il avait emmenés à sa suite, pour les uns, de bombarder les défenseurs d'une grêle de flèches et de projectiles, et pour les autres, de mettre toute leur énergie à abattre la muraille.*

Le vacarme dut être effroyable : le sifflement des carreaux d'arbalète, les hurlements des villageois en débandade, le fracas des énormes pierres catapultées contre les fortifications du château… Une pluie torrentielle et des vents furieux fouettaient assiégeants et assiégés, tous empêtrés dans une boue gluante. Henri fit dresser contre la muraille des échelles que ses implacables mercenaires escaladèrent sans peine. Les habitants, terrifiés, coururent se réfugier auprès des moines de l'église. Mais déjà, les attaquants avaient franchi les parapets et s'étaient lancés à leurs trousses. Si l'on en croit le chroniqueur, ils pillèrent l'église, massacrèrent moines et prêtres et profanèrent l'autel.

Le roi Étienne savait que le duc préparait une invasion, mais il n'avait pas prévu une offensive sur Malmesbury. Son armée avait mis le siège devant la cité rebelle de Wallingford, et c'était là qu'il attendait Henri. Mais l'Angevin refusa de se laisser attirer dans ce piège. Étienne en fut donc réduit à se porter à la rencontre de l'envahisseur. Quelques jours plus tard, il conduisait une troupe vers le couchant. « C'était une immense armée forte de nombreux barons dont les bannières, magnifiques et terribles, scintillaient d'or, écrivit Henri de Huntingdon. Mais Dieu, seul garant de sécurité, n'était pas de leur côté. » Les éléments s'étaient déchaînés et les hommes qui marchaient derrière Étienne n'avaient pas grande confiance en leur chef. « Les écluses des cieux s'étaient ouvertes et il se mit à souffler des bourrasques si froides et à tomber une pluie si serrée que Dieu lui-même semblait combattre pour le duc. C'était à peine si les soldats du roi parvenaient à tenir leurs armes ou leurs lances dégoulinantes d'eau. »

Trempées et démoralisées, les troupes d'Étienne refusèrent le combat. La guerre civile n'avait que trop duré et on leur demandait à présent de lever un siège dans des conditions impossibles. Il n'y avait pas grande promesse de récompense ou d'avancement à attendre de cette bataille, et Étienne se trouva confronté à une mutinerie. « Le roi battit en retraite sans avoir accompli son dessein », conclut Guillaume de Newburgh. L'envahisseur venait de remporter sa première victoire.

Écrivant après coup, le chroniqueur nota qu'après la débâcle de Malmesbury, « les nobles d'Angleterre [...] se révoltèrent et se rangèrent peu à peu aux côtés d'Henri ; si bien que, par l'accroissement de son pouvoir et l'éclat de ses succès, le duc acquit une réputation qui [...] éclipsa le titre royal de son adversaire. » La réalité ne fut pas aussi simple. En dressant un état des lieux, Henri découvrit un royaume totalement épuisé par la guerre. La façon dont il réagit à cet état de choses contribua au moins autant que ses victoires militaires à consolider sa position en Angleterre.

Il comprit très vite que ses mercenaires inspiraient davantage de terreur que de confiance. Les campagnes anglaises grouillaient déjà de soldats de fortune étrangers, dont la présence exacerbait le ressentiment des populations. « Les barons, qui ne supportaient plus leur audace bestiale et brutale, suggérèrent au duc d'autoriser ses mercenaires à regagner leur pays, de crainte que leur conduite indigne attise la vengeance de Dieu et que quelque calamité s'abatte sur lui-même ou sur ses hommes » relatent les *Gesta Stephani*.

Faisant montre d'une ouverture d'esprit qui lui serait à l'avenir fort utile, Henri écouta leur conseil et renvoya par-delà la Manche cinq cents de ses Normands qui, de fait, essuyèrent la colère divine : tandis qu'ils faisaient voile vers les côtes de France, une effroyable tempête se leva et les flots les engloutirent jusqu'au dernier.

Plutôt que d'imposer une nouvelle guerre au royaume exsangue, Henri proposa une trêve aux barons et aux évêques. Étienne se rendit à l'évidence et aux arguments de son frère Henri de Blois, évêque de Winchester, et de l'archevêque de Canterbury Thibaut de Bec qui le poussaient à négocier. Bientôt, les grands féodaux se rallièrent les uns après les autres au jeune duc.

La personnalité la plus importante qu'Henri gagna à sa cause fut Robert de Beaumont, comte de Leicester. Avec son frère jumeau Galéran, il appartenait à l'élite de la noblesse anglo-normande longtemps restée loyale à Étienne. En s'attachant au Plantagenêt, ce puissant propriétaire terrien des Midlands lui assurait un avantage territorial vital au cœur de l'Angleterre ; mais il lui apportait surtout sa précieuse expérience et d'appréciables qualités personnelles, et Henri trouverait en lui l'un de ses serviteurs les plus sûrs et les plus dévoués. C'était en fait l'archétype même de l'aristocrate dont Henri avait besoin et qu'il attirait : Leicester était un homme instruit et lettré qui approchait la cinquantaine. Il avait grandi avec Guillaume Adelin et, dans leurs jeunes années, Galéran et lui avaient été la coqueluche des cours d'Europe, où ils étaient exhibés en enfants prodiges se livrant à des joutes oratoires avec des cardinaux. Les jumeaux avaient été légitimistes sous Henri Ier et Étienne, mais l'impuissance du roi d'Angleterre à protéger leurs possessions continentales avait fini par éroder leur soutien et leur détermination politique.

Le revirement de Leicester incarnait la position délicate de nombreux grands féodaux anglo-normands, écartelés entre leurs domaines normands garantis par le Plantagenêt, et leurs fiefs anglais qu'Étienne était censé défendre. Pour achever de gagner leur appui, Henri devait les convaincre que, plutôt que de les entraîner dans de nouvelles guerres qui ne pourraient que précipiter leur ruine, il s'emploierait à préserver leurs intérêts des deux côtés de la Manche. N'était-ce pas là, en fin de compte, le rôle et la promesse implicites de la monarchie ?

Au printemps 1153, Henri se lança donc dans une vigoureuse campagne de propagande. Il se rendit tout d'abord à Bristol et à Gloucester – deux bastions acquis à sa mère –, puis il traversa les turbulentes Midlands, où seuls des traités entre seigneurs maintenaient une paix fragile. Cette région déchirée par les violences, où l'autorité publique était pour ainsi dire inexistante, symbolisait mieux que tout autre la faillite du règne d'Étienne.

Dans son discours à la classe politique, Henri se présenta en bon suzerain plutôt qu'en stratège militaire. Au lieu de saccager des terres, il tint cour dans toutes les régions du pays et invita les grands du royaume à venir à lui dans un esprit de paix. Au lieu de brûler leurs récoltes, il promulgua des chartes leur garantissant des terres et des droits – en Angleterre, bien entendu, mais aussi en Normandie. Il déclara son attachement aux procédures judiciaires en leur promettant de ne jamais concéder de terres anglaises sans l'aval des tribunaux. Tout au long de son périple qui ressemblait de plus en plus à une tournée triomphale, il ne manqua pas une occasion de se présenter comme un remplaçant crédible du roi, et élargit rapidement sa base de soutien auprès de la communauté politique.

L'affrontement n'était néanmoins pas totalement inévitable. En juillet 1153, Henri retrouva Étienne à Wallingford, une ville nichée sur une longue boucle de la Tamise au sud-est d'Oxford, et dangereusement proche de Westminster et de Londres. Étienne assiégeait le château dans lequel était retranché un soutien d'Henri, et il avait fait bâtir tout autour une série de contre-châteaux et de tranchées formant une ceinture défensive semi-permanente. Henri arriva avec des renforts pour lever le siège, mais aussi avec le sentiment que la fin de la guerre était proche.

Le roi Étienne l'attendait de pied ferme. Début août, il conduisit une splendide armée à la rencontre du duc. Mais une fois de plus, comme à Malmesbury, tous les hommes refusèrent le combat. « De part et d'autre, les grands vassaux [...] se dérobèrent devant un conflit qui, non seulement opposait des compatriotes, mais achèverait de dévaster tout le royaume », explique l'auteur des *Gesta Stephani*. Ce n'était pas tant le règne d'Étienne qui avait eu raison de leur patience. C'était la guerre. « Les barons, ces traîtres à l'Angleterre, ne voulaient pas livrer bataille car ils ne désiraient voir aucun camp l'emporter », renchérit Henri de Huntingdon. Or ces « traîtres à l'Angleterre » étaient des hommes qui avaient subi près de vingt années de guerre civile et qui comprenaient que la victoire d'un camp ou de l'autre ne pourrait aboutir qu'à des confiscations de terres à grande échelle et à d'interminables querelles et clivages dans le royaume. Il était grand temps de mettre un point final aux hostilités. Henri et Étienne acceptèrent de négocier. « Le roi et le duc se rencontrèrent en tête à tête, chacun sur une rive d'un cours d'eau, et s'entendirent pour établir une paix durable, poursuit Huntingdon. Ce fut le point de départ d'un traité qui ne serait réellement conclu qu'en une autre occasion. » Les deux parties commençaient à admettre que la paix ne serait préservée qu'à deux conditions : qu'Étienne reconnaisse Henri Plantagenêt comme successeur légitime et qu'il engage un travail de réconciliation pour refermer les profondes blessures causées par la guerre que s'étaient livrée leurs familles. Il ne restait qu'un seul obstacle à surmonter – et non des moindres.

Processus de paix

En 1153, le fils aîné d'Étienne, Eustache IV, comte de Boulogne, avait vingt-trois ans. C'était déjà un vétéran du long conflit qui opposait son père aux Plantagenêts. De toute sa jeunesse, il n'avait connu que la guerre et les déchirements. On lui avait toujours assuré qu'il serait roi et incité à se battre pour sauver sa couronne. Puisqu'il était le successeur désigné de son père, le duc de Normandie était son ennemi juré.

Henri avait quant à lui réalisé une ascension fulgurante. Trois ans plus tôt, simple rejeton d'un comte ambitieux, il ne possédait pas un arpent de terre. Et voilà qu'il contrôlait à présent la moitié de la France. Il s'était aliéné de nombreux hauts personnages, à commencer par Eustache. Et ce dernier avait tout fait pour donner raison au plus vite au chroniqueur normand Robert de Torigni qui, comme « presque tous les Normands », était persuadé « que le duc Henri perdrait rapidement toutes ses possessions ». Il s'était donc allié à Louis VII dont il avait épousé la sœur Constance, et au frère d'Henri, Geoffroy Plantagenêt le Jeune, qui s'estimait lésé par son aîné d'une part de son héritage paternel. Ensemble, ils s'étaient ingéniés à harceler le duc de Normandie à la moindre occasion et sur tous les fronts possibles.

C'était évidemment Eustache qui avait le plus à perdre d'un rapprochement entre Étienne et Henri. Il était en effet dans une position curieusement précaire : son père s'étant brouillé avec le pape Eugène III, en 1153 il n'avait toujours pas été officiellement couronné corégent par les autorités ecclésiastiques, comme le voulait désormais la coutume. Il n'était donc pas exclu que, pour les besoins de la paix, Étienne dépouille Eustache et son cadet,

Guillaume, de leurs droits héréditaires au profit du Plantagenêt. Au lendemain de la rencontre de Wallingford, cette hypothèse paraissait de plus en plus plausible.

Eustache, nous disent les *Gesta Stephani*, « fut grandement contrarié et entra dans une colère noire car la guerre n'avait, à son sens, pas débouché sur une issue acceptable ». Tout à sa rage et à son dépit, il fonça à Bury St. Edmunds, pilla et dévasta les terres de l'archevêque Thibaut du Bec et incendia l'abbaye.

Le malheureux garçon n'emporta pas son sacrilège au paradis : peu après cette vaine orgie de sang et de rapine, le Seigneur – ou peut-être saint Edmond – abattit son bras vengeur sur l'impie qui tomba malade et expira dans les premiers jours d'août 1153. D'aucuns attribuèrent cette fin prématurée soit à une intoxication alimentaire, soit au chagrin. Des esprits plus cyniques soupçonnèrent peut-être un empoisonnement.

La mort d'Eustache porta un rude coup à Étienne. Elle était toutefois providentielle, puisqu'elle ouvrait la voie à un règlement qui permettrait au duc Henri de prendre sa place. L'accord qui se dessinait prévoyait une sorte d'adoption légale par laquelle la couronne passerait à la lignée des Plantagenêts, mettant ainsi un terme définitif à la guerre. Le deuxième fils d'Étienne, Guillaume de Boulogne, manifestement plus docile que son frère aîné, accepta un vaste fief en échange de son renoncement à toute prétention au trône.

Les tractations se prolongèrent jusqu'à la fin de l'été. En novembre 1153, une trêve fut conclue lors d'une conférence à Winchester : Étienne prit officiellement le Plantagenêt comme fils adoptif et en fit son héritier légitime. « Quelle inestimable joie ! Quel jour béni ! se réjouit Henri de Huntingdon. Le roi en personne a accueilli le jeune prince à Winchester par une magnifique procession de prélats et de nobles devant une foule en liesse. » Pour la première fois depuis 1135, l'Angleterre pouvait enfin espérer renouer avec la paix et la prospérité sous une autorité royale unique et universelle.

Le lieu choisi pour la cérémonie était hautement symbolique. C'était à Winchester que la monarchie anglaise était consacrée : le monastère pré-normand de l'*Old Minster* abritait le tombeau de saint Swithun et les restes de plusieurs rois saxons, tel le désormais légendaire Eadwig. Les grands du royaume s'assemblèrent dans la cathédrale glaciale pour entendre le roi Étienne et le duc Henri.

Les deux hommes formaient un improbable duo. Du haut de ses soixante et un ans, Étienne, « un homme doux, affable et bon » selon les *Gesta Stephani*, faisait figure de relique d'une génération sur le déclin à côté de ce gamin de vingt ans à la tignasse rousse et au caractère espiègle. Mais il tint dignement son rôle et s'adressa à l'assemblée en des termes qui firent sans doute se retourner son fils dans sa tombe fraîchement creusée :

> *« Sachez que moi, Étienne, roi d'Angleterre, désigne Henri, duc de Normandie, pour me succéder à la tête du royaume d'Angleterre et en fais mon héritier de plein droit, déclara-t-il. Ainsi, je lui cède et lui confie, à lui et à sa descendance, le royaume d'Angleterre. »*

Henri prononça son acceptation. Puis, en présence de tous ses futurs vassaux, il fit allégeance à Étienne et reçut l'hommage de Guillaume de Boulogne. La cérémonie était une représentation éclatante et manifeste du nouvel ordre des choses : elle légitimait publiquement l'entrée dans l'histoire d'une lignée royale créée de toutes pièces. Cette passation des pouvoirs évitait au royaume l'écueil d'une procédure de destitution ou d'une usurpation du trône qui n'auraient pas manqué de raviver les troubles. Par sa stratégie militaire avisée et sa brillante action diplomatique, Henri s'était frayé un chemin jusqu'au trône d'Angleterre.

L'événement donna lieu à de somptueuses festivités. Étienne fit son entrée dans l'ancienne capitale d'Angleterre accompagné de son nouveau fils adoptif. « L'illustre jeune homme, conduit par le roi, fut accueilli dans la ville de Winchester avec tous les honneurs et par un éblouissant cortège d'évêques et de notables, écrivit Guillaume de Newburgh. Après quoi, le roi emmena le duc à Londres, où il fut reçu dans la ferveur par une innombrable foule, avec de splendides processions… » La trêve de Winchester fut solennellement scellée et promulguée à Westminster. « La paix se levait sur le royaume ruiné, mettant un terme à sa nuit troublée », écrivit Henri de Huntingdon.

Durant la période de transition qui s'ouvrit, le vieux roi continua de gouverner sous la houlette de son successeur désigné. Ensemble, ils amorcèrent le long processus de remise en état du royaume éreinté. Il se donnèrent trois grandes priorités : mettre fin aux violences et aux spoliations, expulser les bandes de mercenaires étrangers qui infestaient le pays, et raser les innombrables châteaux que les barons avaient édifiés en toute illégalité depuis l'accession au pouvoir d'Étienne.

Quelques factions extrémistes menaçaient encore la paix. En mars 1154, alors qu'il tenait conseil à Canterbury, le futur roi apprit que des mercenaires flamands fomentaient un complot contre lui, avec la complicité supposée de Guillaume de Boulogne. Jugeant que la situation en Angleterre était désormais assez stable pour rendre sa présence superflue, et assez dangereuse pour justifier son départ, Henri décida de regagner sans tarder la Normandie. Tandis qu'Étienne poursuivait sa progression vers le nord et que ses administrateurs étaient occupés à mettre en circulation une nouvelle monnaie, le Plantagenêt quitta le royaume insulaire, rejoignant discrètement la Manche par Rochester et Londres.

*

À la fin octobre 1154, Henri bataillait aux côtés de Louis VII contre des seigneurs récalcitrants du Vexin lorsque la nouvelle de la mort d'Étienne lui parvint. Selon le moine chroniqueur Gervais de Canterbury, le monarque était tombé malade le 25 octobre, alors qu'il recevait en audience le comte de Flandre : « Le roi fut soudain pris de violents maux de ventre, accompagnés de saignements (comme cela lui était déjà arrivé par le passé). À peine s'était-il alité [au prieuré de Douvres] qu'il rendit l'âme. » Il fut inhumé au monastère clunisien de Flavesham, aux côtés de son épouse Mathilde, en laquelle il avait perdu en mai 1152 une précieuse conseillère, et de son intraitable fils Eustache.

Étienne mourut inconsolable. Lui qui avait toujours fait si grand cas de la dignité et de la grandeur de la monarchie n'avait pas su transmettre la couronne à l'un de ses fils et, humiliation suprême, il avait été désavoué par ses plus fidèles barons sitôt qu'Henri avait pris pied en Angleterre. Le bilan de son règne était désastreux, mais la paix qu'il laissait derrière lui, habilement négociée et maintenue par l'admirable soutien de tous les grands féodaux, était un triomphe éclatant. Le vieux roi et son successeur désigné avaient réussi à créer les conditions de la première transmission pacifique du pouvoir royal depuis près de soixante-dix ans. En décembre 1154, ce fut sans hâte qu'Henri revint en Angleterre prendre possession de son trône, car il se savait désiré et implicitement accepté par la classe politique. Son avènement promettait la stabilité et le rétablissement d'une autorité royale unique et universelle dont le pays avait si cruellement manqué durant ces dix-neuf années d'incertitude. L'homme avait au demeurant fait ses preuves. Il y avait certes un fond de flagornerie dans la façon dont Henri de Huntingdon salua la venue du roi, mais aussi un réel espoir :

> *Angleterre, longtemps engourdie par un froid mortel, tu te réchauffes maintenant, ressuscitée par la chaleur d'un soleil nouveau. Tu relèves la tête baissée du pays et, chassant tes larmes de chagrin, tu pleures de joie. [...] Des larmes dans la voix, tu adresses ces mots à ton enfant adoptif : "Tu es l'esprit, je suis la chair : maintenant que tu arrives, je renais à la vie."*

II

Le temps de l'Empire (1154-1204)

« Le plus honorable et le plus victorieux qu'il se fût trouvé en aucun pays depuis le temps de Moïse, hormis le Roi Charles [Charlemagne] »

Jourdain Fantosme (à propos d'Henri II)

« Roi qui lutte pour défendre son droit en a meilleur droit sur son patrimoine. […] Car ce sont les peines et les largesses qui permettent à un roi de conquérir et de gagner la gloire. »

Bertran de Born

NAISSANCES ET RENAISSANCE

Le roi Henri II fut couronné en l'abbaye de Westminster le 19 décembre 1154, avec à son côté une reine Aliénor, sur le point d'accoucher. Le vieil archevêque Thibaud de Canterbury célébrait la cérémonie, sous le regard des grands et des hommes d'Église les plus puissants du pays. Henri fut le premier gouvernant à être couronné roi d'Angleterre, abandonnant la formule traditionnelle de « roi des Anglais ». Et le couronnement suscita un grand optimisme dans la population.

> « *Dans toute l'Angleterre, les gens criaient "Longue vie au Roi", écrivait Guillaume de Newburgh. [Ils] espéraient de meilleures choses du nouveau monarque, surtout quand ils surent qu'il faisait preuve d'une remarquable prudence, de constance et d'une grande ferveur pour la justice, et que dès le début il manifesta ce qui faisait la grandeur d'un prince.* »

Dans sa charte du couronnement, Henri s'adressait à tous les grands personnages du royaume, leur assurant qu'il leur accorderait toutes les « concessions, présents et libertés » que leur avait laissés Henri Ier, et qu'il abolirait de même les coutumes néfastes. Il n'y faisait cependant aucune promesse précise et, contrairement à son prédécesseur Étienne, il n'évoquait pas les « bonnes lois et coutumes » dont jouissaient les sujets anglais du temps d'Édouard le Confesseur. Mais la charte mentionnait sans détours la volonté d'Henri d'œuvrer à « la restauration commune de tout [s]on royaume ».

Du haut de ses 21 ans, le jeune monarque, bien que ne parlant que le latin et le français, parut aux Anglais bien éduqué, l'esprit tourné vers les lois, et doué pour les langues. Peut-être, d'ailleurs, comprenait-il aussi bien la langue d'oïl que la langue d'oc, l'occitan étant la langue naturelle de son épouse. Ses contemporains furent frappés par sa détermination presque surhumaine. Obsédé par la chasse, tant à courre qu'au faucon, il parcourait à un rythme effréné les forêts et les parcs de ses immenses possessions. Giraud de Barri décrit en ces termes ce roi qu'il connaissait bien :

Il était amoureux de la chasse au-delà de toute mesure. Dès l'aube il était souvent à cheval, traversant les plaines, pénétrant les forêts et grimpant les sommets, et ainsi passait-il des journées sans repos. Le soir à son retour, on le voyait rarement assis, fût-ce avant ou après souper, […] il épuisait toute la cour en se tenant constamment debout. […] L'homme était d'abord aisé, ouvert, plaisant et spirituel, d'une exquise politesse, […] énergique à la guerre, […] fort prudent dans la vie civile. […] Il était féroce avec ceux qui lui restaient insoumis, mais miséricordieux envers les vaincus, rude avec ses serviteurs, expansif avec les étrangers, prodigue en public, économe en privé. […] Il était des plus diligents quand il s'agissait de préserver la paix, d'une incomparable générosité dans l'aumône et défenseur acharné de la Terre sainte. Amoureux de l'humilité, oppresseur de la noblesse et méprisant les fiers.

Une autre description, due à Gautier Map, chroniqueur de la cour, soulignait les mêmes traits de caractère. Henri avait « les membres vigoureux et belle contenance, lettré, d'abord agréable, toujours en voyage, se déplaçant en étapes intolérables tel un courrier ». Il faisait montre de « bien peu de pitié pour les gens de sa suite, […] s'y connaissait fort bien en chiens et en oiseaux ». Même en tenant compte de la flagornerie et des platitudes inévitables chez un auteur de la cour, il est évident que les hommes qui le connaissaient voyaient en lui un dirigeant remarquable, brillant et énergique.

Dès ses premières années, Henri vécut sur les routes. Même s'il investit considérablement dans la construction de châteaux et de palais somptueux, il n'y séjournait généralement que peu de temps. Sa cour itinérante était souvent dépeinte comme dégoûtante : puante et chiche, et le vin que l'on y servait si acide qu'il fallait le filtrer entre les dents. C'était la vie d'un homme en perpétuel mouvement. Le chroniqueur Raoul de Dicet mentionne la surprise de Louis VII face à la capacité d'Henri à surgir n'importe quand et n'importe où dans ses fiefs, sans prévenir. Comme s'il avait volé plutôt que chevauché, commenta le roi de France. Il était, ajoute son biographe du XIIe siècle Herbert de Bosham, semblable à quelque « chariot humain, entraînant tout derrière lui ».

Reste que le roi ne pouvait quand même pas se permettre d'entraîner sa jeune famille avec lui. Aussi, passée la splendeur du couronnement, les Plantagenêts estimèrent qu'il leur fallait trouver un endroit où s'installer. Leur premier fils, Guillaume, avait à peine plus d'un an à l'époque du couronnement. Un deuxième fils, Henri, naquit le 28 février 1155. Les garçons et leur mère avaient besoin d'une demeure tant qu'ils résidaient en Angleterre. L'énorme palais anglo-saxon de Westminster s'était sérieusement délabré du temps de la guerre civile, au point d'être inhabitable. Par conséquent, en 1155, la famille royale déménagea dans le palais royal de Bermondsey, sur l'autre rive de la Tamise, fort éloigné de la cité de Londres.

Depuis le palais, Aliénor pouvait visiter Londres comme bon lui semblait. La capitale anglaise était alors une cité grouillante d'activité, de commerces et de divertissements, de comédiens et d'acrobates, mais aussi un foyer de criminalité, de saleté et de désespoir. Guillaume Fitz-Stephen, biographe et religieux de Canterbury, rédigea une célèbre description émerveillée de la ville dans les années 1170. Nonobstant l'enthousiasme de l'auteur, c'est sans doute à cela que devait ressembler Londres à l'arrivée d'Aliénor.

> *La bonne fortune de [Londres] tient à la douceur de son climat, la dévotion de ses chrétiens, la force de ses fortifications, l'excellence de son emplacement, la respectabilité de ses citoyens et la bienséance de leurs épouses. Elle trouve en outre grand plaisir dans ses jeux et est prolifique dans la production d'hommes de grande qualité. [...] On trouve aussi à Londres et ses faubourgs treize églises conventuelles et cent vingt-six églises paroissiales de moindre importance. [...] À l'est se dresse la forteresse royale, d'une taille et d'une puissance formidables, dont les remparts et les sols jaillissent des fondations les plus profondes – le mortier en ayant été mêlé à du sang d'animal. À l'ouest se tiennent deux châteaux solidement fortifiés. Les murs de la ville la ceignent continûment à partir du nord ; hauts et larges, ils sont ponctués de tours, ainsi que de sept portes doubles [...].*
>
> *À moins d'une lieue de la ville, y étant rattaché par un faubourg populeux, le palais du roi, une structure sans égale, dotée de fortifications intérieures et extérieures, domine cette rive du fleuve [...]. Au nord s'étendent des champs cultivés, des prés et d'agréables prairies sillonnées de*

cours d'eaux, où des roues à aube mues par le courant rendent un son plaisant. Non loin de là se trouve une vaste forêt aux sous-bois touffus qui dissimulent des animaux sauvages – cerfs, biches, sangliers et taureaux [...].

Tous les matins, l'on peut voir [les gens] menant leurs divers commerces, ceux qui vendent des marchandises et ceux qui cherchent à vendre leurs services, chacun dans les lieux particuliers dévolus à leurs métiers. Point ne devrais-je non plus omettre de signaler qu'à Londres, sur la rive parmi les bateaux, le vin et les entrepôts se tient une cuisine publique. Chaque jour, selon la saison, on peut y trouver aliments et mets frits ou bouillis, poissons grands et petits, de la viande – de moindre qualité pour les pauvres, les meilleurs morceaux pour les riches –, gibier et volaille (grands et petits). [...] Ceux qui ont envie de mets choisis peuvent s'y procurer de la viande d'oie, de pintade ou de bécasse – il ne leur sera guère difficile d'en trouver, puisque tous ces mets délicats sont exposés à leur vue. [...] Les marchands de tous les pays du monde prennent plaisir à apporter dans cette ville leurs productions.

C'était une ville internationale bruissante d'agitation, qui ne manqua sans doute pas de rappeler Paris à Aliénor. Paris, la cité la plus glorieuse d'Europe du Nord, sise sur son propre fleuve, avec ses palais et ses prés ondoyants, là où elle avait vécu sa première expérience de la royauté. Toutefois, quelque chose en Londres devait lui convenir, car durant son premier séjour en Angleterre, Aliénor y accomplit ce qu'elle n'avait manifestement pu faire en tant que reine de France. Elle donna coup sur coup naissance à plusieurs enfants en bonne santé. En septembre 1155, dès qu'elle se fut remise de la naissance du jeune Henri, elle tomba de nouveau enceinte. Elle accoucha d'une fille en juin 1156, et l'enfant fut baptisée du nom de l'impératrice qui s'était battue si longtemps pour consolider le nouveau domaine des Plantagenêts : Mathilde.

La naissance de Mathilde permit peut-être à Aliénor d'effacer une part du chagrin qu'elle avait éprouvé pendant le même mois, quand son premier fils, Guillaume, était mort. Il n'avait que trois ans. Il fut enterré en grande pompe au pied de son arrière-grand-père Henri Ier dans l'abbaye de Reading. Ce fut une période de grand deuil pour la famille. Mais la mortalité infantile était une réalité incontournable au Moyen Âge, même pour les rois, et la meilleure façon de s'en prémunir était de donner le jour à une longue succession d'enfants. Aussi, deux autres fils naquirent peu après en Angleterre : Richard, à Oxford, en septembre 1157, et Geoffroy, tout juste un an plus tard.

Henri, Mathilde, Richard et Geoffroy : à la Noël 1157, Henri et Aliénor avaient quatre enfants en bonne santé, tous âgés de moins de quatre ans. Trois autres atteindraient l'âge adulte : Aliénor, née en 1162, Jeanne, née en 1165, et Jean, né en 1167. Quatre ans séparent les quatre premiers des trois derniers, intervalle durant lequel Henri était séparé de son épouse, occupé à gérer les marches les plus éloignées de son domaine.

Tandis qu'Aliénor était accaparée par la première longue série de ses grossesses, Henri se déplaçait souvent dans son royaume afin de régler des questions de gouvernement et de diplomatie, tout en trouvant le temps de se livrer à sa grande passion pour la chasse. Au gré de ses voyages, il se familiarisait avec les endroits les plus adaptés à ses activités tant officielles que cynégétiques. Très peu de temps après son arrivée, des travaux commencèrent sur les pavillons de chasse de Clarendon et Woodstock, pour les transformer en de véritables palais d'un confort qui n'avait rien à envier au reste de l'Europe.

Mais tous les palais du monde ne pouvaient répondre à la question pressante de ces années 1150 : comment le nouveau roi parviendrait-il à panser les plaies d'un pays si profondément meurtri par la guerre civile. L'Angleterre avait certes offert à Henri Plantagenêt ce que le chroniqueur Richard de Poitiers définissait comme « l'honneur et la révérence de ce nom royal ». Mais il fallait sauver du marasme cette terre riche, avec ses ports et ses villes, sa populace dure au labeur et éprise de boisson, sa longue histoire. Henri devait rétablir sur son nouveau royaume l'autorité dont avait joui son grand-père Henri Ier. Ce qui revenait à rien moins que, littéralement, le reconquérir.

Le pays était sens dessus dessous. Sous le règne d'Étienne, les revenus de la Couronne avaient décliné des deux tiers. Terres, châteaux et postes avaient été distribués, souvent à perpétuité. Les fermages, revenu royal traditionnel collectés par les shérifs, étaient catastrophiquement bas. Les comtés, dotés de pouvoirs quasi royaux, proliféraient et dans certaines régions, non seulement le pays n'était pas gouverné, mais il paraissait même ingouvernable. Les relations entre l'Église et la Couronne étaient dans l'impasse à l'issue d'une interminable querelle entre Étienne et l'archevêque

Thibaud quant à leurs juridictions respectives. Les forteresses édifiées par les Normands lors de leur conquête des Galles du Sud étaient passées aux mains de barons et de potentats locaux. L'extrême nord de l'Angleterre vivait de fait sous l'autorité des rois écossais.

La première tâche d'Henri fut d'écraser dans l'œuf les rares tentatives de rébellion. Dans sa charte du couronnement, il avait soigneusement évité de confirmer tout droit ou possession accordée par Étienne, que ce soit à des hommes d'Église ou à des laïcs. Par conséquent, tout ce qui avait été accordé depuis le règne d'Henri Ier était considéré comme illégitime, à moins d'être confirmé par le nouveau souverain. Il ordonna que soient rendus à la couronne tous les châteaux, villes et terres qui avaient été distribués sous Étienne, puis abolit les comtés octroyés par l'ancien roi à ses partisans. Dans bien des cas, les terres confisquées étaient ensuite rétrocédées à leurs propriétaires, mais le message d'Henri était clair : toute seigneurie dépendait désormais de lui, et tous devaient leur position et leurs biens à la Couronne des Plantagenêts.

Dans le même temps, dès le lendemain de Noël 1154, Henri lança un rapide programme de démolition des châteaux illégaux et d'expulsion des mercenaires étrangers. Des centaines de châteaux furent ainsi rasés dans le courant de l'année 1155. Tandis que leurs murailles s'effondraient, les soldats flamands, que détestaient tant chroniqueurs et petit peuple, regagnaient les côtes en toute hâte.

Henri ne dut intervenir directement que contre quelques-uns des grands. Guillaume le Gros, duc d'Aumale, qui avait si bien assis sa position dans le Yorkshire qu'il échappait virtuellement à l'influence royale, fut dépouillé de ses terres et du château de Scarborough, qui contrôlait l'accès à la mer et le nord-est du royaume, balayé par les vents. Roger de Hereford, un seigneur des marches galloises peu enclin à obéir à l'autorité royale, fut persuadé de rendre les châteaux de Gloucester et Hereford grâce à l'habile intervention de son cousin Gilbert Foliot, évêque de Hereford.

Henri de Blois, évêque de Winchester et le propre frère d'Étienne, préféra fuir le pays plutôt que de se soumettre au successeur de son aîné. Ce faisant, il abandonna six châteaux à Henri. Le seul grand qui nécessita que soient véritablement prises des mesures militaires fut Hugh Mortimer, seigneur du château de

Wigmore, qui, à la fin du printemps, s'accrochait encore à trois de ses châteaux, ce qui contraignit Henri à lever une armée contre lui. Mais une fois qu'il se fut soumis à son roi, même lui put conserver ses terres.

Ce fut une opération de nettoyage éclair menée dans un esprit de réconciliation plutôt que de vengeance. Elle devait beaucoup aux succès antérieurs d'Henri dans le domaine de la diplomatie, quand il avait énoncé, puis fait appliquer les termes de la paix de Winchester. Le fait qu'il se soit heurté à si peu de résistance et qu'il n'ait été menacé par aucun rival digne de ce nom prouve que son idée d'une royauté forte et unie séduisait la majorité. Il brandissait à la fois l'épée et la balance de la justice, en digne souverain. De plus, il continuait à procréer, et ses rejetons étaient comme autant de garants de la stabilité future du royaume. Mais s'il agit aussi promptement, ce fut par nécessité plus que par tempérament. Car l'Angleterre ne constituait qu'une partie des immenses domaines des Plantagenêts.

En 1156, Henri dut quitter l'Angleterre pour réprimer une rébellion en Anjou sous le commandement de son cadet Geoffroy. Son jeune frère rétif considérait que, selon les termes du testament de leur père, l'accession d'Henri au trône d'Angleterre aurait dû automatiquement lui valoir l'Anjou, le Maine et la Touraine, puisqu'il était le deuxième fils. D'ailleurs, il est fort possible que telle ait été l'intention de leur géniteur. Qu'un seul homme ait gouverné à la fois l'Angleterre, la Normandie et l'Anjou était sans précédent.

Henri n'avait cependant aucune intention de céder le cœur même des terres des Plantagenêts à son exaspérant petit frère. Geoffroy, en effet, avait fait preuve de déloyauté quand, en 1151, il s'était allié à Louis VII et Eustache pour attaquer les positions d'Henri en Normandie. Il était donc trop risqué d'attribuer à Geoffroy des terres stratégiquement situées entre le duché d'Henri, en Normandie, et celui d'Aliénor, en Aquitaine. Et cela pourrait compromettre les ambitions du roi, qui comptait bien gouverner par lui-même cet extraordinaire assemblage de territoires.

Reste qu'il fallait trouver de quoi calmer Geoffroy. Signe de la gravité de cette querelle fraternelle, le 2 février 1156, une réunion familiale fut convoquée à Rouen sous l'égide matriarcale de l'impératrice Mathilde. Henri rencontra Geoffroy, ainsi que leur plus jeune frère Guillaume et leur tante Sibylle, comtesse de Flandre, afin de parvenir à un accord. Pour isoler son frère sur la scène diplomatique, Henri, à la fin du mois de janvier, avait rendu hommage à Louis VII pour la Normandie, l'Anjou et l'Aquitaine, et avait envoyé une ambassade au pape Adrien IV, élu depuis peu, pour lui demander de le libérer de son serment quant au respect du testament de son père. Il était décidé à ne pas lâcher l'Anjou, quoi qu'il en coûte.

Ces efforts de paix n'aboutirent à rien. Peu après la fin de la réunion, Geoffroy entra officiellement en rébellion. La dispute ne fut réglée que plus tard dans l'année, quand les habitants de Nantes et de Basse-Bretagne élirent Geoffroy comme leur nouveau comte. Grâce à cet heureux coup du hasard, le cadet d'Henri se retrouvait à la tête d'un nouveau et riche territoire, ce qui compensa sa déception, lui qui estimait avoir été déshérité par son aîné, désormais roi.

Henri, ravi, soutint l'élection de Geoffroy à ce nouveau poste d'intérêt stratégique. Afin que son frère renonce à ses revendications sur les domaines des Plantagenêts, il lui offrit un unique château, celui de Loudun, et une pension en liquide. Un prix acceptable à payer, s'il permettait de résoudre une querelle qui risquait de s'avérer dommageable. De plus, la nouvelle position de Geoffroy à Nantes étendait encore un peu plus les possessions des Plantagenêts en direction de l'ouest le long de la Loire et les rapprochait du littoral breton, autrement dit, de la seule portion des côtes de France qu'ils ne contrôlaient pas encore.

Geoffroy, apaisé, eut ensuite le bon goût de décéder en 1158. Mais l'affaire avait montré que, en dépit de son habileté à pacifier son nouveau royaume, Henri devrait déployer des efforts dignes d'Alexandre le Grand ou de Charlemagne pour garantir la cohésion de son immense empire continental.

L'Espace Plantagenêt

Pour Henri, les années 1150 furent une décennie glorieuse. Parti d'une position relativement sans importance et plutôt fragile, en 1151, il avait réussi à imposer sa loi à tous. Et il progressait à un rythme aussi implacable qu'impressionnant.

En 1155, le pape Adrien IV, le seul Anglais à avoir jamais occupé le Saint-Siège, autorisa Henri à étendre son pouvoir en Irlande, en rédigeant la bulle *Laudabiliter* par laquelle il exhortait le roi à réformer l'Église irlandaise. Henri ne passa pas immédiatement à l'action, mais le principe était acquis. En 1157, il accepta l'hommage que lui rendit Malcolm IV d'Écosse au château de Peveril, récupérant les comtés du nord de l'Angleterre usurpés par les Écossais pendant la guerre civile. En contrepartie, il leur céda le comté de Huntingdon, fief écossais traditionnel. La même année, Henri pénétra au pays de Galles avec une armée afin de rétablir la position dominante que ses ancêtres normands avaient conquise dans le sud. Il manqua être tué lors d'une embuscade dans le bois d'Ewloe, près de Flint, au cours d'une des grandes opérations militaires de campagne, et comme tous ses prédécesseurs, il dut admettre que les belliqueux Gallois, passés maîtres dans l'art de la guérilla, étaient de redoutables adversaires. Mais grâce à un formidable déploiement de forces, il finit par convaincre les deux grands princes gallois, Owain de Gwynedd et Rhys ap Gruffyd de Deheubarth, de se soumettre. Ce qui lui permit de regrouper ses troupes pour, en 1158, brandir la menace d'une action militaire et ainsi revendiquer le comté de Nantes, renforçant du même coup son pouvoir direct sur le duché de Bretagne. La même année, il fiança son fils aîné Henri à Marguerite, la fille de Louis VII, avec en dot, qui serait perçue quand le mariage serait célébré, le Vexin, une partie minuscule mais vitale sur le plan stratégique de la frontière entre l'Île-de-France et la Normandie.

Étape par étape, sur tous les fronts, Henri démontrait à tous les princes et rois auxquels il se frottait qu'il fallait compter avec les Plantagenêts. Alors qu'approchait la fin des années 1150, Henri contrôlait plus de territoires qu'aucun de ses aïeux n'aurait pu en rêver. Mais ce n'était pas encore assez pour lui.

Ainsi, au milieu de l'été 1159, en cette saison où le soleil écrasait sans merci les vallées du sud de la France, une immense armée s'ébranla en direction de la ville de Toulouse. Derrière les murailles, les 35 000 habitants tremblaient de peur en entendant le pas de la piétaille, le galop des palefrois, le grincement des chariots, le tintamarre des trompettes et des tambours et le grondement monstrueux des machines de guerre. L'armée ravageait tout sur son passage. Cahors, Auvillar et Villemur furent mises à sac et incendiées, les récoltes brûlées, les fermes pillées. Toute la région de Toulouse était confrontée à ce nouveau fléau venu de l'ouest.

> *« Henri II [...] ne terrifie pas que les Provençaux jusqu'au Rhône et aux Alpes, écrivit l'auteur et diplomate Jean de Salisbury. [Il] frappe aussi les princes d'Espagne et de Gaule par les forteresses qu'il a détruites et les peuples qu'il a soumis. »*

Cette armée à la tête de laquelle Henri II traversa le sud de la France en juin 1159 fut la plus grande qu'il leva jamais. Pour la seule Angleterre, ses mercenaires coûtèrent la somme de 9 000 livres, soit plus que le total des revenus de la Couronne de l'année précédente. Le poète Étienne de Rouen rapporte qu'Henri vint avec « fer, traits et machines » tandis que le chroniqueur normand Robert de Torigni parle de « la force militaire de toute la Normandie, l'Angleterre, l'Aquitaine et les autres provinces qui lui étaient assujetties ». Son but était sans équivoque. Il était là pour conquérir, pour arracher Toulouse à son seigneur, le comte Raymond V, et la rattacher au duché d'Aquitaine. « Le roi revendiquait l'héritage de son épouse, la reine Aliénor », consigna Torigni, laconique. En réalité, il faisait plus que cela. Il s'engageait dans une campagne ambitieuse visant à affirmer son pouvoir en tant que suzerain d'un gigantesque territoire s'étendant des contreforts de l'Écosse aux Pyrénées.

Nombre de grands nobles avaient rejoint son armée. Comme son voisin écossais Malcolm IV, avec lequel il s'était récemment réconcilié, et qui fit voile vers le sud avec une flottille pour retrouver les forces d'Henri à Poitiers. Des seigneurs méridionaux, tel Raimond-Bérenger IV, comte de Barcelone, et Raymond Trencavel, vicomte de Bézier et de Carcassonne, se rallièrent également à lui, se réjouissant à l'idée de mettre à mal un rival voisin. Et quelque part au milieu de cette foule chevauchait l'homme d'Église à l'origine de la campagne : Thomas Becket, chancelier d'Angleterre et archidiacre de Canterbury, portant casque et haubert, son armure scintillant sous le soleil. Becket commandait personnellement, dit-on, une troupe de sept cents chevaliers. Un chiffre fort probablement exagéré, mais n'en doutons pas, Becket dut avoir rassemblé une force respectable, en particulier pour un religieux.

Le siège de Toulouse dura de juin à septembre 1159 et constitua le point culminant des ambitions européennes d'Henri II dans les premières années de son règne. Il n'avait ménagé ni son temps ni ses efforts afin de réformer et consolider les immenses domaines qu'il avait accumulés de 1149 à 1154. Mais il n'avait nullement l'intention de s'en contenter. Toulouse était la conclusion logique d'une politique qu'il avait développée au lendemain de la pacification de l'Angleterre. Avec le recul des siècles, on peut assimiler sa tactique à de l'expansionnisme impérial : il utilisa des armées, bien souvent énormes, pour s'emparer de régions le long de ses frontières déjà très étendues, non seulement pour être roi et duc, mais pour devenir empereur.

En réalité, sa politique avait un côté plus pragmatique. Autrement dit, il comptait faire valoir tous ses droits par tous les moyens et à chaque instant. Il avait parfois recours à la guerre, parfois à la diplomatie. Il faisait tout son possible pour que sa suzeraineté soit reconnue partout où il le pouvait, mettant de l'ordre dans les régions les plus instables de son immense mosaïque de territoires en menant des guerres sur les marches. Toulouse n'était pour lui qu'une de ces régions limitrophes qui défiaient son autorité. Pour lui, ce n'était pas tant affaire de conquête que de reconnaissance.

L'ennui, c'est que Toulouse était connue pour être une noix difficile à casser. Les droits d'Aliénor d'Aquitaine sur le comté remontaient, de façon tortueuse, à sa grand-mère paternelle Philippa, qui avait été oubliée dans la ligne de succession dans les années 1090. En 1141, son premier mari, Louis VII, avait tenté d'envahir la région tout comme Henri en 1159, mais il avait été repoussé. Ce qui ne suffit pas à décourager le Plantagenêt. Sa revendication était légitime, il avait les moyens de lever une armée puissante, et avait politiquement le vent en poupe après ses succès contre les Gallois et les Bretons. Lesquels avaient été justement impressionnés par sa capacité à rassembler des forces considérables. Dans son offensive sur Toulouse, il ne faisait qu'appliquer une version encore plus ambitieuse de cette politique.

Il est probable que, comme le rapporta Jean de Salisbury, les princes d'Espagne et de France aient effectivement noté la taille de l'armée d'Henri, qu'il avait confiée à la charge du flamboyant Thomas Becket. Mais il est tout aussi probable qu'ils aient douté de ses chances de succès. Toulouse était une grande ville bien défendue, juchée sur une boucle de la Garonne, divisée en trois sections fortifiées. L'antique cité romaine jouxtait un bourg plus tardif et ceint de murailles qui avait été dressées autour de la superbe basilique de Saint-Sernin. Au sud se tenait le Château Narbonnais, une forteresse où résidait le maître de la ville. Il était impossible de la faire tomber par la soif, puisque le fleuve lui fournissait de l'eau en abondance et ne s'asséchait pas en été.

En dépit de tous les efforts de l'armée d'invasion d'Henri, et de toutes les souffrances infligées aux paysans et aux châteaux des environs, ce furent les sceptiques qui eurent gain de cause. Comme avec Louis VII en 1141, un roi avait une fois encore jeté toutes ses forces sur les murailles de la ville, en vain.

Comment des troupes aussi nombreuses n'avaient-elles pu s'emparer de ce qui était après tout un objectif relativement modeste ? Peut-être la population préférait-elle le pouvoir libéral des comtes de Toulouse à celui, pesant, que promettait d'installer l'envahisseur. Peut-être la ville était-elle effectivement imprenable grâce à ses défenses naturelles. Quoi qu'il en soit, l'irruption inopinée de Louis VII à Toulouse, au début de l'automne 1159, porta un coup fatal à la campagne d'Henri.

De tous les princes de France, c'était Louis VII qu'Henri avait le plus inquiété lors de son expansion dans les années 1150. L'accession du duc de Normandie à la royauté faisait de lui un rival dangereux de la Couronne capétienne – un vassal disposant de ressources militaires et d'un prestige aristocratique dépassant de loin ceux de tous les autres nobles français. Le problème était particulièrement aigu là où le duché de Normandie et les possessions du roi de France se rencontraient, dans le Vexin. Certes, en 1156, à l'occasion d'une cérémonie somptueuse d'un grand symbolisme politique, Henri avait rendu hommage au roi de France, lui jurant : « Moi, Roi Henri, protégerai la vie, l'honneur et les terres du Roi de France mon seigneur, s'il protègerai ma vie, mon honneur et les terres qu'il m'a données, à moi, son *fidelis*, car je suis son homme. » Mais Louis aurait dérogé à son statut de suzerain s'il avait laissé Henri s'emparer de Toulouse sans s'interroger – Toulouse, que lui-même n'avait su soumettre à son propre pouvoir près de vingt ans plus tôt. De plus, le comte Raymond était le beau-frère du roi de France. Lequel aurait été un piètre seigneur s'il l'avait abandonné.

Louis arriva à Toulouse en sachant que sa seule présence au côté du comte Raymond obligerait Henri à se demander sérieusement s'il pouvait s'offrir le luxe de poursuivre sa campagne. C'était une chose que d'attaquer Raymond seul. S'en prendre à Louis et Raymond ensemble constituait une agression manifeste qui risquait de poser des problèmes sans fin à Henri plus au nord, en Normandie et en Anjou, des régions où il avait tant fait pour rétablir l'ordre. Par ailleurs, s'il attaquait Louis, mais était défait, cela ne pourrait que saper la valeur symbolique de l'expédition de Toulouse en tant que démonstration de force censée prouver la puissance combinée de la Couronne d'Angleterre et des possessions des Plantagenêts.

En quête de conseil, Henri se tourna vers ses barons et ses proches conseillers, dont Becket. Étant donné qu'il n'y avait eu aucune insulte à l'honneur royal, les barons furent d'avis qu'il était inacceptable d'attaquer le roi de France. Becket se récria, exigea que l'assaut soit lancé sur la ville sur-le-champ. En minorité, son avis fut ignoré. Henri renonça. Prétendant vouloir épargner le Capétien et la ville, il leva le siège de Toulouse aux alentours du 29 septembre.

Pour le chroniqueur Roger de Howden, Toulouse fut une « affaire inachevée » d'Henri. Si ce ne fut pas un désastre, ce n'en fut pas moins un échec. La campagne avait cependant eu un avantage collatéral. Guillaume, comte de Boulogne, dernier fils du roi

Étienne, qui avait rejoint l'armée d'Henri, mourut lors du voyage de retour en octobre 1159. Les grands domaines qu'il détenait en Angleterre revinrent à la Couronne. Mais en dehors de cela, au cours de ce coûteux été passé à balancer des pierres sur les remparts de la ville, Henri n'avait réussi qu'à tester les limites de sa capacité à déployer sa puissance militaire tout en montrant qu'un roi Plantagenêt, bien que restant son vassal, disposait de forces plus considérables que celles du Capétien.

L'échec de la campagne toulousaine eut aussi une conséquence négative. Pour la première fois, elle remit en question la relation entre Henri et son plus proche conseiller : le chancelier Thomas Becket.

Guerre impie

Durant l'été 1158, un an avant qu'il ne prenne le commandement des troupes d'Henri jusque sous les murs de Toulouse, Thomas Becket chevauchait en tête d'une procession encore plus grandiose dans la ville de Paris. Venu en paix en tant que chancelier et serviteur du roi d'Angleterre, il était auréolé de gloire, de magnificence et de solennité. Il avait été envoyé en ambassade afin de négocier les fiançailles entre le fils de son souverain, âgé de trois ans, et Marguerite, la toute jeune fille de Louis, ce qui souderait l'union dynastique entre les deux maisons royales d'Europe occidentale et garantirait aux Plantagenêts la possession du Vexin normand. Il convenait dès lors d'impressionner son hôte par la richesse et la dignité de son maître.

Ce fut du grand spectacle. En privé, Becket était très pieux et strict, il se flagellait régulièrement, portait le cilice, se contentait de repas frugaux et n'eut jamais de maîtresse. Mais il savait divertir les foules. Quand il fit son entrée dans Paris, ce fut chargé de présents et avec un fabuleux cortège – des chiens, des singes et une cohorte apparemment sans fin de serviteurs, tous témoins des largesses et de la splendeur du monarque anglais. Guillaume Fitz-Stephen, qui accompagnait Becket et était donc aux premières loges, nous en a laissé une description pleine de vie :

> *En sa compagnie, il avait quelque deux cents cavaliers, chevaliers, clercs, intendants et valets, hommes d'armes et écuyers de nobles familles, tous en rangs ordonnés. Tous ceux-là et leur suite portaient de magnifiques parures de fête toutes neuves. Il avait également pris avec lui vingt-quatre costumes […] et nombre de manteaux de soie pour laisser derrière lui en guise de présents, et toutes sortes de vêtements multicolores et de*

fourrures étrangères, de tentures et de tapis pour les appartements d'un évêque en visite.

Son train comprenait aussi chiens de chasse et faucons [...] et huit chariots tirés chacun par cinq chevaux de trait, montés par de robustes palefreniers portant tuniques neuves, et sur chaque chariot se trouvait un cocher. Deux chariots ne transportaient que de la bière [...] pour les Français, peu familiers de ce breuvage, une boisson saine, claire, d'une robe semblable au vin, et de bouquet plus fin. D'autres transportaient des vivres et des boissons, d'autres des tapis de selles, des tapisseries, des sacs de vêtements pour la nuit et plus généralement les bagages. Il comptait douze chevaux de bât et huit coffres de vaisselle, d'or et d'argent. [...] Un cheval transportait le mobilier d'autel et les livres de sa chapelle. [...] Chaque bête était montée par un serviteur en belle livrée ; un grand mâtin féroce se tenait dans chaque chariot, ou le suivait en laisse, et chaque animal de bât portait aussi sur son dos un singe à longue queue. [...]

Puis venaient près de deux cent cinquante hommes marchant à six ou dix de front, chantant en avançant à la mode anglaise. À intervalles réguliers se trouvaient chiens de meute et lévriers avec leurs maîtres, [...] puis les hommes d'armes, portant les boucliers et tenant les destriers des chevaliers, puis d'autres hommes d'armes et des garçons et des hommes portant les faucons. [...] En dernier venaient le chancelier et certains de ses amis. [...] Arrivé à Paris [...], il chargea chaque baron, chevalier, [...] maître, lettré et bourgeois de présents, de vaisselle, de vêtements, de chevaux et d'argent.

Un spectacle digne d'un roi.

En 1158, Thomas Becket était en passe de devenir l'un des amis les plus proches du souverain et un de ses conseillers les plus écoutés. Le roi l'avait trouvé alors qu'il travaillait comme clerc au service de Thibaud, archevêque de Canterbury. Il l'avait tiré de l'obscurité et l'avait promu pour faire de lui l'ambassadeur de la famille royale la plus ambitieuse d'Europe. Becket s'était montré à la hauteur de la tâche, il excellait au service du roi.

Au XIIe siècle, le gouvernement restait une affaire personnelle quelque peu désordonnée. Le courtisan Gautier Map nous a brossé un tableau excessif, mais néanmoins plausible, de ce qu'était la cour d'Henri livrée à elle-même :

Chaque fois que [le roi] sort, il est saisi par la foule et tiré et poussé çà et là. Assailli de cris et traité brusquement, il écoute pourtant chacun avec patience et apparemment sans ire. Jusqu'à ce que, bousculé au-delà du raisonnable, il se retire en silence en quelque lieu paisible.

Au cœur d'une telle presse, le roi avait besoin d'un réseau étendu et complexe de serviteurs, de clercs, de diplomates et d'administrateurs. C'était une organisation informelle de ce genre que présidait Becket. Comme tous les grands serviteurs du royaume dans les siècles à venir – Thomas Wolsey, ministre d'Henri VIII, ou William Cecil, le patient secrétaire d'Elizabeth Ire –, Becket soulageait son monarque charismatique du fardeau de la gestion quotidienne du gouvernement, et transformait ses projets grandioses en réalité.

Becket atteignit le faîte de son pouvoir vers 1160, alors qu'il avait à peine plus de quarante ans et que le roi approchait des vingt-sept. Le chancelier était un homme de haute taille, avenant, de fort bonne éducation et doué pour les conversations courtoises. Son ascension vers le pouvoir, la richesse et la gloire avait eu quelque chose d'extraordinaire. Il avait étudié au prieuré de Merton, dans le Sussex, puis dans une *grammar school* de Londres, peut-être celle de Saint-Paul. Mais sa progression avait été brutalement interrompue par l'incendie qui avait détruit le commerce de son père. Âgé d'une vingtaine d'années, il avait étudié deux années durant à Paris, mais n'avait pu conclure le cursus de droit canon et civil, passage obligé de tout jeune lettré médiéval. Ce qui lui laissa un sentiment d'infériorité qu'il s'efforça de compenser pour le restant de ses jours.

Mais si le raffinement intellectuel lui faisait défaut, il ne manquait pas d'ambition. Outre ses fonctions de chancelier, il était également archidiacre de Canterbury, un poste important au sein de l'Église d'Angleterre. Partout, il engrangeait de copieux bénéfices, du Kent au Yorkshire, sa maisonnée était luxueuse et réputée, et bien des grands y envoyaient leurs fils afin qu'ils y soient formés.

Avec sa grande taille, son teint pâle, ses cheveux noirs et son long nez, le chancelier n'aurait pu être plus différent de son roi, petit, trapu et roux, animé d'une énergie brute et dont la sociabilité était davantage innée qu'acquise. Becket accordait une grande importance à des valeurs dont le roi ne se souciait guère, bien qu'essentielles à la dignité royale. Selon Fitz-Stephen, le biographe de Becket, le chancelier « ne dînait rarement qu'il ne fut en compagnie de divers comtes et évêques ». Sa table était raffinée, l'on y servait des mets délicats dans de la vaisselle d'or et d'argent. Il adorait tout ce protocole princier qui ennuyait le roi, et Henri le laissait s'en charger à sa place.

En fait, le monarque semblait avoir apprécié le contraste presque comique entre Becket et lui, et se moquait souvent de son ami. Fitz-Stephen a rapporté une anecdote demeurée célèbre : Becket et Henri, au tout début de leur amitié, parcouraient à cheval les rues de Londres en plein hiver. Le roi montra du doigt un pauvre mendiant qui frissonnait dans le froid et fit remarquer à son chancelier qu'il serait généreux de lui donner un manteau chaud et épais. En effet, répondit Becket, cela serait charitable. Aussitôt, le roi l'agrippa et lui ôta de force la belle cape grise et écarlate qu'il portait sur les épaules, avant de l'offrir au mendiant éberlué. Blessé dans son orgueil, Becket ne partagea pas l'hilarité de leur suite. Mais Henri ne ratait jamais une occasion de titiller le naturel pompeux de son ami. Il avait coutume d'entrer à cheval dans la salle à manger du chancelier, de sauter à bas de sa monture pour s'asseoir et manger. Une scène qui devait autant irriter Becket qu'elle amusait le roi. Toutefois, malgré ces exaspérations et ces moqueries, Becket était bien l'ami d'Henri, son fidèle serviteur et son confident.

Plus important encore, aux yeux du roi, Becket représentait un pont entre deux mondes : la Couronne et l'Église. Tout au long du XIIe siècle, dans toute l'Europe, rois et princes séculiers se sont retrouvés aux prises avec les papes pour des questions de juridiction et d'autorité. Les affrontements étaient fréquents dans des domaines allant du droit à procéder à des couronnements, du droit à en appeler au pape plutôt qu'aux cours royales, du droit des évêques à quitter leur pays pour assister à des conclaves, au droit des monarques à divorcer de leurs épouses. Tous les rois d'Europe ou presque avaient été ou seraient menacés d'interdit, une peine proscrivant tout service ou sacrement religieux dans un royaume, voire directement d'excommunication. Le pape Eugène III tenta d'imposer ces deux châtiments au roi Étienne. Et Frédéric Barberousse – le prince de Hohenstaufen qui avait été élu empereur du Saint-Empire, et le seul roi d'Europe à posséder des territoires encore plus étendus que ceux d'Henri lui-même – fut excommunié en 1160 pour ne pas avoir reconnu l'autorité du pape Alexandre III.

À l'orée des années 1160, Henri était conscient que ses ambitions quant à sa façon de gouverner son royaume n'auraient pas la faveur de la papauté et de l'Église d'Angleterre. Il estimait que l'omnipotence de cette dernière portait préjudice à ses droits en tant que roi, et il était décidé à faire rentrer les ecclésiastiques dans le rang. L'édification de son empire n'était pas pour lui qu'affaire d'expansion géographique. Elle passait également par la consolidation et le renforcement des droits et des pouvoirs de la royauté au sein de ses États. Il ne tenait pas à soumettre totalement le spirituel au temporel, ni à régner en tant que roi et en tant que prêtre. Mais il voulait assurément que l'on ne se méprenne pas sur ce qu'étaient ses prérogatives sur son propre territoire, et était prêt à les défendre.

Le 18 avril 1161, l'archevêque Thibaud mourut dans son palais de Canterbury, des suites d'une longue maladie. Il avait dépassé les soixante-dix ans et avait occupé ses fonctions depuis qu'il avait été nommé par le roi Étienne en 1136. Quand la nouvelle parvint à Henri, celui-ci décida de saisir sa chance. Ses projets nécessitaient la présence à Canterbury d'un archevêque malléable. Il devrait entre autres l'aider à faire couronner son fils Henri pour mieux assurer sa succession, ce que Thibaud avait explicitement refusé au roi Étienne du temps où Eustache était en vie. Henri souhaitait en outre entamer une redéfinition des droits distincts de l'Église et de la Couronne. Une entreprise qui requérait une gestion habile, avec un allié plutôt qu'un ennemi aux commandes de l'Église d'Angleterre.

Pour Henri, par conséquent, Becket était le candidat idéal pour remplacer Thibaud. Frédéric Barberousse se servait d'évêques-chanceliers – ceux de Mayence et Cologne – pour gouverner l'Allemagne et l'Italie. Henri résolut de faire de même. Pourtant, pour bien des membres de l'Église d'Angleterre, dont les moines de la cathédrale de Canterbury qui revendiquaient le droit d'élire l'archevêque, la candidature de Becket avait tout d'une farce. À leurs yeux, il en était indigne pour nombre de raisons. C'était, essentiellement, une personnalité laïque. Sa formation universitaire était imparfaite, ce n'était pas un juriste, et encore moins un théologien, et c'était un partisan déclaré de la Couronne. Et du temps où il avait servi Thibaud, il s'était montré peu amène dans ses rapports avec les moines de Canterbury. Les moines n'étaient pas seuls. La mère d'Henri, l'impératrice Mathilde qui, depuis sa retraite à Rouen, s'intéressait toujours de près à la carrière politique de son fils, écrivit elle aussi à Henri pour le dissuader de promouvoir son ami au rang d'archevêque.

Rien de tout cela ne le découragea. Les avantages d'une nomination de Becket contrebalançaient largement les éventuelles lamentations en provenance de Canterbury. À long terme, Henri souhaitait confier le royaume d'Angleterre à son fils aîné, avec Becket dans le rôle de mentor et de régent. Le garçon allait sur ses sept ans, âge auquel la tradition voulait que les jeunes nobles quittent la maison de leur mère pour entamer leur éducation d'homme. Le roi prévoyait de placer le jeune Henri sous la tutelle de Becket en 1162. Ce n'en serait que mieux si la tutelle en question était celle d'un archevêque. Ainsi, le 2 juin 1161, Becket fut ordonné prêtre. Le lendemain, il était fait archevêque.

Dans l'esprit d'Henri, l'ascension de Becket était un grand triomphe, mais très vite, il s'aperçut que sa stratégie comportait un défaut majeur. Et ce défaut, c'était Becket lui-même.

En dépit de tous les titres et les présents prodigués en abondance par le roi, Becket ne se sentait pas du tout à son aise en sa fonction d'archevêque. Cela s'explique en partie par le fait que le primat d'Angleterre était presque toujours un moine. Or, durant ses premiers mois en tant qu'archevêque, Becket était clairement identifié comme un agent extérieur à l'Église par son habit pâle qui n'avait rien de monastique. Ce qui suscitait en lui une certaine anxiété quant à son statut. Ayant passé sa vie à apprendre comment être un grand chancelier laïc, il se retrouvait parachuté dans un monde où tout ce qu'il incarnait était objet de mépris. D'éducation médiocre, il fut immédiatement détesté pour ses accointances avec le trône. Il ressentit le besoin criant de se montrer digne à la fois de ses nouvelles ouailles et de Dieu en personne. Et cela déclencha en lui, en dépit de ses atours temporels, un changement soudain et violent de perspective et d'attitude qui aurait des conséquences catastrophiques sur ses relations avec Henri.

Presque du jour où il devint archevêque, Becket commença à prendre ses distances vis-à-vis de la politique royale. Sa toute première décision fut de démissionner de la chancellerie, se disant « inapte à occuper une position et deux encore moins ». Il rejetait ainsi brutalement la raison même de sa nomination. Puis il entra en conflit avec plusieurs grands du royaume, dont le comte d'Hertford et William d'Eynsford, un seigneur du Kent, pour des questions liées aux terres de l'Église. Il fit du jour de sa propre consécration un nouveau jour de fête, celui de la Sainte Trinité. Et il bombarda de requêtes le pape Alexandre III, lui demandant de renforcer l'autorité de Canterbury sur l'archevêché rival d'York. Presque du jour au lendemain, l'agent du roi se mua en l'un de ses adversaires. Henri avait compté sur lui pour graisser les rouages de la politique royale au sein même de l'Église. Au lieu de cela, il les bloquait de ses doigts osseux. Becket torpilla tous les espoirs du monarque, et devint dès lors, pour le restant de ses jours, un obstacle orgueilleux, déplaisant et rebelle aux efforts d'Henri pour gouverner son domaine sans heurts.

Quelle qu'ait été la cause psychologique de la métamorphose de Becket, elle fut considérée par ses contemporains comme une conversion digne de celle de saint Paul. Le chroniqueur anonyme de l'abbaye de Battle y vit naturellement une sorte de glorieuse transformation, une mue spirituelle provoquée par son ascension sociale.

> *En lui, comme le veut le dicton populaire, « les honneurs ont modifié la conduite, » non pas, ainsi qu'il en est de la conduite de presque tous les hommes, pour le pire, mais pour le meilleur au jour le jour. Car il se dépouilla de l'ancien homme créé selon le monde, et s'efforça d'être l'homme nouveau créé selon Dieu.*

Même Guillaume de Newburgh, auteur qui ne lui était généralement pas favorable, en fut impressionné :

> *Soupesant bientôt par une pieuse et sage considération ce que devait être le fardeau d'un si grand honneur, il fut ainsi immédiatement changé dans ses habitudes et manières, si bien que l'on eut pu dire « C'est la main de Dieu » et « C'est la transformation de la main du Tout-Puissant ».*

Le passage de Becket du rôle de fidèle allié de la Couronne à celui de défenseur opiniâtre des droits de l'Église s'effectua à une vitesse fulgurante. De prime abord, Henri toléra le comportement exaspérant de son ami. Jusqu'à l'automne 1162, il fut trop préoccupé par les affaires normandes pour se concentrer sur l'Angleterre. Mais quand il rentra du continent en janvier 1163, il était bien décidé à imposer une succession de réformes juridiques et administratives qui, selon lui, étaient indispensables à l'amélioration de la loi et de l'ordre. Ce programme de réformes, qu'il introduisit en Angleterre en 1164, est aujourd'hui connu sous le nom des Constitutions de Clarendon. Ce document en seize points est un des plus célèbres de l'histoire constitutionnelle anglaise.

Par le biais des Constitutions, Henri cherchait à tracer une ligne de démarcation nette afin de séparer les juridictions floues de l'Église et de l'autorité royale. Une source d'amers litiges, d'autant plus qu'il choisit comme angle d'attaque la question des religieux coupables de crimes tels que vol, viol, mutilation ou meurtre.

À la fin du XIIe siècle, près d'un Anglais sur six pouvait sans doute être techniquement considéré comme un homme d'Église. Si la plupart n'étaient pas, ni ne seraient jamais prêtres, on les trouvait en grand nombre dans les ordres mineurs. D'autres étaient entrés dans les ordres afin d'y faire des études et partaient ensuite travailler pour des maîtres laïcs. Bien des prêtres de paroisse étaient piètrement formés, voire à peine lettrés. Leur vie n'était pas vraiment différente de celle des simples paysans. Mais le statut clérical offrait de grands avantages à celui qui avait violé la loi. L'Église réclamait le droit de juger par elle-même ceux de ses membres auteurs de délits – les religieux qui avaient volé, violé, mutilé ou tué. Or, les châtiments qu'elle infligeait étaient nettement moins sévères sous le droit canon. L'Église ne pouvait ni imposer la mise à la question ni mutiler ou exécuter le coupable. Ce qui, du point de vue d'Henri, permettait à un nombre scandaleux de crimes de rester impunis. Lui qui était si ardent à défendre son autorité royale n'était pas disposé à tolérer que des religieux criminels puissent s'abriter à l'ombre généreuse du droit canon, ce qui constituait à ses yeux un monstrueux outrage. C'était contraire à ce qui était son principal objectif en tant que souverain : la restauration de la puissance de la royauté au niveau qui était le sien du temps de son grand-père.

Pour résumer une querelle complexe en quelques mots : Henri voulait que les hommes d'Église coupables de délits et jugés par les tribunaux ecclésiastiques soient expulsés de leurs ordres et confiés à la justice séculière afin d'y subir des châtiments corporels. Techniquement, cela ne revenait pas à mettre en place une hiérarchie entre les tribunaux, mais cela remettait ces délinquants sous la juridiction pénale qui, selon le roi, devait être la leur. De son côté, Becket était prêt à s'opposer à tout ce qui pouvait être perçu comme un empiètement sur les droits de l'Église, quel qu'en soit le prix.

À l'assemblée de Woodstock durant l'été 1163, Becket se querella avec le roi au sujet du paiement par l'Église de « l'aide au shérif ». Il s'agissait d'une taxe, traditionnellement versée par les propriétaires fonciers à leur shérif local pour l'aider dans sa mission de maintien de l'ordre dans le comté. Henri voulait maintenant que ce revenu soit directement reversé au Trésor, ce qui aurait rapporté des sommes considérables à la Couronne tout en lui permettant de centraliser cette source importante de revenus, et en rappelant implicitement à l'Angleterre que tout pouvoir politique découlait de l'autorité directe du roi. Autrement dit, c'était une réforme comptable aux conséquences politiques. L'affaire n'était en réalité vraiment importante que pour les shérifs eux-mêmes, mais Thomas Becket, s'étant promu au rôle d'examinateur du programme de réformes du roi, s'y opposa. Il informa le souverain qu'il « ne convenait pas à Son Excellence de détourner à Son usage ce qui appartient à autrui », et il ajouta que le royaume ne saurait être « contraint par la loi ». Henri fut si furieux qu'il jura vigoureusement. D'après Edward Grim, un contemporain qui rédigea une biographie de Becket, le roi cria à l'adresse de son archevêque : « Par les yeux de Dieu ! Cela sera versé en tant que revenu et inscrit dans les comptes royaux : et il est malséant de votre part que vous le contredisiez, car nul ne s'opposerait à vos hommes contre votre volonté. »

Mais l'archevêque lui tint tête. « Par le respect dû aux yeux sur lesquels vous avez juré, mon seigneur roi, pas un penny ne sera versé ni de toutes mes terres ni de la propriété de l'Église. » Il se montrait là des plus obstinés, sachant qu'à titre personnel, il n'avait pas grand-chose à perdre avec la réforme de l'aide au shérif. Mais cela indique à quel point il tenait à faire ses preuves à son nouveau poste, et à contrarier les plans ambitieux de réforme de son souverain.

Les relations entre les anciens amis se détériorèrent un peu plus pendant l'été. La question des religieux délinquants restait en suspens. Par ses conseillers, Henri avait appris que dans les neuf années qui s'étaient écoulées depuis son couronnement, plus de cent meurtres et un nombre incalculable d'autres crimes avaient été commis par des clercs qui avaient échappé à la justice royale.

Becket tenta bien d'empêcher Henri d'imposer des changements fondamentaux à la juridiction des tribunaux en faisant bannir, marquer au fer rouge ou emprisonner à vie plusieurs religieux. Cela ne suffit cependant pas à convaincre le roi que le problème était réglé. Le 1er octobre 1163, Henri convoqua les grands dignitaires religieux de son royaume à un conseil royal à Westminster. Il leur ordonna de lui obéir et de respecter les coutumes ancestrales du royaume. Un débat acharné s'en suivit, au cours duquel les spécialistes du droit royal et ceux du canon se disputèrent la suprématie. Le roi demanda aux évêques d'accepter qu'un homme d'Église, une fois reconnu coupable devant les tribunaux ecclésiastiques, soit confié aux tribunaux royaux pour y subir des châtiments corporels. Et s'ils refusaient, ils devaient déclarer s'ils étaient ou non prêts à respecter des « coutumes d'Angleterre ».

L'affaire enflait, tant à cause de la ténacité d'Henri que de l'entêtement de Becket. Sous l'égide de ce dernier, à Woodstock, les évêques ripostèrent qu'ils respecteraient les coutumes d'Angleterre « pour leur ordre », une fausse réponse par laquelle ils se réservaient le droit de faire passer le droit canon avant la justice royale.

Henri en fut piqué au vif. « En grand emportement, [le roi] quitta Londres sans préavis, laissant en plan toutes affaires et procédures, » écrivit Herbert de Bosham, clerc et chancelier de Becket. Le lendemain matin, Henri exigea de l'archevêque qu'il restitue tous les châteaux qui lui avaient été offerts du temps où il occupait la chancellerie, et lui retira la tutelle de son fils. Une décision rancunière prise sous le coup de la colère, mais qui enfonça un clou dans le cercueil d'une amitié vieille de dix ans. Becket faisait tout le contraire de ce pour quoi il avait été parachuté à Canterbury. Plus tard, à Northampton, Henri tenta vainement de se rapprocher de l'archevêque et lui dit qu'il aurait mieux fait de cesser de prêcher et de se souvenir qu'il devait tout à la faveur du roi. « N'étais-tu point le fils d'un de mes vilains ? demanda-t-il à Becket. Tu adhères et te fies trop à la manière de ton ascension. » Une remarque blessante.

La rupture de Westminster fit des mécontents dans les deux camps. Les deux hommes en appelèrent au pape Alexandre. Celuici avait cependant d'autres soucis et vivait en exil loin de Rome. Son conflit avec l'empereur du Saint Empire, Frédéric Barberousse, avait entraîné un schisme. C'était désormais un antipape,

Victor IV, qui siégeait à Rome. Alexandre invita discrètement Becket à coopérer, comme le fit plus tard Gilbert Foliot, évêque de Londres, et Roger, archevêque d'York, ainsi que plusieurs cardinaux et un cistercien, le respecté Philippe, abbé de l'Aumône. En novembre, selon Roger de Pontigny, « l'archevêque, influencé par le conseil du seigneur pape et des cardinaux et par les paroles de cet abbé et des autres venus avec lui, » accepta de se soumettre au roi. Il le fit en privé, à Oxford. L'ayant manifestement emporté, Henri convoqua une grande assemblée dans l'enceinte de son pavillon de chasse et palais de Clarendon, vers la fin de janvier 1164. Il tenait à ce que l'humiliation de Becket soit aussi totale que publique. L'archevêque, mal à l'aise, chercha à se dérober, mais, manipulé par une succession de crises de colère et de menaces sinistres de la part d'Henri, il finit par déclarer devant les grands présents – barons, notables et évêques – qu'il respecterait toutes les lois et coutumes du royaume, sans condition.

C'est là qu'Henri referma son piège. Au lieu de savourer cette victoire morale, il poussa son avantage et voulut imposer sa suprématie de façon définitive et sans ambiguïté. Le 29 janvier, les Constitutions de Clarendon furent émises sous la forme d'un chirographe – un document juridique impliquant la permanence et l'universalité. Un exemplaire fut remis à Becket, un au roi et un troisième fut conservé pour la postérité dans les archives royales.

Becket était horrifié. Le document se composait d'une liste de seize articles, dont les « coutumes » qu'il avait apparemment acceptées la veille. Parmi ces dernières se trouvait ce qu'avait exigé Henri au sujet des religieux coupables de crimes, la possibilité de limiter les appels au pape en regard de l'autorité royale, et plusieurs déclarations générales sur la préséance des tribunaux royaux par rapport à leurs équivalents ecclésiastiques.

L'archevêque dénonça la chausse-trappe que lui avait tendue le roi, mais était prisonnier du mensonge qu'avait été sa nomination. Contraint par le roi d'accepter la supériorité de l'autorité royale sur celle de l'Église, il avait placé cette dernière dans une position de subordination sans précédent, et ainsi démontré qu'il était bien ce que tout le monde l'avait toujours soupçonné d'être : un pion de la Couronne.

Tourmenté, Becket renonça à son exercice sacerdotal. S'imposant pénitence, il écrivit au pape pour admettre ses torts et réclamer l'absolution. Il était, nous rapporte Herbert de Bosham, « inhabituellement troublé et lugubre ». Secoué de violents sanglots, il se lamentait sur son inaptitude à occuper ses fonctions du fait de son passé laïc. Ses efforts acharnés pour faire ses preuves aux yeux de ses pairs spirituels, de Dieu et de lui-même avaient été vains. Il avait perdu toute l'affection du roi, son amitié et son soutien politique, sans pour autant s'attirer les faveurs d'un suzerain plus puissant encore : « Il est clair que je ne mérite que d'être abandonné de Dieu et démis des saintes fonctions qui m'ont été confiées », gémit-il. En proie à la panique, et démontrant un peu plus à quel point il ne s'y entendait guère en politique, il écrivit à l'ennemi d'Henri, Louis VII, pour demander son aide. L'été suivant, il tenta sans succès de s'enfuir en France.

Pendant ce temps, Henri, lui, était d'humeur vengeresse. À l'automne, il convoqua Becket à une assemblée des grands, au château de Northampton. Le 6 octobre 1164, l'ancien ami d'Henri fut accusé de malversations commises au temps où il était chancelier. Becket, de nouveau, en appela au pape. Henri fit de même. Il souhaitait que l'archevêque soit déposé et, par pure volonté de nuire, affirma que son appel constituait une violation des Constitutions de Clarendon.

Risquant d'être accusé de crime contre la Couronne et contre sa propre âme, Becket paniqua. Alors qu'à Northampton, la procédure judiciaire s'accélérait à son encontre, il déclara qu'il refusait d'entendre prononcer la sentence, tourna les talons et quitta la salle. Il parvint à s'échapper du château et, le lendemain matin, sous un ciel de plomb et une pluie battante, l'archevêque trempé et disgracié quitta la ville avec quatre hommes pour seule escorte. Il s'enfuit d'Angleterre le 2 novembre 1164. Après une dangereuse traversée de la Manche à bord d'une modeste embarcation, il accosta en Flandre et trouva refuge auprès du roi de France. Il ne rentrerait en Angleterre qu'au bout de cinq longues années.

La succession se prépare

C'était profondément abattu que Becket s'était enfui. Puis l'abattement ne tarda pas à céder la place à la colère. Il s'installa sur le sol français, à l'abbaye de Pontigny. Là, il attendait en fulminant : grinçant des dents, adressant des lettres de protestation au pape et faisant grand bruit auprès de qui voulait bien l'écouter. Il se mortifia en s'infligeant un ascétisme sans merci, comme le nota son compagnon Edward Grim :

> *De ce temps, il se contenta de légumes et de provende plus grossière et, renonçant aux choses plus légères, il écarta furtivement de lui certains mets délicats. […] Il se plongeait aussi dans le ruisseau qui coulait entre les ateliers du monastère [de Pontigny] et là y restait plus longtemps que ne le peut tolérer la fragilité humaine. Le mal dont il souffrit par la suite révéla l'étendue des tourments corporels que lui infligea le froid extrême dans sa volonté de se purger des aiguillons du désir qui semblaient l'agiter. […] Il développa un abcès qui s'infecta jusqu'à l'intérieur de sa gorge et devint un ulcère. Il en soutint longtemps la douleur, avec bien des maux et des tracas, jusqu'à se remettre enfin après l'extraction de deux dents.*

Les lettres datant de son séjour à Pontigny trahissent son indignation. Et plus son exil se prolongea, plus il défendit sa rectitude avec indignation. Il rédigea de longues diatribes contre les principaux ministres d'Henri II, en particulier le ministre Richard de Lucy et Jocelin de Balliol, deux des auteurs des Constitutions de Clarendon. Le dimanche de la Pentecôte 1166, à Vézelay, il prononça un sermon enflammé menaçant d'excommunication la cohorte de ses ennemis en Angleterre.

Mais il aboyait plus qu'il ne mordait. Henri ne s'intéressait plus à lui que de temps à autre, étant sans cesse occupé par toutes sortes d'affaires dans ses différents États. Au fil des ans, sa querelle avec l'archevêque ne lui fut plus qu'un sujet d'agacement. Henri savait s'adapter. Il confia la charge de chancelier (mais non le titre) à Geoffrey Ridel, qui obtint à point nommé l'ancien poste de Becket en tant qu'archidiacre de Canterbury. Le roi poursuivait ses guerres d'usure frontalières contre Louis VII et divers vassaux rebelles. Il se lança à la conquête de la Bretagne, établit des alliances sur les marches orientales et méridionales des domaines Plantagenêts, des Alpes au royaume normand de Sicile, dut faire face à des révoltes en Aquitaine et repoussa une attaque française à la lisière de la Normandie. La plume incendiaire de Becket pouvait bien l'attaquer sans merci, Henri, roi d'Angleterre, duc de Normandie et d'Aquitaine et comte d'Anjou, avait d'autres soucis à la fin des années 1160 que son ancien et suffisant chancelier devenu végétarien dans l'arrière-pays français.

En septembre 1167, l'impératrice Mathilde tomba malade et mourut. Elle avait soixante-cinq ans. Au cours des treize premières années du règne d'Henri, elle s'était montrée une source de conseils avisés et d'informations utiles en politique – en particulier à propos du Saint Empire romain germanique, où elle avait passé sa jeunesse. En tant que grande dame de Normandie, tous les puissants d'Europe l'avaient approchée en quête de conseil et de médiation, même Louis VII, qui reconnaissait son autorité pour tout ce qui concernait Rouen. Elle avait fait la preuve de sa sagesse quand elle avait poussé Henri à ne pas nommer Becket à Canterbury en 1162, et quelques mois avant sa mort, elle jouait encore un rôle politique essentiel, s'efforçant de réconcilier son fils avec Louis, alors que les relations entre les deux rois s'envenimaient.

Mathilde mourut entourée des moines du Bec, parmi lesquels elle avait vécu sa longue retraite. Les frères cousirent son corps dans une peau de bœuf et l'enterrèrent au cours d'une cérémonie fastueuse. C'était une juste récompense pour tous les magnifiques trésors dont elle avait fait don à leur église abbatiale : deux lourdes couronnes d'or venues d'Allemagne, des autels portatifs de marbre et d'argent, et sa propre superbe cape impériale bordée d'or. Elle mourut en digne fille, épouse et mère de trois Henri flamboyants : Henri Ier roi d'Angleterre, Henri V Saint Empereur romain, et Henri Plantagenêt, le puissant seigneur féodal qui avait manqué les éclipser tous. Si deux de ses fils l'avaient précédée dans la mort – Geoffroy en 1158 et Guillaume mort soudainement en 1164 –, elle laissait derrière elle nombre de petits-enfants prêts à régner un jour ensemble sur toute l'Europe.

La mort de Mathilde signifia la fin d'une génération. En 1168, Robert, comte de Leicester, décéda à son tour. Sa défection en faveur d'Henri en 1153 avait été un moment clé dans la lutte pour la Couronne d'Angleterre, et depuis 1154, il avait servi comme ministre du roi. Un par un, les vétérans de la guerre civile s'éteignaient, tandis que les ambitions d'Henri, elles, arrivaient à maturité. Sa confiance en soi était à son apogée. D'après Jean de Salisbury, Henri, en 1168, se serait exclamé que « maintenant, enfin, il s'était assuré l'autorité de son grand-père [Henri Ier], qui était roi de sa propre terre, légat papal, patriarche, empereur et tout ce qu'il avait souhaité ». Il avait famille, royaume et sécurité. Il était temps de penser à l'avenir.

Aliénor donna naissance à son dernier enfant viable en 1167. Le garçon fut prénommé Jean : les Plantagenêts avaient désormais sept enfants, dont trois filles. Aliénor avait quarante-trois ans à la naissance de Jean, un accomplissement tant en termes de fertilité que sur le plan politique. Car par ces sept enfants, Henri pouvait commencer à étendre les branches de sa dynastie dans toute l'Europe. Leur avenir était, littéralement, celui de l'empire Plantagenêt, et les arrangements matrimoniaux dont ils feraient l'objet façonneraient en grande partie le monde occidental jusqu'à la fin du siècle.

À la fin des années 1160, le principal souci d'Henri était d'établir des relations stables avec un Louis VII de plus en plus belliqueux. En août 1165, la troisième épouse du roi de France, Adèle de Champagne, accoucha enfin d'un fils : Philippe. Cette naissance tant attendue d'un héritier au trône capétien fut accueillie par des scènes de liesse dans les rues de Paris, et c'était comme si un poids avait été ôté des épaules de Louis. Mais si la naissance de Philippe fut un soulagement, elle joua aussi le rôle de catalyseur. Le roi de France s'inquiétait de l'avenir et redoutait l'idée de léguer à son fils un domaine royal sévèrement amoindri tant en territoire qu'en prestige. Il chercha alors des moyens de tenir la dragée haute au roi d'Angleterre à la moindre occasion – en accordant l'asile à Becket, entre autres. Les échauffourées sur leurs marches communes dégénérèrent en escalade militaire, et Louis commença à encourager la dissension chez les sujets les plus rétifs d'Henri : le roi des Écossais, les princes gallois dépossédés en 1157 et les Bretons qui regimbaient depuis la conquête de leur duché par les Anglais. Le rôle de Louis en tant que phare de l'opposition à la suzeraineté continentale d'Henri ne passa pas inaperçu des barons d'Aquitaine, à commencer par le comte d'Angoulême et le comte de la Marche, qui envisageaient tous deux de faire allégeance au roi de France.

Tout cela obligea Henri à réfléchir soigneusement à ses projets d'avenir en prenant en compte les sensibilités de son rival capétien. Un an après la mort de l'impératrice – et peut-être était-ce un hommage approprié –, Henri envoya sa fille aînée Mathilde épouser Henri le Lion, duc de Saxe et de Bavière, préservant ainsi les liens entre la Couronne d'Angleterre et les États allemands. Mais ayant quatre frères, il était peu probable que cette Mathilde-là soit un jour rappelée d'Allemagne pour défendre la cause des Plantagenêts en Angleterre. Dans les projets d'Henri II, cet honneur était dévolu à son fils aîné, qui portait son nom. En 1162 et 1163, Henri le Jeune avait déjà reçu l'hommage des barons anglais, du roi d'Écosse et des princes gallois. Le plan du roi, qui prévoyait de faire couronner son fils *rex designatus,* avait été contrarié par sa querelle avec Becket, puisque seul un archevêque de Canterbury pouvait couronner un roi d'Angleterre. Malgré tout, Henri II ne faisait pas mystère de son intention de voir un jour son fils gouverner le domaine Plantagenêt : l'Angleterre, la Normandie et l'Anjou. Henri le Jeune dirigerait et commanderait l'essentiel des possessions de son père.

En 1168, tout le duché de Bretagne faisait partie de ces possessions. Grâce à sa stratégie qui, pendant presque dix ans, avait consisté à appliquer sans relâche une pression à la fois politique et militaire, Henri II avait réussi à marier son troisième fils, Geoffroy, à Constance, fille unique de Conan IV, duc de Bretagne. Puis il avait contraint le duc à abdiquer. En échange, il lui laissait le comté de Richmond, en Angleterre, où il put se retirer. Et il prit le contrôle de la Bretagne au nom de son fils, décrétant que quand ce dernier serait en âge, il régnerait en tant que duc de Bretagne, féal de son frère aîné, lequel rendrait hommage pour la province au roi de France. Jusqu'à la majorité de Geoffroy, ce serait son père qui gouvernerait personnellement la Bretagne.

Des quatre enfants les plus âgés, il ne restait que Richard. Le deuxième fils d'Henri était un enfant du sud, comme l'atteste son nom, plus fréquent dans les environs de Poitiers qu'à Rouen ou Chinon. De tous, il était le plus proche de sa mère, et il fut donc décidé qu'il hériterait de sa part de l'empire Plantagenêt : le duché d'Aquitaine et le comté du Poitou. Aliénor, voyant approcher la fin de ses années de fertilité, nourrissait l'ambition de rentrer en Aquitaine et d'y gouverner en tant que la duchesse qu'elle n'avait jamais cessé d'être. Ce qui, avec Richard à ses côtés, devenait une possibilité.

L'indépendance de l'Aquitaine comptait encore beaucoup pour Louis VII, puisqu'il en avait perdu le contrôle quand Aliénor avait épousé Henri en 1162. Aussi le roi d'Angleterre proposa-t-il que Richard tienne l'Aquitaine directement de la Couronne de France, l'éloignant ainsi des autres domaines Plantagenêts. Cerise sur le gâteau, Henri offrit également de marier Richard à Adèle, fille de Louis née en 1160.

Il présenta son plan au roi de France à Montmirail, dans le Maine, lors d'une rencontre qui s'y tint en janvier 1169. C'était un accord d'une indéniable générosité, tant pour les fils d'Henri que pour Louis lui-même. Henri brûlait certes de se bâtir un empire de son vivant, mais il prouvait en même temps au Capétien qu'il n'avait aucunement l'intention que ses immenses domaines restent éternellement interconnectés. Il ne s'agissait pas d'un empire au sens propre du terme – des territoires censés être unis pour toujours et gouvernés comme un ensemble. C'était plutôt une fédération, dont les liens pouvaient être assouplis ou resserrés selon besoin. Ni l'Aquitaine ni la Bretagne ne devaient fusionner en un vaste bloc territorial permanent sous la férule de la Couronne d'Angleterre. Avec la partition que proposait Henri, son règne aurait eu pour effet durable d'unir l'Anjou à l'Angleterre et la Normandie, de consolider vaguement le pouvoir central en Aquitaine et de modifier la relation féodale entre la Bretagne et la Couronne de France. Quand Henri suivrait sa mère dans l'au-delà, on reviendrait à la situation qui prévalait en 1152.

On était loin des angoisses de Louis VII, qui redoutait l'avènement d'un empire Plantagenêt perpétuel capable, sous la direction de la Couronne d'Angleterre, de dépouiller Paris. Montmirail se conclut par une trêve entre les deux rois et un réaménagement des relations féodales à venir, représentant une pause bienvenue dans la guerre d'usure qu'ils s'étaient livrée avant leur rencontre. Henri avait fait campagne à travers la Bretagne et l'Aquitaine en 1167 et 1168, écrasant des rebelles qui s'étaient soulevés contre sa suzeraineté. Il avait également ravagé des terres qui appartenaient à des vassaux de Louis sur les frontières de la Normandie et du Perche. Même en ce XIIe siècle où sièges et escarmouches, destructions, pillages et chevauchées étaient monnaie courante, les hostilités n'avaient que trop duré.

Et dans certaines conditions, Montmirail aurait pu ouvrir la voie à une période sans précédent de paix et de concorde entre les deux rois. Mais une question ne pouvait être résolue à la table des négociations dans cette imposante forteresse française : celle de Thomas Becket.

À Montmirail, Becket et Henri se retrouvèrent face à face pour la première fois depuis leur grande rupture. Leurs retrouvailles avaient été orchestrées dans l'esprit de paix qui avait entouré toute la rencontre. Ayant subi de graves pressions diplomatiques, Becket avait été poussé à venir voir Henri afin de lui présenter des excuses et de mettre un terme à cette querelle dommageable qui traînait depuis cinq ans.

Malheureusement, Becket montra au roi qu'il n'avait nullement changé durant son exil. Herbert de Bosham assista à la rencontre entre le roi et son ancien archevêque.

> *L'archevêque fut mené devant les rois, avec […] si grande foule autour de lui désirant lui parler. […] L'archevêque se coucha immédiatement à plat ventre aux pieds du roi. […] Mais dès qu'il se fut couché à ses pieds, le roi le prit dans ses bras et le fit lever.*
>
> *Alors, debout devant le roi, l'archevêque commença avec humilité et ferveur à solliciter la miséricorde royale envers l'Église qui lui avait été confiée bien qu'il eût été, dit-il, un indigne pêcheur. Comme est l'usage des justes, au début de son discours, il s'estima fautif et attribua le grand trouble et la dure affliction de l'Église à ses seuls manquements. Et dans sa conclusion, il dit : « Aussi, mon seigneur, concernant toute l'affaire entre vous et moi, je me rends lors à votre merci et votre jugement devant notre seigneur le roi de France, et les évêques et autres ici présents. » Mais à la surprise du roi, des médiateurs et de ses propres partisans, il ajouta : « pour l'honneur de Dieu. »*

C'était du Becket caractéristique. À Montmirail, les médiateurs l'avaient longuement sermonné, l'avertissant de ne pas conclure son apologie par une phrase aussi incendiaire. C'était en effet le fameux « pour notre ordre » qui avait été à l'origine des violentes discussions sur les Constitutions de Clarendon, et Becket ne trompait personne en lui substituant « pour l'honneur de Dieu ». Dès qu'il entendit la conclusion de l'archevêque, Henri sut que rien n'avait changé. « Le roi fut grandement offensé et brûla de colère envers [lui], l'abreuvant d'insultes, le condamnant fortement, lui reprochant plus encore, l'invectivant, l'accusant d'orgueil et de morgue, d'oubli et d'ingratitude pour tous les bienfaits royaux qui lui avaient été accordés, » écrivit Herbert de Bosham, qui remarqua que même le roi de France semblait lassé de l'intransigeance de Becket, puisqu'il lui demanda : « Seigneur archevêque, souhaitez-vous donc être plus qu'un saint ? » La conférence de paix se termina par des accords territoriaux rondement menés, mais sans qu'ait été réglé le conflit entre Becket et Henri II.

« Souhaitez-vous donc être plus qu'un saint ? » Des paroles prémonitoires de la part de Louis VII. N'ayant pu se réconcilier à Montmirail, Henri et Becket tentèrent une nouvelle fois de parvenir à s'entendre à Montmartre en novembre 1169. Ce fut un échec lamentable. Cette fois, Henri n'était pas prêt à lui offrir le baiser de la paix. Car Becket avait menacé d'interdit toute l'Angleterre et œuvrait auprès du pape afin qu'il l'appuie dans ses menaces. Dans le contexte des projets d'Henri pour sa succession, l'archevêque devenait de plus en plus gênant.

En juillet 1170, Henri, téméraire, décida de passer à l'action. Rentrant en Angleterre avec son fils aîné et plusieurs évêques normands, il se rendit à l'abbaye de Westminster et fit couronner Henri le Jeune *rex designatus* par l'archevêque d'York, Roger de Pont-l'Évêque. Quelque dix autres évêques furent témoins de la cérémonie.

Quand Becket eut vent de ce scandaleux empiétement sur ses prérogatives, il devint furieux. Après une courte période de paix précaire, le 30 novembre 1170, lui aussi traversa la Manche avec l'intention de châtier ceux des évêques qui avaient participé à ce couronnement irrégulier. Le jour de Noël, depuis la chaire de la cathédrale de Canterbury, il se lança dans un sermon au vitriol, excommuniant pratiquement quiconque lui avait jamais porté tort.

Puis il prononça de terribles sentences contre ceux qui avaient assisté au couronnement d'Henri le Jeune.

Henri passait Noël avec sa cour à Bures, en Basse-Normandie, lorsqu'on lui fit part des agissements provocateurs et indécents de Becket. En apprenant la nouvelle, il proféra une des phrases les plus tristement célèbres de l'Histoire : « *Eh ! Quoi, parmi tous ces lâches que je nourris, aucun n'est donc capable de me venger de ce misérable clerc !* » *(Phrase souvent et incorrectement transformée en :* « N'y aura-t-il personne pour me débarrasser de ce prêtre turbulent ? »)

Quatre jours plus tard, l'archevêque était assassiné. Le 29 décembre, quatre hommes lourdement armés pénétrèrent en force dans la cathédrale de Canterbury en fracassant une porte latérale à coups de hache. Thomas Becket les attendait à l'intérieur. Ils étaient hors d'eux. Lui était désarmé. Quand ils voulurent l'arrêter, il résista. Ils lui fendirent le crâne et piétinèrent sa cervelle de leurs bottes.

Les quatre chevaliers qui avaient tué Becket pensaient apparemment que c'était ce que le roi attendait d'eux. Une conviction qui se répandit dans le royaume stupéfait dans les semaines et les mois qui suivirent la mort de l'archevêque. Henri, qui s'imaginait peu de temps encore auparavant le plus grand homme d'Europe et l'héritier d'Henri Ier, se retrouvait soudain ostracisé. Le meurtre avait horrifié non seulement l'Église, mais aussi toute la société européenne. Il semblait probable que le pape Alexandre – qui refusa d'adresser la parole à un Anglais pendant une semaine après avoir appris la nouvelle du décès de Becket – excommunierait Henri. La roue de la fortune tournait sans merci. La position du roi, si méticuleusement édifiée grâce à un mélange d'habileté politique et de gestion dynamique, était brutalement réduite à néant, tout cela pour quelques mots lâchés sous le coup de la colère.

Subissant brusquement la pression la plus intense qu'il ait jamais connue de toute sa carrière politique, le roi n'eut d'autre ressource que de fuir. Il se réfugia dans un coin de son empire où personne n'irait sans doute le chercher : l'Irlande.

Il débarqua à Waterford en octobre 1171 et séjourna en Irlande jusqu'à l'année suivante. Une diversion politique qui s'avéra utile, puisqu'elle lui permit d'étendre son influence jusqu'à la lisière occidentale des îles Britanniques, tout en ayant l'avantage de le tenir loin de la scène européenne tandis que se répandait l'horreur suscitée par le meurtre de l'archevêque.

En Irlande, la situation était complexe. Si Henri avait obtenu du pape Adrien IV la vague autorisation d'envahir l'île en 1155, la question ne l'avait jamais vraiment préoccupé. Puis l'Irlande avait sombré dans la guerre civile. Le roi de Leinster, Diarmait MacMurchada, avait été déposé par une coalition d'ennemis emmenés par Rory O'Connor et contraint de s'exiler en Angleterre. Henri lui avait permis de recruter une force d'invasion parmi les barons anglo-normands, et Diarmait en avait fait bon usage. Il avait reconquis son trône et généreusement récompensé les barons qui l'avaient aidé. Parmi eux se trouvait Richard FitzGilbert de Clare, fils de l'ancien comte de Pembroke, dont le surnom de Strongbow (Arc-Fort) était réputé dans toute l'Europe. Peu à peu, Diarmait, Strongbow et leurs alliés se muaient en colonisateurs de l'Irlande, s'arrogeant un pouvoir autonome qui avait le don d'inquiéter Henri, qui considérait ces hommes comme ses vassaux et ses sujets. Strongbow était particulièrement dangereux. Grand et beau, il avait toutes les qualités d'un homme d'État et suscitait le respect et l'admiration de ceux qui rapportèrent ses exploits, comme Giraud de Barri. Il avait épousé Ève, la fille de Diarmait, et quand celui-ci mourut en mai 1171, il hérita de Leinster et de vastes territoires dans le sud de l'Irlande.

Henri arriva, accompagné d'une imposante armée, équipée de machines de guerre. Mais ce n'était qu'une démonstration de force, plutôt qu'une véritable opération destinée à chasser d'Irlande des hommes comme Strongbow. Henri se contenta de faire reconnaître son autorité, ce qu'il obtint quand tous les seigneurs qui avaient envahi l'Irlande, ainsi qu'un grand nombre de princes locaux, lui firent allégeance. Strongbow fut dépouillé de ses terres et de ses titres, puis les récupéra presque tous, mais en tant que fiefs que lui concédait explicitement le roi d'Angleterre. Sa suzeraineté et la hiérarchie féodale étant ainsi fermement établies, l'esprit épris d'ordre d'Henri était satisfait.

En tout, il passa six mois en Irlande, où il réorganisa les juridictions et consolida ses droits et prérogatives en tant que grand roi[1].

---

1. « *Ard rí* », littéralement « Haut roi », titre donné traditionnellement au souverain régnant sur toute l'Irlande (NdT).

Entre-temps, l'horreur qu'avait éprouvée toute la chrétienté après le meurtre de Becket commençait à se dissiper. Le pape Alexandre III en revint à de meilleurs sentiments, assez, du moins, pour écrire à Henri et le féliciter pour ses actions en Irlande. Il dit aux évêques irlandais que le roi était « notre fils le plus cher en Christ », qui avait « soumis cette race barbare et grossière, ignorante de la loi divine », et leur ordonna de l'aider de leur mieux. Au printemps 1172, la réhabilitation partielle d'Henri lui permit de revenir sur le continent pour se réconcilier avec l'Église dans le cadre d'une rencontre qui resta connue sous le nom de compromis d'Avranches.

Ce compromis mit fin à la pénible rupture entre la Couronne d'Angleterre et l'Église. Il s'agissait d'un accord temporel qui stipulait qu'il pouvait y avoir un concordat entre l'Église et l'État, tout en évitant la plupart des questions pratiques qui auraient pu effectivement aboutir à un tel résultat. Henri dut renoncer à ce que les évêques anglais respectent à la lettre les Constitutions de Clarendon, et s'engagea même à partir en croisade. L'accord offrait à toutes les parties le moyen de continuer à gérer leurs affaires sans perdre la face et sans conflit. Pourtant, certains contemporains estimaient qu'Henri aurait malgré tout dû être châtié pour ses paroles terribles du Noël 1170.

Châtié, il le fut en effet. Mais ce fut un châtiment divin. Un an après le compromis d'Avranches, selon la Chronique de l'abbaye de Battle, « le Seigneur, pour son martyre, semblait réclamer vengeance pour le sang de l'innocent ». Le châtiment frappa là où le roi était le plus sensible : dans sa famille.

Le nid de l'Aigle

La rébellion qui secoua les Plantagenêts en 1173, au lendemain de l'affaire Becket, constitua la crise la plus grave à laquelle dut faire face Henri durant son règne. Soudainement, son épouse et ses trois fils aînés prirent les armes contre le souverain de trente-neuf ans. S'appuyant sur une alliance hétéroclite comptant certains des hommes les plus puissants de la chrétienté, les enfants Plantagenêts mobilisèrent des troupes et occupèrent des châteaux un peu partout dans les immenses domaines de la famille. Pris au dépourvu, Henri ne tarda pas à comprendre qu'il était confronté à une opposition unie dans toute l'Europe, galvanisée par l'implication de sa propre famille. Il se vit contraint de se battre sur plusieurs fronts pendant plus d'un an alors que sa mosaïque de territoires tremblait sur ses bases et menaçait de s'écrouler. Plus tard, il comparerait l'expérience à celle d'un aigle agressé et dévoré par ses propres petits.

Tout commença par Henri le Jeune. Au début de 1173, il était sur le point de fêter son dix-huitième anniversaire, à l'aube de l'âge d'homme, et marié à la princesse Marguerite, fille de Louis VII. Les chroniqueurs nous ont laissé de lui le portrait d'un jeune homme irresponsable et oisif. Blond, de grande taille et de belle apparence, il avait des manières très raffinées. Cavalier accompli, passionné de tournois, il était entouré d'un aréopage de fidèles qui le poussaient dans ses ambitions chevaleresques. Il avait été sacré à deux reprises, son couronnement controversé des mains de Roger, archevêque d'York, ayant été suivi en août 1172 d'une deuxième cérémonie à Winchester, durant laquelle son épouse avait été couronnée avec lui. Les deux fois, il avait été oint du saint chrême, et traité avec un immense respect par une foule de chevaliers. Lors de l'un des banquets de couronnement, son père en personne l'avait servi à table. Le jeune roi se délectait de sa propre magnificence et était généralement considéré comme arrogant, cupide et désinvolte.

Paradoxalement, en dépit de sa position élevée en tant qu'héritier de son père, Henri le Jeune se voyait refuser les véritables avantages de la royauté. Henri II prévoyait de lui confier en succession l'Angleterre, la Normandie et l'Anjou. Mais à l'approche de sa majorité, son accès aux revenus fonciers et au pouvoir, l'essence de la royauté, restait sévèrement limité. Bien que doté de titres, il n'avait jamais été vraiment investi dans la gestion des terres et revenus du royaume, du duché et du comté. Il était criblé de dettes, vivant comme un souverain entouré de courtisans alors qu'il n'en avait pas les moyens. Et il était blessé dans son orgueil. Henri II avait seize ans quand les pleins pouvoirs lui avaient été transmis pour le duché de Normandie. Le jeune roi, lui, avait près de deux ans de plus et, virtuellement, ne contrôlait rien. Son beau-père Louis VII sut jouer à merveille de son sentiment de frustration alors qu'il attendait toujours son héritage.

La rupture entre son père et lui fut la conséquence des arrangements pris par le roi pour le mariage de Jean, son benjamin âgé de six ans. Afin de le doter, son père lui offrit trois châteaux : Chinon, Loudon et Mirebeau. Des places fortes importantes sur le plan stratégique. Chinon, en particulier, occupait une place vitale au cœur du pouvoir Plantagenêt, et Henri le Jeune y voyait la clé de son patrimoine légitime. Il estimait donc qu'en les confiant à Jean, son père fragilisait ce qui serait l'assise de son propre pouvoir. Quelques jours plus tard, Henri le Jeune, ulcéré, faussa compagnie à son père et chevaucha jusqu'à la cour du roi de France. La rébellion avait commencé.

La querelle entre le roi et son fils aîné était compréhensible, pour ne pas dire inévitable. Mais la situation s'aggrava sérieusement pour Henri II quand Richard (qui avait quinze ans) et Geoffroy (qui en avait quatorze) se joignirent au soulèvement, galopant aux côtés de leur mère pour retrouver Louis VII à Poitiers. « Les fils prirent les armes contre leur père au moment même où, partout, les chrétiens les déposaient en l'honneur de Pâques », écrivit le chroniqueur Raoul de Dicet. Pour beaucoup, la responsable était

Aliénor d'Aquitaine, soupçonnée d'avoir incité ses plus jeunes fils à se joindre à la révolte contre le roi. C'est en tout cas ce que semble avoir cru Henri II lui-même, puisqu'il demanda à l'archevêque de Rouen d'adresser une lettre à son épouse lui rappelant ses obligations et l'invitant à « rentrer avec vos fils auprès de votre époux que vous vous devez d'obéir et aux côtés de qui il est de votre devoir de vivre ».

Encore aujourd'hui, la raison du retournement d'Aliénor après une si longue période de loyauté et de discrétion reste un mystère. On a évoqué son dépit d'avoir été mise à l'écart par son mari au profit de Rosemonde Clifford, sa maîtresse (ce que les faits ne confirment pas), ou son ressentiment face à l'influence de la mère d'Henri II, l'impératrice Mathilde (ce qui est absurde, puisque Mathilde était morte en 1167). Il est probable qu'elle ait eu des griefs plus substantiels.

En 1173, Aliénor était aussi déçue sur le plan politique que son fils aîné. En quinze ans de mariage, elle avait passé le plus clair de son temps à faire des enfants au roi. Depuis la naissance de Jean, cette période de sa vie était terminée, et elle avait endossé un nouveau rôle dans la grandiose fédération Plantagenêt. Elle avait repris sa place de duchesse d'Aquitaine et tenait les rênes politiques du grand quart sud-ouest de l'empire, qu'elle avait offert à son époux en dot. Mais en 1173, comme Henri le Jeune, elle devait se rendre à l'évidence : son rôle politique était réduit à la portion congrue par la réalité de la vie avec Henri II. Bien qu'exerçant effectivement les fonctions de duchesse d'Aquitaine, elle perdait peu à peu le contrôle indépendant de son domaine. Faisant fi des prérogatives de son épouse sur son propre duché, Henri avait entrepris de disposer comme il l'entendait de certaines régions d'Aquitaine. Il donna en dot la Gascogne à leur fille Aliénor quand elle épousa le roi de Castille. Puis, dans le cadre d'un accord de paix avec Raymond, comte de Toulouse, il obligea ce dernier à rendre hommage à Henri le Jeune – lequel n'avait aucun droit sur l'Aquitaine. Par ce geste, Aliénor sut que son mari commençait à considérer son duché comme un sujet de la Couronne anglo-normande plutôt que comme un élément autonome de l'ensemble des possessions Plantagenêts. Comme son fils aîné, Aliénor se dit que son pouvoir n'était en fait qu'une cosse vide. Elle décida donc de se rebeller pour le regagner.

Sa révolte n'était pas motivée que par des intérêts égoïstes, car pour Aliénor, l'indépendance de l'Aquitaine n'était pas simple affaire de prestige personnel. C'était aussi une question vitale pour son fils favori, Richard. Conformément au projet de succession d'Henri II, Richard était censé devenir duc d'Aquitaine. À cette fin, il avait été fait comte du Poitou en 1170 – première étape naturelle menant au statut de duc. Aliénor avait mis en place un conseil de régence pour son fils et s'intéressait de près à son apprentissage politique. Ils partageaient donc les mêmes inquiétudes : quand il aurait dix-huit ans, Richard devrait-il mendier les miettes d'une quelconque autorité sur le duché que sa mère lui apprenait à gouverner ? Cette perspective serait aussi intolérable pour l'un que pour l'autre.

Aussi entra-t-elle en rébellion et commença-t-elle, avec ses fils, à envisager de former une formidable coalition avec l'homme dont elle n'aurait jamais cru qu'elle se rapprocherait de nouveau au fil de sa longue vie : son ancien mari, Louis VII. À la fin de février, elle sella son cheval et partit pour Paris, où ses trois fils, Henri, Richard et Geoffroy étaient déjà confortablement installés auprès du roi de France.

Pour la deuxième fois de sa vie, elle traversait la campagne française au mépris du danger. Le chroniqueur Gervais de Canterbury nous raconte que pour passer incognito, Aliénor se déguisa en homme. Quittant le château de Faye-la-Vineuse, près de Poitiers, elle fit route vers Chartres. Malgré son déguisement, elle n'atteignit pas sa destination. Aliénor avait désormais presque cinquante ans, elle n'était plus cette jeune femme pleine de santé qui avait échappé à plusieurs maris potentiels quand elle s'était enfuie pour retrouver Henri en 1152. Au cours de son trajet, elle fut reconnue, arrêtée par des agents de son époux et emmenée au château de Chinon. Quand les chroniqueurs du moment, incrédules, apprirent qu'elle avait été capturée portant des vêtements masculins, la nouvelle fit scandale.

Arrêtée très rapidement, elle avait cependant déjà réussi à envoyer ses fils rejoindre le roi de France. Dès qu'Henri II eut vent de leur trahison, il dépêcha des messagers à Paris afin d'ordonner à ses garçons de revenir à la raison. Les messagers trouvèrent Henri le Jeune en compagnie de Louis VII et annoncèrent qu'ils venaient pour le ramener auprès de son père, Louis VII intervint : « Qui le demande ?

— Le roi d'Angleterre.

— Que nenni, répliqua Louis en regardant le jeune Henri. Le roi d'Angleterre est ici. »

Les deux camps se préparèrent pour une longue guerre. Louis VII et les fils Plantagenêt attirèrent autour d'eux une vaste coalition de mécontents, dont beaucoup furent appâtés par des promesses illusoires d'enrichissement une fois qu'Henri le Jeune aurait reconquis ses possessions. Débordant de fierté quand Louis VII lui fit faire un sceau spécial à son nom, Henri le Jeune s'en servit promptement. Il distribua – sur le papier – tout le comté du Kent, de même que d'importants territoires à Mortain et en Touraine, et des milliers de livres de revenu. Séduits par de tels présents, Philippe, comte de Flandre, Mathieu, comte de Boulogne, et Thibaud, comte de Blois, se joignirent avec enthousiasme à l'aventure.

En Angleterre, ils furent soutenus par Robert III de Beaumont, comte de Leicester, fils de Robert II, qui avait fidèlement servi Henri II en tant que ministre jusqu'à sa mort, quelques années plus tôt. Plusieurs seigneurs du nord et l'évêque de Durham se rallièrent également à la révolte, tout comme Hugues Bigot, comte de Norfolk. Enfin, les rebelles s'assurèrent du concours de Guillaume le Lion, roi d'Écosse, qui avait succédé à son père en 1165 – un homme qu'Henri II détestait tant que la seule mention de son nom sous un jour favorable avait suffi à le faire entrer dans une rage noire, au point, dit-on, de se rouler par terre dans sa chambre et de manger la paille de son matelas. Guillaume se vit promettre toutes les terres qu'avait occupées son prédécesseur Malcolm IV en Angleterre du temps de l'Anarchie.

Cette distribution de fiefs et d'honneurs montre bien toute l'immaturité d'Henri le Jeune, et à quel point il n'entendait rien à la royauté. Tout au long de la Grande Révolte, qui dura pendant dix-huit mois, il ne servit que de marionnette à Louis VII et ceux de ses alliés qui rêvaient de rogner sur le pouvoir des Plantagenêts où que ce soit.

La première phase de la guerre se déroula pendant le printemps et l'été 1173. En mai, les rebelles attaquèrent des villes du Vexin, sans succès. En juin et juillet, ils s'emparèrent d'Aumale et Driencourt

– mais lors de cette dernière bataille, Mathieu de Boulogne fut tué par une flèche tirée depuis les remparts du château. En juillet, Louis VII et Henri le Jeune assiégèrent Verneuil, mais la ville résista assez longtemps pour qu'Henri II arrive à la rescousse. Les troupes rebelles s'enfuirent, et leur arrière-garde fut massacrée par les soldats du roi d'Angleterre.

Entre-temps, à la fin de juin, les Écossais étaient passés à l'attaque en Northumbrie. Une campagne qui ne fut guère brillante. Ils ne purent s'emparer des châteaux de Wark ou Warkworth, ravagèrent vainement la région autour de Newcastle-upon-Tyne et s'engagèrent dans une vaste mêlée sanglante sous les imposants murs de pierre de Carlisle. Les forces loyalistes, commandées par le châtelain Robert de Vaux, se battirent courageusement, subtilisant aux Écossais suffisamment de vivres et de butin pour soutenir le siège qui s'ensuivit. Quand ils surent qu'une armée royale approchait par le sud, sous le commandement du ministre Richard de Lucy, les Écossais se débandèrent et s'en furent causer des dégâts mineurs le long de la frontière.

En 1173, les rebelles appliquèrent une stratégie élémentaire qui ne leur rapporta rien. Ils tentèrent d'ouvrir plusieurs fronts pour désorienter Henri et lui asséner le coup de grâce quand il serait occupé ailleurs. Or, c'était lui donner l'occasion d'exploiter ce qui avait toujours été son point fort : sa capacité à se déplacer à vive allure dans ses domaines, à mener des actions décisives et à déployer des unités de mercenaires avec une redoutable précision pour briser toute résistance. Il mena ses troupes à un train d'enfer – traversant par exemple toute la Normandie de Rouen à Dol en deux jours. Ses armées comprenaient de terribles mercenaires du Brabant, coûteux, mais extrêmement efficaces, mobiles et sans pitié. Henri écrivit qu'il les préférait car ils étaient doués au combat, sans peur dans l'attaque, et d'une férocité surpassant celle de bêtes sauvages.

La tactique énergique d'Henri ne fit pas qu'intimider ses adversaires les moins déterminés ; elle démontra aussi que le roi de France était un piètre général et un chef mou et sans charisme. Une réalité dont Henri prit rapidement conscience, et qu'il s'efforça d'exploiter au mieux, offrant à ses fils des conditions généreuses afin qu'ils déposent les armes lors de pourparlers de paix qui se tinrent à Gisors. Mais les négociations tournèrent court quand Robert, comte de Leicester, qui avait rejoint les rebelles, fit une scène, tirant son épée et agonissant Henri d'obscénités. Il restait encore assez d'opposants au roi dans ses vastes domaines pour que la guerre se poursuive tout au long de l'été.

Alors que le conflit continuait sur plusieurs fronts, Henri sut tirer parti des grandes compétences de ses subordonnés. En tant que suzerain, il avait placé chacun de ses territoires sous l'administration de personnalités de talent, capables de veiller au bon fonctionnement du gouvernement en son absence. Contrairement à ses fils et leurs alliés, il n'avait pas besoin de corrompre les gens pour qu'ils défendent sa cause. Des hommes comme Richard de Lucy, *justiciar*[1] d'Angleterre, soutenaient surtout leur roi par loyauté et par respect pour les liens de la subordination. Et en dépit du passé, l'Église aussi l'appuya.

En septembre, l'Angleterre devint le principal théâtre des opérations. Là, le comte de Leicester et un autre baron rebelle, Hugues Bigot, recrutèrent des bandes de tisserands flamands devenus mercenaires et voulurent mettre le pays à feu et à sang. Ils débarquèrent à Framlingham et tentèrent de gagner le nord-ouest par l'Est-Anglie pour atteindre les Midlands. Les plaines glaciales et désolées résonnaient du chant martial des soldats de fortune qui avançaient dans la campagne.

Quiconque avait encore en mémoire les jours sombres de l'Anarchie dut éprouver quelque appréhension au retour des Flamands en Angleterre. À Dunwich, femmes et enfants bombardèrent de pierres l'armée rebelle. Richard de Lucy s'assura le soutien de nombreux nobles anglais, mais il ne s'en retrouva pas moins à un contre quatre quand il livra bataille à l'ennemi dans les marais de Fornham, près de Bury St Edmunds. Les loyalistes y remportèrent une victoire écrasante, dispersant les chevaliers du comte tandis que les gens du cru s'en prenaient aux mercenaires. Beaucoup de ces derniers se noyèrent dans les tourbières marécageuses.

Avec l'hiver, le calme revint, la saison n'étant guère propice aux activités guerrières au Moyen Âge. Mais avec le retour du printemps en 1174, la guerre reprit. En Angleterre, la situation s'aggrava. Guillaume le Lion avait reconstitué ses forces pendant l'hiver. Les loyalistes essuyèrent une succession de revers

1. Équivalent de Premier ministre (NdT).

à Northampton, Nottingham et Leicester tandis que les choses stagnaient en Northumbrie. Pis encore, Philippe de Flandre avait juré sur une sainte relique qu'il lancerait une invasion à grande échelle de l'Angleterre avant le début de juillet 1174. Répondant aux suppliques répétées des grands du royaume, Henri quitta ses possessions continentales et fit voile vers l'Angleterre.

Il prit la mer à Barfleur en juillet 1174, à la tête d'une grande armée de mercenaires brabançons, et accompagné des femmes et des enfants de sa famille : la reine Marguerite, épouse d'Henri le Jeune, mais aussi ses deux plus jeunes enfants, Jeanne et Jean, et un certain nombre de prisonniers, dont sa propre épouse.

La mer était agitée, le vent violent et la houle mauvaise. Quand ses marins lui firent part de leur inquiétude, Henri rassembla son équipage et lui assura que si Dieu voulait qu'il récupère son royaume, Il les mènerait à bon port. Ce qu'Il fit.

La volonté de Dieu, c'était ce qu'Henri avait à l'esprit quand il arriva à Southampton. Avant de déclencher ses opérations militaires, il avait un objectif en tête, qui fut peut-être le coup de maître de toute sa campagne. Plutôt que de marcher immédiatement sur l'Est-Anglie, où Philippe de Flandre avait débarqué et où il regroupait ses forces, Henri se rendit à Canterbury.

De nature obstinée, il était également très sensible à l'image qu'il renvoyait. Il savait que beaucoup de gens pensait que le Seigneur l'avait confronté à la rébellion et à la discorde pour venger la mort de Becket. Il comprenait aussi que tant que la cause de la rébellion semblerait indissociable de celle de Thomas le martyr, tout espoir de paix serait vain.

Trois jours après avoir touché terre, il arriva à Canterbury avec la ferme intention d'offrir un grand spectacle à son public. Raoul de Dicet nous décrit la scène :

> *Quand il atteignit Canterbury, il sauta à bas de son cheval et, délaissant sa dignité royale, il prit l'apparence d'un pèlerin, un pénitent, un suppliant et, le vendredi 12 juillet, il se rendit à la cathédrale. Là, le visage baigné de larmes, poussant force gémissements et soupirs, il marcha jusqu'à la tombe du glorieux martyr. Il s'y allongea, bras écartés, et resta là longtemps en prière.*

Sous le regard de l'évêque de Londres, Henri prit Dieu à témoin, jura qu'il n'avait jamais souhaité la mort de Becket, mais concéda que par ses paroles imprudentes, il l'avait causée par inadvertance. Toujours selon Dicet :

> *Il demanda l'absolution des évêques présents, et soumit sa chair à la rude discipline des verges, recevant trois à cinq coups de chacun des prélats, assemblés là en grand nombre. […] Il passa le restant de la journée et toute la nuit suivante dans l'amertume de son âme, à prier sans sommeil, et continua son jeûne pendant trois jours. […] Il ne fait aucun doute qu'il avait ainsi apaisé le martyr.*

Aucun doute, en effet. Par cette incroyable démonstration de pénitence publique, Henri avait remporté la bataille la plus importante de la guerre, celle de la propagande. Les chroniques abondèrent en descriptions de ce grand roi prostré, à demi nu et ensanglanté, battu sans merci à coups de verges.

Et comme le souligna Dicet, Dieu et le martyr étaient à l'écoute. Loin de Canterbury, le matin où le souverain faisait pénitence, Guillaume le Lion se reposait, prenant son petit-déjeuner, son heaume posé à ses côtés. Le roi d'Écosse avait repris son offensive, débutée l'année précédente, contre les forteresses du nord qui lui avaient été promises en échange de sa participation au soulèvement. Le château de Wark avait résisté à de furieux assauts de piques et de corbeaux, au bombardement de catapultes et à une tentative d'incendie. Le Lion avait envoyé des troupes contre Carlisle et Prudhoe, encore une fois sans succès. Tout en mangeant, il réfléchissait à sa prochaine manœuvre, qui viserait la puissante forteresse d'Alnwick.

Alors, le désastre frappa. Une bande de chevaliers du Yorkshire, qui avaient pisté les Écossais de Prudhoe à Alnwick, lança une attaque surprise. Un violent combat éclata, au cours duquel tous les chevaliers écossais furent tués ou capturés. Guillaume le Lion compta au nombre des prisonniers.

Tard dans la nuit, alors qu'Henri était couché à Canterbury, la nouvelle de la capture de Guillaume à Alnwick lui parvint, apportée par un messager épuisé qui avait chevauché à bride abattue depuis le nord. Débordant de joie, le roi bondit de son lit et réveilla tous ses barons pour leur faire part de cette information incroyable. Il remercia Dieu et Thomas le martyr de cette bonne fortune. Par un seul coup du hasard, la rébellion était touchée en plein cœur.

Sa campagne militaire désormais réduite à une simple formalité, Henri put consolider son pouvoir en Angleterre et défit ses ennemis dans les Midlands et en Est-Anglie. Ceux qui n'avaient pas encore été écrasés se rendirent au monarque dès la fin du mois de juillet. Le 8 août 1174, Henri était de retour à Barfleur. Il n'avait quitté le continent que moins d'un mois.

Pendant ce temps, Henri le Jeune et Philippe de Flandre avaient fait une percée en Normandie et assiégeaient Rouen. C'était un pari majeur de la part d'Henri II : il espérait que les citoyens de Rouen tiendraient, le temps pour lui de briser rapidement toute opposition en Angleterre. Un pari judicieux. Alors, sûr de la victoire, il rassembla une nouvelle armée composée de féroces mercenaires gallois, outre ses chers Brabançons. Les Français ne tardèrent pas à lever le siège. Peu après, Louis VII demanda la paix.

C'en était fini de la Grande Révolte. « La paix fut rétablie après le naufrage du royaume, écrivit Robert Fitz-Neel, le trésorier d'Henri. Les hommes les plus puissants qui avaient conspiré [...] apprirent qu'il était difficile, voire impossible d'arracher la massue des mains d'Hercule. » Grâce à son talent de général, et à sa chance, Henri II avait surclassé le roi de France, mauvais stratège, et ses propres fils, inexpérimentés. Il avait survécu à la trahison de son épouse, dès lors enfermée dans un château en Angleterre. Il pouvait s'offrir le luxe de se montrer magnanime avec ses fils quand ils signèrent la paix à Montlouis en 1174.

Ayant fait la preuve de sa supériorité, Henri permit que quiconque s'était rebellé conserve ses terres et possessions telles qu'elles étaient quinze jours avant que ne débute le soulèvement. Il distribua à ses fils châteaux et revenus, mais pas le pouvoir qu'ils brûlaient tant d'obtenir, car Henri répugnait, on le comprend, à diviser ses possessions avant sa mort. Henri le Jeune reçut deux châteaux en Normandie et 15 000 livres de revenus d'Anjou[1]. En échange, il dut confirmer les châteaux frontaliers offerts en dot à Jean. Richard eut droit à deux domaines dans le Poitou et la moitié des revenus annuels du comté. Geoffroy se vit accorder la moitié des revenus annuels de Bretagne et des négociations eurent lieu afin d'officialiser son mariage avec Constance, l'héritière du duché. Puis Henri interdit à ses fils de réclamer davantage que

1. 15 000 livres angevines, soit environ 3 750 livres anglaises (NdT).

ce qu'il choisirait de leur donner, et envoya Richard et Geoffroy dans le Poitou et en Bretagne pour y étouffer les derniers feux de la révolte qu'ils avaient suscitée.

Il se montra moins clément, en revanche, avec les rebelles plus âgés. De tous, c'était à sa femme qu'il en voulait le plus. Aliénor avait profité de sa position de régente pour Richard en Aquitaine. Elle avait poussé ses trois fils aînés à se révolter contre leur père aussi froidement que son ancien mari à Paris. Et elle s'était insurgée contre la condition de son sexe et son statut. Henri l'avait d'abord emprisonnée à Chinon pendant des mois après la fin de la rébellion. Ensuite, en juillet, alors que la chaleur estivale cuisait les épaisses murailles de pierre, elle en fut retirée et transportée, en compagnie de deux rebelles anglais, les comtes de Leicester et Chester, jusqu'à Salisbury, en Angleterre. Sa prison était une cage dorée, et elle fut assignée à résidence dans divers châteaux du sud de l'Angleterre jusqu'à la fin du règne d'Henri II. Elle fit quelques apparitions à la cour au fil des ans, mais plus jamais Henri n'eut confiance en elle, et il en appela même brièvement au pape afin de demander le divorce. Il ne l'obtint cependant pas, et Aliénor vécut en exil loin du duché qu'elle aimait : un châtiment d'une cruauté soigneusement réfléchie.

Le dernier rebelle d'importance dont dut s'occuper Henri était Guillaume le Lion. Si Aliénor subit le traitement le plus cruel sur le plan psychologique pour le rôle qu'elle avait joué dans la rébellion, Guillaume, lui, paya le prix fort sur le plan politique. Le 1er décembre 1174, il fut contraint de signer le traité de Falaise. Scellé à York, il faisait de Guillaume le vassal direct d'Henri II et d'Henri le Jeune, lui confisquait des châteaux et imposait aux barons, évêques et clergé écossais qu'ils fassent serment d'allégeance à la Couronne et l'Église d'Angleterre. La Couronne écossaise se trouvait ainsi subordonnée à Londres, sa dignité officiellement foulée aux pieds.

Et ce n'était encore là qu'un châtiment mesuré car, au lendemain de la plus grande victoire militaire de sa carrière, le roi tenait moins à se venger qu'à restaurer son emprise sur ses États. Avec la paix de Montlouis, Henri venait de faire la démonstration tant de sa grandeur que de son habileté. Ce fut peut-être l'apogée de son règne.

Le triomphe d'Henri

Vers le milieu des années 1170, la cour d'Henri était célèbre pour son extraordinaire magnificence. Sa victoire à l'issue de la Grande Révolte avait fait de lui le dirigeant le plus en vue d'Europe. Louis VII avait subi un revers cuisant. En 1177, il signa à Ivry un pacte de non-agression par lequel les rois de France et d'Angleterre se juraient « dorénavant amitié et que chacun de nous défendra l'autre corps et âme au mieux de ses possibilités ». Il avait enseigné la patience à ses fils, qui constitueraient la prochaine génération de gouvernants européens, et ceux-ci attendaient désormais que leur tour soit venu d'hériter. Leur père avait en outre su se servir d'eux pour mettre fin aux derniers soubresauts du soulèvement qu'ils avaient déclenché. Le roi d'Écosse avait reconnu la suprématie d'Henri par l'humiliant traité de Falaise. En 1175, Rory O'Connor, roi du Connaught, signa le traité de Windsor, qui confirma Henri dans sa position de suzerain féodal de presque toute l'Irlande et lui permit, deux ans plus tard, de nommer son dernier fils Jean grand roi de tout le pays. Aucun des illustres voisins d'Henri n'était, semblait-il, en mesure de le concurrencer. Même la réussite de l'empereur Frédéric Barberousse pâlissait en comparaison de celle du roi d'Angleterre : alors qu'Henri savourait son triomphe militaire, l'empereur, lui, en mai 1176, perdait la longue guerre qu'il avait entreprise contre la Ligue lombarde. Dans le sud de l'Europe, son pouvoir s'en trouva sérieusement amoindri.

Tous considéraient désormais le roi d'Angleterre comme le plus grand dirigeant d'Europe. À sa cour se succédaient les émissaires et les ambassadeurs de tout le monde chrétien : de Barberousse, de l'empereur byzantin, de l'archevêque de Reims, du duc de

Savoie et du comte de Flandre. Le pape lui envoya un légat, le cardinal Huguzon, qui resta plusieurs années auprès du roi et s'efforça de le convaincre de soutenir le renouveau des croisades en prenant lui-même la croix. Même Guillaume le Lion rendait souvent visite à la cour et assistait au conseil royal. On faisait appel à Henri dans l'arbitrage de litiges entre les grands seigneurs de l'Europe méridionale. Ses deux plus jeunes filles faisaient l'objet d'offres de mariage prestigieuses. Sa fille aînée Mathilde était déjà duchesse de Saxe à la suite de son mariage en 1166 avec Henri le Lion. Ses sœurs étaient promises à des unions encore plus prestigieuses, puisqu'elles devinrent toutes deux reines. En 1176, Jeanne, la dernière fille du roi, âgée de dix ans, fut envoyée épouser le roi Guillaume II de Sicile. L'année suivante, Aliénor, à quatorze ans, fut mariée à Alphonse VIII, roi de Castille. L'influence des Plantagenêts s'étendait jusqu'aux confins de l'Europe.

Si son prestige international était à son zénith, Henri avait également réaffirmé son autorité sur son propre empire, en particulier en Angleterre, à une vitesse étonnante et avec une grande finesse politique. Les deux grands objectifs de son règne avaient été de consolider les frontières de ses États et d'asseoir et accroître son pouvoir sur les régions qu'il gouvernait. Pendant la Grande Révolte, il avait triomphé des adversaires qui avaient harcelé ses frontières. À partir de 1174, il se concentra sur son second objectif.

Au lendemain de l'éruption de violence de 1173, l'Angleterre se retrouvait une fois de plus couverte de châteaux et de fortifications occupés par des ennemis du roi. Comme sous le règne du roi Étienne, ces garnisons de pierre et de bois, à l'abri derrière leurs puissants remparts et leurs douves profondes, dominaient le paysage, manifestations du pouvoir local du seigneur du moment. Pour Henri, des châteaux occupés sans son accord explicite étaient comme un défi à son pouvoir. Selon Roger de Howden, Henri « reprit entre ses mains tous les châteaux d'Angleterre » en 1176. Il expulsa les châtelains, qu'il remplaça par ses hommes. Pour souligner qu'il s'agissait d'une démonstration de son autorité suprême plutôt que d'un acte de revanche partisane, le roi obligea même ses serviteurs les plus fidèles – dont Richard de Lucy, qui avait tant fait pour l'aider à gagner la guerre en Angleterre – à abandonner leurs châteaux. Certains furent détruits, d'autres redistribués aux grands du royaume. Le message était clair : l'autorité par laquelle seigneurs et évêques du pays détenaient des châteaux et des armes ne découlait que d'une seule source, le roi.

La question des châteaux et de leurs occupants avait toujours été cruciale pour Henri. Le chroniqueur normand Robert de Torigni rappelle que durant son règne, des châteaux furent bâtis « non seulement en Normandie, mais aussi en Angleterre, dans le duché d'Aquitaine, le comté d'Anjou, dans le Maine et en Touraine ». Depuis l'invasion normande, les châteaux avaient toujours été le symbole absolu de la suprématie militaire. Henri leur consacra des sommes énormes – au moins 21 000 livres pour leur reconstruction, rien qu'en Angleterre. C'est sous son impulsion que le château anglais, au départ structure essentiellement en bois, se transforma rapidement en une forteresse de pierre plus permanente et inexpugnable. Des travaux particulièrement ambitieux furent entrepris à Newcastle-upon-Tyne, Nottingham, Orford, Windsor et Winchester. En améliorant par ailleurs les fortifications existantes à Scarborough et Bowes, il sécurisa la région frontalière de l'Écosse.

Mais le joyau le plus brillant des projets de construction d'Henri se trouvait à Douvres, au sommet des hautes falaises blanches qui dominaient la mer face au nord-ouest de la France. Là où s'était autrefois dressé un oppidum de l'âge du Fer, Guillaume le Conquérant avait érigé une forteresse de bois et de terre. Les travaux de modernisation du château de son arrière-grand-père durèrent douze ans et coûtèrent près de 6 500 livres : plus des deux tiers de ce qu'il dépensa au total pour les châteaux anglais durant les dix dernières années de son règne. Quand, en août 1179, Louis VII se rendit en Angleterre pour la première fois, pour une visite de quatre jours sur la tombe de Becket, le château de Douvres fut la première chose qu'il vit en arrivant avec son compagnon de voyage, le comte Philippe de Flandre. Avant qu'ils ne repartent, Henri le fit fièrement visiter à ses hôtes. À 59 ans, Louis était maintenant de santé fragile, et Henri dut savourer le plaisir de guider son vieil adversaire sur les puissantes fortifications. Une muraille imposante surplombait les falaises et la mer, et les travaux avaient commencé sur un donjon massif digne des grands châteaux de son empire continental : les forteresses angevines de Loches, Loudon, Montbazon, Montrichard et Beaugency, et les énormes citadelles de Falaise, Caen, et des frontières avec la France.

La constitution de ce réseau castral s'inscrivait cependant dans une logique plus ambitieuse de la part d'Henri, toujours occupé à étendre et asseoir son autorité dans les années 1170. Car au-delà du soldat, Henri était aussi un homme politique habile et soucieux des lois. Tandis que le chantier de la restructuration militaire de l'Angleterre se poursuivait, il entama une décennie de révolution juridique qui influencerait la gouvernance du pays pendant des générations.

Avant la Grande Révolte, son chef-d'œuvre législatif avait été l'Assise de Clarendon, décrétée en février 1166, qui plaçait tout le droit pénal anglais sous le contrôle du roi. Du temps des Normands, la justice était rendue par une mosaïque de tribunaux locaux et de juridictions obéissant au roi, aux barons et à l'Église. Maintenant, en réaction à ce qu'Henri considérait comme l'anarchie des années 1160, c'étaient aux shérifs et aux juges royaux qu'il revenait de châtier les cambrioleurs, les assassins, les voleurs et ceux qui leur donnaient asile. Les tribunaux des seigneurs et de l'Église existaient toujours, mais dans toute l'Angleterre, la justice du roi avait la préséance. On mit en place une procédure standardisée pour gérer les délits. Les délinquants devaient être identifiés par des jurys composés généralement d'un groupe d'une douzaine d'hommes chargés de signaler au shérif ou au juge, sous serment, tous les crimes commis dans leur localité. Les suspects étaient alors soumis au supplice de l'eau – un rituel sinistre durant lequel l'accusé, attaché, était plongé dans une mare, une rivière ou un lac. S'il coulait, il était innocent, s'il flottait, il était coupable et alors châtié, par mutilation (l'amputation du pied droit), le bannissement ou la mort. Les biens du coupable étaient reversés à la Couronne.

Conformément à l'Assise de Clarendon, les shérifs royaux avaient le droit d'enquêter sur des crimes partout où cela était nécessaire, même si cela empiétait sur la juridiction privée de grands seigneurs. « Que nul, en ce château ou hors ses murs [...] n'interdise aux shérifs l'accès à sa cour ou ses terres », en stipule le texte. C'était une mesure authentiquement révolutionnaire, car ainsi, la main de la justice royale s'étendait, ou s'efforçait de s'étendre à tous les coins du royaume. La justice du roi éclipsait bel et bien toutes les autres. Sur le plan légal et judiciaire, Henri se déclarait maître en son domaine.

En 1176, après la rébellion, ce symbole revêtait encore plus d'importance et en janvier, l'Assise de Northampton confirma, tout en les amendant et en les renforçant, les lois proclamées dix ans plus tôt à Clarendon. À cause de la Grande Révolte, les désordres et la criminalité étaient en pleine recrudescence. On durcit donc les peines : qui était condamné à la mutilation risquait dorénavant de perdre sa main droite en plus de son pied droit ; qui réchappait au supplice de l'eau mais restait suspect de délit grave serait banni quoi qu'il advienne. Pour apporter la justice à son peuple, Henri et ses conseillers divisèrent l'Angleterre en six circuits judiciaires, ou « *eyres* », et les juges royaux entamèrent une tournée dans tout le royaume, dans le but à la fois de rétablir l'ordre en Angleterre en punissant les malfaiteurs et les criminels, et d'imposer la justice du roi en tant que forme ultime, définitive de l'autorité publique. Les délits faisaient l'objet d'enquêtes rétrospectives afin de garantir que les juges royaux puissent punir, selon les termes de l'assise, « toutes les offenses [...] à l'exception de larcins et vols mineurs commis en temps de guerre, comme vols de chevaux, de bœufs et choses de moindre importance ».

Tout en réformant le droit pénal, Henri plaça la justice royale au cœur du droit civil. Quand ses juges envoyés en tournée lui rapportèrent que l'expropriation était un problème aussi grave que les crimes commis directement à l'encontre de ses sujets, Henri décida de mettre en place un système qui permettrait de résoudre rapidement et facilement les litiges fonciers en faisant appel à la justice royale. Cette décision fut confortée par ce qu'on a appelé l'assise de nouvelle dessaisine. Elle conférait aux juges royaux le pouvoir d'interroger un jury à propos des terres litigieuses afin de savoir si un plaignant avait été injustement « dessaisi », autrement dit, exproprié. Si les jurés établissaient que tel était le cas, alors il appartenait aux juges de déterminer si le défendeur était effectivement coupable. La partie perdante était *amerciée,* condamnée à verser une amende pour les dommages qu'elle avait causés.

Dans l'Angleterre du XIIe siècle, la terre était synonyme de pouvoir, et l'arbitrage des litiges fonciers entre ses vassaux les plus puissants était une fonction clé du roi. Désormais, en théorie, toutes les terres d'Angleterre pouvaient être protégées, contestées et récupérées par le simple achat d'un bref auprès de la chancellerie du roi. Cela déclenchait une action de nouvelle dessaisine, qui devait être prise en charge par le shérif local. La formulation du bref répondait à des conventions précises. Henry de Bracton, juriste anglais du XIIIe siècle, affirme que la rédaction du bref fut la cause de bien des nuits blanches pour Henri et ses conseillers. Si ce qu'il rapporte est vrai, et il semblerait bien que ce le soit, c'était pour une bonne raison. La justice royale et ses représentants étaient dorénavant des rouages indispensables au bon fonctionnement de la société foncière non seulement dans les contacts entre la cour et les grands du royaume, mais aussi quotidiennement, au niveau des comtés. De plus, un des rôles les plus importants du roi, du point de vue de ses barons, était confié à un simple appareil bureaucratique. Pour obtenir le règlement d'un litige, il suffisait de s'adresser à la chancellerie plutôt que d'en appeler au monarque en personne – une évolution inestimable, compte tenu des vastes dimensions du domaine des Plantagenêts et de la tendance qu'avait Henri à les parcourir sans cesse à bride abattue.

En 1178, le conseil royal (la *curia regis)* fut réorganisé. Au lieu de suivre le roi partout où il allait et de répondre aux requêtes judiciaires au fil de leurs déplacements, cinq membres furent désignés avec pour mission de rester à Westminster afin de se consacrer à plein-temps au règlement de ces affaires. Ils devinrent de fait la cour suprême d'Angleterre qui, à terme, serait connue sous le nom de Cour du Banc du roi. Ainsi s'établit l'appareil judiciaire anglais, indépendant d'Henri II, mais exerçant sa pleine autorité (et récoltant au passage de généreux honoraires pour ses services).

En 1179, de nouveaux brefs furent institués, confiant d'autres fonctions traditionnelles du roi en matière de justice à la mécanique de la chancellerie : le « dernier présentement » déterminait les droits aux bénéfices de l'Église. L'« assise de mort » réglait les questions d'héritage. Le bref *de recto,* ou « de droit », permettait aux gens de basse extraction qui s'estimaient lésés par la cour privée de leur seigneur local d'en appeler directement à la cour royale. Ce bref, qui existait déjà depuis un certain temps, se trouvait désormais standardisé et faisait du shérif l'autorité principale chargée de veiller à ce que justice soit rendue au niveau des comtés. C'était une véritable révolution dans la façon de gouverner le royaume.

Ainsi l'Angleterre se transforma-t-elle peu à peu tandis qu'Henri stabilisait les possessions des Plantagenêts après les troubles de la

Grande Révolte. Les châteaux qui dessinaient le paysage, qu'ils fussent occupés par les serviteurs du roi, ou laissés sur son ordre au soin de barons, devinrent de puissants symboles du monopole royal sur la question militaire. L'Assise des Armes de 1181 encouragea le développement de l'écuage – taxe que versaient les nobles au lieu de fournir des troupes et de servir dans l'armée, ce qui contribua un peu plus à démilitariser les barons anglais. Partout dans les campagnes, l'influence de la justice royale se faisait sentir. Le pouvoir de la Couronne était solidement, profondément enraciné dans la société, et c'est sur ces racines qu'il connaîtrait une floraison extraordinaire dans les années suivantes.

En février 1182, Henri, se préparant à célébrer son quarante-neuvième anniversaire, tint un grand conseil à Bishop's Waltham, dans le Hampshire, où il annonça avoir rédigé son testament. Lequel n'avait absolument rien de politique. Il léguait des sommes aux Templiers et aux Hospitaliers, laissait 5 000 marcs d'argent aux ordres religieux d'Angleterre et 1 000 marcs d'argent à ceux d'Anjou. Il fit mettre de côté 200 marcs d'or pour la dot des vierges démunies de Normandie et d'Anjou. Il ordonna à ses quatre fils – Henri, Geoffroy, Richard et Jean – de veiller à ce que son testament soit « fermement et inviolablement respecté ; et que quiconque s'y oppose ou le circonvienne encoure l'indignation et la colère de Dieu Tout-puissant, ainsi que ma malédiction et celle de Dieu ».

Cette formalité réglée, Henri reprit la tournée de ses États, partageant essentiellement son temps entre l'Angleterre et la Normandie. D'une certaine façon, il avait accompli sa mission. Les réformes judiciaires des années 1170 constituèrent la dernière étape active de son règne énergique. Il avait été constamment sur les routes depuis plus de trente ans. Il était temps pour lui de songer à la postérité. Après 1182, il réfléchit au meilleur moyen de transmettre ses immenses territoires à la nouvelle génération de princes Plantagenêts. Une question qui, après des décennies de succès, allait à tout jamais ternir son triomphe et lui briser le cœur.

Un monde en flammes

Malgré son esprit vif et sa vigueur naturelle, à l'approche de son cinquantième anniversaire, en 1183, Henri II se sentait vieux. Il payait le prix d'une vie trépidante. Ses jambes, arquées d'avoir passé tant de temps en selle, le faisaient constamment souffrir. Il avait reçu un coup de sabot dans la cuisse en 1174, et la blessure – peut-être une fracture du fémur – n'avait jamais été convenablement soignée. Ce qui influençait sa santé dans son ensemble et le ralentissait. Sans doute boitait-il. Ce qui ne l'empêchait pas de continuer à voyager dans ses États, mais il arrivait parfois que, malade, il interrompe ses déplacements. Rome avait beau le presser de prendre la croix pour mener une nouvelle croisade en Orient, il devenait de plus en plus évident qu'il n'en ferait rien.

Le monde, lui, continuait sa course. Le roi Louis VII était mort à l'âge de soixante ans, le 18 septembre 1180, à l'issue d'une longue maladie qui s'était terminée par une succession d'attaques invalidantes. Son fils de quinze avait été couronné corégent un an plus tôt, et lui succéda donc sous le nom de Philippe II. Henri devait maintenant négocier des traités et déterminer sa politique après consultation avec un adolescent, plutôt qu'avec un homme de dix ans son aîné. De fait, Philippe était même plus jeune que les trois fils aînés du roi, et n'avait que quelques mois de plus que son dernier, Jean. Parmi tant de jeunesse, Henri faisait figure de relique d'un autre temps. Bientôt, semblait-il, toute la France appartiendrait à ces garçons.

Henri le Jeune était destiné à devenir le nouvel adversaire de Philippe II, et il brûlait de faire ses preuves. Lui aussi avait été couronné *rex designatus,* et il se présentait parfois dans les chartes comme « roi d'Angleterre, duc de Normandie et d'Aquitaine, fils du roi Henri », qui était, ajoutait-il, « de célèbre mémoire ». Il était obsédé par l'idée de succéder à son père, et l'accession pleine et entière de Philippe au trône des Capétiens n'avait fait qu'attiser son envie.

Mais il était toujours aussi inexpérimenté en matière de gouvernement. Il avait vingt-huit ans en février 1183 et, en dépit de tous ses titres et de son mariage avec une princesse de France, il ne disposait en réalité que de peu de pouvoir. Il n'avait par conséquent développé presque aucun talent politique ou militaire. Ses contemporains le considéraient encore comme un garçon vain, oisif et immature, atteint de la folie des grandeurs sans véritablement savoir ce qu'était le métier de roi. Privé de la possibilité d'apprendre à gouverner, Henri le Jeune consacrait l'essentiel de son temps et de son énergie dans les tournois. Avec Philippe de Flandre et Baudoin de Hainaut, il fréquentait assidûment le circuit très prisé des lices. Son capitaine de tournoi était Guillaume le Maréchal, un homme qui était son tuteur depuis 1170 et commençait à être perçu comme l'une des personnalités les plus brillantes et les plus chevaleresques d'Europe. Henri le Jeune dépensait des sommes exorbitantes pour se parer des atours flamboyants d'un héros de la chevalerie, de renommée internationale. Quand Philippe II avait été sacré à Reims en 1179, c'était Henri le Jeune qui avait représenté les Plantagenêts à la cérémonie, portant la couronne capétienne pendant la procession, et ayant amené avec lui 500 chevaliers pour participer au grand tournoi qui fut donné ensuite.

Mais malgré tout ce clinquant, il dut prendre conscience, lors du couronnement de Philippe, du peu de pouvoir qu'il exerçait en réalité. Furieux, il entreprit de jouer des muscles dans les domaines de son père, avec des résultats qui, pour Henri II, furent à tout le moins embarrassants, pour ne pas dire calamiteux.

Durant la fin de l'été 1182, Henri le Jeune exigea de nouveau de son père, comme le rapporte le chroniqueur Roger de Howden, « quelque territoire où son épouse et lui pourraient résider et à partir duquel il pourrait financer des chevaliers à son service ». Ce qui sous-entendait qu'il souhaitait prendre officiellement possession du duché de Normandie. Henri refusa. Comme en 1173, Henri le Jeune, humilié et outré, partit se réfugier à la cour du roi de France pour y conclure une alliance provocante avec son jeune beau-frère Philippe II. Henri II ne parvint à le faire revenir qu'en lui promettant davantage d'argent, afin qu'il prenne part à un conseil de famille qui eut lieu au Mans dès le lendemain de Noël. Sous la présidence du roi, il regroupait Henri le Jeune, ses deux cadets, Richard et Geoffroy, et le duc de Saxe, expulsé depuis peu de son duché avec son épouse Mathilde, fille aînée d'Henri II.

Cette réunion avait pour objectif de garantir que chacun de ses trois fils aînés approuvât toujours son projet de partage des domaines Plantagenêt. Il lui fallait donc apaiser Henri le Jeune en lui reconnaissant quelque statut privilégié sans pour autant trop mécontenter les deux plus jeunes. Henri choisit d'exiger de ses fils un serment solennel d'allégeance, puis de demander à Richard et Geoffroy de rendre hommage à Henri le Jeune pour leurs duchés respectifs d'Aquitaine et de Bretagne.

Richard refusa. En tant que duc d'Aquitaine, c'était au roi de France qu'il devait hommage, non au roi d'Angleterre, et il n'avait pas l'intention de modifier ce statu quo. Il avait passé l'essentiel des dix ans qui s'étaient écoulés depuis la Grande Révolte à imposer sa domination sur l'Aquitaine, affûtant ses remarquables capacités militaires en ne ménageant pas ses efforts pour soumettre les vassaux rétifs du duché de sa mère. Une tâche qui s'était considérablement compliquée ces derniers temps du fait des agissements de son frère aîné. Henri le Jeune avait traîtreusement fait des ouvertures aux barons aquitains, leur laissant entendre qu'il serait pour eux un meilleur suzerain que Richard, provoquant ainsi des tensions et des rébellions que Richard peina à contenir. Il n'y avait guère d'affection entre Richard, encouragé par Eléonore pour développer ses qualités d'homme de guerre, et son frère, superficiel et maniéré. Au Mans, leur querelle tourna au vinaigre. Richard partit en claquant la porte et rentra en Aquitaine pour fortifier ses châteaux. Henri le Jeune mit son épouse en sécurité à Paris, s'allia à Geoffroy – dont Giraud de Barri nous a laissé le portrait, mémorable, d'un homme « au grand flot de paroles, glissant comme l'huile [...], capable de sa langue de corrompre deux royaumes ; inlassable dans ses entreprises, en tout un hypocrite, un imposteur et un dissimulateur » – et se prépara à attaquer. Henri II n'eut d'autre choix que de soutenir Richard. Et ainsi le vieux roi fêta-t-il son cinquantième anniversaire, le 5 mars 1183, en s'efforçant de rétablir l'ordre dans ce qui menaçait de dégénérer en un affrontement catastrophique entre deux de ses fils.

Dans la courte guerre qui s'ensuivit, le comportement d'Henri le Jeune fut déplorable. Il négocia en toute mauvaise foi avec son père, fit attaquer des émissaires diplomatiques par ses hommes, dépouilla les bourgeois, pilla églises et autels en Aquitaine pour payer ses mercenaires et chercha, sans grand succès, à soulever les seigneurs du Sud-Ouest contre l'autorité de son frère. Henri II et Richard recrutèrent des troupes et se ruèrent d'une ville à l'autre dans l'espoir de sauver autant que possible ce qui pouvait l'être.

En fin de compte, ce fut le sort plutôt que la stratégie qui mit fin aux hostilités. Au début de juin, peu après avoir lancé une attaque sacrilège contre une église dans le Quercy, Henri le Jeune fut atteint de dysenterie. Ses souffrances furent brèves. Il décéda le 11 juin, dans la ville de Martel. Avant de mourir, il demanda à son ancien tuteur et compagnon de tournoi, Guillaume le Maréchal, de porter à Jérusalem la croix de croisé qu'il venait de prendre. À la fin du mois, son corps fut transféré à Rouen, capitale de ce duché de Normandie qu'il avait si longtemps convoité, pour y être inhumé. Le monde était débarrassé d'un fauteur de troubles désinvolte et embarrassant. On ne l'avait certes jamais laissé grandir, mais il n'avait guère montré qu'il était capable de mûrir. Quoi qu'il en soit, son trépas bouleversait les plans soigneusement agencés par son père pour assurer sa succession.

Remis de son chagrin, Henri commença à élaborer un nouveau projet pour l'avenir de ses États. Durant l'automne 1183, il déclara à Richard qu'il lui faudrait maintenant céder l'Aquitaine à son plus jeune frère, Jean. Ce qui signifiait que Richard remplacerait désormais Henri le Jeune en tant qu'héritier de l'Angleterre, de la Normandie et de l'Anjou en renonçant à l'Aquitaine au profit de Jean.

Une fois de plus, Richard refusa avec force. L'Aquitaine était à lui, et il n'était pas davantage prêt à la confier à son benjamin qu'à son aîné. À la fin 1184, Henri comprit que son fils serait intraitable. Il autorisa Richard à rentrer en Aquitaine, et prit ses dispositions pour envoyer Jean en Irlande afin qu'il y justifie son titre théorique de roi. Par ailleurs, il réfléchit à la possibilité de confier à Geoffroy l'héritage d'Henri le Jeune – adjoignant ainsi de façon permanente la Bretagne (dont Geoffroy était duc de par son mariage avec Constance) aux possessions des Plantagenêts tout en laissant Richard gérer seul sa chère Aquitaine. Or, Richard ne voulut pas non plus entendre parler de cette solution. Il leva une armée et harcela les frontières de Geoffroy.

Exaspéré, Henri contre-attaqua. Il fit venir d'Angleterre la seule personne dont il pouvait raisonnablement affirmer qu'elle avait plus de droits sur l'Aquitaine que Richard. La reine Aliénor, discrètement emprisonnée depuis tant d'années, fut donc amenée en présence du vieux roi, qui exigea alors de Richard qu'il rende son duché à sa mère. Dans les faits, cela revenait à rétrocéder l'Aquitaine à Henri, car si Aliénor était maintenant sortie de prison, elle restait la captive d'Henri plutôt que son épouse, et a fortiori qu'une personne indépendante. Cette fois, Richard y consentit et offrit donc le contrôle officiel de l'Aquitaine à son père. Pendant les deux années qui suivirent, le roi s'abstint de toute décision définitive sur l'avenir des États plantagenêts.

Mais il n'avait fait qu'éviter le problème sans le résoudre. Henri renâclait, prenait son temps, et s'attarda sur les questions de sécurité aux frontières qui l'opposaient à Philippe II depuis la mort d'Henri le Jeune. Or, ni Richard ni Geoffroy n'étant solidement confortés dans leur rôle de corégent ou d'héritier présomptif, Henri n'était pas en mesure d'assurer l'avenir de son empire, un objectif aussi important à ses yeux que le contrôle qu'il exerçait sur ses domaines de son vivant.

En juillet 1186, le sort intervint une fois de plus. Manifestant cette déloyauté qui, selon tant de chroniqueurs, était un de ses traits de caractère, Geoffroy avait noué des liens d'amitié étroits avec Philippe II, se disant peut-être qu'un jour viendrait où il aurait besoin du soutien militaire du roi de France contre son propre père ou ses frères. Il passait l'été à Paris quand il fut grièvement blessé en tournoi. Le 19 août, il mourut, sans doute des suites de ses blessures. Il fut enterré en grande pompe dans l'enceinte de Notre Dame. On raconte que Philippe en fut si affecté qu'il tenta de se jeter dans la tombe ouverte de son ami.

Henri avait perdu un autre de ses fils. Et si rares furent ceux qui manifestèrent un chagrin aussi aigu que celui du roi de France – Roger de Howden décrivit Geoffroy comme un « fils de la perdition […] et de l'iniquité » –, Henri était plus que jamais dans l'embarras. Il se refusait à envisager la solution évidente, qui était de faire de Richard son unique héritier. Il semble que jamais le roi ne considéra que quelqu'un d'autre fût autant que lui en mesure de garantir la cohésion de son immense empire. Même quand, en janvier 1185, le patriarche de Jérusalem avait fait tout le chemin jusqu'en Angleterre pour déposer à ses pieds les clés de la Ville Sainte, de la Tour de David et du Saint Sépulcre, et le supplier de se rendre en Orient pour y accepter le titre de roi de Jérusalem, Henri, après avoir consulté ses principaux barons, avait décidé qu'il avait plus intérêt à défendre le domaine des Plantagenêts en Europe que les possessions chrétiennes menacées par Saladin. Cette obstination avait fait de lui un gouvernant hors pair, mais elle allait bientôt causer sa perte.

Avec la mort de Geoffroy, les relations entre Henri II et Philippe – qui serait un jour surnommé Philippe Auguste par son entourage – entrèrent dans une nouvelle phase. Durant les six premières années du règne du jeune roi de France, elles avaient été cordiales. Henri avait contribué à ce que la paix revienne entre Philippe et le comte de Flandre. Le roi de France avait été l'ami tant d'Henri le Jeune que de Geoffroy. Mais maintenant, à vingt-trois ans, Philippe supportait de moins en moins l'influence d'Henri en France. En fait, il existait même un litige durable entre Richard et lui, le prince Plantagenêt étant fiancé à sa demi-sœur Adèle depuis 1161. Elle avait vécu près de vingt-cinq ans à la cour d'Henri sans que le mariage fût jamais officialisé. De vilaines rumeurs disaient même que la jeune fille avait fini par être séduite par le roi en personne.

À partir de 1186, les relations entre Plantagenêts et Capétiens se refroidirent brutalement. Plusieurs conflits frontaliers importants éclatèrent. Henri ne consentant pas au mariage de Richard et Adèle, le Vexin, frontière entre la France et la Normandie et qui devait théoriquement servir de dot à Adèle, revint sur le tapis. Philippe se proclama suzerain de la Bretagne, où Geoffroy avait laissé comme héritiers deux petites filles et un nouveau-né posthume, Arthur. Les litiges territoriaux se multipliaient également dans le Berry et dans le comté de Toulouse – théâtre du grand bras de fer féodal entre Henri et Louis VII en 1159. C'était le premier conflit sérieux entre les rois de France et d'Angleterre depuis la Grande Révolte.

Philippe ne pouvait encore rivaliser avec Henri en termes de richesses, d'expérience ou de savoir-faire militaire, mais en 1187, il commença à explorer de nouvelles façons de contrer son rival. La plus évidente tenait à la personne de Richard. Les tensions restaient nombreuses entre l'ancien duc d'Aquitaine et son père, et Philippe entreprit de s'en servir. Henri avait pris soin de ne pas régler sa succession en la confiant à son fils aîné survivant, et son intérêt de plus en plus marqué pour Jean prouvait que la question était encore loin d'avoir trouvé une solution. Richard, lui, était impatient de quitter l'Europe pour participer aux croisades, ce qu'il ne pouvait faire tant que son statut d'héritier n'était pas confirmé.

Pendant l'été 1187, Philippe tenta d'établir des liens d'amitié avec un troisième prince Plantagenêt. Quand Richard vint à Paris, le roi de France se montra aussi charmant qu'il en était capable. Selon Roger de Howden, « Philippe combla si grandement Richard d'honneur que chaque jour ils déjeunaient à la même table et partageaient les mêmes mets ; la nuit, ils ne faisaient point lit séparé. Le roi de France l'aimait comme son âme et leur amour mutuel était si grand que le seigneur roi d'Angleterre fut stupéfait par sa force ». Le commentaire de Roger de Howden sur Richard et Philippe partageant le même lit a depuis été interprété comme une évocation de la sexualité de Richard. Il n'en est rien. C'était plutôt une reconnaissance de la soudaine et robuste amitié politique nouée entre le jeune roi de France et l'héritier présomptif des Plantagenêts. Philippe jouait sur les inquiétudes de Richard, qui craignait d'être déshérité, et lui aurait peut-être même laissé entendre qu'Henri avait l'intention de marier Adèle à Jean.

La manœuvre fonctionna. Richard retourna auprès de son père en Normandie, mais alors que la fièvre des croisades s'emparait de l'Europe et que Richard rêvait de plus en plus de Terre sainte, sa relation avec le vieux roi s'envenima. Sous l'influence de Philippe, il commença sérieusement à croire, comme le dit Gervais de Canterbury, que « son père souhaitait le spolier de la succession du royaume en ce qu'il escomptait, selon la rumeur, confier la couronne à son plus jeune fils Jean ». En novembre 1188, la situation s'aggrava. La guerre avait éclaté entre Philippe et Henri à propos des litiges dans le Berry et à Toulouse. Lors d'une conférence de paix qui se déroula dans une atmosphère explosive à

Bonmoulins, où les deux rois se querellèrent si violemment qu'ils manquèrent en venir aux mains, Richard exigea carrément que son père le confirme en tant qu'héritier du royaume. Henri ne répondit rien. « Alors, je ne peux que considérer comme vrai ce qui semblait jusque-là incroyable », lança Richard, toujours d'après Gervais de Canterbury. S'agenouillant devant Philippe, il lui rendit hommage pour l'Aquitaine et la Normandie. La rupture était consommée.

En janvier 1189, Henri tomba malade, et le resta jusqu'à Pâques. Depuis son lit, il adressa des messages à Richard, le suppliant de revenir à ses côtés. Mais son fils ne se laissa pas fléchir, et aida même Philippe à mener des raids frontaliers contre les possessions de son père souffrant. Quand Henri se fut suffisamment remis pour assister à des pourparlers à La Ferté-Bernard au début de juin, la conférence tourna court une fois encore, Richard soupçonnant toujours le vieux roi de vouloir céder le trône à Jean. Des soupçons que Philippe sut évidemment attiser.

Peu après l'échec de cette nouvelle conférence, Philippe et Richard déclenchèrent une attaque surprise sur le château de La Ferté, dont ils s'emparèrent ainsi que de tous les autres dans la région. Le 12 juin, ils marchèrent rapidement sur Le Mans, base d'Henri, qui y était né cinquante-six ans plus tôt.

La ville n'était pas prête. Dans l'urgence, ses défenseurs mirent le feu aux faubourgs dans l'espoir de retarder les assaillants. Le vent se leva, poussant les flammes vers la ville elle-même, et bientôt, tout Le Mans fut incendié. Henri et sa suite se replièrent en hâte. Puis, malgré la chaleur de l'été et la faiblesse du roi, ils se dirigèrent à marche forcée vers le nord et la Normandie.

Mais en cours de route, Henri fit ce qu'il n'avait encore jamais fait de sa longue vie. Il renonça. À deux lieues et demie de la forteresse frontalière d'Alençon, il fit demi-tour, renvoyant l'essentiel de son escorte en Normandie, et rentra en Anjou. Au bout d'un voyage périlleux de 80 lieues par des routes et des campagnes submergées par les hommes de Philippe, Henri arriva devant les imposantes murailles du château de Chinon, une des plus grandes forteresses des Plantagenêts, et une de ses résidences préférées. Le temps d'y entrer, il était épuisé. Il resta allongé pendant deux semaines, son état empirant.

Début juillet, le Maine fut pris et Tours tomba. Henri se traîna hors du lit pour rencontrer Philippe à Ballan, près de Tours, le 3 juillet. Tandis que le souverain français récitait la longue liste de ses exigences, qui revenait à demander la reddition sans condition d'Henri et la confirmation de Richard en tant qu'héritier de toutes ses terres sur les deux rives de la Manche, le vieux roi dut être maintenu en selle par ses suivants. La journée, brûlante, s'acheva par un orage. Henri accepta toutes les conditions de Philippe. Puis, trop faible pour revenir à cheval à Chinon, il y fut transporté en litière.

De retour à Chinon, ne tenant plus debout, il réclama la liste de tous ceux de ses partisans qui étaient passés dans le camp de Richard. Le premier nom à y être mentionné était, à en croire Giraud de Barri, celui de son fils favori, Jean. Le chagrin et le choc furent plus que n'en pouvait supporter le vieux roi. Il s'effondra, malade, délirant et en proie à des hallucinations. Dans un bref moment de lucidité, il reçut l'eucharistie dans la chapelle du château. Puis il s'éteignit, le 6 juillet 1189.

Son incroyable parcours, son existence effervescente s'achevaient dans la douleur. Il avait été trahi par son épouse et chacun de ses fils, avait vu sa ville natale réduite en cendres et avait été humilié par un roi capétien qui avait trente ans de moins que lui. Mais il avait marqué de son sceau indélébile la France et les îles Britanniques. Jusque dans ses dernières années, il avait triomphé de tous les rois, ducs et comtes qui l'avaient défié. Il était peut-être alors l'homme le plus célèbre de la chrétienté. Et sa renommée brillerait encore pendant longtemps. Car Henri II, roi d'Angleterre, duc d'Aquitaine et de Normandie, comte d'Anjou, du Maine et de Touraine et seigneur d'Irlande avait donné naissance à une dynastie dont l'influence pèserait sur l'Europe pendant plus de deux siècles.

De nouveaux horizons

Muet, Richard se tenait près de la dépouille de son père, contemplant ce visage marqué par près d'un demi-siècle de troubles et de gloire. Henri II avait connu une fin misérable, seul et amer. Ses derniers mots à son fils, il les lui avait sifflés à l'oreille alors qu'ils se donnaient l'accolade après la paix humiliante de Ballan : « Dieu fasse que je ne meure avant de m'être vengé de toi. » Dieu ne l'avait pas écouté. À partir de 1187, Richard, allié à Philippe II, avait conquis par la force une grande partie de son héritage royal : le Maine, la Touraine et nombre de châteaux angevins. Avec la mort de son père, le reste lui revenait de droit.

Le corps d'Henri reposait maintenant dans l'église abbatiale de Fontevraud, le grand complexe monastique situé dans l'arrière-pays entre l'Anjou et le Poitou, la base du pouvoir du duché d'Aquitaine. Veillant son père, sans doute Richard entendait-il son propre cœur battre dans la fraîcheur de la nef, écrasé par les hautes voûtes de l'édifice et ses puissants piliers de pierre froide. Pour cet homme d'action plongé dans le silence, il était temps, face au cadavre immobile de son père, de faire le point. Debout à la tête du catafalque, il restait impassible. Puis il baissa une dernière fois les yeux pour regarder le visage sans vie de ce père qui avait tant débordé d'énergie, tourna les talons et sortit. Un règne épique venait de prendre fin. Un nouveau, le sien, commençait.

Le règne de Richard serait synonyme de guerre. Et tous savaient où elle débuterait. En 1187, la nouvelle de la chute de Jérusalem était parvenue en France. Les armées musulmanes de Saladin s'en étaient emparées, et elles menaçaient désormais tout l'Outremer – ce terme générique qui englobait tous les États chrétiens fondés au Levant au lendemain de la Première Croisade. Richard avait eu vent de terribles atrocités commises au nom de Saladin : le massacre sans merci de chevaliers des ordres guerriers, l'exécution de grands soldats comme Renaud de Châtillon, entaillé à coups d'épée par Saladin avant d'être décapité. Il devait être informé du désastre militaire subi par les forces chrétiennes le 4 juillet à la bataille de Hattin, où les combattants francs avaient été fauchés par milliers dans la broussaille en flammes, mourant de soif et harcelés par les attaques meurtrières des archers musulmans. Tout comme il devait être au fait des souffrances endurées par les chrétiens pauvres vendus en esclavage en Afrique du Nord. Mais, par-dessus tout, Richard dut être choqué par la perte de la Vraie Croix, la relique la plus sacrée du royaume de Jérusalem, brandie en tête de toutes les armées chrétiennes, jusqu'à ce que les troupes de Saladin s'en saisissent à Hattin.

La Troisième croisade séduisait Richard aussi bien en tant que soldat du Christ qu'en tant que prince Plantagenêt. Richard éprouvait pour les infidèles la même répulsion que tous les chrétiens qui se joignirent à la croisade. Mais il était également conscient du fait que Sibylle, la reine de Jérusalem, était sa cousine, une descendante de Foulque V d'Anjou, son arrière-grand-père. L'époux de Sibylle, Guy de Lusignan, était un vassal des Plantagenêts. Par conséquent, pour lui, la croisade était autant une question spirituelle qu'une affaire de famille.

À l'automne 1187, Richard fut le premier noble au nord des Alpes à se croiser. Son départ pour la Terre sainte avait été retardé près de deux ans par son conflit avec son père. Il aurait ardemment désiré prendre la tête de l'expédition européenne, mais cet honneur était revenu à son beau-frère Guillaume II, roi de Sicile, qui se précipita avec une cinquantaine de vaisseaux et des centaines de chevaliers dès qu'il apprit la nouvelle de la chute de Jérusalem. Le vieux Frédéric Barberousse dépêcha lui aussi des troupes en Outremer en 1188, ses armées entamant alors une longue marche par voie de terre en descendant le Danube. (C'est au cours de ce voyage que Barberousse mourut, noyé en se baignant dans une rivière.) Richard n'y tenait plus. Il avait toutefois deux problèmes urgents à régler avant de pouvoir coudre la croix sur ses vêtements et embarquer pour l'Orient : son héritage, et ses relations avec le roi de France Philippe II. Deux problèmes étroitement liés.

Richard fut couronné le dimanche 13 septembre 1189 en l'abbaye de Westminster. C'était seulement la deuxième fois depuis la conquête normande qu'un fils succédait, presque sans heurts, à son père sur le trône. Le peuple se pressait pour apercevoir l'homme qu'il n'avait probablement presque jamais vu depuis sa naissance, trente-deux ans plus tôt. Il découvrit ainsi un grand seigneur élégant, à la silhouette déliée et aux cheveux blonds-roux, qui défilait au milieu de la procession fastueuse. C'était le premier couronnement en une génération. Beaucoup, sans doute, y voyaient l'aube d'une nouvelle ère glorieuse.

Richard se dirigea vers Westminster derrière des rangées d'évêques et d'abbés, de barons, de chevaliers et des principaux membres du gouvernement d'Angleterre. Ses favoris portaient devant lui des épées en or et des sceptres de cérémonie. Les prélats resplendissaient dans leurs aubes blanches surmontées de chapes pourpres. En tête de la procession se trouvait une grande croix, et l'abbaye était illuminée par le scintillement brillant des cierges. L'air de ce début d'automne était embaumé par le parfum riche et entêtant de l'encens qui suivait la procession tandis qu'elle pénétrait dans Westminster.

À l'intérieur résonnaient des hymnes solennels. Richard se dirigea vers l'autel, sous le regard des plus grands princes de l'Église et des barons les plus puissants du pays. Pour Aliénor, le couronnement de son fils représentait l'apogée de ses ambitions, comme si l'accomplissement de la prophétie de Merlin se réalisait : « L'aigle du pacte brisé trouvera joie en sa troisième nichée. »

Devant l'autel, Richard prêta trois serments. Il jura sur les Évangiles et les reliques de plusieurs saints qu'il apporterait paix, honneur et vénération à Dieu, la Sainte Église et ses ministres ; qu'il apporterait la justice au peuple ; et qu'il abolirait les mauvaises lois et coutumes. Debout, ne portant plus que ses hauts-de-chausses et sa chemise décousue sur l'épaule droite, ainsi que des sandales en tissu doré, ce soldat pieux dut accorder une grande importance à son premier serment. Car il allait être sacré marteau de Dieu.

Richard tenait son sceptre dans la main droite et le bâton royal dans l'autre pendant que Baudouin, archevêque de Canterbury, l'oignait de l'huile sacrée sur la tête, les épaules et le bras droit, celui qui brandissait l'épée. Puis il fut revêtu d'une étoffe de lin consacrée, d'une chape, d'une tunique et d'une dalmatique – la tunique liturgique dont les larges manches bouffaient autour de ses bras. Ensuite, lui furent confiées les armes du Tout-Puissant : Baudouin lui tendit une épée avec laquelle châtier qui porterait tort à l'Église, et deux de ses comtes attachèrent à ses pieds les éperons dorés provenant du trésor royal.

Enfin, une fois vêtu, Richard fut guidé jusqu'à l'autel, et publiquement averti par l'archevêque de l'écrasante responsabilité de la royauté. Impatient, Richard répliqua qu'il en était parfaitement conscient. Il se saisit de la couronne posée sur l'autel, la plaça dans les mains de Baudouin et lui intima de la lui poser sur la tête. « Et ainsi, consigna le chroniqueur Roger de Howden, le roi couronné fut mené à son trône. »

Presque aussitôt, le souverain s'attela à ses préparatifs. L'Angleterre et tous les autres États Plantagenêts étaient en proie à la fièvre des croisades. Des prédicateurs sillonnaient l'Europe, organisaient de grands rassemblements les jours saints pour recruter des fidèles par milliers en promettant la rémission des pêchés confessés et la vie éternelle à ceux qui tomberaient au combat. Ce n'est pas un hasard si les régions réputées pour leurs compétences militaires faisaient l'objet d'une attention particulière. L'archevêque effectua une tournée au pays de Galles, recrutant 3 000 redoutables archers connus pour leurs talents meurtriers à l'arc et à la lance. Le biographe du XIIIe siècle du grand chevalier Guillaume le Maréchal nous décrit cette explosion d'activité guerrière :

> *Le roi Richard prépara, durant son séjour en Angleterre, une grande flotte de vaisseaux pour l'emporter en Terre sainte. [...] Il y avait bien des nefs magnifiques renforcées de tourelles et bellement équipées et aux équipages si valeureux qu'ils ne craignaient point d'opposer une féroce défense face à toute galère ou force hostile.*

Richard embarqua tant d'argent et d'or, tant de fourrure d'hermine et d'écureuil gris, tant de vaisselle, tant de vêtements splendides et coûteux et d'armes de toute sorte que nul, les ayant vus, n'aurait pu les dénombrer. Rien ne manquait : il y avait abondance de quartiers de porc, de vin, de blé, de farine et de biscuits de mer [...], du poivre, du cumin, de la cire et des épices et parmi les meilleurs électuaires qui se puissent trouver. Il y avait bien d'autres boissons et gelées et sirops, des arcs, arbalètes et carreaux, au vol vif et à la pointe acérée.

En l'espace d'un an à compter de septembre 1189, Richard dépensa environ 14 000 livres pour constituer d'immenses réserves de vivres et de matériel : 14 000 carcasses de porc salé, 60 000 fers à cheval, d'énormes quantités de fromages et de fèves, des dizaines de milliers de flèches. Toutes les sources de revenus de la Couronne furent exploitées pour permettre de financer cette accumulation de provisions et d'équipements.

Avant sa mort, Henri II avait rassemblé la somme, gigantesque, de 100 000 livres grâce à la dîme saladine : un impôt de 10 % sur tous les biens meubles, collecté par les Templiers et les Hospitaliers, et dont le non-paiement était puni d'excommunication. Mais pour Richard, ces 100 000 livres n'étaient qu'un début. Il décelait dans l'empire Plantagenêt des sources de revenus que son père n'avait jamais envisagées. Henri, en règle générale, était parvenu à un équilibre entre les bénéfices déductibles de la vente de charges et de faveurs royales et la nécessité pour la royauté de s'appuyer sur un gouvernement stable géré par des serviteurs compétents. Une mentalité de gestionnaire bien loin de celle de Richard. Comme le souligne Roger de Howden : « Il mit en vente tout ce qu'il avait : fonctions, seigneuries, comtés, charges de shérif, châteaux, villes, terres, tout. » Sans aller jusqu'à vendre ses domaines sans réfléchir au point d'en compromettre la gouvernance, il les vendit néanmoins. On rapporte qu'il avait coutume de plaisanter en disant qu'il serait prêt à vendre Londres s'il trouvait un acquéreur.

Tandis que l'Angleterre bourdonnait d'activité, Richard s'occupa de politique. En décembre 1189, il rencontra Philippe II à Nonancourt et ils conclurent un traité de défense mutuelle. Le roi de France devait lui aussi partir en croisade, mais abandonner l'Europe sans dirigeant nécessitait de part et d'autre une grande confiance réciproque. Richard et Philippe jurèrent de ne pas s'en prendre aux possessions l'un de l'autre, de protéger les biens de tous les croisés et d'agir en bonne foi l'un envers l'autre. Leurs barons jurèrent de maintenir la paix. Mais la méfiance subsistait. Les deux rois se connaissaient trop bien, pour avoir œuvré ensemble sous le règne d'Henri II, pour ne pas être conscients des limites de leur bonne foi mutuelle.

Il restait à Richard un problème de taille à régler avant de quitter son royaume : que faire de Jean, son frère de 22 ans, qui n'avait pas pris la croix ? Surnommé Jean sans Terre depuis le règne de leur père, il était maintenant seigneur d'Irlande et s'était vu promettre des domaines d'une valeur de 4 000 livres en Angleterre. Une promesse que tint son aîné. Jean obtint un titre normand – comte de Mortain – et reçut les comtés de Derby, Nottingham, Cornouailles, Devon, Somerset et Dorset, de nombreux châteaux dans les Midlands, avec en prime un mariage avec Isabelle de Gloucester, héritière de Bristol, Glamorgan et Newport. Un bel ensemble territorial, assez imposant pour permettre à Jean de déstabiliser le pouvoir. Richard n'avait jamais eu confiance en son cadet, et quand il avait conclu la paix avec son père dans leur ultime conflit, il n'avait cessé de réclamer que Jean l'accompagne en croisade. Maintenant, il hésitait : il commença par bannir carrément son benjamin d'Angleterre avant de se raviser, sans doute sur le conseil de leur mère Aliénor. Il n'y avait aucun moyen simple de résoudre le problème que posait Jean. La seule solution était de lui confier de grands biens fonciers, mais aucun pouvoir officiel.

Richard nomma une équipe de loyalistes chargés de gouverner en son absence, dans l'espoir qu'ils parviendraient à contrôler Jean. Du haut de ses soixante-six ans, Aliénor d'Aquitaine, de retour sur la scène politique après ses longues années d'emprisonnement, ne pouvait espérer se joindre à ce qui aurait été la seconde croisade de son existence. Elle fut donc chargée de garder un œil maternel sur son plus jeune fils. L'administration de l'Angleterre fut répartie entre Hugues de Puisat, évêque de Durham, et Guillaume de Longchamp, évêque d'Ely, dont les juridictions étaient séparées par la Humber. Ils reçurent des instructions claires sur la façon de gouverner le royaume, non sans une certaine appréhension de leur part, on peut l'imaginer. Henri II avait peut-être prouvé qu'un roi Plantagenêt pouvait passer plus de temps hors d'Angleterre que sur place, mais jamais il n'avait été plus loin que les rives méridionales de la France.

Enfin, ses armées rassemblées et équipées, une immense flotte devait l'attendre à Marseille à la fin de juillet 1190, Richard rencontra Philippe II en Bourgogne. Ils jurèrent de se partager équitablement tout butin et tout gain. Le 4 juillet, les deux rois et leurs puissantes armées s'ébranlèrent vers le sud. À Lyon, ils se séparèrent : les Français firent route vers Gênes afin d'y louer une flotte, les Anglais vers Marseille. Richard toujours attentif à sa propre mythologie, emportait avec lui une épée censée être Excalibur, la lame légendaire du roi Arthur.

RICHARD, HÉROS DE L'ORIENT

Au beau milieu de l'hiver 1191, Aliénor d'Aquitaine, en compagnie d'une jeune fille, franchissait lentement les cols alpins gelés. Elles se dirigeaient vers les vallées de Lombardie et Pise, par-delà les montagnes. Elles étaient sur les routes depuis des semaines. La nuit, elles dormaient dans des monastères, le jour, elles progressaient péniblement dans le paysage accidenté. Elles se déplaçaient en litière, escortée par toute une suite. Mais le confort restait naturellement relatif lors d'un voyage aussi ardu. Les voyageuses étaient certes de sang royal, mais les routes n'en avaient cure.

À la fin de l'été, Aliénor d'Aquitaine était passée prendre Bérengère de Navarre, âgée de vingt-huit ans, dans sa famille, au château-palais flambant neuf d'Olite, près de Pampelune, qui dominait les plaines de Navarre cuites par le soleil. Elle emmenait Bérengère rencontrer son fils Richard afin de les marier. La jeune fille était selon la plupart des chroniqueurs plus sage que belle, mais honnête de caractère.

Le voyage épique de Bérengère était prévu depuis des années, et Richard et ses diplomates durent sans doute déployer des trésors de persuasion pour convaincre Sanche VI, roi de Navarre, de laisser sa fille l'entreprendre, sachant qu'elle devrait traverser bien des royaumes hostiles et un terrain difficile, dans le but de rejoindre un roi qui, lui-même, était en route pour la zone de guerre la plus périlleuse du monde. Et la savoir entre les mains d'Aliénor, la plus célèbre et la plus sulfureuse des femmes d'Europe, l'inquiétait probablement tout autant.

Bérengère comprenait que son mariage avec Richard suscitait la controverse. Le roi d'Angleterre était toujours censé épouser

Adèle, la sœur de Philippe II, à laquelle il était fiancé depuis leur enfance. Et, bien que selon la rumeur elle avait été séduite par son père Henri II, Richard ne pouvait officiellement se soustraire au mariage.

Si Bérengère était nerveuse, elle avait au moins le réconfort de voyager avec une compagne qui avait vu bien pire. Les années ne semblaient pas avoir de prise sur l'esprit d'Aliénor. Tout en voyageant, elle menait des transactions diplomatiques, dont une rencontre à Lodi, près de Milan, avec Henri VI, fils et successeur de Frédéric Barberousse. La jeune Bérengère devait être consciente du grand prestige que lui apporterait son mariage : en entrant dans la famille Plantagenêt, elle rejoignait les plus hauts cercles d'une dynastie dont les contacts et les influences s'étendaient de l'empire allemand jusqu'à Jérusalem.

Après avoir manqué Richard à Pise, Aliénor et Bérangère le rattrapèrent finalement en Sicile le 30 mars 1191. Il s'y trouvait depuis six mois, et son voyage avait déjà été mouvementé. Son énorme armée avait touché terre à Lisbonne, où elle avait fait la preuve de son zèle chrétien en violant et pillant. Puis, de là, elle était remontée jusqu'à Marseille où Richard en avait pris le commandement avant de faire voile pour la Sicile. Richard lui-même avait vécu quelques aventures en descendant le long de la côte italienne, manquant même être lapidé par des paysans napolitains qu'il avait admonestés, leur reprochant d'usurper les privilèges de la noblesse parce qu'ils chassaient au faucon. Une fois débarqué en Sicile, il prit la liberté de s'emparer de Messine et de hisser les couleurs du royaume d'Angleterre sur les remparts, faisant ainsi fi de l'accord sur le partage du butin qu'il avait passé avec Philippe Auguste. Le détroit de Messine était désormais encombré par ses lourds vaisseaux de guerre, au grand dam du roi de France qui jugeait un rien lassant le faste entourant les déplacements de son compagnon de route.

Mais son ennui face à la pompe militaire de Richard céda la place à une véritable rage quand il apprit que Bérengère de Navarre était là. Au cours d'un échange pénible quelques jours à peine avant l'arrivée de sa future épouse, Richard avait enfin annoncé à Philippe II qu'il n'épouserait pas Alice. Il invoqua le fait que la jeune femme avait été séduite par son père et affirma qu'elle lui avait donné un bâtard. Le roi de France ne put que reconnaître qu'il y avait sans doute déjà longtemps qu'on se jouait ainsi de lui. Il accepta dix mille marcs en compensation de la déshonorante annulation du mariage, mais, sous le choc et toujours furieux, il ne tarda pas à quitter la Sicile.

Aliénor y séjourna durant trois jours : juste assez pour saluer son fils préféré et sa fille Jeanne, reine de Sicile, que Richard avait libérée de prison en conquérant Messine. Aliénor n'avait plus revu Jeanne depuis que cette dernière, alors âgée de onze ans, avait été envoyée épouser Guillaume II en 1177. Leurs retrouvailles furent brèves. Les affaires d'Angleterre et de Normandie, où Jean continuait d'inquiéter son frère aîné, rappelèrent Aliénor au pays. Jeanne endossa le rôle de chaperon de Bérengère tandis que les croisés, eux, se disposaient à quitter l'île en direction de la Terre sainte.

La Crète devait être leur prochaine étape, mais une tempête se leva, dispersant la flotte de Richard, dont vingt-cinq navires se trouvèrent déportés vers Chypre. L'île était un territoire grec indépendant gouverné par le « tyran de Chypre », le Byzantin Isaac Comnène. Chypre était un relais essentiel pour les cités côtières de l'Outremer, mais Comnène était tout sauf fiable. Lorsque plusieurs vaisseaux des croisés se furent échoués sur son littoral, leurs passagers subirent de mauvais traitements de la part de ses sujets. Pis encore, ils tentèrent de capturer la nef qui transportait Jeanne et Bérengère, ancrée au large de Limassol.

Le navire de Richard ne fut pas poussé vers Chypre, mais quand il débarqua à Rhodes le 22 avril, on lui fit part de la mésaventure de sa sœur et de sa fiancée. Il décréta que les Chypriotes, comme les Messiniens, méritaient d'être châtiés et conquis, bien que Chypre fût un État chrétien et lui-même un croisé. Le 5 mai, le roi et ses troupes débarquèrent en force à Limassol et livrèrent de violents combats de rue pour s'emparer de la ville. Les Chypriotes furent repoussés jusqu'à Famagouste, sur le littoral oriental. Pour célébrer sa victoire, Richard épousa Bérengère de Navarre le 12 mai, lors d'une cérémonie célébrée dans la chapelle byzantine de Saint-Georges, à Limassol. La jeune reine fut couronnée par l'évêque normand d'Évreux. Parmi les invités devait se trouver Guy de Lusignan, ancien roi de Jérusalem et vassal de Richard en tant que comte du Poitou. Ce fut sans doute l'un des mariages et couronnements les plus extraordinaires de l'histoire de la monarchie anglaise : une jeune Navarraise faite reine d'Angleterre par un évêque normand dans une chapelle chypriote devant un parterre d'émigrés aquitains de Jérusalem. Y a-t-il meilleure preuve de l'étendue de l'influence de la Couronne anglaise sous les Plantagenêts ?

Le mariage royal terminé, l'armée de Richard passa les trois semaines suivantes à parachever sa conquête de l'île. Le roi divisa sa flotte en deux et lui fit contourner Chypre par le nord et par le sud. Partout où ses vaisseaux jetaient l'ancre, l'air devait résonner des cris de terreur de la population alors que des soldats arborant la croix blanche de la guerre sainte razziaient les villes, prenaient les châteaux et abordaient les bateaux ennemis. La plus belle prise fut Isaac Comnène lui-même. Le tyran résista brièvement, la capture de sa fille chérie dans la forteresse de Kyrenai venant à bout de son obstination. Il se soumit à Richard en demandant seulement que son rang soit respecté et qu'il ne soit pas mis aux fers. Toujours chevaleresque, Richard accepta. On passa à Comnène des menottes en argent spécialement forgées pour l'occasion.

L'empire Plantagenêt s'étendait maintenant littéralement jusqu'aux portes du Moyen-Orient. Richard écrivit à Guillaume de Longchamp, son chancelier anglais : « Nous avons entièrement assujetti l'île de Chypre avec toutes ses places fortes. » Il obligea tous les hommes de l'île à se raser la barbe et confirma les lois et coutumes locales, sous le contrôle de sa propre administration. Mais contrairement à son père, Richard s'intéressait davantage aux liquidités qu'à l'imposition d'une suzeraineté durable. La conquête achevée, il vendit promptement l'île aux Templiers pour 100 000 besants.

Depuis certaines hauteurs de Chypre, on pouvait apercevoir la côte libanaise. La Terre sainte était là, toute proche. Sans perdre de temps, Richard prit la mer. Il atteignit Acre le 8 juin 1191, pour découvrir que le port était assiégé depuis plus d'un an. Philippe Auguste était là depuis son départ de Messine. Ses armées campaient à l'est de la ville, et avaient rejoint les rangs des forces chrétiennes d'Orient, des Allemands, des Pisans et d'autres. Sa catapulte géante, Malvoisine, se livrait à un duel avec son équivalent dans le camp musulman, Malcousine. Malvoisine était régulièrement endommagée par les tirs adverses, mais Philippe se contentait de la faire réparer. Quiconque était présent ne pouvait qu'être terrifié par les grondements et le fracas des énormes roches qui, lancées par les machines, s'abattaient sur la ville ou venaient s'enterrer dans le sol à l'extérieur.

En approchant par la mer, Richard observa la ville noyée dans la poussière soulevée par les machines de guerre. Une scène terrible, théâtre de toutes les misères humaines que l'on pouvait imaginer. Le port était envahi par la puanteur des cadavres en décomposition, les chrétiens ayant utilisé les corps d'hommes et de chevaux pour combler les douves afin de faciliter le passage de leurs machines de guerre. En plein jour, le ciel était obscurci par une pluie de flèches meurtrières et de lourdes pierres.

C'était une lutte sans merci, et les atrocités étaient monnaie courante. Des femmes chrétiennes capturèrent l'équipage d'une galère égyptienne et torturèrent les hommes à mort. Les chefs musulmans, de leur côté, envisagèrent de lâcher sur le camp des croisés des centaines de serpents venimeux. Les Français avaient construit des engins de siège géants, que les musulmans incendièrent à l'aide de feux grégeois, brûlant vifs les servants. Affamées, les troupes allemandes mangèrent leurs mules. Les sapeurs travaillaient jusqu'à l'épuisement, étouffant dans l'air pestilentiel qui flottait sur le champ de bataille couvert de morts. D'habiles prostituées vendaient leurs charmes à tous les belligérants dans le « quartier chaud » qui s'était constitué dans une partie du camp chrétien. Sur les côtes, les vagues charriaient des corps gonflés par la putréfaction.

Dès que Richard débarqua en Outremer, des problèmes se firent jour entre les Plantagenêts et les Capétiens. Loin de présenter un front chrétien uni face aux infidèles, ils avaient importé en Terre sainte toutes les rivalités européennes. Richard était infiniment plus riche que Philippe, et il était arrivé avec des hordes de soldats bien payés et rêvant de victoire et de pillage. Il renforça ainsi les rangs des Anglais déjà présents et irrita un peu plus le roi de France en proposant aux mercenaires de meilleures soldes.

Même sans la guerre de siège et les querelles intestines, Acre était un endroit dangereux pour des envahisseurs. Une semaine après avoir dressé son camp, Richard tomba gravement malade, atteint d'« arnaldie » ou de « léonardie », affection semblable au scorbut. Ses dents et ses ongles se déchaussèrent et il commença à perdre ses cheveux par poignées. Richard, toutefois, toujours attentif à son propre mythe, ne pouvait laisser une maladie, aussi débilitante fût-elle, freiner sa campagne militaire. Veillant à ce que la croisade ne perde pas son élan, il adressa des messages à Saladin, lui proposant d'ouvrir des négociations secrètes – et lui réclamant des pêches et de la glace pour faire tomber sa fièvre brûlante. Saladin lui envoya les fruits, refusa de le rencontrer, mais entretint une correspondance avec ce nouveau chef des Francs qu'il finit par respecter.

Tant que dura sa campagne au Levant, Richard fut affaibli par la maladie. Mais il en fallait plus pour l'empêcher d'agir. Au début du mois de juillet, quand les chrétiens redoublèrent d'efforts et que les défenses de la ville furent sur le point de s'effondrer, il se fit porter en litière sur le champ de bataille, recouvert d'un superbe édredon de soie, et armé d'une arbalète. À l'abri derrière un parapet mobile, il abattit plusieurs défenseurs, galvanisant ses hommes en se tenant comme à son habitude avec eux au cœur de l'action.

Le 5 juillet, les murailles d'Acre finirent par être percées. La chute de la ville dut autant aux assauts inlassables lancés par Philippe Auguste depuis l'est qu'aux opérations de Richard par le nord. Les remparts étaient sapés, minés, pilonnés à coups de lourdes roches, pris d'assaut avec des échelles, bombardés d'un déluge de flèches depuis près de deux ans, assiégés par des milliers d'hommes commandés par presque tout ce que l'aristocratie chrétienne comptait de dignitaires en Orient, et soumis à la puissance militaire combinée des empires plantagenêt et capétien, des Pisans, des Génois, des Danois, des Allemands et de divers autres soldats pèlerins. Que le port ait résisté si longtemps témoigne de l'incroyable valeur de ses défenseurs musulmans.

Avant la prise d'Acre, un accord fut conclu entre Saladin et les rois chrétiens afin d'éviter une sanglante mise à sac. Les croisés autorisèrent la garnison à se rendre avec les honneurs, et hissèrent les couleurs de Richard et de Philippe sur la ville sans verser davantage de sang. En échange, Saladin accepta de verser une rançon de 200 000 dinars, de relâcher près de 2 000 prisonniers et de restituer la Vraie Croix. La majeure partie de la flotte de galères égyptiennes ancrées dans le port fut capturée, ce qui permit à l'hégémonie chrétienne de s'imposer le long des côtes du Moyen-

Orient et mit pratiquement un terme aux ambitions des musulmans en les empêchant d'étendre leur influence plus à l'ouest en Méditerranée. Les soldats chrétiens se bousculèrent en masse devant le palais royal, chantant et dansant de joie pour célébrer la fin de leurs longues épreuves. Puis ils se livrèrent à la débauche dans les tavernes et les bordels des quartiers interlopes de la ville. Mais la victoire portait en elle le ferment d'un désastre qui aurait de graves implications pour l'empire Plantagenêt en Europe. Si Acre tomba à la suite d'une attaque conjointe, Richard, Bérengère et Jeanne s'installèrent dans le palais, où le roi d'Angleterre fit arracher la livrée de son allié le duc Léopold d'Autriche, présent en Terre sainte depuis avril et qui avait joué un rôle essentiel pendant le siège. L'arrogance du Plantagenêt et de ses croisés ulcéra le duc Léopold et Philippe Auguste, qui avait subi tant de camouflets de la part de Richard que toute sa croisade se résumait à un catalogue d'humiliations.

Si la victoire donna un coup de fouet à la troisième croisade, elle eut également une conséquence dommageable. Philippe II, en proie à un mélange d'émotions dont la jalousie, le mal du pays et l'exaspération, proclama qu'il estimait avoir rempli son serment de croisé en conquérant Acre et qu'il rentrait chez lui.

Cette décision fut généralement considérée comme un signe de lâcheté qui rejaillit sur la dignité de la Couronne de France. Mais en vérité, Philippe en avait assez d'être humilié par Richard – au sujet de son mariage, de sa conquête de Messine, et, plus récemment, le bras de fer qu'ils s'étaient livré en soutenant des candidats opposés pour le royaume de Jérusalem, le roi de France ayant appuyé Conrad de Montferrat tandis que Richard défendait son vassal, Guy de Lusignan.

De plus, l'un des principaux vassaux du roi de France, le comte Philippe de Flandre, était mort à Acre. Une perte terrible pour l'aristocratie européenne en Orient, mais surtout pour l'Europe elle-même. La Flandre était la capitale de la laine et des étoffes sur le Continent, une région extrêmement riche qui, si elle était ajoutée au domaine royal français, renforcerait considérablement ses finances. C'était une chose de servir la gloire de Dieu en Orient, mais Philippe II était avant tout un Capétien. À ses yeux, ses revendications sur le territoire que le comte de Flandre laissait derrière lui étaient plus pressantes. Asseoir son pouvoir dans le nord-ouest de l'Europe paraissait beaucoup plus propice au roi de France que de jouer les utilités pour son propre vassal dans la fournaise puante du Levant. Le 3 août, Philippe Auguste fit voile pour la France depuis Tyr et quitta l'Outremer.

Richard était désormais le commandant en chef incontesté de la troisième croisade. Il avait à sa disposition des hommes, de l'argent, une flotte immense, et son prestige grandissait. Toutes les opérations militaires ou presque dépendaient maintenant de lui. Selon le chroniqueur Richard de Devizes, Richard aurait déclaré que la présence de Philippe en Orient revenait à attacher un marteau à la queue d'un chat. Le marteau étant détaché, le chat pouvait vagabonder. Le séjour de Richard dans la région lui apporta son content de gloire, une gloire qu'il n'avait plus à partager avec le roi de France. Pourtant, plus il passait de temps en croisade, plus les problèmes s'aggravaient dans l'empire Plantagenêt.

Traîtrise

Comme tous les visiteurs arrivant à Douvres, Geoffroy, archevêque d'York, leva les yeux sur le grand château en construction au-dessus du port. En septembre 1191, les travaux avaient beaucoup avancé depuis la visite du chantier par feu le roi Louis VII. Aujourd'hui, en contemplant son imposant donjon carré, Geoffroy ne pouvait que repenser à son père, qui avait dépensé une fortune royale pour faire du site un symbole de la magnificence royale, autel du pouvoir séculier de la dynastie Plantagenêt.

Geoffroy lui-même était un homme remarquable. Doué pour la chose militaire, il était également un érudit et un homme d'église, et pour moitié un prince Plantagenêt. Fils illégitime d'Henri II et d'une certaine Ykenai, il avait fait carrière au service de la maison royale et de l'Église. Il avait occupé les fonctions de chancelier pour son père et risqué sa vie en menant une brillante campagne dans le nord pendant la Grande Révolte de 1173-1174. Il était maintenant le deuxième homme le plus important de l'Église d'Angleterre sous le règne de son demi-frère Richard. Mais si, par le passé, il avait été loyal aux Plantagenêts, il était dangereux de laisser un personnage aussi puissant et ambitieux dans un royaume dont le souverain était parti sans laisser d'héritier direct sur place. À son départ pour la Terre sainte, Richard avait juré à Geoffroy, comme à Jean, de rester trois ans hors d'Angleterre. Les rênes du pouvoir avaient été confiées à Guillaume de Longchamp, à la fois archevêque d'Ely, légat du pape, justiciar et chancelier – peut-être pas un roi, mais ce qui se rapprochait le plus d'une figure d'autorité universelle à la tête tant du gouvernement que de l'administration ecclésiastique.

Or, Geoffroy, allié à son demi-frère Jean, venait de rompre son serment. Richard, depuis la Sicile où il se trouvait, avait laissé entendre que son neveu Arthur de Bretagne devrait être fait héritier de la Couronne d'Angleterre dans l'éventualité où il lui arriverait quelque chose pendant la croisade. Arthur de Bretagne était le fils du frère aîné de Richard, Geoffroy Plantagenêt, tué lors d'un tournoi à Paris en 1186. L'enfant avait environ quatre ans quand son oncle était parti pour l'Outremer. Jean, lui, en avait vingt-quatre, et il avait réagi violemment au choix de son frère. Arrachant son soutien à sa mère Aliénor, il était rentré en Angleterre, s'était emparé des grands châteaux de Nottingham et Tickhill et avait levé une armée contre le chancelier. Jean jouait sur la faible popularité dont jouissait Longchamp. Normand de naissance et d'éducation, le chancelier menait grand train, contrairement à beaucoup de ceux qu'il s'efforçait de gouverner. Lors de pourparlers visant à résoudre leur querelle, Jean avait contraint Longchamp à abandonner la cause du jeune Arthur de Bretagne et à le reconnaître, lui, comme héritier présomptif du trône d'Angleterre. La venue de Geoffroy constituait une étape supplémentaire dans la campagne de Jean pour faire de son pouvoir potentiel une réalité.

Quand Geoffroy débarqua à l'ombre menaçante du château de Douvres, il reçut un message de Jean l'avertissant d'un danger imminent. La rumeur de son arrivée s'était répandue et les agents de Longchamp étaient en route pour l'arrêter. Il serait accusé d'être entré illégalement dans le royaume et risquait de se retrouver prisonnier du chancelier. En hâte, l'archevêque s'enfuit dans les rues de la ville et se réfugia eu prieuré de Saint-Martin, les hommes de Longchamp sur les talons.

Il atteignit Saint-Martin juste avant ses poursuivants et trouva asile auprès des moines. Les agents de Longchamp assiégèrent le prieuré mais, au bout de quatre jours, ils perdirent patience et y pénétrèrent par la force pour se saisir de leur proie. Ils trouvèrent l'archevêque près de l'autel. C'était un lieu sûr, et saint. Des plus symboliques aussi, compte tenu des événements de ces dernières années. Dans une scène rappelant cruellement l'assassinat de Becket vingt ans plus tôt, les hommes du chancelier mirent la main sur l'archevêque Geoffroy et le firent sortir du prieuré. Il fut traîné dans les rues de Douvres par les mains et les pieds, sa tête heurtant le sol au passage.

L'expérience fut sans aucun doute déplaisante pour Geoffroy, mais pour Guillaume de Longchamp, ce fut un désastre politique. Ayant assuré la cohésion du royaume d'Angleterre pendant dix-huit mois en l'absence du monarque, et malgré sa loyauté, il devint la bête noire de tous les religieux du pays.

Jean sut profiter de l'occasion. Ses propagandistes se déchaînèrent. Des auteurs comme Hugues de Nonant, un de ses partisans, tournèrent Longchamp en dérision, le décrivant comme un singe, un nain, un pervers et un pédophile. Il fut rendu coupable de tous les vices et abominations que pouvait inventer l'imaginaire médiéval. Pendant ce temps, le comte se préparait à prendre le contrôle de Londres. Quand Longchamp voulut l'empêcher d'entrer dans la ville, les habitants en bloquèrent les portes et accusèrent le chancelier de trahison.

Triomphant, Jean fit passer Longchamp devant le conseil de la régence, où Geoffroy d'York dévoila l'implication, selon lui, du chancelier dans son arrestation et dans diverses indélicatesses financières. Longchamp avait perdu toute autorité. Dépouillé de ses fonctions par le conseil, il dut donner des otages pour ses châteaux, et fut jeté en prison à Douvres pendant une semaine. Quand il fut libéré, il était ruiné, et il s'enfuit aussi vite que possible en Flandre. Le conseil nomma Jean gouverneur suprême du royaume. C'était précisément ce genre de situation que Richard avait espéré éviter.

En Terre sainte, la croisade du roi se poursuivait sous les meilleurs auspices. En dépit des conditions difficiles et de sa propre maladie, il avait pris Acre et réussissait à damer le pion à Saladin, en ayant certes recours à des tactiques peu reluisantes. En août 1191, il fit massacrer 2 600 prisonniers musulmans dans une plaine devant Acre. Peu après, les chrétiens marchèrent vers le sud et s'emparèrent de Jaffa, la ville qui servait de port à Jérusalem. Il continuait d'entretenir des communications avec Saladin, et les deux dirigeants commencèrent à se sonder mutuellement pour parvenir à un éventuel accord de paix. Richard se proposait entre autres, non sans une certaine malice, de marier sa sœur Jeanne au frère de Saladin, à condition que ce dernier se convertisse au christianisme.

Richard recevait régulièrement des nouvelles d'Angleterre, aussi fut-il bientôt averti des complots et des pratiques déloyales de Jean. Au début d'avril 1192, à Ascalon, le roi apprit que Longchamp avait été déposé. Une nouvelle inquiétante, mais Richard avait déjà pris des mesures et envoyé Gautier de Coutances, évêque de Lincoln, servir de médiateur entre Jean et Longchamp et jouer un rôle actif au sein du gouvernement en tant que justiciar.

Mais à la fin de mai 1192, Richard reçut une nouvelle beaucoup plus inquiétante que des histoires de coups d'État entre régents d'Angleterre. Jean complotait avec Philippe Auguste. L'émissaire qui apporta cette information le mit en garde contre une « épouvantable traîtrise » qui pouvait entraîner la perte de l'Angleterre. Seule Aliénor d'Aquitaine parvenait encore à tenir la bride à son fils. Richard était bien placé pour savoir qu'une alliance entre un prince du sang et les Capétiens pouvait causer grand tort à la couronne Plantagenêt. Après tout, c'était exactement ce qu'il avait infligé à son propre père.

À partir du printemps 1192, il dut se rendre à l'évidence. Le temps ne jouait pas en la faveur de sa croisade. Il n'avait qu'en partie reconquis le royaume de Jérusalem, mais plus il s'attarderait dans l'espoir d'accomplir sa mission, plus il risquait de retrouver un royaume d'Angleterre réduit en cendres par son frère, son demi-frère et le roi de France. Bientôt s'ouvrirait une nouvelle saison de campagne en Outremer. Elle serait forcément sa dernière. Une dernière chance d'accéder à la gloire, et de remettre Saladin à sa place. Ensuite, il repartirait pour l'Aquitaine et l'Anjou, la Normandie et l'Angleterre.

À la mi-avril 1192, Conrad de Montferrat, seigneur italien, apprit une merveilleuse nouvelle. À l'issue d'une longue carrière passée à faire la guerre en Terre sainte, il allait être nommé roi de Jérusalem. C'en était terminé de la lutte qui l'opposait depuis si longtemps à son principal rival, Guy de Lusignan. Ce dernier renonçait au royaume en échange de Chypre. Conrad deviendrait le suzerain permanent des États chrétiens d'Outremer. Quand les grands nobles occidentaux seraient rentrés, c'était à lui qu'incomberait la poursuite de la guerre contre Saladin. C'était un immense honneur, dont il avait longtemps rêvé.

Dans la nuit du 28 avril, Conrad, toujours d'humeur festive, s'en vint souper à Tyr chez Philippe, évêque de Beauvais. Après une soirée agréable, il rentra, traversant la ville à cheval en compagnie de quelques gardes. Tournant dans une ruelle, il aperçut deux hommes assis de chaque côté. À son approche, ils se levèrent et marchèrent à sa rencontre. L'un d'eux était porteur d'une lettre. Conrad, bien qu'intrigué, ne descendit pas de sa monture. Il se pencha et tendit la main. Aussitôt, celui qui tenait la lettre dégaina un poignard et le planta dans le corps de Conrad, tandis que son compagnon sautait sur le dos du cheval et frappait le seigneur sur le côté. Tué net, Conrad s'affaissa, puis tomba. Il n'avait été roi nominal que pendant moins de quinze jours.

Il venait d'être victime de deux Assassins dépêchés par le mystérieux Rachid ad-Din Sinan, le Vieux de la Montagne, chef de file d'une secte syrienne violente qui s'était alliée à Saladin contre les chrétiens. Pour la croisade de Richard, ce meurtre fut le début de la fin. Rapidement, le bruit courut qu'il avait commandité l'assassinat, puisqu'il soutenait auparavant Guy de Lusignan. La royauté de l'Outremer était de nouveau en crise. Les événements étaient contre Richard, et sa position militaire se détériorait. Pendant l'été, il marcha sur Jérusalem, mais son offensive échoua et n'aboutit qu'à une prolongation des combats. Quand Saladin détruisit ou empoisonna tous les puits de Judée, un débat fit rage dans les rangs croisés. Valait-il mieux attaquer Jérusalem plutôt que de se concentrer sur le sud de la Palestine afin de couper les communications de Saladin avec l'Égypte ? L'impasse menaçait, Saladin tenant Jérusalem et les chrétiens les ports. Pour les deux camps, la guerre devenait trop coûteuse.

Il y eut un baroud d'honneur. À la fin de juillet, Richard tenta une feinte autour d'Acre, espérant convaincre Saladin qu'il voulait s'emparer de Beyrouth, ce qui soulagerait la pression sur les chrétiens dans le sud. Mais Saladin ne mordit pas à l'hameçon. En l'absence de Richard, il lança une vigoureuse offensive sur Jaffa, qui fut couronnée de succès. Les murs de la ville, habilement sapés et minés, s'effondrèrent partiellement le 31 juillet dans une avalanche de gravats et de poussière. Jaffa fut mise à sac par les Sarrasins déchaînés. Pour les croisés, ce fut une catastrophe : Jaffa était un port stratégique essentiel qui garantissait leur supériorité maritime.

Mais dans la nuit du 31, Richard apparut à la tête d'une modeste flotte. Il avait vogué contre le vent, avec l'énergie du désespoir. La flottille débarqua tout ornée de la pourpre chevaleresque. Le navire du roi était surmonté d'un auvent vermillon, et le roi sauta dans l'eau suivi de ses hommes. Ils avancèrent vers la plage, sa bannière rouge claquant au-dessus de sa troupe. Il mena ses hommes en direction de la ville où flottaient déjà les étendards musulmans, alors que partout dans les rues retentissait le cri : « *Allahou akbar* ! » Laissant quelques-uns de ses soldats dresser un camp fortifié improvisé, il chargea droit sur la ville.

L'attaque fut d'autant plus terrible qu'elle était inattendue. Bien qu'inférieurs en nombre, les hommes de Richard chassèrent l'envahisseur musulman de Jaffa, le dispersant à coups d'arbalète avant de le repousser vers l'intérieur des terres. Quelques jours plus tard, quand les assaillants revinrent vers la ville dévastée, ils furent de nouveau refoulés, cette fois par des chevaliers équipés d'arbalètes et formés en cercles compacts. Une fois de plus, Richard avait remporté une victoire qui semblait impossible, confortant ainsi sa légende orientale.

Ce fut le dernier engagement militaire de la troisième croisade. Les deux camps étaient épuisés. Richard écrivit à Saladin pour le prévenir : si les combats continuaient, lui dit-il, « ce sera notre ruine, à toi comme à moi ». Les adversaires n'avaient plus de ressources en dehors de la diplomatie. Le mercredi 2 septembre 1192, ils conclurent une trêve de trois ans. Saladin gardait Jérusalem, mais autorisa un nombre limité de pèlerins chrétiens à accéder au Saint Sépulcre. Quant aux chrétiens, ils conservaient tout ce qu'ils tenaient encore entre Tyr et Jaffa. La Vraie Croix, elle, restait aux mains de Saladin.

Richard ne le rencontra jamais, pas plus qu'il n'accomplit son pèlerinage à Jérusalem. Il envoya un message au sultan lui assurant qu'il reviendrait en conquérant, défi que Saladin accepta avec courage, répondant qu'il ne pouvait imaginer d'autre roi face auquel il consentirait à perdre son empire. Mais Saladin n'avait plus qu'une année à vivre, et jamais les deux hommes ne pourraient disputer leur revanche.

En octobre 1192, Richard fit voile pour l'Europe. Il dut partir dans un grand état d'agitation, incertain de ce qui l'attendait. Pour ce qu'il en savait, peut-être son frère avait-il déjà usurpé la couronne. Sur le trône de Jérusalem, il laissa derrière lui le comte Henri de Champagne, âgé de 26 ans, à la fois son neveu et celui de Philippe Auguste. Mais c'était un roi qui n'occupait qu'une partie seulement de son royaume. Tout bien considéré, la croisade de Richard avait été un échec. Mais sous un certain angle, elle avait aussi été un succès : elle avait contribué à forger la légende du Cœur de Lion. Malheureusement, cela ne suffit pas à lui valoir l'admiration de tous.

Au bon plaisir de l'Empereur

À la fin du printemps 1191, Richard Ier composa une chanson. C'était une ballade mélancolique parlant du sentiment d'abandon, de frustration et de mal du pays. Les paroles, rédigées en occitan, étaient accompagnées d'une mélodie lancinante. Son titre est tiré de son premier vers : *Ja nuns hons pris.* Plus de huit siècles plus tard, on la chante encore.

Elle commence par ces strophes :

Jà nuns hons pris ne dira sa raison
Adroitement, sé dolentement non ;
Mais, por confort, puet-il faire chanson
Moult ai d'amis, mais povre sont li don ;
Honte en auront, sé por ma réançon
Sui ces deus yvers pris.
Ce savent bien mi home et mi baron,
Englois, Normant, Poitevin et Gascon,
Que je n'avoie si povre compagnon
Que je laissasse, por avoir, en prison.
Je nou lo dis por nule retraiçon,
Mais encor sui-je pris.

Jamais nul prisonnier ne tiendra de propos
De façon véridique, si ce n'est de façon attristée ;
Mais il peut faire un effort pour composer une chanson.
J'ai beaucoup d'amis, mais pauvres sont les dons ;
Honte à eux si pour réunir la rançon
Je reste ici prisonnier deux hivers.
Ils le savent bien, mes hommes et barons
Anglais, Normands, Poitevins et Gascons
Que je n'ai nul compagnon si pauvre soit-il

Que je laisserais en prison sans rien faire
Je ne dis pas cela par reproche
Mais je suis encore prisonnier.

Il est probable que Richard écrivit cette complainte dans le palais impérial de Haguenau, grand pavillon de chasse fortifiée surplombant la Moder. Ce splendide édifice, construit par Frédéric Barberousse, était maintenant détenu par son successeur du Saint Empire, Henri VI. Il regorgeait de joyaux et du fabuleux trésor impérial. Mais en 1193, il n'abritait rien de plus précieux que la personne de Richard Cœur de Lion.

En dépit de ses exploits, Richard, à son retour de croisade, s'était rendu compte que son nom avait été sali dans toute l'Europe. Sans doute, ceux qui l'avaient suivi jusqu'au bout en Orient, trouvaient-ils ses efforts admirables, mais pour beaucoup de ses alliés qui étaient rentrés avant lui, Richard devait tomber. Il avait refusé la main de la sœur du roi de France dans des circonstances humiliantes. Il avait déposé le seigneur de Chypre, qui entretenait des liens familiaux avec plusieurs des grands d'Europe. Il avait refusé de partager son butin avec des hommes comme Léopold d'Autriche, dont il avait fait arracher les couleurs pendant le sac d'Acre. La rumeur courait qu'il avait commandité l'assassinat de Conrad de Montferrat à Tyr en avril 1192. Presque tous les grands princes du continent nourrissaient quelque ressentiment à son égard. Et quand il était revenu d'Outremer à l'automne précédent, il n'avait pas tardé à comprendre qu'il restait bien peu de territoires où le roi d'Angleterre pouvait espérer se rendre sans danger.

Pour son voyage de retour, il avait par conséquent suivi un itinéraire fort différent de celui de son départ. Il s'était d'abord rendu à Corfou, où il apprit que ses ennemis se rassemblaient contre lui. Ils lui avaient coupé pratiquement tout accès par la mer, et tenaient tous les endroits où il aurait pu débarquer du nord de l'Italie à la pointe sud de l'Espagne. Pour pouvoir regagner ses terres, il n'avait d'autre choix que de passer en territoire hostile.

Malgré la mer agitée du mois de novembre, Richard et une poignée d'hommes de confiance louèrent des navires et partirent pour le nord. Une tempête les jeta sur la côte de l'Istrie, dans l'Adriatique. Il leur fallait maintenant rentrer chez eux en traversant toute l'Europe centrale en passant par les domaines de son beau-frère Henri le Lion dans le nord-est de l'Allemagne. Le petit groupe se déguisa en pèlerins et s'en fut à pied. Mais le plus célèbre des souverains croisés ne pouvait se déplacer sans être reconnu. Ils marchaient depuis trois jours quand, à dix lieues de Vienne, ils furent repérés et dénoncés. Richard fut arrêté et livré à Léopold, duc d'Autriche. En février 1193, Léopold le vendit à l'empereur Henri VI.

Et ce fut auprès de ce dernier qu'il séjourna. Pris dans les filets de la cour de l'empereur, Richard fut traité avec circonspection, mais sans cruauté. Si l'étiquette aristocratique autorisait l'assignation à résidence, il était inconvenant de jeter les rois aux oubliettes. Richard était un croisé, et techniquement, son emprisonnement était interdit par le pape – un point que les diplomates des Plantagenêts ne manquèrent pas de rappeler avec colère au Saint-Siège. Le laisser mourir de faim dans une cellule humide aurait valu aux responsables de ce forfait anathème et opprobre. Mais Richard n'en était pas moins prisonnier, aussi sûrement que sa mère l'avait été de son père, et que son grand-oncle Robert Courteheuse l'avait été de son grand-père Henri Ier. Il devait sans doute avoir constamment à l'esprit le fait qu'Aliénor était restée captive pendant quinze ans, et Courteheuse était mort sans jamais retrouver la liberté, au bout de trente ans d'incarcération. Combien de temps Richard resterait-il ainsi ? Personne, en Europe, n'était en mesure de le dire.

En Angleterre, l'homme pour qui la captivité de Richard comptait le plus était son frère Jean. Le comte ne demandait pas mieux que de voir son aîné à jamais enfermé dans une geôle impériale ou française. Grâce à cela, il pouvait ouvertement briguer la couronne. Jean, aussi ambitieux et impitoyable que tous les Plantagenêts qui l'avaient précédé, n'eut guère besoin d'encouragement pour tenter de s'emparer du trône.

En janvier 1193, il rendit hommage à Philippe Auguste à Paris pour l'ensemble des domaines plantagenêts, et accepta d'épouser Adélaïde, éconduite par Richard. Puis il rentra en Angleterre et tenta d'y déclencher une révolte.

Heureusement pour Richard et l'Angleterre, le pays comptait également quelques têtes froides capables de gérer le royaume, même sans leur monarque. Aliénor d'Aquitaine et Gautier de Coutances déployèrent des troupes pour défendre le littoral, désormais menacé depuis la Flandre – pour laquelle Philippe II était rentré si précipitamment de croisade. Guillaume le Lion, roi d'Écosse, conscient à la fois des difficultés représentées par un croisé absent et de la générosité de Richard à son égard en 1189, refusa de se soulever. Hubert Gautier, compagnon de Richard en croisade, élu archevêque de Canterbury en mars à la demande du roi depuis sa captivité, présida un grand conseil au cours duquel il fut reconnu que le roi était bien en vie, mais qu'il avait désespérément besoin d'aide.

Tandis que ses alliés se comportaient héroïquement en Angleterre, Richard faisait face à sa triste situation avec un aplomb royal. En mars, il fut traîné en justice par l'empereur. Il s'adressa aux grands et courtisans assemblés là avec une telle magnificence, avec tant de dignité, d'éloquence et de grâce qu'il en émut plus d'un aux larmes, et qu'il se fit de nombreux amis parmi la noblesse locale. Richard, écrit Guillaume le Breton, « comme s'il eût été assis sur le trône de ses ancêtres, ou dans la cour de Lincoln, ou au milieu de la ville de Caen [...], d'une bouche royale et éloquente et d'un cœur de lion, prit [...] la parole ». Quand Philippe Auguste réclama son transfert à la cour de France, Richard consulta les nobles rebelles de Rhénanie, région située entre le Saint Empire romain et le royaume de France, les réconcilia avec l'empire et put, par ses efforts diplomatiques, rester à la cour impériale. Quand lui parvinrent des rapports annonçant que les forces de Philippe avaient envahi la Normandie, pris le grand château de Gisors et assiégeaient Rouen, la capitale du duché, il ne céda pas à la panique. Il adressa des messages de soutien à ses partisans en Angleterre, leur assurant, ce qui était vital, qu'il serait bientôt libéré.

Mais la libération de Richard allait s'avérer onéreuse, et elle entraînerait l'empire Plantagenêt au bord du gouffre. Déjà mis à rude épreuve par le financement de la croisade, les États de Richard furent dès lors soumis à un impôt sans merci de 25 % sur tous les revenus et les biens mobiliers. Les grands nobles devaient contribuer personnellement au paiement de la rançon royale. Dans toute l'Angleterre, monastères et églises en vinrent à redouter l'approche des fonctionnaires du roi venus exiger laine et vaisselle de valeur. Comme le souligne Raoul de Dicet :

> *Les plus grandes églises présentèrent des trésors préservés depuis le lointain passé, et les paroisses leurs calices en argent. [...] Archevêques, évêques, abbés, prieurs, comtes et barons [contribuèrent] pour un quart de leurs revenus annuels ; les moines cisterciens et les chanoines prémontrés pour toute une année de leur récolte de laine, et les religieux vivant de la dîme pour un dixième de leurs revenus.*

On puisa implacablement dans les poches de tous, de l'Église comme des grands du royaume, sous la surveillance vigilante d'Aliénor et des justiciers royaux. Preuve de la valeur accordée à la légitimité d'un guerrier expérimenté comme Richard, tout son royaume se mobilisa pour payer sa rançon exorbitante, ignorant presque les tentatives de plus en plus honteuses de son frère Jean pour s'emparer du pouvoir.

Mais malgré cet effort formidable, il fallut plus de six mois pour collecter les fonds nécessaires pour payer la rançon de Richard. Tout au long de l'automne, il se languit au bon plaisir de l'empereur, tandis que les légendes sur le Cœur de Lion captif circulaient dans toute l'Europe. Des années plus tard, on raconterait bien des récits improbables sur Blondel, son ménestrel favori, qui aurait parcouru le continent en quête de son maître, et qui n'aurait enfin découvert sa cellule qu'en entendant de loin le refrain d'une chanson qu'ils avaient composée ensemble. Ce n'était qu'une fable, inventée par les générations ultérieures. Quoi qu'il en fût, il semble que Richard garda bon moral durant sa détention, se montrant toujours vif et enjoué en présence de ses diplomates en visite alors même que son traître de frère s'efforçait de le dépouiller de son royaume.

Le 4 février 1194, Richard fut relâché. Il avait versé 100 000 marcs pour sa libération, laissa des otages en garantie pour 50 000 de plus, et se laissa convaincre par sa mère de céder aux pressions discourtoises d'Henri VI qui, vers la fin des négociations, exigea que le roi d'Angleterre cédât sa couronne à l'empereur, qui ne la lui rétrocéderait que comme à un vassal. C'était un prix terrible à payer : une authentique rançon de roi. Mais au moins, il avait recouvré la liberté, après un an et six semaines passés en captivité. Les franges de son empire s'effilochaient, mais ses États l'avaient attendu. Selon Roger de Howden, Philippe Auguste écrivit urgemment à Jean pour lui annoncer la nouvelle : « Prenez garde, le diable est lâché. »

Le 20 mars suivant, Richard débarqua à Sandwich, au bout de près de quatre ans d'absence. Trois jours plus tard, écrivit Raoul de Dicet, « sous les vivats du clergé et du peuple, il fut reçu en procession dans les rues de la ville [de Londres] pavoisée, jusqu'à l'église Saint-Paul ». Son retour fut salué par un déferlement de liesse. Mais Richard ne pouvait s'offrir le luxe de savourer cet accueil grandiose. Il avait beaucoup à faire.

Le retour du Cœur de Lion

Le 17 avril 1194, Richard sortit de ses appartements du prieuré de la cathédrale de Winchester dans la tenue d'apparat de la royauté. Il portait une lourde couronne sur la tête et les amples vêtements de cérémonie qu'il avait arborés la dernière fois à Westminster en 1189. Comme lors de son couronnement, trois de ses vassaux le précédaient en tenant des épées. L'un d'entre eux était Guillaume Ier d'Écosse : le Lion ouvrait la marche devant le Cœur de Lion.

Depuis le prieuré, Richard à pied se rendit jusqu'à la cathédrale, entouré des grands seigneurs et chevaliers d'Angleterre. Dans la cathédrale, Aliénor – qui, en dépit de son grand âge, n'avait rien perdu de son esprit politique acéré – et ses suivantes attendaient que le roi fasse son entrée en toute splendeur. Dehors, la foule s'était rassemblée, curieuse. C'était là le héros de la Terre sainte, la bête noire des princes d'Europe. Les traits brûlés par le soleil de l'Outremer, burinés par son année de captivité, Richard, à peine de retour dans son royaume, régalait aussitôt ses sujets du spectacle de sa puissance et de son faste.

Il s'agissait d'un « couronnement festif », une cérémonie publique presque aussi solennelle qu'un véritable couronnement. Les rois normands d'Angleterre avaient coutume d'en organiser plusieurs par an, mais la tradition avait été abandonnée par Henri II. Le dernier souverain à porter la couronne après une période de captivité avait été Étienne en 1141, quand il avait été libéré des griffes de la grand-mère de Richard, Mathilde l'Emperesse. Richard n'avait pas choisi de lui-même de renouer avec cette tradition. Il en avait été persuadé par ses principaux conseillers qui, lors d'un grand conseil tenu au lendemain de son retour, lui avaient présenté cette cérémonie comme un moyen important et ostentatoire de réaffirmer l'autorité royale. Il était clair que l'Angleterre avait besoin qu'on lui montre que la maladie, la captivité et l'hommage rendu à un empereur étranger n'avaient en rien terni la majesté de Richard. Les monarques Plantagenêts coûtaient certes cher, et étaient-ils souvent absents, l'Angleterre ne les en appréciait pas moins grandement, tant pour leur capacité pratique à imposer une gouvernance stable que pour le symbolisme somptueux et la richesse dont ils étaient synonymes. Richard, d'ordinaire peu enclin à supporter rites et démonstrations publiques, veilla cette fois à jouer le rôle que la royauté exigeait de lui.

Cette formalité achevée, il passa le printemps 1194 à consolider son contrôle sur le gouvernement anglais. Dans les jours qui avaient suivi son retour, il avait étouffé les dernières braises de la révolte de Jean, assiégé les châteaux de Tickhill et Nottingham, fait pendre les rebelles et proclamé ainsi à tous qu'il était bel et bien rentré. Il avait confisqué d'immenses territoires appartenant à son bon à rien de frère et à ses partisans. Il avait démis de leurs fonctions un grand nombre de shérifs, et confié leur charge à des hommes nouveaux, loyaux, fiables, afin qu'ils rétablissent l'ordre et remplissent les coffres du trésor royal. Et il confirma Hubert Gautier, son allié du temps de la croisade, à son poste à la tête du gouvernement.

Gautier était archevêque de Canterbury, grand justicier et, à partir du début de l'année 1195, légat du pape. Administrateur hors pair, célèbre pour sa bravoure en Terre sainte, Gautier fut probablement le plus brillant des serviteurs de la Couronne à cette époque. Riche, généreux, pieux et ambitieux, il était le neveu de Ranulf de Glanville, responsable des finances du royaume du temps d'Henri II, et il avait fait carrière en s'appuyant sur sa formation juridique et administrative plutôt que sur une éducation traditionnelle. Il avait été un serviteur fidèle et efficace d'Henri II, et un subtil représentant diplomatique de Richard en Outremer. Quand le roi avait été fait prisonnier, Gautier avait été le premier de ses sujets anglais à entrer en contact avec lui, et c'était lui qui avait entamé les négociations qui avaient abouti à sa libération. Richard l'avait nommé archevêque de Canterbury par des lettres envoyées durant sa captivité, et Gautier l'avait remercié en mobilisant un soutien politique qui avait empêché Jean de commettre des dégâts irréparables en l'absence de son frère. Gautier devenait désormais de fait vice-régent, et il ne fit pas défaut à son roi. Il sut mener rondement les affaires de la Couronne et de l'Église. Grâce à ses réformes du pouvoir judiciaire et à sa gestion des finances de la chancellerie, le gouvernement devint plus profitable, mais aussi plus disponible et efficace. Il bénéficiait d'un grand capital de confiance, et sa parole avait autant de poids que celle du souverain lui-même.

Avec Gautier aux commandes de l'administration, Richard était certain qu'il ne manquerait pas d'argent quand il repartirait guerroyer en France. Malgré ce que le paiement de sa rançon avait coûté à l'Angleterre, le pays avait encore des moyens en réserve. Richard collecta des fonds importants par la vente de charges, soit à de nouveaux candidats, soit à ceux qui les occupaient déjà, lesquels furent parfois choqués d'apprendre qu'il leur fallait de nouveau débourser pour des positions qui étaient en fait les leurs. Gautier en personne se lança dans une grande tournée judiciaire en Angleterre. Il s'agissait, entre autres choses, de rétablir la loi et l'ordre à la suite de la révolte de Jean, mais il accorda aussi une grande attention au rendement et à la situation des manoirs et biens fonciers royaux, ainsi qu'aux droits féodaux comme les tutelles, les curatelles et les déshérences (qui revenaient à la Couronne). Des chevaliers locaux furent nommés afin de superviser l'optimisation de toutes les sources de revenus royaux dans les comtés, revenus qui seraient ensuite transférés à l'Échiquier où ils seraient comptabilisés. Gautier mit également en place un nouveau système destiné à contrôler, enregistrer et réglementer les prêts consentis par les juifs du royaume – source d'inquiétude pour les finances royales, sachant que toute dette due à un juif revenait à la Couronne quand le prêteur décédait.

Toutes ces mesures contribuèrent à renforcer le sentiment, déjà présent du temps d'Henri II, que le gouvernement royal s'étendait de plus en plus profondément et uniformément au niveau local. Ce qui était loin d'être le principal souci de Richard. La politique financière d'Hubert Gautier était simplement nécessaire parce que Richard avait exigé de son royaume plus de revenus qu'aucun autre roi avant lui. Témoignage de la richesse de l'Angleterre (et de la Normandie, dont les coffres avaient commencé à se remplir à la fin des années 1190), même ces nouvelles ponctions furent accueillies sans insurrection, ni crise constitutionnelle. Un des plus grands accomplissements de Richard sur le trône fut d'avoir su imposer des sacrifices financiers sans perdre la confiance des grands du royaume. Peut-être les sommes qu'il réclamait finirent-elles englouties dans les mâchoires insatiables de la guerre de siège et de sanglantes batailles, mais jamais il ne les dilapida.

Le 12 mai 1194, Richard fit voile pour Barfleur depuis Portsmouth. Il ne devait jamais revenir en Angleterre. Avant de partir, il accorda à Portsmouth une charte et entreprit la construction d'une ville et d'un palais qui feraient du bourg le plus grand port militaire de la côte sud – un point de transit obligé des finances, hommes et armes destinés à la guerre sur le continent. Puis, il embarqua sur le vaisseau-amiral de sa flotte et quitta son royaume. Les cinq années suivantes, il passa entre neuf et dix mois par an en Normandie, et le reste dans ses autres territoires continentaux, à guerroyer contre Philippe Auguste pour sauver ce qui était l'âme même de l'empire Plantagenêt en France.

L'entrée de Richard dans Barfleur donna lieu à une explosion de liesse. C'était un spectacle splendide : le duc était de retour à la tête d'une flotte de cent navires, hissés de bannières, chargés de machines de guerre, d'équipements et d'armes, de chevaux, de chevaliers, de mercenaires et de serviteurs de la maison royale. Il y eut des danses et des chants, des scènes de triomphe et de fête qui étonnèrent les vétérans qui avaient vécu les grandes victoires d'antan. Guillaume le Maréchal n'avait jamais rien vu de tel.

> *Quand le roi arriva en Normandie, tout son peuple, dès qu'il le vit, lui offrit de beaux présents et le régala de belles paroles. Les gens sautaient et dansaient gracieusement sans cesse autour de lui. […] La foule était si grande, si densément écrasante et joyeuse […] qu'eussiez-vous jeté en l'air une pomme, vous ne l'eussiez point vue retomber. […] Les cloches sonnaient à toute volée, et vieux et jeunes formaient de longues processions, chantant tout en avançant : « Dieu est venu dans toute sa puissance, maintenant le Roi de France va s'en aller ! »*

Mais pendant toutes ces célébrations, Richard était inquiet. Son ennemi était redoutable. Depuis son retour de la croisade, Philippe avait acquis le riche comté flamand d'Artois, qui avait considérablement accru sa fortune et son pouvoir. Depuis, le roi de France avait poussé son avantage en un point très sensible : la Normandie. Jamais, depuis que Geoffroy Plantagenêt, le grand-père paternel de Richard, s'en était emparé dans les années 1140, le duché de Normandie n'avait subi un assaut aussi violent que celui déclenché par Philippe Auguste dans les années 1190. Grâce à la traîtresse connivence de Jean, usant aussi de chantage en collusion avec l'empereur Henri VI, et comptant sur le soutien de seigneurs dont les terres étaient à cheval sur le duché et le royaume de France, Philippe avait conquis une grande partie de la région.

Profitant des traités lâchement signés par Jean dans sa tentative de prise de pouvoir en Angleterre pendant la captivité de Richard, Philippe avait non seulement envahi le Vexin, mais il tenait désormais aussi une portion importante de l'ouest de la Normandie, dont les fiefs littoraux d'Arques et Eu. Ceux-ci, ajoutés à ses nouveaux territoires en Flandre, offraient pour la première fois au Capétien la possibilité de menacer la côte anglaise par la mer. De plus, Jean avait cédé des châteaux stratégiques en Touraine et renoncé à ses droits sur Angoulême – la région la plus agitée d'Aquitaine. Si cela n'affectait pas directement la sécurité de la Normandie, ce n'en était pas moins une diversion gênante par rapport au théâtre principal des opérations, dont Philippe pourrait se servir chaque fois qu'il souhaiterait détourner l'attention de Richard.

La perte la plus dommageable avait été celle du château de Gisors, dans le Vexin. Gisors était une des plus belles forteresses de toute la France. Son immense muraille octogonale entourait un donjon cylindrique qui se dressait sur une motte castrale. Elle était lourdement défendue, preuve de son importance cruciale entre les capitales rivales qu'étaient Rouen et Paris. Depuis ce château, les ducs de Normandie avaient tenu la marche la plus importante d'Europe occidentale. Maintenant qu'elle se trouvait aux mains du roi de France, la situation s'était renversée. La sécurité de l'ensemble des frontières de l'empire Plantagenêt, garantie pendant cinquante ans grâce à Henri II et assurée par Richard Ier, avait été compromise par la vénalité de Jean.

Compte tenu de tout ce que ce dernier avait fait pour saper l'empire, il eût été naturel que Richard le considérât comme un ennemi mortel. Il n'en fit rien. Dès qu'il arriva en Normandie, Jean se présenta à sa cour et se jeta à ses pieds, le suppliant de lui pardonner. Guillaume le Maréchal nous a rapporté la scène, qui traduit à la fois la compassion et le mépris que Richard éprouvait pour son cadet.

Le roi prit son frère par la main, le fit lever et l'embrassa, lui disant : « Jean n'aie crainte. Tu es un enfant, et tu t'es placé à la charge de mauvaises gens. Ceux qui ont cru pouvoir te donner mauvais conseil auront ce qu'ils méritent ! Lève-toi, et va te restaurer. »

On venait d'offrir au roi un saumon, dont il ordonna qu'il soit préparé pour son frère délinquant.

Pourquoi Richard pardonna-t-il à Jean ? Roger de Howden pense que la réconciliation avait été orchestrée par Aliénor d'Aquitaine. Elle connaissait suffisamment bien l'histoire des Plantagenêts pour comprendre que la famille n'était jamais plus forte que quand elle était soudée plutôt que divisée. Sur ses conseils, Richard admit qu'il valait quand même mieux qu'il se fasse un allié de son frère, de vingt-sept ans, aussi sournois et couard soit-il, plutôt que de le compter parmi ses ennemis. Dès que Richard lui eut accordé son pardon, Jean fit la démonstration de sa capacité à la traîtrise. Il se dirigea vers Évreux, qu'il avait tenu au nom de Philippe Auguste, et fit massacrer la garnison française, avant de proclamer que la ville appartenait désormais au roi d'Angleterre. Aliénor, entre-temps, estimant avoir enfin accompli sa tâche, avait pris une retraite splendide dans l'abbaye familiale de Fontevraud. Elle avait soixante-douze ans.

Richard se mit en campagne. Il savait que le conflit avec Philippe risquait de durer. Guillaume le Maréchal le décrivit comme « une guerre féroce et dangereuse », qui « longtemps resta indécise ». Les armées de Richard se composaient d'un mélange de chevaliers effectuant leur service d'ost, de cruels mercenaires gallois, d'unités armées de feu grégeois, d'une bande exotique de guerriers sarrasins, d'un grand nombre de machines de guerres et des inévitables troupes d'arbalétriers et d'archers. Il avait pour politique de maintenir les armées en campagne sous son commandement direct, tout en versant de grandes sommes d'argent à une alliance de princes frontaliers de la France afin de créer un front uni contre Philippe Auguste.

Ce dernier, de son côté, engagea davantage de ressources qu'aucun autre Capétien avant lui, et il obligea Richard à se déplacer tout le long de ses frontières. Les sièges se succédaient ; les alliances se retournaient et les chevaliers des deux camps s'affrontaient avec une rage qui frisait parfois le burlesque. Guillaume le Maréchal dépeint ainsi une bataille au cours de laquelle il se fraya un chemin seul sur les remparts du château de Milly, et où il se retrouva si épuisé d'avoir frappé les défenseurs qu'à la fin, il désarma le chef de la garnison en s'asseyant sur lui.

Durant l'hiver 1195-1196, le sort des armes fut favorable à Richard. Il mit à sac le port stratégique de Dieppe, offert par Philippe à son allié le comte de Ponthieu, et repoussa la tentative des Français de venir assiéger Issoudun, dans le Berry. Quand la paix revint peu après, Philippe révéla ses véritables intentions. Il renonça à toutes ses prétentions sur le territoire plantagenêt, à l'exception du Vexin normand et d'une poignée de châteaux frontaliers particulièrement importants. Mais surtout, il tira un trait sur son alliance avec Toulouse, mettant ainsi un terme à la longue et pénible guerre par procuration que Londres et Paris s'étaient livrée en Aquitaine pendant près de quarante ans. Ce qui faisait un dangereux ennemi de moins à la frontière aquitaine, tout en bouleversant d'un seul coup la situation politique dans toute la région. Les priorités de Philippe II devenaient évidentes. Il ne tenait pas, dans l'immédiat, à disloquer l'empire Plantagenêt au sud, ni à menacer l'Angleterre. Son objectif, c'étaient la Normandie et le Vexin.

Pour expulser définitivement les ducs de Normandie du Vexin, il était prêt à user de tous les moyens possibles. En 1196, la fortune lui sourit quand il parvint à obtenir la garde d'Arthur de Bretagne, le neveu de Richard, âgé de neuf ans.

Arthur était l'unique petit-fils légitime d'Henri II. Sa mère, Constance, l'avait mis au monde après la mort de Geoffroy, le cadet de Richard. En dehors de Jean, Arthur était le seul autre héritier présomptif envisageable pour les possessions des Plantagenêts si Richard venait à mourir sans descendance. Jean ayant montré à quel point il était peu digne de confiance, il n'est pas vraiment étonnant que, au début de 1196, Richard ait impérieusement exigé de Constance qu'elle amenât Arthur à sa cour en Normandie. Quand les Bretons refusèrent de donner leur prince, le roi d'Angleterre envahit le duché. Les Bretons, qui n'avaient jamais particulièrement apprécié les invasions des Plantagenêts, expédièrent aussitôt Arthur à la cour du roi de France.

Philippe avait maintenant un atout en main. Richard et son épouse Bérengère de Navarre ne se voyaient que rarement, et leur mariage, au bout de six ans, n'avait toujours pas donné d'enfant. Après avoir été mariée aussi longtemps à Henri II, Aliénor d'Aquitaine en avait déjà eu cinq. Richard fut certes beaucoup plus occupé que son père au début de son règne, mais le fait d'avoir laissé la question de la succession aussi longtemps en suspens trahissait son insouciance, à moins qu'elle n'ait masqué quelque problème physique. (Comme nous l'avons vu, la vieille rumeur qui prétend que Richard aurait été plus intéressé par son entourage masculin n'avait aucun fondement.)

Quoi qu'il en soit, en 1196, Philippe Auguste noua avec Arthur des relations qui seraient source de bien des difficultés dans les années à venir. Le jeune garçon passa plusieurs mois à la cour de France, où il fit connaissance de Louis, le fils du roi, qui avait à peu près son âge. Philippe disposait d'un outil fort utile qu'il saurait utiliser contre les Plantagenêts quand le temps serait venu.

Pour le roi de France, l'embellie fut cependant de courte durée. À l'été 1197, le sort des armes fut de nouveau favorable à son adversaire. La politique de Richard, qui consistait à acheter la loyauté des voisins de Philippe, commençait à payer, et la guerre prenait un tour favorable aux Anglais. Richard s'étant retiré de Bretagne, Arthur y fut renvoyé, et Constance entreprit d'initier son fils à la gestion de son duché. Richard réussit à saper une dangereuse alliance entre Philippe II et Baudouin, comte de Flandre, en imposant un sévère embargo au commerce avec l'Angleterre, vital pour la Flandre. Richard survécut en outre à une blessure, touché au genou par un carreau d'arbalète pendant le siège de Gaillon, un château français du Vexin. Et il avait lancé la construction d'une nouvelle base avancée de son pouvoir en Normandie : Château-Gaillard, puissante forteresse sise dans la ville des Andelys.

Château-Gaillard était sa plus grande fierté, et les Andelys ne tardèrent pas à devenir sa résidence favorite. Dominant la Seine du haut de l'éperon rocheux d'Andelys, à deux lieues seulement du château français de Gaillon, c'était sa proclamation d'un défi, un pieu fiché en plein cœur du Vexin, un monument à la gloire des prouesses martiales de Richard. Cette énorme forteresse ronde était juchée à des centaines de pieds au-dessus d'un palais, d'une ville active centrée autour de son port fluvial et d'un réseau de ponts, et abritait des quartiers luxueux où Richard pouvait tenir cour. Aussi incroyable que cela puisse paraître, sa construction ne prit que deux ans (il en avait fallu plus de dix pour achever la reconstruction du château de Douvres ordonnée par Henri II), et il ponctionna plus lourdement les coffres anglo-normands qu'aucun autre projet de château sous le règne de Richard. On rapporta que durant la construction, une pluie de sang tomba des cieux. Son coût astronomique n'avait rien de surprenant, car Richard fondait son pouvoir sur le principe qu'il savait mieux que tout autre dirigeant européen collecter des fonds et les dépenser.

Château-Gaillard était situé à l'extrémité de l'une des lignes de défense qui partait de la nouvelle base militaire de Portsmouth, passait par Rouen et s'étendait jusqu'aux Andelys. Elle permettait littéralement au roi de gouverner ses États d'un bout à l'autre en utilisant cette ligne de communication qui traversait toute la Normandie pour atteindre l'Angleterre, lui donnant la possibilité d'imposer sans difficulté sa souveraineté, même lorsqu'il était retranché dans le Vexin.

Tandis que le chantier de Château-Gaillard avançait, la guerre continuait à sourire à Richard. En juillet 1197, il réussit enfin à écarter Baudouin de Flandre de Philippe et, à l'automne, le déséquilibre de la puissance contraignit le roi de France à demander un an de paix. Durant la trêve, une nouvelle aubaine se présenta. Les contacts qu'avaient noués Richard avec les princes allemands du temps de sa captivité portèrent leurs fruits à la mort de l'empereur Henri VI. En février 1198, les électeurs impériaux se laissèrent convaincre de placer sur le trône Othon, neveu de Richard – fils de sa sœur Mathilde et d'Henri le Lion de Saxe. L'avantage était considérable : Othon avait été élevé à la cour des Plantagenêts et, en tant que comte du Poitou, il était étroitement lié au duché d'Aquitaine. Son soutien était donc une certitude. La situation penchant si clairement en faveur de Richard, Philippe commença à perdre ses alliés tant à l'est qu'à l'ouest. Dans toute la France, les nobles estimèrent que l'étoile militaire de l'empire Plantagenêt était de nouveau en pleine ascension. Aussi promptement qu'ils avaient abandonné Richard du temps de son emprisonnement, ils se détournèrent alors de Philippe Auguste.

Richard n'en resta pas là. Baudouin de Flandre attaqua Philippe en Artois, ouvrant un deuxième front. Le roi d'Angleterre harcela les troupes françaises qui se déplaçaient dans le Vexin. En septembre 1198, à Gisors, il lança une offensive surprise contre l'armée de Philippe. Selon Guillaume le Maréchal, Richard prit personnellement la tête de l'attaque en s'écriant : « Dieu est avec nous ! » Et il « courut sus à eux tel un lion en furie et affamé se jette sur sa proie ». Quand les Français se dispersèrent, un pont s'effondra sous le poids des chevaliers qui tentaient de le franchir, et Philippe eut la chance d'être tiré vivant d'un gué. « Quand ils eurent sorti le roi de l'eau – il avait eu grande peur pour sa vie –, il refusa de séjourner à Gisors [...] car il redoutait fort ses ennemis », écrivit, ravi, Guillaume le Maréchal.

Les Plantagenêts tenaient désormais presque tout le Vexin, Philippe ne se maintenant guère ailleurs qu'à Gisors. Et cette ancienne forteresse normande pâlissait face au nouveau château des Andelys. Il était évident que le moment était venu de négocier avec Richard. Dès que Noël fut passé, le 13 janvier 1199, les deux souverains se rencontrèrent pour conclure une trêve à long terme. Les négociations eurent lieu sous l'égide de Pierre de Capoue, légat du pape, qui espérait les réconcilier et lancer rapidement une croisade sous l'étendard du nouveau souverain pontife, Innocent III. Mais les pourparlers se déroulèrent dans un climat exécrable. À l'évidence, il en ressortit que Richard en voulait nettement à l'Église de l'avoir abandonné pendant sa captivité, et de n'avoir pas bougé alors que Philippe menaçait ses terres en son absence. Richard exigea de Philippe qu'il lui restitue chacune des possessions qu'il lui avait prises. Ce que Philippe était disposé à accepter, à l'exception du château de Gisors, qu'il espérait s'assurer par un mariage opportun. Les négociations traînèrent jusqu'en mars.

À la fin du mois, bien qu'en plein Carême, période où la guerre était théoriquement interdite, Richard se rendit dans le Limousin à la tête d'une troupe pour attaquer le château de Châlus-Chabrol. Une révolte venait d'éclater dans le sud, menée par le comte d'Angoulême et le vicomte de Limoges. Richard s'y précipita pour la réprimer.

Châlus-Chabrol était un château modeste, qui n'abritait que quarante hommes et femmes, dont seulement deux chevaliers aguerris. Ils n'étaient équipés ni pour le combat ni pour soutenir un siège, dépourvus tant d'effectifs que d'armement. En examinant les défenses, Richard se dit sans doute qu'un bref siège suffirait à briser la résistance de ses défenseurs.

Il fit incendier les campagnes autour de Châlus-Chabrol. L'armée du roi apporta son inévitable cortège de terreur : armés d'épées et d'arbalète, des cavaliers galopèrent dans les champs, brûlèrent tout ce qu'ils trouvèrent avant d'assiéger le château lui-même. Des sapeurs creusèrent des tunnels, couverts par les tirs des arbalétriers qui fusaient au-dessus des créneaux, obligeant les défenseurs à se dissimuler, les empêchant de perturber les travaux de sape qui menaçaient leurs remparts. De temps à autre, la chute de gravats mettait en danger les sapeurs, mais ils continuaient à creuser, ébranlant autant le moral des assiégés que leurs murs de pierre.

Trois jours durant, ils creusèrent et bombardèrent le château. Trois jours durant, la petite garnison tint bon. Trois jours durant, Richard campa près de ses hommes, les supervisant, les commandant, puisant dans toute son expérience pour soumettre Châlus-Chabrol au plus vite. Le 26 mars, dans la soirée, quand vint l'obscurité, il sortit de sa tente pour inspecter les défenses adverses. Il était armé d'une arbalète, portait un écu et un casque de fer, mais aucune autre armure. Les remparts du château étaient presque déserts dans le crépuscule naissant. Presque. Quand Richard leva la tête, il devina comme un mouvement. Une silhouette solitaire se dressa aux créneaux. C'était un homme que Raoul de Dicet identifia plus tard comme un certain Pierre Basile. Il tenait d'une main une arbalète, de l'autre une poêle prélevée dans les cuisines du château en guise de bouclier.

D'un grand courage face à la disproportion des forces, l'audacieux défenseur tira un seul carreau en direction du groupe où se trouvait Richard.

Ce dernier avait l'habitude de se trouver en première ligne. De Jaffa à Gaillon, il avait fait face à des forces hostiles, confiant dans son entraînement, ses réactions et le professionnalisme des hommes qui l'entouraient. Il avait plus d'une fois auparavant mené ses soldats au combat, échappé à d'innombrables flèches et carreaux. Il aimait l'excitation de la bataille, prenait un grand plaisir à ce qui était pour lui une noble vocation. Aussi pathétique qu'ait pu être son ennemi, Richard ne put qu'admirer sa bravoure. Comme toujours, sûr de lui en plein combat, il prit le temps de saluer l'indomptable défenseur avant de se pencher pour éviter le trait. Son retard lui fut fatal. Que ses réactions aient commencé à s'émousser, ou bien que sa fierté lui ait finalement joué un mauvais tour, il ne s'écarta pas à temps. Le carreau le toucha à l'épaule gauche et s'y enfonça sur une profondeur de six pouces.

Richard ne cria pas. C'était un roi et un chef militaire. Il ne pouvait s'offrir le luxe de donner espoir aux défenseurs du château, ni d'inquiéter son entourage. L'empennage du carreau dépassant de son épaule, il se contenta de retourner sous la tente royale.

Quand il l'atteignit, il faisait nuit. La douleur devait être terrible. Le carreau n'avait sectionné aucune artère, et avait raté son cœur, mais il était profondément fiché en lui. Richard tenta de l'arracher, mais ce faisant, il en cassa la tige, laissant la pointe barbelée enfoncée dans son épaule.

Il lui fallait le secours de professionnels. Un chirurgien fut mandé. On veilla à maintenir le secret sur la blessure du roi. À la lueur du feu, le chirurgien tenta d'extraire la sinistre pointe de métal de l'épaule royale. Il entailla profondément les chairs pour agrandir la blessure et trouver la pointe, qu'il finit par ôter. Puis on banda la blessure.

Mais un champ de bataille médiéval, en pleine nuit, n'était pas l'endroit idéal pour procéder à une opération chirurgicale. Bien vite, la plaie s'infecta et, dans les jours qui suivirent, la gangrène fit son apparition.

L'infection se répandit dans le corps de Richard. L'issue était claire. Au Moyen Âge, les combattants ne réchappaient pas de blessures infectées situées si près du cœur. Et Richard fut un combattant jusqu'au bout.

Il resta sous sa tente, toujours dans le plus grand secret. L'une des rares personnes à être prévenue de la sévérité de la blessure du roi fut Aliénor d'Aquitaine. Alors que l'armée de Richard s'emparait enfin de Châlus-Chabrol, un messager fut envoyé à Fontevraud pour annoncer à la vieille duchesse que son fils préféré était gravement malade. Elle chevaucha aussitôt sans se ménager pour arriver au camp où, le 6 avril 1199, dix jours après avoir été touché, Richard Cœur de Lion pardonna au courageux défenseur à l'arbalète et à la poêle et s'éteignit. Son cœur fut transféré à Rouen, pour y être enterré aux côtés de son frère Henri le Jeune. Sa dépouille fut ramenée à Fontevraud, ainsi que la couronne et les splendides vêtements qu'il avait été si impatient de porter à son couronnement. Il fut inhumé aux pieds de son père, à l'endroit exact où avait débuté sa carrière de roi.

Le Sans Terre règne en maître

En ce samedi 10 avril 1099, une nuit printanière venait de tomber. Hubert Gautier, archevêque de Canterbury, se trouvait à Rouen, et se préparait à se coucher. Le lendemain était le dimanche des Rameaux, qui célébrait l'entrée triomphale de Jésus à Jérusalem. Gautier devait avoir passé la soirée en contemplation. Il était primat d'Angleterre, héros de la Terre sainte, un homme qui avait approché Jérusalem.

Il était tard quand un visiteur s'annonça. Guillaume le Maréchal venait d'arriver de ses quartiers. Il souhaitait voir Gautier immédiatement. Une visite que l'archevêque redoutait depuis des jours.

Les deux hommes étaient au fait d'un grand secret. Avec une poignée de fidèles serviteurs de la famille Plantagenêt, ils savaient que le roi Richard avait été gravement blessé à Châlus-Chabrol. Ils attendaient de ses nouvelles, espérant malgré tout, tout en se préparant au pire. Gautier savait que la visite de Guillaume le Maréchal en personne à une heure aussi tardive ne pouvait qu'être mauvais signe. Dans la biographie de Guillaume, leur échange a été consigné.

« Allons, fit Gautier alors que Guillaume entrait. Donnez-moi les nouvelles !

Mais son expression dut montrer qu'il avait déjà compris.

— Rien de bon, je puis vous le dire, mon bon seigneur », répondit Guillaume.

Le roi Richard était mort, à quarante et un an. La nouvelle était désastreuse pour les deux hommes. Quand elle se répandrait sur le continent, la carte politique de l'Europe commencerait rapidement à changer. Le retour en force des Plantagenêts à la fin des années 1190 était en grande partie dû à la personnalité de Richard, à sa façon de gouverner et à son succès face à Philippe Auguste. Grâce à lui, la cause des Plantagenêts était passée du désarroi au triomphe. Il s'était donné pour fervente mission de se battre jusqu'à ce que Philippe soit chassé de la moindre parcelle de terre plantagenêt. Cela avait été la clé de voûte de son règne et avait fédéré tous ceux qui l'avaient suivi. La trêve entre Plantagenêts et Capétiens était autant un accord entre les deux rois qu'un règlement politique entre deux grandes puissances. Avec la mort de Richard, tout était compromis.

Ou, comme le dit l'archevêque Gautier ce soir-là, alors qu'avec Guillaume le Maréchal, il ruminait les conséquences de la terrible nouvelle : « Toute prouesse est éteinte. »

Les deux hommes débattirent jusque tard dans la nuit. Le décès de Richard était absurde. Avait-il été puni pour sa cupidité ? Sa lubricité ? Dieu était-il en colère ? Ils ne pouvaient le dire. Gautier et Guillaume ne pouvaient que réfléchir aux options qui s'offraient à eux.

Richard était mort sans enfant légitime, vivant depuis des années loin de son épouse Bérengère. Il n'avait prévu aucune instruction claire sur sa succession. Il ne laissait aucun fils susceptible d'être couronné, aucune fille capable d'être mariée à un héritier convenable. Tout n'avait tenu que sur le commandement de Richard. Contrairement à son père, il avait hérité en bloc de tous les domaines plantagenêts, qui ressemblaient dès lors davantage à un grand patrimoine impérial que dans les années 1180, époque où il aurait encore été possible de diviser entre différents prétendants l'Aquitaine, l'Anjou et le royaume anglo-normand.

L'entourage du roi avait compris depuis longtemps – depuis 1190 et le départ de Richard pour la croisade – que si l'on voulait que l'empire revienne à un seul homme, il y avait deux candidats potentiels : son frère Jean et Arthur de Bretagne, son neveu maintenant âgé de douze ans, qui apprenait à gouverner son duché sous la direction de sa mère, Constance. Au tout début de son règne, Richard avait envisagé de faire d'Arthur son successeur, mais sur son lit de mort, c'était Jean qu'il avait désigné.

Guillaume le Maréchal, qui se considérait comme un homme d'État féodal d'une inébranlable loyauté envers les Plantagenêts, défendit alors la cause du frère. Gautier n'était pas de cet avis.

S'opposant à la candidature d'Arthur, Guillaume rétorqua à Gautier que le jeune garçon était mal entouré, qu'il était « hautain et autoritaire ». « Si nous l'appelons à nos côtés, il nous portera tort et dommage, expliqua-t-il. Il n'aime point ceux de notre royaume. Mon opinion est qu'il ne devrait jamais être roi. Considérez plutôt la cause de Jean : il semble être le plus proche dans la ligne de succession à pouvoir revendiquer tant l'héritage de son père que celui de son frère. »

Les revendications de Jean n'étaient pas vraiment incontestables. On était à l'aube du XIIIe siècle, mais le flou qui avait régné au XIIe siècle quant aux règles exactes de succession sur le trône perdurait. Le fils du jeune frère d'un roi (dans le cas d'Arthur, il s'agissait de Geoffroy, le troisième fils d'Henri II) avait-il préséance sur un autre cadet du souverain ? Juristes et lettrés se disputaient. Les coutumes variaient d'un bout à l'autre de l'Europe et, bien souvent, la question se réglait selon les aptitudes personnelles des individus concernés. Il est certain qu'en cette nuit d'avril 1199, Hubert Gautier ne put défendre de manière irréfutable le droit d'Arthur à monter sur le trône. Mais il adressa à Guillaume le Maréchal un sinistre avertissement, qui ne tenait pas au principe de succession, mais à ce qu'il savait de Jean.

« Je peux au moins vous dire cela, déclara-t-il. Jamais vous ne regretterez aucun de vos actes autant que ce que vous êtes en train de faire. »

Jean n'inspirait pas confiance. C'était peut-être sa principale caractéristique. Ni princes ni administrateurs n'étaient enclins à le croire, ou à croire en lui, et cela bien souvent à juste titre. La carrière de Jean jusqu'en 1199 avait été marquée des démonstrations ignobles de sa capacité à la trahison, à la frivolité et au désastre, depuis sa toute première implication, à son corps défendant, dans la politique dynastique de la famille Plantagenêt en tant que « Jean sans Terre », fils favori et gâté de son père, jusqu'à son comportement cupide du temps de la captivité de son frère. Dans l'ensemble, il avait fait amende honorable dans les dernières années du règne de Richard, mais son scandaleux comportement alors que Richard était à l'étranger restait dans les mémoires. Jean s'était rebellé contre les ministres nommés par son frère, s'était mêlé des nominations ecclésiastiques, avait comploté pour détruire le justicier Guillaume de Longchamp, encouragé une invasion depuis l'Écosse, répandu la rumeur de la mort de son frère, pressé Philippe Auguste de l'aider à monter sur le trône d'Angleterre, lui avait rendu hommage pour les domaines continentaux de Richard, lui avait cédé presque tout le duché de Normandie, avait cherché à suborner l'empereur allemand afin qu'il gardât son frère en prison, et presque à lui seul était responsable du triste état dans lequel Richard avait retrouvé l'empire et ses frontières quand il avait enfin été relâché.

Et encore cela ne concernait-il que la sphère politique. Sa réputation personnelle était bien pire. Si Jean s'était montré discret et diligent envers Richard après leur réconciliation en 1195, il était toujours considéré par beaucoup comme peu digne de confiance. Les chroniqueurs évoquent également son attitude déplaisante, presque lugubre comparée à l'aura de chevalerie qui entourait son aîné. Comme Richard et Henri II, il était déjà connu pour ses sévères exigences financières et son mauvais caractère. Comme Henri, on le disait cruel, et il avait tendance à émettre de sinistres menaces à l'encontre de ceux qui s'opposaient à son bon vouloir. Mais contrairement à Henri et Richard, il était en outre faible, indécis, et peu chevaleresque. Plusieurs auteurs soulignent que Jean et ses acolytes ricanaient à la mention des souffrances d'autrui. Indigne de confiance, soupçonneux, il était, enfin, mal entouré. Dès le tout début de sa carrière, Guillaume de Newburgh disait déjà de lui qu'il était « l'ennemi de la nature ».

Face à une telle hostilité, en 1199, rien ne garantissait à Jean qu'il pourrait monter sans difficulté sur le trône. En revanche, il était sûr que Philippe Auguste soutiendrait les revendications de son rival Arthur. Sa première action fut donc de mettre la main sur le trésor royal dans le château de Chinon. Non sans raison car, alors qu'il chevauchait pour se rendre sur la tombe de son frère à Fontevraud et présenter ses respects à sa veuve, dans l'arrière-pays plantagenêt, le vent de l'opinion soufflait en faveur d'Arthur. Le dimanche de Pâques, les barons d'Anjou, du Maine et de Touraine – le cœur vibrant de l'empire créé par Henri II – se déclarèrent en faveur du Breton, isolant du même coup la Normandie du Poitou et de l'Aquitaine. Au Mans, ville chérie de son père, Jean fut chassé par la garnison et manqua se retrouver pris au piège entre les armées de Philippe et d'Arthur.

Ce n'est qu'à Rouen, où les règles de la succession ducale étaient plus favorables à un frère qu'à un neveu, qu'il eut droit à un accueil vaguement chaleureux. Le 25 avril, il y fut investi duc de Normandie et une couronne de roses d'or fut placée sur son front. C'était, somme toute, un triomphe. La perte de la Normandie, après tout ce qui s'était passé pendant les cinq années précédentes, aurait en effet constitué un échec particulièrement cuisant.

Pour s'assurer le reste des possessions de Richard, Jean s'appuya sur des hommes de confiance afin qu'ils mobilisent leurs fiefs en sa faveur. La redoutable Aliénor, du haut de ses soixante-quinze ans, veilla à faire de lui l'héritier du duché d'Aquitaine. Le comportement de son fils avait fait son désespoir au début des années 1190, mais en fin de compte, elle défendait toujours ses enfants. Épouse de deux rois, elle ferait tout ce qui était en son pouvoir pour être sûre de devenir la mère de trois rois. Elle leva une armée placée sous le commandement du célèbre capitaine mercenaire Mercadier, qu'elle envoya harceler les forces fidèles à Arthur de Bretagne et asseoir Jean sur le trône en dépit d'une opposition acharnée. Pendant ce temps, en Angleterre, Guillaume le Maréchal, défendant sa foi dans la légitimité de Jean, passa à son tour à l'action. Il envoya des émissaires convaincre les barons anglais de lui prêter serment de vassalité : ceux qui avaient des intérêts sur les deux rives de la Manche durent comprendre que Jean, déjà fait duc de Normandie, était le mieux à même de garantir leurs positions. Ainsi, avec le soutien d'Hubert Gautier et de Geoffrey Fitzpiers, le justicier, Jean fut accepté comme roi. Mais comme s'en souvint plus tard Guillaume le Maréchal, qui l'avait tant soutenu en cette nuit d'avril 1199 : « Ni les Gascons, ni les hommes du Limousin, du Poitou ou d'Anjou, ni les Bretons ne l'admiraient, car ils n'avaient nul amour pour sa suzeraineté. »

Jean molle épée

Le roi de France rencontra le nouveau roi d'Angleterre à la frontière entre leurs États. Ils n'avaient que deux ans de différence, mais le souverain français bénéficiait déjà d'une formidable expérience. On était à la mi-janvier 1200. Jean, âgé de trente-deux ans, était roi depuis huit mois, Philippe II, bien que n'ayant que trente-quatre ans, était depuis près de vingt ans sur le trône. Noël était passé, et une trêve, conclue pour décourager les combats pendant la Nativité, avait tenu. L'heure était donc venue d'une première rencontre entre les deux souverains depuis l'accession au trône de Jean. Ils discutèrent longuement de la paix qu'ils avaient conclue. Pendant leur conversation, ils se donnèrent l'accolade. Jean dut avoir le sentiment d'être admis dans le giron bienveillant de la royauté.

Philippe, lui, devait être conscient qu'il était enfin face à un rival plantagenêt qu'il pourrait espérer dominer. Il connaissait bien son interlocuteur. Ils avaient fait la guerre ensemble, et l'un contre l'autre – mais jamais encore en étant tous les deux rois. Durant leur longue histoire commune, Jean avait toujours été l'enfant, le plus jeune frère, le quémandeur, Philippe, le roi et le juge.

Ce n'est sans doute pas aller trop loin que de supposer que Philippe méprisait Jean. Le comportement du roi d'Angleterre pendant l'emprisonnement de Richard avait été rien moins que misérable. Les accords qu'il avait consenti à passer pour sentir le poids de la couronne sur sa tête montraient qu'il convoitait le pouvoir, alors qu'il n'avait qu'une bien vague idée de ce que cela impliquait réellement. Il cédait systématiquement le premier dans des négociations, et était capable de se laisser dépouiller de ses prérogatives sans vraiment se battre.

Jean avait été couronné par Hubert Gautier à l'abbaye de Westminster le jour de l'Ascension, le 25 mai 1199. Il avait fait venir quelques amis du continent. Le temps avait manqué pour organiser une magnifique cérémonie, comme cela s'était toujours fait par le passé. Le roi avait été couvert de présents et de marques de respect, mais tout cela ne relevait que d'obligations formelles et n'avait rien d'une fête splendide méritant d'être savourée. Jean ne put, ni ne voulut séjourner longtemps dans son nouveau royaume. Le sacre et la cérémonie n'étaient que le prologue à la défense de la Normandie, de l'Anjou et des points faibles sur les frontières de son domaine.

Quinze jours après son couronnement, Jean était de retour sur le continent. La situation en Normandie était déjà inquiétante et il lui fallait des alliés. Philippe soutenait Arthur de Bretagne en tant que rival pour le trône, et l'Anjou, le Maine et la Touraine, faisaient l'objet d'attaques lancées par les forces franco-bretonnes. Le centre des possessions plantagenêts, qui reliait le duché de Normandie à celui d'Aquitaine, était sur le point d'être submergé.

À peine débarqué à Dieppe, Jean avait renouvelé les alliances patiemment entretenues par Richard avec les comtes de Flandre et de Boulogne. À l'automne 1199, il marcha contre Philippe Auguste en Anjou. Là, il remporta un beau succès. Guillaume des Roches – le baron le plus puissant du comté, qui dirigeait la rébellion pour le compte d'Arthur – changea subitement de camp. Le nouveau roi d'Angleterre avait reçu des messages de soutien tant de l'empereur Othon IV que du pape Innocent III, et il sembla à des Roches que le vent était en train de tourner contre Philippe.

Quand il entra en conflit avec le roi de France à propos d'un château dans le Maine, le moment parut idéal. Des Roches rencontra Jean au Mans pour lui signifier officiellement son changement d'allégeance. Il apportait un tribut hors de prix : ses alliés les plus importants, Arthur de Bretagne et sa mère Constance, prêts à faire la paix. En théorie, cela aurait dû ôter à Philippe toute raison de poursuivre le combat. Encore fallait-il que Jean s'entendît avec son neveu. Ce qui ne fut pas le cas. Constance et Arthur approchèrent la cour de Jean avec plus d'appréhension encore que des Roches. Ils ne lui faisaient tout simplement pas confiance. Le 22 septembre, ils accomplirent les formalités de soumission officielle. Puis, à la nuit tombée, ils s'éclipsèrent, et revinrent en hâte à la cour de Philippe.

Telle était la situation quand Jean et Philippe se rencontrèrent sur leur frontière en janvier 1200. Arthur avait fait sa soumission à Jean, mais se trouvait aux mains de Philippe et constituait une menace latente. De plus, beaucoup des alliés de Jean l'abandonnaient pour prendre part à la quatrième croisade lancée par Innocent III. Les comtes de Flandre, de Blois et du Perche, le marquis de Montferrat : tous avaient annoncé qu'ils prenaient la croix à l'occasion d'un tournoi en champagne en novembre 1199. Baudouin de Flandre était allé encore plus loin dans l'insulte en négociant ensuite une paix séparée avec Philippe, privant Jean de la capacité de se battre sur deux fronts.

Ce fut assez pour persuader Jean qu'il valait mieux conclure la paix que de tenter de défier davantage le roi de France. Ainsi, cinq mois après leur accolade de janvier, une paix censée être permanente fut conclue entre les deux rois en mai 1200 dans le cadre du traité du Goulet.

Gervais de Canterbury évoqua ce que disait l'opinion publique de cette paix – ou du moins de ce qu'elle avait pu en apprendre dans les bavardages et rumeurs colportées par les marchands et les pèlerins. Les détracteurs de Jean, se souvint Gervais, le surnommaient « l'Épée molle ». Gervais, du reste, n'était pas de cet avis, considérant que face à la lassitude de la guerre et à la pression financière, il était prudent de faire la paix. Mais il est certain que les concessions de Jean à Philippe au tout début de son règne parurent mal avisées à certains. Alors même que le traité était signé, un chroniqueur du nord de la France, André Sylvius de Marchiennes, ne cacha pas son dédain pour la « molle » façon qu'avait Jean de faire une guerre que Richard avait livrée avec une vigueur virile. Et d'ajouter qu'au Goulet, Jean avait renoncé à ses droits sur des châteaux pour lesquels « toute la guerre avait été menée ».

Les termes du traité étaient extrêmement favorables à la France. Philippe Auguste acceptait de reconnaître Jean en tant que seigneur de la plupart des fiefs continentaux qu'avaient tenus son frère et son père avant lui. Il acceptait aussi qu'Arthur rende hommage à Jean, mais il refusait de lui céder d'importantes régions frontalières. Et surtout, l'ensemble du Vexin normand, à l'exception de la puissante forteresse de Richard et de la ville des Andelys, restait français. Tout comme Évreux, un autre comté frontalier stratégique entre la France et la Normandie. Plus au sud, dans le Berry, Jean céda Issoudun, Graçay et Bourges. Il ne devait y voir que de modestes sacrifices, mais comme l'avaient compris Richard et Henri II, c'étaient souvent de modestes sacrifices qui étaient à l'origine de troubles plus graves.

Plus encore que son abandon de ces miettes frontalières, c'était la révision de son statut féodal vis-à-vis de Philippe qui importait. Depuis 1156, quand Henri II avait, le premier, rendu hommage à Louis VII, les rois plantagenêts avaient admis qu'en théorie ils tenaient leurs fiefs continentaux de la Couronne de France. Mais pour l'essentiel, il s'était agi d'une formalité. Jean la transforma en réalité féodale. En échange de la reconnaissance de ses droits par le roi de France, Jean consentit à payer 20 000 marcs en droits de succession. C'était une concession cruciale, car elle faisait un peu plus entrer dans la sphère du réel des liens féodaux qui avaient jusque-là été surtout théoriques.

De plus, Philippe Auguste truffa le traité du Goulet d'instructions plus adaptées à une relation de suzerain à vassal. Jean recevait l'hommage d'Arthur, à la condition de ne pas empiéter sur les prérogatives de son nouveau vassal. Il était contraint de renoncer à ses alliances avec la Flandre et Boulogne – non seulement en signe de paix, mais aussi comme preuve de la reconnaissance qu'ils étaient avant tout des vassaux du Capétien, dont la fidélité allait à la Couronne de France, avant celle d'Angleterre. Seule l'Aquitaine, appartenant toujours à Jean en tant qu'héritier de sa mère, fut exclue du traité.

Jean avait beaucoup de raisons valables d'avoir tant concédé. Son frère avait soumis son royaume à l'une des pires périodes de pression fiscale de son histoire. Combien de temps encore serait-il possible de maintenir des impôts aussi lourds, d'exiger l'aide des barons et de pressurer l'Église ? Combien d'autres Château-Gaillard faudrait-il pour tenir le roi de France à l'écart du Vexin – qui n'était après tout qu'une petite langue de terre dont l'importance était plus stratégique qu'économique ? Combien de temps encore l'Angleterre paierait-elle les mercenaires indispensables à la défense permanente de la Normandie. Comment Jean pouvait-il espérer entretenir le système d'alliances de son défunt frère quand tous ses amis potentiels partaient en croisade ? N'était-il pas plus simple de faire la paix avec Philippe que de tout perdre en l'affrontant ?

La réponse, tentante, à toutes ces questions était contenue dans l'accord conclu par une accolade en janvier et un traité en mai 1200. Comme il l'avait montré en 1193-1194, Jean rêvait d'accéder au pouvoir, pas de se battre. Ainsi, au cours des cinq premiers mois du XIIIe siècle, Jean abandonna une position que son grand-père, son père et son frère avaient mis près de cent ans à consolider. Peu importaient les persiflages des pèlerins surpris par Gervais de Canterbury : ceux qui se moquaient de Jean à l'Épée molle ne savaient rien des problèmes d'un roi. Mais des ennuis encore plus grands ne tarderaient pas à se faire jour, et beaucoup seraient liés aux concessions faites dans le traité du Goulet.

Triomphe et catastrophe

Le 29 juillet 1202, une grande troupe de chevaliers chevaucha bruyamment jusqu'aux remparts du château de Mirebeau. Ils étaient plus de deux cent cinquante. Une force non négligeable, chargée d'une mission redoutable. Ils avaient ordre de capturer Aliénor d'Aquitaine.

La vieille reine avait soixante-dix-huit ans – assez âgée, aurait-elle été en droit de se dire, pour ne plus être troublée par les déprédations d'armées ennemies. Mais en contrebas, parmi les casques lourds, les hauberts, les arbalètes, les épées et les lances, elle reconnut un visage familier : celui de son petit-fils de seize ans, Arthur de Bretagne. Une fois de plus, un homme de sa famille voulait emprisonner Aliénor. L'aventure de sa vie n'était pas encore finie.

Les raisons qui poussaient Arthur à vouloir capturer sa grand-mère étaient simples : c'était une prisonnière de grande valeur dans la guerre de succession qu'il continuait de mener contre son oncle Jean.

Parmi les assiégeants se trouvait aussi Hugues de Lusignan. Hugues haïssait les Plantagenêts avec passion. Deux ans plus tôt, le roi Jean avait fait irruption à Angoulême – le comté voisin du sien – et avait enlevé la jeune épouse d'Hugues, Isabelle d'Angoulême, à son nez et à sa barbe. Depuis, Jean avait fait tout son possible pour provoquer et offenser les Lusignan, pour leur rappeler qu'il était désormais allié avec leurs rivaux les comtes d'Angoulême, et pour se moquer de leur infériorité. Non seulement il leur avait subtilisé la jeune fille, mais dans les deux années qui s'étaient écoulées depuis son mariage, il n'avait pas manqué une occasion de les remettre à leur place. Il les avait humiliés en s'en prenant à leurs hommes et à leurs châteaux dans des comtés aussi éloignés que la Marche et Eu, et les avait convoqués à sa cour féodale pour exiger, sans succès, qu'ils livrent un duel judiciaire à ses champions royaux.

En traitant aussi cavalièrement les Lusignan, Jean les avait poussés dans les bras accueillants de Philippe Auguste, dont le surnom, en ces deux premières années du XIIIe siècle, commençait à prendre toute sa valeur. Ayant rassemblé une armée imposante, au printemps 1202, il se sentit suffisamment fort pour la lancer contre les Plantagenêts. Profitant de la supériorité féodale que lui conférait le traité du Goulet, il avait accusé Jean de forfaiture et prononcé une commise sur ses possessions continentales. Il associa alors les Lusignan à Arthur, qu'il adouba, fiança à sa jeune fille Marie, et reconnut comme duc de Bretagne et d'Aquitaine, et comte d'Anjou et du Maine. Puis il envoya les Lusignan et son nouveau protégé attaquer les terres de Jean en Anjou.

Bien qu'alitée, Aliénor suivait les développements politiques avec inquiétude. Elle avait très tôt compris qu'elle serait la cible des nouveaux amis de son petit-fils. La reine douairière avait beau rêver de vivre à l'écart des troubles, le danger et la politique ne la laissaient pas tranquille. Au point même de venir la chercher jusqu'à Fontevraud, lieu de sa luxueuse retraite. Elle y résidait depuis un peu plus d'un an, se remettant de l'ultime mission diplomatique de sa carrière – un long voyage dans le nord de l'Espagne, où elle avait trouvé, parmi les enfants de sa fille Aliénor, une épouse pour Louis, le fils de Philippe Auguste : la princesse Blanche de Castille. Avertie de l'approche des forces d'Arthur et d'Hugues de Lusignan, elle avait fui Fontevraud pour Poitiers. Elle avait atteint Mirebeau quand ils l'avaient rattrapée. Tout ce qu'elle pouvait espérer, alors que des chevaliers hostiles rôdaient en bas des murs, c'étaient que des secours arrivent par le nord. Tout en fuyant dans la campagne des domaines plantagenêts, elle avait pris le temps d'adresser une note urgente à Jean, lequel était en Normandie pour organiser la défense de ses châteaux frontaliers contre les armées de Philippe qui lançaient des raids dans le Vexin. Il aurait fallu un miracle pour qu'il survienne avant que ne tombent les défenses du château. Mais les miracles étaient tout ce qui lui restait.

Tandis que sa mère priait à Mirebeau, Jean était occupé au Mans. Il patientait, le temps de lever une armée de mercenaires à l'aide de recruteurs en Angleterre. Tout au long de l'été, les rangs de ses coupe-jarrets avaient enflé. Maintenant, à la fin de juillet, ses forces étaient assez importantes pour faire face à la fois à Philippe au nord et à Arthur et aux Lusignan au sud. C'est au Mans que lui parvint la lettre de sa mère. Soudain, son sang plantagenêt se mit à bouillir.

On avait toujours dit d'Henri II – en particulier ses ennemis à la fois éberlués et exaspérés – qu'il était capable de surgir à l'endroit et au moment où on l'attendait le moins, en n'importe quel point de son empire. C'était cette capacité surhumaine à chevaucher et mener ses armées à un train d'enfer dans ses vastes domaines qui avait été la clé de son succès. Cette fois, Jean parut possédé par l'esprit de son père. Il parcourut les trente-deux lieues qui séparaient Le Mans de Mirebeau en moins de quarante-huit heures, un rythme éprouvant même pour des hommes légèrement équipés.

Ses troupes arrivèrent à Mirebeau le 31 juillet pour s'apercevoir que les Poitevins avaient réussi à pénétrer dans la ville fortifiée. Ils s'attendaient manifestement à un assaut des forces de Jean puisqu'ils avaient bloqué toutes les portes de la ville – sauf une – à l'aide de grands monticules de terre. « En sûreté, ils attendaient l'arrivée du roi, confiants dans leur multitude de chevaliers et sergents éprouvés, » écrivit Raoul de Coggeshall. Ils avaient tort.

Tout en se hâtant depuis Le Mans, Jean entraîna avec lui au passage Guillaume des Roches, le noble qui l'avait rejoint en quittant le camp d'Arthur en 1200. Des Roches conclut un accord avec le roi. Sénéchal d'Anjou, il connaissait bien Mirebeau. Il accepta de prendre la tête de l'assaut sur la ville et le château, à condition d'avoir voix au chapitre quant au traitement réservé à Arthur si ce dernier venait à être capturé. Une condition que Jean s'empressa d'approuver. Tandis qu'ils campaient sous les murs renforcés de la ville, des Roches prépara une attaque pour l'aube suivante.

Au matin, dans la ville, Geoffroy, frère d'Hugues de Lusignan, savourait son petit-déjeuner de pigeons rôtis. L'attaque, violente, contre la seule porte praticable de la ville le prit donc par surprise. Ses hommes encerclaient le château, mais ceux de Jean, eux, encerclaient la ville, et ils ne tardèrent pas à franchir la porte. De violents combats de rue éclatèrent sous le commandement de l'indomptable des Roches, qui eut trois chevaux tués sous lui tandis qu'il lançait charge après charge contre les portes de la ville. Face à la force et à la vigueur inhabituelle de leurs adversaires, et dans l'espoir d'échapper aux féroces attaques de des Roches, les rebelles cherchèrent la protection du château, mais ils ne purent s'y maintenir. Emmenées par le sénéchal, les forces de Jean leur infligèrent un revers écrasant. Aliénor, en sortant du château, apprit qu'Arthur, Hugues et Geoffroy de Lusignan « et deux cent cinquante-deux chevaliers du plus grand renom » avaient été capturés.

C'était la victoire la plus totale et la plus remarquable remportée par les forces d'un roi d'Angleterre depuis que Richard avait libéré Jaffa en 1192. D'un coup d'un seul, Jean avait décapité la résistance des Lusignan en Aquitaine et fait prisonnier Arthur, l'arme la plus dangereuse que Philippe II pouvait utiliser contre lui. Jean ne manqua pas de le faire savoir à tous et à chacun en rentrant en Normandie. Ses illustres prisonniers furent exhibés, couverts de chaînes, en guise d'avertissement à ceux qui auraient songé à fomenter une révolte. Arthur et Geoffroy de Lusignan furent transférés à Falaise. Hugues, lui, fut condamné à l'isolement à Caen. La plupart des autres prisonniers, sévèrement gardés, furent envoyés dans des places fortes anglaises comme le château de Corfe, la lugubre forteresse qui dominait les hauteurs de Purbeck, dans le Dorset. Ils y vivraient dans une misérable solitude.

Le sort réservé à Arthur fut particulièrement cruel. Falaise était le lieu de naissance de Guillaume le Conquérant. Le château faisait partie du cœur historique de la Normandie, étroitement lié à l'ancienne capitale du duché, Caen, ville grouillante à l'ombre d'une grande forteresse normande au donjon carré. Derrière les murs du château de Falaise, le jeune homme de seize ans fut emprisonné dans des conditions abominables.

Les conditions de détention, au Moyen Âge, dépendaient généralement du statut du prisonnier. Les gens de haute extraction étaient en droit d'espérer des conditions moins rigoureuses que les pauvres et les miséreux. Mais pour tous ceux qui en firent l'expérience, les geôles de Jean étaient terribles, et dangereuses. Selon Guillaume le Maréchal, fin connaisseur des règles de la guerre et de la chevalerie, Jean « tenait ses prisonniers de si horrible manière et en un confinement si abject que tous ceux qui furent témoins de sa cruauté n'y virent qu'indignité et disgrâce ».

La captivité d'Arthur aux mains de Jean serait l'une des incarcérations politiques les plus tristement célèbres du XIIIe siècle. Arthur était un pion féodal de grande valeur. Jean n'ayant pas encore d'enfant, il restait l'héritier présomptif du trône d'Angleterre, et le rival de Jean lui-même pour tous les fiefs continentaux des Plantagenêts. Il venait de la lisière celte, sauvage, de la France, une région qui prétendait avoir vu naître le légendaire roi Arthur, dont le jeune duc portait le nom.

Tant son statut que sa parenté avec Jean auraient dû lui assurer une certaine protection quand il était tombé aux mains de son oncle. Conscient de sa valeur aux yeux de Philippe, Arthur dut calculer que Jean ne pourrait s'en prendre à lui sans risquer de graves représailles. Il serait peut-être emprisonné pendant longtemps, et le coût politique pour son duché serait exorbitant, mais en fin de compte, Philippe finirait assurément par racheter sa liberté ou par l'arracher à la garde de son oncle.

Mais Jean n'était pas un roi rationnel, ni chevaleresque. Malgré son succès à Mirebeau, à partir de 1202, il se montra de plus en plus obsédé par la peur d'être trahi. En même temps, sa suprématie nouvelle sur ses ennemis semblait le gonfler d'importance. « L'orgueil et l'arrogance du roi s'étaient accrus, constata Guillaume le Maréchal. Ces sentiments troublaient tant son esprit qu'il ne pouvait plus entendre raison. »

Nous ne savons pas dans quelle mesure Arthur fut tenu au courant des agissements de Jean durant les premiers mois de sa captivité. Mais si quelque mot lui en parvint, il dut comprendre que, tandis qu'il croupissait dans sa geôle, jouet de la volonté de son oncle, c'était toute la Normandie qui se décomposait autour de lui, minée par la trahison et le mécontentement. Partout, on se souvint soudain que Normands et Angevins avaient toujours été ennemis. La loyauté que Richard avait inspirée par sa gouvernance personnelle se délitait rapidement en faveur de la Couronne de France. Le soutien dont bénéficiait Jean s'effritait.

Bien qu'Arthur eût effectivement été coupé du monde, son sort commençait à avoir un impact sur la politique. Dans tout le duché, d'aucuns se mirent à grommeler que le traitement que Jean infligeait à ses prisonniers était indigne d'un chevalier. Et il ne se comportait guère mieux avec ses alliés. En septembre 1202, Guillaume des Roches, qui avait pris la tête de l'assaut sur Mirebeau parce que Jean lui avait explicitement promis qu'il lui confierait le destin d'Arthur, se retrouva mis à l'écart.

> *« Le roi […] ne respecta jamais son accord avec le seigneur des Roches, écrivit Guillaume le Maréchal. [Et] en conséquence de ce mauvais traitement, des Roches, par la suite, rejoignit le camp du roi de France. Le roi commit une grave erreur en ne lui faisant pas confiance. »*

La perte du soutien de des Roches était en effet une grave erreur. Qui fut encore accentuée par le fait que des Roches emmena un autre allié de valeur de Jean : Aimery de Thouars. Plus d'une fois, Jean avait gagné puis perdu l'appui d'Aimery, et ce n'était que grâce aux efforts déterminés d'Aliénor d'Aquitaine que les deux hommes étaient restés en relation. Aimery et des Roches n'étaient pas des alliés naturels, mais Jean, d'une certaine façon, parvint à unir ces deux ennemis contre lui, et ensemble, ils se mirent à mener des raids en Anjou. Un mois après avoir abandonné le roi d'Angleterre, ils s'emparèrent même d'Angers.

Ils ne seraient pas les derniers à quitter Jean. Celui-ci s'accrocha tant bien que mal à l'Anjou jusqu'en décembre 1202, mais il lui était impossible de résister à la vague de défections en faveur du roi de France. Morceau par morceau, la province fut arrachée aux mains de Jean, jusqu'à ce qu'il ne reste de ce qui avait été le cœur même des domaines plantagenêts qu'une poignée de châteaux.

Tandis que l'Anjou vacillait au bord du gouffre, l'Aquitaine se souleva à son tour. Au début de 1203, Jean relâcha les Lusignan qu'il avait capturés à Mirebeau. Il espérait, en leur offrant l'amitié qu'il leur avait si orgueilleusement refusée deux ans plus tôt, qu'ils se rallieraient à sa cause dans le nord de l'Aquitaine. Il avait mal vu. Il ne les libéra qu'en échange de nombreux otages et de belles promesses de bien se comporter, mais à peine libres, ils se rebellèrent contre son autorité. Contrairement à Richard, Jean ne connaissait pas le Sud. Il n'en comprenait pas les coutumes, pas plus qu'il n'avait la longue expérience nécessaire pour maintenir l'ordre dans le duché, et ses seigneurs les plus puissants non seulement ne le craignaient pas mais n'avaient pas non plus confiance en lui.

À la fin de 1203, les soucis de Jean se multipliaient au-delà de tout espoir de reprise en main. « Il voyait l'état de ses marches et de ses terres empirer jour après jour des suites de la guerre, et les Français, qui ne l'aimaient guère, piller son sol [...] avec la connivence des traîtres qui les avaient rejoints », écrivit Guillaume le Maréchal. Quand il se replia sur la Normandie en décembre, il voulut renforcer les garnisons de ses châteaux à l'aide de mercenaires, ce qui ne fit que lui aliéner la population locale, lesdits mercenaires saccageant villes et monastères en quête de vivres et de richesses.

Plus ses amis le fuyaient, plus son pouvoir se faisait cruel. Quand vingt-cinq prisonniers tentèrent de s'échapper de la prison de Corfe, en Angleterre, ils furent encerclés et coupés de tout ravitaillement. Presque tous moururent de faim plutôt que de se soumettre au roi. Jean était très loin de Corfe à l'époque, mais cette atrocité fut malgré tout commise en son nom.

Arthur de Bretagne lui aussi, fut victime de sa cruauté. Au début de 1203, Jean envoya des instructions à son fonctionnaire royal Hubert de Bourg, chargé de garder Arthur, lui ordonnant d'aveugler et de castrer son prisonnier. Heureusement pour Arthur, de Bourg fut pris de remords et ne put exécuter la répugnante sentence sur le jeune homme, qui demanda grâce. Hélas pour Jean, de Bourg, inquiet d'avoir désobéi à son roi, fit savoir qu'Arthur était mort de cause naturelle.

Si le but était d'atténuer la colère des Bretons, ce fut une erreur magistrale. Fous de rage à l'idée que leur prince ait été assassiné, ils jurèrent de se venger. Dès qu'il eut vent de leur réaction, Hubert de Bourg tenta de faire marche arrière, affirmant qu'Arthur était toujours en vie. Il était trop tard. Le dommage était irréparable. Maintenant, ceux qui s'en prenaient à Jean estimaient avoir de bonnes raisons morales de le faire.

Qui, parmi les partisans de Jean responsables du traitement d'Arthur, pouvait croire que la mutilation ou la mort du jeune homme aurait pu servir au mieux les intérêts des Plantagenêts ? Probablement personne. Mais le roi ne répondait plus à aucune logique en ces temps troublés. Il était presque malade d'inquiétude. Quand l'Anjou tomba aux mains de ses ennemis en janvier 1203, il faillit perdre la reine Isabelle, qui se retrouva encerclée dans le château de Chinon. Il fallut dépêcher une bande de mercenaires pour la sauver.

Partout, ses alliés le fuyaient. Le comte d'Alençon lui fit faux bond, ralliant le camp de Philippe Auguste deux jours après avoir dîné avec lui. « Le comte Robert [...] se comportait sans grâce, car après que le roi lui eut [donné] une part de ses richesses, et donné le baiser de paix, ce même jour, le comte le terrassa », nota Guillaume le Maréchal.

Au printemps 1203, Jean était débordé. Philippe et ses alliés tenaient la Bretagne et dominaient presque tout l'Anjou, le Maine et la Touraine. Libres, les Lusignan repoussèrent ses forces jusqu'au cœur du Poitou, où Aliénor, désormais trop âgée, n'était pas en mesure d'organiser la défense. Les Français frappaient sans répit les forteresses frontalières de la Normandie, un duché où, disait-on, on ne pouvait plus attendre d'aucun homme qu'il respectât sa parole plus d'une semaine.

L'esprit de Mirebeau s'était promptement dissipé chez Jean. Paralysé par l'énormité de sa tâche et sa propre indécision, il tenait encore Arthur, plus par chance que par calcul. Il avait encore son trône en Angleterre et contrôlait assez solidement le sud de l'Aquitaine. Mais là s'arrêtaient ses certitudes. Jean ne pouvait ni diriger efficacement la résistance ni insuffler à qui que ce fût l'envie de le faire. Il était dès lors condamné à rester retranché derrière ses lignes sans cesse en recul en priant pour qu'un miracle ait lieu. Il se berçait d'illusions.

La défaite de Sans Terre

Le 3 avril 1203 était le jeudi de la semaine sainte, période de deuil pour tous les chrétiens. Le roi Jean était ivre et furieux. En s'asseyant pour souper à Rouen, il se sentait entouré d'ennemis invisibles, assailli par de sinistres pensées. Il n'avait presque plus confiance en personne, et ne pouvait parcourir son propre duché à cheval sans craindre d'être pris en embuscade. Partout, ses ennemis se massaient. Il brûlait de laisser libre cours à sa violence.

Arthur de Bretagne se trouvait lui aussi à Rouen ce soir-là. Mais lui n'avait pas eu droit à un dîner de débauche. Il avait été transféré depuis Falaise après la farce de sa prétendue mutilation, et croupissait depuis dans les cachots du château de Rouen. Guillaume de Briouze, noble d'une grande richesse et d'un immense pouvoir dont les domaines s'étendaient à la frontière galloise, avait escorté le prisonnier jusqu'à son roi. C'était Briouze qui avait capturé Arthur à Mirebeau. Allié fidèle de Jean, et connaissant l'humeur du roi quand il était arrivé avec le jeune duc, il affirma qu'il ne pouvait plus répondre de la sécurité d'Arthur.

Ses craintes étaient fondées. Après le dîner de ce jeudi soir, l'ivresse de Jean prit des proportions infernales. Nous ne saurons jamais ce qui a pu précisément lui passer par la tête. Ceux qui le virent se diriger vers la cellule d'Arthur, saoul et déchaîné, crurent sans doute avoir croisé quelque spectre effrayant. Si l'on ne peut être tout à fait certain de ce qui se déroula en cette nuit fatidique, il est fort probable que Jean pénétra dans la cellule du prisonnier et qu'il le tua de ses propres mains, avant d'attacher une lourde pierre au corps sans vie de son neveu et de le jeter dans la Seine, dont un pêcheur l'en retira plus tard. Les religieuses de Notre-Dame-des-Prés lui accordèrent des funérailles chrétiennes, mais en secret, par peur de la colère de Jean.

Était-il possible qu'un roi commît pire sacrilège en cette veille de Pâques ? En tout cas, aucun monarque de la famille de Jean n'était encore allé jusque-là. Mais il ne semble pas que ce dernier eût éprouvé le moindre remords. En fait, il semble même s'être félicité du trépas de son neveu. Il adressa peu après une lettre à Aliénor d'Aquitaine, contenant un message sibyllin qui se concluait par ces mots : « La grâce de Dieu est plus encore avec nous que ne peut vous le dire [ce messager]. »

Or, Jean avait tort. La grâce de Dieu était sur le point de l'abandonner, avec des conséquences désastreuses. Depuis des mois, la Normandie, la Bretagne et toute la France bruissaient de rumeurs sur la mort d'Arthur. La nouvelle de son décès ne serait définitivement admise à la cour de Philippe Auguste qu'en 1204, mais même en restant à l'état de rumeur malfaisante, le meurtre du duc plaçait Jean dans une situation impossible. Dans toutes les négociations qu'il entreprendrait désormais avec Philippe II, le roi de France pouvait abattre son atout. « Pas de paix tant que vous ne nous aurez pas montré Arthur » : tel était le refrain. Or maintenant, même s'il avait souhaité la paix, Jean était bien incapable de ressusciter le mort.

À l'été 1203, Philippe Auguste tira parti de la position périlleuse de son adversaire – pris au piège en Normandie entre les Bretons et les Poitevins en révolte au sud, tandis que les armées du roi de France faisaient pression sur les frontières normandes à l'est. Jean était toujours basé à Rouen, et allait et venait entre le front de l'est et la ville. Nulle part, les nouvelles n'étaient encourageantes. Philippe cavalcadait en territoire plantagenêt comme il lui plaisait. Quand il lui prenait l'envie de se rendre dans le sud, il pouvait embarquer sur un bateau et descendre en toute sécurité la Loire, l'artère vitale de ce qui aurait dû être le centre du pouvoir plantagenêt.

Dans une telle atmosphère, le moral des Normands s'écroula tout simplement. Les châteaux frontaliers capitulaient dès que le roi de France approchait. Jean perdit Conches, puis Vaudreuil sans même un soupir. Les chevaliers qui occupaient cette dernière place ne s'efforcèrent même pas d'organiser une défense digne de ce nom et se rendirent honteusement. La résistance se diluait comme un château de sable face à la marée. À la fin du mois d'août, l'armée française s'ébranla vers le joyau de la collection, Château-Gaillard.

La citadelle si prisée de Richard était censée être inexpugnable. Les forces de Philippe Auguste se massèrent sous ses murs, qui dominaient de hautes falaises et une boucle de la Seine. Elles bloquèrent le fleuve, espérant contraindre l'ennemi à se rendre en l'affamant. Une nuit, à la fin de l'été 1203, Jean tenta de forcer le blocus avec une flottille de barges de ravitaillement et une troupe de mercenaires. Sous le commandement de Guillaume le Maréchal, les hommes de Jean passèrent à l'attaque dans la chaleur de la nuit estivale. Mais la chance leur manqua cruellement. Alors que les rameurs luttaient contre le courant de la Seine, ils perdirent le contact avec l'armée qui avançait sur la rive, et l'énorme flotte d'invasion fut éliminée vague après vague par les défenseurs français, jusqu'à ce que les flots rougissent dans les ténèbres.

Ce fut la fin des efforts désespérés de Jean pour sauver Château-Gaillard, ce symbole de défi érigé par le dernier grand-duc de Normandie. Le siège dura jusqu'en mars 1204, mais Jean ne chercha plus à le rompre. Au lieu de cela, il lança quelques incursions sanglantes mais inutiles pour tenter d'attirer Philippe sur le front breton, incendiant la ville de Dol. À l'automne 1203, tous le sentaient, Jean était en train de perdre le pouvoir. La rumeur se répandit qu'il passait tout son temps au lit avec son épouse adolescente, répondant, à qui l'invitait à se lever pour défendre comme il convenait l'indépendance normande, par ces paroles insouciantes : « Laissez, laissez, tout ce qu'il prend aujourd'hui je le récupérerai un jour. » Abasourdi, Guillaume le Maréchal vit son roi se mettre à battre la campagne à cheval sans but, disparaissant tout simplement de sa cour sans un mot, empruntant les sentiers détournés de son propre duché de peur de croiser des traîtres sur les grandes routes.

À l'approche de la Noël 1203, Jean quitta la Normandie pour la dernière fois. Bien qu'ayant promis de rester dans son duché et de s'y battre pendant un an, début décembre, il fit de discrets préparatifs et renvoya ses bagages en Angleterre. Avant l'aube, le matin du 5 décembre, il chevaucha à bride abattue de Rouen à Bayeux en passant par Caen. En sortant du port de Barfleur, sa reine à son côté, Jean passa à côté du récif qui, en 1120, avait causé la mort des fêtards ivres à bord de la *Blanche-Nef* de son grand-oncle Guillaume Adelin. Cette tragédie avait été à l'origine de plus d'un demi-siècle de domination des Plantagenêts sur la France, de Rouen à Toulouse. Une époque qui prenait fin alors que les marins de Jean, plus sobres, évitaient le danger et prenaient ensuite la direction de Portsmouth. Derrière lui, en Normandie, ses derniers loyalistes continuèrent la lutte, espérant, contre toute attente, résister à la progression implacable de Philippe Auguste. Jean avait promis de revenir à leurs côtés ; il n'en fit jamais rien.

Des immenses domaines conquis par Henri II et défendus par Richard Ier, il ne restait qu'un noyau famélique. À l'exception de quelques châteaux isolés et de poches de fidèles, le roi Jean avait perdu presque toute la Normandie, l'Anjou, le Maine et la Touraine. Il était l'homme le plus détesté de Bretagne. Il ne gardait le contrôle nominal du Poitou et de l'Aquitaine que grâce aux vestiges de loyauté que manifestaient encore les nobles du duché envers sa mère. La reconquête de ce qui avait été perdu face à un empire français en pleine renaissance et formidablement enrichi, gouverné par un monarque qui n'avait pas usurpé son surnom d'Auguste, aurait été une tâche qui aurait semblé insurmontable même au père et au frère de Jean à l'apogée de leur considérable pouvoir. Jean en était, lui, désespérément incapable, et tout ce qu'il put faire fut de fuir piteusement les dernières braises de son empire continental en ruine. Une fin lamentable, en vérité.

III

Le temps des oppositions (1204-1263)

« Quand un mauvais homme a l'avantage,
cruauté et outrage
en sont les conséquences »
Guillaume le Maréchal

La mort d'Aliénor

L'Angleterre était figée. En 1204-1205, le pays fut frappé par un hiver brutal qui suspendit toute vie et brisa tous les espoirs. À Londres, la Tamise se couvrit d'une glace si épaisse qu'hommes et femmes pouvaient la traverser à pied. Dans les champs, le sol était si dur qu'on ne put le labourer avant la fin mars. Les récoltes hivernales furent détruites par le froid, et les gens affamés déterraient les semis pour se nourrir. Les prix flambèrent tandis que la famine ravageait les campagnes. En un an, le cours de l'avoine décupla. Partout, ce n'était que misère, faim et souffrance. D'après Raoul de Coggeshall, la rumeur, superstitieuse, disait que Dieu avait puni le roi Jean en lui prenant la Normandie, et maintenant, c'était au tour de l'Angleterre d'être châtiée.

Depuis un an, Jean était coincé dans son royaume. Les temps étaient rudes. Bien que sa cour, comme à son habitude, ait été pleine de vie et de réjouissances, se livrant à des banquets abondants et aux divertissements chevaleresques de jeunes gens surnommés les « bacheliers du roi[1] », tous étaient conscients des dangers et des difficultés qui les entouraient. La sécurité du pays était source de grande inquiétude. Beaucoup redoutaient que l'Angleterre ne soit bientôt envahie par la France. On disait que Philippe Auguste avait trouvé un bon prétexte pour attaquer en invoquant les droits des comtes de Brabant et de Boulogne sur des terres anglaises qui leur avaient été prises du temps du règne d'Henri II. La volonté du roi de France d'écraser les Plantagenêts était sans limites, croyait-on ; et la capacité de Jean à perdre son héritage sans borne.

1. Jeune noble n'ayant pas encore reçu de fief (NdT).

La menace d'une invasion était prise au sérieux. Lors d'un grand conseil qui se tint en janvier 1205, Jean ordonna à tous les hommes de plus de douze ans de jurer solennellement de défendre le royaume et de préserver la paix. Quiconque refusait de prêter serment était signalé par les autorités locales comme un traître en puissance, et il fut décrété que ceux qui n'œuvreraient pas à la défense du royaume en cas d'invasion seraient condamnés à être déshérités ou réduits en esclavage. Dans les ports gelés, nul bateau ne pouvait prendre la mer sans l'autorisation écrite du souverain.

On comprend aisément d'où venait cette peur. L'effondrement de la cause plantagenêt en France avait été rapide, dramatique et douloureux. Le duché de Normandie n'avait pas survécu au départ de Jean et appartenait désormais totalement à Philippe II. De mémoire d'homme, c'était la première fois qu'il se trouvait intégré au royaume de France. De plus, l'Anjou, le Maine et la Touraine étaient pratiquement conquis, en dehors de quelques îlots de résistance autour des forteresses de Chinon et Loches, tenues par des braves, mais encerclées par les Français. Par tout le royaume de France, le nom de Jean était maudit alors que se répandait peu à peu la nouvelle de la mort d'Arthur de Bretagne.

La situation était à peine moins catastrophique en Aquitaine. Le 1er avril 1204, Aliénor avait rendu son dernier soupir. Elle avait atteint l'âge fabuleux de quatre-vingts ans, et vécu ses dernières années dans l'abbaye de Fontevraud, usée mais toujours énergique. Jusqu'à ses derniers instants, elle continua à livrer au nom de son fils une lutte inégale dans son duché, offrant terres et privilèges aux loyalistes et défendant la cause de sa famille tout en menant une vie de recluse dans son habit de nonne.

Conformément à son testament, rédigé en 1202, elle fut enterrée dans la chapelle de Fontevraud, auprès de son époux Henri II et de son fils préféré, Richard Ier. Trois membres de la famille la plus charismatique et la plus influente du XIIe siècle reposaient maintenant ensemble, goûtant dans la mort une tranquillité qui leur avait échappé toute leur vie durant. Le gisant de la tombe d'Aliénor existe toujours, aussi remarquable que la femme qu'il immortalise. Il la dépeint dans la magnifique plénitude de sa vie d'adulte, les yeux fermés, mais un livre ouvert dans les mains. Un portrait d'elle, tant à l'époque qu'aujourd'hui, d'un grand romantisme et d'une formidable puissance intellectuelle.

Les religieuses de Fontevraud lui rendirent hommage dans une nécrologie où elles la remerciaient pour les somptueux présents qu'elle avait faits à leur abbaye – de l'or, de l'argent, des joyaux et des soieries. Un rien obséquieuses, elles déclarèrent également que la reine avait « illuminé le monde par la splendeur de sa descendance royale ». Compte tenu des carrières d'Henri le Jeune, de Geoffroy, duc de Bretagne et de Jean, roi d'Angleterre, ce n'était pas tout à fait crédible. Il n'en reste pas moins qu'Aliénor avait été une reine sans pareille, dont l'influence avait couvert trois grands règnes, et qui avait aimé ses fils en dépit même de leur comportement irréfléchi.

Sans la main de sa mère pour le guider, Jean s'enlisa de plus en plus en Aquitaine. Il avait déjà offensé bien des barons locaux en épousant Isabelle d'Angoulême et en intervenant maladroitement dans la politique complexe du duché. Aucun seigneur poitevin sain d'esprit ne rendrait hommage au roi d'Angleterre en sa qualité de successeur de sa mère, de peur d'être dépossédé par un roi de France dont l'étoile montait. Dès que fut connue la nouvelle du décès d'Aliénor, de nombreux seigneurs, qui avaient reconnu sa suzeraineté se bousculèrent pour faire la paix avec Philippe II. Pendant l'été 1204, le roi de France avança triomphalement dans le Poitou, le comté depuis lequel toute l'Aquitaine était gouvernée. Dans le même temps, Alphonse VIII de Castille envahissait la Gascogne, dans le sud-ouest de l'Aquitaine, la revendiquant au nom de son épouse Aliénor, sœur aînée de Jean. De toutes parts, le Plantagenêt était abandonné alors que les débris de son empire achevaient de s'émietter.

Jean était désemparé. Tandis que dans les premiers mois de 1205, l'Angleterre était en proie à l'étreinte mortelle de l'hiver, tout ce que sa famille avait accumulé en France semblait sur le point de disparaître. Il se devait de résister, c'était une évidence. Il ne pouvait se contenter de rester blotti en Angleterre à défendre ses côtes. Jean comprit sans doute que sa réputation publique, de toute façon rarement bonne, avait atteint un nadir dont elle ne se relèverait jamais s'il n'agissait pas rapidement. Certaines sources, comme le chroniqueur de Melrose, consignaient ainsi pour la postérité qu'il avait « perdu ignominieusement ses châteaux et terres au-delà de la mer ».

Aussi, pendant l'été 1205, alors que la peur d'une invasion se dissipait, Jean se prépara à lancer une formidable offensive contre la France, à partir de deux points. Partant de Portsmouth, une flotte débarquerait sur le littoral normand pour reconquérir le duché par l'ouest. Une seconde expédition, depuis Dartmouth, avancerait en même temps sur le Poitou. Cette force serait commandée par le frère illégitime de Jean, Guillaume Longue-épée, comte de Salisbury – à peu près du même âge que Jean, d'une excellente réputation militaire, très expérimenté, et grand ami du roi, avec qui il passait de longues heures à se détendre à la table de jeu.

Pour donner corps à ses plans, Jean proclama la plus grande mobilisation militaire depuis le départ en croisade de Richard. Sa clé de voûte en était un impressionnant développement de la puissance navale du royaume. Richard avait été le premier souverain plantagenêt à rassembler une véritable marine anglaise, mobilisant une grande flotte en 1190 : après quoi, il avait fait bâtir soixante-dix navires de plus pour patrouiller sur la Seine en 1196, et fondé Portsmouth, grand port militaire censé relier l'Angleterre à la Normandie. C'était donc cette politique que poursuivait Jean. Quarante-cinq vaisseaux de guerre avaient été construits pour surveiller les côtes de l'Angleterre en 1203-1204, mais il faudrait bien plus de moyens pour augmenter plus rapidement ses effectifs navals. En 1205, Jean saisit tout simplement toutes les embarcations qui, selon ses connétables, pouvaient être converties en navires de guerre. Même si un bateau n'était assez gros que pour emporter quelques chevaux, il était arraché à son propriétaire et alloué à la marine royale.

Encore fallait-il remplir ces vaisseaux. On mobilisa également hommes et matériel. On forgea des dizaines de milliers de fers à cheval, de clous, de pointes de carreaux et de flèches. On sala porcs et venaison, que l'on transporta ensuite à bord de chariots jusqu'à la côte. On se remit à battre monnaie. De nouveaux pennies d'argent, frappés à l'effigie de Jean, submergèrent le pays. Quiconque en recevait pour paiement d'un service rendu à l'effort de guerre pouvait contempler le visage de son roi : cheveux bouclés descendant autour des oreilles, la barbe courte taillée, et les grands yeux, même sur ce portrait grossier, qui dévisageaient le possesseur de la pièce comme si le monarque le mettait au défi de lui résister.

Beaucoup de ces pièces furent utilisées pour recruter des mercenaires, marins et hommes d'armes transférés vers la côte à l'approche du milieu de l'été. Près d'un quart du revenu annuel de la Couronne fut englouti par ces préparatifs militaires, pour financer l'énorme cargaison humaine embarquée sur les grandes nefs au mouillage dans le Solent. D'après Raoul de Coggeshall, c'était la plus grande armée anglaise jamais assemblée, et la plus grande flotte regroupée en un seul port du pays.

Enfin, Jean donnait l'impression d'agir de façon décisive. Mais l'Angleterre avait beau être mobilisée, elle n'était pas pour autant unie. Jean avait certes prouvé qu'il a été capable de rassembler une armée puissante, il était cependant otage des sautes d'humeur de ses barons. Si ses préparatifs de débarquement ressemblaient à une croisade, ils étaient loin de susciter autant de ferveur.

Tous ses barons n'étaient pas convaincus par son ambition de reconquérir la Normandie. Quand, par le passé, le duché avait été menacé, les grands d'Angleterre avaient un intérêt manifeste à soutenir le roi. Henri II avait veillé à garantir les possessions de ses vassaux des deux côtés de la Manche. Il avait préservé l'intégrité politique de la sphère anglo-normande tout en s'assurant que les grands féodaux restent effectivement « anglo-normands » – préservant des intérêts et des terres dans les deux domaines, ce qui les poussait naturellement à aider le roi quand celui-ci comptait maintenir leur cohésion et les défendre face à des menaces extérieures.

Or, en perdant la Normandie, Jean avait fondamentalement modifié le statu quo anglo-normand qui avait tenu pendant près de cent cinquante ans. Contraints de choisir entre leurs terres anglaises et normandes, la plupart des barons avaient dès 1204 penché pour un roi ou pour l'autre. Presque du jour au lendemain, ils avaient cessé d'être anglo-normands et avaient fait allégeance soit à la couronne d'Angleterre, soit à celle de la France. La Manche était devenue une frontière plutôt qu'un pont entre le royaume et le duché. Quelques grands seigneurs comme Guillaume le Maréchal avaient pu s'entendre en privé avec les deux monarques pour garder leurs terres dans un royaume et dans l'autre. De ce fait, ils se retrouvaient dans une position tout aussi ambiguë : certains avaient rendu hommage à Philippe pour leurs domaines normands, et à Jean pour leurs terres anglaises. Ils ne pouvaient entrer en guerre contre l'un sans trahir leur serment à l'autre.

Par conséquent, quand en 1205 Jean arriva à Portsmouth pour inspecter sa superbe flotte, il s'aperçut que ses barons anglais rechignaient à le suivre au combat. Il y eut une violente dispute entre le roi et Guillaume le Maréchal au château de Porchester. Jean accusa Guillaume de l'avoir trahi en s'entendant avec Philippe Auguste. Le Maréchal se lança dans un discours éloquent où il se dit, lui, trahi par le roi. Puis il prévint les autres barons que le roi prévoyait de le déshériter, et qu'il « ferait [de même] à chacun d'entre vous une fois qu'il serait assez puissant ».

Même si les autres seigneurs avaient été disposés à faire confiance à Jean en tant que général, ils répugnaient désormais à partir se battre soit pour des terres normandes dans lesquelles ils n'avaient plus d'intérêts, soit contre un suzerain (Philippe II) dont le courroux risquait d'être aussi terrible que celui de Jean. L'atmosphère était soudain hostile à toute expédition sur les côtes françaises. Guillaume le Maréchal et Hubert Gautier supplièrent alors le roi de ne pas traverser la Manche. Gautier dressa une liste d'arguments pratiques : Philippe était infiniment plus riche, et plus fort sur le plan militaire ; Jean ne comptait que peu d'endroits où se replier sur le continent, et s'appuyait sur une alliance avec les Poitevins, race naturellement traîtresse ; le roi ne pouvait laisser l'Angleterre sans défense alors que les vassaux de Philippe eux-mêmes rêvaient d'invasion ; et si jamais Jean trouvait la mort sur le champ de bataille, il n'avait pas d'héritier.

Cela n'était pas loin de ressembler à une grande mutinerie, dans des circonstances particulièrement humiliantes. Toute la force d'invasion à Portsmouth était maintenant inutile, car sans les barons pour commander, sans leurs ressources privées, il était vain d'espérer reprendre la Normandie. Jean était hors de lui. Il prit la mer pendant quelques jours, descendant et remontant la côte dans l'espoir de faire honte aux barons ou de les persuader de changer d'avis. Rien n'y fit. L'expédition de Salisbury partit tout de même de Dartmouth et parvint à traverser la Manche, puis s'en alla renforcer la garnison de La Rochelle, mais pour l'essentiel, les préparatifs de 1205 n'avaient abouti à rien. Sur l'autre rive de la Manche, Philippe Auguste poursuivait ses opérations, parcourant joyeusement des territoires que son père n'aurait pu que rêver de visiter. Avec la chute de Chinon et de Loches durant l'été, ce fut toute la Touraine qui tomba dans l'escarcelle de la France. Pour Jean, 1205 avait encore été une année désastreuse.

Le roi reste chez lui

Il aurait certes été difficile de répéter les fiascos de 1204 et 1205. Malgré tout, en 1206, la fortune sourit un peu plus à Jean, et c'est en grande partie à lui-même qu'il le dut. Loin de se laisser intimider par l'échec de son invasion normande, il changea son fusil d'épaule. Il passa l'hiver 1205 à envoyer des coffres remplis de trésors à divers alliés potentiels de l'autre côté de la Manche. Au printemps 1206, il décida d'effectuer une tournée dans le nord de l'Angleterre pour tenter d'amadouer les barons du Yorkshire, du Cumberland, du Cheshire et du Lancashire afin qu'ils le soutiennent dans ses entreprises militaires. En avril 1206, une deuxième grande expédition fit voile depuis l'Angleterre, en direction, cette fois, du Poitou – objectif de la mission de Salisbury en 1205. Jean la commandait en personne, et il bénéficiait d'un soutien plus ferme des barons qu'il avait soit corrompus, soit convaincus de le suivre. Arrivé à La Rochelle en juin, il mena son armée dans le Sud-Ouest de la France. Il reconquit tout d'abord la Saintonge, renforçant son influence sur le comté de son épouse à Angoulême, puis reprit à Alphonse VIII tout ce dont ce dernier s'était emparé en Gascogne. Vers la fin de l'été, le roi s'allia à Aimery de Thouars, le puissant baron poitevin, et marcha au nord, sur l'Anjou. Là, ils apprirent que Philippe II – qui avait préféré consolider sa position en Normandie plutôt que de se soucier de l'Aquitaine – levait lui aussi une armée. Ne souhaitant pas qu'une défaite vienne jeter une ombre sur ses succès de l'été, Jean se replia et, en octobre 1206, conclut une trêve de deux ans avec le roi de France.

Sa campagne s'achevait sur une réussite, aussi mitigée fût-elle. Il n'en restait pas moins que les domaines plantagenêts sur lesquels

Jean régnait se résumaient à l'Angleterre, les îles Anglo-normandes et une portion du littoral aquitain – une maigre fraction des territoires dont il avait hérité. Contrairement à ses deux prédécesseurs, il serait un roi d'Angleterre contraint de rester dans son royaume. Et tandis qu'il apprenait à le gouverner, le pays, lui, découvrit ce qu'était la vie sous un monarque plantagenêt à demeure, de tempérament agité et agressif.

Jean fut un suzerain omniprésent. Il souhaitait connaître son royaume intimement et était sans cesse en déplacement. Ce qui n'avait rien de vraiment nouveau : les voyages étaient une nécessité pour un roi, et rares étaient les endroits, dans la campagne anglaise, susceptibles de loger longtemps un souverain et sa cour. Mais même au regard des critères royaux de ses prédécesseurs, Jean était un roi étonnamment mobile. Il ne tenait pas en place. Il ne séjournait guère plus de quelques jours en un même lieu, et son itinéraire passait par des châteaux royaux, des pavillons de chasse, des palais et des manoirs, où il faisait brièvement halte avant de repartir.

Le spectacle de son cortège ne devait pas être si différent de celui de son père. Il était plus soucieux qu'Henri II de son luxe, de ses vêtements et de sa présentation. Il prenait régulièrement des bains à une époque où bien peu le faisaient, et les bacheliers de sa maison faisaient tout pour briller à sa cour. Mais fondamentalement, la maison royale en déplacement ressemblait toujours à un long défilé de chariots et de chevaux de bât, s'étirant sur des lieues par les campagnes. Tout était transportable : des serviteurs en belle livrée portaient draps et vaisselle précieuse, de lourdes bourses d'argent, les livres rares que Jean aimait lire, et des coffres bien gardés et remplis de joyaux. La chapelle du roi pouvait être déballée puis montée sur un bas-côté, tout comme sa salle à manger. L'interminable caravane parcourait environ huit lieues par jour, labourant la chaussée boueuse et attirant des spectateurs ébahis tandis que Jean recevait des visiteurs ou séjournait chez ses hôtes.

Le cortège royal était magnifique. Et si sa présence pesait lourdement sur les épaules des Anglais qui faisaient les frais de la généreuse hospitalité du souverain, l'arrivée de la cour n'avait pas que des désavantages. Car du temps de Jean, la cour n'était pas qu'une caravane de cirque, c'était aussi un tribunal itinérant.

Partout où il allait, Jean pensait à la justice. Jeune homme, il avait eu pour tuteur Ranulf de Glanville, justicier d'Henri II et l'un des grands esprits juridiques de son temps. Par conséquent, Jean était très intéressé par le rôle du roi en tant que juge suprême. Il étudiait le droit et assistait avec ferveur à des procès. Il se passionnait même pour les affaires les plus minimes. Et sa justice était très demandée. Il se déplaçait avec un aréopage de magistrats professionnels, et siégeait avec eux quand ils traitaient des affaires qui, dans les municipalités, attendaient le passage de la justice du roi.

Nous disposons de témoignages saisissants de l'influence de la cour de Jean sur la vie des petites gens au XIIIe siècle. Ceux qui bénéficiaient de ses interventions étaient aussi nombreux que divers. Il accorda un sursis à un petit garçon qui avait tué par accident un de ses amis en lançant un caillou. Il mit hors de cause un handicapé mental qui avait avoué un crime dont il était manifestement innocent. Il se plongeait dans les détails d'affaires qui n'avaient que peu de rapport avec ses prérogatives ou l'intérêt de la maison royale, et il se souciait du sort des démunis.

Tout cela était fort inhabituel, et constituait une nette rupture avec l'attitude de ses prédécesseurs. Henri II avait été lui aussi un passionné de droit, mais il s'intéressait surtout à la dévolution des aspects juridiques de la royauté anglaise pendant ses longues absences. Richard, par le simple fait qu'il ne passa que fort peu de temps en Angleterre durant son règne, avait suivi son exemple. Le roi Jean, lui, était fasciné par l'imposante mécanique de la loi et du gouvernement des Plantagenêts. En tant que roi, il aimait à se mêler de la vie de ses sujets, s'impliquer dans la gouvernance quotidienne, et était prompt à intervenir en personne chaque fois qu'il le pouvait, qu'il s'agisse de litiges entre grands barons ou de garçons jetant des cailloux.

Il ne pouvait bien sûr tout gérer par lui-même. En juillet 1205, Hubert Gautier, l'archevêque de Canterbury, vétéran de l'administration royale, était décédé d'une septicémie due à un furoncle dans le dos. Jean, selon plusieurs chroniqueurs, avait alors déclaré : « Maintenant, pour la première fois, je suis roi d'Angleterre ! » Gautier mort, le roi réunit autour de lui un nouveau groupe de conseillers et de hauts fonctionnaires. Certains venaient des possessions perdues sur le continent. Des hommes comme Pierre des

Roches, Pierre de Maulay, Foulque de Bréauté et Girard d'Athée, tous étrangers tant de nom que de coutumes, étaient là pour rappeler aux Anglais que leur roi lui-même n'était pas un prince autochtone, même s'il était désormais confiné dans son royaume. On ne saurait pour autant parler d'une reprise en main du gouvernement par les étrangers. Des Anglais conservaient des postes importants, comme le justicier Fitzpiers, le trésorier Guillaume d'Ely et Hugues de Neville, responsable des routes et forêts du roi.

Après 1206, tous ces hommes, et Jean lui-même, avaient un objectif primordial, et il était simple : il leur fallait de l'argent. Pour reconquérir ce qui avait été perdu en France, Jean allait avoir besoin de sommes énormes, à la fois pour financer ses propres armées de mercenaires et pour payer un réseau d'alliés continentaux afin de contrer Philippe Auguste. L'affaire s'annonçait plus coûteuse pour Jean qu'elle ne l'avait été pour n'importe lequel de ses prédécesseurs.

Tant Henri II que Richard Ier avaient bénéficié d'un avantage dans leurs guerres contre la couronne capétienne : tous deux, en règle générale, défendaient leurs terres plutôt qu'ils ne les reconquéraient. Le coût des lignes défensives de Richard Ier le long de la Seine et de ses alliances en Allemagne et en Flandre avait certes été exorbitant, mais il avait été en partie absorbé par la Normandie et les autres domaines plantagenêts, au lieu d'être pris en charge par la seule Angleterre. C'était un luxe que Jean n'avait pas. Tout espoir qu'avait ce dernier de reprendre ce qu'il estimait être à lui passait donc forcément par les revenus de la couronne d'Angleterre.

Il s'attela à l'exploitation desdits revenus avec une énergie qui n'échappa à personne. Roger de Wendover, un chroniqueur qui lui était hostile, a répandu la rumeur que Jean était un avare qui n'offrait que de piètres compensations à qui l'aidait. C'est là, pour l'essentiel, une calomnie, mais elle est le reflet de ce que pensait le peuple, à savoir que le roi était un grippe-sou qui ne pensait qu'à racler le moindre penny chez ses sujets. Et de fait, il y avait des tas de pennies à racler. Même après la saignée due au règne de Richard, l'Angleterre restait une source de richesses considérables. Lors de ses déplacements, Jean dut voir partout des indices de cette prospérité. Le début du XIIIe siècle fut une période de grands développements dans le commerce et l'industrie, ainsi que d'une inflation monétaire entraînée par la découverte de mines d'argent en Europe, qui avait noyé le pays sous des flots de pièces depuis les années 1180.

En 1207, Jean prit pour la première fois des mesures sérieuses afin de puiser dans ces richesses. Il préleva un treizième, soit un shilling par marc, sur tous les biens mobiliers du pays. Ce qui déversa dans les coffres royaux la somme impressionnante de 57 425 livres, autrement dit, l'équivalent de plus de deux années de revenus. Plusieurs expériences avaient été régulièrement tentées dans le secteur de la taxation des biens, des revenus, du foncier et de l'immobilier au cours des deux décennies précédentes, mais le treizième fut un formidable succès, qui mit en lumière à la fois les richesses dont disposait l'Angleterre et la capacité de la Couronne à en prélever une part grâce à un système administratif bien organisé. Jean ne pouvait s'en douter, mais le treizième servirait de modèle au subside, sur lequel serait fondé le revenu régulier de toute l'Angleterre médiévale et des Tudor.

La taxation directe des riches Anglais ne représentait néanmoins qu'une partie de l'effort visant à exploiter les revenus de son royaume. Pour Jean, la façon la plus évidente de tirer meilleur profit de la royauté passait par le système juridique. Pour y parvenir, il eut recours à deux tactiques interdépendantes. La première impliquait les profits engendrés directement par la justice. Quand Henri II avait établi un système judiciaire et gouvernemental royal dont le réseau pénétrait toutes les circonscriptions du pays jusqu'au dernier échelon, rendant la loi royale accessible dans toute l'Angleterre et faisant du shérif le personnage le plus important des autorités au niveau local, il ne l'avait pas fait par pure passion pour les réformes administratives. En réalité, il avait parfaitement compris que la justice était une entreprise profitable. La chancellerie royale gagnait de l'argent en vendant des brefs. La Couronne empochait de coquettes sommes grâce aux amendes et forfaitures de biens qui résultaient des condamnations par les tribunaux. Les eyres qui parcouraient le pays rétablissaient la loi et l'ordre, et du même coup rapportaient beaucoup d'argent à la Couronne. Les eyres des forêts royales, qui faisaient respecter implacablement les droits de la Couronne sur les immenses terres boisées du pays, étaient ni plus ni moins des entreprises à but lucratif.

Nombre d'entre eux furent ainsi envoyés en circuit entre 1207 et 1210, qui permirent à Jean d'extorquer des milliers de livres aux comtés où des arbres avaient été abattus ou du gibier chassé sans le consentement royal. Au total, les eyres des forêts rapportèrent à eux seuls 8 738 livres durant ces années, deux fois plus que la somme collectée de 1198 à 1201. Voilà qui témoignait autant de l'efficacité avec laquelle la Couronne pouvait se servir de la justice pour récolter des bénéfices, que de la détermination nouvelle de Jean à exploiter ses droits de façon exhaustive après la perte de la Normandie.

La seconde tactique à laquelle il eut recours était nettement plus politique, et elle finirait par lui causer bien plus d'ennuis. Il s'en servit directement comme d'un outil pour contrôler fiscalement et politiquement les grands féodaux d'Angleterre.

La justice des tribunaux royaux était peut-être accessible à tous, elle n'en restait pas moins soumise à la discrétion du monarque. Réclamer leur intervention dans une affaire privée nécessitait le paiement d'honoraires, dont Jean escomptait bien qu'ils soient élevés. À toutes les étapes d'une affaire, les plaideurs aisés pouvaient proposer au roi de confortables pots-de-vin afin de s'assurer un verdict favorable ou un arrêt de la procédure. En 1207, par exemple, Jean réclama 1 000 livres et quinze palefrois à un certain Gérard de Furneval pour rétablir la paix dans un litige juridique l'opposant à Nigel de Luvetot. Des centaines, des milliers de livres changeaient ainsi de main tandis que les plaideurs espéraient voir les procès ou actions en justice se conclure comme ils le voulaient. Tous les bénéfices ne tombaient pas directement dans l'escarcelle du roi – ses ministres s'en arrogeaient une grande partie –, mais l'inflation rapide des paiements judiciaires sous le règne de Jean trahissait une justice largement vénale. D'une certaine façon, il en allait ainsi à l'époque, mais l'augmentation conséquente de ces frais du temps de Jean, fit qu'il devenait de plus en plus coûteux de recourir à la justice.

Parallèlement, le coût de ce que l'on appelle aujourd'hui les incidents féodaux connaissait une hausse spectaculaire. La société politique anglaise reposait sur un système complexe de liens entre suzerains et vassaux, dans le cadre d'une hiérarchie au sommet de laquelle se trouvaient le roi et ses barons. En théorie, le roi garantissait la sécurité intérieure et extérieure de ses sujets, qui lui devaient en retour allégeance et le paiement coutumier de certains privilèges. Au niveau baronnial, ces paiements portaient le plus souvent sur les grands rites de la vie aristocratique : l'adoubement d'un fils aîné, le mariage d'une fille, un héritage à la mort du père. Les sommes versées au roi pour ces privilèges étaient censées être établies par la coutume, et par le souverain qui, en jurant lors de son couronnement de respecter les coutumes du royaume, avait accepté de les suivre, ou à tout le moins de se montrer raisonnable quand il s'agirait de déterminer qui devrait payer quoi.

En outre, le roi pouvait exercer certains privilèges liés à son rang. Il pouvait proposer une veuve ou une héritière de l'aristocratie au plus offrant, ou exiger d'une veuve qu'elle paye pour ne pas être contrainte à se remarier. Un enfant qui percevait son héritage avant sa majorité (vingt-et-un ans pour les garçons) n'avait pas l'usufruit de ses terres. Le roi pouvait les prendre personnellement en charge sous la forme d'une tutelle, ou encore en vendre les droits à l'un de ses sujets tout en prélevant sa part au passage.

Au cours de sa vie, il arrivait qu'un grand seigneur féodal contracte ainsi une dette énorme envers la Couronne. Bien souvent, cette dette restait théorique, et son paiement total n'était jamais exigé. Elle pouvait être réglée en plusieurs fois, voire pas du tout, selon la bienveillance du souverain. Il s'agissait plutôt d'une forme de lien financier entre le roi et ses sujets.

Jean, en quête d'argent au lendemain de la perte de la Normandie, vit dans ce système une formidable source de richesse et de pouvoir. La somme qu'il convenait généralement de payer quand on héritait des biens d'un comte se montait à 100 livres. Dans certains cas, il réclama sept fois plus. Et il commença à exiger que les dettes soient remboursées plus rapidement – des centaines, des milliers de livres devaient maintenant être versées dans un délai précis. En cas de non-paiement, la pénalité était la saisie de terres.

En 1207, la première grande affaire de forfaiture eut lieu quand Jean fit saisir les terres du comtat de Leicester, vacantes depuis la mort du quatrième comte, Robert de Beaumont, en 1204. Au lieu de garantir les droits de sa fille Amicie, son héritière, et de son mari, Jean récupéra les terres du comte et en confisqua les revenus en évoquant le non-paiement de la dette. C'était peut-être plausible sur le plan juridique, mais si l'une des principales missions du roi était de garantir le patrimoine de ses sujets, alors Jean ne s'en était pas acquitté.

Tel était le roi auquel l'Angleterre dut s'habituer dans les années qui suivirent la perte de la Normandie. Dans l'ensemble, les systèmes administratifs ne subirent aucune modification substantielle, mais les exigences du roi, elles, se faisaient toujours plus pressantes. Et rien ne laissait à penser qu'elles fléchiraient bientôt. Le 1er octobre 1207, la reine Isabelle d'Angoulême, à dix-neuf ans, donna le jour à un garçon dans le château de Winchester. L'enfant fut baptisé Henri, comme son illustre grand-père, autrefois seigneur de Normandie, d'Anjou, du Maine, de Touraine et d'Aquitaine. Dès lors, les intentions du roi furent claires : il comptait collecter tout l'argent nécessaire pour reprendre tout ce qui avait appartenu à son père. Et l'Angleterre n'eut d'autre choix que de le suivre.

Excommunié

On comparait souvent les Plantagenêts à des démons : des rois d'une cruauté inhumaine et jouissants d'un immense pouvoir. En ce sens, Jean ne se distinguait pas des autres membres de sa famille. Pourtant, même selon les critères de son temps, de 1208 à 1211, il tint son royaume d'une poigne implacable et écrasante. Durant ces années, alors qu'il reprenait confiance, il imposa sa domination à tous les domaines de la vie en Angleterre. Gagnant en assurance dans son rôle de roi, non seulement il réalisa son rêve et amassa la fortune la plus colossale jamais détenue par un monarque anglais avant lui, mais il étendit en outre le pouvoir de la Couronne sur l'Écosse, le pays de Galles et l'Irlande. Il réduisit impitoyablement à la misère les familles baronniales qui s'opposaient à son pouvoir, extorqua des sommes faramineuses aux juifs d'Angleterre et, plus spectaculaire encore, il s'engagea dans un bras de fer avec le pape pour la suprématie sur l'Église.

Le 15 février 1208, ce fut comme si les cieux eux-mêmes annonçaient les futures cruautés du roi, quand un signe menaçant apparut dans la nuit. Hommes et femmes levèrent les yeux, effrayés et inquiets, alors que, selon Roger de Wendover, la lune semblait « d'abord d'une couleur rouge sang, puis assombrie ». C'était une éclipse de lune, et comme tous les phénomènes célestes, elle eut un profond impact sur les esprits. On voulut y voir un signe annonciateur du malheur et, cinq semaines plus tard, le présage se réalisa. Les cloches des églises du pays se turent et – à l'issue d'une longue et virulente querelle entre le roi et le pape Innocent III –, le royaume se trouva sous le coup d'un interdit papal.

Le désaccord entre Jean et Innocent avait des origines plutôt prosaïques, mais il s'envenima rapidement et dégénéra en une affaire d'importance internationale où il était question de pouvoir, de précédent et de préséance. Ses effets furent ressentis par chaque homme, femme et enfant d'Angleterre.

Tout commença en 1205 quand, à la mort d'Hubert Gautier, peu après l'invasion avortée de la Normandie, le siège de l'archevêché de Canterbury fut laissé vacant. Du point de vue de Jean, c'était à lui qu'il revenait de nommer un successeur à ce poste, de préférence un homme de son choix : en l'occurrence, John de Gray, évêque de Norwich, juriste et juge expérimenté, diplomate à l'occasion, qui avait été le secrétaire de Jean et avait prêté au roi de l'argent en gages des joyaux de la Couronne du temps de la retraite de Normandie.

Mais les protocoles de l'élection à Canterbury étaient contestés et Jean s'aperçut qu'il ne pouvait espérer attribuer à Gray cette si haute fonction ecclésiastique sans entrer en conflit avec l'Église. Le chapitre des prélats de Canterbury, qui revendiquaient le droit ancestral d'élire le nouvel archevêque, défendit son candidat, le sous-prieur Reginald, contre Gray. En décembre, Jean vint en personne faire pression sur le chapitre pour l'obliger à élire Gray. Quand la nouvelle parvint à Rome, elle ulcéra Innocent III, pape réformateur et dogmatique qui était fermement convaincu d'être le suzerain de tous les monarques d'Europe. Il annula l'élection de Gray en mars 1206, écarta la candidature de Reginald et mit en avant son propre candidat, le cardinal Étienne Langton. D'origine anglaise, ce théologien et universitaire de renom connu pour sa piété et son talent pour la composition d'hymnes, était doué d'un esprit réformateur qui plaisait à Innocent. Le 17 juin 1207, à Rome, le pape consacra Langton archevêque.

Quand Jean sut que Langton était son nouvel archevêque, il devint fou de rage. Il adressa des lettres ulcérées à Rome, lourdes de menaces et assurant qu'il se battrait jusqu'à la mort pour défendre ses prérogatives royales, prévenant en outre qu'il interdirait tout voyage vers la papauté depuis ses ports. Voyant qu'Innocent III ne se laissait pas impressionner pour si peu, Jean expulsa d'Angleterre les prélats de Canterbury, proclama Langton ennemi de la Couronne et plaça les biens du diocèse de Canterbury sous curatelle royale. Le 23 mars 1208, Innocent riposta en frappant tout le royaume d'interdit.

C'était une sentence terrible, qui proscrivait presque tous les services religieux, privant effectivement tout un peuple des offices de Dieu. Bien des royaumes d'Europe en furent victimes aux XIIe et XIIIe siècle, car il s'agissait d'une arme classique dans tout litige entre un pape et un roi. Innocent en avait d'ailleurs déjà fait usage à la fois contre la Norvège et contre la France.

Sa durée était indéterminée, et était fonction du mécontentement papal. Ainsi, à partir du printemps 1208, un véritable silence s'abattit sur le royaume de Jean alors que cessaient tous les services religieux. La vie fut comme suspendue. Seuls la confession, l'extrême-onction et le baptême restaient autorisés. Les portes des églises furent fermées tandis que les prêtres se retrouvaient désœuvrés. Les mariages avaient lieu sous les porches, les morts étaient enterrés à l'extérieur des murs des villes, dans des fosses au bord des routes, sans la présence d'un prêtre. C'était comme si toute l'Angleterre était sous le coup d'un ostracisme ecclésiastique.

Jean eut une réaction digne de son père. Au début, il céda à la colère : la nouvelle de l'interdit, disait-on, l'aurait rendu ivre de rage, et il se serait mis à blasphémer et à maudire l'arrogance des papes, jurant par les dents de Dieu qu'il arracherait les yeux des religieux et trancherait leurs langues mensongères. Mais il avait un côté pragmatique. Le lendemain de la proclamation de l'interdit, des officiers royaux se répandirent dans le pays pour se saisir des biens de l'Église au nom du roi. Granges et parcs, champs et étangs, rien ne leur échappa, et le clergé anglais se retrouva réduit non seulement à l'oisiveté, mais aussi à la misère. Des shérifs et des administrateurs furent chargés de gérer ces biens au nom du roi, des comités de comté furent institués afin d'évaluer les fortunes cléricales pour verser aux hommes de Dieu une modeste allocation tant qu'ils seraient au chômage. Deux semaines plus tard, Jean commença à autoriser le clergé dépossédé à racheter ses biens à des conditions draconiennes. Et ceux qui souhaitaient que leurs terres et leurs biens soient protégés de toute interférence royale durent reverser la part du lion de leurs revenus à la Couronne.

Grâce à ces méthodes ingénieuses, Jean collecta d'énormes sommes sur le dos de l'Église anglaise pendant les cinq ans que dura son éloignement de Rome, et la chose sembla grandement le réjouir. Il se montra particulièrement inventif dans les tours qu'il joua au clergé, allant jusqu'à prendre en otage les épouses, concubines et maîtresses clandestines des religieux, qu'il ne rendit que contre rançon. Nombre d'hommes d'Église ayant des enfants, c'était un prix que beaucoup ne purent que payer.

La sentence d'Innocent III, censée obliger le roi Jean à éprouver une sainte peur du pouvoir papal, semblait l'avoir en fait aidé à remplir les coffres royaux. Mais on ne se moquait pas impunément du Saint-Siège. Et pour avoir tourné en dérision l'interdit, Jean fut frappé à titre personnel de la peine la plus sévère que l'Église pouvait lui infliger : en janvier 1209, Innocent entama sa procédure d'excommunication. En novembre de la même année, la sentence fut prononcée. Désormais, ce n'était plus seulement le royaume, mais le roi lui-même qui était officiellement exilé de l'Église.

L'excommunication d'un monarque était une peine extrêmement grave puisque, tacitement, elle invitait les autres souverains chrétiens à attaquer l'Angleterre sans craindre de condamnation papale. Ce châtiment – auquel Henri II avait échappé après l'assassinat de Thomas Becket – ne parut pourtant pas décontenancer Jean outre mesure. Il n'y eut pas d'invasion. Tout au plus assista-t-on à un exode d'évêques anglais, dont beaucoup partirent à l'étranger. Ce qui n'était guère un drame pour la Couronne. Au fur et à mesure qu'archevêchés et abbayes se vidaient, leurs profits étaient reversés au trésor royal.

Et ainsi subit-il cette nouvelle condamnation sans trop de dommage. À terme, le seul véritable effet qu'eurent l'interdit et l'excommunication fut de perturber modérément l'existence des Anglais du peuple, tout en imposant une lourde pénalité financière au clergé du pays. L'interdit rapporta à Jean environ 20 000 marcs par an, soit près de trois fois ce qu'avait collecté la dîme saladine en 1188.

Tandis qu'il profitait de la crise avec le pape pour établir temporairement sa suprématie sur l'Église, Jean continuait à chercher activement d'autres moyens de s'imposer auprès de ses voisins et sujets. Aux alentours de Noël 1209, il reporta son attention sur les juifs. Ces derniers, ayant le monopole de l'usure, constituaient une très petite communauté, mais très riche. Légalement, ils étaient aussi assujettis personnellement au roi, et ils ne pouvaient vivre et travailler que sous sa protection. Jean, au départ, puisa dans leurs richesses en leur imposant une taille d'un montant de 66 000 marcs, une somme considérable qui leur fut soutirée sans états d'âme. Dans toute l'Angleterre, les juifs des deux sexes furent persécutés. D'après le chroniqueur Walter de Coventry, ils furent « arrêtés, emprisonnés et affreusement torturés afin d'accomplir la volonté du roi avec leur argent ; certains, après avoir été torturés, donnèrent tout ce qu'ils avaient et promirent encore plus ».

Rien de tout cela n'était particulièrement nouveau. En 1187, Henri II avait saisi un quart des biens des juifs pour financer les croisades. Après le couronnement de Richard, la foule, saisie de la ferveur propre aux croisés, avait pillé et incendié le quartier juif de Londres, massacrant ses habitants dans les rues. Mais même à l'aune de son époque, les mesures de Jean étaient impitoyables. Il imposa lourdement chaque juif en ayant recours à de terribles violences. À Bristol, un juif refusa d'accéder aux exigences royales. Il fut incarcéré et ses geôliers entreprirent de lui arracher les molaires. Comme le rapporte Roger de Wendover :

> *« Le roi ordonna à ses agents de [lui] arracher une molaire par jour jusqu'à ce qu'il ait versé dix mille marcs d'argent. [...] Après lui avoir, sept jours durant, arraché une dent par jour en le faisant horriblement souffrir, et commencé à entreprendre la même opération le huitième, le juif [...] donna ladite somme pour sauver sa huitième dent, bien qu'en ayant déjà perdu sept. »*

Jean était capable de s'abaisser à de telles cruautés. L'année suivante, il déclencha ce qui resterait la plus célèbre de toutes ses vendettas. Il se mit en tête de persécuter la famille de Briouze. Cette affaire résume à elle seule toute la politique de Jean, et toute sa personnalité : sa soif de richesse, sa volonté d'imposer le pouvoir royal directement sur les marches celtes de la Grande-Bretagne, et son hostilité viscérale envers certains de ses sujets les plus fortunés et les plus nobles.

Guillaume de Briouze était un baron aux vieilles origines normandes, dont les liens avec la royauté remontaient à 1066. Son épouse Mathilde était de noble lignée. Ensemble, ils avaient fait de la famille de Briouze l'une des plus puissantes d'Angleterre, et avaient établi leur base dans les Marches galloises, où ils jouaient un rôle tout aussi important que Guillaume le Maréchal, comte de Pembroke, veillant à ce que les Gallois restent soumis et respectent le pouvoir anglais.

Guillaume avait été témoin de bien des événements clés des règnes de Richard et de Jean. Il avait servi à Châlus pendant la campagne au cours de laquelle Richard Cœur de Lion avait perdu la vie. Il avait presque constamment été aux côtés de Jean pendant ses premières années sur le trône. Jean avait confié la responsabilité de la gestion des Gallois à des hommes comme lui, leur offrant des baronnies sur place et dans les Marches et les encourageant à accroître leurs domaines par la conquête. Il avait également accordé à Briouze des droits fonciers à Limerick, en Irlande, qui lui rapportait de coquets honoraires annuels. La famille détenait en outre des biens dans le Surrey, le Hertfordshire et le Devon, ainsi que deux prieurés de valeur saisis pendant l'interdit. Le deuxième fils de Briouze avait été nommé évêque de Hereford. Si bien qu'au bout de dix ans passés sous le règne de Jean, Briouze était devenu un baron très important, qui avait acquis de vastes domaines, ainsi que des tutelles, des châteaux et des manoirs. Il connaissait aussi bien des secrets. Ayant été très proche du roi en Normandie en 1203, il était probablement l'un des rares à savoir ce qui était vraiment arrivé à Arthur de Bretagne.

En 1208, Jean se mit à voir en Briouze moins un serviteur fiable et un puissant sujet qui avait été bien récompensé qu'un fauteur de troubles en puissance qui versait moins que ce qu'il devait à la Couronne. Au fil de sa carrière, Guillaume avait, comme tant d'autres barons, accumulé une énorme dette vis-à-vis de la Couronne. Toutes les amendes et les honoraires féodaux qu'il devait en échange de ses titres et de son patrimoine atteignaient un montant de plus de 3 000 livres, payables en versements différés à l'Échiquier. En mars 1208, Jean se mit à en réclamer le règlement en une fois.

D'après Roger de Wendover, Jean, outre le paiement de la dette, exigea également des otages. Quand des messagers royaux furent dépêchés au domicile familial de Briouze, Mathilde, l'épouse de Guillaume, « avec l'impertinence d'une femme », les envoya au diable en hurlant que ce que Jean avait fait à Arthur, il l'infligerait assurément à ses fils. Toujours selon Wendover, Mathilde cria que le roi avait « misérablement assassiné son neveu [...] qu'il aurait dû honorablement garder sous sa surveillance ! »

C'était, à tout le moins, fort peu politique, et cela valut à la famille de Briouze la rancœur éternelle de Jean. Pendant les trois années qui suivirent, il fit procéder à des saisies pour rembourser leur dette et les dépouilla peu à peu de leurs fonctions et de leurs positions. Dans une lettre publique rédigée ultérieurement pour se justifier, le roi expliqua à ses sujets qu'il s'en prenait à eux « conformément à la coutume d'Angleterre et à la loi de l'Échiquier », mais en réalité, sous couvert de légalité, c'était une opération de destruction délibérée. Guillaume de Briouze perdit son poste de bailli de Glamorgan et fut remplacé par un mercenaire étranger que Jean avait ramené du continent. Les châteaux de Hay, Brecon et Radnor revinrent à la Couronne. Sous prétexte de recouvrer la dette, Jean autorisa des mercenaires à lancer des raids sur les terres des Briouze. Et il eut le front d'adresser ensuite à la famille la facture des dépenses encourues. La famille tenta de riposter en attaquant les châteaux que le roi avait saisis, mais cela ne fit que les mettre un peu plus en délicatesse avec la loi. Ils couraient désormais un tel danger qu'au début de 1209, ils durent se réfugier en Irlande, où ils trouvèrent asile à Leinster auprès de Guillaume le Maréchal.

Ce dernier était le comte de Pembroke, mais jamais Jean et lui n'avaient été capables de travailler ensemble. Depuis leur querelle de 1205, Guillaume le Maréchal avait perdu la faveur du roi et, en cette fin d'année 1209, il comptait parmi les nombreux exilés qui avaient fui la cour du roi pour vivre en Irlande. Le Maréchal accueillit les Briouze avec toute sa bienveillance chevaleresque, et d'autres ne tardèrent pas à suivre son exemple. Briouze bénéficiait d'une grande sympathie dans l'île, et sa famille put résider chez plusieurs des grands seigneurs locaux, qui s'efforcèrent d'assurer sa sécurité en attendant qu'il parvienne à s'entendre avec le roi d'Angleterre.

Mais Jean n'était pas d'humeur à faire la paix. Il ne souhaitait pas qu'on le pousse à s'arranger avec les Briouze. Le fait qu'ils aient pu se réfugier en Irlande l'incita au contraire à imposer sa loi plus durement à l'île et à la ramener plus solidement sous le contrôle de la Couronne. Il ne tolérerait pas l'existence d'un havre pour les évêques dissidents (beaucoup y avaient fui pendant l'interdit) et les barons persécutés. Pendant l'été 1210, il commença à assembler une flotte d'invasion de plusieurs centaines de navires à Pembroke.

La nouvelle eut tôt fait de se répandre sur l'autre rive de la Mer d'Irlande. Quelques-uns des exilés firent amende honorable auprès du roi. Guillaume le Maréchal écrivit qu'il « comprenait bien quels étaient les desseins du roi, à savoir que son seul but était de trouver une occasion de lui faire du tort, et sans cause ». Il se rendit en Angleterre et se soumit.

Il accompagna alors Jean dans sa campagne en Irlande. Celle-ci reposait sur deux stratégies. « Il imposa les lois et coutumes anglaises, nommant des shérifs et d'autres agents pour gouverner le peuple de ce royaume conformément aux lois d'Angleterre. [...] Après cela, le roi avança en grande force et pris plusieurs des forteresses de ses ennemis. » Au cours d'une violente offensive militaire qui ne dura pas plus de deux mois, Jean écrasa la plupart de ses adversaires en Irlande et réduisit l'opposition à néant.

Les Briouze étaient bien entendu terrifiés. N'ayant plus nulle part où se cacher en Irlande, Mathilde et son fils aîné fuirent l'Ulster pour l'Écosse. Mais rien ne pouvait arrêter le pouvoir du roi. En août 1209, il avait déployé une grande armée à la frontière écossaise et imposé l'humiliant traité de Norham au vieux Guillaume le Lion. L'Écosse n'était plus un bastion de la résistance. Mathilde et son fils furent capturés et confiés aux Anglais. Guillaume de Briouze, pendant ce temps, s'était échappé en France, où il vécut en banni pour le restant de ses jours. Et il ne se priva pas de raconter toute l'histoire de la mort d'Arthur à une cour française horrifiée.

Preuve de la terreur qu'inspirait aux Briouze le sort que pourrait leur réserver Jean, après sa capture, Mathilde offrit de payer la somme folle de 40 000 marcs en échange de sa liberté. Jean ne voulut rien savoir. Pour une fois, il ne céda pas à l'appât du gain – il était au demeurant très peu probable que Mathilde disposât d'une pareille somme. Son fils et elle furent envoyés soit à Windsor, soit au château de Corfe. Ils n'en réchapperaient pas.

Car aux yeux de Jean, les Briouze, effectivement, en savaient trop. La mort d'Arthur était un secret de famille, et il n'est pas étonnant qu'ils aient redouté de subir le même sort que le jeune duc de Bretagne. Leurs peurs étaient justifiées. Mathilde et son fils ne revirent jamais la lumière du jour. Avant la fin de 1210, ils étaient morts de faim dans leur cellule. Il est dit que quand on retrouva leurs corps, la mère et le fils étaient encore serrés l'un contre l'autre contre un mur de la prison. Le corps du fils de Mathilde portrait des traces de morsure. Rendue folle par la faim, sa mère avait tenté de le manger.

Tel était le destin réservé à ceux qui encouraient l'ire du roi Jean. À la fin de 1210, il avait imposé sans doute possible son pouvoir à tous les habitants d'Angleterre. Les clochers des églises restaient silencieux, et le roi excommunié régnait sur un royaume sans dieu. Les juifs torturés et les épouses de baron mortes de faim témoignaient de l'implacable cupidité de Jean. Sa cruauté avait si bien permis de remplir les coffres du trésor royal que l'on commençait à manquer de pièces dans le pays. La puissance de la Couronne d'Angleterre terrorisait l'Écosse et l'Irlande. En 1211, Jean prendrait encore la tête de deux immenses armées contre le prince gallois Llywelyn ap Iorweth, dit Llywelyn le Grand. Après une succession de victoires décisives, Jean acquit de nouveaux territoires et imposa une paix humiliante aux Gallois. À défaut de l'avoir emporté en France, en Grande-Bretagne, Jean semblait être le plus terrible de tous les Plantagenêts. Comme l'écrivit Walter de Coventry : « En Irlande, en Écosse et au pays de Galles, il ne se trouvait pas un homme qui n'obéisse à un hochement de tête du roi d'Angleterre – une chose qui, on le sait bien, n'était jamais arrivée à aucun de ses ancêtres. » Malheureusement pour lui, le destin allait se jouer de lui comme il l'avait justement fait de ses prédécesseurs.

Le début de la fin

Pierre de Wakefield était un ermite du Yorkshire. Simple d'esprit, il ne se nourrissait que d'eau et de pain, et il était célèbre dans tout le nord de l'Angleterre car il prédisait l'avenir. On racontait que le Christ lui était apparu à trois reprises : deux fois à York et une fois à Pontefract. Le Sauveur avait pris l'apparence d'un enfant tenu dans les bras d'un prêtre, qui lui avait déclaré « Paix, paix, paix », et lui avait indiqué comment mener une vie plus vertueuse.

En 1212, Pierre eut une nouvelle vision. Le règne du roi, annonça-t-il, prendrait fin avant le prochain anniversaire de son couronnement – le jour de l'Ascension, en mai 1213. Selon Roger de Wendover, l'ermite se serait exclamé : « Une vision m'a révélé que le roi ne régnera pas plus de quatorze ans, et qu'à la fin de ce temps, il sera remplacé par quelqu'un qui plaira davantage à Dieu. »

En cette époque de superstitions et de rumeurs, la prophétie de Pierre de Wakefield connut un franc succès. Quand elle parvint aux oreilles du roi, celui-ci s'en amusa. Puis, à y repenser, il finit par s'en alarmer. Il fit arrêter Pierre de Wakefield, qui fut traîné à la cour et sommé de s'expliquer. Wendover soutient que le roi l'aurait interrogé personnellement, lui demandant « s'il mourrait au jour dit, ou bien de quelle autre façon il serait privé du trône du royaume. L'ermite répondit : “Soyez assuré qu'en ce dit jour vous ne serez plus roi ; et s'il s'avère que j'ai menti, vous ferez ce que vous voudrez de moi” ».

Jean n'avait pas besoin qu'on l'encourage. Prenant les devants, il fit envoyer Pierre au château de Corfe où il fut placé sous la surveillance de Guillaume d'Harcourt, « qui le couvrit de chaînes et le garda emprisonné en attendant qu'advienne la prophétie ». Mais Pierre avait beau être en prison, ses paroles, nous dit encore Roger de Wendover, se répandirent dans toute l'Angleterre, « si bien que presque tous ceux qui [les] entendirent y prêtèrent foi, comme si sa prédiction avait été prononcée depuis les cieux ».

L'année 1212 aurait dû être celle du triomphe de Jean. Son expédition en Irlande avait été un succès : il avait contraint à la paix les plus belliqueux de l'île en prenant des otages en grand nombre, et créé de nombreux fiefs et évêchés anglicisés. À cette victoire en Irlande s'ajoutaient la soumission des Gallois, et un ambitieux programme de construction de châteaux, qui avait été lancé pour consolider les gains dans le nord du pays de Galles et dans toutes les Marches. Dans cette région, Jean avait gagné bien plus de territoire que son père ou son arrière-grand-père Henri Ier, et il avait humilié les princes locaux. Pour les briser davantage, il avait là encore pris des otages, et sa cour avait vu arriver en novembre de jeunes Gallois en garantie contre toute nouvelle rébellion.

Face à l'Écosse, le traité de Norham de 1209 avait également donné l'avantage au roi. Quand le souverain écossais Guillaume le Lion tomba malade et que commencèrent à s'ourdir des complots contre lui, Jean en profita. Il lui accorda sa protection en échange d'otages et la promesse d'énormes sommes d'argent. Lors d'un dîner, le soir du dimanche de Pâques 1212, il adouba le fils et héritier de Guillaume, âgé de douze ans. Puis il fournit au jeune garçon des mercenaires qui lui permirent de vaincre et de tuer Guthred MacWilliam, son rival pour le trône d'Écosse. La Couronne d'Angleterre avait la haute main sur toutes les îles Britanniques.

Au bout de cinq années de succès éclatants, Jean reprenait évidemment confiance dans le sort des armes, d'autant plus qu'il était maintenant immensément riche. Même sans compter les fabuleux revenus que lui avaient rapportés ses actions contre les juifs et la période de l'interdit, il avait réussi à plus que doubler les recettes annuelles de la Couronne depuis la chute de la Normandie, si bien qu'elles dépassaient régulièrement 50 000 livres par an. Si son règne avait connu une inflation rapide, il restait plus riche en liquidités en 1212 que ne l'avait été son frère Richard avant de partir pour la troisième croisade, car il disposait en outre de près de 200 000 livres en liquide gardées dans divers châteaux anglais. Enhardi par son succès, Jean se sentait prêt à arracher son duché de Normandie à Philippe Auguste. Il était assez riche pour envisager de façon réaliste de renouer avec la politique étrangère de Richard, qui avait su financer les voisins du roi de France pour qu'ils forment une grande coalition contre le Capétien. Il envoya des émissaires diplomatiques auprès d'anciens alliés comme son neveu Othon IV, depuis peu de retour sur le trône impérial, et Renaud, comte de Boulogne. Il dépensa des montagnes de pièces d'argent pour recruter des mercenaires et équiper une armée.

Mais alors que ses préparatifs d'invasion de ses anciennes possessions continentales allaient bon train, son emprise sur son royaume et ses voisins, apparemment inébranlable, commença soudain à vaciller et s'effriter. Tout commença dans le nord du pays du Galles, là où le programme de construction de châteaux de Jean avait poussé les derniers résistants gallois à s'unir face à son pouvoir. Au moment même où quarante villes d'Angleterre se voyaient obligées de fournir des hommes pour la future campagne sur le continent, Jean se retrouva brutalement confronté à des attaques de guérilla contre les châteaux anglais des Marches, lancées par des bandes surgies des bois et des hauteurs du pays de Galles. Les rebelles gallois décapitèrent des chevaliers et des soldats anglais et incendièrent des villes. Ils tuaient et pillaient, puis se fondaient dans la campagne.

Les choses n'étaient pas censées se passer ainsi. La rébellion galloise constituait le premier défi sérieux à l'autorité de Jean depuis 1205. Elle prit une telle importance qu'il dut renoncer à ses projets continentaux et déployer son armée à Chester pour répondre à la menace sur sa frontière. En août 1212, pour défouler sa colère, il fit pendre vingt-huit otages gallois au gibet de Nottingham. Mais la situation était pire qu'il ne le pensait. Guillaume le Maréchal rapporta comment, au moment où les pendus étaient agités de leurs derniers soubresauts, des lettres arrivèrent à Nottingham prévenant que « si le roi persistait dans cette guerre qu'il avait commencée, soit il serait tué par ses propres nobles, soit il serait livré à ses ennemis qui le détruiraient ». Certains des barons de Jean, semble-t-il, envisageaient de l'assassiner et de se choisir un autre roi. Bien souvent, il avait agi comme s'il avait été menacé d'une attaque. Cette fois, il avait de bonnes raisons de se croire menacé.

Les principaux suspects, dans le complot visant à tuer le roi, étaient Eustache de Vesci et Robert Fitzwalter. De Vesci était au service de la famille royale depuis le temps de Richard Cœur de Lion, et Jean avait fait appel à lui dans ses négociations avec les Écossais, puisqu'il détenait de grands domaines dans le Northumberland et le Yorkshire, et qu'il connaissait mieux que personne les terres sauvages de la frontière. On ne sait trop quel grief il avait contre le roi, mais une rumeur, probablement calomnieuse, prétendait que le souverain avait tenté de séduire l'épouse de De Vesci. En réalité, ce dernier, comme plusieurs autres barons du nord, n'approuvait pas la façon qu'avait Jean de détourner les richesses de l'Angleterre pour financer ses projets continentaux. Dès qu'il fut clair que le complot était éventé, de Vesci partit se réfugier en Écosse.

Fitzwalter, en revanche, était une puissante personnalité dans le nord de l'Essex et à Londres. Il affirmait, sans doute à tort, lui aussi, en vouloir au roi car celui-ci aurait essayé de séduire de force sa fille aînée. Il est probable que ses griefs étaient plus complexes et plus proches de ceux des autres barons anglais, que les méthodes de gouvernement agressives de Jean contrariaient tant sur le plan privé que constitutionnel. Quand Jean apprit l'existence du complot, Fitzwalter s'enfuit en France. Un seul malheureux conjuré, un fonctionnaire de l'Échiquier du nom de Geoffroy de Norwich, tomba aux mains du roi. Et mourut, évidemment, au cachot.

Quand le complot fut dévoilé à Nottingham, la crainte d'être attaqué de tous côtés saisit de nouveau Jean. Les lettres qu'il avait interceptées prouvaient que le roi non seulement devait redouter ses ennemis extérieurs – Innocent III, Philippe Auguste, les Celtes rebelles –, mais aussi qu'il avait raison de se méfier de la traîtrise endémique dans les rangs de ses barons. Le sentiment de victoire céda bien vite la place à la défiance et au désarroi. Un mois après avoir eu vent du complot, il démobilisa son armée destinée à sa campagne galloise et fit route vers Londres, escorté de ses mercenaires. Il fit placer en état d'alerte les châteaux royaux dans le nord, d'où venaient, soupçonnait-il, la plupart des conjurés. De longues colonnes de soldats du roi, avec armes et bagages, encombrèrent les routes vers le nord durant l'automne 1212 tandis que Jean se préparait à la guerre civile dans toute la région. Toujours sur ses gardes, il adressa des lettres à chacun de ses barons pour exiger des otages comme preuve de leurs bonnes intentions. À partir de l'été 1212, rapportent les chroniqueurs, il ne se déplaça plus qu'entouré d'un garde du corps en armes.

Comment les relations entre le roi et ses barons en étaient-elles arrivées là ? L'explication la plus simple est que l'Angleterre était fatiguée par la présence constante de son souverain. Le royaume le connaissait mieux et plus intimement qu'aucun autre monarque plantagenêt, et beaucoup de ses barons peinaient à s'adapter à sa façon personnelle et énergique de gouverner. Il était désagréable et cruel, et sa vengeance contre les Briouze, contraire aux valeurs aristocratiques, les avait scandalisés. Mais la cruauté ne suffisait pas à justifier une rébellion. Henri II et Richard Ier s'étaient eux aussi montrés cruels, mais jamais leur réputation et leur sécurité politique n'avaient été aussi compromises que celles de Jean. Henri II avait fait pendre des otages gallois par dizaines. Richard avait occis des hommes de sang-froid aux quatre coins de la chrétienté.

Les problèmes de Jean étaient aggravés par sa paranoïa démesurée. Il était si rusé, si enclin au secret qu'il avait mis au point un code complexe – si complexe, du reste, qu'il lui arrivait de l'oublier – qu'il utilisait pour transmettre des ordres dont il ne souhaitait pas l'exécution. Le traitement soupçonneux et paranoïaque qu'il avait infligé à des hommes comme Guillaume le Maréchal et les Briouze n'inspirait guère confiance aux autres barons. Il n'était certes pas obligé d'être ami avec eux, mais les couvrir de baisers et de bienfaits pour mieux condamner leurs épouses et leurs fils à mourir de faim, c'était le signe d'une folie dangereuse, imprévisible. Si Jean était incapable de traiter correctement ses favoris, quelle chance avaient ceux qui n'étaient pas dans la confidence du roi ?

Les faiblesses du caractère royal n'expliquaient pas tout. Depuis les réformes d'Henri II, un gouffre se creusait entre la Couronne et les barons anglais. Ses origines tenaient au système plantagenêt dans son ensemble. Le problème n'était pas exclusivement lié à

Jean. Il fallait régler de graves questions sur la nature du gouvernement royal dans son ensemble.

Durant la période de reconstruction qui avait suivi la guerre civile entre Étienne et Mathilde, le gouvernement et la justice avaient été considérablement étendus. Ils étaient désormais visibles partout. Au milieu du XIIe siècle, un château anglais sur cinq dépendait du pouvoir royal. Grâce à plus de cinquante ans de constructions et de confiscations, en 1212, près de la moitié des châteaux du pays étaient surmontés de la bannière royale. En développant massivement le droit commun et en s'impliquant dans le jugement même des affaires les plus humbles – phénomène qui avait atteint son apogée sous Jean –, le pouvoir royal avait touché la vie quotidienne des comtés, au détriment du pouvoir baronnial dans presque toutes les régions, à l'exception de quelques-uns, comme le palatinat de Chester, où le bref royal n'avait pas cours.

De plus en plus de fonctionnaires du roi étaient de basse extraction, ou étaient des étrangers disposant de capacités professionnelles très recherchées. Et ces hommes accumulaient de grands pouvoirs dans des domaines qui, jusqu'alors, étaient contrôlés par les barons. Sous Jean, aucun responsable de la maison royale, aucun grand officier de l'État n'était issu des rangs des barons. Vus de l'extérieur, ces officiels avaient tout d'une clique mal née. De plus, le recours croissant aux mercenaires dans les armées royales réduisait le rôle des barons dans la mobilisation de l'ost féodal, compromettant l'idée que les expéditions militaires royales étaient des opérations conjointes entre le souverain et les éléments supérieurs de la caste guerrière.

Tout cela, dans l'ensemble, était synonyme de grands avantages pour les hommes libres ordinaires d'Angleterre. Sous Jean, le gouvernement poursuivit sur la lancée des Plantagenêts et se professionnalisa. Les gens pouvaient protéger leurs biens et en disposer comme ils l'entendaient en en appelant à la justice royale. Ils pouvaient défier leurs supérieurs devant les tribunaux du roi. On leur présentait habilement la royauté comme quasi-divine. À la Noël 1207, par exemple, Jean investit considérablement dans la mise en scène éclatante de la monarchie. Tout de soie et de pourpre brodée d'or vêtu, il arbora la couronne impériale de sa grand-mère Mathilde et brandit un sceptre et un bâton doré… Comparée au royaume disloqué de la guerre civile, divisé entre barons en guerre et souverains rivaux, l'Angleterre des Plantagenêts donnait l'impression d'être forte et unie, et c'était le cas.

Les barons étaient les grands perdants dans ce système de gouvernement. C'étaient ces quelque cent soixante hommes et leurs familles qui avaient perdu le plus de territoires quand l'Angleterre et la Normandie avaient été brutalement séparées en 1205. C'étaient eux aussi qui, le plus souvent, traitaient avec Jean en personne, et l'expérience qu'ils avaient du gouvernement était déformée par ses caprices, sa cruauté et son infinie cupidité. Pour eux, la royauté était à la fois un système et une relation personnelle. Par conséquent, son fonctionnement était tributaire de la bonne volonté politique d'un seul homme. Richard Fitz-Neal, le justicier d'Henri II, écrivait : « Certains voient le roi leur rendre pleinement justice pour rien, en considération de leurs services passés ou par pure bonté d'âme. Mais à d'autres [...] il ne cédera rien, ni par amour ni pour de l'argent. » Avec un souverain tel que Jean, cette contradiction inhérente à la royauté se trouvait accentuée de façon dramatique. Le pouvoir des barons était érodé par le bas par l'intrusion de la loi et de la justice royales dans leurs juridictions, et par le haut quand Jean adoptait avec eux un comportement inconstant et arbitraire.

Jean, avec son esprit légaliste et sa haute opinion de sa position, ne voyait aucune contradiction entre son rôle à la tête d'un gouvernement toujours plus puissant, un système de plus en plus procédurier, et sa position féodale de suzerain de ses barons, qu'il pouvait déposséder et châtier à sa guise en recourant au pouvoir de ses tribunaux. Ce qui lui permettait de les pressurer financièrement, étant en droit, en tant que suzerain, de saisir leurs biens et de leur imposer des amendes exorbitantes liées aux coutumes féodales et à leurs transgressions. Il estimait également avoir le droit de régler les litiges et affaires judiciaires entre eux, ou entre eux et lui, en usant de son jugement personnel, s'appuyant sur le conseil informel de ses proches, ou encore par l'échiquier, où il déterminait lui-même quelle serait l'issue du litige. C'était là, considérait-il, le privilège de la royauté. De fait, rien de tout cela n'était nouveau sur le plan conceptuel, mais prenait des proportions inédites. Un point de vue que ses barons avaient du mal à accepter.

Telle était la situation à la fin de 1212. Jean rêvait toujours de lancer sa reconquête de la Normandie, et il avait commencé à s'engager financièrement dans les alliances étrangères nécessaires à sa réalisation. Malheureusement, il poursuivait ses objectifs alors que le mécontentement grandissait dans son royaume. Pour reprendre les terres perdues des Plantagenêts sans pousser la classe politique anglaise de plus en plus rétive à se révolter ouvertement, il lui aurait fallu faire preuve de formidables compétences d'homme d'État, et surtout, avoir beaucoup de chance. Or, le roi Jean avait épuisé ses réserves dans ce domaine précis. La fortune ne lui souriait plus.

Vers Bouvines

La première grande victoire navale de l'histoire anglaise fut remportée sur la flotte française le 30 mai 1213. Deux jours plus tôt, cinq cents navires avaient pris la mer sous le commandement du demi-frère de Jean, Guillaume Longue-épée, comte de Salisbury. Après avoir traversé la Manche et harcelé la côte normande, Salisbury était arrivé en Flandre et était entré dans le Zwin, un bras de mer permettant d'atteindre les grandes cités marchandes de Damme et l'Écluse.

Les vaisseaux étaient pleins à craquer d'armes et d'hommes – des chevaliers anglais et des mercenaires étrangers financés grâce aux formidables réserves amassées par Jean depuis 1204. En remontant le Zwin en direction de Damme, ils découvrirent un spectacle extraordinaire : une immense flotte de navires français, certains affalés sur le sable, d'autres dansant sur la houle dans le port, tous attendant d'embarquer une force destinée à envahir l'Angleterre. Il y aurait eu là quelque 1 700 bateaux tout équipés et prêts à la guerre, grinçants et menaçants.

C'était la flotte d'invasion de Philippe Auguste. Depuis des mois, une rumeur disait qu'Innocent III, exaspéré par l'insouciance affichée de Jean face à l'interdit et l'excommunication, avait déclaré que le roi d'Angleterre était déposé, et Philippe s'était préparé à exécuter la sentence. (En fait les documents concernant sa déposition avaient été rédigés à Rome, mais ils ne furent jamais publiés.) Philippe avait commencé à envisager de faire de l'Angleterre un apanage pour son fils Louis, et avait passé des mois à rassembler sa flotte d'invasion. Salisbury avait maintenant devant ses yeux la preuve de ses terribles intentions.

Le commandant anglais ne perdit pas de temps. Aussitôt arrivés sur le port, ses vaisseaux attaquèrent la flotte française mal défendue, désemparant des centaines de navires chargés de blé, de vin, de farine, de viande et d'éléments essentiels de l'arsenal français. Pendant ce temps, des soldats anglais débarquaient et s'en prenaient à ceux des bateaux qui se trouvaient sur la plage pour les piller avant de les incendier. Bientôt, d'épaisses colonnes de fumée noire montèrent au-dessus des flots.

Si Philippe n'était pas présent lors de l'attaque, il arriva peu après et fut accueilli par des scènes de désolation et de catastrophe. « Ce fut chose bien amère pour le roi de France de voir ses vaisseaux brûler et vomir de la fumée, comme si la mer elle-même était en feu, écrivit Guillaume le Maréchal. Le roi Philippe, hors de lui et d'humeur sombre, fit réduire en cendres les derniers navires de sa marine, dans un accès de colère et de dépression. » C'était une victoire cruciale due à la bravoure, remportée au nom de Jean. Non seulement elle écartait à court terme le risque d'une déposition, mais elle avait repoussé toute menace française sur les côtes anglaises pour les années à venir.

Paradoxalement, Salisbury avait détruit la flotte française, censée exécuter la sentence papale, avec le soutien entier d'Innocent III. Avant de lancer son offensive navale contre la France, Jean avait fini par céder aux pressions qui pesaient de plus en plus sur lui, et – dans l'espoir de diminuer le nombre de ses ennemis et d'affaiblir Philippe II – avait décidé de faire la paix avec Rome. Guillaume le Maréchal, réhabilité après son retour d'Irlande, était de ceux qui le lui avaient conseillé. Le pape avait envoyé un de ses légats, Pandolfo Masca, pour des pourparlers, et c'était lui que Jean avait rencontré à Douvres quelques jours avant le départ de la flotte de Salisbury.

Là, en présence des barons anglais, mobilisés dans le cadre de l'énorme effort de guerre du royaume, Jean avait apposé son sceau sur une charte par laquelle il se reconnaissait, en tant que roi d'Angleterre et d'Irlande, vassal du pape. Soudain, l'Angleterre, paria rejeté à la lisière de la chrétienté, devenait un fief papal, comme d'autres royaumes européens dont la Sicile, la Pologne, la Suède, le Danemark, le Portugal et l'Aragon. « Le royaume devient une prêtrise royale et la prêtrise un royaume de prêtres », nota Innocent quand il apprit la nouvelle. Par la fabuleuse victoire de

Damme, Jean semblait avoir été dûment récompensé de son retour dans le giron de l'Église.

La réconciliation avec Rome ne s'effectua toutefois pas en un jour. Six semaines après Damme, le 20 juillet, Jean se tenait sur Morn Hill, aux environs de Winchester, contemplant la superbe ville à ses pieds. Ses beaux atours, de soie et de satin aux couleurs vives, luisaient sous le soleil de l'été, tout comme ceux de ses courtisans et les caparaçons de leurs pur-sang. Winchester était pavoisée, pleine de vie, tandis qu'Étienne Langton, archevêque de Canterbury enfin autorisé à s'occuper de ses ouailles, traversait en grande procession ecclésiastique les hauteurs du Sussex pour entrer dans l'antique cité. Quelques minutes plus tard, Jean et Langton prirent part à une cérémonie de réconciliation publique, où il y eut force larmes, encens et baisers de paix, le roi promettant d'aimer et défendre l'Église.

La réconciliation avait coûté cher au roi, tant par les amendes qu'il avait été contraint de payer au pape que par la baisse de revenus qu'il avait acceptée en renonçant à exploiter les sièges ecclésiastiques vacants. Mais le fils prodigue était de retour, et il avait la faveur de Rome en récompense. Venant s'ajouter à la destruction de la marine de Philippe II, cela encouragea Jean à tout tenter pour reconquérir ses possessions continentales.

Il commença à préparer une invasion massive, qui débarquerait dans le Poitou puis progresserait vers le nord au printemps et à l'été 1214. Il était évidemment essentiel qu'il parvienne à convaincre ses barons de se joindre à lui. Mais ceux du nord, menés par Eustache de Vesci, rentré en Angleterre et réconcilié, non sans mal, avec le roi, refusèrent, affirmant ne pas en avoir les moyens. Confronté à l'intransigeance baronniale pour la seconde fois de son règne, Jean, inévitablement, céda à la colère. Mais cette fois, contrairement à 1205, il ne se laisserait pas détourner de ses projets. Il passa l'automne 1213 à préparer le terrain à une invasion qui impliquerait, comme il le dit à Aimery de Thouars, son allié poitevin occasionnel, « une force d'une dimension incroyable ».

Pour pouvoir la financer tout en jouant des muscles avec les barons récalcitrants, il accrut encore la pression financière sur son royaume. Dans les mois qui précédèrent l'invasion, son exploitation des droits féodaux et des bénéfices de la justice atteignit des sommets. Il augmenta l'écuage, taxe qui permettait aux barons de se soustraire à leur obligation de fournir des troupes moyennant paiement, à trois marcs par chevalier, le taux le plus élevé jamais enregistré. Il en alla de même des amendes et compensations perçues sur les incidents féodaux. Guillaume FitzAlan dut verser 10 000 marcs pour la succession de la baronnie portant son nom. Jean de Lacy paya 7 000 marcs pour la seigneurie du château de Pontefract. Les veuves pouvaient régler jusqu'à 1 000 livres pour conserver leur dot et ne pas se voir remariées de force. La vente la plus chère impliqua la somme de 20 000 marcs, déboursée par Geoffroy de Mandeville pour la main d'Isabelle de Gloucester, la première femme de Jean. Et ces dettes n'avaient rien de théorique : Geoffroy dut payer la sienne en quatre versements étalés sur à peine neuf mois.

Les sommes collectées étaient aussitôt dépensées. Grâce à cet argent, Jean put monter une coalition continentale axée sur le soutien de son neveu, l'empereur Othon IV. Les comtes de Hollande, de Boulogne et de Flandre se joignirent à la résistance à Philippe dans le nord-ouest de l'Europe. Leur plan prévoyait de le prendre au piège dans un mouvement en tenaille entre deux forces : la première, commandée par Salisbury, attaquerait Philippe à partir de la Flandre, la seconde, avec Jean à sa tête, marcherait depuis le Poitou pour frapper les Français par le sud. Ainsi, en février 1214, Jean fit voile pour La Rochelle depuis Portsmouth, à bord d'une galère chargée de pierres précieuses, d'or et d'argent, et emportant nombre de nobles anglais, ainsi que la reine Isabelle et le prince Richard, le deuxième fils de Jean, âgé de cinq ans. Ce n'était pas une campagne orchestrée à la légère. Jean avait la ferme intention de reconquérir glorieusement ce qu'il estimait lui revenir de droit.

L'opération débuta sous les meilleurs auspices. Tout au long du printemps, le roi, associant diplomatie et guerre de siège, put s'emparer du Poitou et de ses environs. Il fit la paix avec la famille des Lusignan, éternelle source d'ennui, et qu'il avait si gravement lésée en 1202 quand il avait enlevé Isabelle d'Angoulême, sa future reine, à leur nez et à leur barbe. Pour les ramener à de meilleures dispositions, un mariage fut arrangé entre Jeanne, la fille de Jean (née en 1210) et le fils et héritier d'Hugues de Lusignan. Au début de juin, ayant consolidé ses positions dans le Poitou, le roi s'attaqua à la Bretagne, prenant Nantes à l'issue d'un siège. Angers, au cœur de l'Anjou, lui ouvrit promptement ses portes. Philippe répugnant à lui livrer bataille, Jean démontrait que l'esprit belliqueux des Plantagenêts vivait toujours en lui.

Soudain, ce fut le désastre. Jean assiégeait le château de la Roche-aux-Moines en compagnie de quelques-uns de ses barons poitevins quand la nouvelle lui parvint que le prince Louis, le fils de Philippe âgé de vingt-six ans, approchait à la tête d'une armée. Jean estima que le moment était idéal pour une bataille rangée. Mais ses alliés perdirent subitement foi. Les barons poitevins qui le suivaient depuis des mois ne firent pas mentir leur réputation d'inconstance. Ils levèrent tout simplement le camp et s'enfuirent, refusant le risque d'affronter la maison de Capet. En peu de temps, la coalition que Jean avait si patiemment assemblée par sa diplomatie et ses finances se disloqua. Au lieu de se battre contre le prince Louis, il ne put que se replier et se réfugier là où avait commencé son expédition, à La Rochelle.

En dépit de l'humiliation de sa retraite au sud, Jean pouvait encore espérer que ses alliés du nord se montreraient à la hauteur. Tandis qu'il attendait à La Rochelle, le 27 juillet, la coalition du nord, rassemblée sous la bannière au dragon et à l'aigle doré de l'empereur Othon IV, s'ébranla et se disposa à écraser le roi de France dans une plaine près du village de Bouvines.

L'armée qui se déploya face à Philippe était typiquement médiévale : bruyante, violente et désorganisée. Chacun de ses chefs avait ses propres troupes et étendards, et leur stratégie était plutôt rudimentaire. Des deux côtés, on aurait principalement recours à des charges de cavalerie. Parfois, la bataille ressemblait à la mêlée d'un tournoi, en plus sanglante. Les hommes portaient de lourdes lances et de pesants hauberts, capables d'étouffer leurs porteurs s'ils tombaient maladroitement dans la boue retournée du champ. Partout résonnaient les terribles hurlements des hommes et des chevaux blessés, le bruit écœurant du métal tranchant et perçant leurs chairs, les ahanements d'effort des combattants et les râles des mourants tandis que la plaine de Bouvines, labourée par le corps à corps, se gorgeait de sang.

Les troupes anglaises présentes se rallièrent à la bannière azur à six lions d'or rampants du comte de Salisbury. Elles se battirent bravement sur le flanc droit. Les chefs des deux camps se trouvaient au centre : aussi bien Othon IV que Philippe Auguste furent désarçonnés dans les combats. La bataille se poursuivit pendant trois longues heures, semblant d'abord pencher en faveur des forces impériales puis, peu à peu, des Français.

Au bout du compte, ces derniers l'emportèrent. Leurs charges de cavalerie, emmenées par quelques-uns des meilleurs chevaliers d'Europe, finirent par submerger les forces de la coalition. Othon et Philippe conduisirent leurs hommes dans la mêlée, où les Français prévalurent de façon décisive. Un groupe de chevaliers saxons protégea courageusement l'empereur, qui n'eut d'autre choix que de fuir le champ de bataille au galop, échappant de peu à la capture. Ailleurs, les comtes de Flandre et de Bourgogne et celui de Salisbury furent moins heureux. Ils furent tous faits prisonniers et ramenés à Paris, où les citoyens et les étudiants de l'université dansèrent et chantèrent dans les rues pendant une semaine pour célébrer la grande victoire remportée par leur souverain.

Loin de là, à La Rochelle, l'humeur n'était pas à la fête. Quand il apprit qu'en dépit de tous ses efforts, la coalition avait été battue, Jean sombra dans le désespoir. Il avait tout misé sur sa campagne de 1214, et il avait été vaincu, abandonné par ses alliés dans le sud tandis que ceux du nord finissaient écrasés. À l'automne, il fut contraint de signer une trêve de cinq ans avec Philippe Auguste, pour un montant évalué à 60 000 marcs. Financièrement, le roi thésauriseur était ruiné. Il avait tout dépensé pour ses préparatifs de guerre et, en se réconciliant avec l'Église, s'était coupé de sa principale source de liquidités rapides. Sa réputation militaire, à son zénith après ses campagnes en Grande-Bretagne, se retrouvait foulée au pied, au niveau qui était le sien durant l'essentiel de sa jeunesse. Tout ce pour quoi il avait œuvré depuis 1205 n'avait abouti qu'à la désillusion, l'abandon et la trahison. Après Bouvines, c'en était presque fini de Jean dans son rôle de commandant en chef.

La Grande Charte

Pour le roi, la défaite de Bouvines fut une catastrophe. Il rentra du continent plus affaibli qu'il ne l'avait jamais été. La victoire et la reconquête d'une grande partie des territoires plantagenêts auraient pu justifier les terribles pressions fiscales de son règne, tout comme les glorieux accomplissements de Richard Cœur de Lion en Outremer et en France avaient compensé les dépenses subies pour financer la croisade et sa rançon. Or, Jean revenait en Angleterre totalement discrédité sur le plan politique. La défaite avait fixé les frontières de l'empire Plantagenêt : les seules régions de France encore fidèles à la couronne d'Angleterre étaient la Gascogne et le Bordelais, un tronçon pitoyable de ce qui avait été autrefois le grand-duché d'Aquitaine. Vaincu, le roi Jean était désormais dangereusement vulnérable.

Chez les barons, l'agitation, qui couvait depuis 1212, éclata au grand jour. Ils étaient de plus en plus nombreux à estimer qu'il fallait, d'une façon ou d'une autre, mettre un terme aux méthodes de Jean, qu'il fallait imposer un certain contrôle à ce roi qui avait si implacablement usé de ses pouvoirs et prérogatives. Nul ne savait en revanche quelle forme devrait prendre ce contrôle.

À deux reprises pendant l'hiver 1214-1215, le roi et les barons se rencontrèrent pour résoudre leur différend, en vain. En janvier 1215, Jean se réunit avec une quarantaine de barons mécontents à Londres. Il put alors gagner assez de temps pour envoyer une lettre à Rome et soumettre l'affaire à son nouveau suzerain, le pape. Durant le printemps suivant, les deux parties écrivirent à Innocent III. Les barons réclamaient que le roi soit contraint de respecter la Charte des Libertés émise par Henri Ier lors de son couronnement en 1100 ; qu'il soit forcé de respecter son propre serment de couronnement et garantisse les bonnes lois et exerce la justice. Et ils ajoutaient qu'il était inique et illégal d'exiger des barons anglais qu'ils paient l'écuage ou fournissent des troupes pour se battre sur le continent. Les émissaires de Jean auprès du pape défendirent la position du roi en tant que fils réconcilié de l'Église contre lequel aucun de ses sujets ne devait se rebeller. Une position qui se trouva renforcée quand Jean prit la croix le 4 mars. En tant que croisé, il était désormais protégé des attaques de ses frères chrétiens par le courroux de saint Pierre.

Il est révélateur que les barons aient choisi d'en appeler à l'esprit de la charte d'Henri Ier. La Charte des Libertés, confirmée par Henri II en 1154, promettait, entre autres, que le roi ne pillerait pas les biens de l'Église, ni ne surimposerait les héritages, les mariages et les remariages des veuves, ni qu'il abuserait des tutelles et qu'il n'étendrait pas le domaine des forêts royales. Autant de requêtes qui visaient clairement le roi Jean. Mais le choix de la charte d'Henri Ier montrait également que les barons considéraient leurs griefs avec le roi comme liés à un grand projet de gouvernement plantagenêt remontant à plus d'un siècle. Une position raisonnable de la part des barons, mais pour l'essentiel, leurs arguments furent ignorés. Innocent III chargea l'archevêque Langton de jouer les médiateurs entre le roi et les barons, mais il tint également audience à Rome sur la question. Et, au lieu de s'efforcer d'arbitrer le litige équitablement, le pape pencha ouvertement en faveur de son vassal, Jean le croisé. Innocent écrivit aux barons anglais en insistant sur le fait qu'ils devaient verser leur écuage et cesser d'imposer leurs exigences à leur souverain. C'était un jugement brutal, qui ne fit rien pour résoudre les graves troubles politiques en Angleterre. La guerre civile était dès lors inévitable. Le 5 mai 1215, un groupe de rebelles défia officiellement le roi, dénonçant leur hommage et leur vassalité. Ce qui, dans les faits, revenait à le rejeter en tant que roi d'Angleterre.

Les opposants étaient dirigés par les conjurés de 1212 : Robert Fitzwalter, qui s'improvisa pompeusement « Maréchal de l'armée de Dieu », et Eustache de Vesci. Ce dernier était le plus puissant parmi un groupe de barons du nord comprenant Guillaume de Mowbray, Richard de Percy et Roger de Montbegon, seigneur de Hornby, dans le Lancashire. C'était un groupe très uni, par le mariage, les liens familiaux et la proximité territoriale, et tous avaient des raisons de détester le roi et son régime. Les chefs rebelles avaient rassemblé une cohorte de grands féodaux d'Est-Anglie et des comtés autour de Londres, dont, en particulier, Richard de Clare, comte d'Hertford, et son fils Gilbert, et Geoffroy de Mandeville, comte d'Essex et Gloucester. Parmi les autres barons se trouvaient aussi Robert de Vere, comte d'Oxford, Henri de Bohun, comte de Hereford et Guillaume le Jeune, le fils de Guillaume le Maréchal. Beaucoup – la plupart, en fait – des rebelles se soulevaient contre le roi au nom de leur intérêt personnel, et quelques-uns, comme Fitzwalter, étaient tout simplement belliqueux et sans scrupule. Mais ils étaient également liés par un embryon d'idéologie : le sentiment que le gouvernement de Jean en particulier, et celui des Plantagenêts en général, devait être fondamentalement réformé.

Toutefois, ayant dénoncé leur hommage, il ne pouvait être question pour eux de réforme sans d'abord en passer par une guerre sanglante. Le 10 mai, Jean écrivit aux barons rebelles et leur déclara qu'il « ne les arrêterait ni ne les dessaisirait, eux ou leurs hommes, ni ne s'en prendrait à eux par la force des armes, sauf par la loi du pays et par le jugement de ses pairs à la cour ». Il tendit la main à ceux qu'il avait très durement traités durant les préparatifs de sa campagne dans le Poitou. Il proposa que le litige soit soumis à l'arbitrage d'une commission de huit barons, présidée par le pape lui-même. Ses termes furent rejetés, et le 12 mai, le roi ordonna la confiscation des terres rebelles. Il était impossible de le nier : pour la première fois depuis 1173, l'Angleterre était en guerre contre elle-même.

La troisième semaine de mai fut le théâtre d'une course pour Londres entre le comte Salisbury – libéré de prison après la défaite de Bouvines – et un groupe de barons rebelles commandés par Fitzwalter. En pleine nuit, ils se précipitèrent pour gagner la capitale, dont la possession était cruciale pour qui comptait exercer un contrôle politique et stratégique du royaume. Londres était une puissante base économique, une ville de culture et de prospérité, et une place forte. Ses hautes murailles de pierre se dressaient à l'est et à l'ouest reliant des châteaux – la Tour de Londres de Guillaume le Conquérant à l'est, le château de Baynard à l'ouest. Elle était hérissée de clochers d'églises, semblables à des aiguilles autour de la flèche centrale de la grande cathédrale au toit de bois, Saint-Paul, fièrement juchée au sommet de la colline de Ludgate. Londres était le centre du négoce et de la politique du pays. C'est parce qu'il avait tenu la capitale qu'Étienne avait survécu face à Mathilde du temps de l'Anarchie. Au printemps 1215, la ville redevint un joyau sans égal aux yeux de ceux qui voulaient contrôler l'Angleterre.

Par un paisible dimanche, le 17 mai, les rebelles arrivèrent à Londres, surgissant d'une courte nuit de printemps alors que la rosée s'évaporait des toits sous le soleil. Les cloches des églises lançaient leurs appels lents et métalliques à l'office du matin au moment où les sept portes de la ville s'ouvrirent pour laisser entrer des forces hostiles au roi. « Les riches citoyens étaient favorables aux barons, rapporte Roger de Wendover. Quant aux pauvres, ils avaient peur de murmurer contre eux. » Le temps que Salisbury atteigne Londres au nom des loyalistes, il était trop tard. L'ennemi tenait les portes. À l'intérieur des murs, des clercs compilaient des documents destinés à être envoyés à tous les comtes, barons et chevaliers considérés comme étant encore fidèles à Jean, les appelant à abandonner « un roi qui s'était parjuré » et à rejoindre le camp des rebelles. Grâce à la prise de Londres, les barons avaient l'avantage. Jean ne pouvait plus espérer écraser la résistance à son autorité.

Mais ils étaient encore loin d'avoir gagné. Le roi avait peut-être perdu la confiance de la majorité de ses barons, il n'en restait pas moins le souverain légitime, appuyé par le pape. En théorie, il pouvait encore déposséder ses ennemis et les mettre hors la loi, et il ne pensait d'ailleurs qu'à broyer toute opposition à son pouvoir. Les rebelles n'étaient pas au bout de leur peine. Ils souhaitaient réformer le gouvernement, non tant pour déposer le monarque ou fondamentalement entraver la royauté que pour la ramener dans des limites « raisonnables ». Ils cherchaient un moyen d'obliger le roi à gouverner en paix et avec justice dans le respect de la loi – mais ils le faisaient en violant cette même loi et en déclarant la guerre à leur souverain. C'était une situation d'une grande complexité pour les deux parties. Aussi, tandis que les rebelles étaient cantonnés à Londres au début de l'été, et que Jean entraînait sa cour en amont à Windsor, les routes et les cours d'eau furent sillonnés par des messagers des deux camps, chacun s'efforçant mutuellement de trouver un moyen de convaincre le roi d'apposer son sceau sur un document qui satisferait certaines des exigences des rebelles.

Au bout d'un mois de bras de fer, une solution se fit jour. Entre le 10 et le 15 juin, les envoyés des barons et le roi convinrent d'un document, connu aujourd'hui sous le nom d'« Articles des Barons », qui pourrait servir de base à des négociations de paix. Par cette liste de quarante-neuf objectifs, les grands féodaux établissaient ce qu'ils attendaient du souverain. Elle portait sur des questions de justice et de jurisprudence féodale, tels les sujets solidement étayés comme les tutelles, les héritages et les veuves ; le paiement de l'écuage et l'obligation de servir dans des armées hors des frontières du royaume ; l'étendue des forêts du domaine royal. Ces articles devaient servir de base à des discussions détaillées, et il s'ensuivit donc plusieurs jours de marchandage acharné. Ce qui aboutit à un nouveau document, sur lequel les parties pouvaient prêter serment, et qui fut signé par le roi. Il prit effet le 18 juin, lorsque la chancellerie de Jean adressa alors des brefs ordonnant à ses officiers dans les comtés de cesser le combat contre ses ennemis. Le 19 juin, à Runnymede, dans le Berkshire, les barons commencèrent à renouveler leurs hommages à Jean, qui portait les emblèmes royaux de l'impératrice Mathilde pour mieux souligner le statut ancestral de la monarchie. En contrepartie, Jean, ses alliés et les barons rebelles prêtèrent le serment de respecter les termes d'un accord qui compte aujourd'hui parmi les plus célèbres de l'histoire d'Angleterre : la Magna Carta, ou Grande Charte.

Quand on la lit aujourd'hui, on comprend que la Grande Charte est le résultat d'un compromis épineux, un accord qui ne plaisait à aucun des deux camps. D'un côté, elle accordait des droits exhaustifs : « L'Église d'Angleterre sera libre [...] et la Cité de Londres aura toutes ses anciennes libertés. » De l'autre, elle abondait en mentions détaillées de la coutume anglaise : ses clauses prévoyaient les conditions spécifiques dans lesquelles il était possible de collecter l'écuage dans le royaume, les lieux où les ponts devaient être construits, ainsi que les lois concernant les dettes juives. Il y était stipulé que le montant de la taxe pour l'héritage d'un comte ou d'un baron était de 100 livres, et de 100 shillings pour un chevalier. Sur la question des tutelles, le roi promettait de ne prendre « que des revenus, profits et compensations raisonnables »

– sans que soit clairement définie la notion de ce qui était « raisonnable ». Il était promis que « suite à la mort de son mari, une veuve aura immédiatement et sans difficulté son ménage et son héritage. Elle ne donnera rien pour sa dot ». Et il était précisé « [qu']aucune veuve ne sera obligée de se marier, si elle désire vivre sans mari ». Et le roi assurait enfin : « Aucun écuage ou aide ne sera imposé, dans notre Royaume, sans le consentement du Conseil commun de notre Royaume, à moins que ce ne soit pour la rançon de Notre personne, pour faire notre fils aîné chevalier ou, pour une fois seulement, le mariage de notre fille aînée. »

Mais si beaucoup des clauses de la Grande Charte officialisaient les objectifs des barons vis-à-vis de la politique de Jean – qu'il s'agisse de la mobilisation d'armées, de la collecte d'impôts, du contrôle des marchands ou de litiges avec l'Église –, les plus célèbres d'entre elles touchaient plus directement au cœur du pouvoir des Plantagenêts. La clause n° 39 disait : « Aucun homme libre ne sera saisi, ni emprisonné ou dépossédé de ses biens, déclaré hors-la-loi, exilé ou exécuté, de quelque manière que ce soit [...] sans un jugement légal de ses pairs, conforme aux lois du pays. » La suivante est plus laconique : « À personne Nous ne vendrons, refuserons ou retarderons les droits à la justice. » C'était bien l'esprit même du règne de Jean qui était visé, et par extension, l'esprit de la royauté elle-même. Durant les onze ans que Jean avait passés en Angleterre, le pays avait goûté à la tyrannie. Le monarque s'était servi de ses pouvoirs royaux de façon arbitraire, partisane et à des fins d'exploitation. Il avait trahi le principe de la royauté tel que l'avait présenté Henri II en 1153, quand il avait parcouru le pays pour promettre à tous unité, justice et équité.

Il n'était cependant pas simple de définir l'esprit de la royauté. Pas plus qu'il n'était certain que le roi s'y tiendrait une fois qu'il aurait été défini. La Grande Charte se concluait par une clause de sécurité prévoyant la formation d'un conseil de vingt-cinq barons autorisés à faire la guerre au roi s'il violait les termes de l'accord. Ce qui n'était finalement qu'une clause contractuelle favorisant la guerre civile. Affirmer que le roi devait gouverner conformément aux lois était une chose, mais veiller à ce qu'il le fasse effectivement en était une autre. Ces questions seraient au cœur de tous les grands différends entre le souverain et son pays jusqu'à la fin du règne des Plantagenêts. Dans l'atmosphère tendue, violente, de 1215, il serait en réalité impossible à la fois de définir la royauté et de parvenir à un accord à ce sujet.

En tant que traité de paix – car c'est bien de cela qu'il s'agissait –, la Grande Charte fut un échec immédiat. Il y eut un bref moment d'espoir le 19 juin, quand les hommages furent renouvelés et les serments prêtés, que furent élus les vingt-cinq « barons de sécurité » et qu'un nombre substantiel de rebelles accepta de voir dans les termes de la charte la base d'un accord de paix. « Le roi rétablit la justice de manière satisfaisante partout, levant les sièges qu'il avait commencés, » écrivit Walter de Coventry. Le document fut dupliqué et « une copie de la charte fut portée dans les villes et villages et tous ceux qui la virent l'acceptèrent ». Mais tous les barons ne l'approuvèrent pas telle qu'elle était rédigée, et certains décidèrent aussitôt de se rebeller. « Sur l'autre rive de la Humber, certains s'en furent et reprirent les hostilités, » poursuit le chroniqueur.

Partout, la Grande Charte suscita des débats, et un homme plus que tous les autres ne pouvait l'accepter : le roi Jean. En moins de deux mois, il obtint d'Innocent III qu'il en annule les termes. Le pape écrivit, dans un message magnifiquement ampoulé : « Nous rejetons et condamnons absolument ce règlement et, sous peine d'excommunication, nous ordonnons que le roi n'ose point l'observer et que les barons et leurs associés n'exigent point qu'il soit observé : cette charte [...], nous la déclarons nulle et à jamais dépourvue de toute validité. » La guerre reprit, et cette fois, ce fut l'escalade. Avant la fin de l'année, Philippe Auguste proclama la forfaiture de Jean, citant un « procès » qui avait conclu à la culpabilité du roi dans la mort d'Arthur de Bretagne. À l'invitation des barons anglais, le prince Louis, soutenu par son père, fit des préparatifs pour envahir l'Angleterre et déposer le monarque tyrannique.

Les Français débarquèrent dans le Kent le 14 mai 1216. Londres attendait le prince Louis. « Il fut accueilli avec grand empressement et réjouissance, et il lui fut rendu hommage », consigna Walter de Coventry. Au mépris d'un interdit papal et d'une excommunication prononcée à son encontre par le légat du pape, le cardinal Guala Bicchieri, Louis marcha sur Winchester, puis redescendit dans le Sud-Est pour assiéger l'énorme forteresse d'Henri II à Douvres.

Jean, cependant, se déplaçait dans le pays, tentant de s'emparer de villes fidèles aux barons tout en cherchant à échapper à ceux qui voulaient le déposer. Il était de plus en plus désespéré et inconsolable. Traversant l'estuaire du Wash, dans le Lincolnshire, en automne 1216, il fut rattrapé par la marée et perdit une grande partie de ses bagages. Selon Raoul de Coggeshall : « Il perdit [...] sa chapelle portative avec ses reliques, et quelques-uns de ses chevaux de bât avec bien des vivres de sa maison. Et nombre de membres de son entourage furent emportés par les eaux de la mer et les sables mouvants. »

Pendant son équipée, en octobre 1216, Jean fut atteint de dysenterie et s'affaiblit peu à peu. Vers le milieu du mois, il ne se déplaçait plus qu'en litière. Quand son cortège parvint à Newark, dans le Nottinghamshire, l'abbé de Croxton, qui était médecin, s'occupa de lui. C'était peine perdue. Jean mourut le 19 octobre 1216, son royaume envahi et son autorité définitivement amoindrie. Sa dépouille ne put être emportée à Fontevraud, où reposaient sa mère, son père et son frère. Au lieu de cela, il fut inhumé dans la cathédrale de Worcester, près de l'autel de saint Wulfstan, qui avait été canonisé sous son règne. Pour le premier Plantagenêt à avoir passé plus de temps en Angleterre qu'hors de ses frontières, peut-être était-il approprié d'être enterré dans une vieille cité anglo-saxonne. Pour des auteurs comme Walter de Coventry, les problèmes de son règne étaient évidents. « Si Jean fut un grand prince, il ne fut point heureux, écrivit-il. Tel Marius, il connut les aléas de la fortune. Munificent et libéral avec les étrangers, il pilla son peuple, ayant confiance en des étrangers plutôt qu'en ses sujets. [...] Il finit abandonné par ses hommes et bien peu portèrent son deuil. » Le biographe de Guillaume le Maréchal se montra plus lyrique. Quand Jean fut frappé par la maladie, dit-il, il fut torturé par la douleur. « La Mort, cette grande harceleuse, cette créature terrible et malfaisante, le prit sous son contrôle et l'y garda jusqu'à ce qu'il trépasse. » Une fin digne du roi le plus insensible et implacable qu'ait connu l'Angleterre.

Jean a aujourd'hui la réputation d'avoir été un des pires souverains de l'histoire anglaise, un assassin diabolique qui apporta la tyrannie et déclencha une crise constitutionnelle dans son royaume. C'est vers la fin de son règne que commencèrent à circuler les légendes sur Robin des Bois, sous leur forme la plus ancienne, déclinant les aventures de sujets victimes d'autorités corrompues et faisant respecter la loi de la forêt. Au fil du temps, le nom de Jean a été associé aux pires passages de ces légendes ; on l'a dépeint comme un monstre, un raté, un démon. Or, en réalité, avait-il commis de pires exactions que son frère Richard, ou leur père ? Probablement pas, mais la réputation de Jean en a bien plus pâti que la leur.

Si l'on se livre à une analyse plus tolérante de son règne, on constate que sa pire faute a été de monter sur le trône alors que la fortune se détournait de lui. Il était doué de tous les instincts impitoyables de sa famille, mais n'eut pas la chance de ses prédécesseurs. Il se montra faible dans sa gestion de la chute de la Normandie, et une fois le duché perdu, il fut dans l'incapacité de le reprendre. Sa personnalité ne poussait pas ses hommes à accomplir des exploits, mais on est en droit de se demander si Henri II ou même Richard y serait parvenu à partir des positions qu'occupait Jean en 1204. On comprend aisément pourquoi il s'est engagé dans la voie qui fut la sienne de 1207 à 1211 et, exception faite de ses vendettas paranoïaques, on voit mal ce qu'aurait fait un autre monarque à sa place. Pendant quatre années trompeuses, il a effectivement été le maître non seulement de son royaume, mais aussi de l'Église d'Angleterre, de ses voisins des marches celtes, et à la tête d'un puissant système de justice et de gouvernement qu'il mit sans pitié au service des besoins de la Couronne. Il ne comprit que trop tard l'ampleur des problèmes il était en train de se créer en traitant ses barons non comme des partenaires dans une entreprise, mais comme des créanciers forcés qu'il pouvait pressurer avec dédain et cruauté.

Dans l'immédiat, Jean léga à sa famille une guerre civile désastreuse, aggravée par une invasion dirigée par le prince Louis et Philippe Auguste. En 1215, la Grande Charte ne fut guère plus qu'un traité de paix avorté qui ne fit rien pour empêcher ce violent conflit. Jean ne saurait jamais – pas plus que les barons qui en avaient négocié les termes avec lui – que son nom resterait à jamais associé à la légende qui entoure ce document dans l'histoire d'Angleterre. Ce qui, pourtant, fut le cas à long terme. Dans les années qui suivirent sa mort, la Grande Charte fut rééditée à plusieurs reprises, et son interprétation serait au cœur de chacune des batailles constitutionnelles qui se livreraient dans le courant du XIIIe et du XIVe siècle. Tandis qu'Henri III luttait pour reconquérir les droits et les territoires perdus par son père, la Grande Charte, progressivement, en viendrait à définir les relations entre le roi et la société. Quand elle fut rééditée en 1225, on la cloua aux portes des églises et l'afficha en place publique dans toutes les villes du pays. C'est alors qu'elle acquit ce statut mythique de document enjoignant aux monarques anglais de gouverner dans le cadre des lois qu'ils édictaient. Curieusement, c'est cela, le legs de Jean. Une ironie que le juriste le plus impitoyable qui montât jamais sur le trône aurait peut-être savourée.

Au nom de l'héritage

À la mort de son père, Henri III avait neuf ans, et il fut couronné en toute hâte. La cérémonie se déroula dans l'ouest du pays, à l'abbaye de Gloucester, à l'abri derrière les lignes loyalistes, alors que la guerre civile ensanglantait l'Angleterre. Dans la grande nef de l'abbatiale normande, une poignée de seigneurs séculiers et ecclésiastiques y assistèrent, inquiets, et virent les évêques de Winchester, Worcester et Exeter donner l'onction à l'enfant, puis placer sur sa tête une simple petite couronne de dame. L'affaire fut expédiée sans les insignes de la royauté, puisque les vêtements sacrés et les sceptres se trouvaient à Westminster, contrôlé par les rebelles. Et le temps manquait. La cérémonie, simplifiée à l'extrême, n'avait d'autre but que de marquer le transfert de ce qui subsistait de l'autorité d'un roi Plantagenêt au jeune garçon.

Henri était l'aîné des deux fils de Jean. Son cadet, Richard, avait sept ans en 1216. En dépit de son jeune âge, Henri était déjà connu pour le sérieux de son attitude et de ses paroles. En grandissant, il deviendrait très pieux, respectueux de tous les cultes, en particulier celui de la Vierge Marie, et si passionné par la messe que cela interférerait parfois avec sa capacité à gérer les affaires de l'État. Le jeune garçon se tenait dans l'abbaye de Gloucester et, d'une petite voix, il jura devant le grand autel de garantir la paix et d'honorer Dieu, la Sainte Église et ses ministres tous les jours de sa vie ; d'apporter la justice au peuple ; d'abolir les mauvaises lois et coutumes et de respecter les bonnes.

En quoi ces promesses étaient-elles réalistes ? Henri était obligé de les prononcer, car elles étaient inscrites dans les serments sacrés du roi. Mais c'est quand il rendit hommage pour ses royaumes d'Angleterre et d'Irlande au pape, en la personne du légat, le cardinal Guala Bicchieri, que l'assistance sut clairement quelle était l'autorité qui empêchait le pays de s'effondrer. Il jura de placer l'Angleterre sous la protection de l'Église et de quelques hommes de Dieu.

À une quarantaine de lieues de là, Westminster était sous le contrôle des Français et de Louis, le fils de Philippe II. Dans tout le pays, des chevaliers français occupaient des châteaux, invités en Angleterre par les barons rebelles qui souhaitaient se choisir un nouveau roi issu de la maison des Capets plutôt que de subir un quatrième Plantagenêt. La triste fin du règne de Jean laissait l'Angleterre presque aussi divisée et désemparée que dans les premiers temps de l'Anarchie. Une fois de plus, la succession n'était pas qu'une question de légitimité, mais une épreuve de force.

La modeste assistance rassemblée dans l'abbatiale était sans doute consciente que c'était un terrible début de règne. La couronne se retrouvait sur la tête d'un enfant à l'issue d'un transfert de pouvoir des plus incertain. Aucun garçon n'était plus monté sur le trône depuis l'époque d'Æthelred, avant la conquête normande. Et ce précédent n'engageait pas à la confiance : Æthelred avait été roi à époque de raids et d'invasions vikings, et avait été déposé pendant un an. L'Angleterre devait se préparer à des moments difficiles si elle se trouvait revenue à l'ère du chaos saxon.

Quelques hommes étaient décidés à tout faire pour éviter un tel sort au royaume. Henri III eut la chance d'être entouré de fidèles qui ne souhaitaient pas le pouvoir pour eux-mêmes, mais voulaient préserver la fragile fonction de la royauté telle que l'avaient créée ses prédécesseurs. Sur son lit de mort, Jean avait entrevu les dangers qui attendaient les domaines plantagenêts et avait supplié le vieux Guillaume le Maréchal, comte de Pembroke, de devenir le gardien de son fils. Pembroke, désormais âgé de plus de soixante-dix ans, avait accepté, non sans réticence chevaleresque au début, puis, dans le style grandiloquent qui le caractérisait, avait déclaré : « Si le monde entier désertait le jeune garçon, sauf moi, savez-vous ce que je ferais ? Je le porterais sur mes épaules [...] Je serais à ses côtés et ne l'abandonnerais jamais, d'île en île, de contrée en contrée, même si je devais voler pour mon pain quotidien. »

Nonobstant la pompe chevaleresque du vieux Maréchal, le petit Henri, si solennel du haut de ses neuf ans, n'était pas le seul à tirer parti du fait que cette attitude était partagée par quelques hommes courageux dans toute l'Angleterre. Il en allait en effet de l'avenir de la dynastie. Le roi, si jamais il devait un jour régner à part entière, aurait besoin de serviteurs voués à la restauration de son autorité et de ses droits face au défi le plus grave, le plus fondamental qu'ils aient jamais eu à relever.

Parmi les autres hommes clés de l'entourage du nouveau roi se trouvait le riche Poitevin Pierre des Roches, ancien justicier de Jean et évêque de Winchester. Des Roches avait couronné Henri et, en dépit de sa forte impopularité dans le pays, il serait son tuteur et son mentor, bon an mal an, pendant les deux prochaines décennies. Il y avait aussi Bicchieri, qui représentait le pape en tant que suzerain féodal d'Henri, et dont la présence dans le camp royal devait, pouvait-on espérer, apporter davantage de légitimité à sa cause. Et enfin, il y avait Hubert de Bourg, le loyaliste né à Norfolk qui avait servi Jean pendant plus de dix ans. Au poste de justicier, de Bourg incarnait le visage anglais du gouvernement, un visage plus acceptable pour ceux qui se méfiaient des « étrangers ». Ces hommes constitueraient le noyau d'une coalition efficace dont la première et la plus urgente des tâches était de repousser l'invasion et de résoudre les crises dans lesquelles sombrait le royaume.

La première crise était d'ordre militaire. Les barons rebelles du nord étaient commandés par le redoutable prince Louis, et ses alliés et lui avaient pris et tenaient des châteaux dans toute l'Angleterre, dont beaucoup étaient occupés par des mercenaires étrangers. Louis contrôlait une grande partie du sud-est, et des navires français patrouillaient dans la Manche. La seule façon de débarrasser le royaume des envahisseurs, était de les affronter sur le champ de bataille.

L'avenir du règne d'Henri se décida à Lincoln. Ce fut le dernier et peut-être le plus grand engagement militaire de la longue et distinguée carrière de Guillaume le Maréchal. À la Pentecôte 1217, ayant rassemblé à Newark 400 chevaliers et 250 arbalétriers venus de tout le royaume, le Maréchal marcha droit sur Lincoln, où il arriva le 20 mai pour s'apercevoir que les forces de Louis étaient entrées dans la ville et assiégeaient le château. Le prince français lui-même se trouvait plus au sud, occupé à mettre le siège devant Douvres. À Lincoln, les Français étaient commandés par le comte du Perche, entouré par la majorité des seigneurs anglais rebelles. Les Français savaient que le Maréchal approchait, mais ils hésitaient sur la stratégie à adopter. Pendant ce temps, Guillaume fit à ses chevaliers un discours digne de rivaliser avec celui attribué par Shakespeare à Henri V :

> *« Ces hommes ont saisi et pris par la force nos terres et nos biens, clama-t-il. Honte à celui qui, ce jour, ne s'efforcera point de relever le défi. [...] Si nous les vainquons, ce n'est pas mentir que de dire que nous aurons gagné une gloire éternelle pour le restant de nos vies. »*

Sa rhétorique eut l'effet escompté. Il prit le commandement des chevaliers loyalistes, leur ordonnant d'être prêts à trancher la gorge de leurs chevaux s'il le fallait pour s'abriter derrière leurs montures dans la plaine découverte qui s'étendait devant l'entrée nord de la ville. L'évêque des Roches commandait les arbalétriers et Ranulf, comte de Chester, un autre groupe de chevaliers. Et tous, stupéfaits, ne purent qu'admirer Guillaume le Maréchal, qui lança une charge de cavalerie frontale sur la ville et les assiégeants français. Bardé de fer, il chevaucha en tête de ses hommes, percutant les ennemis avec tant de force qu'il s'enfonça en profondeur dans leurs rangs. Si c'était là la dernière chance de sauver la dynastie qu'il avait servi toute sa vie, il était prêt à aller jusqu'au bout.

Les combats, sanglants, durèrent six heures. Ce fut une affaire brutale et atroce : l'air résonnait du choc assourdissant des armes sur les heaumes, du fracas des lances qui se brisaient en projetant des esquilles autour d'elles, tandis que les coups d'épées et de masses tranchaient et broyaient bras et jambes et que des dagues effilées s'enfonçaient dans les flancs des hommes et des chevaux. On se battit dans toute la ville, jusqu'à ce que les rues soient jonchées de têtes et d'entrailles. « Le bruit, se souvint le Maréchal plus tard, était si fort que l'on n'aurait pu entendre Dieu tonner. »

La bataille s'acheva sur une défaite totale pour les Français. Presque tous les grands barons rebelles furent capturés, et le comte du Perche mourut quand une lance lui creva l'œil jusqu'au cerveau. Quand la nouvelle parvint au prince Louis à Douvres, il leva le siège, revint à Londres et envisagea de négocier son retrait.

Mais la guerre ne cesserait que lorsque les Français auraient subi une humiliation supplémentaire. En août, ils furent défaits en mer. Hubert de Bourg remporta une victoire navale éclatante à Sandwich sur des troupes françaises menées par le capitaine pirate Eustache le moine – qui aurait droit plus tard à sa propre légende de hors-la-loi à la Robin des Bois. Les Anglais firent pleuvoir une averse de traits sur les Français et les aveuglèrent en jetant de la chaux vive sous le vent pour leur brûler les yeux. Eustache le moine fut pris alors qu'il se dissimulait à fond de cale. On lui donna le choix – être décapité contre l'armature d'une machine de guerre ou sur la lisse du navire. L'histoire ne nous dit pas quelle fin il préféra.

Le prince Louis en avait assez. Le gouvernement de la régence d'Henri avait prouvé sa valeur sur le champ de bataille, et le prince français se contenta d'empocher une coquette somme avant de rentrer chez lui. Son départ mettait fin à la pire menace extérieure qui eut plané sur la couronne d'Angleterre en un siècle.

Du Maréchal à la Grande Charte

À soixante-treize ans, la santé de Guillaume le Maréchal, régent d'Angleterre, commença à décliner, et au printemps 1219, au bout d'une vie passée à servir avec distinction, il s'éteignit. Pour beaucoup en Angleterre, ce fut une source de grande inquiétude, car le Maréchal était la personnalité la moins partisane du royaume : fidèle à la Couronne, il avait soutenu sans faiblir les Plantagenêts sans jamais hésiter à les critiquer quand il désapprouvait leur comportement ou leurs méthodes de gouvernement.

L'histoire de sa vie est indissociable des grands rois de son temps : Henri II, Henri le Jeune, Richard Ier, Jean, Louis VII, Philippe Auguste et dernièrement, sur le champ de bataille, le futur Louis VIII. Il avait veillé à ce que le trône passât à une nouvelle génération de Plantagenêts, mais son époque était désormais révolue. Sans sa présence pour le guider, sans sa fermeté dans les principes et son intelligence, on pouvait craindre que le monde sombre dans l'incertitude et le trouble.

Dans les jours qui précédèrent son décès, Guillaume le Maréchal géra bien des choses, à commencer par l'avenir de ses enfants. Il réalisa également son souhait d'être fait templier pour accomplir ses vœux de croisé. Mais surtout, il réfléchit à l'avenir d'Henri III, et à la meilleure façon d'éduquer l'enfant-roi afin qu'il assurât la prospérité de son royaume. Gisant sur son lit de douleur, il fit venir le roi âgé de douze ans et le prit par la main. Il lui annonça qu'il tenait à ce qu'il soit confié à Pandolfo, le nouveau légat du pape (qui avait remplacé Guala en 1218), puis l'exhorta à mener une meilleure vie que son père.

« Je prie le Seigneur notre Dieu, si j'ai jamais fait quelque chose qui lui plut, qu'à la fin il vous accorde de devenir un homme d'honneur, lui dit-il. Et s'il advenait que vous suiviez les traces de certain ancêtre malfaisant et que votre souhait soit d'être comme lui, alors je prie Dieu, le fils de Marie, que vous mourriez avant que cela ne soit.

— Amen, » répondit le roi.

À la mort de Guillaume le Maréchal, le jeune Henri III n'avait rien d'un enfant-roi. Il était assez âgé pour qu'on le consulte sur des questions de gouvernance et disposait de son propre sceau pour ratifier des décisions prises en son nom. Mais s'il était conscient des dures réalités du métier de gouvernant, cela ne signifie pas pour autant qu'on le jugeait déjà capable de s'en acquitter seul. Car tant qu'il serait mineur, le pays serait dans l'incertitude et en proie aux factions.

Après le Maréchal, le gouvernement prit la forme d'un triumvirat. Pandolfo, Pierre des Roches et Hubert de Bourg jouèrent tous un rôle dans la reconstruction de l'Angleterre, ébranlée par les ravages de la guerre civile. Mais, au lendemain du second couronnement d'Henri, une cérémonie plus grandiose qui eut lieu en 1220, des Roches, en disgrâce, finit par partir pour la Terre sainte. Le pouvoir revint alors principalement à de Bourg. Tout au long des années 1220, Henri s'en remit aux conseils de son justicier, qui prit la direction de la restructuration des finances royales et de campagnes lancées pour soumettre des barons rétifs et repousser les assauts des Gallois de Llywelyn le Grand de Gwynedd.

De Bourg fit de son mieux pour négocier avec Llywelyn et de nouveau remplir les coffres royaux. Mais sans souverain, la royauté était comme un vaisseau commandé par plusieurs capitaines. Tout royaume gouverné par un roi mineur était présumé faible. Quand Philippe Auguste mourut en 1223, son fils de trente-cinq ans – qui avait naguère envahi l'Angleterre – lui succéda sous le nom de Louis VIII. Et presque aussitôt, il décida d'attaquer les positions de la couronne d'Angleterre dans le Poitou.

Après les troubles domestiques du début de son règne, c'était la première crise internationale que connaissait Henri III. Dès l'été 1224, le royaume subit un revers coûteux, quand les habitants de La Rochelle virent une puissante armée française se déployer sous leurs murs. Le nouveau et énergique roi de France braqua ses machines de guerre sur eux depuis la terre. Leur suzerain, jeune roi d'Angleterre faible et toujours pauvre, se trouvait de l'autre côté de la Manche, aussi n'est-il pas étonnant que les Rochelais se soient rendus presque immédiatement, vendant leur allégeance en échange d'argent français.

L'emprise anglaise sur le Poitou était quant à elle fragile depuis la malheureuse expédition de Jean en 1214. Mais avec La Rochelle, l'Angleterre perdait une tête de pont vitale sur la côte continentale, une base de repli et de regroupement qui lui aurait permis de récupérer ses possessions dans la région. Le trafic maritime sur la Manche s'en trouva sérieusement compromis. Comme l'explique le chroniqueur Roger de Wendover : « C'est à La Rochelle [...] que les rois d'Angleterre et leurs chevaliers ont coutume de débarquer pour la défense de ces districts ; mais désormais, ce chemin était fermé au roi. »

Pendant ce temps, le baron aquitain Hugues de Lusignan, qui avait épousé la veuve de Jean, la reine Isabelle, et était donc désormais, techniquement, le beau-père d'Henri, envahit presque toute la Gascogne. Déjà tronquée, la partie du duché que contrôlait l'Angleterre se réduisait à Bordeaux et quelques villes côtières. Tout ce qui restait du littoral occidental de l'empire Plantagenêt risquait d'être perdu.

Pour Hubert de Bourg et Henri, il était urgent de reprendre la Gascogne et le Poitou. Il en allait de l'honneur de la famille. Mais en dehors d'elle, qui s'en souciait ? Les marchands engrangeaient des profits conséquents grâce au négoce du vin, mais ce n'étaient pas des politiciens. Aucun baron anglais n'avait d'intérêt dans la région. Par conséquent, la nécessité de reconquérir le Poitou et la Gascogne posait des questions fondamentales sur les moyens qui permettraient à la Couronne de financer une guerre sur le continent. Le refus des barons de Jean de se joindre à ses diverses opérations avait déclenché la crise qui s'était terminée par la Grande Charte et la guerre civile. Comment Hubert et Henri pourraient-ils convaincre ces mêmes barons qu'il était maintenant essentiel pour eux de se battre pour des terres où ils n'avaient aucun intérêt financier ?

Cette question serait le principal dilemme de la royauté pendant tout le reste du long règne d'Henri III. Même s'il n'avait jamais vraiment connu aucun de ses ancêtres royaux, il se sentait clairement investi d'une mission historique : il devait restaurer leur prestige, une tâche qui, pour lui, passait par la défense de ce qui restait de l'empire continental, l'expansion de son pouvoir dans les anciennes possessions du centre et de l'ouest de la France et le développement de son influence sur les marches de l'empire du temps d'Henri II et de Richard, en Allemagne, en Sicile et en Castille. Or, c'était précisément ce fardeau qui, pesant sur Jean, avait été jugé intolérable par la classe politique anglaise. En 1224-1225, le nouveau régime devait instamment convaincre cette dernière de l'urgence qu'il y avait à reconstituer l'empire Plantagenêt.

La solution était double. D'une part, la Couronne joua sur la peur. De folles rumeurs se mirent à circuler sur des flottes françaises croisant dans la Manche, sur le dangereux nouveau souverain capétien sur le trône qui menaçait l'Angleterre d'une autre invasion. Si la reconquête continentale n'intéressait guère les barons, la défense de la côte, elle, restait une cause fédératrice. Hubert de Bourg se servit pleinement de cette peur et réussit à en faire – à court terme tout du moins – une raison suffisante pour justifier des dépenses militaires.

D'autre part, le pouvoir prit une décision capitale, dans le long processus de réparation des dégâts causés par le règne de Jean, en rééditant la Grande Charte. Cette décision aurait beaucoup plus de conséquences sur l'histoire politique du règne d'Henri III et sur l'évolution constitutionnelle de la royauté pendant près de deux siècles. La charte fut accordée aux seigneurs séculiers et aux princes de l'Église du pays à l'occasion d'un grand conseil en janvier 1225, en échange de la mise en place d'une taxe d'un quinzième sur les biens mobiliers d'Angleterre.

Depuis leur première promulgation, la Grande Charte et la Charte de la forêt avaient été émises deux fois. Mais les documents réédités en 1225 furent, à long terme, bien plus importants que les versions imposées à Jean à Runnymede ou que celles qui avaient été mises à jour par la régence tandis qu'elle tentait de s'accrocher au pouvoir, puis de le consolider en 1216 et 1217. Elles formaient un ensemble de droits qui bouleverserait le cours non seulement du règne d'Henri, mais aussi des générations de Plantagenêts qui lui succéderaient. Les chartes n'étaient plus un assemblage *ad hoc* de libertés affirmées à l'emporte-pièce, mais une déclaration symbolique de principe politique.

La réédition de la Charte de la forêt revêtait une importance particulière parce qu'elle revenait à limiter physiquement l'extension des pouvoirs de la monarchie. La loi de la forêt était onéreuse et suscitait en général le mécontentement des propriétaires terriens – s'opposer à l'extension des forêts royales, c'était, littéralement, se dresser contre l'expression la plus nette de la puissance royale dans le pays. Des commissions furent nommées, chargées de parcourir physiquement les limites des domaines forestiers du roi et d'en mesurer l'étendue.

Il était évident que la réédition des chartes représentait un compromis entre le roi et la classe politique, du moins pour Roger de Wendover : « Toute l'assemblée des évêques, comtes, barons, abbés et prieurs [...] fit savoir [...] qu'elle accéderait volontiers aux demandes du roi [sur le quinzième] pourvu qu'il leur accorde ces libertés qu'ils espéraient depuis longtemps. »

Ainsi l'accord fut-il conclu, et les 15 et 16 février 1225, des ordres furent transmis à tous les shérifs de comté du royaume, leur enjoignant de proclamer et respecter les chartes et d'effectuer de nouvelles inspections des limites des domaines forestiers royaux, de même que le calcul et la collecte d'une taxe qui débloquerait des dizaines de milliers de livres destinées au financement d'une expédition qui – bien qu'ostensiblement présentée comme visant à défendre les côtes – était surtout une opération royale de reconquête.

En termes politiques immédiats, la taxe fut un franc succès. Elle récolta 45 000 livres, bien plus que les tentatives précédentes du gouvernement de la régence, qui avait jusque-là voulu remplir ses coffres par le biais d'impôts féodaux. Cet argent permit à Henri et à Hubert de rassembler une force bien équipée pour dégager la Gascogne en été. On plaça à sa tête le cadet du roi, Richard, désormais un vigoureux jeune homme de seize ans, qui avait été élevé au rang de comte de Cornouailles en guise de cadeau d'anniversaire au début de l'année, ainsi que le comte de Salisbury, oncle du roi et vétéran de bien des guerres, âgé de quarante-neuf ans.

L'expédition, richement pourvue et commandée par un soldat expérimenté, fut une réussite. Les Anglais surgirent à l'improviste et ne firent pas de quartier, repoussant les Français et les empêchant de dévaster la dernière des possessions des Plantagenêts. Salisbury comprit rapidement qu'il ne pourrait pas reprendre le Poitou en une seule campagne. Mais ses efforts permirent de contrôler la Gascogne et son inestimable négoce du vin au nom de la couronne d'Angleterre, établissant une dépendance qui durerait plus de deux siècles. Ce fut un grand moment pour le gouvernement de la régence.

Pourtant, on peut considérer que ces gains territoriaux et commerciaux furent de moindre importance que l'accord conclu au pays, qui portait sur la consultation, la réforme et les finances publiques. Alors que les bannières anglaises flottaient sur les châteaux gascons, des copies des deux grandes chartes circulaient dans le royaume outre-Manche. Les juristes royaux se grattaient la tête et se demandaient comment déceler des failles dans les textes afin de préserver autant que possible les prérogatives royales. Mais la boîte de Pandore était ouverte. Partout où elles étaient présentées, les chartes étaient accueillies avec enthousiasme. Il devint rapidement clair que c'était bien d'un accord constitutionnel qu'il s'agissait. L'administration d'Henri avait entamé un processus qui permettait le financement d'expéditions militaires en échange de concessions détaillées dans le domaine des libertés politiques, consignées dans des chartes qui étaient distribuées dans tout le royaume. Cet accord avait été passé devant une assemblée de barons, d'évêques et d'autres seigneurs qui, si l'on ne pouvait encore parler de parlement, n'en constituait pas moins une sorte d'ébauche d'assemblée consultative. Les prérogatives féodales des rois et leurs droits sur leurs sujets étaient désormais soumis au débat et à la négociation avec la classe politique. Ce contrat tiendrait jusqu'à la fin du Moyen Âge.

Enfin roi

La minorité d'Henri aurait pu, et peut-être dû se terminer à la fin de 1225. Cette date aurait été raisonnable pour plusieurs raisons : le roi avait alors dix-huit ans, soit assez pour être considéré comme un homme. Le règlement définitif des chartes aurait constitué à la fois une rupture nette avec le règne de son père et le point de départ sans équivoque du sien. Et cela aurait été particulièrement avantageux quand, en novembre 1226, Louis VIII mourut de dysenterie à trente-neuf ans, et que la longue période de régence pour son fils Louis IX, qui n'avait que douze ans, commençait.

Mais 1225 ne fut pas le signe d'une rupture nette. Pas plus que janvier 1227, quand Henri, à dix-neuf ans, se déclara majeur lors d'un conseil à Oxford. Si le roi avait entrepris de développer sa propre maison, indépendante de ses conseillers, il était évident qu'il était loin d'être compétent dans l'exercice du pouvoir. Il était pris entre deux feux, surtout en ce qui concernait la France. D'un côté, il s'efforçait de collecter de l'argent pour la reconquête de la Normandie et du Poitou en 1228 et 1229, tout en cherchant tant bien que mal à se soustraire aux obligations des chartes promulguées en 1125. De l'autre, il était clair que le pouvoir était toujours aux mains d'Hubert de Bourg, qui éprouvait à l'égard de la guerre sur le continent une réticence qui tempérait les ardeurs tant d'Henri que de son frère Richard, comte de Cornouaille. Les terribles revers essuyés par Henri III quand il voulut envahir la Normandie en 1229 et 1230 furent en partie dus à la prudence de De Bourg, qui empêcha la grande offensive dont le jeune roi ambitieux avait rêvé.

De Bourg s'accrochant au pouvoir dans sa position de justicier à vie, et Henri n'ayant ni la force ni la confiance en soi suffisante pour s'emparer des rênes du gouvernement, la quasi-régence continua : une affaire tortueuse, qui avait depuis longtemps dépassé sa durée légale, et traîna encore pendant près de dix ans. Ce n'est qu'en 1234 qu'Henri se défit vraiment des conseillers qui dataient du règne de son père, et cela passa par une crise d'une extrême gravité.

Cette lente progression vers l'âge adulte et l'indépendance, et sa trop grande tendance à se reposer sur des ministres paternalistes pour le guider tenaient l'une et l'autre à sa personnalité. Dès son plus jeune âge, Henri se montra peu sûr de lui et un peu candide, fourmillant d'idées mais incapable de les mettre en pratique, et n'ayant pas le courage de gouverner par lui-même, courage qui n'avait jamais fait défaut à aucun de ses ancêtres, même les pires.

Ayant grandi sans roi pour lui servir de modèle, Henri était beaucoup trop attiré par les figures paternelles, instinct que l'on retrouve aussi dans son habitude, exaspérante de toujours écouter le dernier avis qu'on lui donnait, plutôt que le meilleur. Il avait hérité du mauvais caractère des Plantagenêts, et à bien des occasions, il entra dans des colères noires contre ses amis et ses ministres, les insultant et tentant même parfois de leur fracasser le crâne avec ce qui lui tombait sous la main. Lors d'une de ces crises de rage, il chercha à attaquer Hubert de Bourg avec une épée émoussée. Mais sa fureur ne durait jamais assez pour le pousser à se défaire de ses conseillers, et ainsi restèrent-ils à ses côtés, gouvernant en son nom pendant une période qui parut beaucoup trop longue.

Plus de Bourg resta agrippé aux leviers du pouvoir, plus le règne d'Henri s'enfonça dans le malaise. Tandis que le justicier s'enrichissait en s'arrogeant des tutelles qui lui attribuaient les bénéfices de grands domaines, Henri subissait les conséquences politiques de querelles mesquines entre Hubert et les principaux jeunes barons qui auraient dû former un cercle loyaliste étroit autour du nouveau roi : en particulier Richard, fils de Guillaume le Maréchal, et Richard, comte de Cornouailles, qui, suite à des provocations, se révoltèrent en 1231.

Le régime de De Bourg était déjà assez néfaste, l'homme ne se souciant manifestement que de ses propres intérêts au détriment des objectifs même du roi. Mais les choses s'aggravèrent encore plus avec le retour des croisades, en 1231, de l'ancien tuteur d'Henri, Pierre des Roches. L'arrogant des Roches n'avait aucunement l'intention de laisser de Bourg gouverner l'Angleterre à son profit, et veilla à manœuvrer pour retrouver promptement son influence sur le roi. Un temps, Henri fut partagé entre les deux hauts responsables, qui avaient tous deux joué un rôle formateur et paternel dans sa vie, mais qui étaient incapables de travailler ensemble, surtout en l'absence d'un monarque assez puissant pour les empêcher de se disputer et de créer des factions. Finalement, ce fut l'influence de des Roches qui l'emporta. En juillet 1232, à Woodstock, une violente querelle éclata entre le roi et de Bourg, qui vit le roi de vingt-quatre ans l'accuser, lui, son mentor, de toutes sortes de crimes ahurissants, dont l'empoisonnement du comte de Salisbury et du deuxième comte de Pembroke, Guillaume, le fils aîné de Guillaume le Maréchal, (alors qu'il n'y était pour rien). De Bourg fut jugé à Londres devant ses pairs – concession évidente aux exigences de la Grande Charte et de la nouvelle réalité politique – et il fut condamné à la prison à vie au château de Devizes.

La roue avait tourné. Des Roches dominait maintenant le roi et le gouvernement. Henri profita brièvement des joyaux et objets précieux qu'il avait confisqués à de Bourg, et connut une rare période de solvabilité : en septembre 1232, des Roches collecta pour lui une taxe afin de financer une campagne en Bretagne et en 1233, le gouvernement imposa une taille brutale aux juifs. Mais pour le pays dans son ensemble, rien n'avait changé. Le pouvoir de des Roches ne valait pas mieux que celui de de Bourg, parce que le personnage était encore moins populaire et encore plus arrogant que lui, et qu'il était entouré d'une suite composée de gens haïs qui avaient empoisonné le règne de Jean. Mais surtout, la présence de l'évêque aux côtés d'Henri ne faisait qu'exacerber le problème plus fondamental du règne du jeune homme. L'Angleterre avait besoin d'une monarchie incarnée, et non par procuration. Or, pendant deux années supplémentaires, le pays n'eut droit qu'à un gouvernement partisan de plus, sous la férule d'un ministre autoritaire. Pour asseoir sa position, des Roches vida la cour de ses adversaires et entreprit de s'octroyer, ainsi qu'à ses fidèles, fonctions lucratives, terres et châteaux. Selon Wendover, sous la houlette de des Roches, Henri « exila ses nobles et barons sans le jugement de leurs pairs, brûlant leurs villages et demeures, abattant leurs bois et vergers, détruisant leurs parcs et étangs ». Les principes de la Grande Charte étaient foulés au pied. Cela ne fit rien pour améliorer les relations entre le roi et Richard de Pembroke, qui se révolta deux fois en 1233, déclenchant une guerre civile mineure tout en semant le chaos dans la campagne que tentait de mener Henri II contre des rebelles au pays de Galles.

Tous le savaient, la situation devenait intenable. D'après Roger de Wendover, les grands féodaux commencèrent à parler de déposer Henri en juin 1233. Lors d'un grand conseil à Westminster en février, les évêques anglais implorèrent le roi de se débarrasser de des Roches et de ses séides néfastes pour gouverner par lui-même. Henri accepta, mais aussitôt, ce qui deviendrait son habitude en temps de crise, il prit peur à l'idée d'imposer sa volonté à la politique de son royaume. Au lieu de faire le ménage et de mettre en place de nouveaux responsables, il disparut de Westminster pendant plus d'un mois et partit visiter les lieux saints d'Est-Anglie, allant prier devant le fragment sacré de la Vraie Croix au monastère de Bromholm, devant l'autel de la Vierge Marie à Walsingham et dans d'autres monastères réputés.

Richard de Pembroke et Llywelyn de Gwynedd se révoltaient, mais le roi, lui, effectuait un pèlerinage. En avril 1234, Richard de Pembroke mourut des suites de ses blessures après une bataille en Irlande et Henri fut accusé par certains, ce qui était absurde, de l'avoir fait assassiner. En mai 1234, la crise au sein du gouvernement était devenue si grave que les évêques anglais, emmenés par Edmond Rich, le nouvel archevêque de Canterbury, menacèrent de l'excommunier.

Enfin, Henri se décida à agir. Non sans regret, il ordonna à des Roches de se retirer dans son diocèse, puis prit pour la première fois lui-même le contrôle du gouvernement. Il le fit à contrecœur, mais il était évident que s'il ne le faisait pas, il se retrouverait dans la même situation inextricable que son père peu avant sa mort. Lors d'une grande assemblée qui se tint à Gloucester juste après la chute de des Roches, Henri reconnut que ses ministres n'avaient pas respecté la Grande Charte en refusant à leurs ennemis le « jugement de leurs pairs ». Il annula quelques-unes des saisies foncières arbitraires décrétées par des Roches et s'engagea de nouveau à garantir la Grande Charte en promettant de ne prendre les grandes décisions de son règne qu'après consultation de ses grands vassaux. Henri, bon gré mal gré, sortit de la crise de 1233-1234 en tant que roi – un roi fidèle à l'esprit du royaume, où le respect consensuel des principes de la Grande Charte était de plus en plus placé au-dessus de toute chose.

Curieusement, au moment même où il accédait véritablement à la royauté, il semble avoir vécu une sorte de métamorphose spirituelle. Alors que tout son pays grondait sous le poids de ses ministres autoritaires et face aux barons rebelles et aux Gallois belliqueux, Henri, profondément blessé et troublé par cette agitation, commença à se tourner vers l'histoire de l'Angleterre en quête d'une inspiration qui, espérait-il, l'aiderait enfin à devenir un roi digne de ce nom. Ce n'est pas parmi ses ascendants les plus proches qu'il la trouva, mais dans la vie de l'un de ses plus lointains ancêtres, le dernier roi des Anglo-saxons, le saint Édouard le Confesseur.

Édouard, dont le règne sans postérité avait pris fin en 1066, ce qui avait entraîné les guerres de succession entre Harold Godwinsson et Guillaume le Conquérant, n'était pas un roi très prisé dans l'Angleterre des Plantagenêts. Il avait été canonisé en 1161, grâce à l'intervention d'Henri II, mais il ne faisait guère l'objet d'un culte, et la requête de Jean, qui avait demandé à être enterré près de saint Wulfstan à Worcester, plutôt que de saint Édouard à Westminster, montre le peu d'intérêt que les rois portaient à ce dernier. Henri, lui, occupé à fouiller dans le passé de son royaume et se cherchant une nouvelle figure du père pour le soutenir après les départs contraints de de Bourg et des Roches, crut au contraire y voir un modèle.

L'histoire du règne du Confesseur lui rappelait la sienne. Comme lui, il était arrivé au pouvoir en période de guerre civile et d'oppression. Comme lui, il avait été dans une certaine mesure trahi par ses ministres (tout comme de Bourg et des Roches avaient manipulé Henri à leurs propres fins, le Confesseur avait été victime des manœuvres traîtresses de Godwin, comte d'Essex). Plus prometteur encore, le Confesseur avait subi le fardeau de la royauté et était monté au Ciel en compagnie de saint Jean l'Évangéliste. De façon plus pertinente pour les affaires de l'État, les lois du Confesseur étaient considérées comme l'exemple même d'une bonne gouvernance royale, au point d'être citées dans la Charte des Libertés d'Henri Ier. Même le roi Jean avait juré de respecter les lois d'Édouard quand Étienne Langton avait levé son excommunication en 1213. Autant de signes encourageants.

À partir de 1234, Henri commença à se vouer avec un zèle croissant au culte du Confesseur. Il étudia sa vie, ses mythes, se mit à peindre des images des scènes les plus célèbres de sa vie à Westminster et dans ses autres palais, jeûna le jour de sa fête, le 13 octobre, avec une ferveur toujours plus fanatique. Dans ses chartes, il fit référence au « glorieux roi Édouard » qu'il considérait comme son « patron personnel ». Il s'efforcerait dès lors de suivre plus ou moins l'exemple du Confesseur.

Il était courant au Moyen-Âge de marquer sa dévotion pour les saints, et le roi pieux était un archétype bien établi à l'époque, mais l'adoration grandissante d'Henri pour le Confesseur avait malgré tout quelque chose d'extrême. Quoi qu'il en soit, nul ne se plaignait de l'effet que cela avait sur lui. À compter de 1234, Henri III devint enfin un roi adulte gouvernant par lui-même et s'engageant à respecter la Grande Charte. C'était ce que le royaume réclamait depuis des années.

Mariage et famille

En mai 1234, l'Angleterre avait enfin un roi prêt à répondre aux exigences de sa charge. Cet homme qui avait mis si longtemps à sortir de l'enfance était un peu particulier. Il mesurait environ 1,67 mètre. Il est dit qu'il avait une paupière tombante, ce qui devait lui conférer une étrange solennité, laquelle allait de pair avec une personnalité empesée. Il était d'une remarquable piété, même à une époque où la mode, chez les souverains, était de plus en plus à l'ascétisme et à une religiosité ostentatoire. (Son contemporain, Louis IX de France, allait lui aussi s'avérer un dévot fanatique qui ferait construire de superbes églises, dont la sublime Sainte-Chapelle, et se lancerait dans le commerce bourgeonnant des saintes reliques : en 1239, il verserait la somme astronomique de 135 000 livres à Baudouin II de Constantinople pour la Couronne d'épines et un fragment de la Vraie Croix.) Dans la course à la foi que se livraient les rois occidentaux, Henri comptait bien faire partie des monarques les plus pieux de la chrétienté.

Physiquement ou intellectuellement, Henri n'était pas aussi impressionnant que ses ancêtres plantagenêts, ni d'ailleurs que nombre de ses descendants, mais il se livra sciemment à de plus grandes démonstrations de magnificence royale qu'aucun d'entre eux. Il fut peut-être le plus grand mécène à avoir régné sur l'Angleterre médiévale, et fit transformer les grands centres de la vie de cour grâce à ses commandes de tableaux et d'édifices qui célébraient la vertueuse antiquité de la royauté. Murs et fenêtres se virent couverts de ses scènes religieuses et historiques favorites : saint Édouard le Confesseur était partout, mais aussi Lazare et le mauvais riche, les quatre Évangélistes, les gardiens du lit du Roi

Salomon et des saints guerriers comme saint Eustache, qui montait la garde près de la couche royale à Westminster. Il commanda également des tableaux d'Alexandre le Grand, du siège d'Antioche et des exploits légendaires de son oncle Richard en Terre sainte. Adulte, Henri n'avait jusqu'à présent peut-être pas été un roi exemplaire, mais avec son instinct pour mettre en valeur les fastes de la royauté, il se montrait un formidable propagandiste, qui comprenait parfaitement le lien entre histoire et image. Il consacrait en moyenne 3 000 livres par an – un dixième de ses revenus – à des chantiers de construction. Il était aidé dans son édification de l'image de la monarchie par un orfèvre du nom d'Odon puis, à partir de 1240, par le fils et successeur de ce dernier, Édouard de Westminster. En tant que fondeur en titre de l'Échiquier et gardien des œuvres du roi, ce dernier était entre autres choses chargé de réaliser toutes les belles coupes en or, les couronnes, les éblouissants habits cérémoniaux, les cierges magnifiques et les superbes joyaux dont Henri adorait s'entourer.

Mais ce que préférait Henri, c'était le raffinement sacré de la royauté. Or, pouvait-il y avoir plus glorieuse occasion de mettre en scène une cérémonie grandiose et utile à la propagande qu'un mariage royal ? En janvier 1236, ayant dûment requis d'un grand conseil l'autorisation de se marier, le roi, âgé de vingt-huit ans, prit enfin pour reine Éléonore de Provence, qui en avait douze.

À première vue, ce choix pouvait sembler quelque peu excentrique. Auparavant, il avait été fiancé à Jeanne, héritière du comté de Ponthieu. Mais la cour du roi de France s'était fermement opposée à l'idée qu'un roi d'Angleterre pût s'implanter par mariage dans un comté sur le littoral nord du pays, et l'union avait été annulée. Henri avait alors reporté son choix sur Éléonore, la deuxième des quatre filles de Raimond Béranger IV, comte de Provence, dont l'aînée, Marguerite, était déjà mariée à Louis IX. Éléonore de Provence venait du sud et, comme Aliénor d'Aquitaine avant elle, elle apporta l'influence et les intérêts de la culture de la France méridionale, vibrante et chaleureuse. On pouvait lui reprocher de n'avoir aucune terre en dot, mais elle compensait ce défaut par ses nombreuses relations : non seulement avec la cour de France, par le biais de Marguerite, mais aussi avec les hautes sphères du Saint Empire romain germanique et avec la papauté, grâce à la famille de sa mère, les comtes de Savoie. Sa mère,

Béatrice de Savoie, avait cinq frères, tous d'excellents diplomates disposant d'alliances et de contacts dans toute l'Europe. Sur le plan territorial, les Savoyards contrôlaient les accès au nord de l'Italie, et c'est pour cette raison que le comté s'était retrouvé pris dans le violent conflit diplomatique entre Frédéric Barberousse et la papauté. Henri avait prouvé son grand intérêt pour la politique de l'empire en mariant sa jeune sœur Isabelle à l'empereur Frédéric II en 1235, et son propre mariage avec Éléonore renforçait encore ses liens avec la cour impériale. Même si les Plantagenêts étaient désormais cantonnés à l'Angleterre et la Gascogne, Henri était bien décidé à rester solidement impliqué dans la politique complexe de l'équilibre des pouvoirs en Europe.

Il savait par conséquent que l'Europe aurait les yeux braqués sur la cérémonie de son mariage à Canterbury le 20 janvier 1236, et en particulier sur le couronnement de la nouvelle reine, qui devait avoir lieu six jours plus tard. « Tout ce que le monde pouvait se permettre d'acheter afin de créer plaisir et magnificence afflua alors de toutes parts », écrivit Matthieu Paris. Londres était plein à craquer de grands seigneurs et de grandes dames d'Angleterre, de serviteurs, de parasites et d'une foule brûlant d'assister de loin au premier mariage royal en près de cinquante ans. « Toute la ville était décorée de drapeaux et bannières, de guirlandes et de tentures, de cierges et de lampes, et de merveilleux appareils et de représentations extraordinaires, et toutes les rues étaient nettoyées de la boue et de la poussière, des bouts de bois et de toute chose offensante, poursuit Paris. Les citoyens [...] sortirent à la rencontre du roi et de la reine, parés de leurs plus beaux atours, et rivalisaient de vitesse sur leurs montures. »

Il ne semble pas y avoir eu de place à ce mariage pour quiconque aurait douté de la volonté de la noblesse anglaise de célébrer la dynastie Plantagenêt. Au contraire, l'ambiance était plutôt à la rivalité, tandis que les archevêques, les évêques, les abbés, les comtes et les habitants des antiques cités du pays revendiquaient tous le droit d'accomplir leur devoir cérémoniel. Qu'il se soit agi de rôles aussi prestigieux que le fait de couronner la reine et de porter l'épée de saint Édouard le Confesseur, ou plus simplement de repousser la foule trop pressante des spectateurs à l'aide d'un bâton ou encore de disposer les gobelets sur la table du dîner, ceux qui en étaient chargés s'en trouvaient honorés, et tous étaient ainsi unis dans la communion de la royauté. Au bout du compte, Henri s'était trouvé une épouse qui lui permettait d'établir un lien avec la géopolitique européenne, de confirmer sa virilité et d'orchestrer une cérémonie grandiose où toute la classe politique du royaume pourrait manifester avec enthousiasme sa cohésion et sa loyauté ancestrales. Il était dans son élément, et il fêta l'événement en emmenant sa jeune reine en voyage l'été suivant jusqu'à Glastonbury, pour visiter le site de la tombe présumée du Roi Arthur.

L'affaire avait déjà de quoi passionner l'Angleterre, mais le mariage d'Henri et d'Éléonore fut suivi d'un autre qui s'avérerait tout aussi important pour l'histoire du règne. En janvier 1238, Simon de Montfort, étoile montante de la cour, fit sensation en épousant Aliénor de Leicester, la sœur du roi âgée de vingt-trois ans. La princesse Plantagenêt n'était pas seulement le dernier enfant de Jean et d'Isabelle d'Angoulême, elle était aussi la veuve de Guillaume le Jeune, feu le comte de Pembroke et fils aîné du Maréchal qui avait été un temps le régent d'Henri III. Aliénor avait seize ans à la mort de son premier mari, et elle avait fait serment de chasteté devant Edmond Rich, archevêque de Canterbury. Mais, courtisée par Montfort, elle était désormais prête à y renoncer.

Montfort était arrivé en Angleterre en 1230 pour revendiquer le comté de Leicester, sur lequel il avait des droits par sa grand-mère Amicie de Beaumont. C'était un noble français, charismatique et de haute lignée, qui avait trente ans en 1238. Soit deux de moins que le roi, qu'il impressionnait, et finit même par terroriser par la vivacité de son intelligence politique et littéraire, ses compétences militaires, ses formidables relations dans la société et son redoutable fanatisme religieux. Montfort était un homme difficile, obstiné et dévoré par l'ambition. Il portait le cilice, ne mangeait et buvait qu'avec parcimonie, et veillait tard pour accomplir ses dévotions. Sous bien des aspects, et même s'ils avaient à peu près le même âge, Montfort représenterait une autre figure paternelle vers laquelle Henri pourrait se tourner avec une admiration infantile. Ils se connaissaient depuis huit ans, et durant ce temps, Montfort était devenu le meilleur ami du roi et un de ses plus proches conseillers.

Malgré tout, le mariage soudain entre Aliénor et Montfort choqua le royaume. Aliénor était, somme toute, le parti le plus en vue d'Angleterre. Elle apportait dans sa corbeille de mariée un lien direct avec le monarque, des biens fonciers considérables et un statut élevé. Si Henri avait consulté ses barons et prélats en assemblée tant avant ses épousailles que celles de sa sœur Isabelle, Aliénor fut donnée à Montfort sur ce qui paraissait être un coup de tête, et le couple se maria en secret.

Les barons s'offusquèrent de ne pas avoir été consultés sur une affaire d'État qui mettait en jeu l'équilibre régional des pouvoirs – puisque le mariage de Montfort lui donnait accès à des revenus conséquents et des terres dans tout le sud de l'Angleterre, qui s'ajoutaient à ce dont il avait hérité du comté de Leicester. Les évêques étaient troublés, car Aliénor avait été autorisée à se remarier en dépit de son vœu de chasteté. La stupeur fut telle dans le pays qu'elle déclencha une crise politique : le frère d'Henri, Richard de Cornouailles, s'allia à Gilbert de Pembroke, troisième fils du Maréchal, et au comte de Winchester, prenant la tête d'une nouvelle rébellion armée contre le roi. Il fallut six mois pour la désamorcer.

Heureusement pour Henri, il avait tendance à rapidement se réconcilier avec son querelleur de frère, et la crise s'estompa. Montfort se trouvait conforté dans sa position de favori et beau-frère du souverain, et se rendit à Rome afin d'obtenir que le pape Innocent IV consente à son mariage. Peu après son retour, en novembre 1238, Aliénor de Montfort donna naissance au premier enfant du couple, dans le château de Kenilworth.

Pendant ce temps, Henri commençait à accueillir à sa cour une famille royale de plus en plus étendue. Sa jeune reine fut rejointe en Angleterre par une foule de Savoyards, dont trois de ses oncles diplomates, Pierre, Thomas et Boniface de Savoie. Pierre et Thomas était arrivés à la cour dès 1240, et ils exerceraient une grande influence sur la politique publique durant leur séjour. Impressionné par l'élégance, l'expérience et leur vaste réseau de relations, Henri se montra généreux avec eux. Thomas, qui avait hérité du comté de Flandre, n'avait guère besoin de la générosité du roi, mais Pierre fut adoubé en 1241 et obtint la seigneurie de Richmond, dans le Yorkshire, et en 1244, Boniface prit enfin les fonctions d'archevêque de Canterbury, ayant été élu après la mort d'Edmond Rich en 1240. Tandis qu'Henri distribuait des titres et des terres, Éléonore s'efforçait de rapprocher les familles d'Angleterre et de Savoie par des mariages, conférant une saveur nouvelle à une partie de l'aristocratie anglaise. Ce n'était pas du goût de tous, mais dans l'ensemble, les Savoyards apportèrent plus à l'Angleterre qu'ils ne lui prirent.

Mais le plus important, pour la dynastie Plantagenêt, fut l'apparition d'une nouvelle génération quand, à la mi-juin 1239, la reine Éléonore, à seize ans, donna naissance à son premier enfant. Le roi partageait le lit de la reine depuis leur mariage (ce qui lui avait même sauvé la vie en 1237, quand un fou armé d'un couteau avait fait irruption dans les appartements royaux, pour s'apercevoir que le roi était dans la chambre de la reine), et ce fut une source de grande joie quand elle lui donna enfin un fils qui prolongeait ainsi la lignée royale.

Quand la nouvelle de l'accouchement de la reine se répandit, tout le palais de Westminster se réjouit. Les clercs de la chapelle royale entonnèrent *Christus vincit, christus regnat, christus imperat* (Christ conquiert, Christ vainc, Christ règne), et quand Londres l'apprit, toute la ville fit la fête dans les rues. De son côté, Henri se montra exigeant quant à la liesse qu'il attendait de son peuple. C'était la première naissance d'un héritier Plantagenêt en trente ans. Quand des messagers arrivaient en apportant des présents et les félicitations des grands seigneurs et évêques d'Angleterre, le roi les inspectait. Les cadeaux jugés indignes de ce grand événement étaient retournés à l'envoyeur, qui était également sommé d'en envoyer de plus appropriés.

Quel nom donner à l'enfant ? La tradition familiale penchait en faveur d'Henri, Jean, Richard, Guillaume, voire Geoffroy. Mais Henri III avait quelque chose de plus original en tête. Il décida que son fils serait baptisé Édouard, du nom de son cher Confesseur. C'était un choix étrange pour un prince Plantagenêt, ou du reste pour tout enfant de l'aristocratie né en Angleterre au XIIIe siècle. Le prénom aurait paru curieux, voire archaïque à des oreilles bien éduquées. Mais dans la vision qu'avait Henri de la royauté, l'histoire de la conquête par les Plantagenêts était liée à la sainteté de rois anciens. Comme Guillaume Adelin avant lui, le « seigneur Édouard », ainsi que l'on en vint à l'appeler, était censé incarner à la fois l'antique passé de l'Angleterre et son avenir, et il conférerait une identité distincte, nouvelle, à la maison plantagenêt. Henri marquait la Couronne, le pays et la famille royale de sa propre vision de l'Histoire et de la royauté.

Mais cette famille royale élargie ne tarda pas à se fissurer. Lors de la cérémonie de relevailles d'Éléonore, après la naissance d'Édouard, une violente querelle éclata entre le roi et Montfort, qui aurait des conséquences imprévisibles mais mortelles pour les deux camps.

Depuis sa rapide ascension, Montfort connaissait des difficultés financières. Il avait engagé de grosses dépenses pour racheter à son frère Amaury sa demi-part du comté de Leicester. Il avait pris la croix en 1237, ce qui avait entraîné de nouveaux frais. Son épouse était réputée pour ses coûteuses extravagances. L'un dans l'autre, il s'apercevait que sa position de beau-frère du roi était un peu au-dessus de ses moyens. En 1239, Montfort avait emprunté 2 000 livres à Thomas de Savoie, et avait engagé le nom d'Henri III en tant que garant sans consulter le roi au préalable. Henri n'apprécia pas que son ami ait usé si aisément de la faveur royale, et à l'occasion de la cérémonie de relevailles, il laissa libre cours à sa colère. Il y avait sans doute d'autres raisons, dont le ressentiment qui couvait chez le roi, face au coût politique de l'erreur qu'il avait commise en autorisant Simon à épouser sa sœur. Passant brutalement d'une attitude de générosité dispendieuse à une fureur noire, Henri tança Montfort et Aliénor – enceinte de son deuxième enfant – et accusa Simon d'avoir séduit sa sœur avant leur mariage. Ce n'était peut-être pas vrai, mais le roi était si en colère que les Montfort durent fuir l'Angleterre.

Dans les faits, Montfort était banni. Il décida alors de respecter son serment de croisé. Richard de Cornouailles s'était montré digne de la réputation de l'oncle dont il portait le nom et avait projeté une croisade en Palestine de 1239 à 1241, à laquelle Montfort se joignit avec enthousiasme. La Croisade des Barons, comme on l'appelle, fut un succès. Allié à Thibaud IV de Champagne, Richard réussit à reprendre la Galilée et Ascalon. Pendant que son mari se battait contre les infidèles en Outremer, Aliénor de Montfort se retira à Brindisi, dans le sud de l'Italie, pour profiter de l'hospitalité de son beau-frère Frédéric II.

Cette période suffit à apaiser les tensions entre Henri III et les Montfort, qui purent rentrer en grâce. Quand Montfort revint d'Orient en 1242, il trouva le roi d'humeur confiante. Il venait de profiter d'un litige de succession au pays de Galles, entre deux fils de Llywelyn le Grand. Ayant aidé Dafydd à monter sur le trône de Gwynedd, il avait obtenu que ce dernier lui rende hommage à Gloucester, établissant la suzeraineté des Plantagenêts. Comme son père, se sentant en force chez lui, Henri III commença à envisager de revendiquer de nouveau les terres de sa famille sur le continent, et il prépara une expédition militaire dans le Poitou. Les grands nobles n'étaient guère enthousiastes, et ils refusèrent de voter la taxe qui aurait permis de lancer une opération de conquête ambitieuse. Henri collecta donc tout l'argent et mobilisa tous les talents qu'il put en vue de monter ce qui ressemblait à une invasion privée. Et il avait besoin des compétences militaires de Montfort.

L'expédition au Poitou fut un désastre. L'armée anglaise était modeste, mal financée, accompagnée par à peine deux cents chevaliers. Régulièrement trahie par ses prétendus alliés poitevins, elle fut complètement dépassée par la stratégie de Louis IX. Montfort se battit bien, mais la cause était désespérée. Henri III subit une succession de revers humiliant, prouvant qu'il était le pire chef militaire que sa famille ait jamais vu. La campagne provoqua une nouvelle dispute avec Richard, comte de Cornouailles, auquel Henri avait promis la Gascogne en récompense de ses vaillants services au nom d'une cause perdue, puis avait fait marche arrière sur les conseils de la reine. À Saintes, Montfort aurait été entendu comparant Henri à Charles le Simple, roi carolingien du Xe siècle dont les échecs militaires avaient fini par lui valoir d'être emprisonné par ses propres sujets. Même si, extérieurement, ils étaient réconciliés, il était clair que Montfort et Henri ne resteraient pas longtemps en paix. Il semblait même de plus en plus vain d'espérer que les relations entre le roi pieux, mais dépassé, et sa vaste famille puissent se poursuivre sans heurt pendant des années.

Royauté et sainteté

Dans la nuit du 12 octobre 1247, les chandelles vacillaient dans la chambre du roi. C'était la veille de la fête de la translation de saint Édouard, désormais le plus saint des souverains de l'histoire d'Angleterre, à qui le fils aîné d'Henri devait son nom. Le roi était agenouillé, plongé dans les prières, la contrition et la dévotion. Il jeûnait, se contentant d'un régime de miséreux à base de pain et d'eau. Il se préparait, par cette nuit blanche de recueillement dans la fumée entêtante des cierges, à une cérémonie d'une grande sacralité.

Le lendemain, devait se dérouler un splendide spectacle de piété et de magnificence. Henri avait acheté à des nobles de l'Outremer un récipient de cristal fin contenant un peu du sang du Christ, censé avoir été recueilli sur Jésus alors qu'il subissait les affres de la Passion. L'objet ne déparait pas la collection de reliques royales, qui contenait déjà une pierre marquée de l'empreinte de Jésus, qu'il aurait laissée juste avant l'Ascension. Pour la fête de saint Édouard, jour sacré rattachant l'histoire de la royauté anglaise aux légions des saints, Henri comptait maintenant offrir son dernier présent en date – susceptible, dans son esprit, de rivaliser avec la Couronne d'épines de Louis IX en tant que relique chrétienne la plus glorieuse d'Europe occidentale – aux prélats de l'abbaye de Westminster.

Pour une fois, il avait quelque chose à fêter. S'adonnant exceptionnellement à une activité pacifique, son frère Richard, comte de Cornouailles, supervisait la production d'une monnaie réformée qui permettrait de rétablir la confiance dans la devise anglaise dépréciée et rapporterait de coquets bénéfices tant au trésor royal qu'au comté de Cornouailles. Mieux encore, après une nouvelle période de rébellion au lendemain de la soumission de Dafydd ap Llywelyn à Henri en 1241, une coalition de princes gallois, en avril 1247, s'était une fois de plus réconciliée avec la couronne d'Angleterre, avait accepté Henri comme suzerain féodal et permis au pouvoir anglais de s'étendre plus loin et plus profondément que jamais au pays de Galles depuis le règne de son père. Pendant ce temps, la famille royale plantagenêt continuait à s'agrandir. En mai, Henri avait marié deux des proches de la reine à deux de ses pupilles royales : le comte de Lincoln et le seigneur de Connaught. Cela faisait entrer deux grandes familles seigneuriales directement dans l'orbite royale, aidant le roi à se sentir en sécurité dans son royaume.

Du point de vue d'Henri, son règne était de nouveau sur la bonne voie. Ainsi, lorsque l'aube se leva en ce matin d'octobre, tous les prêtres de Londres s'assemblèrent sous la flèche de bois géante de la cathédrale Saint-Paul, dans leurs tenues d'apparat avec surplis et scapulaires, entourés de leurs clercs portant symboles et croix. Des centaines de cierges illuminaient l'obscurité de cette matinée d'automne. Tous attendaient leur roi.

Henri arriva, vêtu humblement d'un pauvre manteau sans capuche – un modeste pénitent dont la discrétion était encore accentuée par le luxe de son entourage. Il entra dans la cathédrale, puis en ressortit portant la petite fiole de cristal au-dessus de sa tête dans ses deux mains jointes, les yeux rivés sur cette relique délicate, et sur les cieux au-delà. Ainsi entama-t-il sa procession à pied sur la route de Londres à Westminster.

Ce fut une marche harassante. Le roi était épuisé par sa nuit de jeûne sans sommeil, et il risquait à chaque instant de trébucher dans les nids-de-poule et les ornières de la route. Mais son amour sincère de la piété ostentatoire et sa foi obstinée dans la gloire de sa couronne réclamaient un tel inconfort. Toute sa vie, il avait aimé l'apparat de la dévotion royale, depuis qu'à treize ans, il avait assisté, empli de ferveur, au transfert des restes de saint Thomas Becket dans un grand cercueil d'or incrusté de pierreries, dans la chapelle de La Trinité à Canterbury. Il avait peut-être ce souvenir à l'esprit alors qu'il avançait en portant la fiole de sang sacré, deux aides soutenant ses bras endoloris tandis qu'il élevait bien haut la relique.

Avant d'atteindre les portes de l'abbaye de Westminster, la procession devait entendre les rumeurs de la foule qui l'attendait. Chansons, sanglots et exultations au nom de l'Esprit Saint résonnaient dans l'église abbatiale. Cette dernière en était aux premières étapes d'un projet de reconstruction ambitieux, lancé en 1245, afin de l'adapter au style gothique français. Quelque 45 000 livres seraient dépensées pour veiller à ce que l'église abbatiale imite et rivalise les grandes églises françaises de la Sainte-Chapelle, Saint-Denis et Reims. Elle serait agrémentée de hautes colonnes graciles, de fenêtres ogivales et de vitraux ; le poids en surcroît serait supporté à l'extérieur des murs par des contreforts élancés.

Le roi, plongé dans ses dévotions, ne s'arrêta pas quand il atteignit l'église. Il continua, la fiole toujours levée au-dessus de sa tête, et fit le tour de plusieurs endroits sacrés – il contourna l'église, se rendit vers le palais tout proche, et enfin dans ses propres appartements royaux. Lorsqu'il eut terminé, il revint à l'église et, expression à la fois de sa munificence royale et de sa grandeur quasi-divine, il offrit ce présent inestimable de Dieu qu'était l'église Saint-Pierre de Westminster à son cher Édouard le Confesseur et aux religieux de l'abbaye.

Ce spectacle somptueux fut le clou de la superbe cérémonie royale d'Henri. Devant toute la classe politique anglaise assemblée, il orchestra une scène triomphante qui aurait suscité la jalousie des cours raffinées de Louis IX ou de Frédéric II. L'évêque de Norwich prononça ensuite un sermon soulignant la prééminence de la relique d'Henri par rapport à toute autre relique en Europe : « La croix est une chose très sainte par la plus sainte effusion du sang du Christ qui y fut faite, plutôt que l'effusion de sang ne fût rendue sainte à cause de la croix. »

Et il ajouta, selon Matthieu Paris, « que c'était grâce au grand respect et à la sainteté du roi d'Angleterre, qui était connu pour être le plus chrétien de tous les princes chrétiens, que ce trésor inestimable avait été envoyé par le patriarche de Jérusalem [...], car en Angleterre, comme le monde le savait, la foi et la sainteté étaient plus florissantes que dans tout autre pays du monde ».

Telle était donc la vision qu'avait Henri de la royauté. C'était une mission qui dépassait délibérément celle de ses prédécesseurs par sa sainteté et qui, par sa vénération affichée pour le Confesseur, faisait de nouveau remonter la lignée royale anglaise à l'époque d'avant la Conquête. Comme Henri Ier, le roi rattachait son propre pouvoir à l'ancienne lignée saxonne, célébrant ses origines anglaises, et pas seulement son raffinement normand et plantagenêt.

C'était plus qu'une simple affaire de généalogie. Le règne d'Henri était ainsi présenté non comme une question de droit et de conquête, mais de divinité. Henri montrait que le roi était ministre du culte, qu'il n'était pas en guerre avec son Église, comme cela avait été si souvent le cas sous son père et son grand-père, mais qu'il l'enrichissait et la protégeait, promouvant du même coup sa conception du couronnement, au cours duquel il avait reçu l'onction et été placé dans une position unique de communion avec Dieu et ses saints. Cela répondait également à une envie qui, en lui, se faisait de plus en plus irrésistible : celle de devenir un roi croisé. Il était Henri l'intercesseur, Henri le pèlerin, Henri le bienfaiteur. Il s'adressait à l'âme de l'Angleterre et à son histoire.

Il s'adressait aussi à sa noblesse. Après la cérémonie, Henri se défit de son costume de pauvre et passa une tenue scintillante d'étoffes précieuses, tissée de fils de métal brillant et ornée d'or. Une couronne d'or sur la tête, il fit chevalier son demi-frère, Guillaume de Valence, de la famille des Lusignan, et plusieurs autres de ses nobles poitevins et gascons. Le roi-prêtre pèlerin se muait ainsi en seigneur chevaleresque.

Même si beaucoup, hors les murs de Westminster, éprouvaient de sérieux doutes quant à la possibilité que le sang de Jésus eût survécu aux treize siècles écoulés depuis qu'il avait été versé sur le Mont du Calvaire, l'imagerie pieuse d'Henri était dans l'air du temps : une version automnale de la fête printanière du Corps et du sang du Christ, consacrée fête annuelle par l'évêque de Liège l'année précédente. Et elle était en outre d'une incroyable grandeur, comme le chroniqueur Matthieu Paris, qui assista à toutes les cérémonies, tint à le souligner dans le compte rendu que le roi le chargea d'écrire. Mais était-ce efficace sur le plan politique ?

Vers la guerre

La réponse, hélas, était non. Alors que les années 1240 prenaient fin, Henri avait au moins réussi à développer l'image de la magnificence royale. Mais en dépit de son approche aussi magistrale que superbe de la création d'un mythe plantagenêt, à la fin des années 1240, à l'aube de la cinquième décennie de son règne, Henri III dut affronter des crises politiques venues de tous côtés et sous toutes les formes. Après 1247, il se trouva face à une succession de problèmes, la plupart de son fait, qui, en 1258, se conjuguèrent pour provoquer la plus grave crise politique en un demi-siècle. Les difficultés s'amoncelèrent tant que, à la fin des années 1250, son règne était sur le point de basculer dans le chaos.

Tout commença en 1248, alors qu'Henri s'efforçait de tirer le meilleur parti de son ami épisodique Simon de Montfort. En mai 1247, Montfort s'était laissé convaincre de ne pas quitter l'Europe occidentale pour repartir aux croisades. Au lieu de cela, il fut envoyé consolider une région rétive dans les possessions d'Henri outre-Manche : la Gascogne. Après l'échec de l'expédition dans le Poitou en 1242-1243, il fallait qu'Henri renforce cette partie de la France continentale dont la loyauté lui restait encore relativement acquise. Montfort fut donc envoyé en Gascogne en tant que lieutenant royal, avec des pouvoirs considérables pour gouverner de façon quasi-indépendante et défendre les intérêts anglais contre les incursions de nombreuses puissances menaçantes sur les frontières gasconnes : la France, la Castille, l'Aragon et la Navarre.

Il endossa sa lieutenance avec un peu trop de ferveur. S'étant vu accorder une liberté d'action presque totale dans un pays rebelle, loin du centre du gouvernement royal en Angleterre, il s'acquitta tout d'abord remarquablement de sa tâche, érigeant un bouclier diplomatique autour des frontières du duché par des alliances avec les grands seigneurs de la région. Mais avant longtemps, il se retrouva à court d'argent et plus que jamais entouré d'ennemis. Les nobles gascons rebelles, sous la férule de l'irréductible Gaston de Béarn, refusaient de se soumettre au pouvoir autoritaire de Montfort. Toute résistance était sévèrement réprimée. Montfort confisquait des terres, détruisait des bâtiments et, pire que tout, abattait les vignes – un châtiment terrible dans un pays dont la principale source de revenus était de vin.

En 1252, la Gascogne était en ébullition. Henri, désespéré, rappela Montfort afin de le faire comparaître devant le conseil royal. La confrontation se passa très mal, et vira au règlement de compte. Les accusations portées contre Montfort étaient graves. Les Gascons le dépeignaient comme un « traître infâme », coupable d'avoir extorqué de l'argent à ses sujets, et d'avoir emprisonné et fait mourir de faim ses ennemis.

Selon Matthieu Paris, Montfort s'estima gravement offensé par les calomnies portées à son encontre. Lorsqu'on lui présenta les accusations des Gascons, il répliqua rageusement à Henri : « Est-ce donc, mon seigneur roi, que vous prêtez l'oreille et le cœur aux messages de ces traîtres à votre égard, et croyez ceux qui ont souvent été reconnus coupables de trahison, plutôt que moi votre fidèle sujet ? »

Henri répondit sans réfléchir : « Si vous n'avez rien à vous reprocher, quel mal l'examen vous fera-t-il ? » Ce qui ne fit rien pour apaiser les tensions.

L'affaire Montfort étant soumise au jugement de barons tout acquis à la cause d'Henri, les deux parties laissèrent leurs paroles dépasser leurs pensées. À l'issue d'un monologue incendiaire dénonçant l'irresponsabilité d'Henri pour avoir accordé foi aux plaintes des Gascons, Montfort interpella vivement le roi : « Qui pourrait croire que vous êtes chrétien ? Ne vous êtes-vous donc jamais confessé ?

— Si fait », rétorqua Henri.

Dans une réplique amère consignée par Matthieu Paris, Montfort lança alors : « Mais que vaut la confession sans repentance ni expiation ? »

Damner un roi si pieux devant tous les grands d'Angleterre était à tout le moins mal avisé. C'était un clou de plus dans le cercueil des relations, naguère plus ou moins cordiales, entre Montfort et Henri. Dans son verdict, le conseil royal statua toutefois en faveur du comte, et celui-ci retourna brièvement en Gascogne ; mais sa simple présence en terre occitane avait désormais valeur de provocation. Henri fut obligé de se rendre en personne dans le duché, d'y faire montre d'une grande prodigalité, et de se préparer à en confier l'apanage à son fils. Et au moment venu, quand le jeune Édouard fut marié à Éléonore de Castille le 1er novembre 1254 en l'abbaye de Santa María la Real de Las Huelgas en Castille, Henri accorda le duché à son fils en guise de cadeau de mariage, mettant un terme à une période désastreuse dans l'administration de la région.

Dans le cadre de cet arrangement, Henri racheta à Montfort sa charge de lieutenant. Mais les amères paroles du roi envers son ancien ami – pleines d'aigreur face à l'échec d'une relation royale – résumaient le ressentiment qui couverait tout au long de la décennie suivante :

> *« Jamais je ne me suis repenti d'aucun acte autant que je me repens aujourd'hui de vous avoir jamais autorisé à entrer en Angleterre, ou à détenir tout fief ou honneur dans ce pays, dans lequel vous vous êtes engraissé au point de vous dresser contre mon autorité. »*

La fin de cette amitié ne fut qu'un des événements d'une décennie marquée par un déferlement de crises tous azimuts. Dès sa majorité, Henri avait eu à cœur la vision d'une restauration du patrimoine Plantagenêt par le rattachement de la Normandie, de l'Anjou et de l'Aquitaine à la Couronne d'Angleterre. Mais comme le comprenaient clairement la plupart de ses contemporains, toute tentative réelle de concrétiser cette ambition aurait de loin dépassé son budget. Alors que Louis IX était en mesure de payer 150 000 livres pour sa Couronne d'épines, et d'en lever 1 000 000 pour financer sa croisade, Henri III peinait à amasser assez d'argent pour mobiliser une force d'invasion capable de traverser la Manche tous les quatre ou cinq ans.

Il était impossible de nier que, par rapport à ses ancêtres et à ses rivaux, Henri était pauvre. Les recettes qu'il tirait de ses terres en Angleterre, les bénéfices de l'administration, de la justice et du commerce, correspondaient peut-être à ses besoins lorsqu'ils étaient soigneusement gérés en temps de paix – aussi bien, au cours des périodes de son règne où Henri ne chercha pas à récupérer son héritage en Poitou, ses revenus restèrent parfaitement sains. Mais ils ne furent jamais à même de financer de grandes guerres de conquête en territoire étranger.

Henri faisait de son mieux pour dissimuler cette réalité. Sa devise, qui ornait le mur de la Chambre peinte de Westminster, était *Ke ne dune ke ne tine ne prent ke desire* — que l'on pourrait traduire approximativement par « Qui ne donne point ce qu'il aime n'obtient pas ce qu'il veut ». Il souhaitait cultiver son image de prince libéral dont la magnanimité apportait d'abondantes récompenses. Il nourrissait une passion pour les pierres précieuses et les métaux brillants. Il investissait considérablement dans ses projets architecturaux et se livrait sans retenue à son amour pour sa collection d'art et de bijoux (même s'il finirait par être contraint de mettre en gage une grande partie de son trésor dans les années 1260). Comme Louis IX, il se déplaçait en grande pompe, finançait la construction de coûteux édifices religieux, faisait des dons généreux à ses institutions et sanctuaires préférés, et faisait célébrer ses messes quotidiennes par des prêtres en habits somptueux. Il entassait de l'or – qui devenait peu à peu l'étalon monétaire en Europe – dans ses appartements personnels, vivant parmi des tas de lingots, de feuilles d'or et de poussière d'or. Mais, contrairement à Louis – dont le revenu annuel de plus de 70 000 livres était presque deux fois supérieur à celui du roi d'Angleterre –, derrière cette façade, Henri était confronté à un problème grave et structurel des finances royales.

Comme il ne pouvait pas réunir assez d'argent par ses propres moyens pour lancer avec succès des campagnes à l'étranger, Henri avait recours à des ponctions ciblées sur certains groupes sociaux tels que les juifs, et aux taxes qu'il ne pouvait maintenant obtenir que par la négociation avec ses grands vassaux. Nous avons déjà vu comment, par le pacte de 1225, le règne d'Henri avait établi un principe de contrepartie, qui revenait à échanger des concessions politiques contre des taxes. À la fin des années 1240, cette relation avait évolué au point que les grands féodaux d'Angleterre commençaient à voir dans leurs rencontres avec le roi un espace légitime et coutumier où ils pouvaient critiquer ouvertement la politique gouvernementale. Les réunions se virent dotées d'un nom officiel lorsque Henri III confia une affaire de droit à un « parlement » en 1236.

Entre 1248 et 1249, quatre de ces prototypes de parlements refusèrent à Henri une taxe destinée à transformer la lieutenance de Simon de Montfort en Gascogne en une conquête de la région environnante. Non contents de lui refuser de l'argent, ils se plaignirent également avec vigueur de la corruption qui gangrenait l'administration locale. Henri en fut réduit à lever des fonds grâce à la vente d'une partie du trésor royal, procédant à une seconde refonte de monnaie en 1257, dans laquelle l'or plutôt que l'argent fut émis en tant que monnaie, et empruntant massivement auprès de nobles, dont son frère Richard.

Et puisqu'il se heurtait à la résistance acharnée de ses barons sur la fiscalité, Henri fut contraint de puiser dans d'autres sources de revenus, moins protégées. Il se concentra sur les flux de revenus qui provenaient davantage des poches de ses chevaliers et de ses sujets moins bien nés.

L'imposition des juifs, répétée et implacable, devint de moins en moins profitable dans les années 1250. Les tribunaux royaux itinérants d'Henri tentèrent de compenser ce fléchissement en se concentrant plus que jamais sur l'exploitation des bénéfices de la justice. Les shérifs – des fonctionnaires souvent nés à l'étranger et envoyés par Londres dans les comtés pour y superviser le gouvernement royal – firent preuve d'une plus grande rapacité dans leurs efforts pour collecter des fonds. Faisant fi de l'effet scandaleux et déstabilisant que cela aurait sur la gouvernance au niveau local, Henri confia plusieurs mandats de shérif à ses fidèles, les encourageant à pressurer sans merci des gens avec lesquels ils n'avaient aucun lien, et qui n'avaient contre eux aucun recours. Dans le même temps, la Couronne multipliait les ventes d'exemptions féodales, ce qui se traduisit par une dangereuse inégalité des prélèvements royaux dans les comtés. Une grande part de ces initiatives allait directement à l'encontre de l'esprit, et parfois de la lettre, de la Grande Charte.

Au fil des années 1250, le gouvernement d'Henri se mit à nouveau la noblesse à dos… Des factions causaient des problèmes à la cour, et une en particulier, composée de parents du roi récemment arrivés à la cour : les Lusignan.

Les frères Lusignan – Guillaume et Aymar de Valence – étaient les jeunes demi-frères d'Henri par le biais du remariage de sa mère la reine Isabelle d'Angoulême à Hugues X de Lusignan. Les Lusignan s'étaient révoltés contre Louis IX pendant la malheureuse campagne d'Henri dans le Poitou en 1241-1242, et le roi français vouait une rancune tenace à la famille. Guillaume, Aymar, leurs frères Guy et Geoffroy et leur sœur Alice étaient arrivés en Angleterre en 1247. Henri les avait accueillis en grande pompe, adoubant Guillaume lors de sa grande cérémonie du 13 octobre 1247 à Westminster. Mais la générosité imprudemment partisane du roi en faveur des Lusignan suscita un ressentiment généralisé, teinté de xénophobie à l'égard d'un groupe apparemment soucieux de ses propres intérêts et d'origine distinctement étrangère. Guillaume de Valence, outre ses armes de chevalier, s'était également vu accorder en mariage une héritière de Guillaume le Maréchal, et s'était ainsi retrouvé seigneur de Pembroke et de bien d'autres manoirs et châteaux du pays de Galles et des frontières. Aymar, quant à lui, était devenu évêque élu de Winchester, tandis que Guy et Geoffroy obtenaient des tutelles et de l'argent. Plus important encore, cependant, en tant qu'amis du roi, ils étaient souvent protégés de la justice royale.

Les Lusignan formaient une clique. Ils étaient arrivés ensemble et s'étaient implantés en masse dans la vie de l'Angleterre, tout comme les oncles savoyards de la reine l'avaient fait dans les années 1230. Ils étaient cependant nettement plus intraitables et déplaisants que les Savoyards, et il y avait des tensions notables entre les deux groupes. Les Lusignan étaient perçus comme des gens hautains, grossiers, violents, orgueilleux, méprisants et querelleurs – et ils l'étaient. Même dans une société régulièrement secouée par la violence, ils parvinrent à se faire remarquer par leur comportement brutal : un différend entre Aymar et Boniface, l'oncle savoyard de la reine, archevêque de Canterbury, se solda par l'intervention musclée d'une bande armée de partisans des Lusignan, qui saccagèrent le palais de Lambeth, pillèrent argent et vaisselle, et rentrèrent en toute hâte avec des otages dans leur château de Farnham. Le roi, maintenu sous oxygène par les prêts en numéraire des Lusignan, ne leur fit pas appliquer de châtiment satisfaisant pour cette infamie et d'autres encore. Il fit même tout le contraire : en 1256, Henri ordonna de ne pas donner suite à des brefs mettant en cause ses favoris. C'était là un grave manquement du pouvoir, et sans surprise, il fut assimilé à une violation directe de la clause de la Grande Charte qui interdisait tout déni ou retard de justice.

Ce n'était qu'un exemple parmi d'autres. Vers le milieu des années 1250, les barons de la cour et une grande partie du reste du pays estimaient que le roi était sous la domination de ses nouveaux favoris, au détriment d'une bonne gouvernance. Comme l'écrirait plus tard au pape un groupe de barons : « Pour peu que quelqu'un portât plainte et réclamât un jugement contre les Lusignan [...], le roi se retournait contre le plaignant d'une manière des plus extraordinaires, et celui qui aurait dû être un juge bienveillant s'avérait un terrible ennemi. »

Tout est dit dans cette dernière phrase. De juge, le roi était devenu agresseur. Par son affection excessive pour ses cousins Lusignan, Henri sapait ce qui était de plus en plus considéré, du moins du point de vue des barons, comme ses responsabilités fondamentales en vertu de la Grande Charte : son obligation de garantir un accès aisé à une justice raisonnablement équitable. Il exerçait l'autorité publique en la corrompant au nom d'intérêts privés. Aussi débonnaire fût-il, dans la langue de la philosophie politique classique, le roi se transformait en tyran.

Pis encore, Henri sombrait dans la folie des grandeurs. Le problème ultime des années 1250, qui regroupait presque tous les autres tout en illustrant à la fois la portée de la conception que se faisait Henri de la royauté et l'étendue de son incroyable folie, se trouvait sur une île éloignée des frontières de l'Angleterre : la Sicile.

Le projet sicilien naquit de la convergence de deux des fixations d'Henri : son enthousiasme religieux et son désir obsessionnel de recréer l'empire de ses ancêtres. Quand Henri décida de prendre la croix en 1250, cela entraîna un changement marquant dans sa politique étrangère. Ayant passé tout son règne à tenter de tisser des alliances anti-françaises à l'est, en particulier avec l'empereur Frédéric II, à qui il avait marié sa sœur, Henri changea d'optique.

Il rêvait désormais d'envoyer une grande armée à l'est afin d'aider à la reconquête de Jérusalem. La ville, reprise au nom de la chrétienté par Frédéric II au cours de la sixième croisade en 1228, avait été reperdue en 1244 et presque totalement rasée par les féroces clans khorezmiens venus d'Asie centrale. Louis IX avait revêtu le manteau de la croisade en 1248, et Henri était déterminé à se joindre au projet. À court terme, cela lui permit de collecter une taxe de croisade, mais il ne s'agissait pas d'une ruse financière cynique. Le pieux Henri, qui avait décoré ses palais de tableaux représentant Richard Cœur de Lion livrant un prétendu combat singulier à Saladin, imaginait sincèrement qu'en renouant avec la tradition des croisades, la maison des Plantagenêts serait auréolée de gloire.

Malheureusement, les fantaisistes projets de croisade d'Henri étaient toujours en concurrence avec ses véritables obligations en Gascogne, qui lui prenaient tout son temps et, surtout, son argent. Bien qu'il ait amassé de grandes sommes en imposant l'Église, en 1255, presque tout l'argent qu'il avait collecté avait été englouti par les efforts pour rétablir l'ordre après les calamiteuses années Montfort. Pourtant, les ambitions de croisades du roi demeuraient inchangées. Plutôt que d'y renoncer, il modifia son objectif : à l'Outremer il préféra une région plus proche de son royaume. En 1254, le pape Innocent IV commença à proposer à divers princes d'Europe le trône de Sicile, réputé vacant, affirmant qu'en tant que suzerain de l'île, cette prérogative lui incombait. Henri y vit une chance à saisir. Il pourrait ainsi revendiquer une terre lointaine ayant appartenu aux Plantagenêts, projet qui associerait son enthousiasme pour la croisade à son ambition de recouvrer son ancien patrimoine.

L'histoire de la famille était effectivement en partie liée au royaume de Sicile. La tante d'Henri, Jeanne – fille d'Henri II et d'Aliénor d'Aquitaine – avait été reine de Sicile dans les années 1180, et prisonnière du roi Tancrède II dans les années 1190. Richard Ier l'avait libérée lors de son voyage en Orient pour la troisième croisade, puis avait conquis l'île pour donner une leçon à Tancrède. Depuis lors, le royaume avait été attiré dans les guerres interminables entre les empereurs et la papauté, pièce stratégique de la lutte de pouvoir qui embrasait l'Italie et l'Europe centrale depuis des décennies. En 1254, Henri envoya des émissaires demandant que le royaume soit accordé à son deuxième fils, Edmond, et sa requête fut acceptée avec enthousiasme par le biais du légat du pape en mars de la même année.

Si Henri III avait été plus riche, moins accaparé par d'autres problèmes, et plus habile stratège militaire, récupérer la Sicile pour son cadet aurait pu rappeler les coups de maître dont son grand-père Henri II était coutumier sur l'échiquier géopolitique européen. Malheureusement, il n'était rien de tout cela. C'était un fantaisiste naïf, avec un faible pour les projets irréalistes. Richard comte de Cornouailles, authentique fauteur de troubles, mais beaucoup plus sage que son royal frère (et qui serait élu roi des Romains en 1256), s'était vu offrir la couronne de Sicile en 1252. Il avait froidement refusé, déclarant au nonce du pape : « Vous pourriez aussi bien me dire, "je vais vous donner ou vous vendre la lune ; montez donc la chercher." »

Quoi qu'il en soit, à partir de 1254, les projets de croisade d'Henri se métamorphosèrent en une obligation de financer la conquête de la Sicile au nom du pape. En mai 1255, cela devint officiel. Puis, le 13 octobre 1255, inévitable jour de célébration de saint Édouard, l'assemblée des grands du royaume eut la surprise d'apprendre que, en s'engageant à entreprendre l'expédition de Sicile, Henri avait contracté auprès du nouveau pape Alexandre IV des dettes d'un montant de 135 541 marcs. C'était une somme ahurissante, peut-être trois fois plus que ce qu'Henri pourrait espérer collecter en imposant l'Église, et bien proche, par une étrange ironie du sort, des 150 000 marcs que Richard Ier avait été contraint de payer pour sa libération après la troisième croisade.

Les barons découvrirent qu'Henri comptait sur cette immense fortune, totalement chimérique, pour financer une armée qui traverserait la France pour rejoindre la Sicile, en passant par les cols des Alpes qu'Henri contrôlait grâce à ses liens avec les Savoyards. Puis, du sud de l'Italie, il lancerait une invasion amphibie de l'île, et sa couronne serait alors conquise. Compte tenu des médiocres performances d'Henri en tant que général, c'était là une opération pour le moins ambitieuse. Pis encore, il avait convenu que si Henri manquait à ses obligations, l'Angleterre serait frappée d'interdit papal et lui-même d'excommunication.

C'était une catastrophe. Et pourtant, Henri défendait sa nouvelle cause avec une assurance insolente. Il annonça officiellement son projet avec tambours et trompettes. Il accepta la venue de membres du clergé sicilien dans le royaume. Il organisa des célébrations lorsque son frère Richard fut élu roi des Romains en 1256 et intronisé l'année suivante, se disant qu'il disposait maintenant d'un allié utile pour son projet sicilien. Et plus absurde encore, en mars 1257, Henri présenta son fils de douze ans, Edmond, roi supposé de Sicile, à ses grands vassaux et ses prélats assemblés – et abasourdis. Le jeune garçon portait le costume traditionnel des Pouilles.

Le fait est que l'aventure sicilienne n'avait strictement rien de réaliste. « La noblesse du royaume fut affligée d'être réduite à une telle ruine par la simplicité lamentable d'un seul homme », écrivit Matthieu Paris. Au lieu de séduire ses nobles par cette nouvelle « croisade », Henri se retrouva méprisé pour son imprudence et son aventurisme. Les grands refusaient de financer son projet et ne perdaient pas une occasion de lui rappeler les innombrables problèmes qu'il impliquait. Or, Henri avait juré dans son serment – qu'il était bien moins enclin à rompre que son père – qu'il serait le fer de lance du pape pour conquérir une île lointaine dont la valeur n'était que symbolique.

En 1257, ses difficultés de financement, les querelles de faction et la politique étrangère se conjuguèrent pour pousser Henri vers le point de non-retour. Le pays doutait de plus en plus de sa capacité à gouverner. Les coffres étaient vides. Les Lusignan étaient détestés. Le roi était obsédé par sa folie sicilienne, pour laquelle il avait hypothéqué son royaume et son âme immortelle sans aucun moyen de payer. Le nouveau pape Alexandre IV laissait filtrer des rumeurs menaçantes – quoique probablement pas tout à fait sincères – sur la mise à exécution des peines d'interdit et d'excommunication. Et en 1258, les barons d'Henri, convoqués en parlement à Westminster dans l'espoir qu'ils accepteraient miraculeusement de contribuer à financer le projet sicilien, se présentèrent avec la ferme intention d'imposer des réformes radicales.

Si une scène pouvait résumer l'état d'esprit d'Henri dans la quarantième année de son règne, c'est celle de la fresque qu'il commanda en 1256 pour décorer sa garde-robe à Westminster – une pièce tout à fait privée, dans laquelle il se faisait laver la tête et où il passait une partie de ses moments les plus intimes. Elle représentait un roi sauvé par sa meute de chiens d'un complot ourdi contre lui par ses propres hommes. Enfant, Henri avait assisté à l'invasion du royaume de son père. Roi mineur, en 1216-1217, il avait vu ses propres barons se retourner contre la famille

Plantagenêt et inviter un Capétien à monter sur le trône. Aujourd'hui, quarante ans plus tard, alors que les barons anglais recommençaient à gronder, il était clair que ces souvenirs terribles revenaient le hanter. Henri avait finalement prouvé qu'il était bien le fils de son père.

Les Provisions d'Oxford

Il était tôt, en ce matin du 30 avril 1258, quand un grand nombre de nobles et de chevaliers accompagnés de leurs partisans approcha de la salle du roi au palais de Westminster, dans le cliquetis de leurs armures et de leurs épées accrochés à la ceinture. À leur tête marchaient quatre hommes : l'oncle de la reine, Pierre de Savoie ; Richard de Clare, comte de Gloucester ; Roger Bigot, comte de Norfolk ; et Simon de Montfort, comte de Leicester, l'ancien ami d'Henri, qui était en passe de devenir sa bête noire.

Les quatre hommes et leurs suivants devaient être debout depuis l'aube, nerveux à l'idée de la confrontation qui les attendait. En arrivant à la porte de la magnifique salle où se trouvait Henri, tous savaient que leur message serait extrêmement mal reçu. Officiellement, ils apportaient au roi une réponse à une nouvelle demande de financement qu'il avait soumise au parlement de Westminster, dans le cadre de la crise sicilienne. En réalité, ils étaient là pour tenter de le détourner de son amitié délétère avec les Lusignan et reprendre le contrôle face à une crise politique qui ne pouvait plus être ignorée. Ils étaient liés par un pacte d'alliance mutuelle et avaient juré de « s'aider les uns les autres [...] contre toute personne, de faire ce qu'il convient sans rien prendre que nous ne pourrions prendre sans faire le mal, au nom de la foi dans notre seigneur le roi d'Angleterre et la Couronne ».

La situation du royaume les avait poussés à agir. Quand 1257 fit place à 1258, l'Angleterre était dans une situation catastrophique. Une maladie respiratoire avait fait des ravages durant la fin de l'été 1257, avant que des pluies torrentielles ne dévastent les récoltes d'automne, et qu'un hiver rigoureux n'empêche les paysans de préparer les terres pour le printemps. La maladie et la pestilence déferlaient sur tout le pays, et des milliers de petites gens mouraient de faim dans les campagnes. « Partout on trouvait des cadavres, gonflés et livides, couchés par cinq et six dans des porcheries ou sur les tas de fumiers ou dans les rues boueuses », écrivit Matthieu Paris.

Quand les comtes et leurs hommes avaient été convoqués au parlement trois semaines plus tôt, le royaume baignait dans le sang et le tonnerre grondait. Le pays de Galles était secoué par la rébellion, sous le commandement du redoutable prince de Gwynedd, Llywelyn ap Gruffudd. L'envoyé du pape Arlot continuait de brandir la menace d'excommunication et d'interdit si la dette sicilienne n'était pas réglée. Et les Lusignan n'en faisaient qu'à leur tête, au point qu'Henri ne pouvait même plus faire semblant de leur tenir la bride haute. Début avril, des hommes d'Aymar, l'évêque de Winchester, avaient tué un membre de la maison de John FitzGeoffrey, un noble influent, et Henri avait refusé de sanctionner les coupables. Lorsque le parlement se réunit à Westminster pour débattre d'une autre demande de financement royal, ses membres convinrent que le roi était dans l'incapacité de reprendre en mains la faction criminelle qui dominait sa cour.

Ce qu'il advint lors de la rencontre du 30 avril fut consigné dans les annales de l'abbaye de Tewkesbury. L'auteur en fut probablement informé par un témoin oculaire :

> *« Comme la troisième heure [du milieu de la matinée – la tierce] approchait, des hommes nobles et vigoureux, comtes, barons et chevaliers s'en vinrent à la cour de Westminster. Ils déposèrent leurs épées devant l'entrée de la salle du roi et, se présentant devant le roi, le saluèrent comme leur seigneur roi avec dévouement et honneur. »*

Ce n'étaient pas des rebelles. Ils arrivaient devant Henri plutôt comme des amis de la couronne d'Angleterre et de tout ce qu'elle était censée représenter.

Henri, cependant, ne vit que leur armure. Les épées étaient peut-être posées contre la porte de sa salle, mais un groupe d'amis n'avait rien de très rassurant en approchant du trône équipés pour la guerre.

« Qu'est-ce donc, messeigneurs ? demanda-t-il. Suis-je, pauvre de moi, votre humble captif ?

— Non, répondit le comte de Norfolk. Mais il faut que les misérables Poitevins [autrement dit, les Lusignan] et tous les étrangers fuient votre face et la nôtre comme de la gueule d'un lion, et alors, il y aura "gloire à Dieu au plus haut des cieux et paix sur votre terre aux hommes de bonne volonté". »

Henri en fut sans doute choqué, mais il ne pouvait être surpris qu'une telle demande lui soit formulée de façon aussi brutale. L'hostilité que suscitaient les Lusignan était quasi unanime ; il est probable que les hommes qui avaient ainsi fait irruption dans sa salle d'audience disposaient du soutien tacite de la reine. Bien des questions politiques lui avaient été posées durant son règne. Et il se trouvait maintenant à court de réponses. Bigod lui annonça que les grands vassaux étaient tous d'accord : le roi devrait jurer de suivre leurs conseils ; Henri et le seigneur Édouard devraient jurer sur les Évangiles qu'ils seraient liés par l'avis d'un conseil de vingt-quatre barons, pour élus moitié par le roi, et pour moitié par les grands ; le roi ne devrait pas tenter d'imposer des taxes ; et Henri devrait remettre le sceau royal – l'outil ultime du gouvernement – à une personne responsable, dont l'identité serait décidée par les vingt-quatre barons. Ces derniers éliraient à leur tour un conseil permanent de quinze hommes dont la mission serait de guider le roi sur les questions de gouvernement au jour le jour, cependant le parlement devrait se réunir trois fois par an, avec pouvoir de nommer les ministres royaux.

C'étaient des exigences démesurées, mais en ce matin d'avril, il semblait n'y avoir aucun moyen de les contourner. Henri était dépassé par les événements, et il était impossible de résister à la force brute de la volonté politique collective des barons. Le même jour, Henri et son fils Édouard jurèrent sur les Évangiles de faire comme Bigod le demandait. Au bout de dix ans de déchéance progressive, Henri avait finalement échoué dans son exercice personnel du pouvoir, et la royauté serait désormais gérée de façon collégiale – ses fonctions essentielles étant aux mains des grands feudataires.

Mais comme l'expérience des pères des barons l'avait montré à Runnymede, la monarchie Plantagenêt ne se laissait pas facilement juguler. Henri, comme Jean avant lui, se démena, essayant d'exploiter son droit à nommer la moitié du comité des vingt-quatre en y plaçant des Lusignan. Pourtant ses efforts achoppèrent sur son incapacité à trouver ne serait-ce qu'une douzaine d'hommes de statut et de rang suffisant qui soutenaient encore son pouvoir. Huit semaines plus tard, à Oxford, un autre parlement se réunit, alors que dans toute la ville des chevaliers loyaux à chaque camp, armés jusqu'aux dents, tous censés être en route pour une campagne au pays de Galles, se tenaient en réalité prêts au cas où une véritable guerre civile viendrait à éclater.

À Oxford, la résistance d'Henri s'effondra. Il se vit présenter d'entrée la litanie de ses manquements, et fut accusé de ne pas avoir respecté la Grande Charte. « Lorsque le parlement s'ouvrit, la proposition des grands vassaux fut adoptée dans son inaltérable intention, la plupart exigeant fermement que le roi respecte et observe fidèlement la charte des libertés d'Angleterre, nota Matthieu Paris. Ils ordonnèrent par ailleurs qu'un justicier soit nommé pour rendre justice à quiconque se trouvait lésé dans ses droits, avec une égale impartialité envers les riches et les pauvres. Ils demandèrent également d'autres choses concernant le royaume au nom du bien de tous, de la paix et de l'honneur du roi et du royaume. »

Henri et Édouard prêtèrent immédiatement un autre serment, s'engageant à respecter les réformes des barons, mais l'opposition des Lusignan eux-mêmes fut vive, et ils rejetèrent catégoriquement les appels à abandonner les terres et les châteaux mis à leur disposition par le roi. Ils furent informés sans détours ce qui les attendait s'ils résistaient à l'opposition des barons. « Le comte de Leicester [Simon de Montfort], s'adressant à Guillaume de Valence, qui s'offusquait plus que les autres, lui répondit, "Soyez-en sûr et ne vous y trompez pas, soit vous abandonnerez les châteaux que vous détenez de par le roi, soit vous perdrez votre tête" », rapporte Matthieu Paris. Horrifiés, les Lusignan fuirent Oxford pour se mettre en sécurité dans le diocèse d'Aymar à Winchester. Ils furent formellement expulsés du pays quelques mois plus tard, mais en attendant, le parlement leva la séance, selon les mots du même chroniqueur, « sans certitude ni conclusion ».

Les propositions des barons à Oxford avaient été élaborées en étroite consultation avec les chevaliers des comtés, et un vaste programme de réforme fut publié, qui visait non seulement à réglementer le gouvernement central, mais aussi à répondre aux graves problèmes de corruption au niveau des comtés. Ces mesures restèrent connues sous le nom de Provisions d'Oxford, et bien qu'agencées sous une forme différente de celle de la Grande Charte, elles étaient presque aussi exhaustives. Elles prévoyaient que, dans chaque comté, quatre chevaliers soient chargés d'enquêter sur les abus commis par les fonctionnaires royaux, et établissaient un conseil de vingt-quatre barons assermentés qui superviserait le gouvernement du royaume. Hugh Bigod fut nommé justicier par les grands vassaux, et tous les principaux fonctionnaires du roi – du trésorier et du chancelier aux shérifs, baillis, officiers testamentaires et châtelains qui exerçaient le pouvoir royal dans les comtés – seraient désignés par le parlement. Les chevaliers qui s'étaient rassemblés à Oxford n'atteignirent jamais le pays de Galles, et le projet de campagne qui devait y avoir lieu fut abandonné.

Le 18 octobre 1258 des proclamations furent envoyés au nom du souverain au peuple d'Angleterre et aux sujets du roi en Irlande, leur faisant part du nouvel ordre qui avait été établi, et de leur devoir de s'y soumettre. Il s'agissait bien d'un véritable programme national de réformes, ce qui était souligné par le fait que les proclamations avaient été rédigées en français, en latin et en moyen anglais, affirmant :

> *« Sachez tous que nous assurerons que ce que tous nos conseillers, ou la plus grande partie d'entre eux, qui ont été choisis par nous et par la communauté de notre royaume, ont fait et feront pour la gloire de Dieu et par loyauté envers nous, pour le bénéfice du pays dans le jugement des conseillers susdits, sera ferme et durable en toutes choses et pour toujours. Si un homme ou des hommes s'y opposent, nous commanderons que tous nos fidèles sujets les tiennent pour ennemis mortels. »*

Une autre proclamation suivit deux jours plus tard, confirmant les modalités selon lesquelles les quatre chevaliers de chaque comté nommés en vertu des Provisions d'Oxford devaient enquêter sur la corruption des fonctionnaires royaux.

Ces deux proclamations étaient faites au nom d'Henri, mais en réalité, le gouvernement lui échappait. C'étaient désormais les barons qui tiraient les ficelles. Henri avait perdu tout pouvoir personnel, ses amis avaient été expulsés du pays, et les barons s'étaient arrogé les prérogatives de la Couronne. Au cours des trois années qui suivirent, le gouvernement fut pris en charge par le conseil des grands, les envoyés des barons intervenant désormais dans les négociations de paix en cours avec le pays de Galles et la France, et s'efforçant de persuader le pape d'oublier toute cette pitoyable affaire sicilienne. Simon de Montfort occupait le devant de la scène politique – il n'était pas tout à fait en position de régent, mais sa voix acerbe dominait au sein du nouveau régime.

Henri, comme il avait toujours eu tendance à le faire dans les moments de crise, disparut pour s'adonner à la dévotion religieuse. Après Oxford, il visita ses sanctuaires préférés à St Albans, Bury St Edmunds et l'abbaye de Waltham, portant le deuil de Catherine, sa fille de trois ans qui avait succombé à la maladie en 1257. En son absence, les réformes des barons se poursuivirent au même rythme. Les Provisions de Westminster, publiées en octobre 1259, établirent un ambitieux programme de réformes du droit et du gouvernement, ainsi que le calendrier d'un eyre chargé d'enquêter systématiquement sur les abus commis par les fonctionnaires royaux. À la fin de 1259, Henri ne jouait plus qu'un rôle flou et insignifiant. La royauté Plantagenêt, qui avait d'abord été la monarchie conquérante, puis la monarchie du gouvernement par les institutions royales, se trouvait désormais elle-même institutionnalisée.

Le 4 décembre 1259, Henri III, âgé de 52 ans, s'agenouilla dans le verger du luxueux palais parisien de Louis IX, parmi les troncs noueux et les branches dénudées par le vent des pommiers. Devant lui se tenait Louis, de sept ans son cadet, le monarque le plus saint d'Europe. Les deux hommes, profondément dévots, étaient sur le point de conclure l'un des actes les plus sacrés de la royauté. Henri avait mis longtemps pour arriver à Paris, et encore aurait-il pu être retardé jusqu'à après Noël, car, dans sa monomanie, il avait voulu faire halte dans chaque église sur la route de Paris afin d'entendre la messe. Même Louis s'était lassé du besoin compulsif du roi d'Angleterre d'entendre la messe, et avait accéléré sa venue en faisant fermer sur sa route le plus grand nombre possible d'églises.

D'un naturel déjà peu enjoué, Henri III était maintenant extrêmement grave. Le conseil baronnial avait fait la paix avec la France, en dépit de l'opposition de Simon de Montfort, qui avait un intérêt personnel à ce que les hostilités se poursuivent, et du seigneur Édouard, hostile à toute diminution de l'autorité de la Couronne. La paix s'accompagnait d'une condition terrible et onéreuse : en application du traité de Paris, Henri fut contraint de rendre hommage à Louis, renonçant une fois pour toutes à ses prétentions impériales et reconnaissant qu'il tenait les possessions continentales qui lui restaient en tant que pair de France, plutôt qu'en tant que roi à part entière. Certes, d'autres rois d'Angleterre avant lui avaient accompli la même cérémonie : Henri II s'en était acquitté aux premiers stades de sa conquête en 1156 afin de s'assurer le soutien de Louis VII contre son frère rebelle Geoffroy, et Jean avait rendu hommage pour la Normandie avant de monter sur le trône, dans le cadre de ses machinations contre Richard. Pourtant, aucune de ces cérémonies n'avait marqué avec autant de force que la soumission unilatérale d'Henri III. Ce jour-là, on ne s'embarrassa même pas d'un semblant d'égalité entre les deux protagonistes : Henri était un vassal devant son maître.

L'archevêque de Rouen lut à haute voix les termes du traité. Sa voix résonnait dans le verger, et décrivait le nouvel état des choses. Henri renonçait à ses dernières revendications sur les terres qui avaient jadis appartenu à Henri II et à Richard Ier : la Normandie, le Maine, l'Anjou et le Poitou. Dans le sud, il ne serait confirmé dans ses droits que sur la Gascogne et sur les intérêts de sa femme à l'intérieur des terres – des domaines incluant la Saintonge et l'Agenais. Dans une manifestation de gratitude vide de sens au regard de son statut diminué, il promit de verser 15 000 marcs à Louis et de lui fournir des fonds pour équiper cinq cents chevaliers croisés pendant deux ans. Ainsi Henri fut-il admis dans le giron de l'aristocratie française : il n'était plus un prince après Dieu, mais un duc soumis à son seigneur le roi.

Le cortège réuni pour assister à la cérémonie se tenait à quelques pas de certaines des reliques les plus sacrées d'Occident : la superbe Sainte-Chapelle de Louis recelait à la fois la Couronne d'épines et un fragment de la Vraie Croix. Mais même la sainteté et la magnificence des lieux ne pouvaient occulter le fait que, tandis qu'il se prosternait devant le roi de France, Henri mettait un point final à un glorieux chapitre de la royauté anglaise.

Henri, jusqu'à sa mort, se considérerait comme un roi d'origine normande et angevine. Mais le monde ne pouvait plus continuer à prétendre que les rois anglais avaient encore un quelconque lien politique avec les villes du Mans et d'Angers, de Rouen ou de Tours. Même les derniers fragments du duché d'Aquitaine, qu'Aliénor et les siens avaient tenus pendant des décennies, farouchement indépendants vis-à-vis de la France, furent reconnus comme un fief de la couronne de France. Les barons d'Henri y avaient veillé. Géographiquement, politiquement et féodalement, dans un verger à quelques centaines de pas de la Vraie Croix, l'acte de décès de l'empire Plantagenêt fut finalement proclamé.

*

Dans toute l'Europe du XIIIe siècle, tous les grands royaumes cherchaient à consolider leur assise territoriale. Louis IX avait achevé l'œuvre entamée par son grand-père Philippe Auguste, en étendant la souveraineté française depuis la Flandre jusqu'à Toulouse. Les frontières et allégeances fluides et mouvantes, qui avaient prévalu au XIIe siècle en Europe occidentale, prenaient forme peu à peu. Henri avait été contraint d'accepter cet ajustement à un monde où la couronne Plantagenêt n'était plus angevine ou anglo-normande, mais uniquement anglaise. Le traité de Paris l'avait confirmé. La débâcle de Sicile avait montré que l'empire Plantagenêt des premiers temps, cette époque où royauté et parenté s'étendaient de l'Écosse aux rives de l'Outremer, était désormais hors de prix, que ce soit sur le plan financier ou politique. Les horizons de l'Angleterre avaient rétréci.

Le traité de Paris fut dans un certain sens la conséquence du changement fondamental dans la nature du pouvoir royal, qui avait évolué au cours des quarante-trois premières années du règne d'Henri, au point que la classe politique du royaume non seulement influençait le roi, mais exerçait de fait le pouvoir à sa place. Les rééditions régulières de la Grande Charte et de la Charte de la forêt, octroyées en contrepartie de fonds pour se battre à l'étranger, redéfinissaient les limites et les règles de la royauté, servant de base à un pacte entre la Couronne et la classe politique sur la façon de régner du monarque. Ce processus avait été déclenché par les ambitions fantaisistes et chimériques d'Henri III, qui l'opposaient sans cesse à ses barons, et il se trouva codifié dans leur ultime acte de rébellion juridique : les Provisions d'Oxford. Ces dernières indiquaient clairement que la structure solidement hiérarchisée de la monarchie et de la noblesse avait changé, au cours de la première moitié du XIIIe siècle, pour devenir une sorte de partenariat, où la royauté était intégrée au tissu de la gouvernance anglaise, universelle, mais soumise à une loi de plus en plus abstraite, et susceptible d'être remise dans le droit chemin par la classe politique si elle s'égarait.

Henri a été décrit de bien des façons par ses proches contemporains. En 1258, le pape Alexandre IV le flattait, voyant en lui un « *Rex Christianissimus* » – un roi très chrétien. Mais c'est la description qu'en fit Dante qui est restée : *vir simplex* – un homme simple. Henri lui-même se rêvait en roi auréolé de gloire, mais en fait, c'était un homme faible, un amateur d'art éclairé dénué de tout sens politique, qui ne fut jamais en mesure de gouverner avec succès en cette époque d'évolution rapide.

Son goût pour les projets qui, lorsqu'ils n'étaient pas tout à fait fantaisistes, dépassaient manifestement ses talents d'organisateur, le mena droit à de terribles difficultés financières et politiques. Bien qu'il se fût entouré de personnalités de talent, il avait le don de suivre les mauvais conseils des mauvaises personnes au mauvais moment. Son manque de bon sens et de jugement l'empêchait systématiquement de s'extirper des catastrophes qu'il avait lui-même provoquées. Et quand la crise se déclarait, le *Rex Christianissimus* s'arrangeait généralement pour disparaître en entreprenant l'une de ces énigmatiques tournées de ses sanctuaires favoris. Né sans père, abandonné par sa mère, n'ayant jamais pu dans son enfance observer un autre roi régner, il fut toute sa vie dominé par d'autres : Henri était dès le début un piètre candidat à la Couronne, une charge qui exigeait une formidable confiance en soi et une discipline de fer.

Curieusement, quand les circonstances l'exigeaient, Henri pouvait jouer à la perfection le rôle public du grand prêtre, et il y trouvait apparemment satisfaction. Il savait à quoi devait ressembler la royauté, mais il n'en comprenait absolument pas le fonctionnement. Les pièces d'or frappées durant une de ses grandes années de crise le résument bien. Totalement inappropriées en tant que monnaie, elles n'en étaient pas moins parées de l'image d'Henri sous les traits d'Édouard le Confesseur, incarnation de l'ancienne monarchie d'Angleterre et saint national en devenir. Elles constituent également une tentative de ranger la royauté anglaise aux côtés de la majesté de la couronne impériale, qui commerçait en *augustales* d'or. Henri voyait grand, et il créa un culte de la royauté qui se manifeste dans les vitraux et les frises murales, les éblouissantes rénovations du palais et de l'abbaye de Westminster, et d'innombrables demeures royales, y compris le magnifique palais modernisé de Clarendon, à proximité de Salisbury. Grâce à Henri, l'Angleterre apprit à communier avec sa propre histoire. Il fut, plus qu'aucun de ses ascendants et descendants, un propagandiste incroyablement habile de sa dynastie. Ce fut là sa plus précieuse contribution.

Pourtant, après 1259, Henri était devenu inutile à bien des égards. Il était vieux et brisé, humilié et dépassé par les circonstances. Alors que Montfort et les barons tentaient de gouverner en son nom, le centre du pouvoir royal se décala progressivement mais inévitablement vers son fils Édouard, un garçon de vingt ans agressif et martial. Édouard attendrait encore plus de dix ans pour monter sur le trône, mais il incarnait sans conteste l'avenir de la famille Plantagenêt, si tant est que cette illustre famille dût avoir un avenir.

IV

Le temps d'Arthur (1263-1307)

« Maintenant tous les îliens sont rassemblés
Et Alba réuni aux royaumes
Dont le roi Édouard est proclamé seigneur.
Cornouailles et Galles sont en son pouvoir,
Et l'Irlande la grande fait sa volonté […]
Jamais Arthur ne tint si fermement les fiefs. »

Chronique de Pierre de Langtoft de Bridlington

Lewes

Peu après l'aube, le 14 mai 1264, une petite armée s'était déployée en silence dans les hauteurs au-dessus de la ville de Lewes, dans le Sussex. Les hommes étaient peu nombreux, mais ils avaient la foi. Ils s'étaient faufilés en pleine nuit dans l'épaisseur des sous-bois pour venir occuper cette position. Et ils se préparaient maintenant à ce qui était très rare dans une guerre médiévale : une bataille rangée.

L'armée ne se composait que de quelques centaines de cavaliers, accompagnés de plusieurs fois leur nombre de fantassins et de serviteurs. Alors que le soleil du matin montait dans le ciel, ils contemplèrent l'ennemi en contrebas. Il était beaucoup plus nombreux qu'eux. Face à eux, sur plus d'un quart de lieue entre le prieuré de Lewes et le château le plus proche, s'étendait une armée royale regroupant plus de 1000 chevaliers équipés comme pour envahir le pays de Galles, ainsi que des milliers d'hommes d'armes, les princes royaux animés d'une rage sanguinaire en avaient pris la tête. Cette force plantagenêt brûlait de se venger de rebelles qui défiaient depuis trop longtemps l'autorité royale. Ils avaient tourné en dérision les propositions de pourparlers : les rebelles auraient la paix, avaient-ils dit, s'ils se présentaient avec des nœuds coulants autour du cou, prêts à être pendus.

La petite armée rebelle était dirigée par Simon de Montfort. Il avait alors cinquante-six ans, qui, s'étant cassé une jambe, avait été conduit en charrette sur le champ de bataille. Pourtant, bien que blessé, de Montfort, six ans après les Provisions d'Oxford, était toujours un ennemi implacable du roi. S'estimant justifié dans son opposition politique, il attisait les flammes du sentiment anti-monarchique partout où il le pouvait. En 1262, Henri avait obtenu une bulle papale le libérant des obligations des Provisions et Montfort avait quitté le royaume pour une courte période. Il était revenu en 1263, déclenchant une rébellion à la tête d'une coalition de barons, convaincus que la guerre était désormais le seul moyen de contraindre Henri III à gouverner conformément aux principes établis en 1258. Montfort s'était depuis entouré de jeunes aristocrates impressionnés par sa réputation militaire, sa piété fervente et ses tirades incessantes contre un roi que des chroniqueurs hostiles dépeignaient comme un dépravé et un débauché qui ruinait le royaume.

La guerre Montfort avait bien commencé, et les rebelles avaient réussi à s'emparer d'une grande partie du sud de l'Angleterre, mais depuis le début de l'année, la roue avait tourné en faveur des royalistes. Pendant le printemps, Henri et Édouard avaient assemblé une puissante armée à Oxford et l'avaient déployée contre les forces rebelles de Montfort lors d'une série de sièges. À Pâques, les forces royalistes avaient chassé Montfort de partout, sauf de Londres. En se présentant avec ses troupes à Lewes, Montfort se préparait à livrer son baroud d'honneur.

C'était un acte désespéré. Aucune bataille rangée n'avait eu lieu sur le sol anglais depuis près de cinquante ans. Comparées à la tactique classique qui consistait à enchaîner sièges et pillage, les batailles étaient inutiles, incertaines et chaotiques. Les chefs militaires médiévaux veillaient si soigneusement à les éviter que seuls quelques chevaliers de chaque côté y avaient participé.

Pourtant, alors que les deux armées se faisaient face au pied des hauteurs du Sussex, il était clair que l'heure de vérité avait sonné. Les hommes de Montfort, des croix blanches épinglées à leurs tenues, étaient animés d'une grande ferveur. Dans le camp royal, l'engagement était total, personne ne ferait de quartier. En particulier le fils d'Henri, le seigneur Édouard.

Édouard n'était plus qu'à un mois de son vingt-cinquième anniversaire. Au cours des six années qui s'étaient écoulées depuis que la rébellion contre son père avait éclaté, il avait eu plus que son content de violences et de difficultés. En grandissant, il avait vu son père fuir Montfort et lutter contre les tentatives de ce dernier pour entraver et réformer la Couronne. Il l'avait vu subir la désintégration de ses prérogatives royales tandis que Montfort et les barons lui imposaient législations et ordonnances, cherchant à contrôler la maison royale et à persécuter les membres de la famille royale dont l'influence était jugée pernicieuse par les barons.

Au fil de ces années de mécontentement, Édouard avait souvent changé de position à l'égard des réformes. Élevé sous la protection des frères savoyards de sa mère, en 1258, il avait pris le parti des parents Lusignan de son père. L'année suivante, il s'était allié avec les réformateurs. Entre 1260 et 1263, il avait encore changé d'allégeance trois fois. Mais en 1264, Édouard était un loyaliste jusqu'au-boutiste.

Le point de vue d'Édouard sur ses ennemis a été pour l'essentiel décrit par l'auteur de la « Chanson de Lewes », qui notait que sous l'influence de Montfort, « la race dégénérée des Anglais, qui était habituée à servir, inversant l'ordre naturel des choses, régnait sur le roi et ses enfants ». Une lettre envoyée au nom d'Édouard à l'armée de Montfort la veille de la bataille accusait le comte d'être un « traître perfide, tout de fausseté », et promettait aux rebelles « qu'à partir de ce moment, nous allons, de toute notre âme et notre force, partout où nous en aurons les moyens, faire de notre mieux pour infliger des blessures à vos personnes et vos biens ». Entouré des belliqueux seigneurs des Marches avec lesquels il s'était lié d'amitié pendant sa jeunesse, Édouard avait pris le commandement des unités sur le flanc droit de l'armée, qui se trouvait devant le château de Lewes, où il avait été hébergé. Son oncle Richard, comte de Cornouailles, qui était rentré en Angleterre après avoir été chassé de sa position de roi des Allemands, était à la tête de la division du centre. Le père d'Édouard, le roi, commandait le flanc gauche, devant le prieuré.

Face aux unités d'Édouard se tenait un groupe rebelle de Londoniens. Ce n'étaient pas des guerriers. À ses yeux, ils étaient de la racaille impardonnable, qui avait abandonné les Plantagenêts et gravement insulté sa mère la reine en la bombardant de détritus dans les rues de Londres l'année précédente. Quand la bataille commença, la cavalerie d'Édouard, poussant un puissant rugissement, chargea les Londoniens.

Édouard mena la charge avec l'agressivité caractéristique d'un cavalier chevronné passionné par le combat. Il avait passé plusieurs années à l'étranger au cours de sa jeunesse, se perfectionnant dans les arts martiaux propres à l'éducation royale et prenant part aux tournois à la mode qu'organisait l'aristocratie européenne. Cette fois, la mêlée était bien réelle, et la force de son attaque fut telle que les hommes d'Édouard dispersèrent facilement la cavalerie adverse, la refoulant dans la vallée jusqu'aux rives de l'Ouse. Ils firent des ravages dans les rangs rebelles, puis entreprirent de pourchasser les Londoniens sur des lieues dans la campagne du Sussex, tuant et mutilant tous ceux qu'ils pouvaient trouver.

Le temps que les hommes d'Édouard se regroupent et reviennent sur le champ de bataille, il était midi passé. À en juger par leur propre succès, les hommes d'Édouard s'étaient attendus à ce que le reste de la racaille de Montfort ait été tué ou capturé. Au lieu de cela, ils découvrirent une scène de dévastation totale pour la cause royale.

En quittant ses lignes pour pourchasser le flanc gauche des rebelles, Édouard avait fait pencher la balance contre l'armée royale qui avait subi une défaite humiliante. La division royale du centre avait été repoussée par les charges des rebelles jusque derrière les murs du prieuré. Richard comte de Cornouailles, quant à lui, avait lancé les forces de la gauche royaliste contre l'ennemi, mais en arrivant sur les hauteurs, il s'était retrouvé encerclé et avait été forcé de s'abriter de ses ennemis dans un moulin à vent. Édouard revint sur le champ de bataille pour entendre les chants grossiers et les railleries des rebelles à l'adresse de son oncle enfermé dans son château improvisé, et pour apprendre que son père aussi était encerclé, et bel et bien vaincu.

La bataille était sans conteste perdue, et la seule solution respectable ou pragmatique passait par une reddition négociée. De fait, Montfort menaça de décapiter les aristocrates capturés, y compris Richard comte de Cornouailles, si l'on ne parvenait pas à un tel accord. C'était la preuve à la fois de son sérieux et du degré atterrant de déchéance qu'avait atteint la politique anglaise : plus un seul aristocrate n'avait été exécuté en Angleterre depuis que Guillaume le Conquérant avait fait décapiter le comte Waltheof au XIe siècle. S'il acceptait de laisser à Henri sa liberté et son titre de roi (une nécessité pour les deux camps, afin d'éviter que le pays ne sombre totalement dans l'anarchie), Montfort exigea qu'Édouard et son cousin, Henri d'Almain, fils de Richard comte de Cornouailles, lui soient remis comme otages.

*

La paix qui fut arrachée le jour de la bataille fut connue sous le nom de Mise de Lewes. Les termes politiques de l'accord réinstauraient, sous une forme modifiée, les Provisions d'Oxford et appelèrent nombre des alliés d'Édouard parmi les seigneurs des Marches à comparaître devant le parlement pour y être jugés. Plusieurs questions politiques furent soumises à l'arbitrage français, et Édouard et Henri d'Almain furent emprisonnés. Henri restait roi, avec une maison imposée. Plus qu'à aucun autre moment de son règne, il apparaissait comme un souverain fantoche. Le pouvoir derrière le trône n'appartenait plus à une grande coalition de barons, mais se trouvait désormais carrément entre les mains de Simon de Montfort.

De la prison à Evesham

Jamais la dynastie Plantagenêt n'avait plongé si bas qu'en cette année 1264. Après la bataille de Lewes, le roi était dépouillé de ses pouvoirs. La reine Éléonore était en exil, complotant sans succès en France dans l'espoir de mobiliser une force d'invasion pour reprendre le royaume. Le Seigneur Édouard, Henri d'Almain et le comte Richard de Cornouailles étaient emprisonnés, à la merci de Montfort. L'Angleterre, mal gouvernée, était toujours en proie aux troubles et à la violence. La guerre civile continuait à faire rage à la suite de Lewes, et les chroniques du temps regorgent d'histoires de campagnes incendiées et de châteaux assiégés tandis que les côtes étaient placées sous surveillance par crainte que des étrangers ne débarquent pour piller le pays morcelé.

La quasi-royauté de Montfort n'eut rien de simple, et il ne tarda pas à s'en apercevoir. C'était un grand feudataire qui tentait de prendre le contrôle d'une fonction publique. Bien qu'il eût contrôlé le roi et le grand sceau, son mandat découlait de sa victoire contre son propre suzerain sur le champ de bataille. Il était, par sa nature même, l'incarnation de la discorde. Édouard avait forgé des liens personnels étroits avec les seigneurs des Marches – des hommes comme Sir Roger Mortimer de Wigmore, Roger Clifford et Roger Leybourne –, et tous étaient des adversaires implacables du pouvoir de Montfort. Leurs rangs grossir bientôt quand les jeunes nobles en colère qui avaient combattu avec le comte à Lewes commencèrent à s'écarter de lui. Au lendemain de la victoire, ils comprirent que l'administration de Montfort n'avait rien résolu. Le gouvernement était toujours aussi partisan, sinon plus encore qu'il ne l'avait été quand Henri était allié avec les

Lusignan. Que ce soit au nom de la sécurité ou pour enrichir sa propre famille, Montfort partagea inéquitablement le butin de la victoire, s'attribuant, ainsi qu'à ses fils Simon le Jeune et Henri, des terres, des domaines et des châteaux pris au camp royal.

Le plus lésé de tous fut Gilbert de Clare, comte de Gloucester, âgé de vingt ans. Clare avait été privé de son héritage quand le roi avait repris la situation en main en 1262, ce qui l'avait poussé à se rebeller aux côtés de Montfort en mai 1263. Il s'était particulièrement distingué dans le camp rebelle à Lewes, et avait été récompensé par un rôle au sein du gouvernement qui correspondait à la formidable puissance que lui conféraient les domaines des Gloucester dans toute l'Angleterre. Pourtant, il ne tarda à émettre de sérieuses réserves quant au pouvoir autocratique de Montfort. Il désapprouvait son recours à des chevaliers étrangers, et estimait qu'il n'aurait pas fallu garder Édouard en prison au château de Douvres, puis à Wallingford. Montfort tenta de dissiper ses inquiétudes en libérant Édouard de captivité en mars 1265, mais il le fit à des conditions excessivement onéreuses : Édouard fut privé de la plupart de ses terres royales, qui furent saisies par les Montfort ; en outre, même s'il ne devait plus être enfermé dans la cellule d'un château, il était condamné à être perpétuellement escorté par Henri, le fils de Montfort. Au début de 1265, Gloucester et bien d'autres comme lui commencèrent à craindre que les Montfort eussent des visées qui allaient beaucoup plus loin que la réforme du royaume : ils étaient désormais soupçonnés de vouloir s'emparer de la Couronne.

En février 1265, Gloucester quitta la cour de Montfort et partit pour ses domaines gallois, prétextant qu'ils subissaient les ravages de Llywelyn ap Gruffudd. Il refusa de participer à un tournoi en avril suivant, et à la fin du mois de mai, il était manifeste qu'il s'était totalement détourné de la cause de Montfort et commençait à comploter avec les seigneurs loyalistes des Marches pour libérer Édouard et défendre la cause royaliste.

Le 28 mai, Édouard, qui avait été autorisé à recevoir des visiteurs, conformément aux conditions plus souples de sa détention, se rendit à cheval à Hereford, au cœur des Marches. Il était comme d'habitude accompagné par son chaperon et geôlier Henri de Montfort, mais le groupe d'amis chevaliers qui s'étaient joints à lui comprenait également le frère cadet de Gloucester, Thomas de Clare. Édouard était d'excellente humeur quand il se mit en route, comme si tous les problèmes dont sa dynastie et lui étaient victimes pesaient à peine sur ses épaules. Tout en chevauchant, les jeunes gens commencèrent à se livrer à un jeu : chacun fut autorisé à essayer chacun des chevaux des autres, afin de déterminer laquelle des montures était la plus rapide.

Aussi amusant qu'ait été ce passe-temps, il avait un but plus pratique : il permettait à Édouard de trouver le cheval qui convenait le mieux à une tentative d'évasion. Quand il l'eut déniché, il ne perdit pas de temps. Éperonnant sa monture, il cria à ses gardiens : « Mes petits seigneurs, je vous souhaite une bonne journée ! Saluez bien mon père, et dites-lui que j'espère le voir bientôt et le libérer de son enfermement ! » Et sur cela, il s'en fut dans le lointain en galopant avec maîtrise, accompagné des quelques amis qui avaient été dans la confidence. Ils passèrent prendre l'allié d'Édouard, Sir Roger Mortimer, qui se cachait dans les bois à proximité. Ensemble, ils se rendirent au château de Mortimer, à Wigmore, puis à Ludlow, où Édouard rencontra Gloucester et lui jura que s'ils parvenaient à débarrasser le royaume de Montfort, il veillerait à rétablir les bonnes lois, abolirait les mauvaises coutumes, expulserait les étrangers du royaume et confierait le gouvernement à des Anglais. Cette promesse était presque exactement ce que les barons qui avaient fait irruption en présence de son père à Westminster en 1258 avaient exigé. Enfin, Édouard avait trouvé son juste milieu.

L'accord entre Édouard et Gloucester constitua la base d'une nouvelle coalition royale, composée d'exilés royalistes de retour, sous la férule de Guillaume de Valence et des seigneurs des Marches qui n'avaient jamais vu dans le pouvoir de Montfort autre chose qu'une nouvelle version des gouvernements rapaces d'Hubert de Bourg ou Pierre des Roches. Ils se battraient sur leur propre territoire : les Marches. Alors que Montfort se hâtait de lever une armée pour faire face à la résurgence royaliste, les hommes d'Édouard mirent en place leurs défenses. Ils détruisirent tous les moyens de franchir la Severn, limitant le champ de bataille en coupant la région du reste de l'Angleterre en piégeant Montfort sur la rive occidentale, galloise.

Tout au long de l'été, l'épreuve de force se prépara. Montfort, qui détenait encore Henri III, fut poursuivi dans tout le pays de Galles par l'armée d'Édouard ; le comte s'efforçait de gagner du temps, réclamant des fantassins à Llywelyn ap Gruffudd tandis que son fils, le jeune Simon de Montfort, mobilisait des renforts de cavalerie à l'est. Mais les Montfort étaient sur la défensive, traqués par une coalition qui avait retrouvé toute sa vigueur grâce à la présence dans ses rangs du prince belliqueux.

Le 1er août, les royalistes attaquèrent le jeune Simon à Kenilworth. Son armée était cantonnée dans la grande forteresse des Midlands, Simon lui-même logeait dans le prieuré non loin. Estimant que les hommes d'Édouard étaient encore à bonne distance à Worcester, les hommes de Simon n'étaient pas de taille à résister à une attaque. Ils ne savaient pas qu'Édouard et Gloucester avaient des espions parmi eux, y compris un travesti féminin du nom de Margoth. À l'aube, alors que les partisans de Montfort étaient soit couchés, soit, dans le cas de Simon le jeune, éveillé mais pas encore habillé, une cavalcade retentit à l'extérieur du prieuré. Simon en réchappa en se sauvant à la rame, nu, pour se réfugier dans le château. Beaucoup de ses chevaliers ne firent pas preuve des mêmes talents d'improvisation. Avec leurs bannières, ils furent capturés par les royalistes.

Quand son père apprit que les renforts de son fils avaient été attaqués, il en fut ébranlé. La fin était désormais imminente. En hâte, les deux parties de son armée cherchèrent à faire leur jonction et à s'échapper du territoire où Édouard et Gloucester avaient pris le comte au piège. Montfort trouva enfin un endroit où traverser la Severn à gué, et marcha vers l'est en direction de Worcester. L'armée d'Édouard n'était qu'à quelques lieues de là. Dans la nuit du 3 août, Montfort se déplaça encore, cette fois vers le sud et Evesham.

Le 4 août, ses forces firent halte pour le petit-déjeuner à l'abbaye d'Evesham, dans une boucle de l'Avon. Au-dessus d'eux, le ciel était sombre et lourd de pluie. Un orage se préparait. Un guetteur était placé dans la tour, scrutant les ténèbres pour surprendre l'approche soit d'Édouard, soit de l'armée du jeune Simon. Trois heures après l'aube, un cri résonna. Les bannières de Simon le jeune avaient été aperçues au loin. Ils étaient sauvés.

Vraiment ? Du haut de la tour, le guetteur annonça la terrible nouvelle : ce n'était pas Simon qui approchait, mais l'armée d'Édouard, marchant sous les bannières volées à Kenilworth.

Montfort courut vers la tour de guet pour voir les hommes d'Édouard approcher, des croix rouges plaquées sur leur armure, reproduction des croix blanches portées par l'armée rebelle à Lewes. Impressionné par leur discipline et leur marche parfaitement réglées, le comte déclara avec sa grandeur coutumière : « Par le bras de Saint-Jacques, ils avancent bellement. Ils ne l'ont pas appris par eux-mêmes, mais de moi ». Ce n'était pas que l'arrogance d'un commandant ; Montfort savait qu'il avait été surclassé, et qu'il allait bientôt être battu.

Toute fuite était impossible. Sur la rive sud de l'Avon, Mortimer mena un détachement qui bloqua toute issue par le pont. Pris au piège dans la boucle de la rivière, les hommes de Montfort virent l'armée d'Édouard se mettre en position, tenant la hauteur de Green Hill, au nord de l'abbaye. Les hommes de Montfort firent face aux royalistes avec défi. L'adversaire était trois fois plus nombreux qu'eux. Leur seule chance était due au fait que le roi Henri avait été placé en leur centre, ce qui, pouvaient-ils espérer, contraindrait les hommes d'Édouard à faire preuve d'une certaine prudence. C'était tout ce qui leur restait. Montfort et ses hommes attendirent l'attaque d'Édouard et de Gloucester.

L'attente ne dura pas. Alors que l'orage éclatait au-dessus d'eux, et qu'une violente tempête détrempait le champ de bataille, les hommes d'Édouard se lancèrent à l'assaut.

Les deux parties se battirent avec un formidable courage, dans le froid et sous la pluie. Montfort se jeta dans la lutte avec cette énergie qu'il avait toujours montrée au cours de sa longue carrière, mais il finit accablé sous le nombre, et tactiquement dépassé par Édouard et Gloucester. Il vit ses jeunes chevaliers désarçonnés et mortellement poignardés. Son fils Henri fut massacré, et son fils Guy capturé. Le roi, que son armure identifiait comme un partisan des Montfort, fut blessé, mais survécut en hurlant son nom au chevalier qui l'aurait tué. Il n'y aurait pas de répit pour Montfort lui-même. Un groupe de douze combattants le traqua sur le champ de bataille, détaché de l'armée principale d'Édouard, leur seul but était de trouver le comte et de l'abattre. Ce fut Roger Mortimer qui le trouva. Sa lance se ficha dans le cou du comte, le tuant sur le coup. Son corps fut ensuite mutilé d'écœurante façon. Le maire et les shérifs de Londres reçurent la nouvelle que « la tête du comte de Leicester [...] avait été séparée de son corps, et ses testicules coupés et accrochés de chaque côté de son nez ; et en cet état la tête a été envoyée [en guise de trophée] à l'épouse de Sir Roger Mortimer au château de Wigmore. Ses mains et ses pieds avaient également été tranchés et envoyés en divers lieux à ses ennemis, comme une grande marque de déshonneur pour le défunt ; son tronc, seulement, fut laissé pour être inhumé dans l'église [de l'abbaye] d'Evesham ». En quelques semaines, un culte assez improbable se développa autour de la tombe de Montfort, et des miracles furent signalés tant là où avait été inhumé le comte que sur le champ de bataille où il avait été tué.

À la fin de la journée, le champ de bataille était jonché de cadavres d'hommes de haute lignée, hommes fiers gisant sous la pluie estivale. Montfort, son fils Henri et de grands alliés des rebelles tels qu'Henri le Despenser, Raoul Basset et Pierre de Montfort avaient été tués. Beaucoup d'autres avaient été capturés et blessés. Le roi avait retrouvé son fils Édouard avec joie, et fut envoyé pour se remettre dans les châteaux de Gloucester et Marlborough, où il se préoccupa, ce qui était caractéristique chez lui, de la restauration des autels et de la vaisselle sacerdotale.

Entre-temps, le pouvoir en Angleterre était passé à un autre quasi-roi. Cette fois, cependant, il était de sang royal. Le seigneur Édouard, qui avait si longtemps oscillé entre les factions rivales durant la crise qui avait secoué l'Angleterre au milieu du siècle, se trouvait maintenant plus près que jamais du centre politique. Il n'était pas encore roi, pas plus qu'il n'était même incontestablement la voix dominante au sein du gouvernement anglais. Mais l'héritier du trône avait prouvé, au cours des quatorze mois qui s'étaient écoulés entre Lewes et Evesham, qu'il était un politicien pragmatique et un féroce soldat.

Le Léopard

Le jeune prince, qui se retrouva ainsi sur le devant de la scène dans les années 1260, était considéré comme une énigme par beaucoup de ses contemporains. Il avait grandi dans le pays, et avait été intimement impliqué dans les troubles politiques du règne de son père. Alors que certains pensaient qu'il s'était comporté avec vaillance, d'autres le considéraient comme un traître odieux et un renégat. Matthieu Paris écrit par exemple qu'Édouard « était un homme de haute stature, d'un grand courage et d'audace, et fort au-delà de toute mesure ». Mais il était aussi notoirement décrit comme un jeune inconséquent dont les partisans avaient envahi les prieurés de Wallingford et de Southwark sans autorisation, qu'ils avaient mutilé des inconnus qu'ils avaient croisés sur la route, et volé des vivres au petit peuple d'Angleterre. Un prince séduisant et passionné de tournois, mais par nature frivole et cruel.

Édouard était physiquement remarquable. Bien qu'il ait été un enfant maladif, adulte, il dominait ses semblables d'une bonne tête – mesurant 1,88 mètre, on comprend pourquoi il serait plus tard surnommé « Longues pattes » par les Écossais. Il était large et puissant, résultat des nombreuses heures passées dans les tournois, auxquels il participait depuis ses dix-sept ans. Il avait été marié à l'âge de quinze ans à Éléonore de Castille, de deux ans sa cadette, et se montrerait à la fois un père viril et un mari aimant. Bien que ses cheveux blonds le distinguaient de ses ancêtres Plantagenêts, sa paupière tombante, héritée de son père, était bien un signe distinctif de la famille. Son excentrique père, l'avait nommé en hommage à l'un de ses lointains ancêtres : Saint Édouard le Confesseur. De tempérament, c'était un rude guerrier, un peu comme son célèbre grand-oncle Richard Cœur de Lion, dont l'image était peinte partout dans les palais et les pavillons de chasse où il avait passé son enfance. Il avait le caractère des Plantagenêts, peut-être sous sa forme la plus explosive. On racontait que, dans un accès de rage, il fit littéralement mourir de peur un homme. Combattant courageux et habile, c'était un commandant compétent sur le champ de bataille. Il avait montré, en échappant aux hommes de Montfort, puis sur le chemin qui l'avait mené à Evesham, qu'il était un chef capable d'inspirer ses hommes, ainsi qu'un conquérant vengeur, qui n'hésitait pas à soumettre les vaincus à la violence et aux brutalités.

Sa réputation, alors, était formidable, mais pas tout à fait enviable. Son parcours sinueux durant les crises politiques qui avaient précédé la Guerre des Barons lui avait valu d'être considéré comme un politicien sournois. S'il avait changé d'allégeance à maintes reprises dans les conflits entre le parti de son père et les réformateurs tenait moins à la malice et à la duplicité qu'à sa profonde confusion politique liée aux relations étroites qu'il entretenait tant avec les parents savoyards de sa mère que des favoris Lusignan de son père. Néanmoins, il lui serait difficile de le faire oublier. Pendant la guerre, il avait notoirement et souvent manqué à sa parole afin d'arracher un avantage politique ou militaire. Au siège de Gloucester en 1264, un engagement notoire avant Evesham, il avait compté sur le comportement chevaleresque de l'armée rebelle qui l'encerclait pour échapper à l'emprisonnement, puis avait promptement rompu une trêve conclue sous serment pour rançonner les citoyens de la ville.

Le jeune Édouard était donc connu à la fois de ses partisans et de ses détracteurs non comme un cœur de lion, mais comme un léopard : féroce, mais changeant. Une chanson écrite en son hommage au moment de son sacre le décrivait ainsi : « Guerrier comme un léopard, doux comme un poignard. » Et l'auteur de la *Chanson de Lewes,* favorable aux Montfort, allait plus loin : « Il est un lion par sa fierté et sa férocité ; par son inconstance et son inconséquence il est un léopard, ne respectant jamais sa parole ou sa promesse, et s'excusant par de belles paroles. »

Après la victoire d'Evesham, la première chose que l'on attendait de lui était d'aider au processus de guérison du royaume divisé de son père. À Evesham, les Montfort avaient peut-être été tués et dispersés, mais le royaume était encore en situation de guerre civile, et le rôle d'hommes comme Édouard, son frère Edmond et de loyalistes tels que leur cousin Henri d'Almain serait essentiel pour rétablir la gouvernance royale. Leur tâche ne s'annonçait pas facile. On trouvait des poches de rébellion partout dans le pays. Et en septembre 1265, Henri III fit une déclaration extrêmement controversée devant le parlement de Winchester, affirmant que tous les partisans des Montfort devaient être déshérités à vie, et leurs terres distribuées aux hommes qui avaient prouvé leur loyauté à la Couronne.

Quiconque aurait étudié l'histoire de sa famille aurait pu rappeler à Henri III les efforts très différents entrepris par son grand-père Henri II pour panser les blessures du Naufrage dans les années 1150, ou même de la Grande Révolte de 1173-1174. À l'époque, le patriarche Plantagenêt avait apaisé l'agitation dans ses domaines en offrant justice, paix et réconciliation aux barons qui l'avaient défié, plutôt qu'un exil permanent pour les vaincus. Henri III faisait maintenant le contraire : il refusait de tendre la main à ceux qui s'étaient rebellés, ruinant près de 300 familles d'un coup. Plutôt que de rétablir la paix dans le royaume, cela ne fit qu'encourager la désaffection chez les perdants et le désir de vengeance chez les royalistes, prolongeant ainsi la guerre contre le pouvoir d'Henri.

Le rôle que joua Édouard, à la suite d'Evesham, fut d'une ambiguïté caractéristique. Il avait pleuré après la bataille, face à la perte de tant de vies, et dans les jours qui avaient suivi, il avait agi avec clémence quand les principaux partisans des Montfort l'avaient approché en le suppliant de ne pas être déshérités pour avoir participé à la rébellion. Pourtant, en dépit de ses meilleures intentions, quand Henri III annonça le prix que les révoltés devraient payer, Édouard et son entourage réclamèrent leur récompense et le prince se tint aux côtés de son père tant que durèrent les douteuses représailles de l'automne 1265. À Londres, il accepta sa part du butin quand Henri déposséda impitoyablement des citoyens déloyaux : un certain nombre des partisans d'Édouard prirent possessions des demeures confisquées des rebelles et le prince s'occupa de surveiller le maire.

Alors que terres et propriétés changeaient de mains dans toute l'Angleterre, la plupart des rebelles spoliés se virent contraints de vivre littéralement dans les bois, formant des bandes armées semblables à celles des ballades populaires de Robin des Bois. Le principal centre de résistance des Montfort était le château de Kenilworth, mais avant que les royalistes puissent l'attaquer, il leur fallait d'abord reprendre le contrôle du reste du pays. À Noël 1265, des poches de révolte se développaient dans toute l'Angleterre et Édouard était constamment en déplacement pour aider à étouffer les flammes de la résistance. Les rebelles désemparés étaient désormais connus sous le nom des Déshérités, et quand Édouard prit en charge les nombreuses opérations lancées contre eux, il finit par comprendre que la conciliation était un outil plus puissant que l'agression sanguinaire pure et simple. En décembre, il trouva un groupe de rebelles qui campait dans les marais d'Axholme, dans le Lincolnshire, et les persuada de se rendre sans effusion de sang. Se joignant à Roger Leybourne pour soumettre les Cinque Ports à la nouvelle année 1266, Édouard tempéra l'efficace mais violente guerre de siège menée par son allié par des promesses de pardon et de la liberté en échange d'une reddition.

Malheureusement, Édouard nageait contre un courant puissant, entraîné par le désir de vengeance malavisé d'Henri III. À Pâques 1266 on signalait des rébellions dans tout le centre de l'Angleterre, de l'Est-Anglie à la région des Midlands, et il n'y eut de nouveau qu'une seule solution, l'action militaire. Vers la fin mai, à Alton Wood, dans le Hampshire, Édouard couronna sa victoire sur une bande de rebelles en affrontant leur chef Adam Gurdon – un chevalier expérimenté – en combat singulier. Bien que la signification politique de ce duel ait été limitée, il devint l'un des événements les plus mémorables de la guerre civile. Les deux hommes se battirent dans une clairière de la forêt, sous le regard des hommes d'Édouard, séparés de lui par un fossé. Le récit de ce duel incroyablement romantique a été embelli au cours des années qui suivirent, et il a été dit qu'Édouard avait été tellement impressionné par les compétences guerrières de Gurdon qu'il lui accorda faveur et fortune une fois le combat terminé. En réalité, Édouard vainquit et soumit Gurdon, fit pendre ses amis rebelles, et confia ensuite le chevalier défait à sa mère la reine, à laquelle Gurdon dut racheter sa liberté et ses biens à un prix exorbitant.

Peu à peu, cependant, les royalistes consolidaient leurs positions, et vers le milieu de l'été, ils purent marcher sur le grand château de Kenilworth, énorme forteresse renforcée par le roi Jean, puis par Simon de Montfort, afin de la rendre inexpugnable. Elle était défendue par des murailles et des fortifications gigantesques, un vaste lac artificiel, et une garnison de plus de 1 000 hommes. Pour en briser les défenses, il faudrait sans doute des mois de rudes travaux du génie. Des trébuchets et d'immenses tours de siège en bois dotées de galeries d'où des archers pouvaient tirer furent déployés. Sous la supervision d'Edmond, le jeune frère d'Édouard, le site grouillait de sapeurs et d'ingénieurs. Des barges spécialement transférées de Chester furent utilisées pour tenter d'attaquer le château par le lac, et les réserves de vivres des comtés dans tous les Midlands furent durement mises à contribution alors que les assiégeants se mobilisaient à l'extérieur des murs de la forteresse. En vérité, Édouard le soldat n'eut qu'un rôle mineur à jouer dans tous ces efforts. Il resta en service, éradiquant des rébellions isolées dans l'Est-Anglie, et savoura l'été avec son épouse, qui donna naissance à leur premier garçon le 14 juillet. Le couple, non sans provocation, baptisa l'enfant Jean.

Au bout de mois d'efforts coûteux et usants, il devint évident que Kenilworth ne pourrait être soumis que par la faim – un processus douloureux qui risquait de prendre plus d'un an. Les Déshérités continuant de provoquer de l'agitation dans toute l'Angleterre, les royalistes durent une fois de plus avoir recours à des tactiques de conciliation. Leur responsable politique le plus sage était le légat pontifical Ottobuono qui, aux côtés d'Henri d'Almain, présida une commission chargée d'établir une paix qui ferait sortir les rebelles de cette forteresse nauséabonde et parviendrait d'une façon ou d'une autre à les réconcilier avec les royalistes qui s'étaient vus attribuer leurs terres et leurs biens. Ce fut l'Édit de Kenilworth. Comportant quarante et une clauses, l'Édit fut officiellement adressé par les évêques et barons loyalistes d'Angleterre au roi, au royaume et à la Sainte Église. Il défendait le droit du roi à « exercer librement sa seigneurie, son autorité et le pouvoir royal sans entrave ni contradiction », mais lui demandait de « nommer pour rendre la justice et émettre des jugements des hommes qui ne recherchent point les choses pour eux-mêmes, mais les choses qui appartiennent à Dieu et à la justice ».

Rappelant immanquablement au roi de respecter la Magna Carta et la Charte de la forêt, l'Édit définissait ensuite les moyens qui permettraient aux rebelles qui avaient suivi Montfort d'être réhabilités et de récupérer leurs terres – « que la marche à suivre n'est point l'exhérédation, mais la rédemption ». Il permettait aux Déshérités de racheter leurs terres confisquées, ou toute partie qu'ils étaient en mesure d'acquérir, mais à un taux sévère compris entre cinq et sept fois la valeur des terres, sommes payables aux royalistes à qui elles avaient été accordées. Ces termes n'étaient guère généreux, mais au moins, ils fournissaient un mécanisme facilitant le retour à la paix. L'Édit fut prononcé et rendu public devant les murs du château, le 31 octobre 1266. Les hommes de la garnison, sales, frigorifiés et affamés se rendirent à la mi-décembre.

C'était une étape importante vers la paix, obtenue par le consensus et la négociation plutôt que par l'attrition sanglante de la force militaire. Il y eut un bref moment de crise au printemps lorsque le comte de Gloucester envahit Londres pour protester contre le fait que les Déshérités étaient contraints de payer leurs amendes dans leur intégralité avant d'avoir été autorisés à rentrer dans leurs propriétés confisquées. Mais le danger fut évité grâce à l'intervention d'Ottobuono, qui persuada les barons les plus aisés d'Angleterre de contribuer à un fonds de secours pour aider les Déshérités, et Richard, comte de Cornouailles, qui négocia un amendement à l'Édit de Kenilworth permettant aux rebelles de rentrer immédiatement sur leurs terres, plutôt qu'à la fin de leur délai de remboursement. Quand Gloucester se laissa convaincre de se retirer de Londres et qu'Henri put y revenir, il devint clair que le processus de paix avait vraiment entamé.

Henri et Édouard étant maintenant clairement d'humeur conciliante, l'Édit de Kenilworth fut suivi en septembre 1267 du traité de Montgomery, qui ramena la paix au pays de Galles en concédant de vastes pouvoirs féodaux à Llywelyn ap Gruffudd. Le prince gallois s'était allié à Montfort et, durant les années troubles de la guerre des Barons, il avait considérablement renforcé son pouvoir sur Gwynedd. Au lieu de tenter de contraindre Llywelyn à une paix humiliante, il lui fut accordé le contrôle sur de vastes territoires dans le nord-ouest du pays de Galles en échange d'un tribut de 25 000 marcs. Pour Édouard, c'était un prix terrible à payer, car il perdit ainsi tout pouvoir personnel au-delà des Marches.

Une situation qu'il ferait tout pour renverser ultérieurement pendant son règne, mais en 1267, au nom de la paix, il serra les dents et accepta.

Deux mois plus tard, la dernière pierre de l'édifice de la réhabilitation et de la réforme fut posée quand le Statut de Marlborough fut publié, une fois encore avec l'accord d'Édouard, à défaut de son implication directe. Le Statut était un document juridique d'une importance considérable, dont les nombreuses clauses touchaient à des domaines du gouvernement qui étaient en débat depuis 1258. Dans le préambule, il était reconnu que « le royaume d'Angleterre, opprimé ces derniers temps par bien des troubles et des dissensions dommageables, nécessite que soient amendées ses lois et règles légales afin que la paix et la tranquillité de son peuple soient préservées ». Dans ses vingt-neuf chapitres détaillés, le Statut abordait tout un éventail de questions juridiques, de la juridiction des tribunaux et de la suprématie de la justice royale dans les affaires de saisies aux tutelles, annulations de chartes et amendes communales. Rédigé dans une langue très technique, il portait sur des points de procédure, de précédents et de juridiction. Ce n'était pas un document aussi fondamental que la Magna Carta, mais il représente la première étape d'un long processus de réforme statutaire qui durerait jusqu'à la fin du siècle.

Mais pour Édouard, qui avait vingt-huit ans en 1267 et atteignait la force de l'âge, le monde restait un endroit où faire la guerre plutôt que des lois. Paradoxalement, maintenant que le royaume avait entamé le long processus de réconciliation après les violents bouleversements de la décennie écoulée, il y trouvait moins d'attrait. La paix avait été conclue à la fois avec les barons rebelles et avec les Gallois, et Henri III s'était remis à concevoir des plans somptueux pour la construction d'un nouveau tombeau destiné à Édouard le Confesseur à l'Abbaye de Westminster, où la dépouille du saint serait transférée le 13 octobre 1269. Ce qui ne laissait que peu d'occasions au prince et à ses amis d'accroître leur réputation militaire. Édouard, son frère Edmond et son cousin Henri d'Almain promulguèrent ensemble un édit autorisant l'organisation de tournois en Angleterre, mais cela ne suffit guère à étancher leur soif d'aventures guerrières. Si Édouard souhaitait poursuivre sa carrière militaire, il devrait porter son regard plus loin, vers la Terre Sainte. Depuis 1267, le roi Louis IX préparait une nouvelle croisade, qui devait quitter l'Europe en 1270 avec pour objectif de repousser l'offensive de Baybars, le sultan mamelouk, qui s'était enfoncé profondément dans ce qui restait du territoire des États latins d'Outre-mer.

C'était un théâtre d'opérations où Édouard pouvait espérer acquérir une plus grande renommée. Enivré par les promesses de gloire en Orient, il collecta des fonds là où il put en trouver afin d'assembler une armée de croisés. Il emprunta entre autres 17 000 livres à Louis IX en personne, remboursable sur les revenus de Bordeaux. Au lendemain de la Pâques 1270, Édouard et ses amis croisés parvinrent, non sans mal, à persuader les très sceptiques chevaliers des comtés réunis lors d'un parlement, de leur accorder une taxe pour la croisade. Le prix en fut une réédition de la Magna Carta et des restrictions sur les emprunts aux juifs, ce qui offrit aux propriétaires terriens des comtés assez de répit financier pour pouvoir contribuer à l'aventure d'Édouard. À partir de la fin mai, l'Angleterre entra en action, et le prince se prépara à partir. Il accepta qu'un pénible litige, qui l'opposait depuis longtemps à Gilbert, comte de Gloucester, soit réglé par arbitrage. Il plaça ses terres en fidéicommis sous la supervision d'une commission dirigée par son oncle Richard, comte de Cornouailles, et son épouse Éléonore de Castille étant décidée à l'accompagner en croisade, il nomma également Richard tuteur de ses trois jeunes enfants : Jean, âgé de quatre ans, Henri, deux ans, et un bébé du nom d'Aliénor. Enfin, le 20 août 1270, la flotte de croisés royaux prit la mer depuis Douvres, laissant les soucis de l'Angleterre loin derrière elle, et fit voile pour la terre poussiéreuse de l'Orient où se livrait une guerre spirituelle.

Sur le trône

La croisade d'Édouard ne démarra pas sous les meilleurs auspices. Il se rendit en Terre sainte en empruntant un chemin familier : par le sud de la France jusqu'en Sicile, cimetière des ambitions de son père, avec l'intention d'atteindre l'Outremer en passant par Chypre. Mais avant même d'être arrivé en Sicile, il s'aperçut que la croisade, en tant que projet paneuropéen, avait commencé à se disloquer. L'armée de Louis IX avait plusieurs semaines d'avance sur celle d'Édouard, et quand Louis fit halte en Sicile, il y rencontra son frère cadet, Charles d'Anjou, qui avait réussi là où Henri III avait échoué, était monté sur le trône sicilien. Alors qu'Édouard était encore à traverser la France, Charles parvint à convaincre son frère de détourner ses forces de l'Outremer en direction de Tunis, où plusieurs ennemis de la Sicile s'étaient réfugiés pour fuir sa justice.

Les Français firent en escomptant une victoire facile, mais quelques jours à peine après avoir débarqué sur la côte d'Afrique du Nord, Louis IX fut emporté par la peste qui ravagea l'armée croisée. Bouleversé, Charles ramena les croisés en Sicile, où la majorité de la flotte française fut détruite par un orage qui la frappa alors qu'elle était au port à Trapani. Édouard, Henri d'Almain et les forces anglaises atteignirent la Sicile en novembre 1270 et y trouvèrent les Français totalement désemparés. Ils prirent leurs quartiers d'hiver sur l'île, espérant qu'avec le printemps, le sort leur serait plus favorable, mais ne purent rien faire quand, en janvier 1271, le fils de Louis, Philippe III, un timide jeune homme de vingt-cinq ans, décréta que la providence avait abandonné les Français et rentra chez lui, menant ses hommes à travers l'Italie jusqu'à Paris.

Édouard, toutefois, restait déterminé. Quand vint le printemps, il renvoya Henri d'Almain en Angleterre pour veiller à ce que le nouveau roi de France ne tente pas de menacer ses terres en Gascogne, et partit pour l'Outremer avec les troupes qui lui restaient. Ils arrivèrent à la mi-mai.

Un peu plus d'un an plus tard, Édouard se retrouvait au cœur du labyrinthe de la politique au Moyen-Orient. L'Outremer chrétien était presque anéanti. Les royaumes francs étaient dans une situation périlleuse. En dépit des efforts de Richard de Cornouailles, qui avait brièvement essayé de reprendre le contrôle de Jérusalem dans les années 1240, et des formidables dépenses engagées à la même époque par Louis IX pour fortifier la ville de Césarée, la plupart des grandes cités de la Palestine chrétienne étaient tombées aux mains des envahisseurs mamelouks. Césarée et Jérusalem étaient tenues par les infidèles. De même qu'Antioche et la forteresse croisée du Krak des Chevaliers, théoriquement inexpugnable, dont les murailles gigantesques avaient résisté au pilonnage des trébuchets, mais qui avait été prise par traîtrise. Ce qui subsistait des États latins d'Orient était gouverné depuis Acre – une ville démoralisée, perdue en pays hostile et redoutant à tout instant de voir surgir sous ses murs les milliers de guerriers d'une armée mamelouke.

Dès le début, il fut évident que la croisade d'Édouard ne serait jamais rien d'autre qu'une sortie sans espoir sur un champ de bataille. Les chrétiens étaient condamnés ; les jours de leurs grands triomphes sous les murs des cités les plus spectaculaires du Moyen-Orient étaient révolus. Les pires ennemis des forces musulmanes en Palestine n'étaient plus les chevaliers francs venus d'Occident, mais les terrifiants cavaliers mongols qui les attaquaient depuis le nord et l'est. Édouard et ses compagnons ne se trouvaient pas face à un vaste conflit auquel participer, mais à un casse-tête diplomatique qu'il leur fallait résoudre.

Pourtant, le prince resta sur place pendant plus d'un an. Il organisa des raids en territoire musulman, entretint une correspondance avec le chef mongol Abagha Khan à Marageh, une ville située à un peu moins de 300 lieues d'Acre, recevant parfois le renfort bienvenu de troupes fraîches de l'ouest, dont un détachement commandé par son frère Edmond. Il restait déterminé à tirer le meilleur parti de sa croisade, même dans des conditions aussi peu propices à l'héroïsme.

Dans la soirée du 17 juin 1272, pour son trente-troisième anniversaire, Édouard était couché avec son épouse dans ses appartements privés à Acre. Malgré les nombreux sujets d'inquiétude, il se laissait aller au sommeil. Ses maigres forces souffraient terriblement de la chaleur et de la dysenterie. Le chef mamelouk Baybars disposait de troupes et de vivres en nombre nettement supérieur. Hugues III, roi en titre de Jérusalem, était plus enclin à la paix qu'à la guerre, et il avait conclu le mois précédent une paix de dix ans avec Baybars qui compromettait un peu les espoirs d'Édouard d'accomplir des faits d'armes. La signature du traité avait rendu le prince furieux. Il avait refusé de s'y joindre. Il devait sans doute encore être en colère quand il s'assoupit en cette nuit fatidique pour ses ambitions orientales.

Ce qui lui advint ce soir-là est devenu légendaire. Alors qu'il dormait, un messager se présenta, prétendant être un diplomate renégat, un transfuge issu des rangs de Baybars qui apportait des cadeaux somptueux à la cour anglaise, prêt à dévoiler les secrets de son camp. Quel qu'ait été le message qu'il transmit aux serviteurs et aux gardes d'Édouard, il dut paraître à la fois urgent et convaincant, car ils réveillèrent le prince et lui demandèrent de rencontrer son visiteur. Titubant, Édouard sortit de sa chambre et portait encore sa chemise de nuit quand l'homme lui fut amené.

En réalité, l'homme portait à Édouard un cadeau d'anniversaire très particulier : un coup mortel. Étant le seul à ne pas avoir signé le traité de paix, il était désormais une personnalité dangereuse dont Baybars souhaitait se débarrasser. Le messager se rua sur le prince, un poignard à la main, et tenta de le frapper à la hanche. Mais Édouard, combattant aguerri, se montra à la hauteur.

> *« Le Sarrasin le rencontra et le toucha à la hanche avec un poignard, y laissant une blessure profonde et dangereuse, écrivit un chroniqueur connu sous le nom du Templier de Tyr. Le Seigneur Édouard se sentit atteint et asséna un Sarrasin au coup de poing à la tempe qui le terrassa et le mit au sol un moment. Alors, le Seigneur Édouard se saisit d'un couteau sur la table qui était dans la chambre et l'enfonça dans la tête du Sarrasin, le tuant. »*

Au corps à corps, rares étaient ceux qui pouvaient rivaliser avec le grand Anglais.

Néanmoins, quand il se redressa au-dessus du cadavre de son ennemi, il comprit que la blessure qu'il avait reçue était grave. Lorsque son entourage se précipita dans ses appartements, d'aucuns craignirent que l'arme n'ait été empoisonnée. La légende raconte qu'Éléonore de Castille tenta de sucer le venin de la blessure de son mari, bien qu'il s'avérât que la dague n'avait sans doute pas été enduite de poison.

Le risque d'infection restait cependant bien réel, et pouvait entraîner la gangrène et une mort aussi douloureuse et lente que celle de Richard Ier à Châlus-Chabrol. Édouard fut sauvé d'un semblable destin par un chirurgien plus habile, qui découpa les chairs putréfiées autour de la blessure. Il lui fallut récupérer de sa blessure avant de quitter l'Outremer à la fin septembre pour regagner l'Europe, en compagnie d'Éléonore et de leur fille Jeanne, née à Acre. Sur le chemin du retour, ils firent étape en Sicile, avant d'atteindre l'Italie à Noël. C'est là que les messagers anglais lui apportèrent la triste nouvelle. Henri III était mort en novembre, à l'âge de soixante-cinq ans, à l'issue d'une brève maladie. Après des funérailles magnifiques, il avait été inhumé dans la tombe libérée par le récent transfert des restes d'Édouard le Confesseur. Ainsi, après une période d'apprentissage des plus remarquables dans l'histoire mouvementée de sa famille, Édouard Ier était maintenant roi.

Il prit son temps pour rentrer en Angleterre. Laissant le soin de gouverner son royaume à des ministres comme Robert Burnell, le plus haut serviteur de l'État en lequel il avait confiance, Édouard resta à l'étranger pour savourer les fruits de sa fabuleuse réputation de croisé. Il prit part à des tournois en France, rendit hommage à Philippe III pour ses domaines français, et étouffa une rébellion naissante en Gascogne. Puis, en pleine canicule, il fit voile pour l'Angleterre, le jour de son couronnement étant fixé au dimanche 19 août 1274.

Édouard débarqua à Douvres le 4 août, posa le pied sur sa terre natale pour la première fois en quatre ans. Il rentrait dans un pays qui avait patiemment attendu qu'il monte sur le trône et qui l'acclamait maintenant avec déploiement de faste. Le royaume avait largement eu le temps de se préparer à son arrivée. Édouard était le premier roi à être couronné depuis plus de cinquante ans. Et il y avait toute une nouvelle famille royale à accueillir. Lors du couronnement, la reine Éléonore était dans les premiers mois de sa dixième grossesse. En 1275, elle donnerait naissance à une fille, Marguerite. Après le règne long, mais agité d'Henri III, l'Angleterre saluait une toute nouvelle génération au pouvoir.

Les habitants de Londres – malgré ou peut-être à cause de leur passé litigieux avec Édouard – profitèrent de l'occasion pour le célébrer en grande pompe. « Voyez quand Édouard prospère ! écrivit un Londonien enthousiaste. Il brille comme un nouveau Richard ! » Malheureusement, il ne nous reste aucun récit de la cérémonie, mais on sait que la ville fut drapée d'étoffes d'or, et il est certain qu'elle fut le théâtre de grands défilés et de manifestations de masse dans les rues alors que le roi et sa suite entraient à cheval dans la cité. Il est probable qu'il se rendit en procession de la Tour de Londres jusqu'au palais de Westminster la veille de son couronnement, avant de passer la nuit dans la Chambre peinte, richement décorée de scènes bibliques et de l'histoire de sa famille.

L'abbaye devait être pleine à craquer de grands féodaux de toute l'Angleterre et des États voisins, qui sans doute assistèrent, émerveillés, à la progression d'Édouard vers un énorme dais de bois à la croisée du transept. Ils le virent présenter à l'autel deux statuettes d'or – une de Saint Édouard le Confesseur, l'autre de Saint Jean l'Évangéliste. Puis il prêta le même serment du couronnement que ses ancêtres. Comme le voulait désormais la tradition, il promit de protéger l'Église, de rendre justice à tous les hommes, d'abolir les mauvaises coutumes et de défendre les droits de la Couronne. Mais contrairement à plusieurs de ses prédécesseurs, quand il prononça ces mots dans l'abbaye bondée, Édouard les pensait. Quoi qu'il ait pu penser du rôle d'un seigneur, il considéra toujours la royauté comme une charge indissociable d'une autorité puissante et universelle. Il était temps de reprendre les pouvoirs perdus par ses aïeux.

Sa priorité absolue fut de prêter son serment, de défendre les droits de la Couronne. Dès que les cérémonies furent terminées, ou presque, des serviteurs royaux commencèrent à étudier les droits de la Couronne, une enquête qui fut menée à une échelle gigantesque, dont on ne peut trouver la comparaison qu'avec *Domesday Book* du règne de Guillaume le Conquérant. Cette enquête est connue sous le nom des Cent Rôles, puisqu'elle se concentra sur les cent – ces subdivisions des comtés anglais, importantes sur le plan administratif et judiciaire au niveau local. De novembre 1274 à mars 1275, chaque cent en Angleterre, reçut la visite de commissaires royaux, qui posèrent des questions détaillées à des jurés locaux « sur les droits et libertés de notre seigneur le roi qui ont été supprimés et les exigences excessives des shérifs, coroners, notaires et tous autres baillis dépendant/appartenant à notre seigneur le roi en quelque façon, en la troisième année du règne d'Édouard 1274-1275 ». C'était, du moins, l'objectif affiché dans le texte des documents qui compilaient les informations récoltées par les commissaires.

L'enquête des Cent Rôles était ambitieuse, tant dans sa portée que dans les informations qu'elle rassembla. Ce fut le premier grand projet entrepris par Burnell, le nouveau chancelier d'Édouard, entre-temps nommé évêque de Bath et Wells, diplomate de confiance et de grande compétence. Robert Burnell avait gouverné l'Angleterre en l'absence d'Édouard pendant la croisade, et il continuerait à superviser la gouvernance et les réformes administratives dans le royaume jusqu'à sa mort en 1292. Les commissaires nommés par ses soins collectèrent une somme d'informations par le biais des Cent Rôles, qu'il s'agisse d'abus de pouvoir scandaleux (violences, tortures, et emprisonnements illégaux ordonnés par des fonctionnaires royaux), ou de plans absurdes, presque comiques, concoctés par des gens imaginatifs ou délirants pendant la guerre civile (le shérif d'Essex se vit ainsi accusé d'avoir envisagé de lâcher de jeunes coqs portant des matériaux inflammables au-dessus de Londres pendant les troubles en 1267). En pratique, ils fournirent bien plus d'informations sur des délits et sur les droits de la Couronne que l'administration était en mesure de gérer, et même quand une eyre générale fut dépêchée pour punir les crimes ainsi découverts, il devint clair que le roi ne pourrait traîner efficacement en justice tous les fonctionnaires véreux du pays. Malgré tout, ces enquêtes exhaustives sur les torts commis au niveau des comtés firent passer à tous le message que le nouveau souverain souhaitait sincèrement éliminer la corruption des fonctionnaires, qui eut été le fléau du règne d'Henri III, et avait tant agité en particulier la noblesse.

Par conséquent, la valeur de l'enquête des Cent Rôles était plus symbolique que pratique. Ils prouvaient qu'Édouard avait tiré les leçons des programmes de réforme des barons dans les années 1250, et qu'il avait fait siennes les Provisions d'Oxford tout en tenant compte de ce qui avait motivé les partisans des Montfort. En adoptant et développant ces programmes sous l'étendard royal, Édouard annonçait sans ambiguïté ce que serait son règne : en tant que roi, ce serait lui qui réparerait les torts.

Édouard en serait-il capable ? Car s'il ne partageait pas l'aversion instinctive de son père pour les réformes politiques, il tenait de lui sa capacité à dépenser des sommes hors du commun. Édouard était rentré de Terre sainte avec des dettes dépassant les 100 000 livres, dont une grande partie contractée auprès de banquiers italiens. Pour simplement espérer gérer une telle dette, il lui faudrait à la fois en passer par le consensus politique et se montrer créatif sur le plan financier. Or, compte tenu des projets ambitieux qu'il révélerait bientôt, au nom d'une politique étrangère encore plus coûteuse et grandiose que celle de son père, il lui faudrait le soutien de tout le royaume. Juridiquement, financièrement et politiquement, l'Angleterre – et la Grande-Bretagne – était à l'aube de grands bouleversements. Tout commencerait par le pays de Galles.

Un nouvel Arthur

La légende du Roi Arthur fut une des grandes passions populaires dans l'Europe du XIIIe siècle. L'« Arthurisme », qui se manifestait dans les arts, la littérature et le secteur touristique de l'époque, fascinait, inspirait et divertissait les hommes et les femmes de la Sicile à l'Écosse. Et de tous ceux qu'enthousiasmaient les récits et les prétendues reliques liées à Arthur, Édouard Ier fut un des plus fervents.

La légende d'Arthur – car nous savons aujourd'hui qu'il s'agit d'un personnage imaginaire, et non historique – faisait partie de la tradition littéraire européenne depuis le début du IXe siècle, quand commencèrent à circuler des histoires sur un natif de Grande-Bretagne qui devint roi et se battit à la fois contre les Romains et les Anglo-Saxons qui avaient envahi l'île. Au fil des siècles, sa légende fut remodelée et traduite pour s'adapter aux cultures qui s'y intéressaient, jusqu'à ce que, dans les années 1130, Geoffroy de Monmouth intègre un récit vivant et épique de la vie et du règne d'Arthur dans son ouvrage, *L'Histoire des Rois de Bretagne,* qui connut un formidable succès. L'Arthur décrit par Monmouth était un roi chrétien d'une grande piété, qui lutta vaillamment contre les païens, aussi bien saxons que romains, chassant les envahisseurs des terres ancestrales britanniques, unifiant le royaume, pour ensuite conquérir l'Irlande, l'Islande, des régions de la Germanie, et soumettre les Orcades et la Norvège, l'Aquitaine, la Gaule, et le royaume de Dacie, dans les Carpates. Il fut le souverain héroïque et bienveillant d'un royaume qui faisait l'envie du monde. Monmouth relate qu'au temps d'Arthur

« la Bretagne avait alors atteint un tel degré de prestige qu'elle l'emportait sur tous les autres royaumes par l'abondance de ses richesses, le luxe de ses ornements et la courtoisie de ses habitants. Ceux des preux qui étaient réputés pour leurs faits d'armes chevaleresques portaient vêtements et blasons tous de même couleur et style ; et les femmes, pas moins vantées pour leur esprit, portaient toutes le même genre d'atours ; et nul n'était digne de leur amour s'il ne s'était illustré au moins trois fois au combat. C'est ainsi que les femmes devenaient chastes, vertueuses, et les chevaliers plus vaillants, par amour pour elles. »

Ce paradis chevaleresque n'était que romance, courtoisie et beauté, et on comprend aisément l'attrait que ces récits exerçaient sur les barons, chevaliers et dames qui les écoutaient.

Au fur et à mesure qu'elles se répandirent, répétées et embellies par d'autres auteurs, les histoires de Geoffroy de Monmouth – présentées sous la forme d'une histoire véridique des îles Britanniques – finirent par être tenues pour authentiques. À l'époque de la naissance d'Édouard, l'Arthurisme était un commerce florissant, et sa mémoire imaginaire était source d'une économie prospère. Quand l'abbaye de Glastonbury avait été détruite par un incendie en 1184, Henri II avait encouragé les moines à claironner par monts et par vaux qu'ils avaient « découvert » la tombe d'Arthur et de sa reine Guenièvre dissimulée sous les ruines. Dans le texte de Monmouth, Arthur était à l'origine un Gallois, et les Gallois étaient persuadés qu'il reviendrait un jour les libérer des Anglais. Maintenant, il s'avérait fort opportun de dire qu'il était à la fois Anglais et mort, et les frères de Glastonbury invitaient les touristes, moyennant paiement, à venir contempler les squelettes qu'ils prétendaient avoir trouvés. Dans le courant du XIIe siècle, la légende devint un puissant pilier de la culture aristocratique anglaise. On organisait des tournois dits de la « Table ronde », à l'issue desquels étaient décernés des prix pour leur vaillance et leur courtoisie lors des joutes. Il n'est donc pas étonnant qu'Édouard, jeune homme aux goûts caractéristiques de la noblesse de son temps, ait été depuis l'enfance aussi fasciné par Arthur que ses pairs, ni, d'ailleurs que, sitôt après avoir épousé Éléonore de Castille, il l'ait emmenée en lune de miel visiter la tombe de Glastonbury.

Mais à ses yeux, le mythe d'un Arthur anglicisé n'était pas une simple question de divertissement et de conversation de cour. Il représentait un modèle pour l'ensemble de son approche du concept de royauté. Tout comme Henri III avait fini par être obsédé par le Confesseur au point d'en faire son guide, son inspirateur et son sauveur, Édouard, lui, concevrait le monde à travers le prisme de sa version personnelle de l'Arthurisme. Il s'agissait d'un mythe dans lequel il avait autant intérêt à puiser que son père dans celui du Confesseur, car ses problèmes étaient le reflet de ceux d'Arthur. En termes simples, Arthur avait été un roi gallois dont la mission était d'écraser les Anglais. En 1277, Édouard se retrouvait dans la situation inverse.

À l'été 1277, il mobilisa sa première grande armée. Plus de 15 000 hommes lourdement équipés, avec vivres et chevaux, avancèrent le long de la route côtière depuis Chester et pénétrèrent dans le nord du pays de Galles. Au-dessus d'eux flottaient les multiples bannières et étendards symbolisant la diversité de l'ost féodal. Ils marchèrent sur le Gwynedd dans l'intention d'extirper et d'écraser le « rebelle et fauteur de troubles » Llywelyn le Dernier, prince de Galles.

C'était une armée nationale, formée suite à un accord entre Édouard, ses grands vassaux et une assemblée de chevaliers des comtés, qui avait été passé lors d'un des deux parlements annuels qu'il réunit à Pâques et à la Saint-Michel, ce qu'il fit du début à la fin de son règne. Vers le 12 novembre 1176, les Anglais avaient déclaré la guerre à Llywelyn, bien décidés à éliminer ce prince querelleur au nom de la sécurité et de la stabilité du royaume. Quand il s'était rendu en Palestine, Édouard n'avait pu mobiliser qu'une poignée des chevaliers de sa maison. Mais il s'aperçut qu'avec le soutien de ses barons et de ses chevaliers au parlement, il pouvait compter sur toute la puissance de l'Angleterre pour faire la guerre aux Gallois.

Le pays de Galles n'avait jamais cessé d'être un problème pour les Plantagenêts. Comme l'avaient appris tous les rois d'Angleterre depuis l'invasion normande, contrôler, voire pacifier la région était une tâche qui requérait d'immenses ressources, du temps et de la volonté. Depuis les victoires du roi Jean contre les Gallois durant la courte période où il avait dominé la Grande-Bretagne, le pouvoir anglais au-delà des Marches s'était dégradé. C'était pendant la première moitié du règne d'Henri III que Llywelyn le Grand avait accompli les plus grands progrès, jusqu'à sa mort en 1240, il avait effectivement été le seul prince de Galles, à dominer le pays depuis la province du Gwynedd, dans le nord-ouest. Par la suite, pendant la guerre des Barons, son petit–fils, Llywelyn ap Gruffudd – également connu sous le nom de Llywelyn le Dernier – s'était allié à de Montfort pour tirer parti de la faiblesse de la Couronne d'Angleterre. Le traité de Montgomery, scellé pendant la phase de pacification du royaume d'Henri en 1267, avait consolidé les gains gallois en temps de paix. De fait, du point de vue de Llywelyn, le traité de Montgomery fut un des grands traités de l'histoire galloise : il y était reconnu comme prince de Galles à part entière, contrôlant directement le Gwynedd et devenant le suzerain de presque tous les autres seigneurs du pays de Galles.

Ce traité dérangeait Édouard pour bien des raisons. À titre personnel, il l'avait contraint à céder des terres qu'il possédait en propre au pays de Galles. Dans le contexte de la royauté, cela constituait une perte dommageable pour les droits de la Couronne, qu'il avait juré de compenser en prêtant serment lors de son couronnement.

Ce qui aurait déjà suffi à justifier une guerre de reconquête. Mais au début des années 1270, Llywelyn lui donna d'autres prétextes en accumulant les provocations. Il envahit des baronnies anglaises dans le Shropshire et les Marches, suscitant l'hostilité de puissants seigneurs locaux dont Roger Mortimer et Humphrey de Bohun, comte de Hereford. En 1270, il envahit également Glamorgan, rompant avec son ancien allié Gilbert, comte de Gloucester. Chez lui, il se querella avec ses frères. Il en emprisonna un, Owain, et obligea l'autre, Dafydd, à s'exiler à la cour d'Angleterre. Llywelyn lui-même refusait de rencontrer Édouard, en dépit de convocations régulières. Et pour ne rien arranger, il ne payait pas à la Couronne les 15 000 marcs qu'il lui devait conformément au traité de Montgomery.

Il finit par prendre une décision fatale en 1275, offrant à Édouard un *casus belli* incontestable. Arrivé à la cinquantaine sans avoir eu d'héritier, il entama des négociations pour faire venir Éléonore de Montfort au pays de Galles. Fille du défunt Simon de Montfort, Éléonore symbolisait douloureusement les dommages infligés à la famille royale par les alliances des Gallois pendant la guerre des Barons. Elle avait été fiancée à Llywelyn en 1267, mais vivait en exil en France. En 1275, elle fut mariée au Gallois par procuration, et à la fin de l'année, elle quitta le continent pour rencontrer son mari.

C'était une impressionnante succession de provocations, et Édouard se devait d'y répondre. Il intercepta Éléonore en faisant arraisonner son navire dans le canal de Bristol, puis emprisonna la gente dame à Windsor. Mais interrompre un mariage entre le prince gallois et la fille de Montfort ne suffisait pas. Il fallait qu'Édouard remette Llywelyn à sa place sans ménagement.

Édouard envahit le pays de Galles en 1277. Pendant l'été, il fit descendre son armée le long de la route côtière depuis Chester. Au large, suivant les chevaliers, les soldats et les chariots de vivres, une flotte servait à la fois à empêcher les Gallois de s'échapper ou de se ravitailler en Irlande, et à assurer un soutien matériel à l'armée anglaise dans son avancée vers l'ouest.

Toute la campagne fut remarquablement organisée. Les fidèles compagnons des aventures militaires du roi étaient en charge de la logistique. Des croisés comme Roger Clifford, Othon de Grandison et Jean de Vesci étaient associés à des vétérans de la guerre civile comme Guillaume de Beauchamp, comte de Warwick. Ils établirent leur base à Worcester et entreprirent de rassembler un arsenal terrifiant afin de soumettre Llywelyn par la force. Confiant dans la capacité de ses vieux alliés à accomplir leur mission, Édouard prouva qu'il tenait de son père par certains côtés. Leur laissant le soin de rassembler ses forces, il effectua une tournée des lieux saints d'Est-Anglie, allant prier devant les reliques préférées d'Henri III, et donnant du même coup l'impression relativement crédible d'être un homme de paix.

Mais ce n'était pas la paix qui avait été préparée à Worcester. On commanda des centaines de milliers de carreaux d'arbalète dans le Gloucestershire. Des palefrois furent achetés sur les marchés spécialisés de France, du blé et de l'avoine réclamés au justicier d'Irlande. On réquisitionna des véhicules auprès de propriétaires privés dans toute l'Angleterre. La monnaie royale frappa des pennies d'argent pour payer les milliers de soldats appelés pour défendre la sécurité du royaume et l'honneur de la famille Plantagenêt. Preuve que l'autorité de Llywelyn était fragile, parmi l'infanterie royale se trouvaient 9 000 mercenaires gallois.

Plus importantes encore que les fantassins, de grandes équipes d'ingénieurs œuvraient à ouvrir un chemin à travers les Galles du nord afin de permettre la progression des troupes d'Édouard. Protégés par des chevaliers et des arbalétriers, des groupes d'hommes venus de l'Angleterre profonde construisirent une large route que put emprunter l'armée d'invasion. Ils abattirent les bois épais et silencieux qui encadraient les chemins traditionnels vers Snowdonia, parfois sur des centaines de pieds de large, ce qui neutralisait la tactique habituelle des Gallois, qui avaient coutume de fondre depuis les sous-bois pour tailler en pièces l'ennemi pris au dépourvu avant de disparaître. À Flint, où Henri II avait failli être tué lors d'une attaque similaire, on commença l'érection d'une énorme forteresse de bois destinée à servir de base avancée pour les opérations.

C'était un magnifique exemple de réquisition, de planification et de génie militaire. Numériquement parlant, l'armée d'Édouard n'était pas aussi puissante que celle qui avait marché sur Toulouse au nom d'Henri II, ou celle alignée par Richard Ier pour la troisième croisade. La campagne n'en fut pas moins menée avec une efficacité logistique meurtrière afin de priver Llywelyn de sa seule option tactique. Il ne pouvait espérer harceler l'armée en déplacement en utilisant des méthodes de guérilla, puisque les ingénieurs d'Édouard avaient détruit son refuge boisé.

L'armée s'enfonça profondément sur le territoire de Llywelyn. Tout au long du mois d'août, elle se fraya un chemin de Flint à Rhuddlan, puis en direction de Conwy. À mesure qu'elle pénétrait le Gwynedd, elle coupait toutes les lignes de ravitaillement et de communication, encerclant les Gallois et les affamant jusqu'à ce qu'ils se soumettent. À chaque halte, les hommes du génie commençaient à creuser pour créer des sites sur lesquels il serait ensuite possible de construire des châteaux permanents.

Llywelyn se replia dans les montagnes. Édouard poussa jusqu'à la rivière Conwy et bivouaqua à Deganwy. C'était en plein cœur du territoire ennemi, et les ruines d'une forteresse édifiée sous Henri III témoignaient du peu de respect qu'avaient les Gallois pour le pouvoir des Plantagenêts.

Bientôt, les princes gallois de moindre importance commencèrent à abandonner Llywelyn. Le coup décisif fut porté au début de septembre, quand des nautes d'Édouard débarquèrent sur Anglesey, occupèrent l'île et s'emparèrent de la récolte de blé, mettant la main sur les meilleures terres arables du pays de Galles et vidant du même coup le grenier du Gwynedd. Cette fois, Llywelyn comprit que le roi d'Angleterre n'était pas un adversaire qu'il fallait prendre à la légère. Il se rendit quelques jours plus tard et, le 9 novembre, il accepta une trêve à Rhuddlan. Il fut autorisé à conserver le Gwynedd, mais virtuellement rien d'autre. Il dut régler 50 000 livres de pénalité et renoncer à ses prétentions sur les Quatre Cantrefs – les quatre petits comtés en bordure de sa province – et sur tout ce qu'Édouard avait conquis en avançant vers l'ouest. Il lui faudrait mettre fin à ses litiges avec ses frères Owain et Dafydd et, en reconnaissance de la suprématie du roi d'Angleterre sur le prince de Galles, il accepta de rendre hommage à Édouard non seulement sur ses frontières à Rhuddlan, mais aussi à Westminster, siège du gouvernement et du pouvoir anglais.

Llywelyn avait essuyé une sévère défaite et, du point de vue d'Édouard, le traité constituait une conclusion satisfaisante à son expédition. Pour consolider les positions anglaises, seraient construits des châteaux à Aberystwyth et Builth, Flint et Rhuddlan. Les Anglais disposaient désormais d'avant-postes puissamment armés à la lisière du territoire gallois. L'invasion de 1277 avait été un remarquable succès. Et Llywelyn était loin de se douter que ce n'était que le commencement.

Baroud d'honneur

Édouard était ravi de sa victoire sur Llywelyn. Il la célébra le 19 avril 1278, jour de Pâques, par une étrange cérémonie à l'abbaye de Glastonbury : au crépuscule, il fit ouvrir la tombe d'Arthur et de Guenièvre. Selon le chroniqueur local Adam de Domerham, on y trouva les squelettes côte à côte, chacun dans un cercueil orné sur les flancs de leurs portraits et de leur blason. Le lendemain, les ossements furent transférés en une nouvelle sépulture grandiose à l'intérieur de l'abbaye. Ce nouveau tombeau fut détruit lors de la dissolution des monastères [sous Henri VIII à partir de 1538], mais selon la description qu'en laissa John Leland, antiquaire du XVIe siècle, il était fait de marbre noir, avec deux lions à chaque extrémité, le tout surmonté de l'effigie d'Arthur lui-même. La cérémonie était destinée à faire passer un double message sur le nouveau pouvoir : d'une part, le Roi Arthur, tant vénéré par les Gallois, était mort ; mais de l'autre, il était voué à vivre encore en Édouard. En rendant un culte aux ossements de l'abbaye de Glastonbury, le roi et la reine Éléonore s'efforçaient d'insérer le mythe d'Arthur dans le tissu de la légende familiale des Plantagenêts. C'était le point d'orgue habilement conçu d'une campagne qui s'était distinguée par sa brutale efficacité.

Au lendemain de sa première victoire contre Llywelyn, Édouard s'intéressa aux affaires intérieures du royaume. Son chancelier Robert Burnell mettait en place les premières phases d'un ambitieux programme de réforme du droit, et trois statuts de très grande portée furent ainsi votés en 1275, 1278 et 1279 (appelés, respectivement, le premier statut de Westminster – ou

Westminster I –, le statut de Gloucester et le statut de Mortmain). Ils traitaient de questions aussi diverses que les règles du régime foncier, la garantie d'élections libres au parlement et le droit à la justice pour tous les hommes libres, riches ou pauvres (Westminster) ; l'établissement d'un nouveau système d'eyres qui devraient parcourir le pays pour enquêter sur les abus des droits de la Couronne (Gloucester) ; et l'interdiction de transférer des terres à l'Église pour échapper aux dettes féodales et aux taxes (Mortmain). C'était le début d'une révolution législative qui se poursuivrait pendant plus de dix ans.

Le roi commençait aussi à être irrité par la question de l'Église. Le pape Nicolas III l'empêcha de promouvoir Burnell au poste d'archevêque, et il dut accepter à sa place le franciscain John Peckham. Peckham était un ecclésiastique animé de grands principes en politique et il était aussi un très strict observateur de la règle franciscaine. Il refusait toute possession personnelle (ce qui signifiait qu'il n'avait aucun revenu et était donc en permanence lourdement endetté auprès de banquiers italiens), tenait à imposer une discipline des plus rigoureuses au clergé anglais, et était convaincu d'avoir reçu de Dieu la mission d'éradiquer la corruption et les abus au sein de l'Église, en particulier parmi les prélats qui s'étaient enrichis grâce au « pluralisme » – pratique consistant à disposer de multiples sources de bénéfices. Sa vision des relations entre l'Église et la Couronne se trouvait résumée de façon concise par son sceau officiel, qui, au revers, portait une image du martyre de Thomas Becket.

Comme il fallait s'y attendre, dès qu'il eut pris ses fonctions d'archevêque, Peckham entra régulièrement en conflit avec Édouard. Sa position sur le pluralisme irritait le roi, qui tirait de grands avantages du fait qu'il pouvait offrir à ses fonctionnaires royaux de nombreux postes lucratifs au sein de l'Église en guise de récompense pour leur travail. Ils se livrèrent aussi à un long bras de fer sur la juridiction des tribunaux royaux et ecclésiastiques – une querelle qui avait les mêmes origines que celle qui avait opposé Becket à Henri II –, et Peckham faisait souvent part au roi de sa colère face au refus des ministres royaux de l'aider à imposer des sanctions aux (nombreuses) personnes qu'il avait excommuniées. Pendant l'automne 1279, une violente dispute éclata, à l'issue de laquelle Peckham dut renoncer à exiger qu'une copie de la Grande Charte soit affichée dans toutes les cathédrales et églises collégiales d'Angleterre.

Heureusement, bien qu'étant tous deux des caractères forts, Édouard et Peckham étaient doués d'assez de diplomatie pour veiller à ce que leur relation ne dégénère en hostilité meurtrière, comme cela avait été le cas entre Henri II et Becket. En fait, malgré leurs divergences politiques, ils étaient généralement en bons termes, et s'entendaient même à merveille sur certains sujets – sur le caractère des Gallois, par exemple, que le roi et l'archevêque s'accordaient à considérer comme des barbares mal dégrossis. Peckham avait d'ailleurs tout intérêt à partager cette opinion, car en 1282, Édouard déclencha une nouvelle guerre contre les Gallois, une guerre cette fois encore plus sanglante.

La veille du dimanche des Rameaux 1282, Dafydd, le frère de Llywlyn – un ancien allié de la cour d'Angleterre – surgit sous les murs du château d'Hawarden. Cette forteresse de pierre de quarante pieds de haut juchée sur une motte circulaire était la résidence de Roger Clifford, un fidèle d'Édouard. Le prince gallois y avait été invité pour Pâques, mais il arriva plus tôt, accompagné et armé. En pleine nuit, Dafydd, à la tête d'une bande de guerriers, prit le château d'assaut, tira Clifford de son lit tandis que dans les couloirs de la forteresse, on entendait les cris étouffés des soldats égorgés dans l'obscurité. Ce n'était pas une visite pascale, c'était une déclaration de guerre.

En quelques jours, tout le pays de Galles se souleva. Les fonctionnaires royaux furent pris en otage par la ruse. Les châteaux détenus par des Anglais furent attaqués et capturés lors de raids éclairs lancés par des bandes de rebelles gallois en armes. Du jour au lendemain ou presque, la paix qu'avait imposée Édouard à Rhuddlan se désintégra et la région replongea dans la violence.

Cette fois, l'instigateur en était Dafydd, mais la main de son frère Llywelyn n'était pas loin derrière. L'adversaire de 1277 avait été accepté dans le cercle d'Édouard, autorisé à épouser Éléonore de Montfort à l'occasion d'une cérémonie où le roi lui-même avait escorté la fiancée à l'autel, et avait peu à peu été intégré au sein de l'aristocratie anglaise. Mais jamais il n'adhéra vraiment au camp d'Édouard. Et si le prince prétendit ne pas avoir eu vent de la rébellion avant qu'elle n'éclate, il avait passé son temps depuis

1277 à manœuvrer en sous-main pour rétablir son prestige parmi ses anciens vassaux gallois.

En dépit des efforts entrepris pour réhabiliter les deux frères, au début des années 1280, Dafydd et Llywelyn avaient encore envers Édouard des griefs personnels, qui tenaient à la redistribution de terres saisies après la première guerre. Dans les années qui suivirent Rhuddlan, tandis que leur attitude à l'égard du roi d'Angleterre se durcissait, ils surent habilement transformer leurs reproches en une dénonciation plus générale de la volonté supposée d'Édouard de supplanter les lois et coutumes galloises.

Au lendemain de sa victoire, Édouard avait imposé aux Gallois les lois et les coutumes anglaises plus durement qu'aucun autre souverain plantagenêt avant lui. Llywelyn et Dafydd laissèrent entendre à leurs compatriotes que, ce faisant, le roi d'Angleterre cherchait délibérément à briser l'âme de tout le peuple gallois. L'affaire se cristallisa autour d'un litige juridique complexe entre Llywelyn et un autre Gallois, Gruffudd ap Gwenwynwyn, à propos du cantref d'Arwystli – un comté au sud-est de Gwynedd. Llywelyn souhaitait que la question soit réglée conformément à la loi galloise ; Édouard insista pour qu'elle tombe sous le coup de la loi des Marches. Ainsi une dispute sur une obscure parcelle de terre se mua-t-elle en jurisprudence sur la survie même des lois et coutumes galloises. Elle déboucha sur la formation d'une opposition galloise très différente de celle à laquelle Édouard avait fait face au début de son règne. À l'époque, il avait décidé de lui-même de faire rentrer dans le rang un voisin rétif. C'était maintenant d'une guerre pour l'identité nationale qu'il s'agissait.

Son plan d'invasion était pour l'essentiel identique à celui qui s'était avéré si efficace en 1277. Une fois de plus, soldats et sapeurs travaillèrent en tandem, se frayant un passage dans la campagne galloise, construisant des fortifications au fil de leur progression. Une aide militaire fut demandée aux comtes anglais, officialisée sous forme d'une levée de l'ost en mai 1282. Pour supporter le coût des chantiers de construction, on emprunta copieusement auprès de banquiers italiens. De nouveau, les troupes se rassemblèrent à Worcester et marchèrent sur Rhuddlan en passant par Chester. Une fois encore, les Cinq-Ports se chargèrent du soutien naval. Et une fois encore, les seigneurs des Marches furent chargés des opérations dans le sud. Le gros des forces galloises se retrouva encerclé dans Snowdonia, et Anglesey fut rattachée à la terre par un gigantesque pont de quarante bateaux construits par une multitude de charpentiers de Chester. Les dernières possessions des Plantagenêt sur le Continent furent elles aussi mises à contribution, et de l'aide vint d'Irlande, de Gascogne et du comté de Ponthieu – celui de la reine Éléonore.

La progression ne fut pas aussi rapide qu'elle l'avait été cinq ans plus tôt. Les Gallois n'étaient pas d'humeur à faire confiance à Édouard, ni à se soumettre à de nouvelles négociations pour aboutir à un traité draconien. Le roi, quant à lui, était décidé à ne pas céder d'un pouce. La meilleure offre qu'il était prêt à faire à Llywelyn était un échange entre Snowdonia et un riche comté anglais, ce que le prince gallois rejeta immédiatement. En abandonnant Snowdonia, il perdrait des terres de si grande valeur que Giraud de Barri avait écrit à leur sujet, au siècle précédent, que « si tous les troupeaux de Galles se trouvaient rassemblés, Snowdnia pourrait leur offrir pâture ». De plus, il ne pouvait y renoncer sans compromettre l'intégrité territoriale du Gwynedd, centre de la résistance et de l'identité nationale galloises. Ce qu'Édouard savait pertinemment. Peckham tenta d'arbitrer le litige, mais il était clair dès le début que les deux camps étaient prêts à s'affronter sans merci.

Les Gallois se battirent vaillamment, comme toujours. Llywelyn commanda la guerre depuis le nord tandis que Dafydd parcourait plus librement la principauté. (Leur frère Owain s'était retiré sur ses terres et ne prit aucune part au soulèvement.) Ils remportèrent une victoire éclatante en novembre 1282 quand les forces emmenées par Luc de Tany, partisan gascon d'Édouard, furent prises en embuscade près du pont de bateaux vers Anglesey, et qu'un grand nombre de chevaliers se noyèrent dans la mer glaciale, entraînés par le poids de leur armure. Mais ces pertes ne suffirent pas à détourner le roi d'Angleterre de son objectif.

Les Anglais poursuivirent le combat malgré l'hiver, recevant des centaines d'hommes en renforts, mobilisés en Gascogne. Ils pressurèrent impitoyablement Snowdonia et en décembre, Llywelyn, redoutant la famine, tenta une sortie désespérée depuis sa tanière. À son tour, il fut pris en embuscade à Irfon Bridge, près de Builth, dans les Marches centrales, et fut massacré dans la mêlée le 11 décembre 1182. Les récits de sa mort sont d'une rare confusion, mais il est probable qu'il fut transpercé d'une lance, avant que son cadavre, gisant ensanglanté, ne soit décapité.

La mort de Llywelyn, tombé sur un flanc de colline gelé entouré d'arbres pelés, un peu avant Noël, porta un coup fatal à la résistance galloise. Les Gallois continuèrent à se battre sous le commandement de Dafydd jusqu'au printemps, mais en avril 1283, leur dernière place forte, Castell y Bere, fut prise à l'issue d'un bref siège, et en juin, Dafydd fut trahi et capturé par des Gallois favorables à Édouard. Il fut emmené à Rhuddlan, puis à Shrewsbury pour y être jugé par le parlement de la Saint-Michel.

Édouard infligea le pire châtiment qui soit à un homme qui, selon lui, avait trahi son hospitalité et sa suzeraineté, et incarnait l'engeance d'une famille de traîtres. Dafydd fut traîné brutalement jusqu'à l'échafaud et pendu comme un vulgaire assassin. Avant sa mort, on lui ouvrit le ventre et on le vida de ses intestins avec une lame de boucher. Puis on brûla ses entrailles sous ses yeux. Son corps fut découpé en quartiers et envoyé dans quatre villes d'Angleterre. Sa tête fut expédiée à Londres et fichée sur une pique à la Tour de Londres. Telle était la mort réservée à un traître. À Londres, Dafydd retrouva son frère : de leurs yeux sans vie, les deux princes gallois contemplaient la plus grande cité d'Angleterre. Pendant ce temps, la nation pour laquelle ils avaient donné leur vie était écrasée par le biais d'un projet de construction digne des Plantagenêts. Édouard tenait à une victoire arthurienne, autrement dit, totale. Pour garantir que le pays de Galles ne se soulève plus jamais, il lança le plus grand programme de construction de châteaux qu'avait jamais connu la Grande-Bretagne.

Les châteaux du roi

Un chantier médiéval était un endroit sale et nauséabond où régnait une effroyable cacophonie. Chaque année, durant sept mois – d'avril à novembre, quand la terre durcie se ramollissait et que le temps permettait de travailler dehors sans discontinuer –, la saison de construction de châteaux battait son plein. Partout où l'on érigeait une grande forteresse, tout le paysage aux alentours s'en trouvait remodelé et transformé. On rasait et nivelait les bois, on extrayait de la roche que l'on transportait sur le site tandis que rugissaient les fourneaux. Des norias incessantes de charrettes débarquaient d'immenses troncs abattus dans de lointaines forêts. De nouveaux chemins, de nouvelles routes voyaient transiter d'innombrables artisans et ouvriers, charpentiers et maçons. De hauts remblais de terre se dressaient sur l'horizon, provenant des fossés profonds creusés en guise de protection autour du chantier. Les campements des ouvriers vibraient de la puanteur et de la chaleur de tous ces êtres humains entassés les uns sur les autres, et qui produisaient des montagnes d'ordures et de déchets tout en peinant sous le ciel inclément de l'été.

Maître Jacques de Saint Georges était le plus grand constructeur de châteaux de son époque, et il en savait plus que tout autre sur les chantiers de ce genre. Il avait rencontré Édouard en Italie, lors des tours et détours du roi revenant d'Outremer pour ceindre sa couronne, et le souverain ne l'avait pas oublié. Jacques était issu d'une dynastie de bâtisseurs : son père lui avait enseigné l'art de la maçonnerie et il avait passé sa jeunesse à travailler sur des châteaux pour les comtes de Savoie. Ces derniers avaient fait construire des villes et des forteresses dans toutes les Alpes, adaptant leurs superbes projets aux goûts et aux besoins de sécurité des nobles d'Italie du Nord, riches et exigeants. Maître Jacques était maçon et ingénieur militaire, spécialiste de l'organisation et de la gestion des chantiers plutôt qu'architecte, mais sa capacité à réaliser des projets ambitieux dans des conditions difficiles faisait de lui un précieux allié pour les rois et princes qui constituaient sa clientèle. Il connaissait les meilleurs experts d'Europe dans des domaines aussi pointus que le percement de canaux, et il avait une grande expérience dans l'édification de châteaux dans le terrain complexe et dangereux des Alpes.

En 1278, Édouard passa à maître Jacques l'une des plus grosses commandes du siècle : une immense ceinture de forteresses conçue pour imprimer profondément le pouvoir des Plantagenêts dans la chair de la principauté de Galles, un réseau qui modifierait le paysage géographique et politique de la nation afin de refléter à jamais la domination anglaise.

À l'exception de Richard Ier, tous les rois plantagenêts étaient venus au pays de Galles, et tous en étaient repartis, n'y laissant guère plus qu'une empreinte à peine perceptible. Édouard, lui, était bien décidé à y laisser durablement sa marque. Ses deux invasions lui avaient coûté très cher sur le plan financier et politique et, dès le début, il fut évident qu'il escomptait imposer un règlement qui empêcherait à tout jamais les Gallois de se soulever de nouveau en tant que nation indépendante. Il avait l'intention de faire construire une chaîne de fortifications si imposantes autour du cœur du Gwynedd que les Gallois ne seraient plus en mesure de chasser physiquement les Anglais, et qu'à chaque fois que leur regard se porterait sur l'horizon, ils se heurteraient à ce symbole qui leur rappellerait leur statut de peuple assujetti.

Édouard et ses conseillers avaient une vision très précise de ce qu'ils attendaient de ces châteaux : ils devaient être placés sur des sites stratégiques et présenter les caractéristiques des meilleures forteresses du nord-ouest de la France et des Marches méridionales du pays de Galles. Deux régions qui avaient été le théâtre des quelques-uns des conflits les plus violents et les plus longs du siècle précédent et qui, par conséquent, avaient vu se développer les défenses les plus efficaces. Le roi correspondait en personne avec maître Jacques, lui envoyant des instructions sur l'emplacement des tours et des douves, des détails précis sur les montants des portes, le type et la couleur de la pierre et du bois à utiliser, et même sur la localisation des latrines. La plupart des châteaux édifiés sous les ordres de maître Jacques sont encore debout aujourd'hui. Si certains ne furent que des extensions et rénovations de châteaux existants, d'autres étaient entièrement nouveaux. Les tout premiers chantiers furent ouverts à Flint et Rhuddlan, sur la frontière septentrionale avec l'Angleterre, à Aberystwyth, sur la côte occidentale, et à Builth, dans les Marches du sud. Tous furent commencés en 1277 dans le cadre du programme d'implantation limitée lancé après la première invasion d'Édouard du pays de Galles. Les trois premiers avaient été attaqués pendant la révolte qui avait déclenché la seconde invasion, au point que celui d'Aberystwyth, inachevé, avait été gravement incendié, et qu'il fallut le recommencer entièrement une fois la guerre terminée.

Mais le temps que les travaux de reconstruction d'Aberystwyth soient achevés, le programme avait pris de nouvelles proportions, beaucoup plus ambitieuses. Outre Rhuddlan, Flint et Aberystwyth, d'autres châteaux furent commandés à Denbigh, Harlech, Conwy et Caernarfon. (Un dernier, peut-être le plus superbe de tous, fut commencé en 1295 sur l'île d'Anglesey, à Beaumaris.)

On ne saurait surestimer la beauté et l'impressionnante magnificence des châteaux d'Édouard. Comme tous les châteaux, ils étaient des symboles de la richesse, de la puissance militaire et du raffinement artistique d'une dynastie conquérante. Et ils avaient une connotation arthurienne. Édouard ne se contentait pas d'ériger des avant-postes militaires. Il détournait à son profit l'imaginaire national des Gallois, s'emparait de leurs légendes pour les fusionner avec le mythe plantagenêt.

Leur construction exigea des années, et certains, comme celui de Caernarfon, ne furent jamais achevés. Quelques-uns étaient des réaménagements de structures existantes, suivant par conséquent des plans déjà établis. Mais pour les grandes forteresses du nord – les plus belles étant celles de Conwy, Caernarfon, Harlech et Beaumaris –, maître Jacques travailla sur le modèle d'un donjon ceinturé de murailles concentriques, hérissées de tours et ponctuées de corps de garde à double tourelle, et agrémentées d'une innovation diabolique : la meurtrière. Si un archer ennemi ne pouvait pratiquement pas espérer y loger une flèche, elle était en revanche idéale pour permettre à un arbalétrier de tirer.

Les châteaux gallois se trouvaient au confluent de nombreuses influences architecturales et historiques. L'imagination d'Édouard semble s'être particulièrement exprimée à Caernarfon, site d'un antique fort romain, Segontium, qui aurait été construit par l'empereur Magnus Maximus, dont la légende disait qu'il aurait été le père de Constantin. La maçonnerie de Caernarfon était multicolore, les tours étaient octogonales, plutôt que rondes comme ailleurs au pays de Galles. L'architecture s'inspirait des murailles angulaires de Constantinople, et sa signification historique fut encore accentuée par la prétendue découverte, durant les travaux, des restes de Maximus, qui furent exhumés puis enterrés dans l'église de la ville.

Bien souvent, les châteaux d'Édouard s'accompagnaient de nouvelles villes fortifiées : des colonies qui avaient pour but d'asseoir l'implantation de la garnison dans la localité et de fournir des revenus pour compenser le coût exorbitant de la construction du château. En cette époque de rapide croissance démographique qu'était le XIIIe siècle, on ne manquait ni de colons ni d'ouvriers anglais prêts à partir à l'ouest pour vivre une nouvelle vie au pays de Galles, même s'ils risquaient d'être en butte à l'hostilité des autochtones conquis.

De tous ces nouveaux arrivants, il en était une dont la présence était plus symbolique que les autres. Au printemps 1284, la reine Éléonore arriva à Caernarfon, où le chantier du château venait de débuter et où elle connut – pour la seizième fois peut-être – les affres de l'enfantement... Le couple avait six enfants encore en vie : cinq filles, Aliénor, Jeanne, Marguerite, Marie et Élisabeth, et un garçon baptisé Alphonse, du nom de son grand-père maternel. (Huit autres enfants au moins, dont le premier et le deuxième fils du roi, Jean et Henri, étaient morts en bas âge.) Le 25 avril, la reine donna naissance à un autre fils, qui reçut le prénom de son père Édouard. L'enfant était né à quelques jours d'écart de la fête de la Saint-Georges, mais hormis ce détail, le symbolisme était idéal. Un prince qui partageait le nom saxon et Plantagenêt de son père était venu au monde dans une ville riche en histoire antique de la Grande-Bretagne. Le petit garçon, dit Édouard de Caernarvon, servait à la fois d'étendard de la conquête et d'outil de propagande. C'était le quatrième fils qu'Éléonore donnait à la dynastie, et sa naissance vint un peu plus resserrer les liens entre histoire et légende dans la tradition des Plantagenêts. Elle s'inscrivait dans un récit qui s'inspirait d'Arthur, de Maximus et des Bretons des temps immémoriaux. Le destin semblait appeler cet enfant à monter un jour sur le trône de son père. Ce qui parut se confirmer quand en août 1284, la camarde vint faucher à Windsor le petit Alphonse, âgé de dix ans. Soudain, à quatre mois, Édouard devenait l'héritier du royaume réinventé de Grande-Bretagne. Entre la conquête du pays de Galles conquis, l'édification de nouveaux mythes et la naissance d'un héritier, la vision royale d'Édouard prenait forme. Il ne restait plus au roi qu'à trouver moyen de la financer.

Le prix de la conquête

La consolidation de la conquête du pays de Galles exigeait d'énormes investissements. La première guerre galloise, selon les estimations, aurait coûté la somme relativement modeste de 23 000 livres, mais le prix de la seconde se serait monté à près de 165 000. Une grande partie de ces fonds avait été consacrée aux châteaux construits pour assurer la victoire, chacun valant de 14 000 livres (le coût final du château inachevé de Beaumaris) à 20 000 livres (pour celui d'Anglesey).

Tout cet argent n'était pas investi exclusivement dans le bois et la pierre. Édouard imposa au pays de Galles une paix du conquérant aussi sévère que celle des Normands à leur arrivée en Angleterre. Conformément à la révolution légale lancée en Angleterre sous la supervision de Robert Burnell, le règlement gallois fut ancré par des lois statutaires. Le Statut de Galles, voté en 1284, primait sur l'essentiel des systèmes légaux et administratifs gallois traditionnels. Flint, Anglesey, Merioneth et Caernarfon devinrent tous des comtés calqués sur le modèle anglais, avec leur machinerie administrative de shérifs et de tribunaux qui formait le système nerveux central du gouvernement au niveau local. Le droit pénal anglais prit également le pas sur la coutume et les procédures juridiques galloises. Édouard frappa également de son courroux les princes gallois, dont les familles furent détruites les unes après les autres, dépossédées de leurs terres et de leur patrimoine. Il plaça ses fidèles partisans dans la principauté pour hâter le processus d'anglicisation par le haut.

Si la conquête eut un impact retentissant sur le pays de Galles, ses effets ne furent pas moins considérables en Angleterre. Le coût faramineux d'une conquête à l'étranger – ne fût-ce qu'au-delà des Marches – contraignit Édouard à veiller à maintenir un consensus politique à l'intérieur. Ayant vécu la Seconde Guerre des Barons dans sa jeunesse, il avait vu son père dilapider son argent au nom de la politique étrangère, pour ne récolter qu'une rébellion de la classe politique qui la finançait. Il ne tenait pas à rééditer cette expérience.

Par conséquent, les guerres de la conquête galloise entraînèrent un gigantesque programme de réforme financière et législative en Angleterre. Presque tous les domaines de l'administration, de la justice et de la réglementation financière du royaume furent concernés tandis que le gouvernement d'Édouard s'efforçait à la fois de purger la machine de l'État de ses éléments incontrôlables et de gagner encore en influence dans les comtés. Il s'agissait des premières réformes ambitieuses de cet ordre depuis l'époque d'Henri II. Il y en avait parfois grand besoin après la dérive du règne d'Henri III, mais la volonté du gouvernement d'Édouard de s'engager dans les réformes dépendait également de la capacité du roi à collecter les fonds exorbitants nécessaires à la poursuite de ses grands projets de politique étrangère dans les îles Britanniques.

Les mesures essentielles étaient les statuts, rédigés sous la direction de Burnell, dont le rôle personnel dans l'architecture du nouvel État anglais ne fut pas moins fondamental que celui de Maître Jacques dans le programme de construction de châteaux d'Édouard. Les trois statuts passés avant la seconde invasion du pays de Galles (Westminster, Gloucester et Mortmain) avaient enclenché le processus. Après la conquête, le flot législatif continua d'enfler. Les statuts d'Acton Burnell (1283) et des Marchands (1285) traitaient des questions d'endettement. Westminster II (1285), comme Westminster I, était un texte législatif exhaustif dont les cinquante clauses, extrêmement détaillées, établissaient les nouveaux procédés, règles et rescrits pour des sujets allant de l'héritage et l'expropriation au legs de terres de maris défunts à leurs épouses, mais statuait aussi sur les questions épineuses de fausses accusations de meurtre ou encore sur les riches qui versaient des pots-de-vin aux shérifs pour ne pas avoir à accomplir leur devoir de jurés.

Ces réformes législatives ne visaient pas seulement à simplifier les litiges fonciers et les accords commerciaux pour les barons du royaume. Leur portée s'étendait jusqu'aux couches les plus basses de la société. Le Statut de Winchester de 1285 révolutionna la justice pénale au niveau des villages, où l'on pensait que les criminels échappaient à la justice parce que les jurés locaux répugnaient à inculper et condamner leurs concitoyens et les protégeaient ainsi de la force implacable de la loi.

> *« Alors que chaque jour, vols, homicides et incendies sont commis plus souvent qu'à l'accoutumée, disait le texte, et que les jurés [...] préféreraient que les crimes à l'encontre d'étrangers restent impunis plutôt que d'accuser les délinquants, dont beaucoup sont des gens du même pays [...], notre seigneur le roi, pour réduire le pouvoir des criminels, établit une pénalité en de tels cas, si bien que par peur de cette pénalité [...], ils veilleront dorénavant à ne plus épargner personne ni dissimuler aucun forfait. »*

Winchester exigeait des édiles locaux qu'ils prennent sur eux d'éliminer la criminalité. Si un délit était commis et qu'aucun accusé n'était présenté, ce serait alors leur circonscription tout entière (le *hundred*) qui serait punie collectivement. Cela transformait l'ensemble du mécanisme de la loi et de l'ordre en un système où chaque sujet était responsable du maintien de la paix. « Les gens vivant dans le district répondront des vols et des crimes commis dans le district, déclarait succinctement le statut. Dans les grandes villes ceintes de murs, les portes seront fermées du coucher au lever du soleil. [...] Quiconque abriterait ou hébergerait en quelconque façon des personnes soupçonnées d'avoir [...] violé la paix » serait châtié comme complice du crime.

Mais le statut de Winchester laissa surtout sa marque sur le paysage anglais. Tout comme les bûcherons et les ouvriers d'Édouard avaient tracé une large route à travers les bois du pays de Galles pendant la traque de Llywelyn le Dernier, c'était au tour de toutes les routes commerciales d'Angleterre d'être dégagées, au nom de la sécurité : « Il est ordonné que les grands-routes d'une ville de négoce à l'autre soient élargies partout où se trouvent des bois, des bocages ou des fossés ; si bien qu'il n'y aura ni fossé, ni sous-bois ou broussailles sur deux cents pas d'un côté et deux cents pas de l'autre, où des hommes mal intentionnés pourraient se cacher près de la route », décrétait encore le texte de loi. Les axes marchands d'Angleterre furent ainsi transformés en grandes artères dépourvues d'arbres pour permettre la libre circulation de biens et d'argent dans tout le royaume.

Outre le système de réforme statutaire, le gouvernement d'Édouard fut caractérisé par la volonté de rationaliser les finances royales. En 1279, une refonte monétaire visa à revaloriser la monnaie frappée au temps du règne d'Henri III qui, selon Matthieu Paris, « était si intolérablement dévaluée par les escrocs et faussaires que ni les autochtones ni les étrangers ne la pouvaient regarder autrement qu'avec trouble et colère ».

Édouard institua aussi la réforme du système des comptes royaux. Le Statut de Rhuddlan de 1284 prévoyait que les anciennes dettes soient effacées des rôles où étaient archivées les transactions du gouvernement. Les procédures permettant aux tribunaux royaux de recouvrer les dettes et amendes furent accélérées, et des commissaires royaux furent ensuite envoyés dans tout le pays pour recenser les dettes dues à la Couronne.

En dépit de ces mesures, les finances royales étaient toujours lourdement déficitaires en 1289. Édouard contracta des emprunts considérables auprès des banquiers, tout en taxant régulièrement laïcs et gens d'Église pour accroître ses revenus. Preuve du crédit politique que lui avait valu son programme de réformes, il put lever une taxe d'un quinzième sur les biens laïcs et ecclésiastiques dès le début de son règne, et il lui fut encore possible de récolter des fonds de cette façon pendant des années.

Dans les affaires légales comme à la guerre, Édouard tenait à ce que son gouvernement applique des politiques radicales et permanentes dont les effets continueraient de se faire sentir longtemps après sa mort. Ce n'était que par le biais de ce gouvernement actif qu'il pouvait espérer fédérer une nation qui le soutiendrait dans sa coûteuse politique étrangère. Pourtant, si ces réformes étaient plus que nécessaires et vitales pour la sécurité financière et politique de la Couronne, elles avaient aussi un côté plus sombre. Et le plus sombre de tous, qui laissa une trace indélébile sur la transformation de son royaume, fut le traitement qu'il réserva aux juifs d'Angleterre.

L'EXPULSION DES JUIFS

Le mardi 10 octobre 1290, un groupe de juifs pauvres de Londres embarqua à bord d'un bateau sur la Tamise. Ils avaient en main des sauf-conduits royaux. Sur leurs manteaux, ils portaient les emblèmes jaunes, en forme de livre, qu'ils étaient contraints d'arborer, conformément à la loi, pour se distinguer des chrétiens. Ils emportaient avec eux tous leurs biens matériels et comptaient atteindre la côte, puis, de là, le Continent. Ils savaient qu'ils ne reviendraient jamais en Angleterre.

Le bateau quitta Londres et traversa la campagne qui entourait la capitale. Les juifs laissaient derrière eux une ville où la vie leur était devenue de plus en plus impossible, où des lois de plus en plus strictes et pénibles avaient été votées contre eux, les empêchant de commercer ou de gagner de quoi subsister, et même d'entrer en relation avec leurs voisins chrétiens, contrairement à ce qu'avaient pu librement faire leurs ancêtres. Leurs synagogues avaient été incendiées, leurs amis battus ou pendus, et des prédicateurs exaltés avaient exigé qu'ils se convertissent au christianisme. Ils n'étaient plus les bienvenus à Londres, qui ne voulait plus d'eux. Ils n'avaient d'autre choix que de partir.

Ils descendirent le fleuve qui, au bout de plusieurs lieues, s'élargit. Sur tribord, le paysage du Kent céda la place à des îles et des bancs de sable. Le large n'était plus très loin. La mer se retirait.

Leur capitaine, un chrétien, vira au sud, vers l'île de Sheppey. Alors que la marée était de plus en plus basse, il fit jeter l'ancre et laissa son navire s'échouer sur le sable découvert par le jusant dans l'estuaire de la Tamise. Rassemblant ses passagers juifs, il leur expliqua qu'ils ne pourraient continuer que quand les eaux seraient remontées. Et il les invita à descendre pour aller se dégourdir les jambes sur le banc de sable.

Tous les passagers suivirent son conseil et quittèrent le bord pour faire quelques pas sur le sable humide. Ils ne s'aperçurent pas que la marée remontait. Le capitaine, lui, le vit, bien sûr. Son équipage et lui savaient qu'après la marée basse, les eaux de la Tamise enflaient rapidement, engloutissant rapidement les langues de sable qu'elles avaient dégagées en emportant tout sur leur passage. Il se hâta de regagner son bateau. Il cria à ses passagers juifs, qui s'étaient trop avancés sur le banc de sable et étaient maintenant isolés, d'invoquer Moïse, qui leur avait déjà ouvert les eaux par le passé. Puis le navire s'éloigna en emportant les bagages de ses passagers. Les juifs furent balayés par la marée montante. Tous se noyèrent.

Ce crime valut par la suite au capitaine et à son équipage d'être jetés en prison. Ce fut l'un des plus atroces de tous ceux qui furent commis quand Édouard fit expulser la petite communauté juive d'Angleterre en 1290. Dans l'ensemble, l'exode se déroula de façon assez paisible, mais cette affaire traduit douloureusement la haine, la cruauté et la brutalité que les populations et les gouvernements chrétiens firent subir aux juifs d'Europe au XIIIe siècle.

À l'époque du règne d'Édouard, l'Angleterre abritait environ 2 000 juifs, organisés en une quinzaine de communautés essentiellement urbaines et vivant encore, comme du temps du roi Jean, en fonction des lois apocryphes d'Édouard le Confesseur : « Les juifs eux-mêmes et toutes leurs possessions appartiennent au Roi. » Mais depuis le règne de Jean, la situation des juifs anglais s'était peu à peu dégradée. Leurs communautés étaient de plus en plus souvent accusées de crimes de sang. En 1240, trois juifs de Norwich avaient été exécutés pour avoir prétendument circoncis un garçon de cinq ans qu'ils avaient l'intention, disait la rumeur, de crucifier à Pâques. Leur procès déclencha une vague d'attaques contre les juifs et leurs biens. En 1255, un juif du nom de Jopin fut accusé d'avoir assassiné un petit chrétien de huit ou neuf ans en le torturant à mort avec plusieurs complices lors d'une cérémonie de sorcellerie. Une légende racontait que le cadavre du garçon n'avait pas coulé dans un ruisseau, et n'avait pas davantage pu être enterré, et que lorsqu'il avait été jeté dans un puits, il avait émis un doux parfum et une lueur brillante. Quelque temps

Henri Ier, duc de Normandie et roi d'Angleterre plongea dans une immense tristesse à la mort de son fils, Guillaume Adelin, qui avait sombré en 1120 dans le naufrage de la *Blanche Nef*, au large de Barfleur, en Normandie. C'est finalement sa fille Mathilde, qu'il choisira pour lui succéder. Son alliance contractée avec un comte d'Anjou fera entrer les Plantagenêts dans l'Histoire.

une famille de caractère

Les relations entre Henri II et Thomas Becket se dégradèrent dès la nomination de ce dernier comme archevêque. Ce conflit aboutit au meurtre de Becket (1170) dont l'Église fera un martyr. Le règne d'Henri II restera à jamais marqué par cet opprobre.

Aliénor d'Aquitaine (1122-1204) épouse successivement le roi de France Louis VII, puis Henri Plantagenêt, le futur roi d'Angleterre. Courageuse, tenace et ambitieuse, elle s'oppose à son époux et jouera un rôle politique important jusqu'à sa mort, en 1204.

Geoffroy Plantagenêt (1113-1151), père d'Henri II. Il est le fondateur de la dynastie des Plantagenêts. Avec ces possessions en Anjou et en Normandie, Geoffroy fut le plus puissant vassal du roi de France.

Combat entre Richard Cœur de Lion et Saladin lors de la troisième croisade (1189-1192). En réalité, malgré leur respect mutuel, ces deux grands guerriers ne se rencontrèrent jamais.

La chute d'Acre en 1191. Cette victoire de Richard Cœur de Lion sera l'une des plus significatives de la troisième croisade. La ville resta entre les mains des chrétiens pendant Cent Ans, et Édouard Ier s'y rendit en 1270.

une modernité en germe

Édouard Ier (1239-1307), surnommé « le Marteau des Écossais ». Sa grande taille et son tempérament firent d'Édouard Ier un homme craint par nombre de ses contemporains, mais il gagna le respect de ses sujets par son comportement digne du roi idéal : soldat, administrateur, homme pieux.

Magna Carta ou La Grande Charte (1215). Ce « traité de paix » comporte soixante-trois articles cédés par Jean sans Terre à ses barons anglais. Ses principes contre l'arbitraire royal établissent en droit l'*habeas corpus* ; la Grande Charte est aujourd'hui considérée comme l'un des documents majeurs de l'histoire de la démocratie moderne…

Les ruines de Château-Gaillard dominant la Seine donnent une idée de l'impressionnante forteresse qu'elle fut à sa construction voulue par Richard Cœur de Lion afin de protéger la frontière normande avec le royaume de France. Supposée imprenable, elle tombe entre les mains de Philippe Auguste en 1204 après un siège de plusieurs mois lors de la guerre menée contre son vassal Jean sans Terre.

En 1331, le roi d'Angleterre Édouard III prête serment à Philippe VI pour ses fiefs en France. Un conseiller de Philippe VI ordonne d'un geste à Édouard III de s'agenouiller. Cette miniature française met en scène la soumission du roi anglais…

DISSENSIONS FAMILIALES

Édouard III
portant les couleurs de l'Ordre de la Jarretière qu'il a fondé en 1348. Ayant restauré l'autorité royale après le règne désastreux de son père, Édouard II, il fait du royaume d'Angleterre la première puissance militaire d'Europe.

Isabelle de France (1295-1358),
fille du roi de France Philippe le Bel et épouse d'Édouard II avec son amant Roger Mortimer et son armée de mercenaires à Hereford, face à laquelle l'armée royale fit rapidement défection. Isabelle déposa Édouard et devint régente au nom de son fils, le futur Édouard III.

« La mer était pourpre, ses eaux absorbaient les flots de sang qui jaillissaient des blessures… », écrit-on à propos de la bataille de l'Écluse (juin 1340). Ce fut la première grande victoire navale de l'histoire anglaise, presque toute la flotte française fut éliminée ou capturée…

La bataille de Crécy dans la Somme actuelle (24 août 1346) est la première grande bataille rangée de la Guerre de Cent Ans. Plus de 1500 chevaliers et écuyers français y trouvèrent la mort sous un déluge de flèches anglaises, donnant une victoire écrasante à l'armée d'Édouard III. À g., l'armée de Philippe VI, à dr. les troupes d'Edouard III. Son étendard associe les armoiries des couronnes anglaise et française (les fleurs de lys).

Les gisants des Plantagenêts dans l'abbatiale de Fontevraud. Celle-ci est devenue la nécropole dynastique de la lignée, sur les terres ancestrales de la famille, à la frontière du Poitou et de l'Aquitaine, domaine de la reine Aliénor. Après des années d'opposition, Henri II s'y trouve enterré pour l'éternité auprès de son fils Richard Cœur de Lion et sa femme Aliénor.

Création Studio Flammarion

plus tard, Henri III s'était rendu à Lincoln où il avait ordonné la mise à mort de Jopin et fait arrêter quatre-vingt-onze juifs qui avaient été envoyés à Londres pour y être condamnés à mort. Dix-huit avaient été exécutés avant que le comte Richard de Cornouailles n'intervienne et ne sauve les autres. Des affaires semblables furent signalées à Londres et à Northampton dans les années 1260 et 1270.

En 1269, Henri III avait restreint les conditions permettant aux juifs de commercer, et tout juif coupable de blasphème était passible du gibet. Quand Édouard rentra de croisade, il fit voter le Statut des Juifs (1275), qui interdisait l'usure sous presque toutes ses formes, obligeait les juifs à ne vivre que dans certaines villes, leur imposait l'emblème jaune de l'infamie, décrit comme « à la façon de deux tables [entendre, des tablettes religieuses] jointes, de feutre jaune, d'une longueur de six pouces sur trois de large », et levait une taxe annuelle d'un tiers sur tous les juifs de plus de douze ans. La reine mère, Éléonore de Provence, expulsa les juifs de ses terres à peu près au moment où le Statut des Juifs fut proclamé. Par la suite, quand Édouard instaura des lois sévères contre le rognage de la monnaie et que ses juges commencèrent à poursuivre ceux qui s'en rendaient coupables en 1278-1279, les juifs furent soumis à un massacre judiciaire : si autant de chrétiens que de juifs furent inculpés pour rognage, dix fois plus de juifs que de chrétiens furent exécutés pour leurs crimes. À la fin des années 1270, il n'y avait pas une famille juive dont le chef n'ait été arrêté pour rognage. Dans ce climat de terreur juridique, les familles juives étaient souvent la cible d'extorsions, leurs voisins peu scrupuleux menaçant de les dénoncer pour des délits liés à la monnaie. D'autres vagues d'arrestations et d'imposition forcée se poursuivirent tout au long des années 1280. En 1283, les juifs se virent retirer la protection accordée aux marchands ordinaires, et en 1284, l'archevêque Peckham ordonna par décret que toutes les synagogues de Londres soient détruites, à l'exception d'une seule. Deux ans plus tard, le pape Honorius IV exigea des archevêques de Canterbury et d'York qu'ils répriment toute relation entre les chrétiens et les juifs « maudits et perfides ».

Rien de tout cela n'était particulier à l'Angleterre. Le XIIIe siècle fut peut-être le plus violemment antisémite de tout le Moyen Âge. D'un bout à l'autre de l'Europe, les souverains imposaient aux juifs de leurs royaumes des mesures tout aussi répressives. Frédéric II ordonna que les juifs de Sicile portent un écusson bleu en forme de T et se laissent pousser la barbe. Depuis Philippe Auguste, les rois de France réclamaient que les juifs arborent un insigne en forme de roue. Les pogroms, les massacres, la ghettoïsation, les lois discriminatoires, les persécutions et les vexations se multipliaient contre les juifs partout où ils vivaient. Édouard, fidèle à l'esprit de son temps par son christianisme agressif, musclé et intolérant, suivait la tendance d'un siècle sectaire.

Mais en dépit de l'oppression croissante et des obstacles juridiques à leur négoce, les juifs n'en demeuraient pas moins les principaux acteurs du secteur financier d'Angleterre. L'usure continuait de se pratiquer de façon clandestine, et les juifs vendaient des reconnaissances de dettes à des spéculateurs qui pouvaient espérer récupérer les terres hypothéquées si l'emprunteur se retrouvait en défaut de paiement. Pour des raisons évidentes, les juifs n'étaient guère appréciés de la classe des propriétaires fonciers qui se retrouvaient pris dans ce piège. Sous le règne d'Édouard, le roi faisait l'objet de fortes pressions religieuses et politiques le poussant à les neutraliser définitivement, eux et leur négoce. Des pressions auxquelles le roi, à la fois animé d'une grande piété traditionnelle et ravi de trouver une solution de plus pour remplir ses coffres, ne résista pas bien longtemps.

Édouard avait profité personnellement de la présence des juifs dans son royaume. Son père avait imposé une taille juive de 6 000 marcs pour financer sa croisade, et de 1272 à 1278, l'échiquier d'Édouard avait tenté de collecter plus de 20 000 livres auprès des juifs (sans succès, il est vrai). De plus, Édouard était également un prince croisé prompt à mépriser les droits des autres cultes. Dévot ordinaire, il n'était pas plus éclairé que ses compatriotes anglais qui, comme l'archevêque Peckham et Thomas de Cantilupe, évêque de Hereford, étaient d'avis que les juifs devaient se convertir, sous peine d'être persécutés.

Comme souvent durant le règne d'Édouard, les causes immédiates de l'expulsion étaient financières. Très peu de temps après la conquête du Pays de Galles, le roi avait dû partir pour la Gascogne, pour réimposer son pouvoir au duché. Il quitta l'Angleterre le 13 mai 1286 et séjourna plus de trois ans dans ses terres continentales, étudiant en détail ses droits féodaux, fondant de nouvelles villes et codifiant le gouvernement ducal, géré par des responsables qui se trouvaient loin de l'Angleterre. La Gascogne fit l'expérience d'un programme de réformes édouardiennes ambitieuses, ordonnées et réglementées, ce qui ne manqua pas de grever les finances de la Couronne. À son retour du duché, Édouard devait plus de 100 000 livres aux Riccardi, la richissime famille de banquiers de Lucques.

À son retour, le 12 août 1289, il trouva une atmosphère politique extrêmement tendue. Certains de ses plus hauts fonctionnaires faisaient l'objet de sérieux soupçons de corruption, en particulier les deux principaux magistrats d'Angleterre, qui présidaient le Banc du roi et la Cour des plaids communs. Les enquêtes de ses agents sur les droits de la Couronne qui n'étaient plus perçus dans les régions du pays suscitaient troubles et irritation, et plusieurs comtes anglais remettaient en question la légitimité des exigences financières d'Édouard lorsqu'il était hors des frontières du royaume. En octobre, le monarque se sentit obligé d'adresser une lettre à chaque comté d'Angleterre pour inviter quiconque se plaignait de ministres ou représentants royaux à venir s'en ouvrir à ses commissaires de Westminster. Ce n'était pas un climat politique idéal pour réclamer encore plus d'argent à un parlement sans lui consentir d'importantes concessions.

Mais Édouard était obsédé par l'argent, car il envisageait de nouveau de repartir en croisade en Terre sainte. Les Mongols lui avaient envoyé des messages diplomatiques lui demandant s'il comptait revenir affronter les Mamelouks, et son fidèle allié Othon de Grandison était déjà en route pour l'Orient en mission de reconnaissance. Des négociations étaient en cours avec la papauté pour lever une taxe afin de financer la croisade, mais Édouard devrait puiser lourdement dans les richesses de ses barons et des petits propriétaires fonciers du pays s'il voulait que sa croisade ait plus de succès que la première. Désespérément en quête d'argent, et disposé à accepter toute mesure qui lui permettrait d'en collecter, il en vint naturellement à la conclusion logique de la politique des Plantagenêts vis-à-vis des juifs. Les propriétaires fonciers voulaient se débarrasser d'eux. Une idée qui ne lui déplaisait pas, voire l'enthousiasmait. En 1287, il avait expulsé tous les juifs de Gascogne. Il ferait donc de même en Angleterre. Ce qui lui assurerait un capital politique, lèverait un impôt populaire et rapporterait peut-être même quelques revenus prélevés sur les biens confisqués aux juifs sur le départ.

Aussi, quand les nobles et les chevaliers d'Angleterre se rassemblèrent à Westminster en juillet 1290, un accord fut conclu. Ils acceptèrent une nouvelle taxe en échange de l'expulsion des juifs. L'édit d'Expulsion, émis le 18 juillet 1290, enjoignait la minorité juive d'Angleterre de quitter le royaume au 1er novembre sous peine de mort. L'édit fut diffusé dans tout le royaume et lu à haute voix dans les synagogues. Les juifs ne cherchèrent pas vraiment à résister. Pendant l'été, ils commencèrent à s'en aller, et à l'automne, tous ou presque étaient partis ou – dans le cas des malheureux qui étaient montés sur des bateaux comme celui qui avait descendu la Tamise le 10 octobre – morts.

L'édit d'Expulsion fut le point d'orgue de près d'un siècle d'une hostilité croissante de la part d'Édouard et ses prédécesseurs à l'encontre des juifs. En dépit de toutes les souffrances, de la déchirure et du malheur infligés à ceux qui quittèrent l'Angleterre pour regagner une Europe guère plus accueillante, l'expulsion fut une mesure populiste qui connut un succès spectaculaire. Alors que les quelque 2 000 juifs qui avaient échappé à la mort ou à la ruine pendant les dix-huit premières années du règne d'Édouard obtenaient des sauf-conduits pour partir, les collecteurs d'impôts royaux reportèrent leur zèle sur les chrétiens restés au pays. Les propriétaires fonciers anglais, ravis, ou du moins ceux qui étaient représentés au parlement, avait accordé à Édouard une taxe d'un quinzième sur tous les biens mobiliers. Elle rapporta la somme remarquable de 116 000 livres : l'impôt le plus lourd levé en Angleterre de tout le Moyen Âge. « Les gens gémissaient, inconsolables », écrivit le chroniqueur d'Osney au sujet de l'impact qu'eut l'impôt sur le petit peuple. Les juifs gémirent encore plus en se dispersant dans toute l'Europe. Mais personne ne les écoutait. Édouard avait une fois de plus montré qu'il était prêt à légiférer et réformer en fonction des besoins d'un royaume Plantagenêt qui était sur le point de sombrer dans une guerre longue et coûteuse.

La Grande Cause

Alors que les juifs quittaient l'Angleterre à l'automne 1290, tout laissait croire qu'Édouard allait lui aussi partir, en croisade pour reconquérir l'Outremer. Tandis que ses percepteurs sillonnaient le pays et ponctionnaient les richesses séculières et ecclésiastiques, il semblait bien que « le nouveau Richard » était sur le point d'inaugurer une nouvelle grande période de mort et de gloire au nom de Jérusalem. Or, en quelques mois, le sort décréta qu'il n'y aurait point de voyage vers l'Orient, ni de nouveau chapitre dans l'histoire des croisades des Plantagenêts. Le reste du règne d'Édouard sera accaparé par des événements beaucoup plus proches : la reprise de l'insurrection au pays de Galles, un regain d'agressivité de la monarchie française déterminée à chasser les Plantagenêts de Gascogne, et la guerre avec l'Écosse, qui fut l'affaire la plus sanglante de toutes.

« Quand tous les tyrans gallois furent écrasés, les Écossais brandirent leurs lances, armés de haillons. » Ces paroles enjouées d'une chanson populaire écrite en 1298 résument succinctement le basculement qui s'opéra au milieu du règne d'Édouard, et qui le vit passer d'une guerre contre les Gallois à une autre contre les Écossais. La vérité en fait était loin d'être aussi claire.

Au début de septembre 1290, une flotte de vaisseaux fit voile vers l'Écosse depuis Bergen, sur la côte sud-ouest de la Norvège. Elle emportait une précieuse cargaison : une petite fille d'à peine six ans, Marguerite. Elle était surnommée la Vierge de Norvège, mais les circonstances venaient de faire d'elle la future Dame d'Écosse. Sur ses frêles épaules reposaient les espoirs et la sécurité d'une nation en difficulté.

Marguerite était la petite-fille d'Alexandre III, roi d'Écosse qui était mort en 1286. Le décès d'Alexandre avait plongé son royaume dans une crise de succession. La situation dynastique était telle qu'aucun héritier au trône n'était clairement désigné. À la mort du roi, son épouse, la reine Yolande, était enceinte, mais à la fin de 1286, elle mit au monde un enfant mort-né. Le tarissement de la lignée était désastreux pour le royaume. « Christ né dans la virginité, secours l'Écosse et viens à son aide, car l'État est en grand désarroi », écrivit le chroniqueur Andrew de Wyntoun au XIVe siècle, revenant des décennies plus tard sur les troubles qui secouèrent le pays sans souverain.

De 1286 à 1290, l'Écosse s'était trouvée comme dans une sorte de coma, gouvernée par un conseil de gardiens qui s'efforçaient de préserver le pays jusqu'à ce qu'il se trouve un héritier. Le choix s'était finalement porté sur Marguerite, dont le transfert en Écosse avait été approuvé pendant l'été 1290 au terme de longues négociations entre les cours anglaise et norvégienne et les grands d'Écosse. Puisque la présence d'une petite fille sur le trône n'était pas en soi le remède à une crise constitutionnelle, les Écossais avaient persuadé Édouard que l'enfant devait être rapatriée dans les îles Britanniques et mariée au fils du roi, Édouard de Caernarvon, lui aussi âgé de six ans. Cette union dynastique souderait les lignées royales anglaise, écossaise et norvégienne. Le traité de Birgham, conclu le 18 juillet 1290, confirma l'alliance par mariage, garantissant « que le royaume d'Écosse restera[it] séparé et distinct du royaume d'Angleterre [...] et qu'il sera[it] libre de toute sujétion ».

Le voyage de Marguerite depuis la Norvège n'avait rien d'inhabituel, ni de particulièrement dangereux. Le pays entretenait des liens étroits avec l'Écosse, les royaumes n'étant séparé que par un bras de la Mer du Nord qui constituait une voie commerciale régulière. Les Orcades, l'archipel au large des côtes des Highlands dont les seigneurs faisaient allégeance aux rois de Norvège et d'Écosse, servaient d'étape à mi-parcours. Marguerite embarqua à la première semaine de septembre 1290, et deux semaines plus tard, elle débarqua dans les Orcades. La nouvelle de son arrivée mit les canaux diplomatiques écossais et anglais en effervescence, et une délégation anglaise conduite par Antoine Bek, évêque de

Durham, fut dépêchée en Écosse avec des joyaux de prix en guise de cadeaux pour la Vierge de Norvège.

Mais les diplomates anglais ne purent jamais lui offrir les somptueux présents qu'Édouard lui avait adressés. Dans les derniers jours de septembre, une triste nouvelle parvint en Écosse depuis les Orcades : Marguerite était morte dans l'archipel, à Kirkwall, au bout d'une semaine de maladie. La cause de son décès reste un mystère, mais il s'agissait probablement d'une grave intoxication alimentaire due à la consommation de vivres frelatées pendant la traversée.

Avec Marguerite s'éteignait la lignée de Dunkeld, qui remontait à près de trois cents ans jusqu'au règne de Duncan Ier, au tournant de l'an mille. L'Écosse se retrouvait bel et bien sans roi. Et les efforts pour en trouver un nouveau faillirent bien déchirer le royaume.

Dès les premières rumeurs du trépas de la Vierge de Norvège, la cour d'Édouard et les grands nobles d'Écosse échangèrent des lettres et d'instantes demandes. Une missive rédigée par l'évêque de Saint Andrews immédiatement après la mort de Marguerite trahissait la peur généralisée d'une guerre civile. Les grands s'armaient et se préparaient à combler le vide du pouvoir par le sang. Seul un roi disposant des ressources et de la réputation d'Édouard pourrait contribuer à empêcher la spirale de l'anarchie. « Que votre excellence daigne, s'il lui plaît, approcher la Frontière pour consoler le peuple écossais et contenir l'effusion de sang, afin que les vrais hommes du royaume puissent [...] faire roi qui le doit être par la loi [...] », écrivit l'évêque. Sans l'autorité suprême que détenait Édouard, laissait-il entendre, aucun processus légal n'aboutirait à la désignation d'un nouveau roi.

Édouard fut lui-même frappé par le chagrin à la fin de 1290. Quand la nouvelle de la mort de la Vierge lui parvint, il apprit également que la reine Éléonore était de nouveau atteinte d'une fièvre qu'elle avait contractée pour la première fois en Gascogne lors d'une visite en 1287. Elle voyageait pour le retrouver à Lincoln quand elle dut s'aliter pour la dernière fois, le 28 novembre 1290, dans le village de Harby, dans le Nottinghamshire. Édouard se précipita pour être à son chevet quand elle rendit son dernier souffle. Elle avait quarante-neuf ans, et ils étaient mariés depuis trente-six ans.

Édouard porta publiquement le deuil d'une épouse dont il écrivit, l'année suivante, que « nous ne pouvons cesser d'aimer ». Tandis que la dépouille d'Éléonore était ramenée à Westminster en douze étapes, embaumée et remplie d'orge, Édouard ordonna que de hautes croix ornées de flèches soient érigées à chacune des étapes. Ces « Croix d'Éléonore » étaient des témoignages publics de deuil, inspirées des croix de Montjoie dressées pour le roi Louis IX de France. De plus, Édouard finança des messes somptueuses pour accompagner l'âme de la reine dans son périple à travers le purgatoire : six mois après la mort d'Éléonore, l'archevêque d'York se vanta auprès du roi, peut-être avec un peu d'exagération, que 47 000 messes avaient déjà été dites pour le repos de sa défunte épouse.

Édouard se passionna pour la supervision de la Grande Cause, nom qui fut donné au litige juridique d'une formidable complexité qui éclata entre treize différents prétendants au trône d'Écosse. L'affaire dura deux ans et finit par se réduire à un choix entre Jean Balliol et Robert de Bruce. Édouard, dans une lettre de condoléances pour la mort de la Vierge de Norvège, se présenta comme un « ami et voisin » de l'Écosse, mais il voyait clairement dans la Grande Cause un moyen d'accroître son influence sur la politique écossaise. Il décida de statuer sur le litige non par bonté d'âme, mais du fait de son besoin effréné d'imposer et d'exercer les droits de la royauté. Il était fermement convaincu du bien-fondé des droits de sa Couronne sur celle d'Écosse, qui n'avait été affirmés que sporadiquement tout au long de l'histoire de sa dynastie. Tant que dura la procédure pour choisir un roi, et même ensuite, Édouard fit tout son possible pour démontrer qu'il était le suzerain et le maître de toutes les îles Britanniques.

Le litige, finalement conclu en faveur de Jean Balliol, était d'une incroyable complexité. Qui était digne de juger de la nomination d'un roi ? À contrecœur, les prétendants au trône finirent par décider que la seule façon de répondre à cette question était de la soumettre à Édouard. Mais cette décision fut prise le cœur lourd. Un an s'écoula entre la mort de la jeune Marguerite et une conférence qui eut lieu au château de Norham, à la frontière, où la suzeraineté d'Édouard fut enfin reconnue par les Écossais. En novembre 1292, l'affaire était réglée, et le 30 novembre, Jean

Balliol fut couronné dans l'ancienne capitale des monarques écossais, à Scone.

Mais si Balliol pensait que la royauté le mettait sur un pied d'égalité avec son « ami et voisin » du sud, il se trompait. C'était l'élection d'un vassal qu'Édouard avait supervisée, non celle d'un égal. Henri II et Jean sans Terre s'étaient contentés de recevoir l'hommage des rois d'Écosse, se satisfaisant d'un pouvoir théorique plutôt que pratique. Et pendant bien des générations, les rois d'Écosse avaient entretenu de bonnes relations avec la cour d'Angleterre, détenant des fiefs au sud (en particulier à Huntingdon) et servant dans les armées anglaises. Mais pour Édouard Ier, cela ne suffisait pas. Il espérait une soumission totale et publique, non seulement sous forme cérémonielle, mais aussi dans la réalité politique.

Dix jours avant son couronnement, Balliol avait rendu hommage à Édouard, jurant en français qu'il tenait l'Écosse de la Couronne d'Angleterre, et qu'il lui « serait fidèle et loyal corps et âme et avec honneur contre tout peuple qui peut vivre et mourir [...] » Le 26 décembre, il renouvela ce serment devant vingt-trois grands nobles écossais.

Cela n'avait rien d'inhabituel, mais outre le simple cérémonial de la royauté, Édouard revendiquait, dans le cadre de sa suzeraineté, le droit d'entendre les appels émis contre les décisions légales du roi d'Écosse. Ce qui était directement en contradiction avec ce qui avait été envisagé en 1290 par le traité de Bingham qui, bien que prévoyant une double monarchie sous Édouard de Caernarvon et Marguerite de Norvège, promettait que « les droits, lois, libertés et coutumes du royaume d'Écosse en toutes choses et façons seront pleinement et inviolablement préservés pour toujours dans tout ce royaume et ses marches », et que « nul dans le royaume d'Écosse ne sera tenu de répondre hors de ce royaume pour tout accord conclu, ou tout crime commis dans ce royaume, ou pour tout autre cause ». Mais les temps avaient changé, et Édouard estimait qu'il était en droit d'exercer sa suzeraineté de manière beaucoup plus marquée. Dans une affaire impliquant le grand d'Écosse Macduff de Fife, qui affirmait avoir été spolié de sa succession sur des terres dans le nord de Fife, Édouard convoqua Jean Balliol en personne afin qu'il comparaisse devant le parlement anglais de la Saint-Michel 1293. Balliol dénonça le droit du parlement anglais à recevoir des appels d'Écosse, mais menacé par Édouard, il fit marche arrière, retira sa contestation et renouvela son hommage. Ce fut une humiliation dont son règne ne se remit jamais. Le roi vassal et tous ceux qui scrutaient son pouvoir ne tardèrent pas à comprendre qu'avec un voisin aussi déterminé qu'Édouard, la monarchie écossaise était en réalité vide de sens.

Toutefois, Édouard était allé trop loin. C'était fort bien d'imposer la puissance de l'Angleterre au royaume d'Écosse, mais son attitude intransigeante acculait Balliol, qui se retrouvait pris entre deux positions inconciliables. Le roi d'Écosse était censé servir de marchepied aux ambitions arthuriennes du monarque anglais, tout en défendant l'indépendance de la Couronne écossaise. Cette situation aura finalement pour effet de détruire la royauté de Balliol et de braquer toute l'Écosse, qui s'opposa alors férocement aux Anglais. Loin d'asseoir solidement son autorité sur la politique écossaise, Édouard poussa les Écossais dans les bras des Français.

Guerre sur tous les fronts

Au XIIIe siècle, les voies de navigation qui passaient par la Manche et longeaient le littoral atlantique de la France étaient des artères commerciales essentielles, qu'empruntaient les marchands des riches pays d'Europe pour transporter des produits venus de contrées lointaines, dans des conditions difficiles et en encourant les périls de la haute mer pour réaliser des bénéfices dans les ports et sur les marchés de la Flandre à la Péninsule ibérique et au-delà. Les activités mercantiles étaient incessantes, et des négociants de toutes origines se côtoyaient régulièrement. Mais au début des années 1290, une guerre commerciale acharnée éclata entre divers armateurs d'Angleterre, de Normandie, de Flandre, de Gascogne et de Castille, qui entraîna de véritables batailles et des raids de pirates des Cinq-Ports jusqu'à Lisbonne. Les routes maritimes et les estuaires furent le théâtre de terribles violences tandis que flottaient au vent les étendards de guerre et que des batailles navales rougissaient les flots du sang de toutes les nations.

Les causes de cette guerre commerciale sont aujourd'hui obscures. Les ennuis commencèrent par une échauffourée entre marins anglais et normands en Normandie en 1292. L'escalade se poursuivit l'année suivante, jusqu'à ce que, le 15 mai 1293, des armées privées sous les couleurs anglaises et normandes se livrassent une succession d'escarmouches. À ce stade, les désordres étaient devenus si graves qu'ils requéraient une intervention gouvernementale. Édouard, qui ne tenait pas à être impliqué dans un conflit national par les agissements de négociants pirates, fit tout pour calmer le jeu. Une ambassade anglaise fut envoyée en France dans le but de conclure une paix avec Philippe IV, le roi de France, était montée sur le trône à l'âge de dix-sept ans quand son père, Philippe III, était mort de la dysenterie pendant une invasion de l'Aragon en 1285.

Philippe IV considérait Édouard avec la même arrogance que celle qu'affichait le souverain anglais pour les rois d'Écosse. Philippe, réputé pour sa beauté, était surnommé le Bel, épithète qui avait aussi été celui de Geoffroy, comte d'Anjou, fondateur de la maison des Plantagenêt. Mais derrière cette beauté se dissimulait une personnalité glaciale et inflexible. Dante l'appela « le Fléau de France », et l'évêque de Pamiers écrivit : « Il n'est ni homme ni bête, mais une statue. » Au cours de son règne, Philippe persécuterait bien des groupes et des sujets qui défieraient son autorité. Il fit torturer les Templiers et anéantit leur ordre. En 1306, il rassembla les juifs de France et les expulsa (même s'ils furent invités à revenir en 1315). Et dans la sinistre affaire de la Tour de Nesle, il fit emprisonner trois de ses brus pour adultère, tandis que leurs amants supposés étaient torturés et mis à mort en place publique.

C'était donc là un homme dont l'intransigeance et l'impitoyable cruauté surpassaient peut-être même celles d'Édouard. Et si ce dernier lui avait rendu hommage pour la Gascogne lors d'une cérémonie somptueuse en 1286, le monde entrait dans une ère où, une fois de plus, la France s'avérerait trop petite pour qu'un Plantagenêt et un Capétien puissent y cohabiter en paix.

Ironie du sort, ce fut au moment où Édouard s'efforçait d'imposer sa propre suzeraineté féodale à Jean Balliol que Philippe décida de l'humilier en Gascogne. Se servant de la guerre commerciale comme prétexte, le roi de France exigea de pouvoir juger lui-même plusieurs citoyens et responsables gascons impliqués dans les violences. Voyant que ses vassaux se refusaient à les lui livrer, il ordonna à Édouard de comparaître devant un parlement français après la Noël 1293. Édouard envoya son frère Edmond, comte de Lancastre, négocier avec Philippe en son nom. Mais Philippe négocia en toute mauvaise foi. Les Anglais se virent offrir un accord par lequel Édouard disait officiellement renoncer à la Gascogne et céder des villes et forteresses, en acceptant, pour conclure le marché, d'épouser la sœur de Philippe, Marguerite de France, âgée de onze ans. Les Français firent savoir que, leur honneur national étant satisfait, ils rétrocéderaient ce qu'ils avaient pris en

Gascogne et annuleraient la convocation d'Édouard devant le parlement.

Les Anglais, incroyablement, y crurent. Leur naïveté, leur confiance extraordinaire dans un roi de France qui était ouvertement agressif et expansionniste, ont de quoi surprendre. De fait, elle paraît si étonnante que les chroniqueurs du temps en conclurent que le roi d'Angleterre avait dû se laisser emporter par son désir pour la jeune princesse française qu'on lui promettait, si bien que, comme son grand-père le roi Jean avait enlevé Isabelle d'Angoulême, à peine pubère, Édouard était disposé à oublier la politique pour les appas d'une chair juvénile.

Se contenter de pareilles explications serait oublier qu'Édouard était un politicien consommé, prompt à explorer toutes les solutions à même de lui ouvrir les canaux diplomatiques nécessaires à sa nouvelle croisade. Quelles qu'aient pu être ses motivations, les Anglais n'en furent pas moins les dindons de la farce. La convocation au parlement français ne fut pas annulée, mais au contraire renouvelée et réitérée. Quand Édouard refusa de s'humilier devant Philippe exactement comme il avait lui-même humilié Jean Balliol, l'Angleterre et la France se retrouvèrent une fois de plus en guerre.

Les deux camps se préparèrent rapidement au combat. Édouard ressortit les vieux plans du XIIIe siècle : il s'agissait de nouer des alliances et de former des coalitions de princes au nord et à l'est de la France, et de lancer une invasion directe pour défendre et consolider les territoires au sud. Ses diplomates, sous la direction d'Antoine Bek, commencèrent à négocier avec le roi d'Allemagne et les grands seigneurs des Pays-Bas et de Bourgogne. On promit argent et mariages en échange d'une coopération contre Philippe IV. Pendant ce temps, une force d'invasion anglaise était mobilisée.

Ce plan avait fonctionné pour Richard Ier, mais lamentablement échoué pour Jean sans Terre et Henri III. Il n'aurait guère plus de succès avec Édouard, car, comme tant d'autres dirigeants avant et après lui, il avait dangereusement étiré ses forces. En octobre 1294, il déploya des troupes en Gascogne sous le commandement de son neveu inexpérimenté, Jean de Bretagne, mais elles étaient moins nombreuses que prévu. Puis les événements l'obligèrent à porter ses regards ailleurs. Les hommes dont il aurait eu besoin dans le Sud-Ouest de la France durent rester dans le royaume pour maintenir l'ordre au pays de Galles.

Un mois avant que Jean de Bretagne ne prenne la mer, une gigantesque révolte galloise éclata, sous Madog ap Llywelyn, lointain parent de Llywelyn le Dernier. Madog affirmait être le successeur des titres de Llywelyn, mais en réalité, il prit la tête d'une rébellion contre la lourde fiscalité qui avait frappé les biens mobiliers en 1292. La dernière tranche de cet impôt fut collectée au pays de Galles en septembre 1294, et elle s'accompagna d'un appel à la mobilisation des Gallois pour aller se battre en Gascogne.

Madog unit ses forces à celles d'autres princes gallois de second rang. Cynan ap Maredudd, Maelgwyn ap Rhys et Morgan ap Maredudd n'étaient pas d'importants seigneurs locaux, mais Édouard avait littéralement décapité la noblesse galloise de haut rang après l'invasion de 1282, et il n'y avait pas d'autre choix. Dans tout le pays de Galles, les guerriers de Madog attaquèrent les nouveaux châteaux anglais. Tous tinrent, mais Édouard fut quand même contraint de détourner une grande partie de l'armée d'invasion de la Gascogne pour l'envoyer à Worcester afin de pouvoir s'occuper des Gallois. Ce qui greva sévèrement ses ressources, or, tout était là : Édouard était peut-être l'homme le plus puissant du pays de Galles, mais avant même le début des hostilités avec les Français, ses espoirs de défendre rapidement et solidement ses terres sur le continent se heurtaient au résultat de sa domination des îles Britanniques.

La troisième invasion du pays de Galles par Édouard, qui commença alors que l'hiver s'installait à la fin de 1294, fut la plus grande de son règne. Ses hommes pénétrèrent en territoire gallois en décembre, fidèles à la vieille tactique d'assauts massifs de l'armée royale depuis Chester jusqu'à Conwy pendant que, dans le sud, les seigneurs royalistes menaient des attaques semi-indépendantes à partir des Marches.

L'invasion connut quelques revers mineurs. Les Gallois réussirent à s'emparer d'une grande partie des bagages de l'armée anglaise. Édouard se retrouva assiégé en plein hiver dans le château de Conwy, coupé de tout renfort par d'importantes inondations. C'est là qu'il aurait refusé sa ration de vin, insistant pour qu'elle soit répartie équitablement entre ses hommes tandis qu'il se contentait d'eau mêlée de miel. Il ne prenait pas grand risque. Quand les inondations prirent fin, le siège fut aisément levé.

Avec le printemps vint, inévitablement, la victoire pour les Anglais. Le 5 mars, des troupes commandées par le comte de Warwick défirent les guerriers de Madog lors d'une bataille à Maes Moydog. « C'étaient les meilleurs et les plus braves Gallois que l'on eût jamais vus », consigna un observateur dans une lettre conservée dans la chronique d'Hagnaby. Mais face à une machine de guerre anglaise sûre de ses méthodes et s'appuyant sur des infrastructures robustes, ils ne purent résister bien longtemps. Après Maes Moydog, Édouard n'hésita pas à sortir de Conwy pour parcourir le pays de Galles, écrasant l'insurrection défaillante en trois mois de campagne dans la principauté. À la mi-juin 1295, le pays de Galles était soumis et les chefs rebelles prisonniers.

La victoire, une fois de plus, avait été remportée sans véritable opposition. Mais Édouard avait dû dépenser de nouvelles sommes conséquentes : plus de 54 000 livres pour la campagne, auxquelles s'ajoutaient les 11 300 livres consacrées à la construction du château de Beaumaris, sur Anglesey, de 1295 à 1300. Et il avait perdu un temps précieux pour sa guerre en Gascogne.

Il commençait à être désespérément à court de temps et d'argent. La Gascogne avait le besoin urgent de recevoir en renfort une grande armée digne de celle qu'il venait tout juste de redéployer au pays de Galles. Pis encore, la côte sud de l'Angleterre fut attaquée par des navires français en août 1295 : Douvres fut incendiée et plusieurs personnes tuées. Mais quand, ce même mois, il fit face au parlement à Westminster, il se heurta à une réaction aussi familière qu'exaspérante : près d'un quart des grands vassaux anglais déclarèrent qu'ils refusaient de servir la Couronne dans une invasion à l'étranger. Cette plainte caractéristique du XIIIe siècle, ils la reprirent en 1295 avec la même force qu'en 1214 : la Gascogne était l'affaire du roi, point celle de l'Angleterre.

Édouard était ulcéré. Il imposa de rudes sanctions financières à ceux qui ne l'aideraient pas à financer sa campagne en Gascogne, et ordonna la construction d'une flotte de nouveaux vaisseaux de combat pour renforcer ses défenses côtières. Mais la panique se répandait. Tandis que le gouvernement hésitait, des rumeurs commencèrent à circuler, affirmant que les Français étaient déjà en train d'envahir l'Angleterre en masse. On découvrit qu'un chevalier de la maison royale, Thomas Turberville, espionnait pour le compte de l'ennemi. On organisa des postes de garde tout le long de la côte méridionale, du Kent aux Cornouailles, et hommes et femmes, angoissés, se mirent à scruter l'horizon, redoutant d'apercevoir les bannières et les voiles de la flotte française venue détruire le royaume.

En désespoir de cause, Édouard eut recours à une tactique qui lui avait jusque-là toujours été profitable. Il opta pour les concessions et la consultation. À la fin novembre, il convoqua une grande assemblée de barons et d'évêques, de chevaliers et de bourgeois, de gens des comtés et de représentants des villes et villages. Ce fut le plus grand rassemblement politique qu'il eût organisé depuis la préparation de l'invasion du pays de Galles, et il s'y présenta d'humeur conciliante, promettant que personne ne se trouverait ruiné qui ferait campagne aux côtés du roi. Les brefs qui appelèrent ces hommes à ce qui, beaucoup plus tard, fut nommé le Parlement modèle, jouaient sur le sentiment du péril national : « Le Roi de France, non content d'envahir traîtreusement la Gascogne, a préparé une puissante flotte et une armée afin d'envahir l'Angleterre et d'effacer la langue anglaise de la surface de la terre. »

Toute l'Angleterre fut alors mobilisée pour protéger le royaume des perfides Français. Mais le temps que le pays réponde à l'appel de son souverain et que le parlement se réunisse, la question gasconne avait une fois de plus été rattrapée par une crise beaucoup plus proche. À peine Édouard avait-il rétabli son emprise sur le pays de Galles qu'en Écosse son roi fantoche Jean Balliol se vit dépouiller de ses pouvoirs. Il fallut de nouveau surseoir les opérations contre la France, devant reporter son attention au nord.

Sa guerre avec l'Écosse avait plusieurs origines. La principale était sa propre fierté. Sa volonté d'imposer sa marque aux affaires du royaume septentrional allait bien au-delà de l'affirmation de ses droits. Tandis que la mobilisation pour la guerre en Gascogne commençait durant l'été 1294, il avait convoqué Jean Balliol et dix-huit autres grands nobles écossais, leur ordonnant de servir dans l'ost contre la France. Cette convocation était restée sans effet du fait des affrontements au pays de Galles, mais c'était encore une fois un exemple de la rigueur avec laquelle Édouard faisait appliquer ses droits de suzerain en Écosse, au lieu de se contenter de leur simple existence théorique.

Quand Édouard se fit plus agressif, la position de Jean Balliol en Écosse s'affaiblit. Un homme incapable de résister au voisin du sud n'était tout simplement pas un roi, conclurent les nobles écossais. En 1295, ils le privèrent de ses pouvoirs et reformèrent un conseil de douze membres pour gouverner le pays en son nom.

De la part d'Édouard, c'était un échec cinglant, puisqu'il n'avait pas compris qu'en humiliant le roi d'Écosse qu'il avait mis sur le trône, il avait une fois de plus gravement sapé la fonction même de souverain du nord. Peut-être ne voyait-il effectivement pas l'analogie entre le traitement qu'il infligeait à Balliol et les exigences de la couronne de France en Gascogne. Mais son incapacité à éprouver de l'empathie pour les pressions qui pesaient sur ses adversaires fut la cause de la plupart des rébellions et crises de son règne. En 1295, il réussit ainsi à rapprocher deux de ses ennemis qui resteraient main dans la main pendant les 365 années à venir. En février 1296, le gouvernement écossais ratifia un traité d'amitié avec la France. L'Auld Alliance [la Vieille Alliance] était née.

La conquête de l'Écosse

L'armée d'Édouard se mit en marche vers le nord en février 1296, avec la ferme intention de donner une sévère et mémorable leçon au vassal félon qui avait eu le front de s'allier aux Français. L'arrivée du roi mit en évidence les loyautés mouvantes de la région des Marches écossaises. La frontière qui séparait l'Angleterre de son voisin septentrional était plus politique que culturelle et aucune ligne de démarcation ne matérialisait le passage d'un royaume à un autre. Mais si les frontières étaient floues, les conséquences d'une guerre n'étaient que trop réelles.

À l'approche des troupes royales, les Écossais menèrent une série de raids dans le Cumberland, terrorisant et rasant des villages des environs de Carlisle. Se gardant de toute précipitation, les Anglais attendirent la fin de la semaine sainte pour riposter. Ils assaillirent tout d'abord la ville frontalière de Berwick-upon-Tweed, place que se disputaient depuis longtemps les deux royaumes, en partie parce que c'était une excellente base pour lancer des offensives, vers le nord ou vers le sud. La bataille de Berwick, comme la campagne fulgurante, violente et décisive qu'elle amorça, se solda par un carnage et devait rester longtemps dans la mémoire des bardes et chroniqueurs de part et d'autre du mur d'Hadrien.

Elle se déroula le vendredi 30 mars 1296, un mois jour pour jour après l'arrivée d'Édouard aux portes de l'Écosse. Elle débuta très mal. Le roi Édouard, altière figure blanchissante approchant la soixantaine, était tout affairé à adouber quelques jeunes gens comme cela se faisait à la veille d'une grande bataille, lorsqu'une épaisse fumée obscurcit soudain l'horizon gris de la mer. Elle s'élevait de trois navires anglais qui, partis trop tôt, s'échouèrent dans l'embouchure de la Tweed et furent pillés et incendiés par des Écossais euphoriques.

L'affrontement dès le début fut d'une rare violence. Les rues de la ville portuaire se changeaient en torrents de sang à mesure que l'armée d'Édouard, conduite par Robert Clifford, déferlait au son des trompettes. Les attaquants pourfendirent les hommes de Berwick par milliers, et leurs ennemis les accusèrent par la suite d'avoir passé indistinctement femmes et enfants par le fil de l'épée, et même d'avoir taillé en pièces une femme enceinte. Les Écossais s'étaient gaussés des Anglais en les voyant préparer leur assaut, mais ils ne riaient plus lorsque les combats s'engagèrent. Ils se firent littéralement déchiqueter. Leurs cadavres, trop nombreux pour être enterrés, furent jetés dans des puits ou précipités à la mer. Selon le chroniqueur William de Guisborough, quelque 11 600 citadins furent mis à mort avant que le clergé local ne parvînt à négocier l'arrêt du massacre.

Cette défaite cuisante des Écossais ne pouvait que réjouir les Anglais. Après la bataille, ceux-ci entreprirent de creuser un large fossé défensif autour de la ville. Le roi en personne avait vidé la première brouettée de terre. L'ouvrage, de vingt-cinq mètres de large sur douze de profondeur, était un symbole de la puissance de la Couronne anglaise et de sa victoire sur les Écossais. Le chroniqueur Pierre de Langtoft consigna quelques fragments de la chanson joyeuse qui rythmait le travail des sapeurs :

> Éparpillés, les Écossais !
> Terrés dans leurs chaumières
> Ils ne se relèveront plus jamais :
> Si je ne m'abuse,
> Ils ont dégringolé dans la Tweed
> En bordure de la mer !

Le sac de Berwick donna le ton de la conquête de l'Écosse. À la tête d'une force de 30 000 hommes, Édouard poursuivit son avancée dans le royaume septentrional, abattant toute résistance et semant la mort sur son passage.

Insultes et quolibets fusaient de part et d'autre. Les Écossais traitaient les envahisseurs de « chiens à queue » car chacun savait au Moyen Âge que, tout comme le diable, les Anglais avaient une queue. Mais ils possédaient aussi un atout autrement réel : une machine de guerre perfectionnée qui n'avait aucun équivalent dans le camp adverse. Au lendemain du désastre de Berwick, Édouard reçut un message de Jean Balliol qui lui signifiait en des termes acerbes sa renonciation à l'hommage qu'il lui avait prêté quatre ans auparavant. Il apprit en outre par des renseignements recueillis sur d'autres zones de la région frontalière que les campagnes de Northumbrie étaient en proie aux pillages et aux massacres. Au prétexte de venger les exactions anglaises, des bandes écossaises auraient fait brûler vifs deux cents écoliers dans une église.

La guerre reprit lorsque trois comtes rebelles écossais de haut rang s'emparèrent du château de Dunbar – une antique bâtisse de pierre perchée sur une éminence rocheuse de la côte orientale, qui était un site fortifié depuis l'époque romaine. Édouard donna ordre au comte de Surrey de marcher sur le château. Une armée de secours envoyée par Balliol tenta de dégager la place, mais elle fut à nouveau battue à plates coutures. Les trois comtes qui tenaient la garnison capitulèrent et furent faits prisonniers, avec un grand nombre de barons, bannerets et chevaliers. « Les comtes furent emmenés à la Tour de Londres [...] D'autres furent envoyés deux par deux vers différents châteaux, montés ensemble sur un palefroi, et d'autres encore chargés dans des charrettes, les pieds dans les fers », raconta Pierre de Langtoft. Ce traitement dégradant des captifs était un nouveau symbole de la cinglante réponse d'Édouard à la fronde de ses vassaux écossais.

Après la prise du château de Dunbar, la résistance écossaise s'effondra. Dès lors, la campagne d'Édouard fut essentiellement une promenade militaire. Pendant les vingt et une semaines qui suivirent, le Plantagenêt poursuivit sa chevauchée triomphale par tout le royaume, conduisant son armée jusqu'à Banff et Elgin, au nord des Grampians. La fragilité des défenses écossaises était due en grande partie à la position de faiblesse de Jean Balliol, dont Édouard s'employa à saper l'autorité, pour finir par lui confisquer totalement l'exercice du pouvoir en nommant à sa place un conseil de gouvernement. Le roi d'Angleterre n'épargna aucune humiliation au souverain déchu : entre le 2 et le 10 juillet 1296, il organisa en quatre lieux différents – à Kincardine, à Stracathro, à Brechin et à Montrose – des cérémonies publiques, au cours desquelles il le contraignit à faire amende honorable et le dépouilla du blason qui ornait son tabard (sorte de manteau armorial), ce qui valut au roi Jean le surnom méprisant de « *Toom Tabard* » (le tabard vide). Enfin, Balliol rejoignit à la Tour de Londres les comtes qui avaient pris avec lui les armes contre leur suzerain. Plus grave encore, les hommes d'Édouard firent main basse sur toutes les archives administratives d'Édimbourg et tous les insignes de la royauté écossaise, y compris, affront suprême, la sacro-sainte pierre de Scone, pièce maîtresse du rituel d'intronisation des rois écossais.

Transportée à l'abbaye de Westminster, la pierre de Scone fut placée sous un « trône du couronnement », conçu pour l'accueillir. Les Plantagenêt affirmeraient dès lors leur pouvoir en s'asseyant sur cette chaire contenant la relique la plus sacrée de la monarchie écossaise. Au lieu d'installer un nouveau roi dans son royaume vassal, Édouard décida d'y établir sa souveraineté directe, comme il l'avait fait au pays de Galles. Robert de Bruce s'était battu sous la bannière d'Édouard dans l'espoir qu'une victoire anglaise le hisserait sur le trône. Il était à présent écarté sans ménagement. Lorsqu'il vint réclamer ce qu'il estimait être son dû, Édouard le rabroua sèchement : « Pensez-vous donc que je n'ai rien de mieux à faire que de vous gagner des royaumes ? »

Berwick fut reconstruit à grands frais et devint le siège du pouvoir anglais. Édouard y convoqua un parlement, où les feudataires écossais affluèrent par milliers pour lui jurer fidélité. Le gouvernement et l'administration de l'Écosse furent confiés à un triumvirat de grands officiers anglais, placé sous l'autorité de John de Warenne, comte de Surrey. « On gagne toujours à se débarrasser d'un étron », plaisanta Édouard en remettant à Warenne le grand sceau d'Écosse pour qu'il le brise. La royauté écossaise avait été froidement éliminée. Après deux ans passés à mater les foyers de rébellion à l'intérieur de ses frontières, Édouard était enfin prêt à porter la guerre outre-Manche.

Rébellions et résistances

Le parlement se réunit à Salisbury en février 1297 pour entendre un roi déterminé à lancer contre Philippe le Bel une guerre qui n'avait déjà que trop attendu. Or une guerre coûtait cher et, pour obtenir des subsides, il devait obtenir un consensus. « Ce qui touche tout le monde doit être approuvé par tout le monde » : telle était la nouvelle devise d'Édouard lorsqu'il convoquait les grands du royaume. Et de fait, ce qu'il demandait désormais aux parlements touchait réellement tout le monde en Angleterre.

Sur le Continent, la situation s'envenimait et appelait une action immédiate. Après plusieurs années de vaines tractations diplomatiques, Édouard avait monté une redoutable coalition qui s'étirait des rives du Rhin jusqu'aux côtes de la Manche, regroupant le roi des Romains, divers seigneurs bourguignons, les comtes de Gueldre et de Flandre, et complétée depuis un mois par Jean Ier, comte de Hollande, un enfant de 12 ans auquel il venait de marier sa fille Élisabeth. Ses alliés devaient lancer au plus vite l'offensive contre le Capétien. La Gascogne était en grand danger. Le 30 janvier, les forces anglaises commandées par Henri de Lacy, comte de Lincoln, étaient tombées dans une embuscade entre Bayonne et Bonnegarde, essuyant une désastreuse défaite. Il était plus urgent que jamais d'envoyer des renforts.

Malheureusement pour Édouard, l'assemblée de Salisbury ne partageait aucunement ses ambitions conquérantes. Le roi, encore tout auréolé de sa gloire écossaise, ne rencontra que colère et exaspération, et se heurta à un refus obstiné de financer une nouvelle entreprise militaire ruineuse.

Le mécontentement grondait dans le royaume. Chacun, quel que fût son rang, avait largement versé son écot aux campagnes d'Édouard et, en cette fin des années 1290, les dépenses s'étaient envolées. Sans même compter l'expédition d'Écosse, les conflits avaient englouti près de 250 000 livres. Édouard avait par ailleurs accumulé quelque 75 000 livres de dettes pour acheter le soutien de ses alliés continentaux. Envoyer des troupes en France et en Gascogne allait coûter encore plus cher.

Le Plantagenêt n'avait maintenu les finances publiques à flot qu'en accroissant régulièrement la pression fiscale. Il avait imposé des droits de douane exorbitants sur la laine, la « maltôte » (mauvaise taille), taxe dont le nom était à lui seul révélateur de l'aversion qu'elle inspirait, et qui diminuait d'autant le prix que les marchands payaient à leurs fournisseurs et aux éleveurs. En 1295 et 1296, il avait augmenté deux autres impôts, déjà élevés. À quoi s'ajoutait, depuis 1294, le « droit de prise », programme de réquisition forcée qui autorisait les officiers royaux à saisir biens et nourriture par tout le pays. « La population du royaume était pressurée de toutes parts », résuma Walter de Guisborough. Ces prélèvements avaient saigné à blanc l'ensemble de la nation. Le clergé avait été le premier à refuser de se prêter plus avant à cette politique d'extorsion.

Depuis la mort de l'archevêque de Canterbury Jean Peckham, le 8 décembre 1292, l'Église anglaise était dirigée par un nouveau primat : Robert Winchelsea, savant et intellectuel de renom, aussi irascible et brillant qu'Édouard. Se prévalant d'une bulle du pape Boniface VIII qui défendait aux souverains, sous peine d'excommunication, de lever de nouveaux impôts sur l'Église, il convainquit le clergé anglais de ne pas accorder un shilling au roi pour ses campagnes françaises. Édouard entra dans une colère noire, déclara hors-la-loi tous les ecclésiastiques rebelles et fit saisir l'ensemble de leurs fiefs et de leurs biens. « Les droits du clergé furent bafoués [...] et les clercs eurent à subir bien des torts, écrivit Walter de Guisborough. Les religieux se virent également confisquer leurs chevaux sur les routes royales et justice ne leur fut rendue que lorsqu'ils eurent payé de fortes amendes, recouvrant ainsi la protection du roi. » Édouard avait remporté une petite victoire, mais il eut bientôt à affronter d'autres résistances.

Lors du parlement de Salisbury, il ordonna à ses barons d'aller combattre en Gascogne tandis que lui-même ferait campagne dans le nord de la France. Son frère Edmond, qui avait conduit une expédition anglaise pour défendre le duché méridional début 1296, était mort l'été précédent. Il avait espéré prendre Philippe en étau en l'attaquant sur deux fronts, ce qui lui imposait de scinder ses troupes en deux corps d'armée. La tactique avait déjà été proposée à deux reprises, en 1294 et en 1295, et elle avait à chaque fois provoqué un mécontentement diffus, voire des refus. Les barons et les chevaliers pouvaient être sommés d'aller guerroyer aux côtés de leur roi, mais être envoyés se battre seuls en terre étrangère, voilà qui dépassait tout à la fois leur sens du devoir et leurs obligations féodales. Édouard se heurta à un mouvement massif de désertion. Emmenés par Roger Bigot, comte de Norfolk et maréchal d'Angleterre, les grands lui opposèrent qu'il n'était pas en droit d'exiger de ses vassaux qu'ils accomplissent leur service d'ost en Gascogne tandis que lui-même commanderait une autre armée dans le nord de la France. L'argument de Bigot était d'autant plus pertinent que, comme il le souligna, en sa qualité de comte-maréchal il était tenu de servir au côté du roi mais pas séparément de lui. Walter de Guisborough relata leur échange :

« Avec vous, je partirai avec joie, Ô Sire : comme il m'appartient par droit héréditaire, je marcherai devant vous, en première ligne de bataille, déclara-t-il.

— Vous irez tout aussi bien sans moi, avec les autres, insista Édouard.

— Sans vous, Sire, je ne suis pas tenu d'y aller et je n'irai pas, riposta le comte.

Le roi, transporté de colère, s'écria :

— Je jure par le Dieu éternel, comte, que vous marcherez ou que vous serez pendu !

— Et moi, répliqua Norfolk, je jure par le Dieu éternel que je n'irai pas et que je ne serai pas pendu. »

Bigot avait touché juste : en dépit de toute sa puissance et de sa détermination, le roi était lié par sa propre loi, qui posait clairement que ses barons n'étaient aucunement obligés de servir sans lui. Édouard était furieux mais il persista dans sa double stratégie. Il saisit les biens de l'Église et exigea des grands laïcs qu'ils remboursent immédiatement toutes leurs dettes envers lui. Une partie du clergé et quatre des comtes les plus influents – ceux de Norfolk, de Hereford, d'Arundel et de Warwick – campèrent fermement sur leurs positions et refusèrent de participer aux préparatifs de guerre.

Le parlement se sépara en mars 1297 et fut à nouveau convoqué en juillet à Westminster. Entre-temps, Édouard s'était réconcilié avec l'archevêque Winchelsea et avec certains des comtes frondeurs. Il fut entendu qu'il pourrait lever un impôt auprès des laïcs en échange d'une confirmation de la Grande Charte et de la Charte des forêts. Le dimanche 14 juillet, le roi harangua la foule depuis une estrade de bois dressée sur le parvis de Westminster Hall. Il plaida sa cause, concéda avoir commis des erreurs, mais assura qu'il n'avait agi que dans l'intérêt de la nation. « Je suis château pour vous, et mur et maison », conclut-il, selon la version rapportée par Peter Langtoft. À ses côtés, Winchelsea, la larme à l'œil, écoutait son roi proclamer qu'il partait se battre en France et demander à chaque membre de l'assistance d'être fidèle en son absence à son fils de treize ans, Édouard de Caernarvon.

Ce discours ne convainquit pas tout le monde. Les comtes de Norfolk et de Hereford, qui avaient été destitués de leurs éminentes fonctions militaires, l'un de grand maréchal, l'autre de connétable d'Angleterre, ne cédèrent pas un pouce de terrain. Ils entreprirent de dresser une liste de griefs, les Remontrances, dénonçant le coût exorbitant des aventures militaires du roi. Au mois d'août, se trouvant à nouveau à court d'argent pour soutenir ses campagnes, Édouard décréta la levée d'une taxe d'un cinquième sur les biens de l'Église, d'une autre d'un huitième sur tous les biens mobiliers du royaume, et fit saisir pour 50 000 livres de sacs de laine – assurant que ces mesures exceptionnelles avaient été votées par le parlement. À quoi ses opposants rétorquèrent avec mépris que son « parlement » n'était en fait qu'un ramassis d'obséquieux courtisans. Le 22 août, les comtes frondeurs se présentèrent à la barre de l'Échiquier de Westminster, protestant avec force contre la confiscation de la laine et la levée du huitième, et vitupérant ce roi qui, disaient-ils, les traitait comme des serfs taillables à merci. Le pays était en train de basculer dans la guerre civile.

Tandis que son royaume semblait à deux doigts de sombrer dans le chaos, Édouard s'embarqua pour le Continent. La décision était pour le moins audacieuse, mais il n'était pas prêt à rester bras croisés de l'autre côté de la Manche pendant que la Gascogne lui échappait. Le 24 août 1297, il appareilla pour la Flandre d'où il lancerait son offensive sur la France par le nord.

Sa campagne, longuement préparée, se solda par une lamentable débâcle. Il n'avait pas encore atteint les côtes flamandes qu'il avait déjà perdu plus d'une trentaine de navires, à cause de rivalités entre ses marins des Cinq-Ports et ceux de Yarmouth qui avaient mis plus d'ardeur à se battre entre eux qu'à affronter l'ennemi. Qui plus est, en dépit de leurs promesses répétées, plusieurs de ses alliés achetés à prix d'or n'étaient manifestement plus disposés à prendre les armes. Le Saint-Empire n'envoya aucun contingent. Les troupes flamandes qui auraient pu lui prêter main-forte avaient été terrassées par les Français à la bataille de Furnes une semaine plus tôt. À peine débarqué, Édouard fut bloqué à Gand, où la garnison se révoltait contre son autorité. Peu après, il apprit que le roi des Romains abandonnait purement et simplement sa cause.

Sa coalition s'effondrait autour de lui, moins tragiquement mais tout aussi vite que s'était débandée l'alliance nordique de Jean sans Terre à Bouvines quatre-vingts ans plus tôt. L'automne s'installait, et il était plus sage de chercher à conclure une paix. Une trêve fut annoncée en octobre, puis prolongée à la fin janvier 1298 par un accord suspendant les hostilités pendant deux ans.

La paix avec la France aurait pu annoncer une période de stabilité et permettre au pays de panser ses plaies. Mais une fois de plus, les événements d'Écosse relancèrent la machine de guerre : alors qu'Édouard guerroyait en France, le comte de Surrey avait dû faire face à une rébellion. Le 11 septembre 1297, ses troupes avaient été mises en déroute par une armée d'insurgés écossais à Stirling Bridge – site ingénieusement choisi, à quelque cent cinquante kilomètres de Berwick, sur un point de passage de la Forth.

Les lieutenants de Surrey, aussi paresseux qu'inefficaces, avaient cédé à la panique. Au pont de Stirling, ils furent défaits par une armée conduite par un certain William Wallace, simple brigand de basse extraction mais véritable héros populaire qui, avant la bataille, avait rabroué les négociateurs anglais par ces mots : « Allez dire à vos gens que nous ne sommes pas venus ici pour avoir la paix, mais que nous sommes prêts à nous battre, à nous venger et à libérer notre royaume. »

*

L'arrivée de Wallace à la tête de la résistance écossaise en 1297 renforça brièvement l'unité nationale dans le royaume d'Écosse, mais aussi dans le royaume d'Angleterre. Dans les terres du nord, Wallace fut élevé au rang de chevalier par ses compatriotes et proclamé unique Gardien de l'Écosse en l'absence de Jean Balliol. Il mena un mouvement d'insoumis déterminés à verser jusqu'à leur dernière goutte de sang pour reprendre le trône écossais aux usurpateurs anglais. Au sud de la frontière, Édouard devait paraître à York devant son parlement en mai 1298. Dans un esprit de réconciliation, il apaisa la classe politique en s'engageant à enquêter sur les malversations de ses ministres et à ratifier le renouvellement de la Grande Charte accordé à l'automne précédent sous la régence de son fils.

Pour montrer qu'il était disposé à engager une réforme politique, il promulgua la Confirmation des chartes, qui avait reçu le sceau royal le 10 octobre 1297, après que la nouvelle de la victoire de Wallace à Stirling Bridge fut parvenue à Londres. Le texte fixait la version définitive de la Grande Charte des libertés et de la Charte des forêts – deux documents encore aujourd'hui parés d'une aura de légende – et introduisait plusieurs nouvelles clauses, notamment l'abolition de la maltôte sur la laine et le principe selon lequel aucun nouvel impôt ne pourrait être levé « sans le commun consentement du royaume ». Par ailleurs, le roi acceptait également de cesser de manifester « sa rancœur et sa profonde indignation » à l'encontre des nobles qui s'étaient rebellés contre lui.

En renouvelant la Grande Charte, il avait prouvé qu'il était toujours en mesure de faire appliquer le pacte Plantagenêt du XIIIe siècle : en contrepartie de concessions et de réformes, les vassaux devaient à leur roi une assistance militaire et financière. À l'heure où Wallace menaçait de briser l'emprise anglaise sur l'Écosse, il était grand temps de réactiver ce pacte.

Au moment où le parlement de mai se réunit, les combats faisaient déjà rage dans le royaume septentrional. L'Échiquier, transféré de Londres à York, distribuait des fonds pour rassembler une armée de plus de 30 000 hommes à Roxburgh. Celle-ci se mit en marche à la fin du mois de juin. Les problèmes d'approvisionnement étaient tels qu'il y avait plus de vin que de vivres, ce qui aviva les tensions entre les différents contingents d'infanterie : bientôt, une rixe entre les archers gallois et les fantassins anglais dégénéra en véritable bataille rangée. Privée de ravitaillement par mer, l'immense troupe avança à marche forcée vers le nord, le ventre creux. Au lieu de contrer la progression anglaise, Wallace restait à couvert dans les collines d'Écosse et se repliait en pratiquant une politique de terre brûlée, entraînant l'ennemi dans l'arrière-pays en attendant le moment de fondre sur lui.

Édouard se dirigeait vers Édimbourg lorsqu'il apprit que Wallace était cantonné dans le bois de Callendar, près de Falkirk. À la faveur de la nuit, il porta son armée à la rencontre des Écossais. L'affrontement eut lieu au matin du 22 juillet 1298. La nuit précédente, le roi avait dormi à la belle étoile et s'était fait piétiner par son cheval qui lui avait cassé deux côtes – douloureux rappel des aléas de la guerre.

Antoine Bek célébra une messe à l'heure où les premières clartés du jour perçaient les brumes du champ de bataille. Par-delà un ruisseau aux rives marécageuses, les combattants virent les troupes écossaises disposées en puissante formation défensive, dos au bois de Callendar : Wallace avait déployé son infanterie en quatre *schiltrons*, des carrés serrés de piquiers formant un mur hérissé de lances. Le choc s'annonçait féroce et meurtrier.

Les Écossais s'attendaient à une attaque frontale, mais Édouard contourna la zone marécageuse et, divisant ses bataillons, les dirigea sur les flancs : les comtes de Norfolk, de Hereford et de Lincoln menèrent la charge sur l'aile droite des Écossais, tandis que les chevaliers d'Antoine Bek les prenaient à revers sur leur aile gauche. La cavalerie écossaise, restée en arrière, se hâta de tourner bride et prit la fuite. Entre-temps, les piétons anglais et les archers gallois ouvrirent des brèches dans les *schiltrons* puis les disloquèrent sous des volées de flèches, de traits d'arbalète et de pierres. Leur défense effondrée, les Écossais se firent massacrer. Les Anglais perdirent près de 2 000 fantassins. Dans le camp adverse, ce fut une hécatombe.

La bataille de Falkirk fut un revers cuisant pour William Wallace et entama sérieusement sa réputation de chef de guerre. Mais en dépit des fleuves de sang versés dans le marécage de Callendar Wood, les Anglais ne pouvaient la considérer comme une victoire aussi totale que celle de Dunbar, car toute l'aristocratie écossaise lui avait échappé, et Wallace avec elle. Affaiblie, affamée, malade et divisée, l'armée d'Édouard n'était plus en état de poursuivre la lutte. Les tensions s'exacerbèrent entre le roi et les comtes de Norfolk et de Hereford, lesquels s'estimaient lésés dans la répartition des fiefs pris aux Écossais. Le roi fit alors ce qu'il avait de mieux à faire : il se replia sur Carlisle et lança une vaine chasse à l'homme au cœur de l'Écosse pour rechercher le prétendant au trône, le jeune comte Robert de Bruce.

Déchéance

En 1299, Édouard Ier abordait la soixantaine. Il avait gardé son imposante stature et était plus impressionnant encore depuis que sa chevelure auburn et ondulante avait blanchi. Il restait l'archétype du chevalier viril et continua à agrandir la famille royale : cette année-là, il épousa la fille de Philippe IV, Marguerite de France, s'acquittant ainsi de ses obligations aux termes de la paix conclue en 1297. À dix-sept ans, Marguerite était la première reine d'Angleterre française et son tempérament s'accordait à merveille à celui de ce roi dans toute la vigueur de sa verte vieillesse. Après leur mariage à Canterbury, elle le suivit dans le Yorkshire où, en juin 1300, elle donna naissance à un fils. Le garçon, Thomas de Brotherton, fut ainsi prénommé en l'honneur de Thomas Becket, auquel Marguerite avait adressé de ferventes prières pendant les douleurs de la délivrance.

Une vaste maisonnée fut mise en place pour Thomas et son cadet Edmond de Woodstock, venu au monde l'été suivant. Enfants d'une reine connue pour son amour démesuré des beaux vêtements et des bijoux, les princes furent élevés dans le luxe. Bébés, ils dormaient dans des berceaux somptueusement décorés, drapés de bleu et d'écarlate. Plus de cinquante domestiques étaient à leur service dans cette maison où l'on menait joyeuse vie et faisait bonne chère. Ils accomplissaient leur apprentissage d'aristocrates dans le cadre le plus luxueux que purent leur procurer un tendre vieillard déjà père de quatorze enfants, et une jeune femme pétillante portée à tous les excès de l'aristocratie européenne.

Thomas et Edmond n'étaient toutefois pas les premiers dans l'ordre de succession. Cet honneur revenait à Édouard de Caernarvon, l'aîné des fils survivants du premier mariage d'Édouard à Éléonore de Castille.

En 1300, Édouard de Caernarvon avait seize ans : un bel âge pour commencer à endosser quelques responsabilités de roi. En dépit de toutes les turbulences qui agitaient son temps, le garçon atteignit le point critique de sa vie de jeune adulte en une période moins troublée que celle qu'avait connue son père au même âge. La paix avait été signée avec la France. Le pays de Galles, sa principauté, était pratiquement soumis, et les enceintes des châteaux de Jacques de Saint-Georges commençaient à se dresser sur les horizons gallois comme un symbole de la domination anglaise définitive.

Parmi les barons, un certain mécontentement subsistait, mais l'une des causes de friction disparut en 1302 à la faveur d'une réconciliation entre Édouard Ier et Roger Bigod, comte de Norfolk. Une série de différends extrêmement complexes sur les juridictions et les privilèges se fit jour entre le roi Édouard et son ancien ami et proche conseiller Antoine Bek, l'évêque de Durham qui avait été au cœur de la poursuite des guerres écossaises. Édouard confisqua les terres de Bek en 1305, démontrant ainsi sa détermination à mater toute opposition des grands, laïcs ou ecclésiastiques.

Mais l'Écosse était loin d'être pacifiée. Les Anglais avaient levé des armées pour livrer bataille en 1300, 1301 et 1303, mais le souvenir de Falkirk était encore frais dans la mémoire des Écossais. Ces derniers refusèrent le combat, et la capacité d'Édouard à imposer un règlement à la Galloise au royaume septentrional en fut sévèrement limitée. Il remporta toutefois quelques succès : le jeune Robert de Bruce, petit-fils du prétendant au trône d'Écosse durant la Grande Cause, passa dans le camp anglais à l'hiver 1301-1302 ; William Wallace fut fait prisonnier en 1305, exécuté à Londres et sa tête trempée dans le goudron fut empalée sur une pique et exposée au sommet du Pont de Londres. Pourtant, l'Écosse demeurait insoumise. Il fallait une nouvelle vision, un nouveau dirigeant et un nouveau souffle à la tête du gouvernement anglais pour relancer la campagne.

Édouard de Caernarvon était-il préparé à tout cela ? L'héritier du trône était certes un jeune homme fort et bien bâti, et aussi brillant cavalier que son père. Il était également très attaché à la mythologie familiale. En 1301, il commanda un tableau du martyre de Thomas Becket pour le château de Chester. L'année suivante, il reçut en présent une vie illustrée d'Édouard le Confesseur.

Ces marques de respect pour les traditions des Plantagenêts ne suffisaient toutefois pas à faire oublier ses faiblesses supposées : nombreux étaient en effet ceux qui craignaient que les qualités qui avaient fait de son père un souverain accompli ne lui manquent cruellement. Il n'était nullement fait pour le tournoi, ce qui laissait à penser qu'Édouard Ier ne lui avait pas transmis son goût des combats de première ligne. À partir de 1300, d'aucuns à la cour voyaient d'un très mauvais œil l'amitié du prince pour un jeune compagnon du nom de Pierre Gaveston – amitié qui outrageait la dignité de la lignée Plantagenêt. Gaveston encourageait par ailleurs chez le garçon une impétuosité d'enfant gâté que certains supportaient mal. En 1305, le jeune Édouard eut une vive altercation avec le Trésorier du roi, Walter Langton, et eut pour lui des mots « si durs et si grossiers » que le roi le chassa pendant plusieurs mois de la cour.

Tout cela ne présageait rien de bon. Pourtant, en 1306, il était évident qu'Édouard de Caernarvon devait être propulsé sur le devant de la scène. En février de cette année-là, un vent de colère gronda à nouveau sur le royaume du nord après le meurtre cruel de John Comyn le Jeune, seigneur de Badenoch et ancien Gardien de l'Écosse, poignardé devant l'autel de l'église des franciscains de Dumfries. L'assassin était Robert de Bruce. Lui qui, quatre ans plus tôt, avait retourné sa veste pour prendre le parti des Anglais, se fit couronner roi d'Écosse en mars 1306 à l'abbaye de Scone sous le nom de Robert Ier. Les guerres écossaises reprenaient.

Le vieil Édouard s'apprêtait à reprendre le combat contre son vassal rétif, mais sa santé commençait à décliner. Au moment du couronnement de Robert Ier, il se trouvait à Winchester, au plus mal. Depuis quelque temps, il ne se déplaçait plus qu'en litière. Il se hâta de transmettre les attributs du pouvoir à son fils. En avril 1306, Édouard de Caernarvon se vit confier la suzeraineté de la Gascogne. À la Pentecôte, il fut armé chevalier à Westminster avec trois cents autres jeunes gens, au cours d'une cérémonie signant le passage du flambeau à une nouvelle génération d'Anglais. C'était la fête des Cygnes, ainsi nommée car, à l'issue du banquet, le vieux roi fit apporter deux cygnes dorés devant l'assistance. Dans une veine tout arthurienne, il promit qu'il n'aurait pas de repos tant qu'il n'aurait pas pris sa revanche sur Bruce ; et qu'une fois vengé, il déposerait définitivement les armes en Grande-Bretagne et se rendrait en Terre sainte pour combattre les infidèles. Le jeune Édouard fit une déclaration tout aussi arthurienne, jurant qu'il ne passerait pas deux nuits au même endroit tant que les Écossais n'auraient pas été vaincus. Tous les autres chevaliers prêtèrent à leur tour serment sur les cygnes dorés et, pour mettre leur détermination à l'épreuve, ils furent aussitôt enrôlés dans les troupes du cousin du roi, Aymar de Valence, et prirent le chemin du nord pour réaffirmer la prééminence de la justice anglaise sur les Écossais factieux.

En reprenant le chemin de l'Écosse, Édouard Ier fut saisi par le doute. Il savait qu'il se faisait vieux et il était évident qu'il n'avait plus le temps d'achever les deux grands volets de son œuvre – unifier la Grande-Bretagne sous une seule et même couronne, et faire entrer son royaume dans une nouvelle ère arthurienne. La traque de Bruce, en 1306 et 1307, devait être l'un des épisodes les plus brutaux de son règne : des comtes, des prélats et des femmes furent emprisonnés et cruellement exécutés et humiliés jusque dans la mort. Mais il y avait plus grave. Tandis que ses hommes se démenaient vainement pour traduire Bruce en justice, son héritier Édouard continuait de le décevoir. Le père et le fils s'affrontaient dans de violentes disputes, motivées surtout par les faveurs extravagantes dont le prince de Galles comblait Gaveston.

Le vieux roi rendit son dernier souffle dans l'après-midi du 7 juillet 1307 à Burgh-by-Sands, alors qu'il conduisait une fois de plus une immense armée vers le nord pour tenter d'écraser Robert de Bruce. La camarde le faucha, de façon bien prosaïque, au moment où ses serviteurs essayaient de le lever pour le faire manger. Il était malade depuis des mois et, bien qu'une semaine auparavant, il eût encore trouvé la vaillance d'enfourcher son vieux destrier pour prendre la tête d'une nouvelle offensive depuis Carlisle, il était physiquement éreinté par une vie passée à guerroyer, à ourdir d'âpres intrigues politiques et à tenir son royaume d'une main de fer. Il avait soixante-huit ans et n'était plus que l'ombre de celui qui, deux ans plus tôt, pesait de toute sa superbe sur les destinées de son pays.

Son fils, quant à lui, se tenait prudemment à l'écart de la zone de guerre, préférant la douceur de vivre du sud-est de l'Angleterre d'où, en mai 1307, il avait été contraint d'exiler son ami Gaveston sur ordre de son royal père.

Toute sa vie durant, Édouard Ier avait été un léopard et un lion, un bâtisseur et un marteau. Il mourut sur les marches de l'Écosse, mais sans doute avec une pensée amère pour ses rêves inachevés de Jérusalem.

Tout comme son héros Arthur, il entra dans la légende par la mort. Il avait fait davantage pour élever l'autorité et la majesté de la couronne Plantagenêt que tout autre roi depuis Henri II. Il avait établi une forme de suzeraineté anglaise sur une bonne part des îles Britanniques, et défendu les vestiges des domaines continentaux des Plantagenêts. Il avait pris toute la mesure du contrat politique de la fin du XIIIe siècle et en avait habilement joué, réformant en profondeur le droit et les institutions d'Angleterre et limogeant régulièrement les fonctionnaires corrompus afin d'assurer le financement de ses guerres. En 1290, il avait cédé aux préjugés populaires en expulsant les juifs. En dépit de la virulence de la fronde baronniale, le pays avait échappé à une guerre civile et à aucun moment le prestige et le crédit de la Couronne n'avaient sombré dans les mêmes abîmes que sous le règne de son père.

Certes, tout cela avait eu un coût. Édouard avait imprimé sa marque sur la Grande-Bretagne en menant le pays au bord de la faillite et en exerçant son pouvoir avec une terrible cruauté et sans compromis. Le personnage pouvait se montrer d'une violence et d'une rudesse qui, même pour l'époque, paraissaient excessives. Il laissa à la Couronne des dettes abyssales, de près de 200 000 livres. L'Angleterre ployait et grognait sous le poids du fardeau fiscal dont il l'avait accablée. Chez les Écossais et les Gallois, le ressentiment couvait à l'égard de ce suzerain auquel ils avaient été livrés. Mais bientôt, l'Angleterre, sinon ses voisins, regretterait amèrement la mort du léopard.

V

LE TEMPS DES VIOLENCES (1307-1330)

Ô, calamité !
Voir des hommes qui hier encore
revêtaient la pourpre et le lin,
apparaître aujourd'hui en haillons
et être jetés en prison chaînes aux pieds !
Vita Edwardi Secundi (Vie d'Édouard II)

Le roi et son frère

« Misérable bâtard et fils de garce ! Ainsi donc, tu veux distribuer des terres ? Toi qui n'en as jamais conquis aucune ! Sur ma foi, si je ne craignais de ruiner le royaume, jamais je ne te laisserais jouir de ton héritage ! »

Telles furent, à en croire l'imaginatif chroniqueur Walter de Guisborough, les paroles qu'Édouard Ier jeta à la figure de son fils Édouard de Caernarvon en février 1307, durant l'une de leurs dernières querelles. Le prince, raconte Guisborough, avait envoyé un intermédiaire demander au roi de céder le comté de Ponthieu au chevalier Pierre Gaveston, son confident et ami intime. Ponthieu était entré dans le patrimoine familial des Plantagenêts par Éléonore de Castille, la regrettée mère du prince. S'étranglant de rage, le vieux souverain s'en était pris à l'impudent, verbalement d'abord, puis physiquement, le saisissant par la tignasse et lui arrachant des touffes de cheveux par poignées entières, avant de le chasser, épuisé, hors de sa royale présence.

L'histoire était-elle véridique ? Il s'en trouvait assurément certains qui ne demandaient qu'à la croire. Édouard de Caernarvon était un curieux garçon. Par certains côtés, il était tout le portrait de son père : grand, solidement bâti, excellent cavalier, c'était un beau représentant de la lignée plantagenêt qui n'avait hérité ni du cheveu sur la langue de son père ni des paupières tombantes de son grand-père. C'était, nous dit l'auteur de l'*Anonimalle Chronicle*, « un bel homme, fort de corps et de jambes ». En dépit de ces atouts, il apparut dès le début de son règne et jusqu'à sa conclusion lamentable qu'il n'était absolument pas fait pour être roi.

Il était pourtant arrivé au pouvoir dans des conditions extrêmement favorables : les deux barons qui avaient donné le plus de fil à retordre à son père – les comtes de Hereford et de Norfolk – venaient de mourir. Les principaux feudataires restants – Thomas, comte de Lancastre, et Gilbert, comte de Gloucester – étaient l'un son cousin, et l'autre son neveu. Winchelsea, l'inflexible archevêque de Canterbury, vivait en exil, et le nouveau maître de l'Angleterre eut tôt fait de congédier Walter Langton, le trésorier royal avec lequel il avait eu maille à partir en 1305, de le déposséder de ses terres et de le jeter en prison. Son père lui avait certes légué une impressionnante dette de 200 000 livres mais, fort du capital de confiance propre à tout nouveau règne, un souverain compétent aurait pu renflouer le Trésor sans trop de difficulté.

Or Édouard n'inspirait aucune confiance à ses sujets. À peine monté sur le trône, il ne suscita que méfiance et hostilité. Tout dans ses manières et sa personnalité semblait inconciliable avec sa dignité de monarque. À une époque où un bon prince se devait d'honorer les principes de la chevalerie et d'exceller au métier des armes, Édouard était systématiquement présenté comme un dégénéré. La plupart des portraits que nous en ont laissés les chroniqueurs les plus acerbes datent, il est vrai, d'une période où son règne avait sombré dans le désastre, mais le fait est que l'opinion était dressée contre lui. On lui reprochait en particulier son goût immodéré pour des loisirs « de paysan » car, au lieu de chasser ou de guerroyer, il préférait nager, se promener en barque, creuser des fossés et couvrir des chaumières.

Le moine chroniqueur Ranulf Higdon s'offusquait de le voir frayer avec « des bouffons, des chanteurs, des comédiens, des cochers, des cantonniers, des nautoniers et des marins » plutôt que de rechercher la compagnie des nobles et des chevaliers, et l'on sait qu'il convia effectivement en plusieurs occasions des matelots, bateliers et charpentiers à dîner dans sa chambre. « S'il avait porté aux armes autant d'attention qu'aux divertissements rustiques, il aurait élevé l'Angleterre au faîte de sa gloire », déplorait pour sa part l'auteur anonyme de la *Vita Edwardi Secundi*, chronique contemporaine de son règne et un messager royal déclara même qu'il préférait les divertissements rustiques à la messe. Bien que d'autres sources attestent de sa piété et affirment qu'il tenait fort honorablement sa place sur le champ de bataille, sa réputation de frivolité et de trivialité lui colla à la peau. Lui qui avait été adoubé en grande pompe lors de la fête des Cygnes n'aimait ni les joutes, ni les grandes manifestations chevaleresques et n'en organisait jamais. Ce désintérêt patent pour les fonctions cérémonielles de la royauté contribua à entacher son image au point de le réduire à un objet de mépris et de dérision populaire.

Ce fut sans doute sa tendance marquée au favoritisme qui compromit le plus son prestige et son autorité. Édouard passa toute sa vie adulte dans l'ombre de proches amis pour lesquels il nourrissait de troubles passions. « Le roi a déshonoré les braves gens de son pays et honoré ses ennemis, les flagorneurs, les mauvais conseillers et les gredins, qui lui dispensaient des avis contraires à l'intégrité de ses domaines royaux et au bien commun du pays, et il leur vouait une grande affection », jugea le chroniqueur de l'*Anonimalle*. Il s'attacha en effet au fil des ans plusieurs favoris, mais il en était un qui lui était particulièrement cher : depuis l'âge de seize ans, Édouard était tombé sous la coupe du fameux Pierre Gaveston.

À peine plus âgé que le prince, ce chevalier gascon s'était illustré aux côtés d'Édouard Ier lors de la campagne de Flandre en 1297 et, trois ans plus tard, sur les champs de bataille écossais. Ce fut probablement le vieux roi qui, en reconnaissance de ses états de service, le plaça dans l'entourage de son fils. Gaveston, nous dit Geoffroy le Baker, avait « un corps gracieux et agile, l'esprit vif, des manières raffinées [...] et était fort instruit des questions militaires ». Le bon roi Édouard espérait sans doute que cet intrépide guerrier saurait transmettre à son aîné de viriles valeurs chevaleresques.

Il se trompait. Quelle que fût la nature de l'étrange amitié qui se noua entre les deux jeunes gens, il apparut très vite que leur intimité dépassait les limites de la bienséance et que le Gascon rusé, ambitieux et cupide menait le prince faible et influençable par le bout du nez. Doté d'un grand charisme, Gaveston était aussi d'une exécrable arrogance, trait qui, selon l'annaliste de la *Vita Edwardis Secundi*, était « intolérable aux barons et fut la cause première de leur haine et de leur colère ». Mais l'orgueil démesuré du favori ravissait autant le jeune souverain qu'il exaspérait ses contemporains. « Lorsqu'un comte ou un baron entrait dans la chambre du roi […], pour peu que Pierre s'y trouvât, c'était à lui et à lui seul qu'Édouard adressait la parole », poursuit l'annaliste. L'ascendant qu'il exerçait sur son maître était tel «qu'il se disait que Pierre était sorcier ».

Nous ne saurons jamais si Édouard II et Pierre Gaveston étaient amants, au sens où nous l'entendrions aujourd'hui ou de toute autre manière. À supposer qu'ils aient entretenu une relation d'ordre sexuel, cet aspect n'était manifestement pas de notoriété publique au début du règne, car il y a fort à parier que le très rigoriste Philippe le Bel n'aurait jamais donné sa fille Isabelle à un sodomite hérétique. Il semble en tout état de cause probable qu'ils avaient scellé un pacte de fraternité, de la même manière que, dans l'Ancien Testament, « Jonathan avait conclu une alliance avec David parce qu'il l'aimait comme lui-même ». Tous les commentateurs de l'époque notent qu'Édouard traitait son ami en frère et il le désignait d'ailleurs comme tel dans tous les documents officiels.

Toujours est-il que l'intimité affichée des deux garçons dégageait un parfum de scandale et ajoutait au comportement d'ensemble d'Édouard que ses contemporains jugeaient détestable et indigne d'un roi. Elle avait déjà pris des proportions d'affaire d'État en 1305, lorsqu'Édouard Ier avait décidé de priver son fils de la compagnie de Gaveston pour le punir de son inacceptable conduite envers le Trésorier du royaume Walter Langton. Le Gascon avait retrouvé sa place à la cour quelques mois plus tard et fut fait chevalier l'année suivante lors de la fête des Cygnes mais, à l'heure de reprendre les armes pour la campagne d'Écosse, il déserta le champ de bataille avec vingt et un de ses compagnons pour se rendre à un tournoi outre-manche. Cet impair lui valut un deuxième exil avec, tout de même, une rente mensuelle de cent marcs.

Dès que le prince apprit le décès de son père, son premier soin fut de rappeler Gaveston à sa cour, de lui confier le comté de Cornouailles et de lui donner en mariage Marguerite de Clare, fille de sa sœur Jeanne d'Acre et de Gilbert, comte de Gloucester.

C'était là pour un chevalier une promotion inespérée, dont seul un proche parent du roi aurait pu bénéficier. Le titre de comte de Cornouailles était parmi les plus prestigieux des Plantagenêt. Il avait été porté par le frère d'Henri III, Richard, roi des Romains, qui fut en son temps l'un des aristocrates les plus en vue d'Europe. Il donnait en outre en apanage de riches propriétés dans toute la pointe sud-est de l'Angleterre, mais aussi dans le Berkshire, l'Oxfordshire et le Yorkshire, et rapportait quelque quatre mille livres annuelles. Titre royal et fraternel, il conférait à son détenteur d'immenses pouvoirs. Le concéder à un simple courtisan comme Gaveston était excessivement généreux. C'était aussi un geste politique des plus dangereux.

L'élévation de Gaveston risquait d'en offenser plus d'un. À commencer par la reine douairière, Marguerite de France, qui avait été assurée par son défunt mari, vers la fin de son règne, que le titre irait à l'un de ses fils, Thomas de Brotherton ou Edmond de Woodstock. Édouard infligea un deuxième affront à sa belle-mère quand, en janvier 1308, il partit en France épouser la fille de Philippe le Bel et rendre hommage pour la Gascogne : Marguerite aurait été en droit d'attendre que le jeune roi confiât la garde du royaume à l'un ou l'autre de ses demi-frères qui, nonobstant leur jeune âge, étaient princes de sang. Il n'en fut rien. La régence fut donnée à Gaveston.

La charge incombait traditionnellement soit à un noble de haut rang et expérimenté, soit à un membre de la famille royale, soit encore à la reine-mère. Édouard n'en avait cure. En investissant ainsi son ami de pouvoirs extraordinaires, et en faisant frapper pour lui un sceau d'absence, il indiqua dès le début de son règne que Gaveston n'était pas un simple mignon, mais avait vocation à le seconder – voire à le suppléer – dans ses fonctions de monarque. Cette initiative sans précédent souleva l'indignation dans l'entourage royal.

Gaveston n'appartenait pas à la lignée Plantagenêt, et n'était pas même justicier, chancelier ni archevêque. « L'exilé et le banni de naguère avait été élevé au rang de gouverneur et gardien du royaume », constata, atterré, l'auteur de la *Vita*. Pourtant, comme le démontrerait bientôt la cérémonie du couronnement, le Gascon n'était pas encore parvenu au faîte de son ascension.

Couronnement

Édouard fut couronné à Westminster le 25 février 1308. L'élite de l'aristocratie d'Angleterre et de France fut conviée à l'événement. Tous s'entassèrent dans l'abbaye de Westminster pour assister au sacre du nouveau roi et de sa reine de douze ans, Isabelle de France, qu'il avait épousée en grande pompe un mois auparavant à Boulogne en présence de cinq rois et de trois reines.

Westminster palpitait sous les mouvements de foule. Invités et badauds se pressaient dans l'église abbatiale et les rues alentours. La cohue était si dense qu'un ancien chevalier et sénéchal de Ponthieu, Sir John Bakewell, mourut écrasé par l'effondrement d'un mur. À l'intérieur de l'église, la noblesse assemblée scintillait littéralement dans ses habits de brocart. Les Français avaient envoyé une magnifique délégation, parmi laquelle les comtes de Valois et d'Évreux ; le frère d'Isabelle, Charles (futur Charles IV de France) ; Jean, duc de Brabant, accompagné de son épouse Marguerite, sœur d'Édouard ; Henri, comte du Luxembourg (qui deviendrait bientôt l'empereur Henri VII), et bien d'autres encore. Les comtes, barons et chevaliers de la région se bousculaient dans l'église afin de ne rien perdre de la cérémonie politique la plus importante qui fût.

Le vieux roi aussi était présent, silencieux sous l'austère dalle de marbre noir de Purbeck gravée de l'inscription : EDWARDUS PRIMUS SCOTTORUM MALLEUS HIC EST. PACTUM SERVA. » (« Ci-gît Édouard Ier, Marteau des Écossais. Honorez ce pacte ».) Rappel des responsabilités militaires attachées à la royauté, rappel pour tous les jeunes chevaliers qui avaient juré sur les cygnes dorés d'accomplir la réunification d'une Grande-Bretagne arthurienne, qu'ils étaient liés par leur serment.

Tous les regards guettaient l'arrivée du nouveau roi. Il fit son entrée dans l'église vêtue d'une aube verte et de hauts-de-chausses noirs, marchant pieds nus sur un tapis de fleurs, escorté de sa jeune épouse. Précédé des grands et des prélats d'Angleterre, le couple avançait sous un grand dais brodé soutenu par les barons des Cinq-Ports.

L'ordre de la procession était régi par un protocole rigoureux, qui provoquait invariablement des conflits lors des couronnements. À chaque comte était attribuée une fonction. Au couronnement d'Édouard, les comtes de Lancastre, de Warwick et de Lincoln portaient de grandes trois épées ; venait ensuite le cousin du roi, Henri de Lancastre, chargé du sceptre royal ; suivaient quatre autres barons – Hugues le Despenser l'Ancien, Roger Mortimer de Chirk, Thomas de Vere, fils du comte d'Oxford, et Edmund FitzAlan, comte d'Arundel – tenant un plateau sur lequel étaient déposées les lourdes et luxueuses robes du couronnement.

Et parmi tous ces grands, à la place d'honneur, juste devant Édouard et Isabelle, marchait Pierre Gaveston. L'auteur des *Annales de la cathédrale Saint-Paul de Londres*, témoin de la scène, le trouva « si apprêté qu'il ressemblait davantage au dieu Mars qu'à un simple mortel » : Gaveston avait revêtu la pourpre royale, de soie enrichie de perles, surpassant en magnificence tous les nobles dans leurs habits brodés de fils d'or. Et, comble de l'outrecuidance, il portait la couronne d'Édouard le Confesseur – symbole le plus sacré de tous les attributs de la royauté.

Cette charge, généralement réservée aux princes de sang, était l'annonce solennelle et sans équivoque du rôle prépondérant qu'il occupait au sein du nouveau régime, et les nobles présents n'auraient pu y voir autre chose qu'une insulte cinglante à leur lignage et à leur statut. C'était précisément là l'intention d'Édouard et de Gaveston. Le jeune roi concoctait depuis des mois cette proclamation publique du nouveau partenariat royal : Gaveston était son frère.

Devant une assemblée stupéfaite, Édouard prononça son serment de couronnement en français plutôt qu'en latin, comme le voulait l'usage. Il s'engagea à « garder et confirmer les lois, les coutumes et les franchises accordées au clergé et au peuple par le glorieux roi saint Édouard [le Confesseur] », ainsi que « les lois et les justes statuts que la communauté de [son] royaume jugera à propos d'établir ». Sous le règne de son père, les parlements, convoqués à intervalles réguliers, faisaient office de tribune à l'opposition politique et de forum de discussions, de débats et de négociations. En introduisant dans les vœux du couronnement la reconnaissance officielle du rôle croissant des seigneurs dans les affaires du royaume, le protocole reflétait la nouvelle réalité politique.

La présence de Gaveston marqua toutefois davantage les esprits que l'apparition de cette nouveauté dans les institutions. Elle était à tous égards un affront aux grands et au clergé. Au moment d'attacher les éperons aux bottes du roi, ce fut encore Gaveston qui s'avança, partageant ce privilège avec le comte de Valois et le duc de Pembroke. Après qu'Édouard et Isabelle eurent été sacrés, que le roi, assis sur le trône bâti sur la Pierre de Scone, eut reçu l'hommage de ses vassaux, Gaveston prit la tête de la procession pour sortir de l'église, portant l'épée de la Miséricorde qu'avait tenue le comte de Lancaster quand le cortège avait pénétré dans l'abbaye.

Dans une société réglée par le respect de la hiérarchie et des emblèmes sacrés de la Couronne, il s'agissait là d'inadmissibles entorses à l'étiquette et, tout au long de la cérémonie, le scandaleux spectacle que donna Gaveston souleva dans l'assistance d'improbables clameurs de protestation. Mais le pire était encore à venir.

L'organisation du banquet qui suivit avait été confiée à Gaveston, qui en profita pour s'arroger plus de gloire encore. Les murs de la salle à manger avaient été tendus de magnifiques tapisseries, brodées aux armes non du couple royal, mais d'Édouard et de Gaveston. Que la reine fût si ostensiblement mise à l'écart était un affront à sa famille, et Édouard aggrava l'outrage en passant tout le repas – où les plats, servis en retard, étaient pratiquement immangeables – à deviser et rire avec son favori, ignorant totalement son épouse. Avant même la cérémonie, la jeune reine avait écrit à son père pour se plaindre du peu d'égards que lui témoignait son mari et de l'état de dénuement dans lequel il la laissait. Le banquet apportait la preuve publique de son délaissement. Pour ne rien arranger, il apparut par la suite qu'Édouard aurait fait don à son favori des joyaux de la reine et des présents qu'il avait reçus à l'occasion de son mariage.

Le couronnement fut un désastre. Le roi avait fait éclater au visage des seigneurs anglais et de la famille de France sa passion déraisonnable pour Pierre Gaveston, attisant ainsi des mécontentements qui ne manqueraient pas de causer des remous dans le royaume. S'il l'avait voulu, il n'aurait pas trouvé meilleur moyen d'offenser et de s'aliéner tous ceux qui étaient disposés à le soutenir.

De fait, Édouard ne coiffait la couronne que depuis quelques jours, que la sourde colère des barons, avivée par l'arrogance de Gaveston à leur égard, déclencha une crise politique majeure. Le roi convoqua un parlement pour avril, mais déjà les grands menaçaient de s'y présenter en armes afin de régler son compte à Gaveston pour son comportement. Sentant poindre les troubles, Édouard fit détruire plusieurs ponts sur la Tamise et alla se réfugier au château de Windsor. Moins d'un an après son accession au trône et quelques jours à peine après son sacre, il avait dilapidé tout l'avantage politique et le capital de bienveillance propres à un début de règne. Il en était réduit à se préparer à une insurrection armée des barons d'Angleterre.

Au parlement d'avril 1308, une puissante confédération de barons, emmenée par Henri de Lacy, comte de Lincoln, présenta au roi trois articles d'une importance constitutionnelle sans précédent : « L'hommage et serment d'allégeance sont plus par raison de la Couronne que par raison de la personne du roi, et plus se lient à la Couronne qu'à la personne », déclarèrent les signataires, établissant pour la première fois une distinction explicite entre le roi et la charge qu'il occupait. Ils exigèrent par ailleurs que Gaveston soit banni du royaume et dépouillé de son comté, car, écrivirent-ils, « il dépossède la Couronne et [...] l'appauvrit [...] et sème la discorde entre le roi et son peuple ».

Il ne s'agissait pas de simples remontrances d'un quelconque parti minoritaire mécontent, mais d'un signal clair d'opposition constitutionnelle, soutenu par pratiquement tous les barons du royaume. Les comtes de Lancastre, de Pembroke, de Warwick, de Hereford et de Surrey appuyèrent Lincoln et, pour prouver leur détermination, se montrèrent en armes dans l'enceinte de Westminster. L'archevêque Winchelsea, absent du royaume au moment du couronnement, fut rappelé en Angleterre par le roi. À peine rentré, il prit le parti des rebelles, menaçant d'excommunier Gaveston s'il ne quittait pas l'Angleterre avant la fin juin. Un seul baron, Hugues le Despenser l'Ancien, resta fidèle au roi. Diplomate de confiance et farouche loyaliste, Despenser avait déboursé en 1306 la somme de deux mille livres pour marier son fils unique, Hugues le Despenser le Jeune, à la sœur du comte de Gloucester. Dans les années qui suivraient, jamais il ne ferait défaut à son souverain.

Malgré ce maigre soutien, Édouard tergiversait encore. Il était évident que Gaveston devait partir et qu'il ne pouvait garder son comté. Le roi ordonna donc son exil mais, au lieu d'admettre entièrement les remontrances de ses opposants et de disgracier son favori, il le nomma lieutenant d'Irlande et lui fit don de terres et de châteaux en Angleterre et en Gascogne afin de lui assurer des revenus. Il l'accompagna jusqu'à Bristol et lui permit de quitter les rives anglaises avec tous les honneurs.

C'était déjà là l'image d'un roi qui ne prenait aucunement la mesure de ses obligations. Tout ce qu'avait démontré la carrière de son père aurait dû lui apprendre qu'au royaume d'Angleterre, le jeu politique était fondé sur le consensus et le compromis. Les barons n'étaient, par nature, ni rebelles ni défavorables à l'autorité royale, mais ils étaient extrêmement sensibles aux dérives du pouvoir et s'ils jugeaient que le roi manquait à sa charge, ils n'hésiteraient pas à prendre les rênes du gouvernement.

Hélas, Édouard ne sut pas le comprendre. Il interpréta l'exil forcé de Gaveston davantage comme une attaque personnelle contre un homme qu'il aimait que comme une mesure politique prise pour le bien du royaume. En 1308, il n'avait donc plus qu'une idée en tête : négocier le retour de son favori. Une obsession dont il ne cesserait de faire montre au cours des quatre années suivantes, et qui mènerait une fois de plus l'Angleterre au bord de la guerre civile.

Urgence

On ne saurait surestimer la haine qui se déchaîna contre Gaveston au lendemain de la désastreuse cérémonie du couronnement. Édouard la trouva sans doute très injuste. C'était apparemment en toute bonne foi qu'il traitait Gaveston en frère et, en gage de sa fervente amitié, l'accablait des somptueux présents. Dans ce triangle, la reine n'occupait naturellement qu'une place accessoire, à la désolation de la France. Mais ce n'était après tout qu'une enfant de douze ans qui n'avait ni l'âge de consommer le mariage, ni l'envergure d'une personnalité politique.

Édouard ne comprenait vraiment pas ce qui pouvait tant indisposer ses barons. Après le départ de Gaveston pour l'Irlande, au lieu de s'efforcer de se racheter une conduite et de répondre aux besoins les plus pressants du gouvernement, il mit toute son énergie à faire annuler la sentence d'exil de son favori, allant jusqu'à en appeler au pape pour qu'il lève la menace d'excommunication prononcée par l'évêque Winchelsea.

Édouard était loin d'être stupide et savait qu'il ne pourrait pas faire revenir Gaveston sans une offensive de charme à l'adresse des principaux comtes et prélats. Pour regagner leurs faveurs, il lança un programme de réformes. En juillet 1309, il fit promulguer à Stamford des lois limitant le droit de prise – la réquisition de vivres pour l'armée royale – et réprimant les abus de pouvoirs des pourvoyeurs du roi dans les comtés ruraux. En échange de quoi, il obtint le retour de Gaveston. Dès le mois d'août, celui-ci fut officiellement rétabli dans ses droits sur son fief de Cornouailles en présence d'un aréopage de puissants seigneurs qui, adoucis par les démonstrations d'humilité du favori, étaient revenus à de meilleurs sentiments : les évêques de Durham, de Chichester, de Worcester et de Londres étaient là, avec les comtes de Gloucester, de Lincoln, de Surrey, de Pembroke, de Hereford et de Warwick. Le cousin du roi, Thomas de Lancastre, le comte d'Arundel et l'archevêque de Winchester étaient en revanche absents.

Dès qu'il eut retrouvé sa place à la cour, Gaveston tomba le masque et son comportement fut tout aussi odieux que par le passé. Selon plusieurs chroniqueurs, il affubla certains barons de sobriquets insultants. Il appelait ainsi le comte de Warwick « le chien noir des Ardennes », Lincoln « Monsieur Panse crevée », traitait Gloucester de « filz a puteyne » (fils de pute), Lancastre de « manant », tandis que Pembroke écopait du surnom de « Joseph le Juif ». Gaveston acheva d'outrager Lancastre en congédiant un chevalier de la maison du roi pour le remplacer par l'un de ses propres hommes. Il exerçait toujours sur le roi son ascendant néfaste, ce qui ne manquait pas d'inquiéter à l'heure où le pays était censé se préparer à repartir en guerre contre les Écossais.

Au cours de l'année 1309, les tensions s'exacerbèrent. Le roi demanda à ses vassaux de lever une armée pour l'Écosse en septembre. Elle ne vit jamais le jour. Ce qui n'empêcha pas les officiers de la Couronne de poursuivre les réquisitions, saisissant des vivres et du matériel dans les campagnes afin d'approvisionner les garnisons royales dans le Nord. Une taxe d'un vingt-cinquième sur les biens fut également instituée pour financer la guerre. Le fardeau imposé au pays était si lourd que des rumeurs d'une révolte paysanne imminente commencèrent à circuler.

Début 1310, les grands féodaux donnèrent la mesure de la grogne populaire en refusant de s'assembler à Westminster tant que Gaveston siègerait au côté du roi. Édouard céda et éloigna un temps son favori. Les barons, ayant repris la main, lui adressèrent de sévères remontrances, soulignant que « l'état de la royauté et le royaume s'étaient considérablement dégradés depuis la mort du vieux roi Édouard [...] et que l'ensemble du royaume en avait grandement souffert ».

Les pairs formulèrent leurs griefs dans une pétition : ils firent valoir que, depuis 1307, le roi, guidé par de mauvais conseillers, avait tant dépouillé le royaume et dilapidé le trésor royal, que ses ministres étaient contraints d'enfreindre les garanties de la Grande Charte en extorquant toujours plus de taxes et de biens au peuple et à l'Église ; ils lui reprochèrent d'avoir perdu l'Écosse par sa négligence et compromis sa couronne en Angleterre et en Irlande.

C'étaient des accusations gravissimes et, dans l'ensemble, elles étaient justifiées (bien qu'Édouard ne fût pas totalement responsable du fiasco écossais, puisque son père avait déjà bien écorné le budget de ses armées).

Pour remettre bon ordre aux affaires de l'État, les pétitionnaires exigèrent de « faire élire douze hommes puissants, clairvoyants et de bonne réputation qui, par leurs jugements et leurs avis, réformeront et consolideront l'administration publique ; et au cas où ils estimeraient que quelque chose constitue un fardeau pour le royaume, leur ordonnance devra l'éliminer ». Cette mesure aussi audacieuse qu'urgente était révélatrice du malaise politique qui s'était installé en tout juste trois années de règne. Les barons n'étaient pas des gens inconséquents guidés par l'ambition ou le désir d'empiéter sur les prérogatives royales. Ils voulaient simplement un roi fort et juste. En ce sens, leur détestation de Gaveston, auquel ils imputaient la mauvaise administration du royaume, était d'ordre politique et constitutionnel.

Si Édouard dans un premier temps ne fut pas convaincu, ses grands vassaux lui firent rapidement comprendre qu'ils prenaient la situation très au sérieux : « Les barons assemblés [déclarèrent] qu'ils ne le reconnaîtraient plus pour roi s'il ne consentait à leurs demandes, et se considéreraient déliés de la fidélité qu'ils lui avaient jurée, puisque lui-même ne respectait pas le serment qu'il avait prêté lors de son couronnement », relate la *Vita*.

La situation était dramatique et le souverain reconnut qu'il n'avait d'autre choix que de céder à la demande populaire. Le 20 mars 1310, un comité de vingt et un Lords ordonnateurs, ainsi nommés parce qu'ils étaient chargés de rédiger les Ordonnances, fut élu et prêta serment. Cette assemblée, où loyalistes et réformistes étaient équitablement représentés, réunissait l'archevêque de Canterbury, sept évêques et tous les grands comtes d'Angleterre à l'exception de ceux d'Oxford, de Surrey et, naturellement, de Cornouailles – Pierre Gaveston. Les pairs s'engagèrent à publier leurs Ordonnances pour la réforme du royaume en septembre 1311.

Les Ordonnances

Édouard arriva dans les marches écossaises en septembre 1310. Cette nouvelle expédition militaire lui était une bonne occasion de s'éloigner un temps de Westminster, où les impertinents ordonnateurs préparaient une grande réforme de son royaume – qui n'avait à son sens aucun lieu d'être. Son armée n'avait rien de commun avec les cohortes que son père avait alignées pour les redoutables campagnes de la décennie précédente, mais ses quelque trois mille piétons et mille sept cents cavaliers représentaient tout de même une force respectable.

Il ne faisait pourtant aucun progrès. Robert de Bruce continuait d'éviter l'affrontement ouvert avec les troupes anglaises, préférant épuiser l'adversaire par ses tactiques d'escarmouches et de repli. Il y eut quelques échanges diplomatiques entre le roi d'Angleterre et le chef écossais, et Gaveston conduisit un gros détachement jusqu'à Perth, espérant que sa bravoure au combat lui vaudrait quelques soutiens. Mais rien n'aboutit. À court d'argent et de matériel, n'étant parvenu à lever des effectifs supplémentaires ni en Irlande ni en Angleterre, Édouard finit par rebrousser chemin en juillet 1311. L'expédition avait été un échec. À peine avait-il amorcé sa retraite que Bruce menait une série de vigoureuses incursions dans le nord de l'Angleterre, semant terreur et désolation sur son passage.

En rentrant à Westminster, Édouard constata que le vaste programme de réformes politiques était fin prêt, et ses ennemis dangereusement renforcés.

En son absence, plusieurs grands du royaume étaient morts : Antoine Bek, évêque de Durham, mais aussi et surtout Henri de

Lacy, comte de Lincoln. Lacy, qui détenait aussi le comté de Salisbury, était à bien des égards le doyen des barons. Il était célèbre, riche d'une sage expérience et hautement respecté. Avec lui, le monde politique anglais perdait une personnalité influente. Sa disparition modifiait également le fragile équilibre du pouvoir de la noblesse anglaise.

Sa fille, Alice de Lacy, avait épousé le cousin germain du roi, Thomas, duc de Lancastre. C'était à lui que revenaient les titres et possessions de Lincoln, ce qui l'investissait d'un immense pouvoir qu'il n'hésiterait pas à exploiter.

Avant même la mort de Lincoln, Thomas de Lancastre était déjà, à 33 ans, un grand personnage. Il possédait en propre trois grands fiefs (les comtés de Lancastre, de Leicester et de Derby) et pouvait se prévaloir d'une belle ascendance : son père, Edmond, était le frère d'Édouard Ier ; sa mère, Blanche d'Artois, avait été reine consort par son premier mariage avec Henri Ier de Navarre ; sa demi-sœur, Jeanne de Navarre, était reine de France. Descendant direct d'Henri III et de Louis VIII de France, le sang capétien et le sang plantagenêt coulaient dans ses veines. Dans sa jeunesse, il avait été relativement proche d'Édouard, de cinq ou six ans son cadet, et il l'avait soutenu pendant les premières années difficiles de son règne. Mais comme tant d'autres de ses pairs, exaspéré par le comportement de Gaveston et les abus manifestes du gouvernement – et plus particulièrement par les écrasantes réquisitions –, il s'était rallié au camp des réformistes. Depuis l'hiver 1308, il s'était écarté du premier cercle du roi et passait l'essentiel de son temps loin de Westminster, sur ses terres de Nord où il pouvait tout à loisir goûter aux joies de son rôle d'Anglais le plus puissant de la région.

En héritant des domaines de son beau-père, Lancastre devint du jour au lendemain le noble le plus puissant d'Angleterre. Ses revenus passèrent à 11 000 livres annuelles – soit près du double de ce que percevait le deuxième plus grand baron, Gilbert, comte de Gloucester – et ses fiefs s'étendaient sur les quatre horizons du royaume. Il pouvait mobiliser ses tenanciers militaires pour lever de vastes armées et exerçait une influence considérable, tant au niveau local qu'à l'échelle nationale.

Comme Simon de Montfort, autre seigneur très puissant apparenté aux Plantagenêts qui en son temps avait été source de tourments pour Henri III, Thomas était animé d'un tempérament batailleur. Fier, susceptible et dogmatique, il se tenait à distance de ses pairs et avait bien du mal à s'assurer la loyauté de ses vassaux. C'était un seigneur extrêmement impopulaire qui fréquemment transgressait les lois féodales. Il n'inspirait aucun respect et son manque de discernement politique en préoccupa plus d'un lorsqu'il fut élevé au rang de deuxième personnage du royaume, derrière le roi.

Lancastre resta jusqu'à la fin de ses jours le plus implacable des Lords ordonnateurs et participa activement à la rédaction des quarante et un articles de réformes qui furent présentés à Édouard à la fin août 1311, puis promulgués dans tout le pays en novembre.

Les Ordonnances de 1311 touchaient à tous les domaines de la vie publique. Elles mettaient un terme aux principaux abus et infractions remontant au règne d'Édouard Ier : le droit de prise et les réquisitions ; le détournement des droits de douane au profit des banquiers italiens pour payer le service de la dette ; le droit du roi à déclarer la guerre à une autre puissance sans consulter le parlement. Les Ordonnateurs limitaient en outre considérablement les prérogatives du monarque : il ne concéderait plus de terres du domaine royal sans le consentement du baronnage réuni en parlement, tant qu'il n'aurait pas apuré ses dettes ; les recettes seraient versées directement au Trésor et non plus à la maison du roi ; le parlement serait convoqué une fois par an, voire deux si nécessaire, et instituerait des commissions spéciales chargées d'entendre les griefs contre les abus du roi. Tous les membres de l'administration d'Édouard, depuis son chancelier et son trésorier jusqu'à ses shérifs, seraient dorénavant nommés par des commissions.

Le scénario de 1258 se reproduisait. Le pouvoir était tout bonnement confisqué à un roi plantagenêt inepte, pour lui être restitué selon des modalités strictes et des prescriptions claires. Comme en tout autre temps de crise constitutionnelle depuis l'établissement de la Grande Charte, une grande question restait ouverte : comment faire appliquer concrètement les Ordonnances contre le gré d'un roi combatif et récalcitrant ? Jusqu'à présent, toutes les tentatives visant à imposer de force des réformes à un Plantagenêt avaient invariablement débouché sur une guerre civile.

Il fallait pourtant bien essayer de remettre bon ordre aux affaires de l'État.

Il était toutefois une mesure qu'ils pouvaient imposer : l'exil de Pierre Gaveston. Comme en 1308, les Ordonnateurs lancèrent une nouvelle salve d'attaques contre le favori, désormais perçu comme la cause de toutes les dérives de la royauté. Dans l'article 20 des Ordonnances, ils reprochaient notamment à Gaveston d'avoir « mal guidé et mal conseillé le roi », de l'avoir « persuadé par la tromperie et de bien d'autres manières de gouverner au mépris de l'intérêt du pays » et d'avoir « éloigné la sympathie du roi de ses hommes liges ». Il était encore coupable d'avoir encouragé le roi, par ses conseils pernicieux, à faire la guerre sans la permission des barons ; d'avoir fait sceller du sceau royal des chartes en blanc « contrairement à l'hommage dû au roi et en dépouillant la couronne de ses droits » et, plus généralement, d'avoir agi « avec ruse, fausseté et commis des félonies au grand déshonneur et au grand détriment du royaume ».

Pour la troisième fois de sa vie, Édouard eut à affronter la colère de ses barons qui exigeaient le bannissement de son ami et frère adoptif – non seulement « du royaume d'Angleterre, mais aussi de Galles, d'Écosse, d'Irlande et de Gascogne, et de toutes les propriétés du roi au-delà comme en deçà de la mer, pour toujours et sans retour ».

Gaveston quitta l'Angleterre par Douvres le 3 novembre et accosta en Flandre, où il espérait être accueilli par le duc et la duchesse de Brabant auxquels Édouard avait écrit, leur demandant de réserver bonne hospitalité à Pierre. Mais une fois de plus, l'exil fut de courte durée. À la fin novembre, une deuxième série d'ordonnances, sans doute publiée à l'initiative de Lancastre et de Guy de Beauchamp, comte de Warwick, réclamait l'expulsion de la cour du roi de tous les protégés de Gaveston. Ce fut aller trop loin. Les conditions qu'elles posaient étaient si draconiennes que le roi y vit une provocation. Humilié et furieux, il rappela secrètement Gaveston. Début janvier 1312, le comte disgracié foulait à nouveau le sol anglais. Il débarqua dans le Yorkshire où il retrouva son épouse Marguerite qui venait de mettre au monde leur premier enfant – une fille, prénommée Jeanne.

Presque aussitôt, Édouard déclara, par une proclamation à tous les shérifs du pays, qu'il refusait de reconnaître la légitimité des

Ordonnances et qu'il avait en conséquence mandé le retour de Gaveston, le rétablissant dans tous ses biens et privilèges. À la fin du mois de février, les deux hommes assistèrent à la bénédiction de relevailles de Marguerite. Ce fut la dernière cérémonie qu'ils partagèrent.

Chasse à l'homme

Le village de Deddington, dans l'Oxfordshire, s'enroulait autour d'un château édifié peu après la conquête normande par Odon, évêque de Bayeux et demi-frère de Guillaume Ier. La région n'était pas inconnue à Aymar de Valence, comte de Pembroke, car son épouse séjournait alors à trente-cinq kilomètres de là, au manoir de Bampton.

Il arriva au village au soir du 9 juin 1312, traînant à sa suite un illustre prisonnier. Pierre Gaveston avait été capturé le 19 mai. Assiégé au château de Scarborough où le roi l'avait caché, il s'était rendu à Pembroke, au comte de Surrey et à deux autres barons. Pembroke l'avait pris sous sa garde au nom des grands d'Angleterre et paraissait s'acquitter avec zèle de sa tâche : conformément à l'accord passé à York avec Édouard, il avait juré de renoncer à tous ses biens et ses titres s'il était fait le moindre mal à Gaveston durant sa captivité.

Les barons avaient minutieusement préparé et coordonné leur chasse à l'homme : dès les premiers jours de mars, ils avaient mobilisé des troupes d'un bout à l'autre de l'Angleterre et du pays de Galles au prétexte d'organiser des tournois, « de sorte que le pays ne s'effraie pas à la vue des armes », précisa l'auteur de la *Vita*.

Ils s'apprêtaient en réalité à partir en guerre contre le roi et son odieux favori. Le complot avait été ourdi par l'archevêque Winchelsea, qui avait fomenté l'excommunication de Gaveston, de concert avec les comtes de Lancastre, de Pembroke, de Hereford, d'Arundel, de Warwick, et de deux autres seigneurs de moindre rang, Henri de Percy et Roger de Clifford. D'autres, tels Surrey et Gloucester, informés du projet, y prirent une part moins active. Chacun avait été chargé de maintenir la paix dans une région donnée du royaume, tandis que Pembroke et Warwick étaient officiellement investis de la mission de capturer Gaveston.

Ce furent finalement Pembroke, Surrey, Percy et Clifford qui, au terme d'un siège bref, avaient cueilli leur proie dans son repaire de Scarborough. Des négociations pour la libération de Gaveston avaient aussitôt été entamées avec Édouard et devaient se poursuivre plus près de Londres pendant l'été. Pembroke prit le chemin du sud avec son prisonnier et, par une chaude nuit de juin, arriva à Deddington.

Bien qu'il se fût solennellement engagé à veiller à la sécurité de Gaveston, il prit ce soir-là une curieuse décision : il quitta Deddington pour aller passer quelques jours auprès de son épouse à Bampton, non sans recommander à ses domestiques que Gaveston soit bien gardé.

Était-ce de l'inconscience ou une trahison ? Pembroke protesterait jusqu'à la fin de ses jours de sa bonne foi, mais il était pour le moins naïf de laisser ne fût-ce qu'une nuit sous si légère vigilance l'homme le plus détesté d'Angleterre, en sachant pertinemment que ses ennemis étaient aux aguets. À peine Pembroke se fut-il éloigné du village que Guy de Beauchamp déboula à la tête d'une nombreuse troupe armée. Celui que Gaveston avait surnommé « le chien noir des Ardennes » avait juré que l'insolent sentirait ses dents. L'auteur de la *Vita* donna de l'épisode un récit coloré :

> *Aussitôt que le comte de Warwick eut appris que Gaveston était resté seul, il prit quarante chevaliers et cent soldats et approcha subrepticement de Deddington. Arrivé de très bonne heure le samedi matin, il franchit la porte de la cour et environna la chambre de Pierre.*
>
> *Puis, il lui cria : « Lève-toi, traître, tu es pris ! » Pierre, entendant le comte comprit qu'il venait bien entouré et, voyant que le garde qui lui avait été affecté ne résistait pas, il enfila ses habits et descendit de sa chambre. Ce fut ainsi qu'il fut pris et emmené, non comme un seigneur mais comme un voleur. Celui qui jadis chevauchait sur de fiers palefrois était maintenant forcé d'aller à pied.*

Beauchamp sortit triomphalement du village de Deddington et conduisit son prisonnier par les campagnes de l'Oxfordshire, devancé par une fanfare militaire qui annonçait sa victoire par monts et par vaux. Les foules se massaient sur leur passage, abreuvant d'injures le favori déchu. Rendu à la merci de son plus implacable ennemi, Gaveston marcha ainsi jusqu'au château de Warwick où il fut jeté en prison comme traître au royaume.

Cette forfaiture ne fut pas le fait d'un seul baron. Dès qu'ils furent informés de l'arrestation de Gaveston, les comtes de Lancastre, de Hereford et d'Arundel accoururent à Warwick avec leurs suites, aussitôt imités par les petits barons impliqués dans le complot. Tous louèrent Warwick pour son courage et se déclarèrent solidaires de son action. Pembroke, sincèrement horrifié par la brutalité de ses pairs, les rejoignit et tenta de plaider sa cause, s'indignant de voir ainsi son serment de protéger Gaveston – piétiné sous ses yeux. Il fut bien vite congédié et on lui conseilla de veiller dorénavant à se montrer plus avisé dans ses promesses.

Lancastre, comte de sang royal, un Plantagenêt et le plus haut dignitaire de l'assemblée, prit alors sur lui la responsabilité et le risque de décider du sort de Gaveston. Le prisonnier fut sommairement jugé devant un conseil présidé par Lancastre et Warwick, accusé d'avoir enfreint les termes des Ordonnances qui commandaient son exil. L'issue de son procès ne faisait aucun doute : traduit devant un tribunal créé spécialement pour le condamner en vertu d'une loi promulguée spécialement pour le détruire, il ne pouvait être que coupable.

Sans surprise, le tribunal prononça la peine de mort. Le 19 juin, Gaveston fut extrait de sa cellule et conduit devant Lancastre. Certains chroniqueurs décrivent une scène lamentable, où le malheureux se mit à pleurer, implorant la pitié de son « doux seigneur ». Lancastre, inflexible, le confia à ses gens d'armes qui le menèrent jusqu'à Blacklow Hill, à trois kilomètres de là. Au sommet de la colline, l'attendaient deux bourreaux gallois. Chacun lui asséna un coup mortel : le premier lui passa l'épée à travers le corps, le second le décapita.

On porta à Lancastre la tête tranchée de Gaveston pour attester que la sentence avait bien été accomplie. Quant au cadavre, il fut abandonné au sol, à l'endroit même où il était tombé. Plus tard, des moines dominicains vinrent récupérer le corps, lui recousirent la tête et l'emmènent à Oxford. La dépouille, embaumée et habillée de brocart, reposa pendant deux ans et demi dans le monastère dominicain. La limite qu'autorisait la charité chrétienne s'arrêtait là : mort excommunié, Gaveston ne pouvait être enseveli en terre consacrée.

Même au regard de son insolence et de son arrivisme irresponsable, la mort de Gaveston était choquante, et son exécution aurait de profondes répercussions sur l'avenir du royaume. La nouvelle du meurtre de son frère adoptif jeta Édouard dans des abîmes de douleur. Au lieu de méditer sur ses erreurs, le roi se montra plus déterminé que jamais et résolut de résister plus farouchement encore aux Ordonnances. Jamais il ne pardonnerait à son cousin Lancastre son arrogante cruauté et durant les dix années suivantes, ils s'affrontèrent en une querelle sanglante.

Bien loin d'unifier l'Angleterre, l'exécution de Gaveston avait divisé la classe politique. Une irrémédiable scission se fit jour entre les barons confédérés, définitivement écartés de la faveur royale, et Pembroke et Surrey s'estimant trompés par Lancastre et Warwick, les désavouèrent et devinrent d'inconditionnels loyalistes.

Mais il y avait bien plus grave : une ligne rouge avait été franchie quand Gaveston avait été jugé par un tribunal d'exception, mis en place par le comte de Lancastre et régi par des ordonnances que celui-ci avait lui-même promulguées sans que le roi les eût ratifiées. En dépit de tous les crimes et de tous les manquements reprochés à Gaveston, sa condamnation à mort ne pouvait donc être une sentence juste et légitime au regard des lois du royaume. En faisant transpercer par l'épée et décapiter le comte de Cornouailles à Blacklow Hill, ses pairs l'avaient tout bonnement assassiné. Et c'était un assassinat politique.

En plus de cent cinquante ans, les Plantagenêts avaient toujours régné sur l'Angleterre dans le strict respect du droit. D'autres grands féodaux avant Gaveston avaient certes connu une mort violente, mais uniquement en des temps de conflits politiques et constitutionnels particulièrement graves : Thomas Becket poignardé à la suite d'un regrettable malentendu ; Simon de Montfort horriblement tué sur le champ de bataille ; Arthur de Bretagne exécuté de sang-froid dans sa cellule. Cette fois-ci, la situation était tout autre : le compagnon le plus proche du roi avait été assassiné avec préméditation sur l'ordre de l'un des plus anciens Plantagenêts du royaume.

Enlèvements, violences et meurtres étaient monnaie courante dans la société médiévale mais, sauf dans les circonstances les plus impérieuses, ne constituaient aucunement des recours acceptables dans la conduite ordinaire des affaires du royaume. Le meurtre de Gaveston avait ouvert la boîte de Pandore : désormais, la violence était devenue un outil politique en Angleterre. La haine irréductible que se vouaient Édouard et son cousin Lancastre menaçait de disloquer la famille Plantagenêt – et, avec elle, l'Angleterre.

L'ÉTÉ DE TOUTES LES PROMESSES

À l'été 1313, Paris se grisait d'un tourbillon de fastes et de divertissements à la mesure de la grandeur de la France médiévale. Aux premiers jours de juin, la population entière se déversa dans les rues de la capitale ; les auberges et les pensions étaient prises d'assaut par d'innombrables nobles, jeunes chevaliers, demoiselles de l'aristocratie d'Europe et insignes visiteurs étrangers. Des foules immenses se pressaient aux spectacles, cérémonies et processions publiques. Des tissus aux vives couleurs égayaient les façades des bâtiments, et les bourgeois de la ville avaient offert une fontaine décorée de lions, de léopards, de sirènes et autres créatures fabuleuses d'où jaillissait du vin. Sous la halle d'un marché, on avait installé un enclos boisé où les fêtards s'amusaient à poursuivre des lapins domestiques qui détalaient entre les arbres. À chaque coin de rue, des représentations théâtrales et des concerts ravissaient les badauds. À en croire les chroniqueurs de l'époque, il ne s'était jamais vu de plus belles fêtes en France. Ce fut un été de réjouissances et de mondanités dont les invités d'honneur n'étaient autres que le roi Édouard II et la reine Isabelle.

Le couple royal était arrivé en France à la fin mai, accompagné des comtes de Pembroke, de Richmond et d'un cortège de loyalistes, parmi lesquels Hugues le Despenser l'Aîné et Henri de Beaumont. Officiellement, ils avaient été conviés pour assister à une cérémonie au cours de laquelle Philippe le Bel, le beau-père d'Édouard, armerait chevaliers près deux cents jeunes gens de la meilleure noblesse, dont ses trois fils – et frères d'Isabelle –, Louis, roi de Navarre, Philippe et Charles. La cérémonie n'était pas sans rappeler la fête des Cygnes qu'avait organisée Édouard Ier à la veille de son expédition en Écosse sept ans plus tôt, au cours de laquelle il avait fait jurer tous ses adoubés de conquérir avec lui le royaume du Nord, puis de reprendre la Terre sainte. Mais comme en toutes choses, la couronne française avait tenu à faire de cet événement une démonstration sans précédent de gloire et de magnificence.

La délégation anglaise fit son entrée solennelle dans Paris le 1er juin sous les vivats et dans la liesse générale. Au cours des jours suivants, six grands banquets avaient été programmés pour sceller l'amitié franco-anglaise. Celui que donna Édouard coûta fort cher. Il avait offert à son beau-père près de cent bœufs, deux cents porcs, trente-huit béliers, deux cents brochets, deux cents carpes et quatre-vingts tonneaux de vin. Le Plantagenêt avait fait dresser des tentes de splendide tapisserie, ouvertes aux regards des curieux et tendues de somptueuses tapisseries ; à l'intérieur, des centaines de torches brûlaient jour et nuit, et le service était assuré par des valets à cheval. Pour divertir ses invités entre les plats, il avait engagé de célèbres ménestrels et fait construire par l'armurier de Louis de Navarre un « château d'amour ».

Faible et impopulaire dans son propre pays, Édouard était accueilli avec respect en France. Le roi et la reine d'Angleterre avaient leur place dans le grand portrait de famille des Capétiens. Le biographe anonyme d'Édouard écrivit dans la *Vita* les six premières années de son règne se résumaient à un reniement pur et simple des valeurs qu'avaient portées haut les Plantagenêts et jugeait qu'Édouard n'avait « rien accompli de louable ni de mémorable, si ce n'est qu'il a fait un splendide mariage et produit un beau garçon. [...] Quelle différence avec les débuts du roi Richard qui, en moins de trois ans de règne, avait déjà étendu si loin les rayons de sa bravoure ». Mais en France, à cause de ses liens avec la ligne capétienne, il était reçu avec déférence.

Il y avait bien d'autres choses à célébrer pour les deux rois : Philippe souhaitait fêter la double victoire qu'il venait de remporter – contre le Saint-Siège et contre l'ordre des Templiers, banni de son royaume – en organisant une grande réunion familiale à Paris afin de faire valoir la vaste sphère d'influence de la Couronne de France et l'estime dont elle jouissait auprès de ses voisins et alliés. Une paix avec l'Angleterre sur la question du duché de Gascogne était par ailleurs à portée de main, et Philippe était disposé à se montrer accommodant dans les négociations. Les deux rois avaient également scellé l'ultime pacte chrétien en s'engageant à lancer une nouvelle croisade contre les musulmans en Égypte. Le 6 juin, ils prirent la croix à Notre-Dame où, comme ses cinq prédécesseurs plantagenêts, Édouard prononça le vœu sacré.

La vie lui était bien plus douce qu'au mois de juin précédent. Le meurtre de Gaveston avait alors précipité le pays au bord de la guerre civile et avivé les instincts belliqueux d'Édouard. Bien que sa première réaction – pour le moins surprenante – eût été de reprocher à Gaveston d'avoir été assez fou pour être tombé aux mains des comtes, il était bien décidé à en découdre pour venger l'assassinat de son ami. Il avait envisagé de prendre les armes contre Lancastre et ses complices, mais son entourage était parvenu à l'en dissuader, soulignant qu'une guerre civile offrirait à Robert de Bruce une occasion inespérée d'envahir l'Angleterre depuis l'Écosse.

L'insurrection et l'anarchie menaçaient, et il n'avait pas fallu moins de six mois pour désamorcer la crise. Le royaume n'était pas encore totalement stabilisé lorsqu'Édouard et Isabelle savouraient les fêtes de la famille capétienne, mais du moins avaient-ils quelques motifs de penser que la situation s'arrangeait. D'abord, ils étaient maintenant parents. Isabelle avait manifesté à son mari un indéfectible soutien dans toutes les épreuves qu'il avait eu à affronter et, après la mort de Gaveston, elle s'était affirmée dans sa fonction de reine, aidée en cela par sa tante Marguerite de France – qui était également la belle-mère du roi. Puis, le 13 novembre 1312, elle avait mis au monde un fils à Windsor, événement qui, à en croire un moine de St. Albans, avait distrait le roi de son deuil. Résistant à la pression des Français qui, dans la grande tradition capétienne, tenaient à prénommer le nouveau-né Louis ou Philippe, Isabelle l'avait baptisé Édouard. Elle avait ensuite rédigé une proclamation à l'adresse des citoyens de Londres pour annoncer la naissance du prince Édouard de Windsor, et la nouvelle avait été accueillie par des débordements de joie dans les rues de la capitale. La venue d'un héritier royal avait été pour tous un grand soulagement. Le nourrisson avait certes encore à surmonter les premiers périls de l'existence, mais il apportait un élément de stabilité à un régime affaibli. À son douzième jour, il avait été investi du titre de comte de Chester. Édouard II, soucieux de renforcer le statut de lignée royale – ou plutôt, loyale – des Plantagenêts, avait profité de l'occasion pour élever son demi-frère Thomas de Brotherton, âgé de douze ans, au rang de comte de Norfolk.

À la mi-juillet 1313, quand Édouard et Isabelle rentrèrent de leur glorieuse visite en France, le plus fort de la crise semblait passé. Les tensions ne s'étaient pas totalement dissipées entre le roi et les barons rebelles. Ceux-ci ne manquaient pas une occasion d'afficher leur mépris pour les favoris qui continuaient de graviter dans le premier cercle de la cour, à commencer par Hughes le Despenser, qui avait été pratiquement le seul grand à prendre le parti du roi et à défendre Gaveston jusqu'au bout. Les deux camps acceptèrent néanmoins de conclure une trêve lors du parlement réuni en octobre à Westminster.

Des mois de médiation par des émissaires du roi de France et des envoyés pontificaux avaient été nécessaires pour y parvenir. Édouard se résigna à pardonner le meurtre de Gaveston à Lancastre, Hereford, Arundel, Henri de Percy, Roger de Clifford et leurs alliés. En contrepartie, les barons abandonnèrent les poursuites contre les anciens partisans de Gaveston – comme Despenser –, et autorisèrent leur maintien dans l'entourage d'Édouard. Ils s'abstinrent d'invoquer les Ordonnances et ne demandèrent le limogeage d'aucun ministre : Gaveston et ses supporters n'étaient plus qualifiés d'ennemis du roi et du royaume. À défaut d'une vraie réconciliation, c'était un pas vers la paix.

D'autres bonnes nouvelles suivirent. À la fin novembre, Édouard obtint le consentement du parlement pour déclarer la guerre aux Écossais. En décembre, il retraversa la Manche afin de solliciter l'autorisation de son beau-père pour obtenir un prêt du Saint-Siège garanti sur le duché de Gascogne. Dès le printemps suivant, il reçut de Rome 25 000 livres tournois qui lui permirent de financer une campagne d'envergure dans le nord. Il semblait enfin sur le point de reprendre le flambeau de son père.

Cette brève promesse ne fut, hélas, qu'une illusion. En quelques mois, l'euphorie de la visite en France, de la naissance du prince Édouard et de la réconciliation avec les barons s'était estompée derrière la dure réalité, aussi sûrement que s'étaient effacés les tableaux de carnaval qui avaient égayé les rues de Paris lors de ce dernier merveilleux été.

Bannockburn

La campagne écossaise d'Édouard débuta sous les meilleurs auspices. Le 17 ou le 18 juin, le roi quitta Berwick à la tête d'une armée considérable, bien équipée, bien financée et bien approvisionnée. Le train de bagages s'étirait à lui seul sur sept lieues, et des navires serraient la côte, portant dans leurs cales de quoi ravitailler hommes et bêtes. C'était à n'en pas douter la plus grande force assemblée depuis la campagne d'Édouard Ier à Falkirk, en 1298. Les comtes de Gloucester, de Hereford et de Pembroke, Hugues le Despenser et Roger Clifford avaient levé de gros contingents, et le roi avait recruté des milliers de cavaliers et d'hommes de pied dans sa suite personnelle et dans les rangs des armées galloise, irlandaise et gasconne. Manquaient cependant à l'appel les comtes de Lancastre, de Warwick, d'Arundel et de Surrey qui, au prétexte fallacieux que l'expédition n'avait pas été formellement avalisée par le parlement, s'étaient dérobés à leur service d'ost et avaient fourni aussi peu de combattants qu'ils le pouvaient en vertu de leur obligation féodale. Ces irréductibles adversaires du roi craignaient en réalité que, fort d'une victoire en Écosse, Édouard pût ensuite se retourner contre eux et s'attaquer à leurs biens en Angleterre.

Leur absence n'était a priori pas une grande perte pour cette formidable troupe. Édouard conduisit ses hommes vers le nord, à quatre-vingts kilomètres de Berwick. Dans son avancée fracassante, témoigna l'auteur de la *Vita*, l'armée anglaise donnait l'impression de « pouvoir à elle seule pénétrer toute l'Écosse. [...] D'aucuns pensaient que si tous les soldats d'Écosse avaient été rassemblés, ils n'auraient pu soutenir le combat face à l'armée du roi ». Malheureusement pour Édouard, il se trompait. En arrivant devant Stirling le 23 juin, le roi rencontra la petite troupe de Robert Bruce qui ne comptait guère plus de cinq cents cavaliers légers et six mille fantassins. Les Écossais avaient pris position sur un terrain de chasse boisé adossé à une colline, à l'entrée du village de Stirling. À un kilomètre de là, coulait une rivière impétueuse, le Bannock (*Bannock Burn*, en écossais), dont les débordements réguliers avaient transformé la plaine en un vaste marécage. Bruce avait rendu le passage encore plus impraticable en faisant creuser de larges fossés hérissés de pieux énormes et dissimulés sous une couverture de branchages et de gazon.

La bataille de Bannockburn se déroula en deux temps. La première phase, le 23 juin, vit s'affronter les cavaliers anglais et écossais dans une série d'escarmouches et d'accrochages. Henri de Bohun, neveu du comte de Hereford, fonça lance baissée et, repérant Robert Bruce, l'engagea en combat singulier. Mal lui en prit : le chef écossais lui fendit le crâne d'un coup de hache et il mourut sur le champ. Gilbert de Clare, le jeune comte de Gloucester, sema ensuite la discorde dans les rangs anglais en disputant le commandement de l'avant-garde à Hereford qui, en sa qualité de connétable d'Angleterre, estimait que cette position lui revenait de droit. L'avant-garde étant la plus importante des trois divisions de cavalerie qui composaient une armée, la conduire était en effet un enviable privilège. Gloucester l'emporta, mais le fougueux garçon de vingt-trois ans n'eut guère l'occasion de se couvrir de gloire puisque, à peine lancé à la rencontre de l'ennemi, il fut désarçonné et ne fut sauvé que par la fuite. Un second assaut de la cavalerie anglaise, mené sur l'aile gauche écossaise, en direction du château de Stirling, s'écrasa contre les carrés de piquiers écossais. Sir Thomas Gray sentit son cheval s'effondrer sous lui et fut capturé avec de nombreux autres chevaliers.

Après ces inquiétants débuts, les Anglais se replièrent sur leurs lignes, et bientôt, de nouvelles dissensions éclatèrent : Gloucester passa toute la nuit à débattre avec le roi, tentant de le convaincre de différer l'offensive suivante. Les troupes étaient si fatiguées de leur marche et de leur combat, disait-il, qu'elles devaient absolument se reposer avant de repartir à l'attaque. Mais Édouard était venu pour se battre et vaincre. Sourd à ces arguments, il s'en prit violemment à Gloucester qu'il accusa de trahison et de lâcheté, et ordonna que la bataille reprît avec le jour.

Au matin, tandis que les armées se remettaient en ordre de bataille, Gloucester voulut rétablir son honneur en prouvant sa loyauté. Il lança impétueusement son avant-garde contre l'infanterie écossaise. La charge se brisa sur les pièges, les destriers culbutèrent dans les fossés plantés de pieux, entraînant leurs cavaliers dans leur chute. Loin de signer un exploit d'audace chevaleresque, Gloucester, cerné, mourut piétiné dans un indescriptible entassement d'hommes et de chevaux. C'était le signal qu'attendaient les piquiers écossais pour un massacre de la cavalerie anglaise. Comme à Falkirk, ils étaient disposés en *schiltrons*, mais en 1298, les archers d'Édouard Ier les avaient dispersés sous une pluie de flèches. À Bannockburn, Édouard II tarda tant à faire remonter ses archers de l'arrière que ses cavaliers lancés au grand galop allèrent s'empaler sur les pointes acérées des lances écossaises.

Tandis que le choc virait au chaos et que l'infanterie anglaise se débandait en désordre, Édouard s'élança bravement dans la mêlée. Bien qu'il eût perdu son cheval et son épée, il se battit comme un lion, repoussant ses assaillants sous les coups puissants de sa masse d'armes. Bien vite cerné, il ne fut secouru de justesse que par la force et l'insistance de ses gardes du corps, le comte de Pembroke et Giles d'Argentein – un homme qui passait pour le troisième plus grand chevalier de la chrétienté. Ce dernier, après avoir évité au roi une capture catastrophique et l'avoir mis en sûreté, repartit au-devant de la défaite et se fit tailler en pièces au champ d'honneur.

Poursuivi par un détachement de cavalerie écossaise, Édouard s'éloigna à toute bride de Bannockburn avec une escorte de cinq cents hommes et ne s'arrêta qu'à Dunbar, d'où il s'embarqua précipitamment sur un petit bâtiment qui le ramena en Angleterre. Ils laissaient derrière eux des milliers de soldats voués à la mort. Les eaux de la Bannock et de la Forth s'étaient rougies, et des marécages alentour s'élevaient les râles des Anglais agonisant sous les cadavres de leurs frères d'armes. La boue de Stirling gorgée de sang s'infiltrait jusque dans le lacis des minuscules ruisseaux qui détrempaient le champ de bataille. Un grand nombre des plus valeureux chevaliers d'Europe avaient péri devant l'armée de Bruce – les uns massacrés par les Écossais, d'autres noyés en essayant de franchir le cours tumultueux de la Bannock ou de la Forth. Outre Gloucester et Giles d'Argentein, au moins deux cents chevaliers des plus éminents avaient trouvé la mort, parmi lesquels Roger de Clifford. Le comte de Pembroke eut bien de la chance de s'en sortir vivant. Le comte de Hereford figurait au nombre des prisonniers, comme tant d'autres chevaliers de haut rang. Dans sa désastreuse retraite par-delà la frontière, l'armée d'Édouard abandonna ses bagages et ses trésors. Le sceau particulier du roi tomba aux mains de l'ennemi. « Tant d'illustres seigneurs, tant de machines de guerre, de riches vêtements et de vaisselle d'or – tous perdus en une éprouvante journée, en l'espace fugitif d'une heure », déplora l'auteur de la *Vita*. Mais la vaisselle et les brocarts n'étaient pas les plus graves pertes. En ce début de XIVe siècle, alors que les tactiques militaires commençaient à évoluer et que l'infanterie commençait à s'imposer à chaque rencontre face à la chevalerie, la défaite de Bannockburn était une cuisante humiliation. Plus fort que jamais en Écosse, Bruce avait désormais le champ libre pour ouvrir un nouveau front en Irlande.

Édouard II se trouvait à nouveau dans une situation bien embarrassante face aux barons dont il avait senti les coups durant les années Gaveston. Lancastre, Warwick, Arundel et Surrey misant sur l'incompétence militaire du roi, avaient refusé de se joindre à la campagne écossaise : désormais ils étaient en position de force. Ce n'était pas un roi victorieux qui revenait fièrement écraser ses ennemis de l'intérieur, mais un roi humilié qui rentrait en vaincu pour affronter ses démons. De tout son règne, jamais encore la popularité d'Édouard n'était tombée aussi bas. Les barons mécontents avaient toute latitude pour revenir à la charge et lui imposer leur volonté de réformes.

Nouveaux favoris

Le 2 janvier 1315, le cadavre embaumé de Pierre Gaveston fut enterré à King's Langley, l'une des résidences préférées d'Édouard. Ce manoir du Hertfordshire avait appartenu à sa mère, la reine Éléonore de Castille. Édouard y était venu dans son enfance, et depuis, la demeure restaurée de fond en comble était devenue une magnifique villégiature familiale. De grandes cheminées éclairaient les salles aux murs peints de couleurs vives, des animaux sauvages vagabondaient librement dans un domaine assez grand pour accueillir des tournois, et dans l'enceinte du parc et des vignes, entourant la maison principale, se dressait un pavillon appelé « Little London ».

Ce lieu, fait pour les plaisirs royaux, était désormais consacré au deuil royal, où l'ancien favori du roi reçut enfin le monument qu'Édouard souhaitait pour lui. Gaveston avait très probablement été absous de son excommunication par le nouvel archevêque de Canterbury, le très accommodant Walter Reynolds, et pouvait désormais être transféré de sa morgue dominicaine d'Oxford à la terre froide de Langley. Son corps embaumé fut enveloppé dans un drap de brocart qui avait coûté 300 livres au roi, puis enseveli avec tous les honneurs en présence de la grande majorité des évêques d'Angleterre. Les comtes anglais furent moins bien représentés que le clergé. Les attraits d'une veillée somptueuse, au cours de laquelle les convives consommèrent au moins vingt-trois tonnes de vin (soit quelque 22 000 litres), ne suffirent pas à convaincre Thomas de Lancastre et ses alliés de venir rendre un ultime hommage à l'homme qu'ils avaient tué. De nombreuses tensions politiques persistaient entre Édouard et les partisans de son cousin, et les fantômes de 1312 ne risquaient guère de favoriser une réconciliation.

Dans les années qui suivirent Bannockburn, le roi Plantagenêt et le comte de Lancastre tentèrent de gouverner ensemble l'Angleterre, mais leurs efforts furent vains. La sortie de crise politique était compromise de part et d'autre – par l'intransigeance et l'arrogance du comte, comme par le désir du roi de se retrancher à nouveau derrière un cercle d'hommes de confiance –, mais le reste du pays avait du mal à suivre ces intrigues de palais.

Le noyau dur d'un groupe qui constituerait bientôt la nouvelle cabale du roi avait en revanche accouru à Langley pour assister aux funérailles de l'ancien favori. Les deux comtes les plus fidèles – Pembroke et Hereford – étaient là. L'un avait sauvé le roi à Bannockburn, l'autre venait d'être libéré des geôles de Robert Bruce. Avaient également fait le déplacement Henri de Beaumont et Barthélémy de Badlesmere. Ce dernier avait été l'un des plus importants tenanciers du comte de Gloucester et commençait à gagner en influence parmi les barons. On nota encore la présence de plus d'une cinquantaine d'autres chevaliers et de la plupart des officiers de la Maison du roi. Mais de tous les invités, les plus insignes étaient Hughes Despenser et son fils et homonyme, Hugues Despenser le Jeune.

Les Despenser n'avaient jamais faibli dans leur loyauté envers Édouard et, après la mort de Gaveston, ils s'étaient empressés de combler le vide qu'avait laissé le favori. Hugues l'Ancien était plus proche du roi que jamais, l'accompagnant régulièrement dans ses déplacements à l'étranger et accumulant peu à peu titres et châteaux dans l'ouest de l'Angleterre. Despenser le Jeune fut quant à lui progressivement introduit dans le premier cercle d'Édouard, et était en voie de devenir un ami et allié encore plus proche du souverain que son père. Ces deux hommes consolideraient leur emprise sur le roi à mesure que ce dernier précipiterait son règne vers la catastrophe.

Quand les larmes pour Gaveston se furent taries, la pluie qui prit le relais. Entre 1314 et 1317, l'Europe du Nord connut un climat exécrable : à la rigueur des hivers succédèrent des étés exceptionnellement humides. Entre mai et octobre 1315, des pluies diluviennes provoquèrent des inondations qui emportèrent des villages, dévastèrent les terres arables – irrémédiablement, parfois –

et firent apparaître d'immenses lacs sur les plaines du Yorkshire et des environs de Nottingham. Partout, ce déluge détruisit les cultures sur pied, plongeant l'Angleterre dans une terrible famine qui dura deux ans. Dans les campagnes, les gens mouraient d'inanition. Des villages entiers en étaient réduits à la mendicité, et les rendements agricoles diminuèrent de plus de 80 %. Les gens mangeaient tout ce qui leur tombait sous la main : des fientes d'oiseaux, des animaux domestiques, du blé humide et pourri et, à l'occasion, de la chair humaine. Les restes de nourriture ou l'infime produit des rares plantes qui poussaient dans les sols détrempés suffisaient à déclencher des émeutes.

Parallèlement, les maladies décimaient les troupeaux de bovins, réduisant à néant les revenus de la laine et la production de viande. Entre les pénuries alimentaires et l'humidité constante, les troupes stationnées sur les marches d'Écosse avaient le ventre creux et vivaient dans des conditions d'hygiène déplorables.

Sur cette toile de fond dramatique, les grands d'Angleterre tentèrent de rétablir un cadre politique durable. Après l'humiliation de Bannockburn, les Lancastriens avaient repris l'initiative. Peu après les funérailles de Gaveston, le parlement se réunit. Les barons, désireux de stabiliser les finances royales et d'enrayer une corruption devenue endémique au sein du gouvernement comme dans les instances administratives locales, remirent les Ordonnances à l'ordre du jour, évincèrent plusieurs ministres du roi, remplacèrent tous les shérifs d'Angleterre, ordonnèrent l'abrogation des concessions royales et exigèrent d'Édouard qu'il entende les griefs et les plaintes de l'ensemble de la nation. Ils congédièrent Despenser l'Ancien et l'archevêque Reynolds de leurs postes au gouvernement, afin de préserver le roi de ses influences les plus pernicieuses. Dans d'autres domaines, Lancastre et Warwick semblaient disposés à coopérer avec des barons loyalistes comme Pembroke et avec certains ministres de la Maison du roi.

Il était essentiel de coopérer car plusieurs affaires de politique intérieure et extérieure exigeaient d'être réglées dans les meilleurs délais. En France, Philippe le Bel était mort et avait laissé le trône à son fils Louis X, dit Le Hutin. Il fallait donc envoyer au nouveau roi des ambassades diplomatiques afin de renouveler l'hommage pour la Gascogne. Les Écossais, enhardis par leur victoire à Bannockburn et la mort de plusieurs grands seigneurs du nord de l'Angleterre, dont le duc de Warwick, qui s'éteignit en août 1315, poussaient leurs incursions au cœur du territoire anglais. Entre-temps, le frère de Robert Bruce, Édouard, avait ouvert un nouveau front dans la guerre avec l'Écosse en conduisant en mai 1315 une invasion de l'Irlande.

Les menaces aux frontières étaient amplifiées par l'impact des pluies et de la disette, deux fléaux qui empêchaient les Anglais de cantonner une armée sur le terrain. Édouard était totalement dépassé par les événements, si bien que début 1316, le parlement de Lincoln nomma Lancastre à la tête du Conseil du roi, avec mandat de faire appliquer les Ordonnances et de réformer l'administration royale.

Malheureusement, Lancastre s'avéra aussi peu désireux ou aussi peu capable que son cousin de gouverner. Dans son esprit, la gestion de l'État se résumait à faire respecter les Ordonnances et à veiller à ce que le roi soit surveillé et sanctionné par la volonté collective des barons. Mais il envisageait aussi le pouvoir comme une fin en soi. Bien qu'il s'employât activement à reconfirmer les Ordonnances et à les refaire promulguer, il ne passait que peu de temps à Westminster et en consacrait tout aussi peu aux affaires de l'État. Il préférait tenir sa propre cour sur ses domaines septentrionaux et ne manquait pas une occasion de faire valoir ses éminentes fonctions, mais dans la pratique, il ne faisait pas grand-chose pour administrer efficacement le royaume.

Les Ordonnances prévoyaient l'abrogation des concessions royales et stipulaient que toute nouvelle nomination honorifique devait être soumise à l'approbation du parlement. L'obstination dogmatique de Lancastre sur ce point était un rappel constant de la fracture de 1312, et contribua à l'isoler de plus en plus des autres comtes anglais, dont beaucoup ne lui avaient pas pardonné l'exécution sommaire de Gaveston.

Sa quasi-régence ne dura par conséquent que quelques mois et, à partir d'avril 1316, il se retira dans ses terres, prenant résidence au château de Pontefract. Les nouveaux favoris du roi profitèrent de son absence, entre 1316 et 1317, pour affirmer leur proéminence et leur puissance. La classe politique était profondément divisée. Par le nombre de vassaux à son service et la taille de ses fiefs, Lancastre était en position de force dans le paysage politique anglais, et l'immense pouvoir que lui conféraient ses domaines du nord faisait de lui une personnalité incontournable dans les guerres d'Écosse. Il n'avait pourtant aucune envie de s'investir à quelque niveau que ce fût, se cantonnant à insister pour que le roi se plie aux Ordonnances honnies.

Édouard, pour sa part, ne fit pas grand-chose pour apaiser son cousin. Dominé par les Despenser père et fils, le nouveau cénacle des favoris comptait trois autres barons : Hugh Audley le Jeune, Roger Damory et Guillaume de Montagu. Trois de ces hommes – Despenser fils, Audley et Damory – avaient acquis de grosses fortunes en épousant les sœurs de Gilbert de Clare, comte de Gloucester, fauché dans la fleur de l'âge au deuxième jour de la bataille de Bannockburn. Ils étaient comblés de faveurs et de concessions royales, notamment au pays de Galles et dans les Marches d'Écosse. Tous les cinq devinrent extrêmement riches, au mépris des Ordonnances, qui exigeaient que le roi récupère ses anciennes concessions et fasse avaliser les nouvelles par le parlement.

De plus, même les barons modérés, comme Pembroke et Hereford, qui ne flattaient pas la personne du roi mais le soutenaient par simple loyauté, obtinrent des contrats lucratifs pour servir le roi en temps de paix comme en temps de guerre. Au lieu de s'en remettre à l'obligation naturelle des barons et des seigneurs de servir leur roi par intérêt mutuel, Édouard versait à présent des salaires exorbitants à ses hommes liges pour les attacher à la Couronne. Il fit de la royauté une entreprise privée plutôt que publique, créant une culture d'exclusion qui poussa plus encore son cousin hostile dans le camp de l'opposition.

La crise s'aggrava tout au long de 1317. À l'été, lorsqu'Édouard prit la tête d'une nombreuse armée pour aller affronter les Écossais, il constata que Lancastre rassemblait ses propres forces autour du château de Pontefract. La violence semblait à deux doigts d'exploser dans le nord de l'Angleterre. Dans ce climat d'anarchie imminente, alors que Lancastre défiait implicitement l'autorité du roi (et vice-versa), la tension monta d'un cran. En septembre, Louis de Beaumont, qui venait d'être élu évêque de Durham, et deux cardinaux étrangers venus assister à sa consécration, furent pris en embuscade sur la route de Darlington à Durham et détroussés par un chevalier de la Maison du roi, Sir Gilbert Middleton. L'incident causa grand embarras aux deux camps. Dès qu'Édouard eut quitté le nord, les tenanciers militaires de Lancastre attaquèrent des châteaux appartenant aux favoris.

La situation était si effervescente qu'elle semblait ne pouvoir déboucher que sur une guerre civile. Face à la déliquescence de l'autorité publique, les barons modérés tels Pembroke et Badlesmere eurent recours à des mesures exceptionnelles pour tenter de sauver le mince espoir de paix. Ils proposèrent des contrats privés aux favoris d'Édouard : ils signèrent ainsi un accord avec Roger Damory, s'engageant à le défendre contre quiconque (en clair, contre Lancastre), en échange de quoi Damory renoncerait à harceler le roi pour obtenir des concessions de terres ou tout autre privilège préjudiciable à la Couronne. Ce contrat donnait la mesure de leur désespoir. Le roi avait perdu toute autorité et ce ne fut que grâce à la médiation des évêques anglais, de conseillers royaux modérés comme Pembroke, Hereford et Badlesmere, et d'envoyés pontificaux que le royaume ne bascula pas dans la guerre en 1317.

Tandis que les rapports entre Lancastre et Édouard continuaient de s'envenimer, d'étranges événements touchèrent la personne du roi. Début 1318, alors qu'Édouard se trouvait à Oxford, un certain John Powderham se présenta à la cour. C'était un tanneur d'Exeter, mais il prétendait être le fils d'Édouard Ier et estimait que le royaume d'Angleterre lui appartenait « par droit du sang ».

Il affirma donc être le vrai roi d'Angleterre, Édouard n'étant à ses dires qu'un imposteur qui avait été échangé à la naissance et placé dans le berceau royal. Pour soutenir cette grave accusation, il défia le monarque en combat singulier afin de récupérer sa couronne. L'homme n'avait manifestement pas toute sa raison, mais son histoire marqua les esprits. Selon les différents récits de ce face-à-face, le roi fut dans un premier temps amusé par cette revendication insolite, mais quand la rumeur relaya par tout le pays les absurdes prétentions de Powderham, sa colère se déchaîna. La guerre, les inondations, la famine et la confusion politique avaient plongé le royaume dans un tel chaos, qu'une partie de l'opinion était tout disposée à prendre pour argent comptant ce prétendu scandale d'usurpation d'identité. Certains se disaient peut-être qu'un roi aussi inepte ne pouvait véritablement avoir du sang royal dans les veines.

Powderham ne fit pas de vieux os. Édouard songea un instant à le garder auprès de lui pour lui servir de fou, mais le danger était trop grand. Les parents de Powderham furent convoqués et interrogés, et le 23 juillet, l'imposteur fut jugé et pendu à Northampton. (Pendant son procès, il raconta que c'était son chat, possédé par le diable, qui l'avait incité à commettre ce crime de lèse-majesté. Le chat fut également pendu.) Mais se pouvait-il qu'Édouard s'interrogeât sur sa propre légitimité ? Au moment où la fable de Powderham faisait le tour du pays, Édouard se trouvait sous l'ascendant d'un autre charlatan : le moine dominicain Nicolas de Wisbech. Celui-ci prétendait posséder un flacon du saint chrême que l'archevêque Thomas Becket avait reçu en cadeau pendant son exil en France. Édouard se laissa persuader que s'il renouvelait son sacre et se faisait oindre de cette huile, toutes ses difficultés politiques disparaîtraient, et il serait de surcroît investi du pouvoir et de la vertu nécessaires pour reprendre la Terre sainte aux infidèles. Persuadé qu'un miracle redresserait sa situation, il adressa de pressantes requêtes au pape – qui avait déménagé le Saint-Siège de Rome à Avignon en 1309 – pour qu'il lui accorde une nouvelle cérémonie d'onction.

Même au regard de l'esprit superstitieux de la société médiévale, il s'agissait là d'événements étranges et merveilleux, qui soulignaient autant la position politique précaire d'Édouard que sa crédulité. Ce ne fut pas en fin de compte l'intervention divine d'un saint Thomas éthéré, mais un long et épuisant processus de négociations politiques avec le très réel Lancastre qui évita une guerre civile. La crise trouva un dénouement en août 1318, lorsque le roi et son cousin scellèrent officiellement une paix : le traité de Leake établit un Conseil royal permanent de seize sages (huit évêques, quatre comtes et quatre barons – au nombre desquels ne figurait pas Lancastre) et Édouard promit une fois de plus de se soumettre aux Ordonnances de 1311.

Mais c'était une paix tout aussi fragile que les précédentes, car elle était fondée sur des principes qui ne pouvaient satisfaire aucun des deux camps. De fait, quatre ans plus tard, elle avait volé en éclats. Entre 1317 et 1321, l'Angleterre s'achemina irrémédiablement vers la guerre civile.

Guerre civile

En mai 1321, de gros détachements de fantassins et de cavaliers en armes franchirent les Marches galloises et pénétrèrent dans les Galles du Sud. Ils raflaient tout ce qui leur tombait sous la main, pillaient des manoirs, abattaient les clôtures des réserves de chasse et massacraient sauvagement le gibier. Ils assassinaient ou enlevaient les domestiques et les gardes qui essayaient de les arrêter. Partout où ils passaient, ils portaient la terreur et le feu. Ils volaient des armes et des vivres, et incendiaient de précieuses chartes et archives officielles. Ils s'emparaient de juments et d'étalons, de bétail et de bœufs, de moutons, de porcs, de chariots, charrettes et charrues. Ils forçaient les portes des maisons, brisaient ou s'adjugeaient des objets de grande valeur – dans leurs déclarations aux autorités, les propriétaires déplorèrent par la suite le vol d'un échiquier en noyer avec des pièces de cristal, d'ornements d'ivoire, d'objets religieux en or, de magnifiques tapisseries, de vêtements luxueux. Les dégâts qu'ils causèrent furent évalués à plusieurs dizaines de milliers de livres.

Dans leur avancée destructrice, ils brandissaient la bannière du roi, proclamant leur loyauté à la Couronne. Ce n'étaient pourtant pas des hommes d'Édouard, mais des soldats fidèles aux barons des Marches galloises – au comte de Hereford, à Roger Mortimer de Chirk, à son neveu Roger Mortimer de Wigmore, à Hugh et Roger Damory, à Hugh Audley et à bien d'autres. Beaucoup avaient autrefois défendu la Couronne ; désormais, ils ne reculaient plus devant rien pour réduire à néant le pouvoir et les possessions des Despenser père et fils, les deux favoris les plus proches du souverain qui, comme Gaveston avant eux, inspiraient une haine irraisonnée.

La guerre, si longtemps repoussée par les efforts inlassables des barons et prélats modérés d'Angleterre, avait finalement éclaté.

Édouard était à nouveau tombé sous la coupe d'hommes sans scrupule et s'était aliéné deux puissants éléments de son royaume – les seigneurs du nord groupés autour du comte de Lancastre, et les seigneurs des Marches de l'ouest. Ce faisant, il avait créé la pire situation qui pût être pour l'Angleterre : l'anarchie, le désordre et l'effondrement total du gouvernement royal.

Ce basculement était d'autant plus décevant que juste avant le déclenchement des hostilités, Édouard avait enfin commencé à montrer quelque aptitude à gouverner d'une main de fer. À la paix conclue avec Lancastre en août 1318, succéda en octobre une victoire retentissante contre les Écossais. Les forces du très loyaliste comte de Louth avaient triomphé à la bataille de Faughart, en Irlande, et tué le frère de Robert Bruce, Édouard. Ce fut le plus grand succès militaire du règne d'Édouard. Il coupa court aux menées de Robert Bruce visant à expulser les Plantagenêts d'Irlande et à s'imposer sur le trône en digne successeur des « hauts rois » de la mythologie irlandaise. Il laissait entrevoir un espoir pour les guerres écossaises dans leur ensemble.

Puis, en 1320, Édouard se rendit en France afin de réitérer son hommage au nouveau roi de France, Philippe V le Long, pour le comté de Ponthieu et le duché d'Aquitaine. Lorsque les Français suggérèrent qu'Édouard prête à titre personnel serment de fidélité à son beau-frère – ce qui, contrairement à un hommage classique, aurait fait du roi d'Angleterre un obligé du roi de France –, Édouard s'insurgea et improvisa devant Philippe et ses conseillers un discours véhément pour défendre les droits de sa couronne. L'hommage entre rois, déclara-t-il, « se fait selon la forme des traités de paix conclu entre nos ancêtres et comme je le faisais autrefois à Monseigneur votre père [...] et nul ne peut raisonnablement nous demander d'agir autrement et nous n'en avons aucune intention ». Ce discours inhabituel et l'indignation perceptible d'Édouard stupéfièrent la délégation française et la réduisirent au silence.

Ces succès intérieurs et extérieurs furent d'autant plus marquants qu'Édouard semblait commencer à prendre son rôle au sérieux. En 1316, la reine Isabelle avait mis au monde un deuxième fils, Jean d'Eltham, puis une autre fille, Éléonore de Woodstock, deux ans plus tard. Édouard avait assuré sa postérité. Il se disait également qu'il se levait de bonne heure, s'intéressait aux débats parlementaires et se montrait clément dans les affaires judiciaires. Mais, malheureusement, il était retombé sous la domination d'une poignée de favoris. Et cette fois-ci, les favoris n'étaient plus de frivoles et arrogants compagnons de jeu comme Pierre Gaveston. C'étaient des ennemis du royaume qui manigançaient de concert et avaient les dents longues.

Entre 1317 et 1321, les Despenser n'avaient cessé d'œuvrer à leur ascension. Ils avaient insensiblement étendu leur puissance dans les Marches, à travers le mariage d'Hugues le Jeune à une héritière du comte de Gloucester. Despenser père s'était constitué une solide base de pouvoir qui comprenait plusieurs fiefs et châteaux stratégiques dans la seigneurie de Glamorgan, en Galles du Sud, parmi lesquels Cardiff, Llantrisant et Caerphilly. Glamorgan était la plus importante des possessions de Gloucester et elle lui donnait un pouvoir indu sur des territoires qui chevauchaient les sphères d'influence des autres barons des Marches, dont certains avaient aussi appartenu au premier cercle d'Édouard, notamment Audley et Damory. Les Despenser – et surtout le fils – exploitaient leur intimité avec le roi pour empiéter sur les droits territoriaux des autres seigneurs, envahissant une partie des Marches et consolidant leurs possessions déjà considérables dans la région. Ces abus exaspéraient tous ceux qui n'avaient aucun moyen d'en appeler à la justice royale contre les Despenser, mais aussi les seigneurs anglo-gallois, qui voyaient le roi piétiner ostensiblement les lois traditionnelles des Marches en faveur des intérêts privés d'un homme et au détriment de l'équilibre traditionnel des pouvoirs dans la région.

Le retour d'une clique de favoris à la cour était d'autant plus malvenu que le souvenir des années Gaveston était encore frais. Hugues le Jeune, nommé chambellan du roi, profitait de sa position pour filtrer les audiences accordées aux autres barons. Selon le chroniqueur Adam Murimuth, personne ne pouvait s'entretenir avec Édouard sans que Despenser assiste à l'entretien et réponde librement à la place du souverain. Quiconque contrariait les Despenser risquait d'être dépossédé de ses terres ou de ses biens, voire jeté en prison.

L'affaire de Gower mit le feu aux poudres. À la fin de l'année 1320, la comtesse douairière de Gloucester décéda et Édouard attribua à Despenser le Jeune sa seigneurie de Gower, dont le siège était à Swansea. Or, Gower était alors convoité par Roger Mortimer de Wigmore, le comte de Hereford et un autre seigneur des Marches, John de Mowbray. Faisant fi de ces prétentions, Édouard s'empressa de le confisquer pour l'intégrer au domaine royal et le céda à Despenser. Cette concession hérissa de nombreux barons des Marches, dont Hereford, Audley, Damory et Roger Clifford. Les deux Roger Mortimer – de Chirk et de Wigmore –, déjà hostiles au roi, en prirent également ombrage. (Un vieux contentieux opposait les Mortimer aux Despenser, Hugues l'Ancien s'étant juré de venger son aïeul homonyme, un Hugues Despenser qui avait été piégé et tué en 1265 à la bataille d'Evesham par un Roger Mortimer, alors allié d'Édouard Ier.) Lorsqu'ils firent part de leur mécontentement au roi, celui-ci rejeta leurs doléances et Despenser les accusa de trahison. Début 1321, les seigneurs des Marches prirent les choses en main et envahirent les domaines des Despenser. C'était la guerre ouverte.

Entre la colère violente des seigneurs des Marches et l'animosité latente de Lancastre qui, en 1321, préparait une coalition de barons du nord contre le roi, il était évident qu'Édouard avait à nouveau réussi à se mettre à dos la majeure partie de la classe politique anglaise. Même les plus modérés, comme Barthélémy de Badlesmere, intendant de la maison royale, et le comte de Pembroke, passèrent dans l'opposition (brièvement dans le cas du second). En août 1321, le parlement de Westminster dressa une liste d'accusations contre les deux Despenser et commanda qu'ils quittent le sol anglais avant la fin du mois. L'ordre émanait des comtes et des barons du royaume et était avalisé par le parlement – dont l'autorité, selon les barons de l'opposition, supplantait celle du roi. La reine Isabelle, qui avait donné naissance un mois plus tôt au quatrième enfant du couple (une fille prénommée Jeanne), supplia à genoux son mari de céder pour le bien du royaume. Édouard s'inclina et les Despenser furent bannis du royaume. Mais le roi ne capitulait pas de gaieté de cœur. Tout en se pliant à la demande de sa femme, il jura vigoureusement qu'en moins de six mois, « il prendrait si bien sa revanche, que le monde entier en tremblerait quand il en entendrait parler ».

Ce fut par une sinistre référence à un épisode ancien de l'histoire de la dynastie Plantagenêt que l'archevêque Reynolds de Canterbury réunit un conseil extraordinaire des prélats à la cathédrale Saint-Paul de Londres, le 1er décembre 1321. Dans la convocation qu'il avait envoyée à ses confrères, il soulignait l'urgence de la cause. Le royaume, qui avait un temps connu les plaisirs de la paix, menaçait désormais de s'enfoncer dans la guerre civile et de faire naufrage.

Le Naufrage. L'image avait été utilisée par les chroniqueurs plus de cent quatre-vingts ans plus tôt, à l'époque où deux cousins avaient mis l'Angleterre à feu et à sang dans une guerre civile qui avait duré près de vingt ans. L'autorité du roi Étienne était alors contestée par l'impératrice Mathilde, sa cousine. Désormais, c'était le roi Édouard qui risquait de perdre son pouvoir, et peut-être même son royaume tout entier, face à des rebelles conduits par son cousin Thomas, comte de Lancastre.

L'exil de Despenser le Jeune ne dura que quelques semaines. Début octobre, le roi rappela son mignon en Angleterre et alla l'accueillir à sa descente de bateau sur la côte sud du pays, entre Portsmouth et Southampton. Dans le même temps, il lança sa première offensive en assiégeant le château de son ancien allié Barthélémy de Badlesmere à Leeds, dans le Kent. Édouard prit personnellement le commandement du siège, exécuta de sa main plusieurs hommes au service de Badlesmere, et expédia la femme et les enfants de son ennemi à la Tour de Londres.

Édouard ne manquait pas d'alliés. En dépit de l'impopularité des Despenser, certains préféraient courber l'échine plutôt que de se risquer à faire la guerre au roi. Il était notamment soutenu par ses deux jeunes demi-frères, Thomas de Brotherton, comte de Norfolk, et Edmond de Woodstock, comte de Kent, ainsi que par les comtes de Richmond, d'Arundel et de Surrey et par le comte de Pembroke. Il disposait également d'une force d'élite composée de chevaliers de la Maison royale.

Les opposants, que l'on appelait les Contrariants, se divisaient selon des lignes de fracture complexes. Emmenés par les barons des Marches – Hereford, les deux Roger Mortimer, Badlesmere et les anciens favoris, Damory et Audley –, ils agissaient avec le soutien discret du comte de Lancastre, qui s'abstint d'entrer dans la mêlée jusqu'en janvier 1322.

En dépit de ce manque d'unité, la guerre commença bien pour les Contrariants : ils s'emparèrent des villes frontalières de Gloucester, Bridgenorth et Worcester entre l'automne et l'hiver 1321. Mais, dans les premiers jours de 1322, ils essuyèrent un cuisant revers : les deux Roger Mortimer, affaiblis par une série de défections dans leurs rangs et des attaques de seigneurs gallois fidèles à Édouard, firent leur reddition au roi et furent envoyés à la Tour de Londres. À partir de là, la coalition des seigneurs des Marches commença à se disloquer : en février, Maurice de Berkeley et Hugh Audley l'Aîné se rendirent à leur tour. Édouard confisqua au premier son château de Berkeley – une décision qui reviendrait le hanter.

Pour être piètre politicien, Édouard pouvait parfois se montrer fin tacticien. À mesure qu'il soumettait ses opposants, il poussait les barons des Marches à la panique. Soudain, l'opposition se désagrégea. À la fin janvier 1322, le comte de Hereford, Audley le Jeune et Roger Damory unirent leurs forces avec le comte de Lancastre. Mais la Couronne avait déjà repris l'initiative militaire.

En février, Édouard commença par attaquer les châteaux de Lancastre. Il parvint à en prendre plusieurs, dont la forteresse de Kenilworth qui, au XIIIe siècle, avait été le centre de la résistance des Montfort. Tout au long de cette campagne, Lancastre perdit de précieux et proches partisans. Une bonne dizaine de ses vassaux militaires changèrent de camp, soit parce qu'ils refusaient de prendre les armes contre leur roi, soit par crainte du sort qui les attendait, au cas où Lancastre sortirait vaincu du conflit.

Bien que les Marches et le nord de l'Angleterre fussent majoritairement contre lui, en 1321 et 1322, Édouard bénéficia de précieux soutiens des barons gallois, et au premier chef de Rhys ap Gruffydd et Gruffydd Llwyd. Les seigneurs gallois avaient davantage à craindre des barons anglais des Marches que du roi et, en se ralliant à la bannière d'Édouard, ils voyaient une occasion de reprendre un avantage territorial sur leurs puissants voisins.

Parallèlement à ces succès militaires, Édouard parvint également à lancer une brillante offensive de propagande. En février 1322, il eut connaissance de courriers compromettants prouvant que Lancastre négociait en sous-main avec les Écossais pour former une alliance contre lui. L'argument moral de Lancastre s'effondrait, tout comme ses défenses militaires. Édouard fit publier ces lettres par tout le pays et donna ordre aux archevêques, évêques et shérifs d'en donner lecture publique afin d'exposer au grand jour la trahison de Lancastre qui, pour régler un différend personnel avec le roi, incitait les Écossais à envahir l'Angleterre. Le coup fut fatal. Dix jours après la publication de cette correspondance secrète, Édouard et les comtes qui lui étaient restés fidèles déclarèrent Lancastre traître au royaume et chargèrent les comtes de Kent et de Surrey de prendre son château de Pontefract.

La cause des Contrariants était perdue et, à l'intérieur de Pontefract, un débat houleux opposa les assiégés : certains voulaient rester et faire face dignement, d'autres, souhaitaient passer en Écosse. Lancastre n'accepta d'abandonner son bastion que lorsque Roger Clifford le menaça de son épée.

La fin se joua à Boroughbridge, dans le Yorkshire. Lancastre et ses alliés tentaient de rejoindre le Northumberland quand ils furent interceptés par Andrew Harclay, gouverneur du château de Carlisle. Harclay et son détachement de 4 000 hommes écrasèrent l'armée de Lancastre. Le comte de Hereford fut transpercé par une lance durant le combat ; les autres nobles, dont Lancastre, échappèrent à leurs poursuivants pendant quelques jours, mais furent repris dans leur fuite, déguisés en mendiants.

Le 21 mars, Lancaster fut transféré de la prison d'York au château de Pontefract, occupé par les forces royales. À son arrivée, il fut accueilli par le roi en personne, qui l'agonit de moqueries et d'insultes. Puis, selon les rumeurs qui parvinrent à l'auteur de la *Vita*, il fut enfermé dans une tour qu'il avait fait construire pour le jour où il réussirait à capturer Édouard.

Le lendemain matin, il fut tiré de sa cellule et soumis à une parodie de procès devant un tribunal composé d'Édouard, des deux Despenser, des comtes loyalistes et d'un juge professionnel. « Il fut déclaré coupable à tous les chefs d'accusation portés contre lui et une peine particulière lui fut infligée pour chacun de ses crimes », précise le chroniqueur. Lancastre fut condamné à être pendu et écartelé. Par égard pour son sang royal, la sentence fut commuée en peine de décapitation – mais l'accusé n'eut pas droit de répondre aux accusations qui étaient portées contre lui. « Me voici devant un tribunal puissant, et très grand par son autorité, qui n'entend aucune réponse ni n'admet de circonstances atténuantes », pesta le comte en comprenant que son sort était scellé.

Il fut aussitôt conduit au pied de son château et décapité sur ses terres. Le bourreau dut s'y reprendre à deux ou trois fois pour trancher le col du plus grand aristocrate exécuté en Angleterre depuis la conquête normande.

Certains virent dans la fin tragique du comte Thomas un juste retour des choses : « Le comte de Lancastre avait fait décapiter Pierre Gaveston, et voilà que sur ordre du roi, il perdait à son tour sa tête, commenta l'auteur de la *Vita*. Ainsi, non sans quelque justice peut-être, le comte reçut rétribution car, comme il est écrit dans les saintes Écritures, "comme tu as fait il te sera fait et tes œuvres te retomberont sur la tête". »

Mais la justice n'avait aucune part dans cette exécution sommaire, qui relevait avant tout d'une grossière escalade de la politique meurtrière d'un roi inepte. Davantage de grands du royaume rencontrèrent une mort violente sous le règne du sixième Plantagenêt que du temps de ses cinq prédécesseurs réunis. Lancastre avait défié son cousin à maintes occasions. Il avait assassiné son favori, lui avait livré la guerre et était entré en intelligence avec ses ennemis. Il n'en était pas moins un comte de sang royal. Sa condamnation et exécution sommaire ne vengèrent pas le meurtre de Gaveston, mais envenimèrent la crise de violence et d'anarchie politique que ce meurtre avait amorcée. La guerre civile était certes terminée, mais l'Angleterre et, avec elle, l'autorité des Plantagenêts avaient été emportées dans le Naufrage.

La tyrannie du roi

Le parlement convoqué à York en mai 1322 fut présenté comme une occasion pour le roi de débattre et négocier avec son pays. Toutes les composantes du royaume furent invitées. Les Cinq-Ports furent représentés pour la première fois, en reconnaissance de l'accueil qu'ils avaient réservé aux Despenser durant leur exil ; la principauté de Galles fut également conviée, pour avoir participé à la lutte contre les barons des Marches. Mais en dépit de cette vaste représentation et de la volonté apparente de consultation et de pacification, Édouard utilisa cette assemblée dans un but bien précis : dédommager et réhabiliter les Despenser, et enterrer l'ensemble du programme de réformes mis en place par feu Thomas, duc de Lancastre.

Le parlement se retrouva sur toile de fond d'une répression sanguinaire. La revanche d'Édouard contre les Contrariants fut implacable. Le gibet d'York, visible pour tous ceux qui se rendaient au Parlement, exposait trois cadavres gonflés qui se balançaient lourdement au bout de leur corde : ceux de John de Mowbray, de Roger Clifford et de Jocelyn d'Eyville, seigneurs de grand renom et de belle fortune, qui avaient été pendus dans les chaînes dès le lendemain de l'exécution de Lancastre. Le 14 avril, Barthélémy de Badlesmere, le baron modéré qui, quelques années plus tôt, avait été un important émissaire de paix, fut atrocement supplicié à Canterbury. Traîné par la claie sur plus de cinq kilomètres, il fut pendu puis décapité, et sa tête fut exposée au sommet de l'une des portes de la ville.

L'épuration fit encore une bonne vingtaine de victimes. La férocité de la vengeance du roi horrifia le pays. Des gibets furent dressés à Londres, Windsor, Bristol, Cardiff et Swansea. Les cadavres enflés et en décomposition des rebelles restèrent accrochés plus de deux ans aux bois de justice. Le spectacle de ces grands hommes écorchés et exhibés comme de vulgaires pièces de viande faisait frémir d'effroi tous ceux qui entrèrent dans l'une des grandes villes du royaume entre 1322 et 1324. « Le roi vouait à tous les barons une haine si folle qu'il projeta de renverser sans exception et définitivement tous les grands du royaume », commenta le continuateur de la chronique des *Flores Historiarum*.

Parmi les Contrariants les plus marquants, les deux Roger Mortimer, qui avaient été parmi les premiers à s'attaquer aux domaines des Despenser, furent condamnés à mort, mais leur sentence fut commuée en une peine de prison à vie. Maurice de Berkeley et Hugh Audley père et fils – naguère des barons fidèles, que seule leur exécration des Despenser avait éloignés du roi – échappèrent également à la potence et furent emprisonnés. La Tour de Londres était bondée de détenus de haute naissance, dont les familles étaient dépossédées de leurs terres et de leurs biens ou séquestrées dans des châteaux aux quatre coins de l'Angleterre et du pays de Galles.

Dans pareil climat, ce fut sans surprise que le parlement de mai 1322 défit pratiquement tout ce que Lancastre et ses alliés avaient tenté d'imposer au roi depuis 1311. Il vota l'abrogation des Ordonnances, n'en retenant que six « bonnes clauses » qui furent reprises dans le statut d'York. Les poursuites judiciaires engagées à l'encontre des Despenser avant la guerre civile furent suspendues et les immenses domaines de Lancastre passèrent aux mains du roi. Plusieurs autres points ayant trait à la réglementation du commerce et à la procédure pénale furent débattus et renvoyés devant le Conseil du roi, mais l'assistance n'était pas dupe : ces questions étaient étroitement liées à la revanche du souverain sur ses ennemis.

Durant les mois qui suivirent, Édouard s'employa à distribuer le butin de guerre. De nouvelles dispositions permettaient aux Contrariants qui avaient échappé au bain de sang de racheter, sous certaines conditions, leurs domaines à des prix exorbitants. Mais le roi répartit l'essentiel des terres confisquées entre ses partisans. Andrew Harclay, principal artisan de la capture de Lancastre, fut élevé au rang de comte de Carlisle et obtint le domaine auquel était attachée cette dignité. Pembroke et Surrey, comtes de sang royal, récupérèrent des manoirs et des terres qui, soit leur avaient été enlevées par Lancastre en 1318-1319, soit furent prises sur le patrimoine de Lancastre. Le comte d'Arundel se vit attribuer des domaines enlevés à Roger Mortimer de Chirk, ainsi que son titre de Justicier du pays de Galles. Le demi-frère du roi, Edmond comte de Kent, reçut plusieurs châtellenies dans les Midlands et les Galles. Le château de Tutbury, ancienne propriété de Lancastre, attribué de Jean d'Eltham, le plus jeune fils d'Édouard qui, en août 1322, n'avait que six ans.

Les plus généreusement pourvus furent, naturellement, les Despenser. Le père, âgé de 61 ans, fut nommé comte de Winchester et, outre les terres que lui conférait ce titre, il bénéficia de cinq autres concessions, dont la précieuse seigneurie de Denbigh, en Galles du Nord, qui avait été soustraite à Lancastre. Hughes le Jeune reçut quant à lui pratiquement toutes les terres du comté de Gloucester (mais pas le titre). Toutes ses possessions galloises, saisies et pillées pendant la guerre civile – Glamorgan, Cantref Mawr et Gower – lui furent par ailleurs restituées. Au cours des deux années suivantes, le roi acheva de lui tailler un domaine d'un seul tenant en lui attribuant les seigneuries d'Usk, d'Is Cennen, de Brecon, de Chepstow et de Pembroke. Suzerain de fait des Galles du Sud, le jeune Despenser était immensément riche, jouissant d'un revenu annuel de quelque 5 000 livres, et était investi d'un pouvoir royal pratiquement illimité dans l'ouest du pays. En 1322, Édouard et les deux Despenser détenaient à eux seuls près des trois quarts du pays de Galles.

Si les Despenser prospéraient, le roi aussi. Les terres confisquées et les amendes infligées aux nobles tombés en disgrâce lui rapportèrent directement des dizaines de milliers de livres. Le parlement d'York lui accorda le droit de lever plus de 40 000 livres en impôts pour financer une nouvelle campagne contre l'Écosse, mais en août et septembre 1322, une malheureuse tentative d'invasion, au cours de laquelle la reine Isabelle faillit se faire enlever, tourna court et laissa place à une trêve de treize années. Plus de la moitié du budget amassé pour défendre la frontière septentrionale ne fut pas dépensée et l'argent fut envoyé dans de grands tonneaux à la Tour de Londres, où il dormirait sous bonne garde. Une taxe sur le clergé, également censée financer une guerre écossaise, vint accroître ce trésor. Le roi s'impliquait personnellement dans cette grande entreprise de thésaurisation et ses coffres se remplissaient inexorablement. Selon l'auteur du *Roman de Brut*, l'Angleterre n'avait pas connu roi plus fortuné depuis Guillaume le Conquérant.

Enhardi par tant d'opulence, Édouard devint un tyran. Ses sujets avaient le sentiment qu'il partageait le pouvoir avec les Despenser. Le chevalier Thomas de la More jugea d'ailleurs dans sa chronique royale que sous Édouard et les Despenser, l'Angleterre avait trois rois à la fois. Hugues le Jeune régnait en maître sur les plus hautes sphères de l'État ; il usait à son gré du sceau royal, s'investissait activement dans les affaires du royaume et plaça ses hommes liges et partisans aux postes clés de toutes les administrations locales.

Lorsque le roi et ses favoris n'avaient pas gain de cause, nul n'était à l'abri de leurs représailles. Ils gouvernaient par la terreur et la cruauté. Ils firent ainsi payer l'invasion avortée de l'Écosse à un homme qui, quelques mois plus tôt encore, jouissait de la faveur royale : Andrew Harclay, fraîchement anobli comte de Carlisle, avait engagé de sa propre initiative des négociations avec Robert Bruce au début 1323 dans l'intention de résoudre la crise écossaise, ce qui lui valut d'être pendu et écartelé pour haute trahison. Le héros de Boroughbridge n'avait pas survécu un mois à la gloire de son plus bel acte de loyauté.

Tous les ennemis du roi vivaient avec une épée de Damoclès au-dessus de la tête. Aymar de Valence, comte de Pembroke, qui avait multiplié les démonstrations de loyauté pour faire oublier le rôle trouble qu'il avait joué dans le meurtre de Gaveston et sa participation aux incursions de 1321 contre les Despenser, fut contraint de prêter au roi un serment d'allégeance garanti sur sa vie, ses terres et ses biens. Sa carrière politique était brisée et il finirait sa vie dans la misère en 1324 – en Picardie, au service d'Édouard II. La jeune veuve de Thomas de Lancastre, Alice de Lacy ne fut pas mieux traitée : après la mort de son époux, elle avait été assignée à résidence au château d'York avec sa mère. Les Despenser menaçaient les deux femmes du bûcher si elles ne renonçaient pas à leurs domaines en échange de titres purement honorifiques et d'une modeste pension en numéraire. Des centaines d'autres notables eurent à subir les mêmes brimades. Entre-temps,

Hugues le Jeune dilapidait des sommes fabuleuses pour faire restaurer son château de Caerphilly par les meilleurs maîtres-artisans, avec les matériaux les plus précieux. Il savourait sa position de premier conseiller du roi et de premier bénéficiaire des largesses royales. Il n'était pas un secteur du gouvernement qui échappât à son emprise.

De 1322 à 1326, sous l'influence des Despenser, et particulièrement du fils, l'Angleterre fut en proie à une barbarie grotesque.

> « *La brutalité du roi a désormais pris de telles proportions que personne, aussi grand ou aussi sage fût-il, n'ose s'opposer à son bon vouloir,* se désolait l'auteur de la Vita. *Les parlements, les consultations et les conseils ne décident rien. […] Car les nobles du royaume, terrifiés par les menaces et les peines infligées à d'autres, donnent blanc-seing au roi. Ainsi, aujourd'hui, la volonté triomphe de la raison. Ainsi, tous les caprices du roi, aussi insensés soient-ils, ont force de loi.* »

Édouard avait maté ses adversaires et enrichi la Couronne. Mais il n'avait rien fait pour consolider son pouvoir. De fait, en gouvernant dans le seul intérêt de ses favoris et le sien propre, il ne faisait que déprécier son autorité aux yeux de tous les grands, qui n'avaient plus accès à sa justice et n'étaient plus protégés contre ses lois. Bien qu'il se fît grande gloire de son triomphe, il compromettait irrémédiablement son propre règne.

Mortimer, Isabelle et le prince Édouard

Dans la nuit du 1er août 1323, la Tour de Londres s'anima silencieusement. Édouard y avait entassé ses prisonniers politiques. Les plus éminents étaient deux barons des Marches galloises : Roger Mortimer de Chirk, qui avait désormais 67 ans, et son neveu Roger Mortimer de Wigmore, âgé de 26 ans. Au temps de la guerre civile, tous deux avaient rejoint la faction des Contrariants avant de se rendre au roi. Condamnés à mort, ils avaient échappé à l'exécution de leur peine. Mais avec un roi imprévisible sous la coupe des deux Despenser qui vouaient une haine atavique à la famille Mortimer, ils savaient que leur vie ne tenait qu'à un fil.

De leur geôle de la Tour de Londres, ils avaient assisté impuissants au démembrement de leurs domaines au pays de Galles et dans les Marches. Toutes leurs terres avaient été distribuées à leurs ennemis. Ils n'avaient pas pour autant baissé les bras. Durant leur captivité, ils avaient préparé l'évasion de l'un d'entre eux. Ce 1er août, quand l'obscurité tomba, Gérard d'Alspaye, lieutenant de la Tour de Londres, versa un sédatif dans la boisson du connétable de la prison et des gardes de Mortimer. Puis, il se précipita vers la cellule de Roger Mortimer de Wigmore, ouvrit la porte et conduisit le chevalier par les cuisines jusqu'à la façade sud de la Tour.

De là, les deux hommes déroulèrent une échelle de corde. Elle glissa silencieusement sur la muraille de pierre jusqu'à la Tamise, où plusieurs complices les attendaient dans une barque. Mortimer et d'Alspaye sautèrent à bord, traversèrent le fleuve et s'enfuirent à cheval vers la côte sud de l'Angleterre. Échappant à ses poursuivants, Mortimer appareilla à Porchester. Quelques jours plus tard, il avait trouvé refuge en Picardie.

Cette brillante évasion raviva le climat de suspicion à la cour d'Édouard. Un irréductible opposant du roi s'était enfui de ce qui était censé être la plus grande forteresse de la capitale. L'entourage du roi eut vent de rumeurs selon lesquelles cette évasion s'inscrivait dans une vaste conspiration visant à s'emparer des châteaux royaux, voire à assassiner Édouard et les Despenser. À partir de l'automne 1323, des espions postés partout sur le continent informèrent la Couronne de complots et de tentatives d'invasion impliquant Mortimer. Un engrenage dévastateur se mettait en marche.

L'évasion de Mortimer fut le détonateur de la crise politique et diplomatique qui ne cessa d'enfler entre 1323 et 1326. Nourrie autant par des ambitions individuelles que par des enjeux géopolitiques, elle se déclara dans une région dont Édouard n'avait pratiquement pas eu à se préoccuper depuis son accession au pouvoir : la Gascogne.

Quand Mortimer débarqua en France, il fut accueilli par un nouveau roi. Charles IV le Bel avait succédé à son frère Philippe V en janvier 1322. Comme tous les rois de France en début de règne, il tenait à montrer au souverain anglais qu'il considérait ses prétentions sur le duché de Gascogne avec une défiance frisant l'hostilité. Il prit prétexte d'une violente querelle sur une bastide française construite en territoire anglais à Saint-Sardos, en Agenais, pour envahir la Gascogne. Les comtes de Kent et de Pembroke, envoyés en émissaires pour protester, furent congédiés avec dédain. Charles cherchait à déstabiliser les Anglais. En août 1324, il massa des milliers de soldats aux frontières du duché et entreprit le siège de plusieurs grandes villes. Soudain, l'Angleterre et la France étaient à nouveau en guerre.

Le déclenchement des hostilités fit comprendre à Édouard qu'à tant diviser pour mieux régner, il avait préparé sa ruine : il ne pouvait plus compter sur l'obéissance inconditionnelle de ses sujets car, mis à part une petite coterie de favoris très généreusement récompensés, il ne leur avait jamais donné la moindre raison de lui faire confiance. Il pouvait en revanche arrêter tous les Français résidant en Angleterre et saisir leurs terres. Et il ne s'en priva pas, allant jusqu'à déposséder la reine elle-même. Mais lorsqu'il s'apprêta à conduire en personne une armée en Gascogne, il se trouva face à un dilemme. S'il quittait son royaume pour aller guerroyer en France, il devrait emmener à sa suite la plupart des officiers et des barons qui lui étaient encore fidèles, et confier la régence à son fils de onze ans et successeur désigné, Édouard, comte de Chester. C'était laisser la porte ouverte à toutes sortes de conspirations, rébellions et invasions. S'il déléguait ses pouvoirs aux Despenser, il les exposerait aux cabales de l'opposition et prendrait le risque de les perdre de la même manière qu'il avait perdu Gaveston. D'un autre côté, si, comme l'affirmaient ses agents, Mortimer préparait un complot sur le continent, il craignait de tomber aux griffes de ses complices en France.

Il renonça donc à franchir la Manche, et envoya à nouveau des émissaires négocier la paix. Il dépêcha dans un premier temps une ambassade emmenée par les évêques de Winchester et de Norwich, le comte de Richmond et Henri de Beaumont. Puis, en mars 1325, il s'allia le concours d'une diplomate autrement prestigieuse : la reine Isabelle.

Les deux frères aînés d'Isabelle avaient occupé le trône de France. Charles IV, son cadet, leur avait succédé. Elle avait conservé des liens étroits avec sa famille, en dépit du rôle qu'elle avait joué en 1314 dans la déplorable affaire de la Tour de Nesle, dénonçant l'adultère de la femme de Charles, Blanche de Bourgogne, qui fut emprisonnée, et son amant battu et écorché vif en place publique. Si quelqu'un pouvait en appeler à Charles pour mettre un terme à son offensive, se disaient Édouard et les Despenser, c'était bien Isabelle.

Ce fut une tragique erreur de jugement. Isabelle était certes restée loyale à son mari pendant les turbulences de son règne, mais elle n'en avait guère été récompensée. Maltraitée par le roi et les Despenser, elle retrouvait ce goût amer de l'humiliation qu'elle avait essuyée quand Gaveston l'avait éclipsée à son propre couronnement. Dès le début de la guerre, ses terres avaient été séquestrées, ses domestiques exilés ou emprisonnés, et sa pension réduite à la portion congrue et détournée par Hughes le Jeune. Elle avait au demeurant écrit à son frère Charles pour se plaindre de tant de vexations, accusant son mari de la traiter comme une servante. Pour comble, elle apprit que l'épouse de Despenser fils, Éléonore de Clare, surveillait sa correspondance. La reine avait supporté tout cela avec dignité, mais intérieurement, elle bouillonnait de rage. À présent, le roi et son bras droit se rendaient compte que, par ses liens avec la Couronne de France, elle pouvait leur être utile pour sauver le dernier fief des Plantagenêts outre-Manche.

Isabelle ne se fit pas prier pour quitter le sol anglais. « La reine partit d'humeur fort joyeuse, lit-on dans la *Vita*. Elle était ravie de retourner dans son pays natal et de revoir sa famille, et bien aise de quitter la compagnie de certains personnages qu'elle n'aimait pas. » C'était un euphémisme. Isabelle voulait mettre au plus vite autant de distance que possible entre elle, les Despenser et son mari, si faible et odieux.

À la fin mars, la reine d'Angleterre fêta de joyeuses retrouvailles avec son frère, et fit son entrée dans Paris le 1er avril, arborant un costume de cavalière noir, des bottes noires à carreaux et une coiffe dorée. Ses talents de médiatrice ne furent en fin de compte pas plus efficaces que ceux de tout autre diplomate anglais, mais elle s'acquitta de son devoir et parvint à prolonger la trêve fragile qui tenait en Gascogne.

Sa mission accomplie, elle aurait dû rentrer en Angleterre, mais elle n'en avait aucune intention. Elle passa tout l'été 1325 en France, séjourna dans les différentes propriétés de son frère, et attendit que son époux vienne enfin renouveler son hommage au roi de France à Beauvais.

Mais Édouard ne bougea pas. Sur le front intérieur, rien n'avait changé. Il ne voulait et ne pouvait ni laisser son royaume ni s'éloigner des Despenser. Il n'avait au demeurant aucune envie de se prêter à une cérémonie dégradante en s'agenouillant devant un roi plus jeune que lui. Les deux parties trouvèrent donc un compromis : Édouard transmettrait officiellement à son fils aîné la suzeraineté sur le comté de Ponthieu et du duché d'Aquitaine, et le jeune prince irait en personne rendre hommage à son oncle le roi.

Cette solution satisfaisait pleinement Édouard II. Elle plaisait plus encore à Isabelle. Son fils, qui avait maintenant douze ans, arriva à la mi-septembre 1325 paré de son titre de duc d'Aquitaine et, dans une cérémonie organisée à Vincennes, prêta dûment serment pour son nouveau fief.

Le problème gascon avait enfin trouvé une issue honorable. Isabelle et son fils n'avaient plus aucune raison de s'attarder en France. Mais ils refusèrent catégoriquement de retourner dans un pays en proie aux troubles politiques. À la fin novembre, selon l'auteur de la Vie d'Édouard III, Isabelle expliqua dans une lettre virulente à son époux toute la haine et le mépris que lui inspiraient les Despenser, et annonça sans détour qu'elle refusait de rentrer.

> *« Il me semble que le mariage est l'union d'un homme et d'une femme se soutenant pour mener vie commune. Or, quelqu'un s'est interposé entre mon mari et moi et cherche à rompre ce lien. Sachez que je ne rentrerai pas tant que cet intrus n'aura pas été chassé et que, remisant ma robe de mariée, je revêtirai le deuil tant que je ne serai pas vengée de ce pharisien. »*

Elle tint parole. À la grande satisfaction de son frère, la reine resta donc en France, dénonçant haut et fort les brimades que lui avait fait subir le roi d'Angleterre et regroupant autour d'elle une coalition de nobles et de prélats anglais mécontents. Elle manifesta son éloignement pour le roi en portant des robes noires de deuil et un voile sur le visage. Cette tenue était à elle seule une puissante dénonciation des injustices qu'elle avait endurées et de l'état de corruption du pays dont elle avait choisi de s'exiler.

De l'autre côté de la Manche, Édouard fulminait. Il écrivit des lettres rageuses à sa femme et ordonna aux principaux évêques d'Angleterre d'en faire de même, rappelant à Isabelle que son absence éveillait des craintes d'une invasion française en Angleterre, et l'accusant de vouloir « détruire un peuple qui [lui était] si dévoué pour la haine d'un seul homme ». Isabelle fut inflexible. Elle tenait en son pouvoir l'héritier du royaume Plantagenêt et elle était protégée par son frère, le roi de France. Elle se savait en position de force et s'apprêtait à en user pour asséner le coup de grâce à son mari. Vers la fin de 1325, la reine commit ce qu'Édouard estimait être le sacrilège ultime. Réalisant les pires craintes du roi d'Angleterre, elle fit alliance avec le fugitif Roger Mortimer de Wigmore.

Fin de partie

La traversée entre les Pays-Bas et l'Angleterre fut agitée. Des vents puissants et une forte houle ballottèrent les quatre-vingt-quinze navires qui faisaient voile vers la côte de l'Essex. Deux jours de tempête les dispersèrent et les détournèrent quelque peu de leur route, mais le 24 septembre 1326, vers midi, la flotte arriva en vue de la terre. Elle jeta l'ancre à l'embouchure de l'Orwell, dans le comté du Suffolk. Chaque vaisseau déchargea en toute hâte ses passagers, chevaux et bagages, et repartit tout aussitôt vers le Continent.

L'armée qui aborda dans le petit port de Harwich n'était pas bien grosse : sept cents mercenaires brabançons et allemands, accompagnés d'un détachement hétéroclite d'exilés anglais – des nobles mis en déroute à la bataille de Boroughbridge, des réfugiés qui avaient fui les implacables représailles royales, et plusieurs grands barons chassés d'Angleterre par la tyrannie des Despenser. Dans cette dernière catégorie, se trouvaient Edmond de Woodstock, demi-frère d'Édouard et comte de Kent, et Jean de Bretagne, comte de Richmond – deux farouches loyalistes qui avaient fini par basculer dans l'opposition.

L'invasion était menée par la reine Isabelle, Roger Mortimer de Wigmore, et l'héritier du trône d'Angleterre, Édouard, comte de Chester et duc d'Aquitaine. Les fugitifs rentraient enfin au pays. Mais ils ne revenaient pas bourrelés de remords demander humblement pardon à leur souverain. Ils venaient délivrer leurs concitoyens de leur roi et de ses favoris.

Isabelle et Mortimer formaient un couple aussi improbable que scandaleux. Ils s'étaient rencontrés vers la Noël 1325. Quelques semaines plus tard, Isabelle avait pris le jeune homme pour amant. Peu après, ils vivaient ouvertement ensemble et, en mai 1326, le couple s'était affiché en public au couronnement de la troisième épouse de Charles IV, Jeanne d'Évreux, où Mortimer portait la traîne du prince Édouard. Le roi d'Angleterre n'avait appris la trahison de sa femme qu'en février 1326, et était entré dans une rage noire : « La reine se refuse à revenir auprès du roi et à laisser rentrer son fils, et le roi a été averti qu'elle écoute les conseils de Mortimer, rebelle et ennemi notoire du roi. » Édouard pressa le pape Jean XXII de réprimander le roi de France, coupable d'accueillir un couple adultère. Charles, menacé d'excommunication, jugea préférable d'éloigner Isabelle et Mortimer de son royaume. Depuis son arrivée sur le continent, Mortimer avait tissé un solide réseau de relations et le couple trouva un asile sûr dans le comté de Hollande et de Hainaut – où le comte avait été amadoué par les fiançailles de sa fille Philippa au jeune prince Édouard.

C'était grâce au soutien des Hainaut qu'Isabelle et Mortimer avaient pu lever leur armée d'invasion, et grâce à la paranoïa d'Édouard II et des Despenser qu'ils avaient réussi à accoster si facilement. Édouard avait mis les côtes d'Angleterre en état de défense, mais c'étaient les troupes de Charles IV qu'il attendait, et il était persuadé qu'elles arriveraient de Normandie et accosteraient sur le littoral sud. Il se trompait. Charles n'avait rien prévu de tel.

Édouard dînait à la Tour de Londres avec son mignon lorsque la nouvelle du débarquement d'Isabelle et Mortimer lui parvint. Elle le jeta dans le plus grand désarroi. Les forces, apprit-il, se résumaient à un petit contingent, de mille cinq cents hommes tout au plus, ce qui signifiait, en conclut fort justement le roi, que le gros de ses ennemis se trouvait déjà sur le sol anglais. « Hélas, hélas ! s'exclama-t-il. Nous sommes trahis et il est certain qu'elle n'aurait pu descendre avec une si petite force si les gens de ce pays n'y avaient consenti. » Aveuglé par sa paranoïa aiguë, Édouard, comme Jean sans Terre avant lui, avait créé les conditions d'une vraie trahison.

À mesure que la nouvelle de l'arrivée d'Isabelle se propageait en Angleterre, ses partisans affluèrent et se rallièrent à sa cause. L'*Anonimalle Chronicle* reproduit une lettre ouverte de la reine aux citoyens de Londres, dans laquelle, protestant « de [ses] bonnes intentions pour l'honneur et l'avantage de la Sainte Église et de notre très cher seigneur le roi », elle affirmait – en français – venir « sauver et délivrer tout le royaume ». Elle offrait une récompense à quiconque l'aiderait à « éliminer le sire Hugues Despenser qui, comme chacun le sait, est notre ennemi et celui du royaume dans son ensemble ». Des copies de cette proclamation furent placardées aux fenêtres et l'original, muni du sceau d'Isabelle, fixé à la croix d'Éléonore, au beau milieu de Cheapside, la plus grande artère de la capitale. La reine n'aurait pu choisir pour sa propagande emplacement plus symbolique : elle se réclamait explicitement d'Édouard Ier et de son épouse bien-aimée, et son appel à la sédition rencontra dans la population un écho favorable.

Le peuple de Londres se souleva le 15 octobre. La populace se déchaîna contre un marchand du nom de John Marshal, proche allié de Despenser le Jeune. Elle le traîna par les rues et le décapita sur Cheapside. Une foule en furie poursuivit Walter Stapledon, évêque d'Exeter et ancien trésorier du royaume, qui galopait en armure vers la cathédrale Saint-Paul, espérant se réfugier dans le sanctuaire. Il fut mis à bas de son cheval au moment où il approchait le portail nord, puis emmené sur Cheapside, où le corps mutilé et ensanglanté de Marshal gisait sur le pavé. On lui arracha sans ménagement son armure et on lui trancha le col avec un couteau à pain. Deux de ses écuyers périrent avec lui.

L'anarchie avait repris ses droits. Tous les partisans du roi – évêques, comtes, juges et jusqu'aux plus petits fonctionnaires –, craignant pour leur vie, jugèrent plus prudent de fuir la capitale. Les moines dominicains, protégés d'Édouard, se cachèrent. Les administrations qui avaient servi le régime des Despenser furent vandalisées, pillées et brûlées, et leurs employés massacrés. La plaque qu'avait fait poser Thomas de Lancastre dans la cathédrale Saint-Paul pour commémorer les Ordonnances de 1311, et qui avait été arrachée après l'exécution du comte, retrouva sa place.

Entre-temps, Isabelle poursuivait inexorablement sa progression vers l'ouest. Édouard et les Despenser avaient quitté la Tour de Londres dès qu'ils avaient appris son débarquement, et chevauchaient vers le pays de Galles, qui les avait si fidèlement soutenus durant la guerre civile de 1321-1322. Ils envoyèrent des éclaireurs à leurs vieux alliés Rhys ap Gruffydd et Gruffydd Llwyd, réclamant des troupes pour la cause loyaliste. Riche de quelque 30 000 livres, le roi avait largement les moyens de payer une armée pour le défendre.

À la fin octobre, Édouard et Hugues le Jeune étaient à Chepstow, porte d'entrée du sud du pays de Galles, cependant que le vieux Despenser se barricadait dans le château de Bristol. La reine et Mortimer, sur leurs talons, atteignirent Gloucester juste à temps pour recevoir la tête de l'évêque d'Exeter. À mesure qu'ils s'enfonçaient dans le pays, les barons se rangeaient sous leur bannière. L'autre demi-frère du roi, Thomas de Brotherton, comte de Norfolk, rejoignit leurs rangs, de même qu'Henri de Lancastre, comte de Leicester et frère cadet de feu le comte Thomas de Lancastre.

Le 18 octobre, les Lancastriens mirent le siège devant le château de Bristol. Dans un élan de désespoir, le comte de Winchester tenta de négocier une grâce, mais ni Mortimer ni Henri de Lancastre n'étaient d'humeur à épargner un Despenser. Au bout de huit jours, leur armée donna l'assaut et sortit le vieux comte de Winchester couvert de chaînes.

Au pays de Galles, Édouard et son favori voyant l'indifférence de leurs alliés d'antan pour leur détresse, s'embarquèrent pour l'Irlande où ils espéraient se mettre en sûreté. Escortés d'une petite troupe de gens d'armes, ils mirent à la voile à Chepstow. Mais, en dépit des ardentes prières d'un moine qui les accompagnait, les vents leur furent contraires. Après cinq jours de lutte contre une mer déchaînée, le roi et sa suite en furent quittes pour aborder à Cardiff. De là, ils gagnèrent le château de Caerphilly, forteresse réputée imprenable que Despenser avait fait restaurer à grands frais.

Isabelle et Mortimer se saisirent de ce prétexte pour lancer l'offensive sur le front diplomatique : ils firent circuler dans toute la ville de Bristol une proclamation déclarant que, puisque le roi avait déserté le royaume, son fils et héritier légitime, Édouard, prince de Galles et duc d'Aquitaine, reprenait en main l'administration du pays. Cette proclamation, conservée au registre des lettres closes, précisait que la décision était appuyée par les prélats et les barons, et notamment par l'archevêque de Dublin, les évêques de Winchester, d'Ely, de Lincoln, de Hereford et de Norwich, Henri de Lancastre « ainsi que d'autres barons et chevaliers alors réunis à Bristol ».

Le manifeste nommait le duc Édouard « gardien du royaume au nom et du droit de son père le roi [...] avec l'assentiment de toute la communauté du royaume ici présente ». Édouard II fut dépouillé de son pouvoir au profit d'un garçon de quatorze ans entièrement sous l'emprise de la reine et de son amant. L'adolescent prit ses fonctions le 26 octobre.

Le lendemain, Despenser l'Ancien comparut devant un tribunal présidé par Guillaume Trussel, délibérément calqué sur celui qui avait condamné Thomas de Lancastre. Accusé de vol, de trahison et de crimes contre l'Église, il entendit prononcer sa sentence sans pouvoir se défendre. Le cycle des violences extrajudiciaires se poursuivait : le vieux Despenser fut pendu, écartelé et décapité en place publique à Bristol. Sa tête, envoyée dans son fief de Winchester, fut plantée au bout d'un pique et exposée à la vindicte de la populace.

Tous les proches d'Édouard savaient leur fin proche. Les vassaux gallois de Despenser n'avaient aucune affection pour leur seigneur et ne firent rien pour le protéger. Le 31 octobre, les officiers de la Maison du roi abandonnèrent Édouard et son favori, ne leur laissant pour toute garde qu'une poignée d'hommes en armes.

Cédant à la panique et au désespoir, le roi enchaîna alors les décisions malheureuses. Il aurait pu rester indéfiniment au château de Caerphilly, qui était bien défendu et bien approvisionné. Il disposait par ailleurs de vastes réserves d'argent et de joyaux, et avait pris soin d'emporter le grand sceau du royaume, son sceau personnel ainsi que d'autres attributs du pouvoir. Pourtant, début novembre, entraînant son mignon à suite, il choisit d'aller se réfugier chez les cisterciens, à l'abbaye de Margam d'abord, puis au monastère de Neath. À Neath, il apprit qu'Henri de Lancastre et un groupe de barons désireux de venger les outrages qu'eux-mêmes ou leurs familles avaient eus à subir pendant ou depuis la guerre civile, avaient lancé une chasse à l'homme. Édouard, Despenser et le chancelier Robert Baldock prirent la fuite par un sentier escarpé de montagne, espérant rejoindre le château de Llantrisant, autre propriété de Despenser. Leurs poursuivants les découvrirent cachés dans un bois et capturèrent le roi et ses derniers partisans.

Abdication

Le 24 novembre, toute la population de la ville de Hereford se rassembla sur la place du marché. Devant eux, siégeait une forme de tribunal désormais familière, présidé par le procureur Guillaume Trussel qui, moins d'un mois plus tôt, avait envoyé Despenser père au gibet.

Ce jour-là, c'était le jeune Despenser qui comparaissait devant les juges. L'homme qui avait naguère régné sur l'Angleterre par l'entremise du roi n'était plus que l'ombre pitoyable de lui-même. Il avait fait son entrée dans la ville encadrée de ses geôliers le matin même, au son des tambours et trompettes. Une grande foule s'était massée pour voir arriver le favori déchu, hurlant et raillant le captif qui approchait à cheval, une couronne d'orties sur la tête pour symboliser son crime d'usurpateur du pouvoir royal, et le blason de sa tunique à l'envers pour proclamer sa trahison. Sur le devant de sa tunique était inscrit un verset en latin du Nouveau testament : « *Quid gloriaris in malicia qui potens est in inquitate ?* » (Pourquoi te glorifies-tu du mal, toi qui es puissant par ton iniquité ?) Pendant près d'une semaine avant son transfert à Hereford, le prisonnier avait tenté de se laisser mourir de faim. Mais il ne s'en tira pas à si bon compte. La foule le traîna dans les rues, le dépouilla de ses vêtements et lui griffonna des versets bibliques à même la peau. Après quoi, il fut emmené devant ses juges.

Une fois de plus, le tribunal observait les règles imprudentes qui avaient été édictées lorsque Gaveston et Lancaster avaient été mis à mort. Il était certain que l'accusé serait condamné à la peine capitale et passerait de vie à trépas sans avoir pu défendre sa cause.

Le comte d'Arundel avait été décapité à Hereford une semaine auparavant, et il ne faisait aucun doute que le jeune Despenser connaîtrait le même sort.

Le procureur donna lecture de l'interminable liste des chefs d'accusation retenus contre le mignon du roi : il lui fut reproché d'être rentré d'exil sans autorisation, d'avoir enfreint les clauses de la Grande Charte et des Ordonnances de 1311, assassiné, emprisonné et tyrannisé les grands du royaume, incité le roi à porter la guerre en Écosse au prix de milliers de vies, usurpé l'autorité royale et financé une tentative de renversement de la reine Isabelle et de son fils bien-aimé, le duc Édouard, lors de leur séjour en France. Au terme d'une parodie de procès, Despenser écopa du supplice le plus complet et le plus atroce qui fût, généralement réservé aux voleurs, traîtres et tyrans : il serait pendu, écartelé, éviscéré et enfin, décapité. « Hors d'ici, traître ! tonna Trussel. Va et reçois la récompense de tes forfaits ! »

Avec son allié Simon de Reading, jugé en même temps, Despenser fut attaché à quatre chevaux et traîné dans les rues de Hereford jusqu'aux murs du château. Là, on passa une corde au cou aux deux hommes et Despenser fut hissé sur une potence élevée à quinze mètres afin d'être visible de tous. Au pied de l'échafaud, brûlait un immense bûcher. Le bourreau monta à l'échelle et émascula le favori au couteau, puis jeta les chairs vives dans le brasier. Puis, il lui arracha le cœur et les entrailles, qui passèrent également par les flammes. Enfin, on descendit son corps pour le mettre en quartiers. La foule poussa de cris de joie quand la hache du bourreau s'abattit sur la nuque de Despenser. La tête fut envoyée à Londres, et ses restes taillés en pièces dispersés aux quatre coins du pays.

Tel fut le sort du traître le plus notoire d'Angleterre. Encore un baron massacré dans l'orgie de violence qui déferlait sur le royaume depuis l'accession au pouvoir d'Édouard II. Mais qu'était-il advenu du roi ?

Les insurgés ne savaient pas trop que faire de lui. Avec tout ce qui s'était passé, il avait irréparablement coupé les ponts avec Isabelle et son amant Mortimer. La reine ne put même pas lui rendre visite dans le donjon du château de Kenilworth où il était enfermé depuis Noël 1326. Adam Orleton, évêque de Hereford, rapporta que si Édouard voyait sa femme, il risquait de la tuer. Selon des propos attribués ultérieurement à Orleton (qui les désavoua), le roi « cachait un couteau dans ses hauts-de-chausse pour poignarder la reine Isabelle, et jura que s'il n'avait aucune autre arme, il l'écraserait entre ses dents ».

Vingt années désastreuses avaient démontré à tous que le roi était incapable de gouverner correctement. Pourtant, pendant près de cent soixante-quinze ans, le pouvoir des Plantagenêts avait été basé sur un partenariat en évolution constante avec la classe politique du royaume. Plusieurs rois avaient été menacés de destitution – Jean sans Terre, Henri III, et Édouard Ier étaient tous passés à deux doigts de perdre leur trône dans des temps particulièrement troublés – mais dans les faits, la réalité était tout autre. Le socle même du droit et du gouvernement anglais, qui, dans l'ensemble, veillaient à servir les meilleurs intérêts de la nation, reposait sur l'autorité première de la Couronne. Le roi écoutait les avis de ses conseillers et consultait les parlements pour tout ce qui avait trait aux impôts et à la guerre, mais c'était lui qui, en dernier ressort, détenait l'autorité publique ; lui qui, dans un royaume convenablement gouverné, incarnait l'ultime rempart contre l'anarchie. Qui aurait pu se dire en droit de le déposer et de proclamer l'avènement d'un autre roi ? Qui pouvait prétendre à parler au nom de cette autorité suprême ? Si le pays renversait unilatéralement le roi – ou pire, l'assassinait –, ne se tuait-il pas lui-même ? Quel espoir d'ordre pouvait-il y avoir dans un État où un roi qui mécontentait une faction de son royaume pouvait être sommairement révoqué ?

Autant de questions auxquelles personne n'avait réellement de réponse. Il était pourtant une réalité sur laquelle tout le monde s'accordait : Édouard devait être destitué. Isabelle et Mortimer mirent en branle leur machine de propagande pour faire valoir leurs arguments. Dans ses sermons, l'évêque Orleton ne manqua pas une occasion de souligner qu'Isabelle et son fils étaient rentrés en Angleterre parce que le roi et Despenser étaient des sodomites et des tyrans. À partir de là, les chroniqueurs contemporains ne se privèrent plus de présenter d'Édouard l'image d'un homosexuel dégénéré.

Dès la fin des fêtes de Noël, le parlement se réunit à Westminster pour décider du sort du roi. Édouard refusa catégoriquement de faire la route depuis Kenilworth pour participer aux débats. Il se disait sans doute qu'en son absence, le parlement n'aurait aucune légitimité. Il se trompait. Les délibérations se poursuivirent sans lui. Le 12 janvier, l'évêque de Hereford prit la parole devant l'assemblée pour poser clairement la question cruciale : Édouard II devrait-il rester sur le trône ou être remplacé par son fils ? Le verdict tomba avant le soir : le roi devait céder sa place. L'assemblée justifia sa décision en dressant contre lui toute une liste de chefs d'accusation.

Le lendemain, Roger Mortimer annonça aux nobles et prélats assemblés à Westminster que l'ensemble des grands du royaume souhaitait que le roi inepte soit dépossédé du pouvoir. Le parlement entendit ensuite les sermons des principaux évêques d'Angleterre, qui apportèrent la caution de l'Église à cette décision. L'évêque de Hereford fonda son prêche sur le thème : « Un peuple mal gouverné va à sa perte » (Proverbes 11 :14). Celui de Winchester reprit le verset *Caput meum doleo* (« Ma tête me fait mal », Deuxième Livre des Rois, 4 :19) pour souligner qu'un esprit malin avait propagé le mal dans le corps du royaume. Enfin, l'archevêque de Canterbury prononça son homélie en français sur le thème « La voix du peuple est la voix de Dieu ». Lorsqu'il eut assuré l'assemblée que le Seigneur avait entendu ses prières l'implorant d'apporter remède aux ravages du règne d'Édouard, il fit entrer le jeune duc d'Aquitaine, qui serait le nouveau roi. Alors, l'assistance entonna le cantique *Honneur, gloire et louange au roi, au Rédempteur.* L'après-midi même, on alla prêter serment au Guildhall, jurant de protéger et de respecter l'honneur de la reine Isabelle et de son fils, roi présomptif d'Angleterre.

Il ne restait plus à présent qu'à convaincre Édouard lui-même de se rendre à la volonté de l'ensemble de son peuple et de renoncer volontairement à sa couronne. À cette fin, on dépêcha à Kenilworth une délégation de vingt-quatre sages.

Envoyés en éclaireurs, Henri de Lancastre et les évêques de Winchester et de Lincoln rencontrèrent le roi le 20 janvier et lui annoncèrent qu'il avait fait son temps. Édouard résista. Selon le chroniqueur Geoffroy le Baker, on lui expliqua que s'il n'abdiquait pas en faveur de son fils, il serait déposé. Auquel cas, un nouveau roi étranger à la dynastie plantagenêt serait élu et, outre sa propre personne, ce serait toute sa lignée qui se verrait alors écartée du trône. Édouard protesta, argumenta, pleura et, lorsque les vingt et un autres représentants du royaume arrivèrent, il était dans un tel état d'accablement que Lancastre et l'évêque de Winchester durent s'y mettre à deux pour l'aider à se tenir debout.

Le 24 janvier 1327, le bon peuple de Londres fut réveillé par les crieurs publics annonçant que le roi Édouard avait « de son plein gré et avec l'assentiment unanime des prélats, comtes, barons et autres nobles et tout le peuple du royaume, renoncé à gouverner le royaume ». Un nouveau souverain avait été désigné. Dans la nuit, Édouard, duc d'Aquitaine, était devenu Édouard III, tandis que son père retrouvait le simple titre d'Édouard de Caernarvon. Guillaume Trussel, le juge d'exécution choisi par les forces d'invasion d'Isabelle, avait officiellement révoqué l'hommage au souverain, au nom de toute la nation. Le nouveau roi reçut les serments d'allégeance des grands. Et, pour un temps au moins, la clameur des révolutionnaires étouffa les voix dissidentes.

Espoirs déçus

Le jeune Édouard III reçut l'onction à Westminster le 1er février 1327. Jamais couronnement n'avait été préparé avec autant de hâte. La grande priorité du nouveau souverain, chaperonné par ses régents, était de rétablir l'autorité royale, qui s'était tant délitée sous le règne de son père. Par chance, l'essentiel de la classe politique d'Angleterre se trouvait à Londres à la fin janvier. Il fut donc relativement aisé de la convoquer au pied levé à Westminster pour une première cérémonie, au cours de laquelle Henri de Lancastre arma chevaliers Édouard et trois des fils de Mortimer. Puis, au jour du sacre proprement dit, l'abbaye de Westminster s'emplit de tout ce que le royaume comptait de haute noblesse et grands prélats, venus voir l'archevêque Reynolds de Canterbury déposer sur la frêle tête du garçon de quatorze ans la lourde et large couronne d'Édouard le Confesseur – que l'on avait pris soin de rembourrer, de crainte qu'elle ne glissât au moment critique, ce qui eût été de fort mauvais augure.

Édouard prêta le même serment que celui qu'avait prononcé son père en 1307, et articula d'une voix claire le quatrième vœu qu'Édouard II avait si ostensiblement foulé aux pieds : il s'engageait à « garder et confirmer les lois et justes statuts que son royaume jugera à propos d'établir ». L'aube de ce nouveau règne fut saluée par une fête d'un luxe et d'une pompe tels qu'il ne s'en reverrait plus à Westminster Hall avant un demi-siècle. La vaste salle, drapée d'inestimables étoffes et scintillante de précieuse vaisselle, se métamorphosa en un somptueux paradis de la monarchie. Un dais de brocart fut tendu sur le trône royal. Cette atmosphère festive venait à point nommé pour faire un peu oublier les événements sanglants qui avaient émaillé l'année écoulée, et son message politique n'aurait pu être plus clair : le vieux roi était peut-être tombé en disgrâce, mais la Couronne elle-même n'avait rien perdu de son lustre et de sa suprématie.

La royauté eut pourtant bien du mal à se relever. À quatorze ans, le jeune Édouard avait certes atteint l'âge de raison, mais il n'était absolument pas prêt à régner seul sur le pays. L'Angleterre se retrouvait ainsi avec un roi trop âgé pour n'être qu'un fantoche, mais pas assez mûr pour prendre en main les destinées du royaume. Bien que le garçon eût constitué sa propre maisonnée dès le mois de mars 1327, l'exercice réel du pouvoir échut très rapidement à la reine Isabelle, qui surveillait étroitement les influences et les relations de son fils, ainsi qu'à Roger Mortimer, qui jouait le même rôle auprès de la reine. Il ne fallut guère longtemps pour qu'à leur tour, ces derniers corrompent les principes de la monarchie qu'ils étaient censés protéger.

La première initiative du nouveau régime fut de réhabiliter les personnalités bannies sous le régime précédent. Dès le lendemain du couronnement, le parlement annula la condamnation pour trahison infligée en 1322 à Thomas de Lancastre et à ses alliés, et autorisa la transmission dans les règles des domaines et titres de la famille, qui revinrent en grande partie à Henri de Lancastre. Mortimer fut également rétabli dans ses terres et ses titres, et lança une vigoureuse offensive pour récupérer d'autres territoires des Marches galloises, à commencer par ceux qui avaient appartenu à son oncle Roger Mortimer de Chirk, récemment décédé. En soi, ces démarches n'avaient rien de scandaleux car, comme Henri de Lancastre, Mortimer était bel et bien en droit de réclamer ce qui lui avait été injustement confisqué par Édouard II et les Despenser ; mais elles montraient clairement qu'Isabelle et Mortimer étaient tout aussi cupides que les partisans et favoris de leur prédécesseur.

Durant le bain de sang qui avait précédé l'abdication de son mari et le sacre de son fils, Isabelle avait repris possession de tous les domaines reçus en dot, qui lui rapportaient quelque 4 500 livres annuelles. Son statut de reine-mère lui valut de nouveaux États qui portèrent ses revenus à 20 000 marcs, et faisaient d'elle la propriétaire foncière la plus fortunée du royaume. Cet immense patrimoine, ainsi que son accès illimité aux insondables réserves du Trésor amassées par son mari et les Despenser, ne laissait pas de troubler les observateurs.

Mais dans l'immédiat, c'était surtout le rôle qu'elle tenait dans la politique extérieure du royaume qui suscitait le plus d'inquiétudes. Le nouveau gouvernement avait trois dossiers urgents à régler : sur le front aquitain, il fallait sceller au plus vite une paix avec Charles IV afin de protéger les frontières contestées des territoires gascons ; l'Écosse avait besoin d'une bonne démonstration de force, histoire de soumettre ses citoyens, dont certains avaient eu le front de prendre d'assaut le château anglais de Norham, le 1er février – jour du couronnement ! Et enfin, il devenait pressant de trouver une épouse à Édouard III pour perpétuer la lignée des Plantagenêts.

Chacune de ces entreprises ou presque se solda par un échec. Les clauses du traité de Paris, signé précipitamment avec la Couronne de France, parvinrent au roi à la mi-avril, alors que celui-ci se trouvait dans le Lincolnshire. Il était manifeste qu'elles visaient non seulement à l'humilier, mais aussi à saigner à blanc son royaume : elles réduisaient les possessions anglaises du Sud-Ouest à une misérable langue de terre sur la côte de Gascogne, entre Bordeaux et Bayonne ; tout le reste serait placé sous l'autorité directe du roi de France. Et encore, pour conserver ce lambeau de l'ancien empire Plantagenêt, Édouard devait-il débourser en dommages la somme exorbitante de 50 000 livres. Isabelle et Mortimer comprirent si bien qu'ils payaient la paix au prix fort, qu'ils firent supprimer le détail des clauses dans la version anglaise du traité. C'était là un aveu d'impuissance – une façon implicite de reconnaître que l'Angleterre déchirée par ses querelles intestines était incapable d'envisager la moindre reconquête en France.

En 1328, Londres ne sut pas même profiter de la mort de Charles, qui ne laissait derrière lui aucun héritier capétien, pour tirer parti de la situation. Édouard étant l'un des trois petits-fils survivants de Philippe IV, il aurait pu prétendre à la Couronne de France, mais ce fut à peine si ses régents bronchèrent lorsque Philippe de Valois, cousin de feu le roi, monta sur le trône sous le nom de Philippe VI. L'année suivante, Édouard se rendit à Amiens pour faire hommage à son nouveau suzerain pour son maigre duché de Guyenne et son comté de Ponthieu. Visiblement, les Anglais n'avaient aucune intention d'exploiter les droits dynastiques de leur roi comme levier pour négocier davantage de sécurité dans ce qui restait des possessions continentales des Plantagenêts.

En Écosse, la situation était bien plus grave. De février jusqu'en été, des bandes d'Écossais poursuivirent leurs incursions frontalières, pillant et brûlant impunément des terres dans le nord de l'Angleterre. Au moment où un Édouard III dépité prenait connaissance des clauses du traité de Paris dans le Lincolnshire, ses régents, fidèles aux bonnes vieilles méthodes féodales, ordonnaient à leurs tenanciers militaires de masser des troupes à Newcastle-upon-Tyne et à York.

À la fin de mai, Édouard et sa mère partirent pour York, où les attendait un contingent de 500 chevaliers flamands sous la bannière de Jean de Hainaut, proche allié d'Isabelle. Cette unité de soldats d'élite eut tôt fait de s'attirer les foudres de la population de la deuxième ville du royaume pour s'être battue avec les troupes anglaises et avoir semé désordres et violences dans les rues d'York. L'affaire s'annonçait mal. Un mois plus tard, Édouard laissait pourtant sa mère à York et partit pour la frontière écossaise où il espérait rencontrer l'ennemi, regroupé sous le commandement du chevronné James Douglas, et le pousser à l'affrontement. Il en fut pour ses frais : Douglas se déroba pendant plusieurs semaines, puis, dans les derniers jours de juillet, changea brusquement de tactique : il fondit sur le cantonnement ennemi établi à Stanhope Park, près de Durham, le dévasta, culbuta les écuyers du roi et, selon un chroniqueur, déboula au grand galop au beau milieu du campement du roi « aux cris de "Douglas !", et trancha de quelques coups d'épée deux ou trois cordes de la tente royale ». Quelques jours plus tard, il regroupa ses soldats et finit par se replier en Écosse.

À en croire plusieurs commentateurs, Édouard fut si vivement contrarié par sa propre impéritie qu'il en pleura de rage. Il y avait effectivement de quoi : sa campagne avait coûté si cher qu'il en fut réduit à gager les joyaux de la Couronne pour éviter à l'Angleterre de sombrer dans le rouge. En signant le traité d'Édimbourg-Northampton (ainsi nommé parce qu'il avait reçu le sceau de Robert Bruce à Édimbourg début 1328, puis été ratifié à Northampton au mois de mai par le parlement anglais), Isabelle et Mortimer admettaient qu'ils n'avaient plus les moyens de lancer une offensive militaire dans le nord. Ils firent la paix avec les Écossais, renonçant piteusement à la suzeraineté de l'Angleterre sur l'Écosse en échange de 20 000 misérables livres. L'Écosse fut ainsi reconnue comme un royaume indépendant, gouverné par Robert Bruce et ses héritiers, et retrouva ses anciennes frontières, fixées sous le règne d'Alexandre III. Il fut enfin convenu que Jeanne, la sœur cadette d'Édouard, âgée de six ans, épouserait le fils et héritier de Robert Bruce, David, un bambin de quatre ans. L'encre du traité n'était pas sèche que les épousailles furent célébrées. Cette alliance dynastique ne parvint pas à faire oublier qu'Isabelle et Mortimer hypothéquaient d'un trait de plume tout ce pour quoi les Anglais se battaient depuis qu'Édouard Ier avait engagé sa guerre victorieuse en 1295.

De tous les grands projets de ce début de règne, seul le mariage d'Édouard aboutit. L'arrangement conclu avec le comte de Hainaut à la veille de l'invasion d'Isabelle et de Mortimer fut honoré, et l'on fit venir à Londres la jeune Philippa de Hainaut, qui avait à peu près le même âge qu'Édouard. Le couple fut uni dans l'église abbatiale d'York le 26 janvier 1328 par une cérémonie clinquante et opulente censée démontrer aussi sûrement aux sujets du nord du royaume que celle du couronnement l'avait montré à ceux du sud, que le pouvoir royal n'avait en rien faibli. (Seule la générosité de la famille Bardi, les banquiers florentins des Plantagenêts, avait permis pareille munificence en ces temps où la guerre avait vidé les coffres du royaume. Les Bardi s'en mordraient au demeurant les doigts quelques années plus tard, quand les défauts de paiement successifs d'Édouard les auraient menés à la banqueroute – banqueroute qui ouvrit la voie à l'ascension de la famille Médicis en Italie.) En matière de diplomatie, c'étaient encore les affaires matrimoniales qui réussissaient le mieux aux régents, mais Isabelle, jalouse de ses prérogatives de reine consort, attendrait près de deux ans avant de consentir au couronnement de la jeune fille. Or, en toile de fond du mariage d'Édouard, il se passait de bien étranges choses dans les hautes sphères du pouvoir.

Dans la nuit du 23 septembre 1327, on vint réveiller le jeune roi dans sa chambre de Lincoln pour lui annoncer que son père avait été rappelé à Dieu. Depuis avril, Édouard de Caernarvon était reclus dans une tour du château de Berkeley et c'était là qu'il était mort – de mort naturelle, selon les messagers. Le souverain se trouvant alors pris par une session parlementaire de prime importance sur la question de l'Écosse, il fut convenu que les funérailles du vieux roi attendraient décembre.

À l'annonce du décès, personne ou presque ne s'interrogea sur la cause du trépas du vieux roi. Il semble qu'Édouard III ait admis que son père était décédé dans des circonstances banales et, en bon fils, il organisa ses obsèques. Au fil des ans, plusieurs descriptions des dernières heures d'Édouard de Caernarvon resurgirent, qui laissaient entendre qu'il y avait anguille sous roche. On prétendit d'abord qu'il était mort de chagrin ou de maladie, ou encore de quelque douleur. Mais bientôt, des voix s'élevèrent pour dénoncer un assassinat.

Durant la captivité d'Édouard de Caernarvon, les autorités avaient déjoué trois complots visant à le libérer : une première fois en avril, alors qu'il était emprisonné à Kenilworth, puis en juillet et encore en septembre, pendant sa détention à Berkeley. Les deux premières tentatives étaient le fait des moines dominicains, mais la troisième impliquait des personnalités galloises, la plus en vue n'étant autre que Rhys ap Gruffydd, le vieil allié d'Édouard II, qui avait volé à sa rescousse en 1321-1322 et l'avait accompagné dans son ultime fuite, en 1326. Dans certains cercles, il commençait à se dire que ces tentatives d'évasion répétées avaient épuisé la patience des régents, et que pour en finir une bonne fois pour toutes, Mortimer avait donné ordre d'exécuter le monarque déchu dans sa cellule. En octobre 1330, le parlement s'entendit déclarer qu'Édouard avait été assassiné. Vingt ans après les événements, Adam de Murimuth, chroniqueur bien informé, assura que le roi avait été tué « d'ingénieuse manière », et que Roger Mortimer l'avait fait asphyxier.

Tandis que la nouvelle de la mort d'Édouard II se propageait et que les soupçons de meurtre gagnaient du terrain, des esprits inventifs glosèrent et supputèrent si bien sur l'atrocité supposée de son supplice, qu'une légende finit par s'enraciner durablement : le malheureux, disait-on, avait été étranglé avant d'être brûlé de l'intérieur par un fer rouge introduit dans le rectum à l'aide d'un mystérieux dispositif en entonnoir. Cette version extrême – et très certainement fausse – est depuis lors restée dans les annales populaires car – comme le savaient probablement ses auteurs –, il y a quelque chose d'irrésistible dans l'épouvantable symbolisme poétique de cette image d'un roi émasculé, décadent et probablement homosexuel subissant les derniers outrages jusque dans la mort.

Il semble en tout état de cause qu'Édouard ait bel et bien été assassiné et ce, sur ordre de Roger Mortimer. Les régicides furent sans doute les alliés de Mortimer, William Ockley et Thomas Gurney, avec la complicité de l'intendant de la Maison du roi, Sir John Maltravers, qui était personnellement chargé de surveiller le royal prisonnier.

Édouard de Caernarvon fut donc enterré le 20 décembre 1327. Il ne fut pas inhumé aux côtés de son père et de son grand-père, près de la tombe du Confesseur dans le mausolée des Plantagenêts à l'abbaye de Westminster. Il rejoignit sa dernière demeure à l'abbaye Saint-Pierre de Gloucester, où Henri III avait été couronné à neuf ans, durant la guerre civile de 1217. Comme par un fait exprès, l'unique autre prince de sang enterré là était Robert Courteheuse, fils de Guillaume le Conquérant : un homme qui aurait pu être roi d'Angleterre mais qui avait été emprisonné pendant près de trente ans à Devizes et Cardiff par son propre frère, Henri Ier. Édouard fut enseveli dans les sous-vêtements qu'il avait portés pour son couronnement en 1308 et eut le privilège de reposer dans une tombe ornée de la toute première effigie royale jamais gravée sur une stèle funéraire en Angleterre – tradition qui se poursuivit après lui. Les obsèques n'eurent rien de fastueux, mais du moins offrirent-elles une sortie étonnamment digne à ce roi qui avait terni la dynastie régnante d'Angleterre et affronté le verdict le plus infamant qui se pût imaginer sur les chefs d'accusation délivrés par ses ennemis en janvier 1327. Ceux-ci avaient jugé le roi « incompétent pour gouverner en personne [...], soumis au contrôle et à l'emprise d'individus qui lui ont donné des conseils spécieux », et peu enclin « à écouter les bons conseils, à les adopter et moins encore à se rendre aux principes de bon gouvernement de son royaume ». Onze mois après sa destitution, alors même que la vie avait quitté son corps, nul n'avait oublié qu'Édouard II avait « dépouillé son pays et fait tout ce qu'il pouvait pour mener à la ruine son royaume et son peuple et, circonstance aggravante, par sa cruauté et sa faiblesse de caractère, il s'était montré irrémédiablement incorrigible, faits si notoires qu'ils en sont indéniables ».

Le régime qui lui succédait était-il beaucoup plus recommandable ? Manifestement, non. De fait, l'ascendant qu'exerçaient Isabelle et Mortimer sur le roi inquiétait d'autant plus qu'il ne se limitait pas à la politique étrangère. Sur le front intérieur, le comportement des régents rappelait étrangement l'extrême cupidité qui avait gangrené le règne précédent. En 1330, ils avaient poussé encore plus loin leurs ambitions, et l'Angleterre retomba dans les affres de l'abjection meurtrière.

Assuré du soutien de la reine, Mortimer se rendit compte que, comme Gaveston ou Despenser avant lui, il était incapable de résister aux privilèges que lui apportaient ses prérogatives royales pour s'enrichir. Il accumula peu à peu des territoires au pays de Galles et dans les Marches, dont beaucoup avaient été confisqués aux traîtres de 1326. Lors d'une série de tournois donnés dans diverses régions anglaises, il vola la préséance à Édouard III et présida aux festivités en véritable monarque, conviant les chevaliers à des tables rondes et paradant déguisé en roi Arthur – clin d'œil à ses ascendances galloises. Il se délectait de ce rôle de prince consort et, en 1328, au parlement de Salisbury, il se hissa aux plus hauts échelons de la noblesse en faisant créer pour lui le titre improbable de comte des Marches.

Cette attitude était d'autant plus malvenue que l'affaire Despenser était encore très fraîche dans les esprits. Sous la férule de Mortimer, l'Angleterre avait été humiliée sur les deux fronts de la guerre et de la diplomatie. La jeune épouse du roi n'avait toujours pas coiffé la couronne. Les « commissions de trailbaston » – tribunaux itinérants qui parcouraient les comtés pour punir les délinquants et criminels afin de mettre un terme à la violence et aux désordres endémiques – s'étaient effondrées. Et, en dépit du trésor hérité du vieux roi et des emprunts somptuaires consentis par la banque Bardi, la Couronne frisait dangereusement la faillite. Ce qui n'empêchait nullement le nouveau comte des Marches de continuer à s'enrichir, au point qu'il faisait figure de deuxième roi. Le nouveau régime décevait et des factions adverses scindèrent à nouveau le pays. Henri de Lancastre menait l'opposition qui, en janvier 1329, menaçait de prendre les armes contre le pouvoir. Partout, le mécontentement grondait : le roi, incapable de s'entourer de bons conseillers et de gouverner avec raison, disait-on, violait à la fois la Grande Charte et son serment de couronnement.

La guerre paraissait si probable que l'on fit confectionner pour Édouard une nouvelle armure. Pendant presque toute l'année 1329, le roi de dix-sept ans fut tenu à l'écart de Westminster et de Londres, empêché de diriger en personne le gouvernement, et dorloté comme un enfant par une mère rapace et son amant tout aussi convoiteux.

Le pays échappa fort heureusement à la guerre civile, mais au printemps 1330, Édouard ne supportait plus de se faire materner. Philippa de Hainaut était enceinte – événement qui obligea à la couronner à Westminster en février. Dans le même temps, d'alarmantes rumeurs parvinrent à la cour : il commençait à se dire dans certains cercles qu'Édouard de Caernarvon, que l'on croyait mort et enterré depuis deux ans à Gloucester, était bien vivant et libre de ses mouvements.

L'hypothèse de la survie d'Édouard II continue à ce jour de faire des émules, persuadés que le roi déchu se serait échappé de sa prison pour aller vivre en ermite en Italie. Nous ne reviendrons pas ici sur son invraisemblance, mais en 1330, l'idée même que l'ancien souverain pût revenir était une perspective effrayante qui hantait tous ceux qui s'étaient rendus complices de son abdication et de son enterrement et avaient contribué à faire monter Édouard III sur le trône.

Il est tout à fait possible qu'une source des rumeurs ne fût autre que l'homme qui avait fait assassiner le roi. En 1330, la cote de popularité du comte des Marches était au plus bas. Les Français semblaient sur le point d'annexer le peu qu'il restait de l'Aquitaine, et Mortimer s'était sérieusement discrédité en essayant de collecter arbitrairement auprès de plusieurs communes et seigneurs des fonds au nom de la défense de la Gascogne. Cette initiative lui avait valu quelques farouches ennemis, et non des moindres, tels Henri de Lancastre et les oncles du roi, Thomas de Brotherton et Edmond de Woodstock. Ces derniers proclamaient haut et fort leur loyauté à la Couronne, mais Mortimer craignait qu'ils ne mettent en péril sa position de protecteur et tuteur du jeune roi.

À la fin du parlement de Winchester réuni en mars 1330 pour débattre du financement de la défense de la Gascogne, Mortimer s'en prit vivement au comte de Kent. La séance n'était pas encore levée que ce dernier fut soudain arrêté pour trahison et accusé de conspiration : on lui reprochait d'avoir tenté de faire évader son demi-frère Édouard II (que l'on supposait donc vivant) du château de Corfe, dans le Dorset. Le comte fut déféré devant un tribunal improvisé présidé par nul autre que Mortimer. Celui-ci sortit de sa manche des lettres compromettantes, en donna lecture à l'assemblée et, sans surprise, le prévenu fut déclaré coupable. Il fut déshérité sur-le-champ, sa femme et ses enfants furent emprisonnés au château de Salisbury, et lui-même fut condamné à être décapité sans délai sous les murs du château de Winchester. La décision de Mortimer était si terrifiante et féroce que, pendant un temps, il ne se trouva pas un bourreau disposé à exécuter la sentence. Ce fut en fin de compte un prisonnier chargé de nettoyer les latrines à la prison de Winchester qui accepta la basse besogne contre une promesse de libération. Un autre grand du royaume venait de tomber – et pas des moindres : après Thomas de Lancastre, l'épuration sanglante de ce début de XIVe siècle s'abattait sur un prince de sang, fils d'Édouard Ier.

Quand le parlement se sépara et qu'Édouard III partit pour Woodstock rejoindre sa femme qui allait bientôt mettre au monde leur premier enfant – un garçon, prénommé Édouard, né le 15 juin –, le jeune roi était au désespoir. Il avait insisté pour gracier le comte de Kent, mais une fois de plus, Mortimer avait eu le dernier mot. Édouard III était époux, père et roi. Pourtant, un autre homme régnait sur son royaume, couchait avec sa mère et usait de son bon vouloir pour assassiner ses plus proches parents. L'Angleterre, déjà ruinée par son père, était poussée au bord de l'anéantissement par la tyrannie du cruel et cupide Mortimer. Trois années de gestion désastreuse avaient affligé le pays d'autant de calamités que sous le règne du vieux roi, et elles s'achevaient sur un meurtre judiciaire exécuté sur le caprice d'un despote sanguinaire qui commandait aux destinées de l'Angleterre comme s'il était lui-même roi. Il était temps de réagir. Puisant son audace et son courage dans l'énergie du désespoir, Édouard III résolut de reconquérir sa Couronne. Un nouvel âge d'or de la monarchie allait bientôt se lever.

VI

Le temps de la Gloire (1330-1360)

Longue vie, donc, au jeune Édouard,
et qu'il incarne à son tour les vertus qui ont fait
la grandeur de chacun de ses ancêtres.
Qu'il imite la diligence du roi Henri II,
l'insigne valeur du roi Richard,
qu'il atteigne l'âge vénérable du roi Henri III,
qu'il ressuscite la sagesse du roi Édouard Ier,
et qu'il nous rappelle la force physique
et l'amabilité de son père.

Vita Edwardi Secundi (Vie d'Édouard II)
à propos de la naissance d'Édouard III

Coup d'État royal

Les conjurés avançaient à pas de loup dans un passage souterrain, au plus profond des entrailles du château de Nottingham. Ils étaient au moins seize, sinon une vingtaine : des gens, jeunes pour la plupart, armés jusqu'aux dents, fidèles à leur roi, et craignant pour leur propre vie. Au-dessus de leurs têtes, la nuit reprenait ses droits sur le château, vidé des visiteurs du jour qui étaient rentrés dans leurs foyers. Seuls le cliquetis sourd des armures, les respirations étouffées et le crépitement des torches brisaient le silence de la galerie.

Ils agissaient sur ordre impérieux du roi. Ce jour-là, cinq des conspirateurs et le jeune souverain lui-même avaient été convoqués devant un conseil soupçonneux dirigé par Roger Mortimer, l'amant de la reine qui, depuis trois ans, gouvernait le royaume d'Angleterre en s'arrogeant toutes les prérogatives royales et étendait ses tentacules dans chacune des sphères du pouvoir de la nation. Des espions l'avaient averti qu'un cercle de proches du jeune roi en voulait à sa vie. Lors de leur interrogatoire, ces derniers avaient vigoureusement réfuté cette accusation. Mais en quittant la pièce, tous savaient qu'ils devaient passer à l'acte au plus vite.

La petite coterie était dirigée par Guillaume de Montaigu, un banneret de vingt-neuf ans, ami du roi et membre de sa maisonnée. Il avait récemment accompagné Édouard III en France et rentrait tout juste de la curie pontificale d'Avignon, où il avait été envoyé pour transmettre des messages confidentiels au pape Jean XXII. Montaigu était un soldat, un loyaliste, et un sujet dévoué – tout comme son père avait toujours été fidèle à

Édouard II. Il redoutait plus que tout autre que Mortimer n'attentât aux jours du roi. C'était lui qui, l'après-midi même, avait insisté pour agir sans délai. « Il vaut mieux manger le chien qu'être mangé par le chien », avait-il décrété. Édouard avait suivi son avis et consenti à un projet qui serait soit une mission suicidaire, soit le moment décisif qui sauverait la Couronne.

Quatre autres compagnons d'Édouard se faufilaient dans l'obscurité derrière Montaigu : les bannerets Édouard de Bohun, Robert Ufford et William Clinton ; et John Neville de Hornby, chevalier de la maison du roi. C'étaient là des hommes courageux, prêts à risquer leur peau pour leur seigneur en s'engageant dans une mission aussi périlleuse que violente. La clé de voûte de ce dispositif était un certain William Elland, gouverneur du château de Nottingham. De par ses fonctions, qui s'apparentaient à celles de gardien, il connaissait mieux que quiconque tous les couloirs, passages et recoins de la forteresse.

Le souterrain dans lequel se glissaient Montaigu et ses complices était l'unique voie d'accès au château dont Mortimer détenait les clés – qu'il cachait la nuit sous l'oreiller de la reine. Il reliait les berges de la Trent à la chambre d'Isabelle, au cœur de la bâtisse. Ce 19 octobre 1330, Eland avait dérogé à ses devoirs et laissé ouverte la poterne du tunnel qui menait à la tour principale de la forteresse. Il mettait à présent sa parfaite connaissance des lieux au service des conspirateurs pour les guider dans la pénombre.

En dépit de son naturel méfiant, Mortimer ignorait que son château de Nottingham était infesté de traîtres. Plusieurs de ses serviteurs, dont le médecin personnel d'Édouard, Pancio da Controne, fournirent des alibis au roi pour l'éloigner de sa mère et de Mortimer dans la soirée, et peut-être même aidèrent-ils à déverrouiller la porte qui reliait le passage secret au donjon du château. En conduisant leurs hommes par l'escalier à vis menant aux appartements royaux, Eland et Montaigu durent prier pour que leur complot ne soit pas déjoué avant qu'ils n'atteignent la dernière porte. Si Mortimer avait soudoyé l'un ou l'autre de leurs complices, peut-être avait-il déjà envoyé des soldats à leurs trousses. Auquel cas, eux n'échapperaient pas à la mort et le royaume courrait à sa ruine.

Leurs craintes ne se réalisèrent pas. Dans ses appartements privés, Isabelle conférait avec Mortimer, les deux fils de ce dernier,

Geoffroy et Edmond, ainsi que Simon Bereford, Hugues Turpington et Henri Burghersh, évêque de Lincoln. Ils débattaient du meilleur moyen de neutraliser les hommes qu'ils avaient entendus le jour même, mais étaient à mille lieues de se douter que ceux-ci avaient pénétré dans le donjon du château et approchaient avec une farouche détermination.

Lorsqu'ils s'engouffrèrent dans l'antichambre de la reine, Montaigu et ses affidés tombèrent nez à nez avec Turpington, régisseur de la maison royale et, en cette qualité, responsable, de la sécurité. John Neville lui asséna un coup de masse d'armes sur le crâne et le tua sur le coup. Le bruit éveilla l'attention des rares écuyers postés en sentinelles à l'entrée des appartements. Forçant le passage, les conjurés en pourfendirent deux sur place.

Mortimer courut chercher son épée à sa chambre. Mais il fut coupé dans son élan et arrêté avec deux de ses conseillers. Les attaquants lui laissèrent la vie sauve afin de le traduire devant un tribunal pour haute trahison. Ses deux fils, ainsi que Simon Bereford, furent également capturés. Pris de panique, l'évêque Burghersh, nous dit le *Roman de Brut*, en oublia toute sa dignité ecclésiastique : il tenta une fuite par les latrines en se jetant dans le conduit de descente qui s'épanchait dans les douves extérieures. Tandis que les hommes de Montaigu le rattrapaient pour l'extraire de son immonde cachette, la reine Isabelle se tenait dans l'embrasure de la porte, tout en larmes, appelant son fils, persuadée qu'il était du complot.

Par ce coup de force, le jeune Édouard III se libéra du joug de sa mère et de Roger Mortimer et prit en main le gouvernement du royaume. Dès le lendemain, il annonça par une proclamation à tous les shérifs d'Angleterre que Roger Mortimer, comte des Marches, avait été arrêté et qu'Édouard « gouverne[rait] désormais son peuple conformément au droit et à la raison, comme il convient à sa dignité royale, et que toutes affaires touchant à sa personne et aux propriétés du pays ser[aient] dorénavant dirigées par le conseil commun des grands du royaume et d'aucune autre façon… »

Mortimer fut enfermé à la Tour de Londres en attendant d'être déféré devant le parlement assemblé à Westminster en novembre 1330. Présenté aux pairs du royaume bâillonné, ligoté et humilié, il fut accusé, selon les archives parlementaires officielles, d'avoir « usurpé la puissance royale sur le conseil de régence, et le gouvernement du royaume relevant du domaine du roi » et utilisé son domestique John Wray « pour espionner les moindres faits et gestes d'Édouard ; si bien que, notre dit seigneur le roi, entouré de ses ennemis, se trouvait dans l'impossibilité d'agir comme il l'entendait et vivait pareillement à un homme en détention ». L'acte d'accusation égrenait quatorze chefs, reprochant notamment à l'infâme usurpateur de s'être approprié des terres du domaine royal par la création de son comté des Marches, d'avoir livré la guerre au comte de Lancastre et à ses alliés, tramé la mort du comte de Kent en l'accusant à tort de trahison, dilapidé les deniers de l'État, et recelé les frais de guerre payés par les Écossais.

Mais l'accusation la plus grave qui pesait sur Mortimer était le meurtre d'Édouard II. « Le dit Roger, en vertu du pouvoir royal qu'il a usurpé [...] a ordonné que [le vieux roi] soit envoyé au château de Berkeley, où, victime de trahison, félonie et malversations, il a été assassiné par lui et ses partisans », lit-on dans le procès-verbal. C'était la première fois que l'on déclarait officiellement qu'Édouard II avait été assassiné, et il n'en fallut pas davantage pour condamner Mortimer à être « écartelé et pendu comme traître et ennemi du roi et de la nation ».

C'était là l'occasion de mettre un terme au cycle de violence qui avait débuté en 1312 et duré près de vingt ans. Comme tous les autres nobles condamnés dans cette affaire, Mortimer fut jugé sur la notoriété des faits qui lui étaient reprochés, sans qu'il lui fût permis de prendre la parole pour se défendre. Avec son exécution infamante, qui eut lieu à Tyburn le 29 novembre 1330, une page se tournait.

Isabelle ne fut quant à elle pas trop maltraitée. Elle était, après tout, la mère du roi. On se contenta donc de l'évincer du pouvoir et de la dépouiller de ses revenus exorbitants qui furent réduits à une modeste pension. Loin d'être isolée, elle passerait les vingt-sept dernières années de sa vie confinée dans le luxe et la magnificence du château de Rising, dans le Norfolk, où elle jouerait un rôle diplomatique de premier plan pour la Couronne, et serait conviée aux cérémonies officielles et fêtes familiales de plus en plus somptueuses que donnerait son fils.

Par son audace à commanditer ce coup de force et à se saisir du pouvoir à l'approche de son dix-huitième anniversaire, Édouard III laissait entrevoir quelques signes prometteurs : peut-être ce souverain aurait-il suffisamment de caractère et d'habileté pour ramener un peu d'ordre et de normalité dans un pays sérieusement éprouvé. Et de fait, il ne décevrait pas. Il afficha très vite une attitude qui sous-tendrait tout ce que représentait son règne : à peine identifiait-il un problème qu'il prenait des mesures énergiques – voire hardies – pour le résoudre, assisté en cela par un groupe de partisans proches et fiables. Ce serait là une façon de gouverner efficace et grisante. Mais Édouard devrait en passer par de nombreuses années de difficultés avant d'être reconnu pour ce qu'il fut : sans doute le plus grand de tous les rois plantagenêts.

Roi glorieux d'un royaume ruiné

Le coup d'État de Nottingham valut à Édouard une avalanche de louanges par tout le pays. En novembre 1330, quand il fêta ses dix-huit ans, il était enfin seul maître de sa Couronne et de sa destinée. Son emblème personnel était un soleil dont les rayons dorés perçaient d'épais nuages, et c'était précisément cette image que le jeune roi voulait donner à ses sujets au moment où il se dégageait de l'emprise étouffante de ses parents et de Mortimer, pour diriger son royaume en homme libre. Le nouveau roi promettait lumière, courage et espoir.

Il inaugura son règne par une série de tournois, tenus essentiellement dans les environs de Londres et dans le sud-est du pays. Il s'y présenta immédiatement sous les traits d'un roi chevalier, dont la cour était un centre de festivités et de divertissements, de jeux courtois et de rivalité martiale. « Le roi menait une vie gaie de joutes et de tournois, où il recevait les dames », écrirait Sir Thomas Gray dans sa *Scalacronica*. Tout au long de son règne, il organiserait des tournois pratiquement tous les mois, chacun étant une occasion pour les nobles dames et seigneurs du royaume de parader dans d'éblouissants costumes pour jouer les bêtes féroces, monstres mythiques et êtres surnaturels dans des spectacles évoquant d'illustres épisodes de l'histoire et de la légende, et de participer à de malicieuses mascarades, déguisés en moines, en marchands ou en prêtres. Les aristocrates prenaient part à de grandes reconstitutions de batailles héroïques, qui avaient le mérite de les souder et forger un solide esprit de corps, et constituaient aussi un précieux entraînement pour une période qui devait, une fois de plus, être dominée par de vraies guerres.

Le roi qui était au centre de ces réjouissances était un jeune homme vigoureux, athlétique et entreprenant. La plupart des portraits de lui qui nous sont parvenus montrent un visage aux traits délicats, avec un long nez fin sous de grands yeux enfoncés et des sourcils droits. Il avait le front haut et, à la mode de son temps, porta toute sa vie adulte une longue barbe – « d'un brun auburn », précise un poème de 1352. Une épaisse chevelure ondulée lui couvrait les oreilles et dépassait du bonnet fin ou du heaume qu'il portait presque invariablement. Cavalier exceptionnel et redoutable guerrier, c'était aussi un parangon de splendeur chevaleresque. Il partageait avec la reine Philippa un goût pour les plus belles étoffes, qu'il faisait broder d'étranges slogans et de sibyllines formules – « C'est tel que c'est », « Ha, ha, cygne blanc/ Par Dieu je suis ton homme » et « Fort comme le chèvrefeuille » figureraient plus tard parmi les maximes préférées d'Édouard. Celles de la reine Philippa n'étaient pas moins cryptiques : « *Ich wyndemuh*t » (Je m'enroule autour de toi)» et « *Myn biddeneye* » (Ma volonté). La devise figurant sur la monnaie frappée à l'occasion du couronnement d'Édouard donnait la pleine mesure de l'assurance et de l'aisance avec lesquelles le roi envisagerait invariablement sa fonction : « Je n'ai pas pris ; j'ai reçu. »

Ces démonstrations de fastes et d'apparat étaient un talent indispensable à tout monarque, mais Édouard l'exerçait avec plus d'intuition que tous ses prédécesseurs – à l'exception d'Henri III. Il faisait venir les plus fins brocarts d'Extrême-Orient, et ses vêtements étaient ornés d'animaux exotiques – léopards, tigres, pélicans et faucons. Grand amateur de musique, il ne déplaçait jamais sa cour sans un aréopage de ménestrels, dont les chants accompagnés de tambours et de luths résonnaient sur son passage – et le roi, en maître de cérémonie, riait joyeusement du spectacle qu'il créait. Il possédait une ménagerie dans laquelle des lions et des léopards côtoyaient un ours et diverses espèces de singes. C'était un chasseur tout aussi passionné que tout autre roi avant lui – de ses ancêtres, seul Henri II avait pris autant de plaisir que lui à parcourir au triple galop ses parcs, forêts et la campagne anglaise, pourchassant des animaux sauvages pour répandre leur sang. Les milliers de livres qu'il dépensait en costumes resplendissants et fêtes somptueuses pour lui-même, ses amis et sa famille, contribuaient à donner l'image d'un pouvoir royal digne de tant de réjouissances. Personnalité chaleureuse, il charmait les dames de la cour et se liait étroitement d'une virile amitié avec les hommes et, dès qu'il eut repris les rênes du pouvoir, il prit soin d'attacher à son pouvoir les nobles et les chevaliers d'Angleterre – la classe politique avec laquelle tout souverain censé se devait de cultiver une amitié naturelle.

Mais Édouard III était bien plus qu'un frivole dameret. C'était un jeune aristocrate instruit dans les règles, versé dans toutes les disciplines qui seyaient à son rang. Il parlait aussi bien l'anglais que la langue d'oïl en usage à la cour de France. Élevé dans l'entourage de savants tel Richard de Bury (qui deviendrait l'un de ses plus proches conseillers), il avait assimilé tout ce qu'ils lui avaient appris. Il lisait et écrivait le latin et le français, et fut d'ailleurs le premier roi anglais à nous laisser des documents rédigés de sa main. Il s'inspirait pour diriger son royaume d'un ensemble de textes classiques sur l'art de gouverner relevant de ce que l'on appela les « Miroirs des princes » – des traités écrits à l'intention des souverains par des érudits européens analysant les grandes réussites et les échecs lamentables de gouvernants contemporains et passés, et destinés à révéler à leurs lecteurs les principes fondamentaux du pouvoir. Fasciné depuis ses plus jeunes années par les grands héros historiques et mythologiques, Édouard était particulièrement féru d'une chanson de geste populaire au XIVe siècle qui incarnait l'idéal chevaleresque à travers la vie des Neuf Preux (il s'agissait des trois « bons païens », Hector, Alexandre le Grand et Jules César ; de trois rois bibliques, Josué, le roi David et Judas Macchabée ; et de trois grands rois chrétiens, Arthur, Charlemagne et Godefroi de Bouillon, premier roi de Jérusalem). Il étudia consciencieusement la vie des rois et se promit de s'inspirer pour son propre règne de leurs plus éclatantes qualités tout en s'efforçant d'éviter leurs échecs. Édouard était fasciné par le côté providentiel de l'histoire, qui lui permettait aussi bien de prévoir les événements de sa propre existence que de préparer le terrain pour ses descendants. Ses contemporains, séduits par l'audace de son coup de force de Nottingham, voulaient voir en lui un nouveau Merlin – image qu'Édouard cultiva, se rendant à Glastonbury en 1331 pour se recueillir sur la grande tombe d'Arthur et de Guenièvre qu'avait fait construire Édouard Ier. De fait, parmi ses ancêtres Plantagenêts, Édouard III vouait une vénération toute particulière à son grand-père, dont il partageait l'attirance pour la légende arthurienne. Il envoya des étoffes d'or à Westminster pour recouvrir sa sépulture et veilla à ce que l'anniversaire de la mort du Marteau des Écossais ne fût jamais oublié. Le léopard – animal auquel Édouard Ier avait été associé dans sa jeunesse – devenait maintenant le symbole du règne d'Édouard III, sous sa forme héraldique de lion couché.

En dépit de tous ces artifices, Édouard était conscient que la royauté était, plus que jamais, un lien sacré entre le roi et son pays. S'il se plaisait à parader devant ses sujets tels un prince dans ses atours éclatants, il pouvait se glisser avec toute autant d'aisance dans le personnage du chevalier pauvre. Il lui arrivait de participer à des tournois déguisé en simple guerrier, luttant au coude à coude avec ses contemporains et ses compagnons d'armes. Dans son enthousiasme arthurien, il prit grand soin de se démarquer de Roger Mortimer qui, dans son arrogance, avait endossé le rôle du roi légendaire. Édouard, lui, préférait s'identifier à l'un des simples chevaliers de la Table ronde, et plus particulièrement à Lionel. C'était Mortimer qui, le premier, lui avait attribué ce personnage : en 1329, lors d'un tournoi organisé dans son bastion de Wigmore, l'ancien tyran avait offert au roi une coupe aux armes de Sir Lionel. Qu'Édouard persistât à incarner Lionel – arborant tout au long des années 1330 son blason sur les lices, et donnant à son troisième fils, né à Anvers en 1338, le prénom du fameux chevalier – démontrait qu'il n'avait rien oublié des principes qui l'avaient conduit à renverser Mortimer. C'était peut-être aussi un clin d'œil malicieux à cet épisode.

Il consacra les sept premières années de son règne effectif à explorer son royaume afin de le mieux connaître. Des tournées presque incessantes le rapprochèrent de la classe politique, tant à un niveau symbolique que social. Son mariage à Philippa de Hainaut fut des plus fructueux : après avoir donné naissance en 1330 au prince Édouard de Woodstock, la reine mit au monde d'autres enfants à intervalles réguliers : Isabelle de Woodstock vit le jour en mai 1332, suivie de Jeanne de la Tour (ainsi nommée car elle était née à la Tour de Londres) à la fin de 1333, de Guillaume de Hatfield (mort jeune) en décembre 1336, et de Lionel d'Anvers en 1338. Mais au-delà des festivités et des gesticulations martiales, le roi devait porter son attention sur d'autres problèmes, car le royaume était en proie à de graves troubles. Durant les trois premières décennies du XIVe siècle, l'ordre public et l'état général du pays s'étaient considérablement dégradés. La grande famine de 1315-1322 avait décimé la population et provoqué bien des souffrances, et les turbulences politiques qui avaient secoué tout le règne d'Édouard II avaient ouvert la voie à l'anarchie. Des bandes de brigands et de malfaiteurs écumaient le pays. Une famille de nobliaux pillards du Leicestershire, connue sous le nom de gang de Folville, sévit dans les Midlands, se livrant à une orgie de violences et de spoliations, assassinant ses rivaux politiques et allant jusqu'à prendre en otage des juges itinérants. Une autre bande, les Cotteril, opérait dans le Peak District. Plusieurs commissions judiciaires avaient été dépêchées dans les comtés afin de rétablir l'ordre et l'autorité royale, mais toutes s'étaient heurtées à de fortes résistances et avaient dû renoncer face à la corruption endémique des pouvoirs locaux.

Fort de ces enseignements, Édouard accueillit avec bienveillance d'audacieuses propositions de réforme judiciaire. Le système itinérant de l'eyre, dont les circuits pouvaient prendre sept ans ou plus, n'était pas assez souple et avait fait son temps. En mars 1332, Édouard écouta avec intérêt le président de la Cour de Justice Sir Geoffrey Scrop conduire au parlement de mars 1332 un débat sur la réforme de la sécurité publique. Il déboucha sur une nouvelle organisation, prévoyant de créer dans les comtés des postes permanents d'officiers royaux pour gérer la délinquance et la petite criminalité. La fonction de « gardien de la paix » (prédécesseur des juges de paix) date de cette réforme, et ce fut à ces magistrats – appuyés par des commissions royales ad hoc chargées d'entendre les cas particuliers tels ceux des bandes de Folville et Cotteril, de siéger dans les commissions d'« oyer et terminer », et d'accompagner les inspections ponctuelles de la cour du Banc du roi de Westminster – qu'il incomba d'assurer le maintien de la paix jusqu'à la fin du siècle. Le système judicaire anglais était plus institutionnalisé que jamais – dès lors, aucun souverain ne parcourrait plus le pays pour exercer en personne et à sa discrétion la justice royale, comme l'avait fait en son temps le roi Jean. Pourtant, si la figure du roi-juge commençait à disparaître, Édouard tenait à renforcer celle du roi-capitaine des armées.

Sa première cible était l'Irlande. En cent vingt ans – depuis l'expédition de Jean sans Terre en 1210 – aucun monarque anglais n'avait remis les pieds dans ce fief, où les violences étaient endémiques et où l'autorité du roi d'Angleterre sur les barons anglo-normands qui avaient colonisé le pays s'était presque totalement effondrée. À l'été 1332, on projeta d'envoyer une importante force d'invasion traverser la mer d'Irlande pour rétablir la souveraineté de la Couronne. Mais au moment où elle était prête à appareiller, le projet dut être abandonné. Car le 11 août 1332, à Dupplin Moor, dans les environs de Perth, l'armée soutenant le nouveau roi d'Écosse, le fils de Robert de Bruce, David II (qui, ayant épousé la sœur du roi, Jeanne, était le beau-frère d'Édouard), affronta les forces rebelles des Déshérités – ces barons écossais qui avaient été dépouillés de toutes leurs possessions au lendemain de la bataille de Bannockburn. Ces derniers se battaient sous la bannière d'Édouard Balliol, fils de Jean Balliol, et étaient soutenus par l'ami et allié d'Édouard III, Henri de Beaumont, un vétéran aguerri qui, depuis Falkirk en 1298, avait participé à tous les grands engagements des campagnes écossaises.

La petite troupe des Déshérités – qui, avec quelque 1 500 hommes, était dix fois moins nombreuse que celle de Bruce – remporta une victoire écrasante, massacrant un grand nombre de chevaliers et de comtes écossais. Le 24 septembre, Balliol fut proclamé roi à l'abbaye de Scone, et l'Écosse sombra à nouveau dans le chaos le plus complet. Édouard III abandonna aussitôt ses projets d'invasion de l'Irlande pour se concentrer sur ses frontières septentrionales. Il annonça au parlement d'York de janvier 1333 son intention d'envahir l'Écosse, rompant ainsi la trêve conclue par le traité d'Édimbourg-Northampton, et relançant la guerre de domination qui piétinait depuis la mort d'Édouard Ier.

Entre 1333 et 1337, Édouard déménagea son gouvernement à York afin de mieux se consacrer à la guerre. Son armée était composée de troupes de sa maisonnée, des bannières rassemblées par ses barons et de mercenaires étrangers, parmi lesquels les compagnies du Hainaut qui avaient combattu dans la campagne malheureuse d'Isabelle et Mortimer. Des soldats réguliers, recrutés dans les comtés par les « commissions d'*array* » – système s'apparentant à une conscription obligatoire, dans lequel les hommes recevaient une solde quotidienne dès qu'ils quittaient les limites de leur comté –, formaient des unités de hobelars (cavalerie légère), de fantassins combattant à la lance et au couteau, et d'archers montés qui mettaient pied à terre pour se battre. Ces derniers deviendraient l'élément tactique le plus dangereux et le plus efficace des armées anglaises médiévales et, au cours de son règne, Édouard en ferait une force d'élite, les élevant bien au-delà des autres hommes du rang dans la hiérarchie de ses armées. Sans être tout à fait les égaux de la cavalerie aristocratique, les archers à cheval devinrent parmi les guerriers les plus respectés et redoutés d'Europe au XIVe siècle. Comme le reste des troupes royales, ils étaient nourris et entretenus sur le terrain par les prises effectuées dans tout le royaume, source d'éternels griefs des sujets anglais.

La campagne d'Édouard débuta au printemps 1333. Pendant tout l'été, ses capitaines – parmi lesquels Guillaume de Montaigu, Henri Percy et le fils d'Henri de Lancastre, Henri de Grosmont, des barons qui avaient tous à peu près le même âge qu'Édouard – prêtèrent main-forte à Édouard Balliol pour razzier les régions frontalières écossaises. Puis, les Anglais mirent le siège devant Berwick, avant de rencontrer les Écossais sur le champ de bataille à trois kilomètres de là, au pied de la colline d'Halidon.

Ils reprirent à la bataille d'Halidon Hill la tactique qu'avait mise au point Henri de Beaumont à Dupplin Moor, et qui réussirait si souvent à Édouard durant son règne. Bien que son armée fût deux fois moins nombreuse que celle des Écossais, Édouard prit position sur les hauteurs, avec trois bataillons de fantassins, chacun encadré d'archers à pied. Le roi commandait le centre, Édouard Balliol l'aile gauche, et le comte de Norfolk, oncle du roi, menait l'aile droite avec, à ses côtés, le frère cadet du roi, Jean d'Eltham, comte de Cornouailles. Les Anglais, qui avaient retenu la leçon de Bannockburn, s'abstinrent de lancer leur cavalerie contre les schiltrons écossais. Mais dès que les formations serrées de piquiers écossais commencèrent à gravir la colline, les archers anglais firent pleuvoir sur eux une grêle de flèches, semant la panique et la terreur, et dispersant une bonne partie de l'avant-garde ennemie avant même qu'elle n'atteigne les premiers rangs des hommes d'armes. Les combats au corps à corps n'avaient pas débuté que les Écossais étaient déjà épuisés et terrifiés. Édouard et ses hommes attaquèrent bravement l'ennemi, et le roi engagea personnellement Robert Stuart, le grand sénéchal d'Écosse qui n'avait alors que dix-sept ans. La bataille vira rapidement à la débâcle : Édouard et les hommes de Balliol remontèrent en selle et pourchassèrent les Écossais exténués. Quand les armes se turent, le champ de bataille était jonché des cadavres des plus braves nobles et chevaliers écossais, parmi lesquels six comtes qu'Édouard fit enterrer selon les règles de la chevalerie.

Édouard avait remporté à Halidon Hill une victoire si éclatante qu'il n'eut aucun mal à placer Édouard Balliol sur le trône d'Écosse, reprendre Berwick et annexer de vastes territoires dans les basses-terres écossaises. Après quoi, il retourna dans le sud-est de l'Angleterre où il passa le reste de l'année à chasser et organiser des joutes. Au début de 1334, Balliol accepta de replacer l'Écosse sous le joug anglais, faisant à nouveau de la Couronne écossaise une vassale du roi d'Angleterre. Tout cela paraissait presque outrageusement facile.

Ce n'était bien entendu qu'une apparence. Depuis 1326, l'Écosse avait scellé une alliance avec la France et, quand en juin 1334, Édouard Balliol rendit un hommage lige à Édouard III à Newcastle, il était de notoriété publique que le roi de France Philippe VI avait aidé le roi déposé David II et son épouse Jeanne à quitter l'Écosse et leur avait donné asile en Normandie, où ils étaient retranchés dans la grande forteresse de Richard Cœur de Lion à Château-Gaillard. En l'absence de David, la résistance écossaise se rallia derrière le petit-fils de Bruce, Robert Stuart, et John Randolph, comte de Moray. Édouard consacra une grande part de l'hiver 1334 et de l'été 1335 à une chevauchée ravageuse dans les basses-terres écossaises. En juillet 1336, il dévasta les Highlands, non sans veiller à redorer sa réputation chevaleresque en libérant un groupe de dames détenues dans le château de Lochindorb. Le reste de cette campagne barbare ne laissa pas une grande place aux valeurs de la chevalerie. Les tactiques d'Édouard – incursions sanguinaires dans les campagnes ennemies, pillages, incendies et massacres dont l'unique objectif stratégique était de démoraliser les civils du camp adverse –, seraient exportées sur le Continent quelques années plus tard, ce qui vaudrait aux soldats anglais de passer pour certains des plus féroces de la chrétienté.

En dépit de la terreur infligée aux Écossais, aucun règlement ne se profilait à l'horizon. Édouard et ses amis – en particulier Henri de Grosmont, qui s'avérait être un capitaine robuste et vigoureux – apprenaient l'art la guerre, mais ils ne pouvaient pas contraindre par la seule force des armes les Écossais à aimer un roi Balliol. Le fond du problème tenait à l'alliance conclue entre les Écossais rebelles et le roi de France. Pour Philippe VI, les interventions du Plantagenet en Écosse étaient étroitement liées au statut des possessions plantagenêts en Aquitaine. Tant que les Anglais refusaient d'accepter la pleine souveraineté de la France sur la Gascogne, Philippe soutiendrait les Écossais dans leur lutte pour l'indépendance. En 1337, Édouard semblait avoir renoncé à soumettre l'Écosse par le feu et les bains de sang. Il envisageait désormais d'exercer son pouvoir en s'attaquant de front et énergiquement aux problèmes. Or, en 1337, le problème n'était plus l'Écosse. C'était la France. Un nouveau théâtre de guerre se présentait à lui, irrésistiblement. Le plus grand conflit des années Plantagenêt était sur le point de débuter.

Nouveaux comtes, nouveaux ennemis

Quand le parlement se rassembla en mars 1337, un frisson d'excitation mêlée d'agitation flottait sur Westminster. Il y avait de quoi être excité : l'assemblée s'apprêtait à doter le pays d'un appareil législatif radicalement nouveau ; une réforme du commerce de la laine était inscrite à l'ordre du jour ; et la guerre menaçait sur deux fronts. Mais il y avait plus captivant encore, du moins pour les observateurs du parlement et les amateurs du faste et de l'apparat de la dynastie Plantagenêt : le roi allait nommer six nouveaux pairs du royaume.

Édouard III était roi depuis dix ans et tenait les rênes du pays depuis sept ans. Dès les premières années de son règne, il avait manifesté sa bienveillance à l'égard de l'aristocratie. Lors des grands tournois qu'il organisait, il s'était familiarisé avec l'élite fortunée des chevaliers du pays – et c'était naturellement de ce genre d'hommes qu'il se sentait le plus proche.

En deux générations, l'état de l'aristocratie s'était considérablement dégradé. Édouard Ier, qui se méfiait généralement de la noblesse, s'était montré très avare d'anoblissements par adjonction de terres. Ses soupçons sur la légitimité des droits des nobles ne furent jamais plus évidents que dans les enquêtes « quo-warranto » qu'il dépêcha, sommant tous les barons de produire devant les juges les actes et garanties par lesquels ils étaient entrés en possession de leurs titres et de terres susceptibles d'appartenir à la Couronne. Édouard II avait été plus inventif et plus libéral avec la grande noblesse foncière, mais il avait préféré réserver les meilleurs fiefs à ses favoris immédiats, plutôt que de créer des familles de grands qui risquaient de défier son autorité. Il avait ainsi élevé Gaveston au rang de comte de Cornouailles, nommé Andrew Harclay comte de Carlisle, Hugues Despenser père comte de Winchester, et ses demi-frères comtes de Norfolk et de Kent. De tous ces grands personnages, seul le comte de Norfolk était encore vivant en 1330. Le frère cadet d'Édouard III, Jean d'Eltham, qui avait hérité de la dignité de comte de Cornouailles en 1328, était quant à lui mort de maladie lors d'une campagne à Perth en 1336 et reposait désormais à l'abbaye de Westminster.

Contrairement à son grand-père et à son père, Édouard III avait une conception plus ouverte de la royauté anglaise, qui n'avait que trop souvent été ternie par des guerres intestines entre le roi et ses principaux barons. Il avait compris qu'il y avait naturellement une communauté d'intérêt, et non un conflit, entre le roi et ses grands. Au parlement de mars 1337, il exposa sa philosophie en termes clairs : « De toutes les prérogatives de la royauté, nous considérons que la plus importante tient à l'étayer de sages conseils et à la fortifier par de grandes puissances, par une distribution raisonnée de positions, dignités et offices. » Or, l'Angleterre ayant vu s'étioler sa réserve de familles nobles dirigées par d'éminents comtes et barons, expliqua-t-il, « le royaume souffre depuis longtemps d'un déclin dans les noms, honneurs et rangs de dignité ».

Il annonça à la nation qu'il prenait des mesures décisives pour établir une nouvelle génération de nobles anglais, avec lesquels il pourrait partager tout à la fois le prestige et le fardeau de la royauté. Tous étaient des hommes qui lui avaient prouvé leur dévouement depuis dix ans, et plusieurs étaient à ses côtés depuis l'audacieux raid sur le château de Nottingham, qui avait destitué Mortimer. C'étaient là les compagnons naturels d'un jeune roi ambitieux – et ils seraient bientôt appelés à le seconder activement.

Le parlement avalisa la nomination de six comtes. Le premier était Guillaume de Montaigu, chef de file du coup d'État de 1330. Depuis ce fameux jour d'octobre, Montaigu avait démontré au roi qu'il était tout à la foi un précieux diplomate et un soldat courageux – il s'était particulièrement distingué dans les guerres écossaises, et y avait même laissé un œil. Il avait déjà été récompensé par une bonne part du butin, des privilèges et des concessions de terres, mais il se voyait désormais conférer le titre de comte de Salisbury, et les domaines qui allaient avec.

Les autres conjurés de 1330 furent eux aussi récompensés : Robert Ufford devint comte de Suffolk, et William Clinton, comte de Huntingdon – titre qui avait autrefois été porté par les rois d'Écosse. Parallèlement, les descendants des plus grandes familles d'Angleterre furent élevés à des dignités correspondant à leur statut. Henri de Grosmont devint comte de Derby, Guillaume de Bohun, autre vétéran de 1330 et des guerres d'Écosse, comte de Northampton. Hugh Audley, qui avait longtemps servi dans l'armée et été l'un des premiers opposants à Roger Mortimer, se vit attribuer le comté de Gloucester.

Édouard ne s'en tint pas là. Il créa également de nouveaux titres. En mars 1337, son fils aîné Édouard de Woodstock était un robuste petit garçon de sept ans. À partir de l'époque des Tudors, on l'appellerait le Prince Noir, en souvenir de son armure (prétendument) noire et de sa diabolique réputation militaire. Mais en 1337, il reçut un titre qui reflétait son importance en qualité d'héritier du trône d'Angleterre : son père le fit duc de Cornouailles. C'était la première fois que le titre français de duc était introduit en Angleterre, ce qui revenait à affirmer que le plus grand comté royal avait désormais une place bien à part dans la symbolique familiale Plantagenêt. Il s'agissait tout autant de récupérer le titre de feu Jean d'Eltham que de faire comprendre que plus jamais un vulgaire petit courtisan comme Gaveston ne détiendrait une dignité aussi prestigieuse.

On célébra les nouvelles créations par une fête somptueuse qui coûta des milliers de livres en banquets et divertissements. Vingt chevaliers reçurent également l'épée, et il y eut grandes réjouissances, Édouard et Philippa tenant cour séparément pour célébrer ce moment où l'Angleterre avait agrandi son patrimoine aristocratique.

Ce n'était toutefois ni par caprice ni par pure générosité qu'Édouard avait concédé d'un seul coup autant de fiefs à ses barons. La situation, en 1337, l'exigeait. Le roi avait besoin de tenanciers militaires disposant de ressources et de puissantes suites, et redevables à la Couronne du service d'ost. L'Écosse était loin d'être pacifiée et la guerre avec la France guettait. Cette fois-ci cependant, les conditions et les enjeux du conflit étaient bien plus importants, et les personnalités alignées dans chaque camp étaient les plus inflexibles, les plus agressives et les plus capables de se faire face que l'on eût vu depuis qu'à la fin du XIIe siècle, Richard Ier avait affronté Philippe Auguste. Le monde plantagenêt était au bord d'une guerre qui ne durerait pas simplement quelques mois ou quelques années, mais s'étendrait sur plusieurs générations.

La guerre de Cent Ans commence

Le 26 janvier 1340, Édouard fit son entrée dans la ville flamande de Gand, escorté de toute sa suite et de son épouse, sur le point d'accoucher. (L'enfant à naître, le sixième du couple en dix ans de mariage, verrait le jour durant la visite royale, le 6 mars 1340. Il aurait nom Jean de Gand.) Une grande cérémonie avait été préparée pour accueillir le roi et la grand-place sur laquelle se tenait le marché du vendredi, magnifiquement décorée pour l'occasion, attendait une vaste foule.

Une estrade était montée au milieu de la place et, tout autour, pendaient des bannières aux armes d'Édouard – l'emblème qui ornait pratiquement tout ce qui bénéficiait de la marque de l'approbation royale. Mais étrangement, ces armoiries n'étaient pas celles que les badauds avaient pu voir par le passé.

Depuis l'avant-dernière année du règne de Richard Cœur de Lion, cent quarante-deux ans plus tôt, les rois Plantagenêts représentaient leur souveraineté sur l'Angleterre par un blason de gueules à trois léopards d'or. Les armes royales avaient désormais quelque chose de radicalement différent : au lieu de s'étaler fièrement sur toute la largeur de l'écu, les léopards se trouvaient désormais écartelés en deux quartiers de gueules, et deux quartiers d'azur semés de fleurs de lys d'or – armoiries séculaires de la Couronne de France ! De plus, la fleur de lys française occupait la place d'honneur, en premier et quatrième quartiers.

C'était une transformation stupéfiante d'un symbole héraldique transmis sur des générations. Et elle ne laissait aucun doute quant au message qu'Édouard s'apprêtait à délivrer à la foule qui s'assemblait sur la place du marché.

Édouard monta sur l'estrade et se présenta devant l'assistance, flanqué de ses grands barons et des magistrats des trois principales villes de Flandre. Élevant la voix pour se faire entendre par-dessus le brouhaha, il appela les citoyens de Gand à le reconnaître pour roi non seulement d'Angleterre, mais aussi de France. Il exigeait leur obéissance et reçut l'hommage de plusieurs Flamands, dont Guy de Flandre, demi-frère du comte de Flandre. Édouard assura à tous ceux qui l'écoutaient qu'il respecterait leurs libertés et protégeraient leurs droits à commercer librement. Puis, il conclut la journée par une manifestation typique de son règne : une joute.

Cet événement, organisé sur la place bondée de Gand, marqua le changement d'image le plus spectaculaire de la couronne Plantagenêt depuis qu'Édouard Ier s'était mis en tête de se présenter sous les traits d'un Arthur moderne. En s'arrogeant officiellement les titres royaux et les armes du roi de France, Édouard modifia profondément les rapports entre les deux royaumes, qui, même sous Henri II, n'avaient pas connu pareil bouleversement. Et cette initiative donnerait le coup d'envoi d'une interminable et épuisante période d'hostilités entre les deux pays, qui resterait dans l'histoire sous le nom de guerre de Cent Ans.

Les causes de la guerre étaient profondément ancrées dans le tissu même de l'histoire des Plantagenêts et dans la politique maritime de la Manche au XIVe siècle. Les relations entre les rois français et anglais achoppaient sur le statut des ducs d'Aquitaine depuis 1259 – date à laquelle Henri III avait prêté hommage à Louis IX pour le duché et renoncé aux revendications de sa famille sur la Normandie, l'Anjou et le reste de l'empire.

En cette première moitié de XIVe siècle, les intérêts anglais et français se trouvaient régulièrement en conflit dans toute l'Europe du nord-ouest. La Couronne française amorçait une phase d'expansion agressive. Les rois de France étaient bien décidés à asseoir fermement leurs droits, à repousser leurs frontières et à étendre leur sphère d'influence plus loin qu'ils ne l'avaient tenté depuis l'époque de Philippe Auguste, à l'aube du XIIIe siècle. La France se trouvait donc en concurrence directe avec les intérêts anglais sur les échanges commerciaux avec les Pays-Bas ; dans l'affaire de l'Écosse, alliée à la France depuis 1295 ; et sur le contrôle des voies maritimes et commerciales de la Manche, par lesquelles les Anglais expédiaient de la laine (et par la suite du drap) vers la Flandre et importaient du vin de Bordeaux. Mais une évolution bien plus fondamentale du statut des deux couronnes sous-tendait ce climat d'exaspération mutuelle.

En France, la mort de Charles IV, en 1328, suivie de l'accession au pouvoir de Philippe VI, avait interrompu la lignée capétienne directe (qui régnait depuis la montée sur le trône d'Hugues Capet en 987), ouvrant une nouvelle ère d'incertitude dynastique dans le royaume. Sous la régence d'Isabelle et Mortimer, l'hommage qu'avait rendu à Amiens le jeune Édouard pour ses possessions continentales avait laissé penser que Londres reconnaissait la légitimité de Philippe. En réalité, dans le climat de violences politiques qui marquèrent le début du règne d'Édouard, sa revendication du double héritage des maisons Plantagenêt et Capet – qui aurait incontestablement fait de lui la plus grande personnalité de l'histoire de l'une et l'autre des familles, et de toute l'histoire de l'Europe médiévale – avait été éludée sans la moindre protestation.

Le temps qu'Isabelle et Mortimer soient chassés du pouvoir, Philippe était confortablement installé sur son trône. Le jeune Édouard III n'avait apparemment pas les moyens de remettre en cause si tardivement la succession à la Couronne de France – d'autant moins qu'entre 1333 et 1337, l'Écosse avait mobilisé toutes ses capacités militaires. En lieu et place du fracas des armes, il y avait eu de prudents échanges diplomatiques entre les deux couronnes. En 1332, des négociations préliminaires sur une nouvelle croisade avaient été entamées, mais la politique de soutien de Philippe à David Bruce en 1334 constituait une provocation inacceptable.

Ce n'était toutefois pas une provocation unilatérale : Philippe ne cherchait pas à pousser un roi anglais à la guerre. Les propagandistes français eurent d'ailleurs tôt fait de rejeter la responsabilité de l'escalade vers la guerre sur Édouard. Celui-ci avait en effet accueilli dans son royaume un Robert d'Artois vieillissant mais encore vaillant, qui avait fui la justice française, et dont la plus grande faute avait été de passer du rôle de plus proche conseiller et meilleur ami de Philippe VI à celui d'ennemi juré du roi de France.

Édouard avait donc généreusement offert refuge à Robert, dont il appréciait l'orgueil chevaleresque et les prouesses militaires. Mais ce faisant, il avait suscité la colère noire du roi et de la noblesse de France. Un poème de propagande flamand écrit vers 1345, *Les Vœux du héron*, rendait Robert coupable d'avoir mis le feu aux poudres en reprochant à Édouard sa lâcheté pour n'avoir pas réclamé son juste héritage – accusation qui fit mouche.

L'auteur des *Vœux du héron* prétend que lors d'un banquet courtois quelque peu décadent, Robert s'approcha d'Édouard et lui présenta un héron rôti, qu'il avait le jour même chassé au faucon.

> *Le héron est le plus couard de tous les oiseaux,* lança-t-il au roi et à ses courtisans. *Il a peur de son ombre, il pousse alors de grands cris comme s'il allait mourir. [...] Aussi est-ce au plus poltron des hommes que je veux d'abord l'offrir : à mon avis c'est Édouard Louis [c'est-à-dire Édouard III], déshérité du noble royaume de France dont il était l'héritier légitime. mais le cœur lui a failli, et pour sa lâcheté, il mourra privé de son royaume.*

Édouard, piqué au vif, s'empressa alors de répondre par un serment solennel, s'engageant à

> *« traverser la mer, mes sujets avec moi [...] mettre le pays à feu et à sang et [...] attendre mon ennemi mortel, Philippe de Valois, qui porte la fleur de lys [...]. Je renonce à mon serment de vassalité, vous pouvez en être sûrs, car je lui livrerai la guerre par les paroles et par les actes. »*

Les Vœux du héron est une œuvre de pure propagande visant à dépeindre Robert d'Artois comme un provocateur sournois, et Édouard comme un agresseur bravache et dépravé. Mais le poète accréditait surtout de façon très imagée des préjugés bien ancrés dans l'esprit de son public. Ce fut effectivement l'asile qu'offrait Édouard à Robert d'Artois qui fournit à Philippe son *casus belli.* En décembre 1336, Philippe avait envoyé des émissaires en Gascogne pour exiger l'extradition de Robert. Sa demande fut rejetée et, une année ne s'était pas écoulée qu'Édouard avait envoyé ses propres ambassades à Paris « à Philippe de Valois qui se dit roi de France » pour dénoncer l'hommage du roi anglais. La réaction – prévisible – de Philippe ne se fit pas attendre : il déclara officiellement la commise contre Ponthieu et la Gascogne. La guerre était déclarée.

Ainsi, en cette année 1340, au moment où Édouard discourait du haut de l'estrade de Gand, l'Angleterre et la France étaient déjà théoriquement en guerre depuis trois ans. Il ne s'agissait toutefois que d'un conflit larvé, car les deux camps en étaient encore à manœuvrer pour s'assurer des alliés et déployer leurs forces sur leurs positions. Édouard avait concentré son effort de guerre sur les Pays-Bas, où il dépensait des dizaines de milliers de livres pour convaincre le comte de Hainaut, le duc de Brabant et d'autres alliés de l'aider à former une vaste coalition contre le roi de France. C'était une tactique classique mais coûteuse, qu'Édouard renforça en achetant à l'empereur Louis IV de Bavière le titre de « vicaire général impérial » – dignité qui lui donnait tous les droits d'un empereur sur les seigneurs des Pays-Bas. L'unique combat significatif qui avait interrompu cette diplomatie ruineuse avait eu lieu en 1339, quand Édouard conduisit une armée dans le nord de la France pour mener une campagne implacable sur les territoires frontaliers du Cambrésis et du Vermandois. Philippe, entre-temps, avait envoyé des troupes au cœur de la Gascogne, avançant jusqu'à Bordeaux.

Mais ce n'étaient encore là que des escarmouches préliminaires. L'escalade débuta en 1340, lorsqu'Édouard revendiqua officiellement le trône français. Les répercussions de son fameux discours de Gand se traduisirent par une guerre qui se poursuivrait pendant plus d'un siècle.

Le conflit dépassait le cadre traditionnel des guerres anglo-françaises. L'enjeu principal demeurait certes centré sur la rivalité entre un roi français défendant ses droits et un Plantagenêt, seigneur d'Aquitaine, qui répugnait à plier le genou devant son suzerain. Les Anglais s'en tenaient à leur tactique classique – acheter des seigneurs et des princes en Flandre et sur la frontière orientale de la France pour constituer une alliance militaire au nord, tout en préparant une force d'invasion qui interviendrait dans le sud. Mais en faisant valoir ses prétentions dynastiques au trône français, Édouard allait changer entièrement la donne dans les relations entre les deux maisons royales.

Depuis octobre 1337, il se présentait comme roi de France et d'Angleterre dans sa correspondance. Trois ans plus tard, il proclamait explicitement et publiquement cette revendication lors de la cérémonie de Gand. Il ne s'agissait plus d'un simple conflit opposant un seigneur à son vassal, mais bien d'une guerre de succession.

Édouard sur les mers

À l'approche du crépuscule, au soir du 24 juin 1340, six mois après s'être proclamé roi de la plus grande partie de l'Europe occidentale, accoudé au bastingage de son navire-amiral, le cogue *Thomas* (un grand navire marchand gréé d'une seule voile carrée), Édouard regardait les flots brasser le sang de dizaines de milliers de Français. Il était blessé à la jambe, mais c'était à peine s'il sentait la douleur. Mouillant à quelques encablures devant l'Écluse, avant-port de Bruges sur les côtes de Flandre, il observait une féroce bataille opposant les 213 navires français et génois de la « grande armée de la mer » de Philippe VI aux quelque 120 à 160 voiles anglaises qui avaient appareillé d'Est-Anglie sous son propre commandement deux jours plus tôt. Les Anglais étaient en train de remporter une victoire éclatante et meurtrière.

Édouard avait franchi la Manche pour faire débarquer une armée en Flandre. Cette initiative militaire désespérée ne lui avait été dictée que par les circonstances extrêmes. Deux mois auparavant, ses amis et alliés, les comtes de Salisbury et de Suffolk, avaient été capturés au combat devant la ville de Lille. Les Français avaient repris la Flandre et détenaient la reine Philippa en otage à Gand. La Manche était infestée de bâtiments français qui menaçaient de ruiner le commerce anglais de la laine et, depuis deux ans, des pirates français écumaient la côte méridionale d'Angleterre et avaient réduit en cendres la ville de Southampton.

Édouard mijotait depuis plusieurs mois une grande invasion militaire. Inévitablement, Philippe avait eu vent de ces préparatifs. Il avait massé une immense flotte française tout le long du littoral normand et jusqu'en Picardie, afin de bloquer les ports et d'empêcher un débarquement anglais. Portant le regard vers la côte, Édouard constata que les Français avaient pris position en formations serrées : ils avaient enchaîné leurs bâtiments, toutes voiles carguées, sur trois lignes, afin de barrer l'estuaire de la Zwin.

Après une nuit passée à l'ancre en vue de l'intimidante forêt de mâts et des proues blindées de la flotte française, Édouard avait ordonné à ses navires d'approcher l'embouchure de la Zwin vers trois heures de l'après-midi. Ils arrivèrent du sud-ouest, portés par la marée, soleil dans le dos et vent en poupe. En approchant de l'ennemi, Édouard dut éprouver un frisson d'angoisse – sinon de peur. Il était sur le point d'affronter l'une des plus imposantes forces navales jamais assemblées dans la Manche. Un échec serait la ruine assurée.

Il avait face à lui une formidable flotte. Sur l'avant, se trouvaient les plus grandes nefs qu'eussent portées les eaux de la Manche : des cogues, chargés de centaines d'homme et hérissés d'arbalètes – parmi lesquels le *Christophe*, bâtiment géant volé quelques mois plus tôt aux Anglais. Derrière eux, des vaisseaux de moindres proportions dansaient au gré de la houle. À l'arrière, des navires marchands et des galères royales formaient la troisième ligne.

Les Anglais, eux, alignaient devant l'Écluse une escadre hétéroclite de grands cogues puissants, de plus petites galères et d'un assortiment de navires marchands réquisitionnés dans les ports. Ils avaient fait voile vers la France en dépit des supplications et des avertissements des ministres d'Édouard III, qui l'avaient prévenu que la dimension même de la flotte française condamnait par avance la petite armada anglaise à une mort et à une destruction certaines. Mais Édouard, obstiné et déterminé, avait fait taire ses conseillers – emmenés par Jean de Stratford, archevêque de Canterbury – par une réprimande blessante : « Ceux qui ont peur peuvent rester chez eux. »

Un combat naval médiéval ressemblait beaucoup à un combat sur la terre ferme. Il n'y avait que peu de manœuvres ou de poursuites – quand deux flottes se rencontraient, elles se livraient un assaut frontal, suivi d'un abordage et d'un combat désespéré et meurtrier au corps à corps, utilisant sur le pont des navires les mêmes tactiques que sur le champ de bataille. Bien que chaque flotte eût embarqué quelques machines de guerre pour accabler l'ennemi de rocs et de carreaux géants, les armes les plus destructrices restaient, dans l'ensemble, les flèches, les traits d'arbalète, les casse-têtes et les masses d'armes. « Cette grande bataille navale fut si terrible, écrivit le chroniqueur Geoffroy le Baker, qu'il aurait fallu être fou pour oser la regarder, fût-ce à distance. »

Les Français, placés sous le commandement des amiraux Hugues Quiéret et Nicolas Béhuchet, firent les frais de leur décision d'enchaîner leurs navires sur trois lignes pour barricader l'embouchure de la Zwin, sacrifiant ainsi toute mobilité pour ce qui leur semblait être – à tort – la sécurité d'une formation en rangs serrés. Les deux lignes arrières, bloquées par les nefs de l'avant, ne pouvaient pas entrer dans la mêlée, et lorsque les Anglais enfoncèrent les premières lignes, les Français ne purent échapper à l'assaut frontal.

La bataille se fit au corps à corps, des coups d'une violence inouïe s'échangèrent. L'air s'emplit du retentissement des trompettes, des roulements de tambours, du sifflement des flèches et des craquements sinistres d'énormes coques se fracassant les unes contre les autres. La flotte anglaise attaqua les Français par vagues successives. Chaque navire éperonnait un vaisseau adverse, s'y agrippait en lançant sur le pont ennemi crochets et grappins, tandis que des grêles meurtrières de flèches et de carreaux s'abattaient sur les deux camps. Les archers se positionnaient en hauteur, soit sur les ponts des gaillards, soit sur les mâts et, quand ils avaient suffisamment affaibli les défenses ennemies, les hommes d'armes prenaient le relais, passant à l'abordage pour saccager et tuer tout ce qui leur tombait sous la main.

Les Français, pris à leur propre piège, furent massacrés. « Cette bataille fut fort sanglante et très horrible, écrivit, le grand chroniqueur français Froissart, ajoutant : Les batailles et assauts sur mer sont plus forts et plus durs que sur terre, car là on ne peut reculer ni fuir. Chacun doit combattre et attendre l'aventure, et ne peut compter que sur sa propre hardiesse et ses prouesses. » La coalition franco-génoise perdit entre 16 000 et 18 000 hommes, taillés en pièces sur le pont ou noyés. Les deux amiraux français périrent eux aussi : Quiéret fut décapité à l'abordage de son navire, Béhuchet pendu à la grand-vergue de son propre vaisseau.

Ce fut l'une des premières grandes victoires navales de l'histoire anglaise. Les Anglais et leurs alliés flamands, incrédules, acclamèrent les vainqueurs et leur firent fête. Presque toute la flotte française avait été capturée ou détruite, éliminant d'un coup la principale menace aux navires marchands qui croisaient dans la Manche, et la capacité de Philippe à barrer l'accès des côtes du Continent aux Anglais. Dans le camp français, le bilan humain était épouvantable.

> *« Durant les trois jours qui suivirent la bataille, le cours de la Zwin [...] semblait charrier plus de sang que d'eau, écrivit le chroniqueur Thomas de Burton. Et tant de Français et de Normands périrent et se noyèrent que l'on disait, par moquerie, que si Dieu avait doué les poissons de la parole, ils auraient pu parler couramment le français après avoir dévoré tant de cadavres. »*

Des siècles plus tard, les dramaturges élisabéthains et jacobéens voudraient voir dans la bataille de l'Écluse un précédent historique de la déroute de l'Invincible Armada espagnole. Le dramaturge du XVIe siècle qui signa la pièce *Édouard III* (sans doute aidé de la plume de Shakespeare, bien que nul ne s'accorde à attribuer le passage suivant au barde immortel), imaginerait ainsi les suites de la bataille :

> La mer était pourpre, ses eaux absorbaient
> Les flots de sang qui jaillissaient des blessures,
> À mesure que la lame écumante pénétrait
> Par les crevasses des planches trouées de boulets.
> Ici flottait une tête, séparée du tronc ;
> Là sautaient sur la vague des bras et des jambes mutilés :
> Ainsi une trombe soulève la poussière d'été
> Et la disperse au milieu de l'air.

C'est ainsi que la bataille de l'Écluse fut plus tard immortalisée dans l'histoire maritime anglaise. Mais à l'époque, ce n'était encore qu'une victoire dans un océan de mécontentement.

Au bout de trois années de combats, la guerre d'Édouard contre la France avait davantage pressuré le gouvernement anglais et les finances royales que tout autre projet militaire depuis la Troisième croisade. L'Écluse avait incontestablement été une victoire retentissante. Mais elle avait coûté cher.

Pour mener sa guerre, Édouard avait vu grand, beaucoup trop grand. Il avait mobilisé des moyens qui dépassaient largement les capacités d'un roi Plantagenêt, aussi disposé fût-il à contracter d'immenses dettes pour financer ses expéditions militaires. Le chroniqueur de Lanercost estima qu'entre 1337 et 1340, Édouard avait versé à ses alliés flamands et allemands « un millier de marcs par jour, selon d'autres, le double ». Pour être exagérés, ces chiffres n'étaient pas très loin de la vérité.

En 1340, au moment où, de la proue de son cogue *Thomas*, Édouard regardait flamber la flotte française, il avait déjà consacré à sa guerre quelque 400 000 livres, empruntées en grande partie à des banquiers italiens – essentiellement aux familles florentines Bardi et Peruzzi, quoiqu'il eût également des dettes considérables chez les Portinari de Florence et les Busdraghi de Lucques, ainsi qu'auprès de plusieurs banques et marchands de la Hanse germanique et des Pays-Bas. En Angleterre, le riche marchand de laine de Hull, William de la Pole, organisa des collectes plus importantes encore auprès des guildes de Londres et York, qui avancèrent à la Couronne plusieurs centaines de milliers de livres. Bien que l'usure fût toujours prohibée, les banques et les marchands chrétiens recouraient à divers artifices comptables pour dissimuler des taux d'intérêt qui pouvaient aller jusqu'à 40 %. Pour garantir ces emprunts, on avait gagé jusqu'aux joyaux et aux couronnes royales, de même que d'impressionnantes quantités de vaisselle réquisitionnées dans les institutions religieuses anglaises. Les dettes astronomiques qu'Édouard avait accumulées dans toute l'Europe commençaient à lui valoir quelques difficultés politiques. Un mois jour pour jour après l'anéantissement de la flotte française, les comtes de Northampton, Warwick et Derby furent arrêtés à Bruxelles par des créanciers. Ils s'étaient portés caution pour des dettes qui n'étaient pas honorées et Édouard eut toutes les peines du monde à les faire libérer.

La nouvelle guerre d'Édouard infligeait bien des souffrances à l'Angleterre. Ses effets s'en ressentaient à tous les échelons de la société. De lourdes taxes étaient régulièrement prélevées – entre 1337 et 1339, des tailles annuelles d'un dixième et d'un quinzième sur les biens furent instituées, suivies, en 1340, d'une autre taxe généralisée d'un neuvième. La pratique abhorrée des réquisitions se banalisa. Les pouvoirs publics tentèrent de truquer le marché de la laine en vendant le monopole du commerce à de grands marchands, mais la manœuvre échoua.

Des chansons populaires de protestation illustraient le mécontentement des pauvres qui ployaient sous un fardeau fiscal plus lourd que jamais. Une « Chanson contre les taxes du roi » résumait ces griefs : « Pareil tribut ne peut plus durer longtemps. Du vide, qui peut donner ou toucher quoi que ce soit de ses mains ? Le peuple en est réduit à une telle détresse qu'il ne peut plus donner. Et s'il se trouvait un porte-drapeau, je crains qu'il ne déclenche une rébellion. Qui perd ses biens est souvent prêt à tout. »

Un employé agricole né en 1300 aurait eu de la chance d'atteindre son quarantième anniversaire à l'époque de l'Écluse. S'il avait passé ce cap, il aurait connu une guerre presque ininterrompue sur deux fronts, sept années de grande famine qui coïncidèrent avec une période de chute vertigineuse des salaires, et des taux d'imposition confiscatoires et incessants. Une telle existence, au regard des rumeurs selon lesquelles ces campagnes exorbitantes n'étaient pour Édouard III qu'un prétexte à organiser davantage de joutes aussi somptueuses que dispendieuses, ne portait certainement pas à l'obéissance civile. La fureur populaire n'exploserait que quarante ans plus tard, mais déjà, en 1340, en puisant constamment dans les poches du grand et du petit peuple, Édouard avait créé les conditions d'une crise politique qui n'était pas sans rappeler celle qui avait fait vaciller le trône de son grand-père en 1297, et celle qui avait harcelé son père tout au long de son règne ou presque.

La crise de 1341

Trois jours durant, une mer déchaînée ballota le navire du roi qui, parti des rivages de Flandre, tentait de rejoindre l'embouchure de la Tamise. C'était la toute fin du mois de novembre 1340 et, à l'approche de l'hiver, il était plus périlleux que d'habitude de risquer une traversée de la Manche. Mais Édouard était dans une situation désespérée, furieux et prêt à éreinter toute l'Angleterre et ses ministres, dût-il y mettre jusqu'à la dernière once de sa formidable énergie. Sa guerre contre la France courait à l'échec : il n'avait plus d'argent, plus de gloire, plus d'alliés. Et il s'était convaincu que la faute en était au conseil de régence qu'il avait laissé à Westminster, sous la direction de Jean de Stratford, archevêque de Canterbury.

Le roi était non seulement persuadé que ses ministres le privaient délibérément des fonds dont il avait besoin pour poursuivre son entreprise militaire, mais, obnubilé par les difficultés de sa position, il avait commencé à s'imaginer que d'aucuns s'efforçaient délibérément de le sacrifier. « Je pense que l'archevêque espérait qu'en me privant d'argent, je serais trahi et assassiné », écrirait-il par la suite au pape. Il résolut donc de rentrer de Flandre et d'administrer en personne le sévère châtiment qui s'imposait.

Le 30 novembre, son navire arriva à Londres bien après le couvre-feu. Ce soir-là, il avait eu à négocier les eaux grises et turbulentes de l'estuaire de la Tamise, si agitées, nous dit l'auteur de la *Salacronica*, qu'Édouard lui-même « manqua bien se noyer ». Vers minuit, le capitaine accosta près de la Tour de Londres. Les passagers trempés et livides débarquèrent à la lueur d'une torche. Lorsqu'ils levèrent les yeux, fatigués, frigorifiés et trempés, il leur sembla que tout dormait dans la Tour. Il n'y avait pas un bruit, pas un mouvement sur les remparts. Le roi n'était pas attendu. La forteresse aurait dû être placée sous bonne garde à la nuit tombée, mais personne ne les vit arriver.

Que le centre névralgique de la défense de la capitale fût ainsi laissé sans surveillance en temps de guerre acheva de mettre Édouard hors de lui. Il se précipita dans la Tour, l'inspecta rageusement et commença à dresser une liste des hommes qu'il voulait voir comparaître devant lui : son trésorier, son chancelier et les responsables de leurs services ; ses juges, le maire de Londres et tous les marchands de la cité censés gérer le commerce de la laine ; et, bien entendu, le lieutenant de la Tour, coupable d'avoir laissé si honteusement vulnérable la principale défense de la capitale. La colère d'Édouard était compréhensible. Après trois années de combats sporadiques, il n'avait pratiquement plus un sou vaillant pour poursuivre la guerre dans laquelle il avait investi tant d'argent. Depuis le triomphe de l'Écluse, il n'avait connu que frustrations et Philippe VI, en s'obstinant à esquiver l'affrontement, l'avait acculé dans une impasse coûteuse. Le Valois avait balayé d'un revers de main sa proposition saugrenue de duel singulier ou de bataille rangée mettant en présence cent chevaliers de chaque camp. Le roi de France était assez sage pour savoir qu'entre son embonpoint et sa cinquantaine approchante, il n'était pas de taille à se mesurer à un viril Plantagenêt de 28 ans, et qu'il n'avait rien à gagner et beaucoup à perdre dans un tournoi qui promettait d'être meurtrier.

Voyant dans ce refus un affront personnel, Édouard avait tout aussitôt répliqué en mettant le siège devant les deux villes frontalières de Tournai et Saint-Omer. Mal lui en prit. Ces deux opérations, totalement inutiles, lui avaient coûté très cher – en argent et en hommes – et s'étaient soldées par une boucherie et une lamentable retraite. Les chevauchées – ces fulgurantes charges de cavaliers armés galopant en rangs serrés par les campagnes, dont l'unique objectif était de piller et terroriser les populations civiles – étaient certes gratifiantes pour les soldats qui y participaient, mais n'avaient apporté aucune avancée stratégique. La trêve d'Esplechin-sur-Escault qui, rétablissant la paix sur tous les théâtres d'opérations – l'Écosse, la Guyenne et les mers –, avait conclu une saison de campagnes stériles, était bien loin d'affirmer la résurgence militaire de l'Angleterre qu'avait espérée Édouard en déclarant la guerre trois ans auparavant.

Dans l'esprit d'Édouard, il ne faisait aucun doute que tous les échecs qu'il avait essuyés au lendemain de la bataille de l'Écluse étaient dus à un manque de financement chronique de ses armées. Édouard devait déjà beaucoup d'argent à ses alliés flamands et ne pouvait pas continuer à combattre tant qu'il ne leur aurait pas réglé les sommes considérables qu'il leur avait promises en échange de leur soutien. Pour ce faire, ses ministres devaient trouver moyen de soutirer encore plus d'argent aux contribuables du royaume. Ce fut le point de friction qui déclencha la crise la plus grave de son règne.

Le 1er décembre 1340, au lendemain de ses premières diatribes dans la tour, Édouard entreprit de faire le grand ménage dans son administration. Il commença par congédier les plus hauts officiers royaux, puis poursuivit la purge dans les échelons inférieurs de la hiérarchie. Les premières têtes qui tombèrent furent celles du chancelier et du trésorier. Après quoi, il fit arrêter le président de la Cour des plaids communs (l'un des deux plus hauts magistrats d'Angleterre), ainsi que quatre autres juges, le lieutenant de la Tour, et trois des plus importants marchands anglais. Il limogea ensuite plusieurs barons de la cour de l'Échiquier, ordonnant aux clercs maintenus en place de lui fournir un rapport détaillé sur leurs dernières transactions. Pour bien faire comprendre qu'il ne faisait aucune confiance à cette institution, il décréta que les recettes fiscales seraient dorénavant versées directement à un fonds d'urgence sis à la Tour de Londres.

L'épuration ne se limita pas à la capitale. Édouard destitua également de nombreux serviteurs de la Couronne dans les comtés : il révoqua l'ensemble de ses agents de douane et remplaça près de la moitié des shérifs et tous les coroners et officiers testamentaires (chargés de saisir les biens et revenus en déshérence échus au roi). Il institua une commission publique d'oyer et terminer (qui écoute et décide) qui ferait la tournée des comtés pour éradiquer la corruption et aurait compétence pour entendre des plaintes sur les abus de pouvoir des officiers royaux, en remontant jusqu'aux débuts du règne d'Édouard II.

Puis, le roi régla ses comptes avec l'archevêque de Canterbury. En sa qualité de président du conseil de régence, Stratford était, à ses yeux, responsable en dernière instance de toutes les défaillances – réelles ou supposées – du gouvernement anglais. Son frère, Robert de Stratford, évêque de Chichester, n'était autre que le chancelier, qu'Édouard avait déjà expédié à la Tour. Dans un échange cinglant de lettres et de récriminations publiques, il accusa Jean de Stratford de lui avoir soustrait de l'argent, d'avoir fait obstruction devant le parlement aux demandes de nouvelles taxes et abusé de son pouvoir.

Rien de tout cela n'émut grandement Stratford. À son sens, ce n'était pas sa régence qui était en cause mais le roi lui-même, qui accablait le pays d'exigences exorbitantes, écoutait les conseils d'amis incompétents et s'était comporté en tyran en arrêtant sommairement ses sujets et en menaçant les droits de l'Église à travers l'archevêché de Canterbury. Il ne s'embarrassa guère de politesses pour répondre aux courriers d'Édouard, traitant le souverain de nouveau Roboam – en référence au roi biblique qui, ignorant les sages conseils, opprima son peuple en choisissant de s'en remettre aux belles paroles de ses jeunes amis ambitieux et dénués de tout sens politique.

La pique n'avait rien d'innocent. Roboam avait en effet déclaré au peuple d'Israël : « Mon père a rendu pesant votre joug ; moi j'augmenterai le poids de votre joug ; mon père vous a corrigés avec des fouets ; moi je vous corrigerai avec des lanières cloutées. » (*Rois* I, 12 :14) Et, au cas où Édouard ferait mine de ne pas saisir l'allusion, Stratford se fit plus clair : il accusa ouvertement le monarque d'avoir enfreint la Grande Charte et son serment de couronnement, concluant par une menace à peine voilée : « Vous ne savez que trop bien ce qui est arrivé à votre père, Sire. »

De la Noël jusqu'au début du printemps, Édouard organisa par tout le pays une série de tournois, plus fastueux les uns que les autres. Entre-temps, sa joute épistolaire avec Stratford se poursuivait ouvertement. Elle culmina par une attaque furieuse d'Édouard et de ses conseillers, que Stratford qualifia de *libellus famosus* (diffamation notoire), dans laquelle le roi, montant d'un cran dans la surenchère, accusait l'archevêque de trahison.

Il s'engageait sur une voie périlleuse. Édouard avait raison de dénoncer les manquements de ses fonctionnaires, mais en accusant un archevêque de Canterbury de trahison, il prenait le risque de passer pour un tyran. Stratford, loin de se laisser déstabiliser par le royal courroux, nia la plupart des charges portées contre lui et exigea de se défendre devant le parlement. Le roi, écumant de rage, en vint aux attaques personnelles. Le conflit était à deux doigts de rappeler l'un des épisodes les plus abjects de l'histoire des Plantagenêts. En tenant fermement tête au roi, Stratford gardait à l'esprit le tragique précédent de l'affaire Thomas Becket.

La situation s'envenima au parlement de mars 1341. S'emparant du prétexte du non-paiement des taxes, Édouard posta ses domestiques en faction à l'entrée de la Chambre peinte du palais de Westminster, où se réunissait le parlement, leur ordonnant d'en barrer l'accès à Stratford. Il laissa en revanche entrer plusieurs conseillers et serviteurs de sa maison, qui n'avaient aucun droit de siéger. Stratford, indigné, se campa devant la porte de la chambre, et, appuyé sur sa crosse d'archevêque, refusa obstinément de bouger tant qu'il ne serait pas admis dans l'enceinte de l'assemblée. Le bras de fer dura trois jours. Enfin, le comte de Surrey s'interposa : « Les parlements n'ont pas été créés pour fonctionner de la sorte, expliqua-t-il au roi. Car ici, ceux qui devraient siéger au premier rang sont exclus, alors que siègent d'autres hommes de rang inférieur qui n'ont rien à y faire. » Stratford fut en fin de compte autorisé à rejoindre ses pairs pour entendre la cour égrener la liste des trente-deux fautes graves qui lui étaient reprochées.

Si Édouard croyait avoir remporté la partie, il se trompait. Les débats qui suivirent lui firent clairement comprendre qu'à se laisser dominer par sa colère, il était allé trop loin. La classe politique soutenait unanimement l'archevêque. Une pétition présentée en séance démontrait que ce dernier avait l'appui d'un grand nombre de barons et de prélats, de la communauté de Londres et des représentants des communes. Face à pareille opposition, un roi qui tenait à son trône ne pouvait pas faire grand-chose. Le 3 mai 1341, Édouard n'eut d'autre choix que de s'incliner, à sa grande humiliation. Grâce à la médiation du comte de Salisbury et d'autres seigneurs loyalistes, il fut contraint de se réconcilier avec l'archevêque sous les auspices du parlement et d'accepter un programme de réformes qui prévoyait notamment de rendre les percepteurs d'impôts responsables devant le parlement et de lancer des enquêtes sur les réquisitions. Le roi promit qu'à l'avenir, la nomination des grands commis de l'État – le chancelier, le trésorier, les juges, le gardien du sceau privé du roi et les plus hautes personnalités de la maison royale – devrait être avalisée par le parlement et que les grands du royaume et les ministres du roi ne pourraient être arrêtés et être jugés « qu'en plein parlement et devant leurs pairs ».

Fort heureusement pour Édouard, cette crise politique, qui était la plus grave qui eût frappé l'Angleterre depuis 1297, connut un dénouement pacifique. Son retour impromptu dans une Tour déserte et son spectaculaire déchaînement de colère n'étaient désormais plus pour lui qu'une source d'embarras face au parlement. Il promit, avec des accents grandiloquents qu'Henri II n'aurait pas renié, de ne plus jamais nommer un homme d'Église au poste de ministre, ni d'ailleurs aucun autre homme qu'il ne pût faire pendre, écarteler et décapiter pour sa déloyauté. Cette déclaration tonitruante occultait néanmoins les conséquences décisives de la crise de 1341 sur le vote du financement de la guerre contre la France et, plus encore, sur le mode de gouvernement qui régirait dorénavant le royaume. La querelle personnelle d'Édouard avec son archevêque et sa tentative de punir ses ministres avaient abouti à un principe posant que les activités des grands officiers de la Couronne pourraient être examinées au parlement. L'Angleterre venait de se doter par inadvertance d'un mécanisme qui lui permettrait désormais de régler des crises politiques sans en passer par une guerre civile meurtrière.

De plus, aussi curieux que cela puisse paraître, les concessions réticentes d'Édouard lui valurent suffisamment de capital politique pour l'autoriser à négocier une nouvelle source de financement pour ses guerres. Au lieu de remplir les caisses de l'État en levant une taxe d'un neuvième sur les biens meubles et un impôt forcé, le parlement accorda au roi une taxe directe sur la laine – l'un des principaux produits d'exportation du pays –, qui rapporta des sommes étonnantes. Près de 30 000 balles de laine furent réquisitionnées au profit de la Couronne, pour une valeur de quelque 126 000 livres – ce qui en faisait l'impôt le plus lourd levé en Angleterre depuis la fin du règne de Jean.

Pendant ce temps-là, la reine Philippa était à King's Langley où, le 5 juin 1341, elle mit au monde un autre fils. L'enfant reçut un prénom anglais traditionnel – Edmond – et un tournoi fut organisé pour célébrer la royale naissance. Après quoi, les nobles réunis retournèrent à Londres pour participer à une série de conseils de guerre destinés à préparer la phase suivante du conflit opposant Édouard au roi de France. Il ne dut pas échapper au souverain que s'il était sorti relativement indemne de son différend avec Stratford, il le devait surtout au fait qu'aucun de ses grands barons ne s'était révolté contre lui, à la manière d'un Thomas de Lancastre ou d'un Simon de Montfort. En dépit des difficultés qu'Édouard rencontrait en France, de ses exigences financières exorbitantes et de son obstination à contrer l'archevêque Stratford, les événements de 1341 n'avaient pas débouché sur une opposition armée telle que la Couronne avait eu à en affronter en 1328-1329, lorsqu'Henri de Lancastre avait tenu tête à Roger Mortimer. La crise avait démontré qu'Édouard entretenait avec les grands de son royaume un lien particulièrement étroit et solide. À terme, tous en recueilleraient les fruits.

Domination

Dans la chaleur de ce mois de juillet 1346, l'armée anglaise traversait un paysage dévasté du Cotentin, englouti dans un flamboiement infernal. Des bandes d'incendiaires en maraude avaient embrasé les champs et de terrifiantes flammes orange s'élevaient vers le ciel. Ils avaient laissé derrière eux des villes et des villages fantômes anéantis, pillés et brûlés, abandonnés par des familles terrifiées. Les routes de l'arrière-pays grouillaient de réfugiés fuyant l'implacable folie destructrice qui dévorait tout sur son passage. À la mi-juillet, une immense flotte de 750 nefs avait déversé sur les côtes des milliers de simples soldats d'Angleterre et du pays de Galles. Ils étaient dirigés par des militaires de l'aristocratie et de la grande bourgeoisie anglaises, mais pour semer la terreur, ces hordes n'avaient d'autres maîtres qu'elles-mêmes.

Elles avançaient dans les campagnes fertiles de Normandie, se déployant sur un front de vingt à vingt-cinq kilomètres de large, pour tout mettre à feu et à sang. L'air d'été devait être épaissi d'une fumée étouffante et résonner des plaintes, pleurs, cris et gémissements des villageois qui avaient été trop lents ou trop faibles pour fuir. Et tandis que l'armée s'enfonçait dans les terres, deux cents navires de la marine anglaise serraient la côte, approvisionnant les hommes à terre et en débarquant d'autres pour détruire chaque village qu'ils doublaient, jusqu'à ce qu'un officier royal estime qu'il ne restait littéralement plus rien à dévaster sur une bande de huit kilomètres du littoral.

Ces terres avaient autrefois appartenu aux Plantagenêts. Il y avait bien longtemps, sous le règne de Jean, elles avaient été razziées et incendiées par les rois capétiens dans leurs batailles de reconquête vers l'ouest. Désormais, l'arrière-arrière petit-fils de Jean, Édouard III, exerçait sa terrible vengeance en conduisant une force d'invasion de quelque 10 000 hommes en sens opposé : balayant le duché de Normandie, ils se dirigeaient vers la Seine, pour rejoindre Rouen et Paris.

Entre 1341 et 1346, la guerre n'avait pas faibli. Elle s'était même intensifiée. Édouard avait essuyé un revers en Écosse en juillet 1341, quand David II était rentré de Normandie pour reprendre le pouvoir à Robert Stuart, gardien du royaume. Il avait rétabli la monarchie écossaise de la famille Bruce, avec laquelle il fut contraint d'accepter une trêve de trois ans en 1343. On pourrait s'étonner qu'Édouard ne se fût pas montré plus agressif au lendemain du retour sur le trône de son beau-frère David – mais il avait déjà fort à faire de l'autre côté de la Manche. Car en avril 1341, Jean III, duc de Bretagne, était décédé, ce qui avait fourni à Édouard une occasion de poursuivre la guerre contre les Français par un conflit par procuration. Le principal enjeu de la guerre entre les maisons Plantagenêt et Valois devint la crise de succession en Bretagne : Édouard soutenait Jean de Montfort, tandis que Philippe appuyait les revendications de son cousin Charles de Blois.

La guerre de succession de Bretagne dura cinq ans, par intermittence. Se battre dans le nord-ouest de la France présentait des difficultés logistiques considérables et se solda par un lourd bilan humain. Robert d'Artois, l'ennemi juré de Philippe VI, y laissa la vie, lui qui, le premier, avait encouragé le roi anglais à faire valoir ses droits sur la couronne de France et était par la suite devenu un capitaine de confiance dans les armées d'Édouard. Robert décéda des complications d'une blessure reçue lors d'une attaque sur Vannes. Pour Édouard, cependant, la cause justifiait de tels risques.

Le roi nourrissait désormais de plus en plus d'ambitions. À un moment donné entre 1341 et 1343, il avait commandé un exemplaire de l'histoire du règne d'Henri II rédigé par Guillaume de Newburgh, qui rappelait l'époque glorieuse où les rois d'Angleterre régnaient sur la Normandie, le Maine, la Touraine et l'Anjou, et aussi sur la Bretagne et la vaste Aquitaine. Dans l'esprit d'Édouard, l'objectif de la guerre n'était plus simplement de sauver ses domaines en Gascogne et dans le Ponthieu. Il commençait maintenant à envisager un retour à la situation antérieure au traité de Paris de 1259 – et même à la perte de la Normandie de 1204 –, à l'époque où ses ancêtres contrôlaient un puissant empire continental. Une nouvelle monnaie d'or frappée en 1344 et mise en circulation sur les marchés d'échanges internationaux proclamait à tous les marchands d'Europe qu'Édouard était « roi d'Angleterre et de France ». Cela devenait plus qu'un simple élément de rhétorique tactique. En 1345, les pourparlers de paix sur la Bretagne échouèrent, en dépit de la médiation du pape Clément VI à Avignon, et Édouard s'apprêtait à intensifier les hostilités.

Il organisa une offensive sur trois fronts. Guillaume de Bohun, comte de Northampton, conduisit une armée en Bretagne. Henri de Grosmont, comte de Derby, qui devenait rapidement le meilleur ami du roi et son commandant le plus fiable, prit la tête d'une autre expédition, plus modeste, vers le sud, en Gascogne, et fut nommé lieutenant du roi en Aquitaine. Édouard traversa pour sa part la Manche avec une vaste troupe de 14 000 à 15 000 hommes qu'il emmenait en Normandie. À elles trois, ces armées d'invasion constituaient la plus puissante force militaire envoyée en France depuis que Jean avait tenté de reprendre la Normandie en 1214.

Depuis 1340, l'effort de guerre anglais avait changé de nature : Édouard avait compris que, dans les circonstances, sa stratégie de recherche d'alliances dans le nord-ouest et d'invasion directe dans le sud n'avait plus de raison d'être. Les alliances revenaient trop cher, les alliés étaient trop enclins à se défiler. L'une des victimes de sa politique exorbitante d'achat d'alliés avait été la banque Bardi : le roi anglais avait contribué à sa ruine en faisant défaut sur ses dettes abyssales, contractées en partie pour verser des acomptes à la noblesse du nord. En 1346, Édouard ne pouvait plus compter que sur la faction pro-anglaise de Bretagne et les Flamands. Tous les hommes envoyés se battre sous l'étendard royal en 1346 venaient d'Angleterre.

Les hordes sauvages qui débarquèrent avec le roi à Saint-Vaast-la-Hougue le 12 juillet 1346 avaient donc une langue maternelle commune. Leur cri d'armes était « Par Saint-Georges ! » (les Français, eux, criaient « Montjoie Saint-Denis ! ») Ces soldats avaient diverses spécialités : près de la moitié était des archers formés dans leurs villages au tir de précision avec leur long arc meurtrier.

D'autres étaient ingénieurs, mineurs, sapeurs, employés ou domestiques. Beaucoup avaient été recrutés dans le cadre de la conscription et certains étaient des criminels graciés pour partir au combat. Tous étaient équipés et approvisionnés par un immense stock de vivres et d'armes réquisitionné dans le cadre d'un effort de guerre sans précédent. Ils emportaient dans leurs bagages des milliers d'arcs et de flèches peints en blanc, et plus de victuailles qu'ils ne pourraient en consommer avant qu'elles ne pourrissent.

Avant leur premier débarquement, les hommes reçurent du roi l'ordre de ne pas s'en prendre aux populations locales, de ne pas piller les sanctuaires et les églises et de ne pas incendier gratuitement les cultures et les villages. Le roi demandait de la retenue, déplorant ce qu'il appelait dans une proclamation royale « le destin malheureux [...] de son peuple de France ». C'était peine perdue. Édouard avait entraîné à sa suite de nombreux soldats aguerris, dont beaucoup commandaient des compagnies professionnelles d'archers montés, de hobelars et d'hommes d'armes, mais il ne pouvait en aucune manière prétendre disposer d'une armée régulière bien entraînée. La taille sans précédent de la force d'invasion était telle que l'infanterie comptait nécessairement un grand nombre d'hommes enrôlés de force : des villageois mal équipés et indisciplinés, incités à s'engager par une propagande royale soutenue, martelant que Philippe VI et les Français étaient des espions et des agresseurs qui cherchaient à envahir l'Angleterre, obliger les populations à parler le français et inciter les Écossais à envahir les régions septentrionales du royaume. Cette piétaille était hermétique à toute discipline et rien ne pouvait l'empêcher de déferler sur la Normandie comme une meute de chiens enragés pour la saccager.

Cette armée de bric et de broc s'enfonçait donc dans les campagnes, ponctuant sa marche de massacres et brutalités sans nom. Des étendards et des pennons flottaient au-dessus des trois corps d'armée. L'arrière-garde était encadrée par Thomas Hatfield, le martial évêque de Durham. Le roi commandait le centre. L'avant-garde était conduite par le fils aîné d'Édouard, Édouard prince de Galles et duc de Cornouailles. À seize ans, ce jeune homme grand, beau et courageux, avait déjà la trempe de son père. Il avait été armé chevalier dès le débarquement, avec quelques autres jeunes gens participant à la campagne : Guillaume de Montaigu, fils du comte de Salisbury ; et Roger Mortimer, petit-fils de l'homme déposé par le coup d'État royal. Les comtes de Northampton et de Warwick chevauchaient aux côtés de celui que l'on n'appelait pas encore le Prince Noir, pour guider ses premiers pas sur le champ de bataille.

Édouard avait préparé l'invasion dans le plus grand secret. Dans son état-major, très rares étaient ceux qui connaissaient la destination de cette immense armée avant qu'elle ne s'éloigne des côtes anglaises. Philippe VI avait reçu des renseignements indiquant que son ennemi avait l'intention de rejoindre la Gascogne, afin d'apporter des renforts à Henri de Grosmont (qui, après la mort de son père, en 1345, avait été élevé au rang de comte de Lancastre), afin de soutenir le siège d'Aiguillon, au cœur du Sud-Ouest, à la confluence du Lot et de la Garonne. Le fils de Philippe, Jean, duc de Normandie, menait le siège. Ainsi, lorsque le gros des forces d'Édouard débarqua à Saint-Vaast-la-Hougue, il ne rencontra pratiquement aucune résistance.

L'armée arriva aux portes de Caen le 26 juillet. Après de brèves négociations avec la garnison du château, elle prit d'assaut le riche faubourg résidentiel de la ville, laissant 2 500 cadavres déchiquetés et ensanglantés joncher les rues, et captura les citoyens les plus fortunés pour les envoyer en Angleterre. Puis, elle remonta la vallée de la Seine par la rive gauche pendant quinze jours. Les Français avaient tardé à prendre des positions défensives. Ils détruisirent les ponts pour empêcher les Anglais de franchir le fleuve et les suivirent depuis la rive droite.

Le 12 août, les Anglais n'étaient plus qu'à trente kilomètres de Paris. Un vent de panique déferla sur la capitale : les Parisiens ne savaient que trop bien que cette horde barbare et dépravée ruinerait leur vie et leurs gagne-pain. Les ministres de Philippe firent appeler cinquante hommes d'armes pour tenter de maintenir la paix dans la plus grande ville d'Europe, plongée dans la terreur. D'un bout à l'autre de la ville et des faubourgs, on barricada les immeubles et on cloua des planches de bois sur toutes les ouvertures. La population se préparait à un combat de rue. On apercevait déjà au loin, en amont de la Seine, des colonnes de fumée au-dessus de Saint-Cloud et Saint-Germain-en-Laye. Les Anglais n'étaient pas loin.

Philippe VI convoqua ses conseillers à Saint-Denis. Il ne savait plus que faire. Le 16 août, les Anglais reconstruisirent des ponts sur la Seine. Dans une manœuvre désespérée pour les maintenir à distance, Philippe leur proposa une bataille rangée sur la plaine de Vaugirard, à six kilomètres au sud de Paris. L'armée française se porta à leur rencontre au lieu désigné.

Mais les Anglais, au lieu de poursuivre soit vers le sud pour livrer bataille, soit vers l'est pour assiéger Paris, foncèrent droit au nord, en direction de la Flandre, afin de tenter une jonction avec une armée flamande cantonnée près de Béthune. Leur marche forcée dura une semaine. Elle fut si épuisante que les fantassins usèrent leurs semelles et les unités de ravitaillement dévalisèrent en route les campagnes de tous vivres et provisions.

Quand les Anglais atteignirent leur point de rendez-vous, ils constatèrent que l'armée flamande avait renoncé et plié bagages. Mais il était trop tard pour éviter l'affrontement. Le fils aîné de Philippe, Jean de Normandie, rappelé d'Aiguillon à la mi-août, avait rejoint le nord à vive allure pour défendre son duché assiégé. Toutes les forces étaient en présence.

Le dimanche 26 août 1346, Anglais et Français se retrouvèrent enfin devant une forêt entre les villages de Crécy et de Wadincourt. Les Anglais s'étaient déployés en deux rangs d'infanterie et d'hommes d'armes à pied bardés de fer. Le prince de Galles commandait la première ligne, assisté de Warwick et Northampton. Le roi rassembla ses combattants, riant et plaisantant avec eux. Puis, il prit position en tête de l'arrière-garde. Sur les ailes, de grosses formations d'archers à pied, protégés des charges de cavalerie par les chariots à bagages, encadraient les fantassins. Ce seraient les archers qui décideraient du cours d'une bataille d'anthologie.

Les Français arrivèrent à Crécy en ordre dispersé, mais ils avaient pour eux la supériorité numérique – Philippe VI avait peut-être aligné 25 000 hommes, dont un grand nombre de mercenaires génois. Les Anglais n'avaient pas la moitié de ces effectifs. Le roi de France répartit ses troupes en trois « batailles » : les arbalétriers à l'avant, deux divisions de cavalerie en deuxième ligne, l'infanterie sur les ailes.

En attendant l'ordre de passer à l'offensive, les deux camps se firent face et s'invectivèrent. Vers cinq heures du soir, un orage éclata et, dans le fracas assourdissant des trompettes et des tambours, les arbalétriers français et les archers anglais firent pleuvoir leurs volées de traits. Les flèches anglaises étaient mortelles : chaque archer en tirait cinq ou six à la minute, elles tombaient du ciel comme une grêle. Les arbalétriers génois de Philippe, eux, tiraient leurs carreaux à une cadence deux fois moins rapide et manquaient leurs cibles. C'était là la différence cruciale entre les deux camps, et un avantage qui vaudrait pour une grande partie de la guerre de Cent Ans : l'arc long était l'arme la plus redoutable qui fût sur le champ de bataille.

Le roi David II d'Écosse avait sans doute parlé à son protecteur Philippe VI des ravages que les arcs longs anglais avaient causés sur la colline d'Halidon. Auquel cas, le Valois n'avait pas retenu la leçon. La cavalerie française – depuis si longtemps fierté et fléau de l'Europe – vit les premières lignes d'arbalétriers se replier. Croyant avoir affaire à des couards qui se débandaient, les chevaliers, postés juste derrière les Génois, lancèrent une charge désordonnée, piétinant les blessés et tous ceux qui ne s'écartaient pas. Mais leur élan se brisa sous le déluge de traits blancs. Les empennages métalliques des flèches se fichaient profondément dans les chairs des cavaliers et de leurs montures, qui s'enchevêtrèrent dans un chaos de convulsions de douleur, de cabrades, de hennissements affolés, de plaintes d'épouvante d'hommes agonisants.

Sous les nuées de flèches qui fouettaient l'air, Édouard ordonna un nouvel assaut. Alors, le bruit du canon retentit pour la première fois sur un champ de bataille de France. Les Anglais avaient emporté dans leurs bagages quelques ribaudequins, bouches à feu primitives qui décochaient des carreaux et des boulets de métal sans grande précision en direction de l'ennemi. Ces pièces d'artillerie étaient loin d'égaler l'efficacité des arcs longs, mais entre le sifflement des flèches ponctué par le fracas terrifiant des coups de canon, les cris de guerre enragés des piétons dans la mêlée, les hennissements des chevaux effarés et les râles des agonisants à demi démembrés et entrailles à l'air, sur fond de roulements de tambours et de sonneries de trompettes, le théâtre de Crécy devait, ce soir-là, ressembler à l'enfer lui-même.

Après coup, on jugea que le grand héros du jour avait été le Prince Noir : pour son premier engagement armé, il s'était battu vaillamment, pourfendant les hommes d'armes de son épée, culbutant les cavaliers adverses et aboyant des ordres à ses troupes. À un certain moment, il fut désarçonné ; son porte-étendard, dans un acte de désespoir ultime, avait un instant lâché sa bannière pour l'aider à se relever. Froissart relaya de la façon suivante l'incident, entré depuis lors dans la légende anglaise. Tandis que le fracas des armes enflait autour de lui, le prince, craignant que ses hommes ne tombent trop vite autour de lui, fit savoir à son père qu'il avait besoin de renforts.

« Mon fils est-il mort ou à terre ? » demanda le roi.

Informé que le prince n'était pas mort mais se trouvait en grand danger, il répliqua : « Alors, retournez devers lui et devers ceux qui vous ont envoyé ici, et dites-leur qu'ils ne m'envoient plus chercher pour aventure qui leur advienne tant que mon fils soit en vie, [...] et qu'ils laissent gagner à l'enfant ses éperons. »

Plusieurs heures de combat féroce et sanguinaire mirent le roi Philippe et ses alliés en déroute. La cavalerie avait pourtant conduit des charges héroïques, se reformant et repartant bravement à la charge à quinze reprises. Mais elle était aussi impuissante face aux positions des fantassins anglais que la cavalerie d'Édouard II l'avait été contre les schiltrons à Bannockburn. Le roi de France perdit des milliers d'hommes : à la fin du jour, on dénombra sur la ligne de front anglaise 1 542 chevaliers et écuyers morts, et abondance de cadavres de soldats ordinaires. De nombreux grands nobles alliés à la cause de Philippe périrent, parmi lesquels Jean de Luxembourg, le roi aveugle de Bohême, qui avait imité Giles d'Argentein, héros tragique de Bannockburn : apprenant que les Français étaient en train de perdre, il demanda qu'on le conduise au cœur de la mêlée, sachant pertinemment qu'il serait fauché au premier heurt. On retrouva son corps attaché à ceux de ses compagnons d'armes qui avaient courageusement accepté de l'accompagner dans sa mission suicidaire. Outre le roi Jean, deux ducs et quatre comtes furent tués. Les Anglais victorieux leur donnèrent à tous une sépulture honorable.

Édouard annonça fièrement sa victoire à l'Angleterre, affirmant dans une lettre au parlement : « Toute l'armée de France a déposé les armes ». La nouvelle se répandit très vite dans tout le pays, grâce à un réseau de moines dominicains que l'administration royale utilisait comme messagers itinérants. Tous comprirent que Crécy avait été une victoire retentissante. Elle était la récompense tangible de toutes les souffrances endurées par le peuple anglais qui avait financé son armée dévastatrice. Elle avait surtout une immense valeur de propagande. Valeur qui se trouva renforcée en octobre suivant, quand des troupes commandées par Ralph Neville, Henri de Percy et William de la Zouche, archevêque d'York, anéantirent une puissante force d'invasion à la bataille de Neville's Cross, près de Durham. Ils capturèrent quatre comtes écossais et le maréchal, le chambellan et le connétable d'Écosse perdirent la vie. Le comte de Moray fut tué dans la bataille. Presque tout l'état-major de l'armée écossaise fut éliminé en une seule journée, et le roi David II fut fait prisonnier et emmené en Angleterre où il resterait captif pendant onze années.

Crécy marqua également un tournant décisif dans l'histoire militaire médiévale. Les nouvelles méthodes de recrutement, plus professionnelles, et des tactiques de combat radicalement novatrices qui se développaient depuis les années 1330 firent leurs preuves non seulement contre les Écossais, mais contre les redoutables armées du roi de France.

1346 fut donc une excellente année pour la puissance militaire anglaise. Pour autant, elle ne mit pas un terme à la guerre. Car les tactiques d'Édouard reposaient sur un paradoxe : bien que son armée eût infligé une défaite cuisante aux forces assemblées du roi de France et de son fils, elle n'avait rien fait pour attacher les populations de Normandie à une suzeraineté anglaise, ni pour leur faire préférer un roi anglais à un roi français. Et si elle avait sérieusement mis en déroute Philippe VI, le duc de Normandie et leurs alliés, la victoire d'Édouard à Crécy n'avait en rien anéanti la capacité militaire de la France, ni entamé le pouvoir politique de Philippe.

Les hostilités se poursuivirent donc. Pendant tout le reste de l'été, le comte de Lancastre continua à conduire des raids dévastateurs en Gascogne. Le capitaine Thomas Dagworth remporta une brillante victoire en Bretagne, triomphant de Charles de Blois à La Roche-Derrien et le capturant. Entre-temps, en septembre 1346, Édouard et le Prince Noir commencèrent un siège implacable et brutal devant Calais, qui se prolongea jusqu'en octobre 1347.

Le siège de Calais fut en un certain sens un événement militaire encore plus important que la bataille de Crécy. Il mobilisa près de 26 000 hommes – la plus grande armée anglaise jamais déployée pendant toute l'histoire de la guerre de Cent Ans. Chaque comte anglais y participa à un moment ou un autre, à l'exception de quatre barons, trop âgés ou infirmes. Pour entretenir cette immense armée pendant plus d'un an, l'Angleterre fut à nouveau soumise à une pression fiscale extraordinaire ; de nombreuses taxes nouvelles sur les biens et les exportations soulevèrent un mécontentement généralisé dans le royaume. Mais la victoire de Crécy avait auréolé Édouard d'un nouveau prestige. Le chroniqueur Jean Le Bel écrivit que 1346 avait totalement retourné l'image des Anglais : ils n'étaient plus désormais une race ignorante, mais le peuple le plus raffiné et le plus chevaleresque qui fût sur terre. La magnifique concentration de soldats cantonnée devant les murs de Calais faisait tout à la fois office de vitrine de la chevalerie et d'armée d'invasion hostile.

Entre-temps, à l'intérieur de la ville, les citoyens assaillis par le désespoir et la famine en étaient réduits à mâchonner le cuir de leurs selles pour se sustenter. Ils soutinrent le siège une année, au cours de laquelle Philippe VI essaya d'éloigner les Anglais de Calais en massant ses troupes assez près pour les attirer dans une bataille rangée. Enfin, en octobre 1347, lorsqu'il devint clair que les Anglais ne bougeraient pas, une délégation de bourgeois sortit de la ville pour se rendre à Édouard, corde au cou en signe de soumission totale. Dans une grande mise en scène de puissance chevaleresque, Édouard autorisa la reine Philippa à implorer sa clémence. Les suppliants en chemise furent épargnés, mais la ville fut saisie et resterait aux mains des Anglais pendant plus de deux siècles. Le roi et ses compagnons d'armes rentrèrent en Angleterre en héros conquérants.

Les années 1346 et 1347 avaient été parmi les plus glorieuses et les plus meurtrières de l'histoire des Plantagenêts. Mais au-delà de ces scènes d'héroïsme et de cruauté, de résistance et de privations, une autre forme de mort, beaucoup plus destructrice, guettait aux marches de l'Europe. Elle se propageait depuis les steppes d'Asie centrale et pénétrait le continent par ses ports qui commerçaient avec l'Orient. Elle progressait à une vitesse que l'armée la plus sanguinaire de la chrétienté n'aurait pu égaler. En 1347, la Peste noire arrivait.

Mort d'une princesse

L'été 1348 fut humide mais, en dépit de l'inclémence du climat, l'Angleterre flamboyait de gloire. Le roi avait fait un retour triomphal dans son royaume au mois d'octobre précédent. Calais avait été prise. Les avancées françaises en Gascogne étaient endiguées. Philippe VI avait été humilié sur le champ de bataille et dans les rencontres diplomatiques qui avaient abouti à une trêve de trois ans. Les Écossais avaient été matés.

La famille et le pays tout entier célébraient dignement ce chapelet de victoires. Festivités et démonstrations ostentatoires se succédaient depuis le bal de Noël, auquel la cour tout entière s'était pavanée dans des costumes et des masques extravagants. Les aristocrates avaient défilé déguisés en lapins, dragons, faisans et cygnes, tandis que le roi et ses chevaliers portaient de grandes robes vertes ornées de plumes de paon. Après la Noël, un calendrier de tournois avait été arrêté. De février à septembre, Reading, Bury St. Edmunds, Lichfield, Eltham, Windsor, Canterbury et Westminster accueillirent des joutes, des pièces romantiques et des jeux.

Le roi veillait à donner à chaque tournoi l'éclat qu'il méritait. Le spectacle, parfois surnaturel, était toujours, somptueux. La famille royale y apparaissait dans de magnifiques vêtements pourpres, scintillants de perles et de diamants cousus en motifs compliqués sur les manches et le plastron. En une occasion, le roi se déguisa en oiseau géant ; en une autre, il habilla son équipe d'uniformes bleu et blanc, peut-être pour rappeler les couleurs de la fleur de lys des armoiries françaises qu'il s'était appropriées. À Lichfield, il combattit sous les armes de l'un de ses plus anciens chevaliers, Thomas Bradeston – superbe témoignage chevaleresque d'humilité feinte et de camaraderie.

Dans l'esprit d'Édouard, amour de la chevalerie et grand spectacle étaient indissociables, et il prit un malin plaisir à exhiber en grande pompe ses plus insignes prisonniers : David II d'Écosse et toute la noblesse parisienne en captivité reçurent de luxueux vêtements et purent ainsi goûter à la chaleureuse munificence de la générosité du roi.

Tous les regards convergeaient sur la grande famille royale, qui mûrissait tout en continuant à se multiplier. Édouard n'avait que 35 ans et la reine Philippa deux ans de moins, mais ils avaient déjà neuf enfants. L'aîné, le Prince Noir, avait dix-huit ans et était déjà un adulte et un héros de guerre, un conquérant dans l'âme ; le benjamin, Guillaume, né en juin, étant encore dans ses langes mais ne parviendrait pas à l'âge adulte.

Le Prince Noir avait pleinement joué son rôle politique et militaire dans les guerres. Aimé de son père, il avait remplacé dans ses affections Guillaume de Montaigu, comte de Salisbury, décédé en 1343 des suites de ses blessures après une joute. Pour l'heure, il était le seul fils du roi en âge de porter les armes. Lionel d'Anvers avait neuf ans, Jean de Gand huit et Edmond de Langley sept. (Un autre garçon, Thomas de Woodstock, verrait le jour en 1355). Quatre filles complétaient cette grande fratrie Plantagenêt. Isabelle (seize ans) et Jeanne (quinze ans) avaient grandi sous le même toit que le Prince Noir, avec leur cousine Jeanne de Kent ; Marie et Marguerite, âgées respectivement de trois et de deux ans, étaient encore toutes petites en 1348 mais on leur réservait d'illustres mariages.

Ayant débuté son entreprise de domination européenne par une guerre contre la France, Édouard avait ajouté dès la fin des années 1340 un autre axe à sa stratégie : il prévoyait de resserrer les liens de sa famille avec l'aristocratie européenne à travers de judicieuses alliances dynastiques. Aucun roi plantagenêt depuis Henri II n'avait eu autant d'enfants qui atteignirent l'âge adulte. Lionel d'Anvers avait été fiancé dès l'âge de trois ans à une héritière du comté d'Ulster, mais Édouard entrevoyait d'autres possibilités pour sa progéniture – en particulier pour ses filles.

Ainsi, en août 1348, alors que la saison des tournois battait son plein, sa cadette Jeanne s'apprêtait quitter le giron de sa famille pour entamer sa nouvelle vie d'épouse de Pierre, fils du roi Alphonse XI de Castille. Les Plantagenêts avaient des origines castillanes : la fille d'Henri II, Aliénor, avait été mariée à Alphonse VIII, et sa petite-fille, Éléonore, avait été rendue à l'Angleterre pour devenir la bien-aimée reine consort d'Édouard Ier. C'était un illustre mariage qui attendait la princesse Jeanne, âgée de quinze ans, et les préparatifs de son départ se firent avec tout le déploiement de faste qui s'imposait.

La princesse mit à la voile à Portsmouth, escortée de quatre navires transportant sa suite et ses effets. Sa robe de mariée, taillée dans cent cinquante mètres d'étoffe de soie brodée de fils d'or, était à elle seule un indice de l'inimaginable splendeur que souhaitait renvoyer au monde la dynastie Plantagenêt. Les vaisseaux étaient lourdement armés. L'arrivée d'une princesse anglaise à Bordeaux – où elle débarquerait pour rejoindre la Castille par voie de terre – devait rappeler à l'Aquitaine l'immense pouvoir de son ancien roi-duc. Un talentueux ménestrel espagnol envoyé en cadeau par le fiancé, deux hauts officiers royaux et cent archers de la maison du roi avaient embarqué avec Jeanne. La chapelle de son navire était ornée de vitraux représentant un combat de dragons. En dépit de la trêve, la Manche et la Gascogne restaient des zones de guerre, et il était bon de rappeler aux observateurs la force militaire de l'Angleterre.

Mais lorsque Jeanne approcha de Bordeaux, la cité paraissait être la proie d'une bête implacable. Depuis le quai, le maire Raymond de Bisquale attendait avec inquiétude ses éminents invités. Dès que les voiles de l'escadre princière furent en vue, il envoya un sinistre avertissement aux passagers et aux équipages : il y avait la peste en ville. Pour sa sécurité, la suite royale ne devait pas débarquer.

À bord, tout le monde devait déjà connaître ce mal venu des steppes d'Asie qui, en un peu plus de trois ans, avait balayé l'Europe et la touchait jusqu'au cœur. Ses effets s'étaient déjà fait durement sentir sur le continent. Les Français l'appelaient « la très grande mortalité ». C'était une description tout à fait littérale de la maladie que, depuis le XVIe siècle, les historiens nomment la peste noire. La pandémie, sur fond d'une guerre implacable et meurtrière entre le Valois et le Plantagenêt, bouleverserait l'esprit médiéval et l'existence des contemporains. La guerre faisait des dizaines de milliers de victimes dans les villages de la vallée de la Seine, les vignobles du Bordelais, près de la forêt de Crécy et devant les portes de Calais. La peste noire annihilerait des millions de gens, partout où elle les trouverait.

Elle s'était déjà répandue à Chypre, en Sicile, en Terre sainte et dans les États italiens. Elle gagna la France par Marseille et se propagea irrésistiblement dans le sud du pays et vers nord. Elle pénétra au sud par l'Aragon, progressant vers la Castille, et au nord jusqu'à Rouen et Paris, poussant Philippe VI à la fuite. (Sa reine, Jeanne de Bourgogne, dite la Boiteuse, y succomberait le 12 septembre.) Les villages dans lesquels la maladie était déclarée hissaient le drapeau noir au clocher. Prévenir les voyageurs était l'unique précaution possible.

C'était précisément ce qu'essayait de faire Bisquale quand les navires de Jeanne accostèrent. Mais la suite royale n'en avait cure et passa outre à ses mises en garde. La délégation anglaise arrivait d'un pays qui n'avait pas encore été frappé par le fléau qui ravageait le reste de l'Europe. Dieu avait accordé à leur nation tant de victoires depuis 1340, que la princesse et ses conseillers – au nombre desquels figurait Andrew Ullford, un vétéran de Crécy – devaient être persuadés qu'Il leur épargnerait aussi cette nouvelle calamité.

Ils se trompaient. À la mi-août, Ullford contracta la maladie qui, depuis l'automne 1347, déferlait sur toute l'Europe occidentale à un rythme de 4 kilomètres par jour. Tandis que la famille d'Édouard se prélassait dans la frivolité des lices, Ullford, alité au château de l'Ombrière, était dans les affres de la mort, comme des millions d'autres Européens. Les premiers symptômes se manifestaient par l'apparition de tumeurs sur la peau : en quelques jours, des abcès gros comme une amande évoluaient en bubons de la taille d'un œuf. Ils étaient douloureux au toucher et provoquaient de hideuses difformités à mesure qu'ils gagnaient en volume. Un bubon sous l'aisselle engourdissait tout le bras et le pestiféré ne contrôlait plus ses mouvements. Si la tumeur se déclarait au cou, il ne parvenait plus à tenir la tête droite.

Les bubons s'accompagnaient souvent de taches noires, que les Anglais appelaient « marques de Dieu », signe indubitable que la peste était un châtiment divin. Parallèlement à ces difformités subites, le malade était pris de violentes quintes de toux et de crachements sanguinolents qui évoluaient en nausée chronique. Une odeur fétide semblait se dégager de tous ses pores – sa salive, son haleine et ses excréments prenaient à la gorge. Au bout de quelque temps, il cédait au délire, déambulant en hurlant jusqu'à s'effondrer, terrassé par la souffrance.

Ullford expira le 20 août. Son sort avait été scellé dès l'instant où il avait pénétré en zone infestée. D'autres membres de la suite royale furent très rapidement fauchés. Le 3 septembre, la princesse Jeanne décéda à son tour. Elle n'eut pas le temps de porter sa superbe robe de mariée, ni même de rejoindre son promis en Castille. Elle mourut d'une mort affreuse dans la puanteur à l'âge de quinze ans, à l'aube de l'âge adulte. Dans ses dernières heures, son unique consolation fut peut-être de mourir vierge. Si elle avait porté un enfant, elle aurait dû le délivrer dans d'atroces douleurs avant de rendre l'âme.

Le mois de septembre 1348 fut par conséquent bien triste pour Édouard III. La nouvelle de la mort de la princesse parvint en Angleterre au moment même où la peste noire commençait à gagner les comtés du littoral méridional, et où le roi apprit que son plus jeune fils, Guillaume de Windsor, venait également de décéder, à l'âge de trois mois. Le nourrisson eut droit à des funérailles nationales – honneur qui ne fut jamais concédé à Jeanne, dont le corps disparut mystérieusement à Bordeaux et ne fut jamais retrouvé.

Perdre deux enfants en un mois était une cruelle épreuve pour le roi et la reine. Mais ils n'eurent guère le temps de faire leur deuil, car la dévastation et le désespoir s'abattirent soudain sur le royaume. La peste faisait des ravages dans la population. Introduite dans le pays par un bateau qui avait accosté soit à Southampton, soit à Melcombe Regis (actuelle Weymouth) dans le Dorset, elle se propagea vers le Wiltshire, le Hampshire et le Surrey. Le 24 octobre, l'évêque de Winchester écrivit que la peste avait lancé « une puissante offensive sur les régions côtières d'Angleterre », ajoutant que l'idée qu'elle pût se généraliser le « frappait de terreur ».

Et elle se répandit pourtant inexorablement. Entre 1348 et 1351, un grand nombre de villages perdirent entre un tiers et la moitié de leurs habitants. Pour ajouter à la catastrophe, une épidémie de peste ovine se déclara en même temps. « Jamais de mémoire d'homme la mort n'avait été plus dure et plus cruelle depuis les temps de Vortigern, roi des Bretons, sous le règne duquel, comme en témoigne Bède le Vénérable, les vivants ne suffisaient plus à enterrer les morts », se lamenta le chroniqueur Henry Knighton. Des bourgs déjà sérieusement éprouvés par les inondations et la Grande Famine de 1315-1322 furent entièrement rayés de la carte. La grande mort n'épargna personne, ne faisant aucune distinction de classe ni de piété. Des princesses comme Jeanne jusqu'aux mendiants qui se vidaient de leur sang et de leurs entrailles et tombaient morts dans les rues, nul ne pouvait y échapper. Édouard pouvait bien détruire les armées de Philippe VI. Il était impuissant contre celles de la bactérie *Yersinia pestis*.

Le renouveau de la chevalerie

Ce jour-là, 23 avril 1349, Windsor fêtait la Saint-Georges. Après une accalmie hivernale, l'Angleterre était à nouveau en proie aux tourments de la peste noire. Il en aurait fallu davantage pour détourner Édouard de son passe-temps favori : le roi accueillait les chevaliers de son royaume pour un grand tournoi, un festival de joutes et de prières sur la lice du château qui l'avait vu naître, et où il s'apprêtait à faire construire dès l'année suivante une série de magnifiques bâtiments.

Les vingt-cinq hommes invités à concourir étaient pour la plupart des vétérans des guerres françaises. Il y avait là le Prince noir, les comtes de Lancastre, de Warwick et de Devon, Roger Mortimer (qui reprendrait bientôt le titre de comte des Marches de son grand-père), le nouveau comte de Salisbury, Guillaume, fils de Guillaume de Montaigu, et d'autres compagnons et camarades du roi. Ils étaient les favoris du tournoi et auraient l'occasion de faire la preuve de leur valeur militaire devant des assemblées de dames.

Les modalités du tournoi furent fixées à l'avance : les chevaliers se répartiraient en équipes de treize et s'affronteraient jusqu'à ce que l'un des deux camps remporte la victoire. Mais ce jour-là, un détail venait ajouter un peu de piment à l'affaire : Guillaume de Montaigu, le comte de Salisbury, et son régisseur Thomas Holland combattraient dans des équipes concurrentes. Les deux hommes se trouvaient dans une situation inhabituelle en ceci qu'ils étaient mariés à la même femme : la cousine d'Édouard, Jeanne de Kent. Superbe jeune femme de sang royal, Jeanne avait vingt ans et avait été élevée avec le Prince Noir. Elle était la petite-fille d'Édouard Ier et, de l'avis de Froissart, « la plus belle femme d'Angleterre ».

Sa situation conjugale était pour le moins étrange : elle avait été donnée en mariage à Salisbury, le jeune guerrier adoubé en même temps que le Prince Noir à la veille de Crécy. Pourtant, un an avant le tournoi pour lequel elle prenait place à la tribune d'honneur, Holland avait déclaré qu'elle était déjà mariée avec lui et que leur mariage avait été consommé. L'affaire avait été portée devant le pape et, en attendant que le Saint-Siège statue, une féroce rivalité opposait les deux « maris ».

La présence de cette héroïne éblouissante regardant ses deux prétendants s'affronter au combat promettait un grand spectacle. Mais ce tournoi était exceptionnel à un autre titre : c'était l'occasion qu'avait choisie Édouard pour créer une institution chevaleresque qui deviendrait célèbre dans le monde entier. Le tournoi de Windsor marquerait l'établissement officiel de l'ordre de la Jarretière, le cercle de chevaliers le plus prestigieux d'Angleterre et l'un des actes de royauté les plus brillants d'Édouard.

Comme son grand-père Édouard Ier, le roi était fasciné par la légende du Roi Arthur, ses faits d'armes héroïques, sa redoutable réputation militaire et sa proverbiale générosité à l'égard des femmes et des faibles. Et comme son grand-père, Édouard III souhaitait que la dynastie Plantagenêt intègre et reflète toutes les grandes valeurs de l'univers arthurien.

Il avait fait une première tentative en janvier 1344, à l'époque de la guerre de succession de Bretagne, en donnant un tournoi à Windsor pour instaurer la société chevaleresque de la Table ronde. « Le roi organisa un grand souper lors duquel il inaugura sa Table ronde et reçut les serments de certains comtes, barons et chevaliers qu'il souhaitait voir appartenir à la dite Table ronde », écrivit Adam de Murimuth. Puis, ajoute le chroniqueur, tenant beaucoup à faire ériger un centre physique où serait rendu un culte de la chevalerie royale, il ordonna la construction d'une « maison des plus nobles » au château de Windsor, « dans laquelle la dite Table ronde pourrait se tenir au moment voulu ». Il envisageait un bâtiment circulaire en pierre, de 61 mètres de diamètre, et peut-être entourée d'un toit de tuile au-dessus des galeries, sorte de précurseur des salles de théâtre cylindriques de l'époque élisabéthaine. Au cours de la première année, le chantier engloutit 507,17 livres shillings et 11,5 pence, ce qui était déjà une coquette somme. Il ne fallait reculer devant aucune dépense pour les ambitions arthuriennes du roi et, en 1354, Édouard donna un coup de pouce à son projet en ordonnant que l'on retrouve le corps de l'ancêtre supposé d'Arthur, Joseph d'Arimatie.

Avec l'escalade de la guerre au milieu des années 1340, le projet de la Table ronde avait été interrompu, faute d'argent. Le coût des combats en Bretagne obligea à reporter tous les fonds sur le budget militaire. Cinq ans plus tard, pourtant, Édouard n'avait pas renoncé à ses ambitions de former une société fermée à travers laquelle il pourrait attacher l'élite des chevaliers et des nobles de son royaume à la Couronne. Tout au long de la saison des tournois de 1348, il avait réfléchi à la création d'un ordre de la Jarretière. À Windsor, en 1349, il mit son projet à exécution et fixa les statuts de l'ordre.

En soi, la jarretière était un curieux symbole pour une confrérie qui, par définition, réunissait des hommes de guerre. Selon la légende, l'idée de la jarretière s'était imposée lorsque, dans un bal, la comtesse de Salisbury perdit sa jarretière qui glissa de sa jambe. Édouard la ramassa galamment, s'exclamant « Honni soit qui mal y pense ! » – formule qui serait alors restée comme devise de l'ordre. Cette version des faits est toutefois apocryphe et est sans doute un mélange d'une allusion à la situation conjugale scandaleuse de la comtesse de Salisbury, Jeanne de Kent, et d'une anecdote croustillante sur le roi adoptant une pièce d'habillement féminin et sexualisée comme emblème d'un compagnonnage militaire. Les fêtes du roi étaient notoirement licencieuses, et l'histoire trouva un public tout disposé à la prendre pour argent comptant auprès d'austères moralistes qui voyaient avec consternation la cour d'Angleterre sombrer dans la décadence et le scandale.

Il est plus vraisemblable que l'idée de la jarretière vînt d'Henri de Grosmont, comte de Lancastre, héros qui s'était distingué par ses faits d'armes en Gascogne et à Calais et qui, jeune élégant, portait des jarretières – accessoire vestimentaire qui était alors réservé aux chevaliers et ne devint que plus tard un élément du vêtement féminin. Au début de son règne, en 1333 et 1334, le souverain lui-même portait des jarretières incrustées de perles et d'or durant les tournois. Lorsque l'ordre fut fondé, Lancastre avait trente-neuf ans et Édouard trente-sept. L'emblème de la jarretière se voulait peut-être tout à la fois une évocation de leurs premières prouesses chevaleresques qu'ils espéraient transmettre aux générations suivantes de chevaliers, et un clin d'œil à leurs frasques de jeunesse.

Quoi qu'il en fût, en créant cet ordre, Édouard s'inscrivait dans une tradition qui commençait à prendre racine dans toute l'Europe : en 1330, Alphonse XI de Castille avait fondé l'ordre de la Bande. Dans les années 1350, l'empereur Charles IV, roi des Romains et comte de Luxembourg, institua l'ordre de la Boucle d'or, le comte Amédée VI de Savoie l'ordre du Cygne noir, Louis de Tarente, roi de Naples, l'ordre du Nœud, et Jean II le Bon, roi de France, l'ordre de l'Étoile. Après quoi, les confréries de ce type ne cessèrent de se multiplier.

L'ordre de la Jarretière vit donc le jour à l'occasion de la fête de Saint-Georges. Les vingt-six membres fondateurs jurèrent solennellement de se retrouver, tous ensemble si possible, chaque année à date fixe pour une cérémonie officielle. Ceux qui ne seraient pas en mesure de se rendre à Windsor devraient observer le même rituel, où qu'ils se trouvent dans le monde. La confrérie soudait les participants du tournoi de 1349 par un lien sacré. Elle n'admettrait en son sein de nouveau membre qu'au décès d'un membre d'origine. Si des combattants hors pair, tels Thomas Dagworth, Wauthier de Masny et les comtes de Northampton et de Huntingdon ne figuraient pas parmi les vingt-six premiers chevaliers, c'était parce qu'ils se trouvaient en France à l'époque du tournoi fondateur. Northampton, Huntingdon et de Masny devraient attendre leur tour. Huntingdon patienta jusqu'en 1372. Dagworth, quant à lui, mourut avant d'avoir l'occasion de recevoir les fameux habits d'apparat de l'ordre.

De nombreux contemporains considéraient l'ordre de la Jarretière comme une institution vulgaire et d'un goût douteux. À une époque où l'Angleterre était ravagée par la peste noire et saignée à blanc par le coût de la guerre, un chroniqueur comme Henry Knighton estimait qu'en s'adonnant à des tournois aussi frivoles qu'onéreux, le roi d'Angleterre faisait montre d'une intolérable arrogance.

Mais au-delà du simple caprice ou du plaisir de réunir ses plus proches amis, l'ordre avait pour Édouard une autre fonction. Depuis Jean sans Terre, en 1205, tous les rois plantagenêts avaient eu à affronter la résistance de chevaliers et de comtes qui refusaient d'effectuer leur service d'ost en dehors des frontières du pays, mettant ainsi en péril la défense des possessions étrangères de la Couronne. Édouard avait eu de la chance de remporter des victoires – surtout en 1340 et 1346 – qui légitimaient les dépenses, les efforts et les pertes humaines colossales provoquées par les combats en France. Mais il connaissait l'histoire de sa famille. Si Dieu lui retirait sa faveur et si les victoires se raréfiaient, les grands du royaume finiraient par exiger une raison de porter les armes à l'étranger.

La réponse consistait à faire du service d'ost à l'étranger un titre d'honneur, et non plus une pénible obligation héritée des anciennes lois féodales. Le statut de chevalier était surtout perçu comme une source de dépenses et d'embarras, qui obligeait de surcroît les titulaires à risquer leur vie sur le champ de bataille. Édouard se devait donc de ressouder autour de lui la communauté des chevaliers du royaume en lui instillant une culture de caste, centrée sur la royauté. Avec l'ordre de la Jarretière, la monarchie se dota d'une institution visant explicitement à célébrer et récompenser les services chevaleresques. La devise exotique française rappelait à tous ceux qui aspiraient à entrer dans l'ordre que, plus qu'un simple rang dans la société anglaise, l'aristocratie était une fraternité pan-européenne.

L'ordre de la Jarretière fut ainsi officiellement et définitivement établi lors du grand tournoi de la Saint-Georges 1349. C'était un moyen de rapprocher le roi et ses fils des hommes qu'il conduirait à la bataille sur le Continent au cours des décennies à venir. Et, ayant renoncé à faire construire un grand bâtiment pour accueillir la Table ronde à Windsor cinq ans plus tôt, Édouard donna ordre de fonder une église collégiale dans la ville. La chapelle du Collège de Saint-Georges serait le centre spirituel et cérémonial de l'ordre. Les travaux débutèrent en 1350 et ne s'achevèrent que sept ans plus tard, engageant des frais aussi considérables que certains des châteaux gallois d'Édouard Ier. Entre 1350 et 1357, la rénovation de Windsor engloutit effectivement 6 500 livres – presque uniquement pour la chapelle. Pour conférer au lieu une véritable aura mystique, Édouard y déposa la Croix de Gneth, un fragment de la Vraie Croix enlevée à Llywelyn le Dernier lors de la dernière phase de la conquête du pays de Galles en 1283.

Pendant les siècles qui suivirent, la chapelle Saint-Georges continua de symboliser ce mélange grisant de prouesses martiales, de dévotion spirituelle, de courtoisie romantique et de cérémonies somptueuses que cultivaient Édouard et ses compagnons. En fondant l'ordre de la Jarretière et son siège, Édouard montra qu'il était peut-être le plus grand et le plus accompli de tous les rois plantagenêts. Il avait tout à la fois l'instinct d'Henri III pour la splendeur visuelle et architecturale, et les redoutables compétences militaires d'Édouard Ier. L'événement constitua une véritable apothéose dans l'histoire de sa famille, et par cette démonstration de propagande visionnaire, le roi fit la preuve de sa magnifique assurance.

La décennie triomphale

Dans les premières années de sa vie et de son règne, lors des spectacles arthuriens donnés à sa cour, Édouard III s'était glissé dans le personnage de Sir Lionel, l'humble chevalier de la Table ronde qui se battait bravement aux côtés de ses frères d'armes. Dans les années 1350, ses succès avaient eu raison de son humilité, et le roi se plaisait davantage à incarner Arthur lui-même, régnant sur son glorieux royaume depuis le nouveau château de Camelot qu'était Windsor. Il avait dépensé des sommes colossales, presque inimaginables, pour financer ses guerres, qui lui avaient valu renommée et prestige dans toute la chrétienté : la prospérité de l'Angleterre était étroitement liée à ses succès militaires. Au-delà de son image arthurienne, Édouard symbolisait le nouvel ordre militaire en brandissant les armes de saint Georges partout où il le pouvait. La croix rouge flottait au grand mât des navires de sa flotte, emmenée par le cogue Thomas et soutenue par des dizaines d'autres bâtiments qui patrouillaient la Manche. L'effigie de saint Georges était gravée sur le Grand Sceau d'Angleterre, à côté de celle de la Vierge Marie. En 1348, sous la protection de son saint patron guerrier, Édouard se sentait suffisamment sûr de ses victoires militaires et du renouveau de sa royauté pour refuser une proposition des électeurs des États allemands qui souhaitaient le voir prendre la succession de l'empereur.

Le roi avait repris la main dans ses relations avec la France et l'Écosse. La cour d'Angleterre grouillait d'otages de haute lignée : le roi David II d'Écosse et les comtes d'Eu et de Tancarville étaient les plus beaux fleurons d'un groupe de prisonniers français et écossais, aussi nombreux que précieux. En dépit des ravages de la peste noire et des incertitudes qu'elle faisait peser sur les opérations militaires de grande envergure, Édouard œuvrait sur les deux fronts. Il lançait souvent des incursions de l'autre côté de la Manche, dirigeant lui-même la manœuvre ou en confiant le commandement à ses lieutenants de confiance, tel Henri de Grosmont, comte de Lancastre, qui conduisit une petite expédition en Gascogne à l'hiver 1349.

Le 24 décembre 1349, tandis que la cour commençait à célébrer Noël à Havering, dans l'Essex, Édouard III reçut une nouvelle alarmante : des traîtres s'apprêtaient à livrer Calais aux Français. Il n'avait pas le temps de lever une armée. Il mobilisa le Prince Noir et un petit contingent de soldats de confiance et appareilla aussitôt dans le plus grand secret pour la France. Le 1er janvier, sa troupe d'élite débarquait à Calais et pénétrait clandestinement dans la ville. Avant l'aube suivante, un mercenaire italien passé à la solde du Plantagenêt leva le drapeau français au-dessus de la citadelle – signal qu'attendait une bande de chevaliers français pour forcer les portes de la ville. Édouard, déguisé en simple chevalier pour éviter de se faire repérer et capturer, les attendait de pied ferme. Avançant sous la bannière de Wauthier de Masny, ses hommes et lui se ruèrent sur les envahisseurs. Ils se défendirent vaillamment dans de féroces corps-à-corps dans les rues de Calais et repoussèrent leurs adversaires aux cris de « par Édouard et saint Georges ! » En quelques heures, Calais fut sauvée et le récit de cette audacieuse et prestigieuse mission viendrait enrichir le folklore naissant attestant de la bravoure d'Édouard III et du Prince Noir.

Le 22 août 1350, Philippe VI décéda. Il fut remplacé sur le trône par son fils Jean II, dit Jean le Bon, duc de Normandie, vieil ennemi des Anglais qui avait affronté Lancastre en Gascogne et mené un contingent à la bataille de Crécy. Son accession au pouvoir coïncidait cependant avec une trêve d'un an conclue entre les deux royaumes, ce qui permit à Édouard de consacrer l'été 1350 à un autre ennemi de l'Angleterre : la Castille. Le royaume ibérique était lui aussi dirigé par un nouveau souverain, Pierre Ier le Cruel, et Édouard ne tarda pas à amplifier des rumeurs, largement infondées, selon lesquelles Pierre Ier prévoyait d'envahir l'Angleterre. En réalité, des navires de commerce castillans croisaient dans la Manche pour rejoindre les ports lainiers de Flandre, et avaient la fâcheuse habitude d'attaquer au passage les vaisseaux anglais. Édouard se saisit de ce prétexte. Au crépuscule du 29 août 1350, une grande flotte anglaise forte d'une cinquantaine de cogues affronta un convoi de plus d'une vingtaine de grandes galères castillanes au large de Winchelsea. Les vaisseaux anglais étaient commandés par le roi, le Prince Noir et les comtes de Lancastre, de Northampton et de Warwick. Ensemble, ils attirèrent dans un combat naval acharné les Castillans qui ne demandaient qu'à en découdre.

Bien que la conception des navires de guerre eût évolué depuis le XIIe siècle, les tactiques de combat dans les eaux tumultueuses de l'Europe septentrionale demeuraient très primitives, surtout comparées à celles qu'utilisaient les armées de terre d'Édouard, avec leurs piétons en armes et leurs archers montés. L'art des opérations militaires en pleine mer se résumait encore à une mêlée flottante. Édouard sonna le branle-bas de-combat et ordonna à ses cogues d'attaquer les galères castillanes : ils éperonnèrent la flotte ennemie, accrochèrent les flancs des navires au harpeau et tentèrent de lancer à l'abordage des escouades de chevaliers pour massacrer les marins ennemis et jeter leurs cadavres dans les eaux agitées. On ne se souciait guère alors de coordonner les manœuvres en formation ou d'attaquer sous voiles à bonne distance. Les navires s'affrontaient bord à bord et l'issue du combat était largement laissée au hasard.

À Winchelsea, ces tactiques faillirent bien être fatales au roi. Entre l'éclat des trompettes et les hurlements de douleur et de rage, son navire-amiral, violemment heurté par une galère espagnole, subit une importante voie d'eau. Tandis que le *Thomas* coulait inexorablement, Édouard n'échappa à la noyade qu'en se hissant sur le pont d'un autre bâtiment espagnol sous une pluie de flèches et de carreaux de fer et, au terme d'un féroce corps à corps, se rendit maître de sa prise. Entre-temps, un autre vaisseau castillan infligeait des dommages tout aussi sérieux au navire du Prince Noir, qui ne fut secouru que par l'intervention courageuse du comte de Lancastre. Enfin, alors que la nuit tombait sur la Manche, une nef anglaise transportant une grande partie de la maison du roi manqua se faire remorquer par une galère ennemie. Un valet du roi eut la présence d'esprit de se glisser à bord du bâtiment espagnol et de couper la drisse pour affaler la grand-voile, l'empêchant ainsi de s'enfuir avec son précieux butin. En dépit de ces échappées belles, les Anglais sortirent vainqueurs, capturant tout un convoi de galères, en détruisant d'autres et jetant des centaines de marins ennemis blessés dans les flots furieux qui les engloutirent. La bataille de Winchelsea prendrait quelques années plus tard nom de L'Espagnol sur Mer.

Édouard, ses capitaines et ses lieutenants eurent beaucoup de chance de ressortir indemnes du chaos de ce combat naval – mais la chance était une alliée que le souverain avait appris à se ménager tout au long de son éblouissante carrière militaire. La Manche se trouva ainsi débarrassée de la flotte castillane pendant quelques années, tandis que la marine d'Édouard imposait son hégémonie, escortant les vaisseaux marchands entre Bordeaux et les ports anglais.

Le roi consacra sa victoire en faisant célébrer un service d'action de grâce dans le sanctuaire de Thomas Becket, puis il alla chasser dans ses domaines du nord, tandis que ses lieutenants repartaient livrer en France une guerre d'escarmouches sur les marges d'Aquitaine. Plusieurs victoires spectaculaires en Bretagne et en Gascogne permirent à Édouard de reprendre le contrôle de l'Aquitaine, de la Bretagne et du Calaisis dès l'automne 1352. En Écosse, profitant du vide du pouvoir en l'absence de David II, toujours prisonnier à Londres, les seigneurs anglais étendirent leur influence jusque dans les basses-terres. Pendant les huit années qui suivirent, Édouard s'employa à pérenniser sa domination.

Mais tout en échafaudant ses projets militaires, Édouard veillait à tenir le gouvernement d'Angleterre d'une main de fer. La première vague de peste noire avait totalement désorganisé l'économie du royaume : des milliers de petits ouvriers agricoles étaient morts, et les salaires menaçaient de flamber – ce qui serait dommageable, voire désastreux, pour la classe des grands propriétaires terriens qui siégeaient au parlement, ceux-là mêmes qui votaient les impôts et remplissaient dans les comtés les fonctions d'officiers royaux. La Couronne, première propriétaire foncière d'Angleterre, aurait elle aussi à souffrir de pertes comparables si le coût de gestion des domaines devait par trop augmenter. Réagissant promptement à la menace, Édouard décréta en 1349 l'ordonnance des Travailleurs, ratifiée deux ans plus tard par le statut des Travailleurs. Les lois du travail fixaient un barème des salaires très strict pour tout un éventail de petits métiers, maintenant ainsi les salaires de la main-d'œuvre artificiellement bas, au niveau d'avant la peste. « Selliers, écorcheurs, tanneurs, cordeliers, tailleurs, forgerons, charpentiers, maçons, couvreurs, constructeurs de navires, charretiers et tous autres artisans et ouvriers ne prendront pas pour leur travail et ouvrage plus que ce qui, dans les localités où ils se trouveront exercer leur métier, était habituellement payé à ces personnes dans ladite vingtième année [1347] et dans toutes les années ordinaires précédentes », décrétait l'une des clauses du texte. « Quiconque réclamerait davantage, sera enfermé dans la prison la plus proche. » Les seigneurs furent investis du droit d'obliger leurs manouvriers – hommes libres ou serfs – à les servir, tandis que les prix des denrées alimentaires étaient également contrôlés : « Bouchers, poissonniers, palefreniers, brasseurs, boulangers, marchands des quatre saisons, charretiers et autres vendeurs faisant commerce de toutes victuailles, sera tenu de vendre [...] lesdites victuailles à un prix raisonnable », poursuivait le législateur.

L'application du statut des Travailleurs fut implacablement surveillée par la classe des hommes qu'il était censé protéger. On nomma des commissaires pour enquêter sur les salaires et les prix et infliger des amendes aux contrevenants et, pendant des décennies, leurs tournées d'inspection dans les comtés attisèrent un ressentiment de classe qui couvait entre les élites locales et les ordres inférieurs. Ces commissions inspiraient d'autant plus d'aversion qu'elles s'inscrivaient dans le cadre d'un vaste remaniement de tout le système policier local, que les classes politiques d'Angleterre attendaient depuis près d'un demi-siècle. Au lieu de s'en remettre à de grands tribunaux itinérants parcourant le pays avec plus ou moins de régularité, Édouard mit en place des organes réguliers composés des grands propriétaires fonciers locaux. Ils siégeaient à la fois dans les commissions de paix (en qualité de juges de paix – héritiers des « gardiens de la paix » institués au début du règne) et dans toute une série d'autres commissions locales, en particulier celles chargées de faire appliquer les lois du travail. Cette concentration de pouvoirs entre les mains d'une classe politique ne défendant que ses intérêts provoquerait de violentes tensions sociales dans les décennies à venir. À court terme, cependant, la célérité avec laquelle Édouard contra les effets économiques de la peste noire lui valut la confiance de la classe sur laquelle il comptait le plus pour financer ses guerres.

Ayant préservé la paix politique à l'intérieur, Édouard s'employa à préparer une paix durable avec la France et l'Écosse. La difficulté à trouver un accord provenait en partie du fait qu'Édouard lui-même ne savait pas trop quelle forme devrait prendre une paix perpétuelle. Son orgueil le confortait dans ses revendications sur la Couronne de France, mais il commençait à comprendre qu'elles lui offraient plutôt un levier pour faire avancer les négociations en faveur d'un empire Plantagenêt reconstitué. En avril 1354, lors des préliminaires de Guînes, Édouard proposa de renoncer à ses prétentions sur le trône de Jean le Bon en échange de la concession de l'Aquitaine, du Poitou, de l'Anjou, du Maine, de la Touraine, de Limoges et du Ponthieu en toute souveraineté – et ce, avant même que la question de la suzeraineté de la Bretagne, la Normandie et la Flandre fût réglée. Cet accord devait être ratifié à l'automne lors d'une somptueuse conférence réunie à Avignon sous les auspices du pape. Mais les plénipotentiaires du roi, Henri de Grosmont – élevé depuis trois ans à la dignité de duc de Lancastre – et le comte d'Arundel, se montrèrent encore plus gourmands, ajoutant à ces premières exigences le retour dans le giron anglais d'Angoulême, de la Normandie, du Quercy et du Limousin.

Entre ces prétentions démesurées et les tactiques de négociation agressives de Lancastre, les pourparlers de paix couraient naturellement à l'échec. Pour la délégation française, les termes de cet accord étaient inadmissibles : Jean II ne pouvait céder de si vastes pans de son royaume sans violer son serment de couronnement. Au lieu de chercher un compromis, les deux parties fourbirent une fois de plus leurs armes et, à l'automne 1355, Édouard avait à nouveau mobilisé deux grandes forces d'invasion – l'une placée sous son propre commandement, l'autre confiée au Prince Noir – afin de donner à Jean II la même leçon que celle que son père avait apprise à Crécy et Calais en 1346 et 1347.

Les deux expéditions firent voile pour la France à la fin de 1355. Seule celle du Prince Noir y resterait un certain temps. Le roi accosta à Calais à la fin octobre, tenta vainement d'attirer Jean sur le champ de bataille, et repartit le 12 novembre pour l'Angleterre, plein de mépris pour ce roi couard qui refusait le combat.

Il consacra tout le restant de l'hiver à une terrible chevauchée dans les basses-terres écossaises, infligeant tant de souffrances aux habitants et incendiant une si grande part de leurs terres et de leurs biens que ce tragique mois de janvier 1356 resta dans l'Histoire sous le nom de « *Burned Candlemas* », la Chandeleur de feu.

Les ravages provoqués dans les Lowlands n'avaient toutefois rien de comparable au raid dévastateur du Prince Noir et de ses compagnons dans le Sud-Ouest de la France. À mesure que s'avançait le printemps 1356, la confrontation entre Jean II et les Anglais devenait de plus en plus inévitable. Le Prince Noir avait hiverné à Bordeaux et posté des troupes armées tout le long des frontières de l'Aquitaine anglaise – certaines rétribuées par le prince, d'autres détachées de l'armée régulière et se payant sur le butin de ses pillages. En mai, un autre contingent anglais commandé par le duc de Lancastre fut envoyé en Normandie et dévasta plusieurs villes normandes avant de se replier devant l'avancée de Jean. La grogne montait dans l'aristocratie française et le roi commençait à affronter l'opposition ouverte de son cousin Charles le Mauvais, roi de Navarre et comte d'Évreux, qui souhaitait le destituer pour placer le dauphin sur le trône. Ce qui valut à Charles d'être arrêté en avril 1356, mais son frère, Philippe de Navarre, fit le voyage en Angleterre au mois d'août suivant afin de négocier avec Édouard III à Clarendon et prêta un hommage lige au roi d'Angleterre qu'il reconnaissait comme « roi de France et duc de Normandie ». Pour Jean le Bon, la pression devenait intolérable : il n'avait plus d'autre choix que de riposter aux provocations anglaises.

La rencontre eut lieu le 19 septembre 1356, dans des champs des environs de Poitiers. Le Prince Noir avait assemblé une force de 6 000 à 8 000 hommes – Gascons et Anglais – répartie en trois « batailles », le roi commandant le corps central. L'armée anglo-gasconne affronterait un ennemi deux fois plus nombreux, mais contrairement aux troupes indisciplinées et divisées de Jean, elle était bien entraînée et organisée. Les Français avaient certes tiré quelques leçons de Crécy, et ils s'apprêtaient à déployer leurs hommes d'armes en formation défensive au lieu de les envoyer au carnage en charges de cavalerie ; mais ils manquaient de commandants efficaces pour que leurs effectifs et leur tactique suffisent à faire la différence. Les archers du Prince Noir, contournant d'épaisses haies, enfoncèrent la première ligne française, forçant deux maréchaux français à réagir. Ceux-ci lancèrent des charges de cavalerie contre l'avant-garde et l'arrière-garde anglaises. Leurs cavaliers se firent massacrer en essayant de franchir les buissons qui protégeaient leurs ennemis.

Ce fut pour les Français le début d'une véritable hécatombe – et une défaite qui n'aurait d'égale dans leur histoire que celle d'Azincourt, en 1415. Dans la férocité des combats, ils perdirent plus de 2 000 hommes, dont le duc de Bourbon, connétable de France, l'un des deux maréchaux et le porte-oriflamme – la bannière sacrée de l'armée française, dont on disait qu'elle était de couleur rouge parce qu'elle avait été baignée du sang de saint Denis. Presque autant de nobles français furent faits prisonniers, parmi lesquels le plus jeune fils du roi, Philippe [dit le Hardi], l'archevêque de Sens, un grand nombre de comtes, le second maréchal et, surtout, le roi Jean II en personne. Les Anglais, eux, n'eurent guère plus de deux cents morts à déplorer et capturèrent des prisonniers dont la rançon était estimée à plusieurs centaines de milliers de livres. Ce fut la défaite la plus cuisante qu'un prince Plantagenêt eût jamais infligée à un Capet ou un Valois, et elle entra dans la légende militaire du Prince Noir. Après la bataille, les Anglais célébrèrent leur victoire par un grand banquet au cours duquel le prince et ses nobles capitaines rendirent un hommage tout chevaleresque à leurs légions de prisonniers français. Jean II fut salué comme un grand roi qui s'était battu plus bravement que quiconque sur le terrain. Mais sous cette courtoisie chevaleresque, la réalité politique transparaissait clairement : la France était en crise, alors que les Anglais, qui déjà appelaient officieusement le prince de Galles Édouard IV, prospéraient. Les otages pris à la bataille de Poitiers furent envoyés au roi d'Angleterre qui entreprit aussitôt de négocier leur rançon – transaction qui aboutirait enfin au grand projet de rétablissement de l'empire perdu des Plantagenêt en France.

En janvier 1358, après d'interminables tractations, Jean II fut mis à rançon pour 4 millions d'écus d'or – une somme faramineuse, équivalent à 666 000 livres, à côté de laquelle, même en tenant compte de l'inflation, Richard Cœur de Lion eut fait figure de manant. Parallèlement, les négociateurs présentèrent un avant-projet du traité de Londres, qui reprenait dans ses grandes lignes les clauses du traité avorté de Guînes. Outre la rançon colossale, Édouard proposait à présent de renoncer à la Couronne de France en échange de la reconnaissance de sa pleine souveraineté sur l'Aquitaine, la Saintonge, le Poitou, le Limousin dans le sud, et Ponthieu, Montreuil et Calais dans le nord. Les deux parties auraient pu apposer leur signature au bas de ce protocole si la situation intérieure de la France ne s'était pas rapidement détériorée : à Paris, des réformateurs radicaux avaient chassé le dauphin de la ville, et Charles de Navarre, désormais libéré de prison, proposa aux Anglais une partition de la France, prévoyant de céder à Édouard la Couronne et près des deux tiers du royaume. À l'été 1358, une jacquerie éclata dans tout le nord de la France : les paysans s'en prenaient aux nobles et aux chevaliers, qu'ils accusaient d'avoir trahi le royaume. Les chroniqueurs rapportèrent des atrocités sans nom tandis que des hommes et des femmes du peuple se vengeaient dans le sang des classes supérieures. Jean le Bel raconta ainsi que « des paysans tuèrent un chevalier, le mirent en broche et le rôtirent sous les yeux de la dame et des enfants. Après que dix ou douze eurent violenté sa dame ils lui en voulurent faire manger de force puis la firent mourir de male mort ».

Un autre chroniqueur contemporain, Jean de Venette, brossa un tableau fort imagé des campagnes à la fin des années 1350. Il décrit ainsi le pays de Compiègne qui l'avait vu naître, ravagée par les incessants raids anglais :

> *Dans cette région, les vignes [...] ne furent ni taillées ni cultivées. Les champs ne reçurent ni labours ni semences. Il ne resta ni bœufs ni brebis dans les pâturages. On ne voyait plus sur les routes de marchands porter au marché leurs meilleurs fromages et laitages. Les toits des églises, comme ceux des maisons, demeurèrent délabrés. Leurs ruines calcinées offraient un spectacle lamentable. [...] Les cloches n'appelaient plus les fidèles aux saints-offices. Elles ne servaient qu'à avertir les populations de l'approche de l'ennemi. Le tocsin sans cesse répétait : Fuyez ou cachez-vous. [...] Tous les maux et les oppressions étaient infligés de toute part aux paysans [...] Et pourtant leurs seigneurs ne repoussaient pas leurs ennemis, ni ne tentaient même de les attaquer, hormis en quelques occasions.*

En novembre 1358, au vu de l'état lamentable dans lequel se trouvait l'ennemi, Édouard n'était plus convaincu que la paix fût la meilleure option. Il projeta une troisième invasion massive. Il en fut provisoirement dissuadé par les suppliques de son prisonnier Jean II, qui obtint de lui une nouvelle version du traité de Londres. La rançon du roi restait fixée à 4 millions d'écus, mais la liste des territoires devant revenir en pleine souveraineté aux Plantagenêts comportait désormais la Normandie, l'Anjou, le Maine, la Touraine et Boulogne, ainsi que la suzeraineté sur la Bretagne.

À l'approche du centenaire du traité de Paris, Édouard multipliait les pressions pour en annuler définitivement les clauses, et renouer ainsi avec la grande époque de la suprématie d'Henri II et de Richard Ier sur Philippe Auguste.

Comme il fallait s'y attendre, à Paris, le dauphin refusa catégoriquement les termes de cette deuxième version du traité de Londres, la jugeant « ni passable, ni faisable ». Pour Édouard, ce camouflet était une véritable déclaration de guerre et, à l'été 1359, il s'apprêta à mettre à exécution son projet d'invasion. En octobre le roi, le duc de Lancastre et le Prince Noir mobilisèrent quelque 10 000 hommes répartis en trois divisions qui convergèrent de Calais et du Sud-Ouest vers Reims, siège de la royauté française. Il n'aurait pu choisir plus grave provocation : c'était à Reims que se trouvait la cathédrale où, depuis Louis Ier en 816, les rois de France étaient sacrés. La ville était par ailleurs à quelques journées de marche à peine de Paris. Si elle tombait aux mains du roi anglais, celui-ci se ferait certainement couronner sous le nom d'Édouard Ier de France, achevant ainsi d'affirmer son hégémonie sur le royaume.

Heureusement pour les Français, Reims était solidement défendue et Édouard renonça à l'assiéger en janvier 1360, après avoir campé cinq semaines devant ses murs. Au lieu d'essayer de conquérir Reims, il accepta une alliance avec le duc de Bourgogne et se mit en route pour Paris dans l'espoir de contraindre le dauphin à l'affronter dans une bataille rangée. Ce dernier eut la sagesse de ne pas chercher à imiter ses deux prédécesseurs Valois au risque de perdre sa liberté et sa souveraineté face aux hommes d'armes et archers anglais. Il resta à Paris et, en avril, Édouard en fut réduit à se replier sur la Bretagne avec son armée affaiblie par la peste et épuisée par des mois de campagne. Tandis qu'ils faisaient mouvement vers l'ouest, les Anglais furent surpris près de Chartres par un violent orage qui détruisit une grande partie de leurs bagages. Il tomba du ciel des grêlons assez gros pour tuer des chevaux et cette effroyable journée resta dans les mémoires sous le nom de Lundi noir. Pour une fois, le sort se retournait contre le roi d'Angleterre. Il était écrit qu'Édouard ne rééditerait pas les exploits de Crécy ou de Poitiers en 1360. Il consentit donc à entamer des pourparlers de paix à Brétigny le 1er mai. Le 8 mai, le traité était conclu. Édouard acceptait un accord qui reconnaissait sa souveraineté sur l'Aquitaine, le Poitou, la Saintonge et l'Angoumois dans le sud, et le Ponthieu, Montreuil, Calais et Guînes dans le nord. Il renonçait à ses prétentions sur le trône de France et réduisait la rançon de Jean le Bon à 3 millions d'écus. En contrepartie, Jean s'engageait à cesser de soutenir les Écossais contre les Anglais, tandis qu'Édouard retirait son appui aux Flamands qui se rebellaient régulièrement contre la France. Le royaume de France gardait la Normandie, le Maine, l'Anjou et la Touraine. Ce n'était pas le grand rétablissement de l'empire d'Henri II dont avait rêvé le Plantagenêt, mais c'était tout de même un triomphe.

Édouard rentra en Angleterre juste avant la Noël 1360, pour proclamer et célébrer la paix – apothéose de pratiquement tout ce pour quoi ses alliés et lui se battaient depuis 1337. Le parlement réuni en janvier 1361 ratifia la paix. Le jour de la Saint-Georges 1361 à Windsor, les fils du roi, Lionel d'Anvers, Jean de Gand et Edmond de Langley furent admis dans l'ordre de la Jarretière, en reconnaissance de leurs services durant les guerres. (Le plus jeune fils d'Édouard, Thomas de Woodstock, né en 1355, avait été le régent désigné du royaume durant les récentes absences du roi.) Le pays célébra longuement ce qui paraissait être la fin d'une guerre qui, en vingt-trois ans, avait épuisé une grande part de ses richesses.

En France, l'humeur n'était pas à la fête. Le roi Jean avait été libéré le 5 décembre 1360 et était rentré dans son royaume pour réunir l'argent de sa rançon. Pour l'occasion, il fit frapper le premier franc or de l'histoire, dit « franc à cheval », ainsi nommé car sa face portait l'effigie du roi chevauchant épée au clair sur une monture caparaçonnée. Mais le royaume était dévasté et infesté de compagnies de mercenaires anglais qui, avec la fin des hostilités, avaient été démobilisées des armées d'Édouard et cherchaient à s'occuper. Ce qu'elles faisaient essentiellement en s'attaquant aux habitants de Bretagne et du Sud-Ouest, s'emparant de villages et de châteaux pour les revendre à leurs malheureux habitants. Le bilan du règne d'Édouard III semblait arrêté : l'Angleterre se réjouissait de ses triomphes, cependant que la France était à genoux, paralysée pour une génération par la rançon de Jean, et son territoire dépecé. L'histoire des Plantagenêts avait effectivement atteint le faîte de sa gloire. La vitesse à laquelle la roue du destin tourna et le temps des triomphes s'effondra n'en fut que plus surprenante.

VII

Le temps de la Révolution (1360-1399)

Mon Dieu, c'est un pays bien étrange et inconstant.
Richard II (selon Adam de Usk)

Une affaire de famille

Le 13 novembre 1362, Édouard III fêtait son cinquantième anniversaire. Au seuil de la vieillesse, il pouvait être fier de son bilan. Il était immensément riche et c'était un souverain puissant et célèbre, qui avait modelé l'Angleterre à son image : respectueuse des lois, cultivée, martiale et sensible aux arts. Et s'il chevauchait vers le crépuscule de son existence – l'espérance de vie des rois plantagenêts était d'environ soixante ans –, il le faisait avec panache.

La reine Philippa et lui-même vivaient dans le luxe et la splendeur. Enrichi par le butin des énormes rançons arrachées aux Français, Édouard menait un train véritablement digne d'un roi. En 1360, il avait fusionné sa maison à celle de son épouse, puisque, après le traité de Brétigny, il ne serait plus appelé, autant que par le passé, à sillonner le continent, entraînant sa suite dans des camps de fortune. Il dépensait des milliers de livres en tournois et bijoux, faucons et chiens, étoffes fines et vie luxeuse. À l'approche de ses quarante ans de règne, sa cour passa l'un des premiers intermèdes de paix dans une interminable succession de fêtes et de réjouissances.

Une grande part du trésor royal fut consacrée à la rénovation des résidences royales. Le château de Windsor était la pièce maîtresse de ce patrimoine. Conseillé par son nouveau ministre William de Wykeham, un homme de modeste extraction mais fort talentueux, le roi avait dépensé des sommes colossales (8 500 livres par an dans la première moitié des années 1360) pour faire de Windsor un monument à la royauté chevaleresque et à l'amour courtois. Il fit détruire d'anciens corps de bâtiments pour les remplacer par d'immenses et luxueuses salles royales, chapelles et cabinets privés. Des passages souterrains et des galeries couvertes en marbre reliaient de fastueux appartements privés. (La reine Philippa avait à elle seule quatre pièces en cours de construction, une chambre, une chapelle pour faire ses dévotions, une galerie de miroirs et une salle de bal.) Et ce n'était encore là que l'une des nombreuses résidences que le couple royal occuperait lorsqu'il ne serait pas en villégiature dans l'un ou l'autre des splendides palais et pavillons de chasse disséminés tout le long de la vallée de la Tamise et, au sud du pays, dans les domaines royaux de la New Forest.

En se retournant sur son demi-siècle de vie, Édouard n'était pourtant pas totalement satisfait : il pensait beaucoup à son peuple et à l'image qu'ils avaient de sa royauté. Lors des célébrations publiques de son anniversaire, centrées sur un parlement dominé par des chevaliers, des bourgeois et de simples citoyens, le souverain tint à faire la preuve de sa grande générosité. Le parlement, réuni en octobre, entendit de nombreuses doléances et s'efforça de répondre au mieux aux plaintes et griefs qui lui étaient adressés. Il vota finalement la loi sur le droit de prise, restreignant considérablement la pratique pernicieuse des réquisitions en temps de guerre en limitant les achats forcés de vivres et de biens au roi, à la reine et à l'héritier du trône. Les pourvoyeurs de la Couronne avaient désormais statut d'« acheteurs » et étaient tenus à un code de conduite strict. C'était certes là une concession plus facile à faire en temps de paix qu'en temps de guerre, mais du moins indiquait-elle que le roi n'était pas indifférent aux souffrances qu'enduraient ses sujets.

Des décisions plus symboliques furent aussi prises. Au cours de la vie d'Édouard, la société anglaise avait considérablement évolué. L'usage du français commençait à perdre du terrain dans le royaume, au profit de l'anglais – autrefois considérée comme un dialecte vernaculaire vulgaire et barbare, indigne des gens biensnés et de l'administration royale. C'était dans cette langue que les ménestrels itinérants diffusaient la mode des ballades anglaises de Robin des Bois dans les salons de la belle noblesse. De jeunes érudits comme John Wyclif qui, au début des années 1360, commença à impressionner ses collègues de l'université d'Oxford, traduiraient bientôt la Bible en anglais. L'ère des premiers grands poètes anglais – Geoffrey Chaucer, William Langland, John Gower et le poète de *Pearl* et de *Gauvain* — était en train de se lever. Édouard profita donc du parlement convoqué à l'occasion de son cinquantième anniversaire pour promouvoir la langue du pays. L'acte des tribunaux anglais sanctionna officiellement le passage du français à l'anglais, qui devint l'unique langue parlée dans les débats parlementaires et les audiences des tribunaux royaux. (Les registres, eux, continueraient d'être tenus en latin.) Il s'agissait là d'une loi démagogique, destinée, comme elle le déclarait ouvertement, à mettre un terme au fait que « les gens qui estent [...] devant les tribunaux du roi [...] ne comprennent ni ne savent ce qui est dit en leur faveur ou en leur défaveur par leur défenseur et les autres plaideurs ».

Finalement, Édouard consacra son attention à sa famille. À cinquante ans, il était temps d'assurer un patrimoine solide à la génération suivante de Plantagenêt. Sa dernière initiative au parlement de novembre 1362 fut de doter ses fils aînés de nouveaux titres et rôles prestigieux, afin de les préparer à reprendre à sa suite la barre de la puissante Angleterre.

Édouard et Philippa avaient vu neuf de leurs enfants atteindre l'âge adulte. En 1362, six étaient encore en vie. La jeune Jeanne avait succombé aux affres de la peste noire et, en 1361, une deuxième vague de l'épidémie avait emporté deux de ses sœurs. Ce retour du fléau, que l'on nomma la « peste des enfants », avait annihilé près d'un quart de la jeunesse d'Angleterre, dont la princesse Marie (17 ans) et la princesse Marguerite (15 ans). Le couple royal n'avait donc plus qu'une fille, Isabelle, une adolescente de bientôt treize ans qui lui avait déjà donné bien du fil à retordre. Dans les années 1350, elle avait refusé d'épouser un seigneur gascon et s'était résolument écartée des projets diplomatiques de son père, décrétant qu'elle ne se marierait que par amour.

Malgré les déconvenues que lui avaient causées ses filles, le roi pouvait encore s'appuyer sur cinq princes plantagenêts en parfaite santé, et à l'exception du petit Thomas de Woodstock qui n'avait encore que sept ans, tous furent généreusement récompensés de leur loyauté en 1362. L'aîné était bien entendu le prince de Galles – le futur Prince Noir. L'héritier du trône, vétéran aguerri de toutes les grandes expéditions militaires depuis 1346, passait à présent pour le plus brave soldat d'Angleterre. Et il était enfin marié.

Son union avec sa cousine Jeanne de Kent avait été célébrée à Windsor l'année précédente dans un parfum de scandale. Selon le poète Chandos le héraut, Jeanne était « une dame de grande valeur [...] très belle, affable et sage ». Tout le monde ne fut pas aussi bienveillant à son égard. Le couple avait contracté un mariage d'amour plus que de raison. Jeanne avait déjà eu deux maris : le comte de Salisbury, qui était toujours vivant, et Thomas Holland, auquel elle avait donné cinq enfants. Très dépensière, elle avait un faible pour les bijoux et son pédigrée n'apportait strictement aucun avantage matrimonial à la Couronne – fort au contraire : non contente de priver la lignée d'une alliance étrangère, elle faisait du Prince Noir le premier roi Plantagenêt à s'unir avec une mère divorcée, depuis qu'Henri II avait épousé Aliénor d'Aquitaine.

Le Prince Noir n'en avait pas moins été généreusement récompensé par son père : comte de Chester, duc de Cornouailles et prince de Galles au moment de son mariage, il touchait plus de 8 000 livres annuelles de revenus. Depuis qu'il avait épousé Jeanne, le couple avait pris ses quartiers à Kennington, dans un palais flambant neuf construit par le maître maçon Henry Yvele – qui deviendrait le plus grand architecte de son époque. Quelque temps avant l'anniversaire du roi, il s'était vu attribuer de nouveaux foyers : le roi avait cédé à son fils le duché d'Aquitaine, assorti de pouvoirs régaliens. Les grands rois guerriers Richard Ier et Édouard Ier avaient fait leurs armes en Aquitaine, et le Prince Noir avait remporté la plus grande bataille de son temps à Poitiers. sur ses marches septentrionales, En confiant pareil fief à son aîné dans le cadre des célébrations de son cinquantième anniversaire, Édouard III envoyait un message sans équivoque : le Prince Noir serait bientôt prêt à assumer la charge de la royauté. Le jeune couple s'installa à Bordeaux en février 1363.

Le cas du prince de Galles était donc réglé. Mais Édouard avait minutieusement étudié l'histoire de sa dynastie et il avait également des ambitions pour ses autres garçons. Il avait lu la chronique de Guillaume de Newburgh retraçant la saga des Plantagenêts jusqu'au XIIe siècle, et il entreprenait à présent de mettre en place sa version personnelle de la grande stratégie familiale qu'Henri II avait conçue pour ses propres enfants deux cents ans plus tôt. Il convenait d'attribuer à chacun un domaine dans une région différente d'Europe, en réservant le plus important à l'aîné.

Le jour même de son anniversaire – qui coïncidait avec la dernière séance du parlement de 1362 –, Édouard se présenta à Westminster avec ses deux cadets, Jean de Gand et Edmond de Langley, auxquels il conféra aussitôt d'éminentes dignités. Les archives parlementaires nous donnent un indice laconique de la munificence de cette cérémonie.

> *Alors, le chancelier annonça à l'assemblée des Lords et des Communes que notre seigneur le roi avait évoqué avec quelques-uns des grands du royaume les nombreux bienfaits que lui avait accordé le Seigneur, lui ayant en particulier permis d'avoir engendré ses fils qui avaient atteint leur majorité, et qu'il souhaitait donc que leur nom et leur honneur prospèrent ; c'est-à-dire que son fils Lionel [d'Anvers], se trouvant alors en Irlande, soit nommé [...] duc de Clarence...*

Comme en témoigne ce compte rendu, Lionel se trouvait à l'étranger. Mais Jean de Gand et Edmond de Langley étaient présents et reçurent leurs honneurs en personne :

> *Puis, notre dit seigneur le roi arma son dit fils Jean de la lance, et le coiffa d'une toque en fourrure surmontée d'un diadème d'or et de pierres précieuses, et le fit duc de Lancastre, puis il lui remit une charte au nom du duc de Lancastre. Après quoi, il arma son fils Edmond d'une lance et le fit comte de Cambridge et lui remit une charte au nom du comte de Cambridge.*

Duc de Clarence, duc de Lancastre, comte de Cambridge : de bien grands titres, en effet. Et chacun impliquait une responsabilité théorique pour une région donnée des domaines gouvernés par les Plantagenêts.

Le titre de Lionel d'Anvers était une création. Le duché de Clarence était une dignité irlandaise attachée à des terres sur la côte occidentale de l'Irlande. (Le nom de Clarence était une référence à la famille de Clare à laquelle ces fiefs avaient appartenu avant d'échoir à la Couronne.) Réuni au comté d'Ulster, que Lionel détenait par son mariage à Élisabeth de Bourg, le nouveau duché de Clarence formait le plus vaste bloc de pouvoir d'Irlande. Lorsque son titre fut annoncé au parlement, le duc de Clarence, nommé lieutenant d'Irlande en 1361, était déjà à Dublin. Cinquante chevaliers, 300 hommes d'armes et 540 archers montés avaient été mis à sa disposition, à charge pour lui de lever des contingents supplémentaires en Irlande. Sa destinée était toute tracée : il devait étendre et asseoir le pouvoir des Plantagenêts dans l'indomptable ouest irlandais. Il était le premier prince de la lignée à poser pied dans ce fief depuis Jean sans Terre.

Jean de Gand hérita pour sa part du titre de duc de Lancastre, laissé en déshérence par Henri de Grosmont, l'ami et le général d'Édouard mort à 51 ans l'année précédente, sans doute de la peste. Jean avait épousé la fille de Grosmont, Blanche de Lancastre, à l'abbaye de Reading en 1359. Au décès de son beau-père, il avait récupéré intégralement l'un des plus vastes réseaux de domaines d'Angleterre. Il ramenait donc dans le patrimoine familial les possessions de l'ancien ennemi intime d'Édouard II, Thomas de Lancastre, ce qui contribua grandement à maintenir l'ordre et la sécurité dans le nord de l'Angleterre, et plus particulièrement autour de la turbulente frontière écossaise qui mobilisait si souvent les troupes royales.

Le nord devint ainsi la sphère d'influence de Jean de Gand. Dans les années 1350 et 1360, Édouard tenta à maintes reprises de faire reconnaître son troisième fils comme l'héritier légitime de David II d'Écosse, qui avait été libéré de prison en 1357 mais peinait à collecter l'argent de sa rançon prohibitive. Nul ne savait vraiment si Édouard utilisait cette revendication sur la Couronne d'Écosse comme un levier de négociation, qui contraindrait les Écossais à acquitter la rançon de leur roi, ou s'il avait des projets plus ambitieux à l'esprit. En tout état de cause, en ces premières années 1360, il semblait probable que tandis que le Prince Noir prenait en main l'Aquitaine et que Lionel de Clarence présidait aux destinées de l'Irlande, Jean de Gand devait se préparer à un rôle prééminent dans les affaires politiques et militaires de l'Écosse.

Thomas de Woodstock n'étant encore qu'un enfant, il ne restait donc plus qu'à pourvoir Edmond de Langley. Le roi réservait à son quatrième fils l'une des zones d'influence les plus déterminantes en politique étrangère : la Flandre et les Pays-Bas.

En novembre 1361, le duc de Bourgogne décéda, laissant derrière lui une veuve de douze ans, Marguerite. Fille de Louis de Male, comte de Flandre, elle était l'héritière des comtés de Nevers, de Flandre, de Rethel, de Bourgogne et d'Artois, ainsi que des duchés de Brabant et de Limbourg. À elles toutes, ces terres formaient dans le nord une base de pouvoir qui n'avait rien à envier à l'Aquitaine : un ensemble considérable de comtés, potentiellement indépendant, qui, sous la houlette d'un seul et même seigneur, pourrait faire contrepoids à la puissance de la Couronne de France. Les riches cités marchandes de Flandre offriraient de surcroît un véritable trésor pour quiconque en prendrait possession.

Dès l'annonce du décès du duc de Bourgogne, Édouard entreprit de négocier dans le plus grand secret le mariage de son fils Edmond à Marguerite. L'affaire n'était pas si simple, car cette union ne pouvait se faire sans l'autorisation du très francophile pape Urbain V (qui occupa le trône de Saint-Pierre de 1362 à 1372) : comme le Prince Noir et Jeanne de Kent, Edmond et Margaret avaient un lien de consanguinité prohibé par la législation ecclésiastique. Il en aurait fallu davantage pour dissuader Édouard III. Lorsqu'il éleva son fils de 21 ans au rang de comte de Cambridge, il lui céda également ses titres sur les comtés français de Ponthieu et de Calais, afin d'asseoir sa légitimité dans le nord de la France. Édouard consacrerait tout au long des années 1360 une bonne part de son temps et de son énergie à mener une habile et vigoureuse campagne diplomatique.

Ce fut ainsi que le troisième Édouard du nom célébra son anniversaire : par de grandes lois, des concessions parlementaires, des anoblissements familiaux et en posant les bases d'un projet dynastique pour son encore nombreuse progéniture. Ce faisant, il semblait anticiper sur les possibilités d'expansion territoriales pour chacun de ses fils, tout en veillant à ce que leurs intérêts respectifs ne débouchent pas sur des conflits fratricides tels ceux qui avaient terni les dernières décennies du règne d'Henri II. Si Édouard avait appris quelque chose de sa lecture des traités de Guillaume de Newburgh, c'était bien que si des aiglons restaient dans un même nid, ils ne tarderaient pas à s'entretuer.

Et de fait, les décennies à venir prouveraient que les enfants d'Édouard III étaient liés par une bien plus grande loyauté fraternelle que ne l'avaient été ceux d'Henri II. Si Édouard pouvait se réjouir de cette entente fraternelle cordiale, malheureusement pour lui, la chance qui avait accompagné sa famille dans les années 1350 était sur le point de se tarir.

Coups du sort

L'année 1369 fut bien morne pour Édouard et sa famille. Scandée par une série presque incessante d'échecs et de pertes, elle refermait une décennie au cours de laquelle de lourds nuages noirs s'étaient accumulés sur la monarchie anglaise. Aux décès succédaient d'autres décès, aux maladies d'autres maladies, et tout ce qui avait brillé avec tant d'éclat dans les années 1350 semblait soudain être dispersé par le vent comme des cendres. Sur fond de revers de fortune sur le continent, la lignée d'Édouard sombrait peu à peu dans la mort, l'infirmité et la déchéance.

Bien qu'il eût connu dans ces années 1360 plus d'aisance que jamais, Édouard n'en avait pas pour autant profité. Depuis 1365 environ, sa santé déclinait. Le roi et la reine passaient une grande partie de leur temps avec leur maisonnée commune dans leurs pavillons de chasse de New Forest, évitant de se montrer à Westminster et s'abîmant lentement dans la vieillesse. Édouard trouvait quelque réconfort auprès de la suivante de son épouse, Alice Perrers – une jeune femme d'une vingtaine d'années à la voix suave et douée d'un talent certain pour orchestrer sa promotion sociale. Elle donna au roi son premier enfant illégitime en 1364 ; après quoi, elle usa de sa position privilégiée auprès du roi pour se faire une place de choix à la cour.

En matière de politique intérieure, Édouard utilisa judicieusement son temps. Le royaume qu'il avait façonné avait gardé tout son prestige et continuait d'organiser de somptueuses cérémonies publiques, telle la grande réception de 1364 donnée à Londres pour accueillir simultanément les souverains d'Écosse, de France et de Chypre. À l'intérieur, les réformes administratives se poursuivirent. L'Angleterre se dota d'une nouvelle loi sur le maintien de la paix, investissant les juges de paix de prérogatives étendues dans les comtés. Le parlement vota également des lois somptuaires, réglementant le vêtement pour chaque catégorie sociale et interdisant aux classes inférieures de porter des fourrures, manteaux ou souliers trop luxueux. Les efforts visant à asseoir un empire Plantagenêt cohérent sur le pouvoir des enfants royaux survivants, se poursuivirent.

Pourtant, la décadence était irrésistiblement en marche. En dépit de ses plans minutieusement échafaudés, ce fut sur le front étranger qu'Édouard commença à voir sa chance l'abandonner. En 1364, Jean le Bon mourut à l'hôtel de Savoie, résidence de Jean de Gand dans les faubourgs de Londres. Les Français cessèrent de rembourser la rançon de Jean et le royaume de France se rallia sous la bannière de son fils aîné, Charles V (qui régna jusqu'en 1380). Le nouveau Valois était bien décidé à prendre sa revanche sur l'Angleterre, et il eut la chance de trouver un brillant général pour l'y aider. Bertrand Du Guesclin s'était distingué dans l'interminable guerre de succession de Bretagne, et s'était battu pendant plus de vingt ans contre les Anglais, se mesurant à des adversaires de belle trempe, tel Henri de Grosmont, duc de Lancastre. Il deviendrait par la suite le cauchemar des Anglais, passant maître dans les tactiques de guérilla et dans l'art des campagnes de harcèlement qui terrasseraient les armées d'invasion anglaises.

Ce ne fut toutefois ni dans le nord de la France ni en Aquitaine – ces deux théâtres d'opération qui avaient valu tant de succès aux Anglais – que la guerre reprit. Les ambitions du Prince Noir entraînèrent les armées d'Édouard dans un conflit par procuration, aussi complexe qu'épuisant, qui se jouait dans une Espagne accablée par la canicule et la maladie. Deux fils d'Alphonse XI se disputaient la succession du trône de Castille : le bâtard Henri de Trastamare et le roi en place, son demi-frère Pierre Ier, dit le Cruel – personnage que le chroniqueur Thomas Walsingham décrivait comme « un scélérat et un tyran » et dont le nom était dans la péninsule Ibérique synonyme de férocité et de bains de sang.

Pierre avait hérité du trône paternel en 1350 et, en 1362, il avait mis un terme à la longue allégeance de son royaume à la France pour courtiser l'Angleterre. Quand Charles V monta à son tour sur le trône de France, il se fit un plaisir de châtier le roi de Castille pour sa perfidie. Ce règlement de comptes lui offrait l'occasion de reprendre l'initiative militaire ; il lui permettait surtout d'espérer que les nombreuses compagnies de mercenaires sans foi ni loi qui infestaient et terrorisaient les campagnes françaises seraient tentées d'aller s'occuper plus lucrativement dans une nouvelle guerre dans le sud. La présence de ces compagnies en France – notamment en Bretagne, en Normandie et dans la vallée de la Loire – était depuis des années une cause de chaos et de désordre.

Ces troupes vagabondes de soldats démobilisés qui se déployaient sur de vastes régions continuaient de s'emparer de châteaux, de manoirs et d'églises, qu'ils utilisaient comme bases d'occupation militaire des territoires alentours. Pillages, meurtres, incendies, viols étaient monnaie courante, et lorsqu'ils avaient entièrement razzié une zone, ils allaient en dévaster une autre. Nombre de braves gens croyaient voir dans leur présence un châtiment divin. Le roi, lui, y voyait un obstacle à tout espoir de stabilité politique. C'est pourquoi, dès que l'occasion se présenta, il s'empressa de voler au secours d'Henri de Trastamare, organisant une expédition pour destituer Pierre. En 1366, cette offensive chassa du trône le roi de Castille pour le jeter dans les bras du Prince Noir à Bayonne. Comme il fallait s'y attendre, le prince l'accueillit en ami et entraîna aussitôt l'Angleterre dans ce nouveau conflit.

Comme toutes les guerres du règne d'Édouard III, l'engagement dans la guerre civile de Castille reviendrait extrêmement cher. Depuis son arrivée en Aquitaine en 1363, le Prince noir levait des fouages (tailles exigées sur chaque feu) relativement impopulaires – ce qui ne fit rien pour favoriser l'unité de son nouveau duché, ni pour se faire aimer de ses sujets. En 1366, il accepta quelque peu inconsidérément de supporter intégralement le coût d'une invasion du royaume de Pierre et de l'expulsion des Français. En échange de quoi, Pierre, lui, gagea ses deux filles, Constance et Isabelle, qu'il récupérerait contre remboursement de la facture de l'expédition – pas moins de 276 000 livres. (Les jeunes femmes épouseraient par la suite les frères du Prince Noir, Jean de Gand et Thomas de Woodstock.) Mais le prince aurait dû se douter qu'un pays aussi petit et pauvre que la Castille n'aurait jamais les moyens de payer sa part des frais de guerre.

La campagne débuta sous de bons auspices. Tandis que l'armée s'organisait, en janvier 1367, la princesse Jeanne donna naissance au deuxième fils du prince de Galles. Le garçon, né à Bordeaux, fut prénommé Richard, en souvenir du Cœur de Lion, le plus fameux enfant d'Aquitaine. Dans les mots de William Thorne, chroniqueur de Canterbury, trois « rois mages » assistèrent à son baptême : le roi Pierre Ier de Castille, le roi Jacques IV de Majorque et le roi Richard d'Arménie. Trois monarques à la cour et un enfant né le jour de l'Épiphanie : ces signes emblaient indiquer que le nourrisson était promis à une grande destinée. Voilà qui augurait bien de la campagne que s'apprêtait à engager son père.

En quelques mois, le prince de Galles remporta la troisième victoire de sa carrière militaire – et à certains égards, la plus grande – à la bataille de Nájera. Accompagné de son frère Jean de Gand, le prince Édouard avait franchi les Pyrénées avec une armée de Gascons et de mercenaires stipendiés, puis s'était dirigé vers Logroño pour rejoindre les rives de la Najerilla, où l'attendait Henri de Trastamare.

Le prince était encore au sommet de sa puissance militaire, et à Najera, il fut aidé par l'incompétence de son adversaire. Le Castillan avait choisi d'ignorer un courrier de Charles V qui l'avertissait des dangers qu'il courait à vouloir affronter les Anglais dont l'armée, écrivit le roi de France, comptait « la fine fleur de la chevalerie du monde ». Ce n'était pas faux. Jean Chandos, Étienne de Cusington et le noble poitevin Guichard d'Angle étaient de formidables capitaines dans cette force composée de tenanciers gascons et de compagnies anglaises. Lors de la descente des Pyrénées, le Prince Noir arma deux cents nouveaux chevaliers dans ses rangs.

Lorsqu'il vit ces chevaliers débouler de la montagne, Trastamare paniqua. Au lieu d'esquiver l'affrontement, il prit une position défensive, dos contre la rivière Najerilla, et se prépara à engager le combat C'était exactement ce que Charles V lui avait recommandé d'éviter. Aux petites heures du 3 avril, des troupes anglaises débouchèrent par surprise sur le flanc gauche de Trastamare et Du Guesclin, désorganisant totalement leurs rangs. Les forces franco-castillanes, prises sous le déluge de traits des archers anglais et assaillies en de féroces corps à corps par des hommes d'armes à pied, furent mises en déroute et repoussées vers la rivière par des charges de cavalerie. Henri perdit au moins 5 000 hommes, massacrés ou noyés. Il prit la fuite, tandis que Du Guesclin était fait prisonnier avec pratiquement tous les autres nobles qui se battaient sous l'étendard franco-castillan.

Une fois de plus, un prince anglais venait de signer un mémorable triomphe contre une armée française. Tactiquement, ce fut la plus belle victoire du Prince Noir – même si la liste de ses illustres otages n'était pas aussi impressionnante que celle de Poitiers en 1356. Une fois de plus, le Prince Noir avait démontré son habileté, sa férocité et son courage au plus fort de la mêlée.

Mais si la victoire militaire était totale et glorieuse, ses conséquences politiques et personnelles furent plus ou moins catastrophiques. Bien qu'il eût sauvé son trône, Pierre le Cruel était dans l'incapacité de lever suffisamment de fonds pour rembourser le Prince Noir. Ce dernier, acculé à la faillite, était désormais harcelé par ses vassaux gascons qui exigeaient leur dû. La vente des bijoux de Pierre et les rançons des otages les plus précieux étaient loin de suffire à couvrir les frais de guerre.

Pour ne rien arranger, l'armée anglaise s'effondra sous la chaleur de l'été méridional. Les troupes qui se repliaient sur Bordeaux à la fin du long été caniculaire de 1367 furent décimées par les infections et les maladies, la dysenterie surtout.

Ces maux frappaient sans distinction la noblesse comme les pauvres hères. Peu après la bataille de Nájera, le Prince Noir contracta une grave affection – le paludisme peut-être, ou plus probablement l'hydropisie – qui ne guérit jamais complètement et devait le clouer régulièrement au lit pendant de longues périodes tout le restant de sa vie. Lorsqu'il rentra en Gascogne, un prêtre le compara dans son sermon au fils de Dieu. « Nul ne devrait ainsi flatter quelqu'un en face, fût-ce le plus grand prince, commenta par la suite Édouard, tandis que le mal rongeait son corps. Le sort peut s'abattre sur lui à tout moment, et tous ses fameux exploits seront alors oubliés et réduits à néant. »

Le sort lui donna raison. Affaibli par la maladie qu'il avait attrapée à Nájera, le Prince Noir ne fut plus jamais le même homme. Les répercussions de sa santé vacillante et de sa faillite furent désastreuses pour le gouvernement d'Aquitaine et, plus généralement, pour les intérêts de l'Angleterre en France. Pierre de Castille était certes resté sur son trône, mais il n'avait pas un sou vaillant à donner au Prince Noir pour l'en remercier. Certains otages, comme Du Guesclin, avaient rapporté de coquettes rançons, mais ces sommes n'étaient qu'une goutte d'eau dans un océan de dettes. Le Prince Noir n'eut d'autre solution que d'augmenter le fouage et d'imposer un nouveau cens en Aquitaine. Ces taxes suscitèrent une levée de boucliers chez les seigneurs locaux qui, en 1368, se plaignirent de l'administration du Prince Noir auprès de Charles V, « seigneur souverain du duc et de tout le duché d'Aquitaine ». Ces remontrances, pas très subtiles, n'étaient rien de plus qu'une incitation à repartir en guerre contre l'Angleterre. Charles y était prêt. À la fin de 1368, des troupes françaises se massèrent sur les marges de l'Aquitaine. Au printemps suivant, des centaines de bourgs et de villes avaient ajouté leur voix au grondement de mécontentement à l'égard du pouvoir Plantagenêt, et de vastes régions de la principauté furent envahies.

Entre-temps, en Castille, Henri de Trastamare reprenait l'initiative. En mars 1369, il assassina son demi-frère Pierre dans une tente, d'un coup de poignard. Peu après, il signa avec Charles un traité prévoyant d'envoyer une grande flotte de guerre sur les côtes de Gascogne. Un vent de panique s'abattit non seulement sur les villes côtières gasconnes, mais jusqu'au littoral sud de l'Angleterre, où l'on voyait à nouveau planer une menace sur l'Atlantique et la Manche. La futilité de la campagne de Castille du Prince Noir éclatait à présent au grand jour, et celui-ci était trop malade pour reconstituer ses troupes et défendre ses domaines contre le retour en force des Français. En 1370, il s'apprêta à rentrer en Angleterre. Ce fut un homme brisé qui, en janvier 1371, retrouva sa terre natale.

Entre-temps, l'Angleterre avait appris qu'un autre de ses frères était également perdu pour la cause Plantagenêt. Lionel d'Anvers, duc de Clarence, s'était heurté à autant de résistances que les autres princes qui, avant lui, avaient essayé d'imposer les coutumes et les lois anglaises en Irlande. Il avait perdu son épouse en 1363 et, trois ans plus tard, il avait renoncé à gouverner l'Irlande, à ses yeux une cause perdue. Édouard III lui avait arrangé un autre mariage – de convenance, celui-là – avec Violante Visconti, une adolescente de treize ans, héritière de Pavie et membre de la célèbre dynastie des Visconti, belliqueux seigneurs qui régnaient en maîtres sur Milan et terrorisaient les cités-États italiennes des environs. Lionel et Violante furent unis en grande pompe devant les portes de la cathédrale de Milan et les fastueuses cérémonies célébrant leur union se prolongèrent pendant des mois. Le poète Pétrarque aurait été invité à un banquet offert par le couple. Cette vie de festins ne réussit guère à Lionel. Il n'y survécut pas plus de quelques mois.

La santé de la reine Philippa était également très altérée. En 1357, elle s'était déplacée une épaule dans un accident de chasse et ne s'en était jamais entièrement remise. Depuis 1365, elle ne se déplaçait plus qu'avec difficulté et, deux ans plus tard, elle ne voyageait plus qu'en litière ou en barge d'apparat. Elle mourut le 15 août 1369, entourée de son mari et de leur fils Thomas de Woodstock, encore adolescent. Le roi lui tint la main jusqu'au dernier moment et pleura à chaudes larmes. La fillette qui était arrivée en Angleterre quatre jours après les obsèques d'Édouard II avait suivi toutes les étapes du parcours de son mari et de leurs enfants qui, de simples marionnettes manipulées par Mortimer et Isabelle, étaient devenus la dynastie la plus redoutée d'Europe. Elle avait vécu dans l'opulence et le luxe. Froissart prétend dans son histoire que, sur son lit de mort, elle demanda au roi de régler les dettes qu'elle avait contractées auprès de marchands étrangers. Philippa avait été une compagne exemplaire pour son mari et une mère dévouée pour leurs nombreux enfants. À sa mort, Édouard fut inconsolable.

Le roi était lui-même en mauvaise santé. Depuis le début de la décennie – comme bien des hommes entrés dans la soixantaine –, il avait commencé à s'en remettre de plus en plus à des chirurgiens et des médecins qui demandaient des honoraires exorbitants. Tandis que sa famille et ses amis disparaissaient les uns après les autres, il se repliait peu à peu sur lui-même. Déjà, ses plus belles victoires semblaient oubliées.

Et pourtant, en 1369, il dut reprendre une fois encore les armes. En effet, face aux offensives de Charles V, la guerre était la seule réponse qu'Édouard connaissait. Selon les archives du parlement de 1369, « il fut convenu par tous prélats et les barons et les communes des comtés traditionnels d'Angleterre [...] avec l'assentiment unanime du parlement, que le roi d'Angleterre devait reprendre le nom de roi d'Angleterre et de France, tel qu'il le portait avant la guerre. » La paix était officiellement rompue. Un Édouard malade et endeuillé devait trouver moyen de mobiliser son pays pour un nouvel épisode de violences. La tâche ne lui serait pas facile.

Le bon Parlement

La salle du chapitre de l'abbaye de Westminster s'emplit d'occupants déterminés. C'était le 23 avril 1376, deuxième jour du parlement. Depuis Pâques, trois semaines plus tôt, de toutes les régions des hommes avaient convergé vers Westminster d'Angleterre en un pèlerinage politique. La plupart des barons anglais étaient venus siéger au parlement en leur qualité de lords. Ils furent rejoints par les représentants des comtés traditionnels : les chevaliers et les bourgeois qui se rassemblaient à présent dans la salle capitulaire et constituaient la chambre des Communes.

La veille, tous les parlementaires s'étaient réunis. Le roi malade était venu de Havering pour assister à la cérémonie d'ouverture. Ce fut sa dernière apparition au parlement. Après son départ, l'autorité royale fut représentée par Jean de Gand. Il siégeait avec les autres lords dans la Chambre peinte du palais de Westminster. Les Communes, elles, prenaient place dans la salle capitulaire de l'abbaye, un grand bâtiment de pierre octogonal dans lequel les moines venaient chaque jour prier, lire et débattre d'un chapitre de la règle de saint Benoît. Cet ouvrage gothique était une relique des travaux de reconstruction entrepris par Henri III dans les turbulentes années 1250, un chantier amorcé au temps où son beau-frère Simon de Montfort avait tant malmené le pouvoir Plantagenêt au nom de la réforme.

C'était une somptueuse bâtisse – « incomparable », disait Matthieu Paris. Le pavage du sol était orné de portraits de rois et de reines, des armes royales de la dynastie Plantagenêt, et d'une inscription proclamant la beauté de la salle capitulaire et la grandeur de son royal commanditaire : « Tout comme une rose est la fleur des fleurs, ceci est la maison des maisons, que le roi Henri, ami du Christ et de la Sainte Trinité, a consacrée… » Désormais, les Communes du roi Édouard emplissaient la salle octogonale, piétinant le pavé de la nécropole et prenant place sur les rangées de marches de pierre bordant les murs. Au-dessus de leurs têtes, la lumière se déversait par des vitraux ornés de symboles héraldiques destinés à rappeler à tous le pouvoir de la royauté Plantagenêt. Mais les représentants des Communes n'étaient pas venus vénérer la royauté. Ils étaient venus invoquer l'esprit de Montfort et en appeler à leur roi pour qu'il redresse son royaume dévasté.

Les années qui avaient suivi la reprise de la guerre entre l'Angleterre et la France avaient vu indignité sur indignité accabler le pays. Personne ne pouvait l'ignorer. Il fallait agir. Depuis six ans, l'Angleterre se précipitait vers la crise. Sur le plan militaire, elle avait été de désastre en désastre. Dans la première phase de la nouvelle guerre, les Anglais avaient tenté de reprendre la situation là où ils l'avaient laissée en 1359. Mais ils s'étaient heurtés à un ennemi plus déterminé, et souffraient en outre d'un commandement défaillant et d'un manque chronique de chance.

Les échecs furent nombreux. En 1370, une chevauchée dirigée par Robert Knolles, chevalier aguerri et pillard à ses heures, fut arrêtée dans son élan faute de financements et, partie pour une campagne de deux ans, se débanda au bout de six mois. La même année, le Prince Noir, dans un état de santé déplorable, tentait d'endiguer les attaques françaises sur les frontières d'Aquitaine, avec le renfort de ses frères Jean de Gand et Edmond, comte de Cambridge. Mais ce fut une vaine entreprise. La suzeraineté anglaise n'était guère appréciée dans la principauté et, les unes après les autres, les villes ouvraient grand leurs portes aux Français dès qu'elles les voyaient arriver. À la mi-septembre 1370, quand Limoges fit sa reddition au duc de Berry, le Prince Noir répliqua avec sauvagerie, mettant la ville à sac avant de l'incendier pour la punir de sa félonie. Froissart broda certainement dans son récit et multiplia sans doute par dix le nombre de victimes, mais du moins parvint-il à restituer une image saisissante de l'horreur du sac :

> *Le prince de Galles, le duc de Lancastre, le comte de Cambridge, le comte de Pembroke, messire Guichard d'Angle et tous les autres, et leurs*

gens, entrèrent dans la cité, et pillards à pied qui étaient tous appareillés de mal faire et de courir la ville, et d'occire hommes et femmes et enfants. [...] Il fut grand pitié de voir les habitants se jeter à genoux devant le prince et crier "Merci, gentil sire, Merci !". Mais il était si enflammé d'ardeur qu'il ne les entendait point. Nul n'écoutait leurs suppliques et les envahisseurs mirent à l'épée tout ceux qu'ils trouvaient et rencontraient. [...]. Plus de trois mille personnes furent délivrées et décollées cette journée. [...] On ne cessa que quand la cité de Limoges fut saccagée, pillée, volée sans ménagement, toute brûlée et démolie.

C'était un spectacle lamentable : le Prince Noir, transporté dans une litière, ordonnant la mise à mort d'innocents pour assouvir une vaine et cruelle vengeance. Ce fut l'ultime participation significative du prince à la guerre. En 1371, il était rentré en Angleterre – trop malade pour encore participer à la guerre ou au gouvernement de son pays. Deux ans plus tard, il ne restait de la principauté d'Aquitaine qu'une mince bande de possessions anglaises le long du littoral Atlantique.

Le prince de Galles étant hors-jeu, l'année 1372 avait apporté plus de malheurs encore aux Plantagenêts. Deux tentatives avaient été faites pour envahir l'Aquitaine par la mer. Une escadre, menée par le comte de Pembroke, se fit capturer ; une autre, partie de Calais sous le commandement du vieux roi, fit voile sous des vents contraires et dut rebrousser chemin. Ce fut la dernière campagne que le roi tenta de conduire en personne. Lorsqu'elle échoua, il se retira du monde, physiquement et intellectuellement diminué.

Il laissait ainsi la poursuite de la guerre et la gestion des affaires de l'État à Jean de Gand. Le duc n'avait aucunement les capacités militaires de son père ni de son frère aîné, mais en 1373, il ne lui restait plus grand-chose à défendre. En Bretagne, le très anglophile duc Jean de Montfort avait été forcé à l'exil et s'était réfugié à la cour d'Édouard. Les Français avaient pénétré si profondément au cœur de l'Aquitaine que les Anglais avaient perdu tous les territoires qui leur avaient été cédés en 1360. En 1373, une chevauchée dirigée par Jean de Gand en personne échoua face aux manœuvres des Français qui, adoptant la stratégie de Fabien, refusèrent le combat et laissèrent les Anglais s'épuiser. La Manche était infestée de pirates. Beaucoup, à commencer par les richissimes marchands de laine, jugeaient les voies commerciales si dangereusement menacées qu'ils affrétaient des flottes privées pour se défendre. Les revendications anglaises sur le trône de France étaient une illusion plus vide de sens que jamais depuis les années 1340. L'unique issue honorable était de demander la paix. En 1375, les belligérants signèrent une trêve d'un an à Bruges.

Les Communes assemblées dans la salle capitulaire étaient tout aussi au fait de cette série d'échecs que quiconque dans le royaume. C'était après tout à ces représentants qu'avaient été adressées les demandes répétées de taxes pour financer les campagnes inutiles du début des années 1370. Afin de dissiper le moindre doute, l'auteur de l'*Anonimalle Chronicle* consigna qu'à la séance d'ouverture du parlement, le chancelier, Sir John Knyvet, monta au pupitre et souligna « combien le royaume d'Angleterre était en péril et sur le point d'être détruit par ses adversaires. [...] En conséquence de quoi, Sir John demanda au nom du roi aide et secours contre ses ennemis. » Le roi, annonça-t-il, voulait lever un impôt « d'un dixième sur les biens du clergé et d'un quinzième sur ceux des laïcs ». La trêve de Bruges s'achèverait dans moins d'un an, souligna-t-il, et les combats devraient reprendre. La rengaine était connue.

Mais les échecs étrangers n'étaient qu'un élément du tableau. Le peuple avait de plus en plus le sentiment que la royauté forte et charismatique, telle que l'avait incarnée le règne d'Édouard, laissait place à un vide du pouvoir. Tout cela semblait si loin de l'époque glorieuse que l'Angleterre avait jadis connue. « Petit à petit, toutes les choses joyeuses et bénies, la bonne fortune et la prospérité diminuaient et échouaient », écrivit le chroniqueur Thomas Walsingham.

Le roi et son fils aîné étaient malades et invalides. La maisonnée d'Édouard n'était plus un centre de chevalerie, mais était peuplée de courtisans rapaces, dont l'ambitieuse Alice Perrers était le meilleur exemple. La maîtresse du roi avait scandalisé l'opinion l'année précédente à Londres, en paradant dans une cavalcade depuis la Tour de Londres jusqu'à la place de Smithfield où se tenait un grand tournoi, vêtue en « Dame du Soleil ». Elle arborait de somptueux bijoux, que lui avait offert le roi vieillissant tandis que le reste du pays sombrait dans le désordre. Dans les bourgs, les pouvoirs publics avaient de plus en plus de peine à faire respecter la loi et l'ordre public. Des scissions étaient apparues entre les principaux barons. Les évêques étaient mécontents, car en compensation de la médiation pontificale pour négocier la paix à Bruges en 1375, Jean de Gand avait accepté d'autoriser le Saint-Siège à taxer le clergé anglais pour la première fois depuis les années 1340.

Le financement de la guerre était de plus en plus rongé par la corruption. Pour lever rapidement des fonds auprès des marchands italiens, on vendait des permis pour contourner l'étape de Calais. D'autres marchands prêtaient de l'argent au gouvernement à des taux usuraires, ou bien rachetaient à bas prix la dette publique à des fins de spéculation – une pratique qui rapportait des liquidités à court terme à la Couronne mais qui permettait aux plus riches de s'enrichir. Un climat de tensions entre les factions de guildes de marchands et de commerçants étrangers pesait sur Londres. L'autorité gouvernementale s'effondrait, dans la capitale comme dans les provinces. Le pays était indéniablement en crise.

Ainsi, quand les Communes se réunirent, elles étaient d'humeur rétive. Les divers groupes d'intérêts – marchands, chevaliers et hobereaux – partageaient le sentiment qu'il était de leur devoir de conseiller et de remettre sur le droit chemin le roi et son gouvernement. Les représentants de la chambre basse se savaient également en position de force, car s'ils ne votaient pas le budget, la guerre ne pourrait reprendre. Durant les dix semaines que dura le parlement – le plus long qui se fût jamais tenu –, ils présentèrent une série sans précédent de réformes et de procédures légales contre le pouvoir royal et ceux qu'ils soupçonnaient de le corrompre.

Presque chaque jour, entre la séance d'ouverture de ce qui passa dans l'histoire sous le nom de « Bon parlement », le 28 avril, et sa dissolution le 10 juillet 1376, le gouvernement d'Édouard subit de nouveaux chocs. Les Communes commencèrent par échanger des serments de soutien mutuel dans la salle capitulaire, avant de regrouper toutes leurs doléances sur la corruption et les manquements de l'administration dans une seule et même longue pétition. Puis, elles élurent pour président le sire Pierre de la Mare.

La Mare était l'intendant d'Edmond Mortimer, comte des Marches. C'était un membre éminent de la classe des chevaliers du Hertfordshire, qui avait occupé les fonctions de shérif dans le comté et assemblé une bannière pour le compte de Mortimer lors d'une campagne en Irlande en 1373. Il s'exprimait avec aisance, était courageux, avait un excellent sens politique et entretenait des liens étroits avec les lords de la chambre haute du parlement. Et ce fut à ces lords, dominés par Jean de Gand, qu'il soumit au début du mois de mai la longue liste des remontrances des Communes sur le gouvernement du royaume, demandant que soit établie une commission de douze lords qui se réunirait avec les Communes pour débattre des moyens de remédier aux maux du royaume.

L'instrument de négociation qu'il utilisa tout au long du Bon parlement n'avait rien de neuf. Sans réforme, martelait-il à Jean de Gand et à la commission de Lords, aucune taxe ne serait votée. Mais en exigeant d'intervenir activement dans tous les détails de la réforme, en 1376, Peter de la Mare et les Communes parvinrent à donner aux représentants des comtés un rôle bien plus central que jamais dans le gouvernement Plantagenêt. En 1341, lors de la dernière crise politique grave qu'avait connue l'administration royale, le débat s'était entièrement joué entre les barons et le roi, tandis que les Communes ne tenaient qu'un rôle mineur en arrière-fond. En 1376, c'étaient elles qui prenaient les devants.

Étant donné l'état de délabrement du gouvernement et le besoin urgent de la Couronne de refinancer la guerre avant que la trêve de Bruges n'arrive à expiration, Jean de Gand ne pouvait qu'écouter les doléances. Il eut droit à un chœur de remontrances sur la politique royale, concentrées sur la corruption d'un certain nombre de conseillers proches d'un roi de plus en plus sénile. Au terme de longues délibérations, Jean de Gand entendit devant le parlement réuni au complet des accusations portées contre trois conseillers royaux en particulier : lord Latimer, ancien soldat et grand chambellan de la maison du roi ; Richard Lyons, riche marchand et conseiller royal qui avait avancé beaucoup d'argent à la Couronne ; et la maîtresse du roi, Alice Perrers, qui avait détourné à son profit des terres, tutelles et bijoux ayant appartenu à la reine Philippa, et qui exerçait sur le roi une telle emprise maléfique que Thomas Walsingham écrivit qu'elle « était alors si puissante et si haut placée que nul n'osait porter plainte contre elle ». Les deux premiers furent condamnés pour corruption financière et pour avoir contourné l'étape de Calais ; quant à Alice de Perrers, les Communes exigèrent qu'elle soit éloignée de la présence royale. À la fin mai, d'autres accusations avaient été portées : contre lord

Neville, autre vétéran et intendant de la maison du roi, et contre trois autres marchands.

Face à de si graves accusations, Jean de Gand chercha à gagner du temps. Il ajourna brièvement le parlement et informa son père de la situation, précisant que de nombreux membres de la maison royale risquaient d'être arrêtés. Selon l'*Anonimalle Chronicle*, « le duc [Jean de Gand] envoya certains lords annoncer à [Édouard] le conseil des Communes et l'assentiment des Lords, lui recommandant de bannir de sa présence ceux qui n'étaient ni bons ni profitables [...] et le roi répondit avec bienveillance aux lords qu'il ne souhaitait faire que ce qui serait bon pour le royaume [...] et qu'il suivrait volontiers leurs conseils et s'en remettrait à leur bonne ordonnance. » C'était une réponse remarquablement frileuse. Édouard avait peut-être été averti que le parlement envisageait de le destituer, tout comme il avait destitué son père. Cette humiliation aurait été trop lourde à porter. Le lion qui rugissait en 1341 n'était à présent plus qu'une souris.

Tous les personnages mis en cause par les Communes furent traduits devant le parlement en juin 1376. Interrogé sur ce point, de la Mare précisa que les charges portées contre les accusés émanaient « de l'avis unanime » des Communes. Ce fut ainsi qu'apparut la procédure de destitution devant le parlement. Latimer fut accusé de tout un catalogue de crimes en Bretagne, notamment d'avoir extorqué des fonds au roi, négligé la défense du duché, mais aussi d'avoir détourné une grande partie des subsides de guerre. Il fut condamné et emprisonné. Lyons, le marchand Adam Bury et Alice Perrers durent tous renoncer aux biens et aux terres qu'ils avaient acquis abusivement. Lord Neville fut démis de sa charge. Un conseil de neuf sages fut nommé pour conseiller le roi.

Ce grand ménage dans l'administration partait des meilleures intentions du monde. Mais il aurait à terme des conséquences imprévues. Car au moment même où les procédures d'*impeachment* suivaient leur cours à Westminster, le 8 juin 1376, dimanche de la Sainte Trinité, le Prince Noir s'éteignit. Bien qu'il fût malade et alité, les factions opposées du Bon parlement s'étaient disputé son soutien. Richard Lyons lui avait fait envoyer un grand tonneau d'or dans l'espoir de le rallier à sa cause contre les Communes. (Le Prince Noir l'ayant refusé, il le fit parvenir au roi, qui l'accepta en disant : « Il ne nous offre rien qui ne nous appartienne. »)

« Ainsi se brisa l'espoir des Anglais. » Tel fut le triste verdict de Thomas Walsingham après la mort du Prince Noir. Et de fait, bien d'autres auteurs eurent le sentiment en 1376 que – même si la vie du grand roi Édouard ne tenait qu'à un fil –, avec la mort d'Édouard, l'Angleterre avait perdu le dernier de ses héros Plantagenêt. Le Prince Noir avait été au cœur de ce qui, pour de nombreux citoyens anglais, représentait les plus grandes victoires que le royaume eût jamais connues : Crécy, Poitiers, Nájera et le sac de Limoges. Sa dépouille reçut tous les honneurs et fut inhumée lors d'une cérémonie militaire minutieusement réglée. Il avait lui-même demandé à reposer à Canterbury (où ses restes furent transférés en octobre 1376) auprès de Thomas Becket, plutôt qu'à Westminster :

Quand notre corps sera conduit par la ville de Canterbury jusqu'au prieuré, qu'il soit précédé de deux destriers couverts de notre blason et de deux cavaliers armés de nos armes et de notre heaume, à savoir l'un avec nos pleines armes de guerre écartelées, et l'autre avec nos armes de paix avec l'emblème aux trois plumes d'autruche, avec quatre bannières de la même suite : chacun des porte-bannières coiffera un heaume à nos armes. Celui qui portera les armes de guerre sera escorté d'un homme en armes portant un panache noir de plumes d'autruche.

C'était la mort d'un soldat. Son tombeau fut orné des symboles de la Sainte Trinité qu'il vénérait tant, et décorée de son armure, des symboles de sa puissance militaire et de sa devise *Ich Dien*, « je sers ». À la fin de sa vie, brisé par la maladie, le prince avait sombré dans un état d'esprit morbide – déprimé par le fait que son corps fragile trahirait inévitablement son esprit guerrier. Dans son testament, il demanda que fût inscrit sur sa tombe dans la cathédrale de Canterbury un poème en français mettant en garde les autres des mêmes périls :

Tel com tu es, je autiel (pareil) fus ;
Tu seras tel comme je sus.
De la mort ne pensai-je mie
Tant comme je avais la vie.
En terre avais grand richesse…
Dont je y fis grande noblesse,
Terre, maisons et grand trésor,
Draps [et], *chevaux, argent et or ;*
Mais or suis-je pauvre et chétis,

Parfond en la terre gis,
Ma grande beauté est tout allée…
Ma chair est toute gastée…

La disparition du prince, aussi inévitable fût-elle, asséna le coup de grâce au régime d'Édouard. De plus, dans la mort il propulsa au centre de la vie politique anglaise le dernier des Plantagenêts : un garçon de neuf ans répondant au nom de Richard de Bordeaux.

Nouveau roi, vieux problèmes

L'enfant alla à la rencontre de son peuple. Richard de Bordeaux se présenta devant les Lords et les Communes assemblés au Bon Parlement, pour entendre plusieurs centaines d'hommes l'acclamer et demander que lui soient conférés titres et honneurs. Tout autour de lui siégeaient des barons magnifiquement vêtus, des évêques et des abbés solennels, des marchands parés de belles robes et de bijoux, et des chevaliers des comtés observant la scène dans l'expectative. Il ne put échapper au jeune Richard que c'était lui et nul autre que tous ces gens acclamaient. Le nouvel héritier du trône ne pouvait rêver entrée plus extraordinaire dans la vie publique.

C'était le 25 juin 1376, deux semaines à peine après la mort du Prince Noir. Le Bon Parlement poursuivait ses travaux, s'efforçant d'épurer la maison du roi de ses éléments pernicieux et de traduire en justice les hommes qu'il tenait pour responsables de la mauvaise gestion de la guerre. Pierre de la Mare, dans sa courageuse tentative de porter la bataille pour la réforme directement devant Jean de Gand, menait la danse. Avec la mort du Prince Noir, cette bataille se jouait sur fond d'incertitude : qu'arriverait-il lorsque le vieux roi suivrait son fils dans la tombe ? Qui garantirait la sécurité de la succession Plantagenêt ?

À la mort du prince Édouard, Richard de Bordeaux était devenu premier dans l'ordre de succession à la Couronne d'Angleterre. C'était là une certitude. Restait cependant à savoir s'il pourrait accéder au trône de façon pacifique. L'enfant avait neuf ans. Au vu de l'état de décrépitude d'Édouard III, il était pratiquement sûr que le règne du nouveau roi commencerait par une longue période de minorité, telle que l'Angleterre n'en avait connu qu'une seule fois depuis l'invasion normande. L'épisode remontait à Henri III, l'architecte des grands bâtiments dans lequel le parlement siégeait à présent. Quiconque avait étudié l'histoire de la famille Plantagenêt se souvenait que la minorité d'Henri III avait été assombrie par une invasion française et une longue guerre civile dévastatrice.

Nul, non plus, ne pouvait avoir oublié que la minorité d'Édouard III, qui n'avait certes duré que trois ans entre 1327 et 1330, avait été dominée par la régence cupide du couple Roger Mortimer et la reine Isabelle. En 1376, beaucoup craignaient que ce scénario ne se reproduise. Nombreux, particulièrement à Londres, étaient ceux qui redoutaient, que Jean de Gand, comme Mortimer cinquante ans plus tôt, ne tentât de s'emparer du trône.

Des soupçons injustes. Pour manquer de sens politique et être un baron farouchement ambitieux, Jean de Gand n'avait certainement aucune intention de prendre la place du jeune héritier de la couronne de son père. Il était profondément loyaliste. Mais ce n'était pas ce que pensaient beaucoup de ceux qui siégeaient à Westminster en 1376.

Pour s'assurer que Jean de Gand ne s'apprêtait pas à accaparer le pouvoir, les Communes avaient ainsi exigé que le jeune Richard de Bordeaux leur soit présenté le 25 juin afin que « les Lords et les Communes puissent voir et rendre hommage à Richard comme véritable héritier présomptif du royaume ». Ce besoin désespéré d'avoir un héritier auquel ils puissent se fier devait être perceptible dans tout Londres lorsque Richard se présenta devant ses futurs sujets.

Alors que l'enfant se tenait devant eux, Simon de Sudbury, l'archevêque sexagénaire de Canterbury, se leva pour s'adresser aux Lords et aux Communes. Le roi, leur dit-il, lui avait demandé de parler en son nom : « Bien que le très noble et puissant prince mon Seigneur Édouard, récemment prince de Galles, nous ait quittés et ait été rappelé à Dieu, le prince est comme présent et aucunement absent car il a laissé derrière lui un fils noble et de valeur, qui est son image exacte ou son portrait fidèle... »

Sudbury avait à peine achevé son discours qu'une grande clameur s'éleva des bancs des Communes. Ils demandèrent « d'une seule voix qu'il plaise au roi de concéder à Richard le nom et la dignité de prince de Galles », tout comme son père les avaient portés Il leur fut répondu que cette prérogative échoyait au roi et à lui seul. Mais Richard, comme tous les hommes qui l'entouraient ce jour-là, savait qu'il serait élevé avant longtemps à tous les titres et honneurs qui convenaient à sa nouvelle position.

Près d'un an plus tard jour pour jour, Édouard III s'éteignit à son tour, un prêtre à ses côtés pour toute compagnie, hébété par une série d'attaques d'apoplexie, à peine capable de parler. À en croire Thomas Walsingham, Alice Perrers le dépouilla des bagues qu'il portait encore aux doigts avant de le quitter pour ne plus jamais le revoir. L'une de ses dernières apparitions publiques avait été pour une délégation de Londoniens qui étaient venus au palais de Sheen et l'avait trouvé engoncé dans des vêtements de brocart et littéralement attaché sur un fauteuil afin de le faire tenir droit. Le roi finit par rendre l'âme le 21 juin 1377, après un peu plus de cinquante ans de règne. Il avait soixante-quatre ans. Il avait survécu à pratiquement tous ses compagnons, et à tous ses succès.

Le vieux roi fut conduit à sa dernière demeure le dimanche 5 juillet. Ses funérailles furent parmi les plus belles qui se fussent jamais vues en Angleterre. La procession dura trois jours et engloutit des milliers de livres. Presque tout Londres et Westminster furent drapés d'étoffe noire et éclairés par des milliers de porte-torches, tout de noir vêtus. L'archevêque Sudbury présida la cérémonie tandis que la dépouille du roi, enveloppée d'un linceul de samit pourpre ornée d'une croix banche, était déposée dans un cercueil et inhumée à l'abbaye de Westminster auprès de son épouse, la reine Philippa. Durant l'enterrement, un chevalier entra dans l'église abbatiale et présenta en offrande une épée et un écu. À Windsor, une autre épée cérémonielle fut placée au-dessus de la stalle royale dans la chapelle Saint-Georges. Dès lors, le sort de l'Angleterre et de la famille Plantagenêt se trouva entre les mains de son petit-fils et d'une génération d'enfants qui n'avaient connu que le monde des années 1370 : une époque de dévastation, de corruption et de décadence. Le pays tout entier avait le regard braqué sur Richard.

Son couronnement eut lieu le jeudi 16 juillet. Les foules qui avaient afflué à Londres pour les solennités des funérailles royales voyaient à présent la ville reprendre vie : un creuset palpitant de lumière et d'espoir. Comme le déclara Adam Houghton, évêque du diocèse gallois de Saint-David's, dans une allocution devant le parlement en 1377 : Richard avait été envoyé à l'Angleterre par le Seigneur, tout comme le Christ avait été envoyé sur terre pour racheter les hommes. Les rues de la capitale étaient si bondées que durant la procession royale entre la Tour de Londres et Westminster à la veille du couronnement, Jean de Gand dut se frayer un passage dans la foule à coups d'épée. Sur Cheapside, la grande artère qui traversait la cité d'est en ouest, le vin, par un tuyau, coula à flot pendant trois jours : une rivière rouge sombre qui menait à une grande maquette de château à l'extrémité ouest de la rue. Dans les tourelles du château, avaient pris place des fillettes de l'âge de Richard, tout habillées de blanc comme pour représenter le sentiment de renaissance et de purification qu'inspirait l'avènement du premier nouveau roi en un demi-siècle.

Richard, au cœur de la procession, savourait l'adoration des masses. Près de lui chevauchait son tuteur en la figure paternelle de Simon de Burley, le soldat loyal qui avait servi son père en Aquitaine, s'était battu à Nájera et avait prêté main-forte au Prince Noir lors du sac de Limoges. Il connaissait donc Richard depuis sa naissance et avait très certainement été étroitement associé à l'éducation du jeune roi depuis plusieurs années avant le couronnement. Il avait sans doute préparé le prince à l'attente et au processus cérémoniel de l'événement. Mais il n'aurait pu le préparer au tintamarre et à l'enthousiasme avec lequel les gens l'acclamèrent dans les rues.

Richard se souviendrait toute sa vie de la cérémonie au cours de laquelle il fut couronné et sacré dans l'abbaye en ce jeudi après-midi si excitant. À dix ans, il se tenait devant tout le peuple de son royaume et prêtait le serment solennel, s'engageant à respecter les lois et coutumes de ses ancêtres, à protéger l'Église, à rendre justice à tous et à préserver les lois que son peuple avait « justement et raisonnablement » choisies. Après quoi, il fut présenté à toute l'assistance pour être acclamé. La procédure normale se trouvait inversée, car l'acclamation venait généralement avant la prestation de serment. Par cet artifice, il s'agissait de bien faire comprendre que ce roi accédait au pouvoir par le droit de sa famille à régner, et non par le choix des masses.

Quand les vivats retombèrent, Richard fut oint du saint-chrême, protégé des regards de la congrégation par un drap d'or. L'huile toucha sa peau nue sur les mains, la poitrine, les épaules et la tête, le sanctifiant et le plaçant au-dessus de tous les autres hommes. On lui remit le sceptre, l'épée et l'anneau de la royauté, puis l'archevêque de Sudbury et le comte des Marches déposèrent la couronne sur sa tête. C'était, pour un si jeune garçon, une expérience impressionnante. Et elle imprima dans l'esprit de Richard la certitude qu'il était roi de droit divin. Il sortit de l'abbaye porté bien haut sur les épaules de Simon de Burley. Il y avait une telle agitation autour de lui qu'il en perdit un soulier.

Cette cérémonie était caractéristique de tout ce que Richard connut dans ses jeunes années. À chaque apparition publique, il était acclamé et salué comme le sauveur christique d'un peuple désemparé. Les grands du royaume appelèrent à plusieurs reprises le peuple à obéir au nouveau roi : le lendemain du couronnement, l'évêque Brinton de Rochester prononça un sermon exigeant que chacun obéisse à Richard pour la sécurité de tout le royaume. Les membres de sa maisonnée le confrontaient systématiquement à l'image de son père – entouré de ses vieux compagnons et exhorté à être le roi que le Prince Noir n'avait pas eu le temps de devenir.

Il y avait pourtant une autre face à la politique de la royauté. Aussi heureux que fût le royaume d'avoir un nouveau souverain, il attendait également beaucoup de lui. L'Angleterre courait de grands périls. Et l'été qui accueillit le couronnement de Richard, l'ombre d'une crise sécuritaire de plus en plus inquiétante, se profilait dangereusement sur le royaume. Comme l'écrivit dans sa chronique le moine d'Evesham :

En cette année [...] les négociations de paix [avec la France] échouèrent totalement, car les Français refusaient de prolonger la paix à moins que l'on ne parvînt à un accord qui leur eût été grandement favorable. [...] Pendant cette même période, les Écossais réduisirent en cendres la ville de Roxburgh. [...] Après quoi, les Français débarquèrent sur l'île de Wight le 21 août ; quand ils eurent pillé et incendié plusieurs localités, ils prirent mille marcs de rançon pour l'île. Puis, ils reprirent la mer et longèrent continuellement la côte anglaise jusqu'à la Saint-Michel. Ils mirent le feu à de nombreuses localités et tuèrent [...] tous les gens qu'ils purent trouver. [...] On pense qu'en cette époque, il se commit plus de déprédations que n'en avaient causées les attaques ennemies sur l'Angleterre dans les quarante années précédentes. [Lors d'une bataille contre des pirates français à Lewes] un Français fait prisonnier [...], sur le point de mourir, [...] déclara : « Si les Anglais avaient fait du duc de Lancastre leur roi, ils ne seraient pas aujourd'hui envahis par les Français.

Que pouvait faire un roi-enfant ? Pas grand-chose. L'Angleterre avait besoin d'un arrangement pour se gouverner en attendant que son sauveur grandisse et devienne un roi suffisamment instruit de la vie pour régner. Le précédent naturel à suivre aurait été celui du règne d'Henri III, quand Guillaume le Maréchal avait été officiellement nommé pour assurer la régence. Mais en 1377, l'unique candidat à cette fonction – comme le laissait entendre le moine d'Evesham – était Jean de Gand. Bien qu'il se fût réconcilié avec les Communes après les tempêtes de 1376, ses motivations et ses compétences demeuraient suspectes dans l'esprit de beaucoup. En février 1377, il était intervenu dans le procès de son protégé, le théologien radical John Wyclif, traduit devant un tribunal de Londres. Son comportement autoritaire avait provoqué des émeutes dans la capitale. Sa capacité à contrarier et à effrayer en faisait un candidat peu prometteur pour un rôle officiel au sein du nouveau gouvernement.

L'Angleterre trouva la parade. Il n'était plus question de régence puisque, par son sacre, Richard avait été investi de tous les pouvoirs de la royauté. Officiellement, il gouvernerait donc en roi à part entière, retranché derrière un simulacre de compétence : tant que dura sa minorité, on nomma une série de « conseils continus » composés de douze grands barons et prélats, mais les décrets et chartes n'étaient publiés que revêtus de son sceau. Le royaume était administré en son nom mais le pouvoir effectif était aux mains des hommes de sa maison. Ses plus proches conseillers étaient les anciens vassaux et serviteurs du Prince Noir, tels Burley, Guichard d'Angle – élevé au rang de comte de Huntingdon après le couronnement – et Aubrey de Vere. L'arrangement était loin d'être parfait, mais il était dicté par la nécessité. La côte sud était en danger et, en France et en Aquitaine, de graves menaces pesaient sur les deux principaux avant-postes côtiers anglais : Calais et Bordeaux.

Pour défendre le royaume et les lambeaux de l'empire continental des Plantagenêts, il était impératif que le gouvernement redevienne opérationnel au plus vite. Il devenait urgent de trouver assez d'argent pour repousser les offensives françaises dans la

Manche et sur le Continent. Il était vital de lever de nouveaux impôts dans le pays. Malheureusement, c'était aussi ce qui allait déclencher l'une des plus extraordinaires explosions de violence et de colère populaire de l'histoire de l'Angleterre.

L'Angleterre dans la tourmente

Le Grand soulèvement – plus généralement désigné dans l'historiographie sous le nom de Révolte des paysans – fut la première grande insurrection populaire que connut l'Angleterre. Elle débuta à la fin de mai et au début de juin 1381 par une série de rébellions dans les villages de l'Essex et du Kent. Les percepteurs et les juges royaux qui effectuèrent leurs tournées d'inspection dans les comtés, cherchant à identifier les nombreux contribuables qui ne s'étaient pas acquittés de la taxe par capitation levée par le parlement de novembre 1380 et collectée au printemps suivant, furent accueillis par une résistance organisée et un déchaînement de violence. Des officiers de la Couronne furent assassinés et des raids furent organisés pour enlever les shérifs de l'Essex et du Kent.

À mesure que la rébellion s'étendait, des bandes d'insurgés à cheval se regroupèrent et marchèrent sur les principales villes du Kent, pillant et incendiant les archives administratives à Maidstone, Rochester et Canterbury. Composées de simples villageois, ces bandes étaient dirigées par « les mieux dégrossis d'entre eux » – des prêtres de paroisse, des sergents de village et de riches fermiers. Elles s'en prenaient aux avocats, aux serviteurs de la Couronne et surtout aux odieux propriétaires fonciers qui les pressuraient sans relâche. Elles exerçaient néanmoins leurs représailles avec retenue et un certain sens politique : interdiction avait été faite, selon un chroniqueur, à « quiconque habite sur une bande de douze lieues des côtes de les accompagner, chacun se devant de protéger le front de mer contre les ennemis ».

À la mi-juin, les rebelles du Kent s'étaient donné un chef en la personne de Wat Tyler. Des rumeurs prétendirent par la suite qu'il avait servi dans les guerres de France, mais nous ne savons presque rien de sa biographie. Il était secondé par John Ball, un prêtre défroqué du Yorkshire qui avait été emprisonné à maintes reprises par l'archevêque Sudbury pour avoir prononcé des sermons hérétiques et séditieux sur les parvis des églises au sortir de la messe. Ball composait des rimes enlevées et des slogans populaires qui propageaient une vision d'une société sans classe dans laquelle la féodalité était abolie et la terre et les biens appartenaient à tous. Il était surtout célèbre par tout le pays pour son refrain subversif : « Quand Adam bêchait et qu'Ève filait, qui était alors gentilhomme ? »

Tandis qu'ils mettaient à sac leurs comtés, les rebelles du Kent et de l'Essex prirent contact avec des groupes de Londoniens qui partageaient leurs ressentiments. La ville de Londres avait été déchirée par les factions et les conflits pendant le plus clair de la décennie 1370. Des haines vivaces opposaient des guildes de marchands rivales, les négociants locaux et les commerçants étrangers, les partisans et les détracteurs de John Wyclif, et plus généralement, les corporations d'apprentis et leurs riches maîtres. Le 11 juin, répondant à l'invitation des Londoniens, les rebelles du Kent et de l'Essex se mirent en route pour la capitale. Les premiers arrivèrent par Greenwich et Blackheath, les seconds par Mile End.

Pendant ce temps, Richard II était à Westminster, entouré de ses conseillers personnels, de plusieurs comtes et marchands et de quelques membres de sa famille, parmi lesquels sa mère Jeanne, ses demi-frères Thomas et Jean Holland, et son cousin Henri de Bolingbroke, le jeune fils de Jean de Gand. Dans les premiers temps de la rébellion, les conseillers du roi envoyèrent des hommes d'armes dans les comtés dans l'espoir de soumettre les insurgés. Ils furent chassés et quelques-uns même tués. Le gouvernement finit par prendre conscience de la gravité de la situation. L'archevêque Sudbury, pris de panique, démissionna de son poste de chancelier et rendit le Grand Sceau. Le roi et son entourage jugèrent plus prudent de se mettre en sécurité à la Tour de Londres. Puis, ils invitèrent les rebelles à les rencontrer. Le mercredi 12 juin, ceux du Kent arrivèrent à Blackheath, où ils établirent leur campement pour la nuit. Ce soir-là, Richard monta dans une barque et se dirigea vers l'autre rive de la Tamise, à Rotherhithe, dans l'intention de dialoguer avec son peuple. Mais devant la multitude tumultueuse attroupée sur le rivage, ses conseillers s'alarmèrent et contraignirent le batelier à faire demi-tour.

La manœuvre mit en rage Wat Tyler et ses hommes, qui affirmaient se soulever par fidélité à leur roi et prétendaient débarrasser sa cour des mauvais conseillers. « Les Communes, expliqua l'auteur de l'*Anonimalle Chronicle*, s'étaient donné un mot d'ordre en anglais. C'était : "Avec qui es-tu ? ", et il fallait répondre : "Avec le roi Richard et les vraies Communes", et ceux qui ne pouvaient ou ne voulaient fournir cette réponse étaient décapités sur-le-champ. » S'étant vu refuser l'occasion de parlementer avec leur monarque adoré, les rebelles entrèrent dans une colère noire et ce soir-là, ils incendièrent Southwark. Le lendemain, jeudi 13 juin, ils persuadèrent des sympathisants de la cité d'abaisser le pont de Londres. Ils déferlèrent en masse dans la ville à grands cris joyeux, montant et redescendant en se pavanant les rues du Strand – le quartier cossu bordé de palais et de grandes demeures qui séparait Londres de Westminster. Le plus beau de ces édifices était l'hôtel de Savoie, la somptueuse résidence londonienne de Jean de Gand. Les rebelles prirent ses murs d'assaut, mirent le feu à ses dépendances et entreprirent de le saccager. Ils s'y engouffrèrent par la force, détruisirent tout ce qu'ils pouvaient et jetèrent ses possessions les plus belles dans un feu dressé en pleine rue. Puis, ils achevèrent de raser le palais en le faisant sauter avec des tonneaux de poudre trouvés dans les caves.

Le même jour, les Londoniens mirent à sac le Temple ; des monceaux de documents officiels partirent en fumée dans la rue. D'un bout à l'autre de la ville, les portes des prisons s'ouvrirent, tandis que des escrocs notoires qui vivaient en liberté étaient pourchassés et décapités par des tribunaux populaires improvisés. Des flammes léchaient le ciel du crépuscule alors que cette journée d'émeutes ciblées s'achevait dans la débauche et l'ivresse, que roulaient dans les rues des tonneaux pillés dans les celliers et que l'on se gorgeait de vins exquis.

La nuit où les rebelles étaient entrés dans Londres, Richard observait tristement, depuis une échauguette de la Tour, l'armée en haillons de ses sujets qui campait devant les murs de la forteresse. Londres brûlait. Ses conseillers et lui, terrifiés, étaient en réalité prisonniers dans la Tour. Il y avait certes eu des soulèvements similaires en Europe dans la seconde moitié du XIVe siècle

– le pire exemple en étant la jacquerie de 1358, en France –, mais les conseillers du roi avaient été pris au dépourvu par la férocité avec laquelle les petites gens de Londres et du Sud-Est s'étaient insurgés. Et la sédition se propageait. Il y avait des émeutes jusqu'à York et dans le Somerset ; les plus violentes embrasaient le Cambridgeshire, le Hertfordshire, le Suffolk et le Norfolk. L'Angleterre qui, quatre ans plus tôt seulement, s'était levée comme un seul homme pour acclamer son nouveau roi, semblait à présent sombrer dans l'anarchie la plus totale.

Qu'est-ce qui avait bien pu pousser les citoyens ordinaires d'Angleterre à de tels paroxysmes de colère ? À première vue, la réponse était évidente : trois impôts par tête successifs avaient été levés entre 1377 et 1381, et ils représentaient une expérience révolutionnaire visant à taxer les biens de communautés qui n'avaient encore jamais été soumises à l'impôt direct. Les premières taxes avaient suscité des mécontentements, mais la grogne dégénéra vite en furie face aux méthodes brutales des commissaires envoyés enquêter dans les villages sur les nombreux cas d'évasion fiscale.

La très impopulaire capitation avait aussi réveillé des ressentiments bien plus profonds qui couvaient dans les bourgs et les villages d'Angleterre depuis près de trente ans. Avec les ravages de la peste noire et les autres vagues de l'épidémie qui avaient emporté des milliers d'hommes et de femmes dans les années 1360, toute la structure de la société médiévale avait commencé à se fissurer et à changer. La main-d'œuvre, autrefois abondante dans un royaume surpeuplé, se faisait rare et chère. Pour protéger les propriétaires fonciers, l'administration d'Édouard III avait mis en place une législation du travail très stricte, plafonnant les gages et punissant quiconque demandait ou recevait plus que le salaire journalier légal pour ses services – qu'il s'agisse de labourer ou moissonner les champs, de réparer des toitures ou de ferrer des chevaux.

Dans chaque localité, la mise en application de ces lois était confiée à des commissaires, dont beaucoup étaient issus des rangs mêmes de la petite bourgeoisie terrienne qui avait tout à gagner d'une telle législation. Ils mettaient à l'amende les paysans riches qui employaient leurs voisins, ainsi que les manouvriers surpris à empocher illégalement des gages. Les ouvriers et les officiers royaux ne manquaient pas d'ouvrage pour veiller à ce que les élites rurales préservent leurs privilèges. Les hommes qui siégeaient dans les commissions de travail occupaient souvent des fonctions de shérifs, députés ou juges de paix. Le sentiment que toute une classe politique corrompue opprimait les Anglais ordinaires s'était répandu. En cette fin de XIVe siècle, la servitude en tant qu'institution commençait à disparaître, mais dans l'esprit de beaucoup des rebelles de 1381, elle laissait place à un nouveau système d'exploitation, tout aussi opprimant, qui permettait aux juges et aux avocats de maintenir les paysans pauvres dans une misère tout aussi noire que celle dont ils avaient souffert lorsqu'ils étaient attachés à la terre.

La capitation frappait plus durement les pauvres que les riches ; les lois du travail les empêchaient de gagner convenablement leur vie ; la guerre courait à l'échec, et les hommes de l'Essex et du Kent étaient en première ligne pour constater les menaces que faisaient peser sur le pays les flottes de pirates français patrouillant dans la Manche ; le peuple dans son ensemble commençait à redouter que le jeune roi, censé être le sauveur de l'Angleterre, ne se laissât corrompre par les mauvais conseillers qui infestaient sa maison. En 1381, tout cela suffit à déclencher un soulèvement qui ébranla le royaume jusque dans ses fondations. Nul ne saura jamais jusqu'à quel point Richard comprenait les causes profondes de la rébellion lorsque, depuis la Tour de Londres, il regardait l'Angleterre s'embraser. Toujours est-il qu'il se sentit obligé d'intervenir. Parce qu'il était roi – et, qui plus était, un roi Plantagenêt.

La manière dont Richard dispersa la Révolte des paysans démontra que sous son teint pâle, ce garçon de quatorze ans dissimulait un immense courage et une soif de pouvoir tout aussi impressionnante. Mais il en resta marqué jusqu'à la fin de ses jours.

Les événements prenaient une tournure dramatique. Au matin du 14 juin, Richard persuada une importante délégation de rebelles de quitter Londres et de l'attendre sur la plaine de Mile End, où il promit de les retrouver pour entendre leurs doléances et négocier avec eux. Lorsque les chefs du mouvement se furent rendus au lieu convenu, la suite royale traversa la ville encore en effervescence pour les rejoindre. Richard était accompagné de ses demi-frères Holland, de son jeune oncle Thomas de Woodstock, désormais comte de Buckingham, des comtes de Warwick et d'Oxford, de William Walworth, lord-maire de Londres, du chevalier Robert Knolles, et de quelques autres personnalités. Sa mère, Jeanne de Kent, les suivait dans un attelage. Tout autour d'eux retentissaient les cris et les huées furieuses des villageois et des citadins rebelles, mais le roi et son escorte poursuivirent sans encombre leur route jusqu'à Mile End. Ils avaient laissés à la Tour l'archevêque Sudbury, le lord-trésorier Robert de Hales et plusieurs officiers royaux qu'ils savaient figurer sur la liste des personnalités que les insurgés voulaient tuer. En s'absentant de la Tour, ils espéraient faire diversion et permettre à ces hommes particulièrement recherchés de profiter de l'occasion pour s'échapper par le fleuve.

Le plan échoua. À Mile End, Richard accéda à toutes les revendications des rebelles. Il ordonna de faire publier par tout le pays des chartes annonçant l'abolition du servage, la déréglementation du marché du travail et fixant le loyer maximum des terres à 4 pence l'acre. Il autorisa aussi quelque peu naïvement Tyler et ses hommes à pourchasser autant de traîtres qu'ils le voudraient à la condition de les lui remettre pour les traduire devant la justice royale.

C'était la concession de trop. Elle scella le sort de Sudbury et de Hales. N'ayant pas réussi à quitter la Tour à temps, ils furent arrêtés, traînés au-dehors et massacrés par une foule furieuse de paysans armés de bâtons. Leurs têtes plantées sur des piques furent promenées dans toute la ville avant d'être exposées sur le pont de Londres où elles restèrent plusieurs jours accrochées au-dessus de l'entrée de la ville. La mitre rouge de l'évêque Sudbury avait été grossièrement clouée sur son crâne. Huit autres nobles, dont le médecin personnel de Jean de Gand et John Legge, l'un des officiers de la garde personnelle de Richard II connurent une fin tout aussi affreuse. Le jeune Henri de Bolingbroke, qui se trouvait aussi dans la Tour, n'échappa au massacre que grâce à la présence d'esprit d'un soldat dévoué qui le cacha dans un placard. Le tumulte qui s'élevait de la foule, écrivit Thomas Walsingham, « ne ressemblait pas à la clameur que produisent habituellement les hommes, mais il était de ceux qui dépassent tout bruit humain et que l'on ne pouvait comparer qu'aux gémissements des habitants de l'enfer ».

Après la chute de la Tour, Londres sombra dans le chaos. Sur Cheapside où, quelques années plus tôt encore, le vin coulait à flots, trônait à présent un billot de bois et le sol était gorgé du sang coagulé des hommes et des femmes égorgés. À St-Martin's-in-the-Vintry, les cadavres de plus d'une centaine de marchands flamands s'entassaient dans les rues. Ils avaient été extraits par la force du sanctuaire d'une église et sauvagement massacrés par une horde de manants frénétiques. La populace s'abandonnait à une immense orgie de meurtres, de pillages et de rapines. Les désordres ciblés dégénéraient en émeute généralisée. « Ces excès se poursuivirent toute la journée et la nuit suivante, dans les cris hideux et un horrible tumulte », commenta le chroniqueur de l'*Anonimalle*.

Le samedi venu, il était clair que des mesures rigoureuses devaient être prises. Le saint des saints du mausolée Plantagenêt, la tombe de saint Édouard le Confesseur à l'abbaye de Westminster, avait déjà été profanée, quand une bande de rebelles extirpa de sa cachette le méprisable gardien de la prison de Marshalsea et le traîna jusqu'à Cheapside pour lui trancher la tête sur le billot. La rumeur courait que Wat Tyler et John Ball voulaient brûler tout Londres, capturer le roi et en faire la figure de proue de leur nouvel ordre dans lequel il n'y aurait plus d'autorité que la leur.

Le roi et son comité réduit de conseillers, qui avaient entre-temps trouvé refuge au pavillon de la Garde-robe de la Reine à Blackfriars – un dépôt d'armes bien fourni – échafaudèrent un ultime plan. Tandis que les greffiers de la Chancellerie étaient tout affairés à rédiger les chartes d'affranchissement, des émissaires royaux firent savoir aux rebelles que le roi les rencontrerait à nouveau sur la lice de Smithfield, à l'extérieur des murs de la ville.

Richard se prépara à affronter le moment le plus périlleux de sa jeune vie en allant prier sur la tombe du Confesseur, souillée quelques heures plus tôt par de viles mains. Il arriva à Smithfield en milieu d'après-midi, serré de près par Walworth, le maire de Londres. Walworth et Robert Knolles avaient averti les loyalistes de la capitale qu'ils auraient certainement besoin d'eux sous peu. L'affrontement paraissait inévitable.

Richard marcha au-devant de Wat Tyler. Ce fut l'une des confrontations les plus étranges de l'histoire des Plantagenêts. Le chef rebelle, qui s'était rendu maître de la ville pendant deux jours – et partant, du royaume – semblait grisé par ses succès. Il prit

Richard au dépourvu en lui serrant vigoureusement la main et l'assurant qu'il pouvait être « réconforté et joyeux », car, lui dit-il, « sous quinze jours, vous aurez 40 000 représentants des Communes de plus que vous n'en avez maintenant, et nous serons de bons compagnons ».

C'était là une bien cavalière façon de s'adresser à un garçon qui avait été sacré roi par un archevêque assassiné sur les ordres de ce bandit. Mais Richard garda contenance. Selon les chroniques, il mena en personne les négociations avec Tyler. « Le roi lui demanda ce qu'il voulait » rappelle l'*Anonimalle.*

> *« Alors Wat […] demanda qu'il n'y ait d'autre loi que celle de Winchester [ce qui revenait à exiger un retour à un maintien de l'ordre centralisé, tel que sous Édouard Ier, en lieu et place des juges de paix choisi parmi la bourgeoisie rurale, comme cela se faisait depuis Édouard III], et qu'il n'y ait dorénavant plus de mise hors la loi […], qu'aucun seigneur n'ait la moindre autorité souveraine […] et que la seule autorité soit celle du roi ; et que les biens de la Sainte Église soient […] répartis entre les paroissiens ; et qu'il n'y ait plus qu'un seul évêque pour toute l'Angleterre […]. Et il demanda qu'il n'y ait plus d'hommes asservis en Angleterre, plus de serfs ou de vilains, mais que tous soient libres et de même condition. »*

Ces revendications étaient ahurissantes. Elles constituaient un manifeste si révolutionnaire qu'il confinait à la folie pure. Mais Richard tenait à apaiser Tyler comme il l'avait fait à Mile End et, une fois de plus, il accepta que Tyler « puisse obtenir toute ce qui peut être raisonnablement concédé, tout en gardant pour lui-même les prérogatives de la Couronne. Puis, il lui ordonna de rentrer chez lui sans délai. Et tandis que le roi parlait, aucun seigneur ni aucun autre membre de son conseil n'osa ni ne souhaita apporter la moindre réponse aux Communes, en laissant le soin au roi lui-même ». Ce fut donc Richard qui, affichant une étonnante maîtrise pour son âge, dirigea les négociations.

Mais cette fois, contrairement à la rencontre de Mile End, toutes ces concessions apparentes avaient un objectif précis. Tyler demanda un pichet d'eau et cracha aux pieds du roi. Indigné par tant d'impudence, un écuyer apostropha le chef rebelle. Une bagarre éclata et, dans la mêlée, William Walworth tira une courte épée et la plongea profondément dans le flanc de Tyler, le blessant grièvement. Puis, le maire quitta les lieux pour rallier la milice de la ville sous l'étendard de Knolles.

Alors, vint le moment de gloire de Richard. Les partisans de Tyler, regroupés à l'autre bout de Smithfield pendant les négociations, devinèrent qu'il était arrivé malheur. Après que Walworth l'eut frappé, Tyler était remonté sur son petit cheval et avait galopé vers les siens en criant à la trahison. Lorsqu'il tomba de sa monture et roula au sol devant eux, à demi mort, ils comprirent qu'ils avaient été trompés. « Ils bandèrent leurs arcs et se mirent à tirer », rapporta le chroniqueur. Richard savait qu'il lui fallait absolument réagir. Prenant son entourage par surprise, il éperonna son cheval, chevaucha bravement vers eux et déclara : « C'est moi qui suis votre capitaine. Je suis votre roi, suivez moi ! »

Cet étonnant courage et cette présence d'esprit étaient dignes d'Édouard III, du Prince Noir ou de n'importe lequel des plus illustres ancêtres de Richard. Les rebelles, abasourdis et impressionnés par tant de majesté, s'inclinèrent devant leur roi. Et pendant qu'il les occupait, les miliciens commencèrent à arriver. Ils les encerclèrent à Smithfield et les guidèrent hors de la ville avec aussi peu d'effusion de sang que possible. La crise était désamorcée et ce, en grande partie grâce à un garçon de quatorze ans. Richard avait évité une révolution – fût-ce pour un temps.

Des crises en cascade

Par la fermeté avec laquelle il avait subjugué ses sujets rebelles à Smithfield, le roi signa un moment fort de la royauté, affichant une hardiesse aussi remarquable que celle dont avaient fait preuve ses ancêtres. À quatorze ans, il avait prouvé qu'il avait la trempe d'un roi.

Il avait aussi montré qu'il pouvait laisser éclater une colère de monarque. Il joua un rôle de premier plan dans l'implacable répression judiciaire qui s'abattit sur les rebelles au lendemain de la révolte. Devant une délégation de paysans venus lui demander une confirmation des nouvelles libertés, Richard déchira les chartes d'affranchissement et prononça ces paroles restées célèbres :

> *« Rustres vous êtes et rustres vous resterez. Vous resterez dans la servitude, mais celle-ci sera incomparablement plus dure. […] Tant que par la grâce de Dieu nous régnerons sur ce royaume, nous ferons tout […] pour vous maintenir dans l'oppression, assez pour que les souffrances de votre servitude puissent servir d'exemple à la postérité ! »*

C'était cruel – vindicatif même –, mais également décisif. Dans l'ensemble, son comportement durant la crise de 1381 augurait bien de l'avenir de ce garçon de quatorze ans.

Il montrait également qu'il approchait d'un âge où il pourrait prendre en charge une plus grande part du gouvernement effectif – et non plus faire semblant. Les conseils continuels qui avaient marqué les premières années de son règne avaient disparu au bout de trois ans, et c'était maintenant la maison du roi qui administrait directement les affaires du royaume. À partir de mai 1381, les archives laissent apparaître une augmentation considérable du nombre de décrets royaux émanant du souverain en personne – ou du moins publiés avec son approbation expresse et frappés de son sceau.

De fait, Richard entra dans l'âge adulte en 1381. À quatorze ans, il pouvait également prétendre à se marier, ce qu'il fit sans délai. Il choisit pour épouse Anne de Bohême, sœur de Venceslas IV, roi de Bohême et empereur-élu des Romains. De l'avis de Richard et de ses conseillers, c'était un parti très avantageux. La sœur d'Anne était reine de Hongrie et de Pologne, et sa tante, Bonne, avait été reine de France. Une alliance impériale rappellerait les débuts des Plantagenêts, à l'époque où Mathilde l'Empresse avait fondé la grande dynastie. Et, tout aussi important, elle consoliderait la place de l'Angleterre d'un côté de la ligne de faille qui scindait l'Europe depuis 1378, date à laquelle l'élection de deux papes concurrents s'était traduite par le schisme de la papauté. Comme les États d'Allemagne et d'Italie, l'Angleterre avait pris fait et cause pour le pape romain, Urbain VI. L'alliance avec la Bohême était donc logique, puisque la France, l'Écosse et la Castille s'étaient rangées derrière Clément VI à Avignon.

Mais si ce mariage paraissait prestigieux et pragmatique, il promettait également de peser lourdement sur un trésor royal déjà bien affaibli. Le nouveau beau-frère du roi, Venceslas, était ruiné. Si Richard avait épousé une princesse italienne, il aurait pu espérer une dot substantielle. Mais au lieu de tirer profit de son mariage, Richard apprit que Venceslas exigeait de lui un prêt de 15 000 livres pour sceller l'alliance. C'était décidément une très mauvaise affaire, et quand Anne fut mariée et couronnée à Londres en Janvier 1382, les Londoniens exprimèrent leur désapprobation en déchirant une affiche qui décorait une fontaine de la ville, représentant les armes royales croisées aux armes impériales.

Pourtant, lorsque la jeune fille de quatorze ans arriva à Londres en décembre 1381, elle séduisit aussitôt son fiancé et une relation si tendre se noua que le roi resterait toujours sincèrement dévoué à sa femme. Ils formaient un couple étrange et fragile. Le chroniqueur de Westminster décrivait Anne comme « un petit bout d'humanité ». Richard était blond, d'une bonhommie enfantine radieuse, avec des yeux légèrement exorbités, et le long visage triste caractéristique des dernières générations de la lignée plantagenêt. Il ne porta jamais la barbe et, en dépit de sa propension à céder à de violents caprices lorsqu'il avait le sentiment que sa dignité royale était menacée, il avait une élocution timide et hésitante, proche du bégaiement.

Une cour élégante et fastueuse commença pourtant à se constituer autour de ces deux frêles adolescents. Richard manifesta dès sa prime jeunesse un faible pour les splendeurs de la royauté. De son père et de son grand-père, il avait hérité du goût pour les fêtes et les spectacles de cour, mais il ne partageait guère leur enthousiasme pour les joutes et moins encore leur empressement à se jeter dans la mêlée sur le champ de bataille. Il imprimerait à sa royauté un esprit bien plus esthétique et artistique, dominé par des manifestations publiques du caractère divin de la monarchie et des rituels élaborés. Dans ses résidences palatiales d'Eltham, de King's Langley et de Sheen, il fit installer de magnifiques salles de bains privées, rénover les salles de bal, agrandir les cuisines et garnir les offices où se préparaient des plats délicats et richement épicés qui faisaient les délices de ses convives. Richard, Anne et leurs courtisans étaient toujours vêtus à la dernière mode de leur temps : les hommes portaient des hauts-de-chausse reliés par des aiguillettes à des pourpoints à col haut garnis de pierreries ; les femmes, des robe étroites, de ravissants bijoux et des souliers à poulaine aux bouts longs et pointus qui se retroussaient vers le genou et étaient attachés à la jarretière par une petite chaîne d'or. La cour de Richard se devait d'être aussi éclatante que celle d'Édouard III – et elle mit tout autant d'ardeur à s'endetter.

À mesure que la maison du roi se cherchait une identité propre, sa composition évoluait. Le jeune souverain garda auprès de lui d'anciens compagnons de route de son père, tel Simon de Burley, mais il en écarta d'autres au profit de chevaliers plus jeunes : des hommes comme Jean de Beauchamp, James Berners et Jean de Salisbury firent leur entrée dans son premier cercle. Michael de la Pole, ancien serviteur du Prince Noir, occupait une position clé au sein du gouvernement. Âgé d'une petite cinquantaine d'années, il avait à l'origine été placé dans la maison du roi à la demande du parlement. Son père, riche marchand, avait été l'un des principaux bailleurs de fonds d'Édouard III et il avait également les faveurs de Richard. Mais le favori de la cour était Robert de Vere, le jeune comte d'Oxford. Il n'avait que cinq ans de plus que Richard et les liens étroits qu'il entretenait avec lui suscitèrent des méfiances et remontrances qui ne manquaient pas de rappeler le triste précédent de Pierre Gaveston. Quelques années après la mort de Vere, le mordant chroniqueur Thomas Walsingham l'accuserait d'avoir eu recouru à la magie noire pour manipuler Richard et laisserait entendre que leur relation était homosexuelle.

Ces allégations étaient plus qu'improbables. Il était néanmoins clair que, comme tout jeune roi, Richard tenait à choisir ses plus proches compagnons, et que les personnalités de la génération précédente s'en trouvèrent isolées – à commencer par ses propres oncles : Jean de Gand, duc de Lancastre, Edmond de Langley, comte de Cambridge, et Thomas de Woodstock, comte de Buckingham. Les vieux barons constatèrent que Richard et ses gentilshommes les traitaient souvent avec un dédain frisant l'hostilité. Les concessions de terres et de châteaux à des chevaliers qui avaient ses faveurs bouleversaient les structures de pouvoir local des barons établis. Parallèlement, l'immaturité et la pétulance de Richard lui aliénèrent les sympathies de plusieurs des vieux aristocrates haut placés. Quand, au parlement de Salisbury de 1384, le comte d'Arundel critiqua la politique royale, Richard en pâlit de rage et, à en croire la chronique de Westminster, répliqua vertement : « Si vous insinuez que c'est par ma faute que le royaume est mal gouverné, vous proférer un mensonge éhonté ! Vous pouvez aller au diable ! » Un an plus tard, une vive altercation l'opposa à William Courtenay, l'archevêque de Canterbury, qui lui adressait le même reproche. Richard tira son épée et tenta d'attaquer le prélat. Seule l'intervention de son oncle Thomas de Woodstock retint sa main vengeresse.

Ce type de comportement était inconvenant pour un roi, et la légèreté avec laquelle il récompensait ses amis pour de bien maigres services en affligeaient plus d'un dans le royaume. Mais des générations de Plantagenêts avaient prouvé que la classe politique tolérerait les amis du roi tant qu'ils ne portaient pas préjudice à l'Angleterre sur le champ de bataille et ne profitaient pas de leur position pour s'emparer des domaines des barons.

Dans le domaine militaire, disons-le, Richard n'eut pas de chance. Dans les années 1380, la guerre tournait inexorablement à l'avantage des Français, et tandis que la cour se peuplait d'hommes nouveaux et donnait d'elle un magnifique spectacle, la position du royaume s'effondrait outre-Manche.

Les perspectives des Anglais étaient pour le moins accablantes – voire embarrassantes comparées à ce qu'elles avaient été à l'apogée de la gloire d'Édouard III. De ses anciennes possessions, la Couronne n'avait plus que Calais et une étroite bande de terre en Gascogne. Des navires français et castillans infestaient les eaux de la Manche, tandis que ce qui passait pour la flotte anglaise n'était plus qu'une misérable collection de coques pourries. Le commerce maritime était si dangereux que les revenus de la laine avaient plongé à leur plus bas niveau, et certains Londoniens songeaient même à bâtir un immense pont-levis sur la Tamise pour protéger la ville des bandes de pillards et d'incendiaires. La mort de Charles V en 1380 et l'avènement de Charles VI suspendirent un temps les hostilités, mais les Français étaient bien décidés à bouter les Anglais hors du continent. Sans un roi guerrier tel Édouard III, capable de remporter la victoire et de mobiliser le pays pour y parvenir, la machine de guerre anglaise s'enraya

Des stratégies divergentes se firent jour. Pour Jean de Gand, l'avenir se trouvait en Castille. Il avait épousé la fille de Pierre le Cruel, Constance de Castille, en 1372. (Son frère Edmond de Langley s'était uni le même jour à la fille cadette de Pierre Ier, Isabelle.) À la mort de Pierre, en 1379, Jean de Gand fit valoir ses prétentions sur le trône espagnol. Il leva des troupes et s'allia avec le Portugal, espérant conquérir le royaume Ibérique pour le faire entrer dans le giron anglais. Il était soutenu par ses frères, mais il s'agissait essentiellement là d'un objectif privé et dynastique, qui l'éloigna de plus en plus du centre de la politique dans les années 1380, sans contribuer en rien à l'intérêt national.

Pour la plupart des Anglais, la guerre devait se jouer en Flandre. C'était un théâtre plus proche, géographiquement, et le destin des villes marchandes du nord-ouest de l'Europe avait une importance vitale pour le commerce lainier anglais. De plus, le comté de Flandre était directement menacé par l'oncle de Charles VI, le duc de Bourgogne, qui espérait soumettre les riches cités marchandes l'une après l'autre. En 1383, le très belliqueux évêque de Norwich, Henri Despenser – qui, deux ans auparavant, s'était distingué en matant une révolte en Est-Anglie – lança une « croisade » vers la Flandre, se prévalant d'une autorisation du Saint-Siège pour empêcher le territoire de tomber aux mains du duc.

Hélas, en dépit de généreux subsides et de l'aval du parlement, l'expédition était si mal équipée qu'elle rentra en Angleterre sans avoir rien accompli. En 1385, la Flandre était rendue à l'obéissance du duc. Il devenait évident que pour l'heure, quitte à perdre les ultimes positions en France, mieux valait en passer par la paix. Le rêve d'un empire Plantagenêt reconstitué – et plus encore d'une réunion des Couronnes de France et d'Angleterre – avait vécu.

En 1385, Richard avait dix-huit ans. Sans être un pacifiste, il ne goûtait guère la perspective de lancer sur la France une nouvelle offensive qui promettait d'être aussi inutile qu'onéreuse. Trois de ses oncles – Jean de Gand, Thomas de Woodstock et Edmond de Langley – le poussaient à repartir en guerre. Mais il préféra écouter ceux qui, comme son chancelier Michael de la Pole, l'engageaient à la prudence. À supposer même qu'il eût opté pour la reprise des hostilités, le parlement, échaudé par la Révolte des paysans, n'aurait certainement pas consenti à lever de nouveaux impôts pour financer l'entreprise. À l'été 1385, il conduisit donc une expédition pour chasser les garnisons françaises d'Écosse. C'était un choix pragmatique. Le roi parvenait ainsi à moindres frais à prendre le commandement de sa noblesse, faire taire ceux qui doutaient de ses capacités de guerrier, et à raviver un peu l'orgueil militaire de la nation.

Ce qui suivit fut un fiasco. Richard chevaucha vers le nord à la tête d'une armée composée de presque toute la noblesse, de tous les bannerets d'Angleterre, et de quelque 14 000 hommes. En arrivant devant la frontière écossaise, il marqua l'évènement en élevant Edmond de Langley, comte de Cambridge, à la dignité de duc d'York, et Thomas de Woodstock, comte de Buckingham, à celle de duc de Gloucester. Il concéda également à de la Pole le comté de Suffolk et créa pour son ami de Vere le titre de marquis de Dublin. De Vere se retrouvait soudain propulsé au-dessus de tous les comtes anglais, pratiquement au rang des ducs royaux. « Tout comme les étoiles dégagent et éclairent le ciel, la dignité fait briller de son éclat non seulement des royaumes mais aussi des diadèmes royaux », déclarerait par la suite Richard devant le parlement, en manière de justification.

Mais ces prestigieuses nominations n'améliorèrent nullement la situation militaire de Richard. À mesure que son armée avançait, les Écossais se repliaient dans les collines, refusant le combat et dévastant les campagnes derrière eux. Édouard III avait déjà fait les frais de cette tactique, qui l'avait pratiquement réduit au désespoir en 1328. Les Écossais échappèrent à l'avancée anglaise, la contournèrent par le sud et incendièrent Carlisle. Quand, à la mi-août, les Anglais arrivèrent devant Édimbourg, ils étaient si éprouvés par la faim et la fatigue que plus un seul soldat ne voulait livrer combat. Trois semaines plus tard, ils étaient rentrés à Westminster. Ce fut une expédition sans lustre, qui ne rapporta rien.

Quand le parlement se réunit en octobre 1386, la grogne montait dans le pays. La liste des doléances était longue. La politique extérieure de Londres était paralysée. Les finances royales étaient au plus bas. Jean de Gand avait quitté le pays, indigné que nul n'ait écouté ses conseils durant la campagne écossaise, et alarmé aussi par des rumeurs selon lesquelles des chevaliers de la chambre du roi cherchaient à l'assassiner. Sur l'autre rive de la Manche, Charles VI, disait-on, rassemblait une forêt de mâts devant l'Écluse : c'était la plus grande force navale jamais mobilisée contre l'Angleterre. Les réprimandes que le parlement avait adressées au roi au lendemain de l'invasion avortée de l'Écosse avaient été totalement ignorées. Richard avait reçu un rapport peu conventionnel dont le ton frisait la menace, le pressant de « s'attacher des gens de condition, de bien et d'honneur, et de s'associer à eux en évitant la compagnie de certains autres ; car s'il fait cela, il s'attirera de grands bienfaits et bien des honneurs, et il gagnera le cœur et l'amour de son peuple. Mais s'il fait le contraire, alors le contraire arrivera, l'exposant, lui et le royaume, au plus grand danger, ce que Dieu ne veuille ». La réponse du roi ne fut pas consignée, mais les archives parlementaires officielles font état de sa réaction à des demandes similaires formulées en séance. Elle est laconique mais éloquente : « Le roi fera comme il lui plaira. »

Et de fait, le peu de fonds que lui avaient rapporté les impôts étaient à présent dilapidés et le roi ruiné jugea bon d'élever à nouveau son ami de Vere au rang de duc d'Irlande. Titre qui, non seulement lui conférait les pleins pouvoirs sur son duché, mais le hissait sur un pied d'égalité avec les oncles du roi : de Vere devint ainsi le premier duc qui ne fût pas de sang royal. (Henri de Grosmont, premier duc de Lancastre, était à tout le moins cousin d'Édouard III.) Il était difficile de ne pas faire le parallèle avec l'attribution du comté royal de Cornouailles à Gaveston.

Tous ceux qui siégèrent à ce que l'on devait appeler l'« Admirable parlement » d'octobre 1386 comprirent que le pays était confronté à une crise du pouvoir. L'offensive fut lancée dès la séance d'ouverture. À peine le comte de Suffolk était-il monté au pupitre pour annoncer à l'assemblée que le roi projetait une invasion en France qu'un tollé s'éleva des bancs des Communes. Les représentants de la Chambre basse déversèrent leur colère sur Suffolk, qu'ils tenaient pour le premier de tous les conseillers ineptes du roi et, portant contre lui de nombreuses accusations d'incompétence et de négligence, exigèrent qu'il soit destitué de son poste. Ils refusèrent de poursuivre les débats tant qu'ils n'auraient pas obtenu satisfaction.

Le roi montra alors son vrai visage. Richard était un homme marié qui avait dirigé une armée pour son pays. Indigné par l'impertinence des Communes, il fit savoir depuis sa résidence d'Eltham qu'il était hors de question qu'il honore Westminster de sa présence, et qu'il ne congédierait pas même un marmiton de ses cuisines sur injonction du parlement.

On dépêcha à Eltham Thomas de Woodstock, duc de Gloucester, et Thomas Arundel, évêque d'Ély, pour tenter une négociation. Mais les médiateurs trouvèrent un roi hystérique et d'humeur querelleuse. Quand ils tentèrent de le raisonner, ils se firent insulter. Le chroniqueur Henry Knighton rapporta leur conversation : si un roi refusait de se présenter au parlement « par sa propre décision irresponsable », l'avertirent-ils, le parlement pouvait se dissoudre au bout de quarante jours.

Richard entra dans une colère terrible. Son oncle et l'évêque avaient manifestement touché la corde sensible de sa paranoïa, certainement héritée de ses expériences de jeunesse. « Nous savons depuis longtemps que notre peuple et les Communes cherchent à nous résister et à se soulever contre nous, hurla-t-il à ses visiteurs. Et face à cette menace, il nous semble préférable d'avoir recours à notre cousin [le roi] de France et de demander son soutien et son aide contre nos ennemis, plutôt que de recevoir la loi de nos propres sujets. »

Avec une flotte d'invasion mouillant à moins de cent cinquante kilomètres de là, ses paroles stupéfièrent Gloucester et Arundel : « Le roi de France est votre premier ennemi, et le plus grand adversaire de votre royaume ! » se récrièrent-ils, atterrés. Ils argumentèrent tant qu'ils le purent, l'exhortèrent à se rappeler comment « [son] grand-père, le roi Édouard III, et aussi [son] père, le prince Édouard, en son nom, avaient sué et œuvré toute leur vie dans la chaleur et le froid, cherchant inlassablement à conquérir le royaume de France ». « Rappelez-vous, ajoutèrent-ils, comment des gens trop nombreux pour être comptés ont rencontré dans cette guerre la mort et le péril de la mort, et comment les petites gens de ce royaume ont donné sans ciller leurs biens et possessions et d'incalculables trésors pour soutenir la guerre. »

Avoir à dire pareille chose à un roi d'Angleterre dut leur paraître invraisemblable. Ils eurent pourtant à prononcer ces paroles, et d'autres encore, avant de parvenir à apaiser le roi et le convaincre d'affronter le parlement. Ce fut en fin de compte une allusion voilée à la destitution d'Édouard II (« La Nation [...] dispose d'un statut de tradition immémoriale qui, malheureusement, a dû être invoqué il n'y a pas si longtemps ») qui eut raison de la colère aveugle de Richard et le contraignit d'accepter le principe d'une réforme en profondeur de son administration.

Effrayé, Richard finit par se rendre à Westminster. Et là, il en fut réduit à regarder, impuissant et humilié, l'Admirable parlement démettre de leurs fonctions le chancelier Michael de la Pole et le trésorier John Fordham, et nommer pour une année une commission chargée de contrôler les finances royales, de reprendre en main l'Échiquier, et habilitée à utiliser le Grand Sceau et le sceau privé du roi. Richard II se trouva ainsi totalement dépossédé de son pouvoir. À dix-neuf ans, le roi redevenait un enfant ; sa royauté était pour ainsi dire nulle et non avenue. C'était plus que son jeune cœur orgueilleux n'en pouvait tolérer.

Trahison et traumatisme

Le 20 décembre 1387, un peu plus d'un an après que l'Admirable parlement se fût séparé, Robert de Vere, duc d'Irlande, avançait précautionneusement dans le brouillard hivernal. Il se dirigeait vers Radcot Bridge, un pont sur la Tamise non loin de Chipping North, dans l'Oxfordshire. Il avait avec lui plusieurs milliers d'hommes, recrutés dans le duché royal de Chester et dans ses alentours. Les campagnes qu'il traversait grouillaient d'ennemis. Le danger guettait, littéralement, à chaque détour.

Il chevauchait à vive allure vers le sud-est pour rencontrer le roi à Londres. La Couronne Plantagenêt affrontait une nouvelle crise. Richard se trouvait une fois de plus à la merci de ses sujets, qui se soulevaient contre son pouvoir et, plus particulièrement, contre l'influence de Robert de Vere. Le duc savait que le temps était compté. Les plus puissants barons d'Angleterre avaient assemblé leurs armées pour le capturer. Des compagnies ennemies s'étaient déployées dans toute l'Angleterre, occupant non seulement les villages des Cotswolds qui ponctuaient son itinéraire, mais l'ensemble des Midlands ; tout l'ouest de Northampton fourmillait de soldats lancés à ses trousses.

Bien loin de s'être réchauffées au lendemain de l'Admirable parlement d'octobre 1386, les relations entre le roi et ses principaux sujets avaient achevé de se détériorer. En rejoignant Londres, de Vere savait pertinemment que les violences ne tarderaient pas à éclater dans le pays.

Comment en était-on arrivé là ? La faute en incombait au premier chef à Richard II. Au dernier parlement, il s'était insurgé avec virulence contre la commission de réforme qui lui était imposée. Humilié et blessé, il avait passé les mois suivants à ruminer dans ses pavillons de chasse de la vallée de la Tamise. En février 1387, plein de ressentiment et de colère pour le traitement que lui avaient fait subir les parlementaires, il avait quitté Londres pour entreprendre ce qu'un chroniqueur appela sa « giration » : une tournée du royaume qui lui permettait autant d'échapper à la surveillance et aux interférences du conseil que d'évaluer sa base de soutien dans le pays.

En neuf mois, son tour l'avait conduit de Beverley à Shrewsbury. Il s'était surtout concentré sur le nord et le nord-ouest des Midlands, non loin de son comté palatin de Chester. De Vere et de la Pole l'accompagnaient et, au cours de leur périple, Richard mit au point une stratégie pour rétablir son autorité une fois que le mandat de la commission des onze serait arrivée à échéance. Il remarqua que ses barons mobilisaient à présent des soutiens en soldant leurs troupes : leurs partisans étaient salariés pour leur loyauté ; ils portaient l'écusson et souvent la livrée de leurs seigneurs, protégeaient leurs intérêts et, au besoin, prenaient les armes pour eux.

Richard se dit qu'en sa qualité de comte de Chester, il pouvait lui aussi lever une armée à sa solde. Il disposerait ainsi d'une base de pouvoir stable, composée d'hommes dont il n'aurait rien à craindre, qui ne risqueraient pas de se retourner contre lui et ne seraient pas en position de lui infliger le genre d'humiliation publique qu'il avait eu à subir de la part ceux qui étaient censé le servir et le soutenir : les représentants des Lords et des Communes. Son projet prit forme : il serait tout à la fois grand du royaume et souverain…

Durant l'été 1387, Richard s'était mis à étudier les recours légaux qui lui permettraient d'annuler les actes de l'Admirable parlement. Au mois d'août, il consulta secrètement à deux reprises les plus hauts magistrats du royaume, sous la houlette du juge en chef Robert Tresilian, et leur soumit une série de questions sur la légalité des ordonnances qui limitaient son pouvoir. Le verdict – extorqué à certains juges sous des menaces de mort – tomba : « Le statut, l'ordonnance et la commission établis au dernier parlement dérogent à la prérogative royale de notre seigneur le roi. » Et à la question de savoir « quelle peine méritaient ceux qui avaient engagé ou contraint le roi à y souscrire […] les juges firent à l'unanimité la réponse que le roi attendait en la posant » : ils devaient être punis pour trahison.

C'était une funeste réponse. Le spectre de la trahison avait plané sur tout le règne d'Édouard II : c'était l'accusation fatale et irrévocable qui avait coûté la vie à Pierre de Gaveston et à Thomas de Lancastre, et aussi à Edmond, comte de Kent et à Roger Mortimer, comte des Marches. En 1351, Édouard III avait fait voter la loi sur la trahison afin que plus jamais l'Angleterre ne connaisse pareils débordements. Ce texte limitait le crime de trahison aux tentatives ou complots visant à tuer le roi, la reine et leur fils aîné, au viol de la fille aînée du roi, au meurtre du chancelier, du trésorier ou des juges en chef, et au soulèvement contre le roi, les armes à la main, à l'intérieur du royaume.

Fort de la caution des magistrats, Richard élargit la définition de la trahison : un traître n'était plus seulement quelqu'un qui s'en prenait violemment au roi, à sa famille et à ses plus hauts officiers. Ce pouvait être quiconque tentait de réformer le royaume au parlement, ou de remettre de l'ordre dans la maison du roi. Les juges convinrent que tous ceux qui avaient restreint les pouvoirs du roi en 1386 avait commis un crime de trahison. Était également considéré comme traître quiconque passait outre à un ordre royal de dissoudre le parlement ; destituait un ministre du roi ; et tous ceux qui avaient le front de rappeler à Richard la pitoyable fin de règne de son arrière grand-père Édouard II.

Les avis rendus par les juges étaient terrifiants par leurs implications. Ils condamnaient à mort tous les opposants du roi. Quand Richard fut rentré à Londres en novembre 1387, il était évident que les conclusions de sa tournée ne pouvaient avoir que deux issues possibles : un bain de sang judiciaire ou une guerre civile.

C'était précisément une guerre civile que préparait de Vere en traversant à vive allure l'Oxfordshire. Et le casus belli n'était autre que sa personne. Pendant la « giration » du roi, une nouvelle opposition s'était constituée : des lords dont l'objectif premier était de chasser définitivement de Vere et tous ses semblables de l'entourage du roi. Ils étaient connus sous le nom de Lords appelants, car le 14 novembre, le duc de Gloucester et les comtes d'Arundel et de Warwick avaient déposé un appel (un acte d'accusation) contre les principaux intimes du roi qui étaient selon eux les véritables traîtres.

La liste des accusés comportait cinq noms : Alexandre Neville, archevêque d'York ; Michael de la Pole, comte de Suffolk ; Robert Tresilian, juge en chef ; Nicolas Brembre, marchand, ancien lord-maire de Londres et héros loyaliste de la Révolte des paysans ; et de Vere lui-même, le duc l'Irlande.

L'insolence de cette démarche avait déchaîné l'ire du roi, qui avait aussitôt tenté de lever des troupes. Mais il n'avait trouvé que bien peu de volontaires pour le rejoindre : les shérifs des comtés refusèrent de mettre des hommes d'armes à son service, car les Communes soutenaient unanimement les Appelants ; et les citoyens de Londres ne voulurent pas davantage s'armer pour lui. L'armée que de Vere avait mobilisée dans le Cheshire était donc son ultime espoir.

Ainsi, tandis qu'il conduisait sa troupe par les campagnes froides et humides, de Vere savait de qui il devait se méfier. Gloucester, Warwick et Arundel étaient sur ses talons, et ils avaient gagné à leur cause deux précieux alliés : Henri de Bolingbroke, comte de Derby, et Thomas de Mowbray, comte de Nottingham. À eux cinq, ils formaient une équipe redoutable. Ils bénéficiaient en outre du soutien de nombreux citoyens en vue de Londres, et d'une grande part de la classe des chevaliers et de la bourgeoisie du pays. Leurs régiments se déployaient dans les Cotswolds comme des doigts prêts à se refermer sur leur proie.

La première rencontre eut lieu le matin du 20 décembre. De Vere engagea une petite escarmouche contre les partisans du duc de Gloucester, quelque part près de Bourton-on-the-Hill. L'engagement fut confus, mais provoqua la désertion de l'essentiel du contingent de Chester. Quelques heures plus tard, probablement à Burford, le comte d'Arundel l'affronta dans une autre escarmouche. De Vere perdit son lieutenant, Thomas Molyneaux, tué au combat. Quelque peu désespéré, il se replia avec ses hommes vers le fleuve et Radcot Bridge où, selon Henry Knighton, « il espérait traverser le pont et se mettre à l'abri de ses ennemis ». Il comptait prendre un détour par le sud de la Tamise, seul moyen, pensait-il, de rejoindre sans encombre Richard à Londres.

Mais il n'eut pas cette chance. Lorsqu'il mena sa troupe vers les arches pointues du pont du XIIe siècle, il comprit qu'il s'était laissé prendre de vitesse : des fantassins et des archers portant la livrée d'Henri, comte de Derby, gardaient le passage. Tournant bride, il vit Derby en personne débouler sur ses arrières à la tête d'une force importante. Pris au piège, il n'avait d'autre choix que livrer bataille.

Seulement ses troupes n'étaient pas de cet avis. Alors que déjà, les trompettes retentissaient et que l'on déployait l'étendard royal, une clameur de protestation s'éleva dans ses rangs : il était hors de question de se jeter dans un combat aussi inégal. « Ils étaient trop peu nombreux face à l'ennemi, et n'osaient pas affronter tant de grands seigneurs et de nobles du royaume », commenta Henry Knighton.

De Vere céda à la panique. S'il se faisait prendre, il ne donnait pas cher de sa vie. Un cycle de violence était enclenché, et il était improbable qu'il s'en tire avec une simple injonction de quitter l'entourage du roi. Il devait absolument se sortir de ce mauvais pas.

Il lança une charge sur le pont, espérant forcer le passage. Mais des barricades avaient été dressées et le tablier menaçait de s'effondrer en trois endroits. Il aurait été impossible de faire traverser plus d'un cheval à la fois. « C'est une embuscade ! » s'écria le duc. Et, changeant de monture, il tenta de fuir seul par les berges.

Mal lui en prit. Talonné par Derby, il tomba nez-à-nez avec la compagnie de Gloucester. Serré de tous côtés, il voyait sa fin proche. « Piquant son cheval, il se débarrassa de ses gantelets et de son épée et plongea dans la Tamise. Et il s'échappa ainsi avec une magnifique audace », écrivit Knighton.

Le voyant prendre la fuite – qui le mènerait en France –, ses hommes se rendirent aussitôt.

Richard passa un bien lugubre Noël à Windsor. Le 30 décembre, il reçut les cinq Appelants triomphants à la Tour de Londres. Ils entrèrent avec cinq cents soldats lourdement armés et refermèrent les portes derrière eux. L'entrevue fut orageuse. Les Appelants chapitrèrent sévèrement le roi pour son comportement, brandissant devant lui les lettres compromettantes qu'il avait adressées à de Vere, l'accusant d'avoir voulu faire intervenir le roi de France contre ses propres sujets. Ils exigèrent que soient traduits en justice les cinq hommes contre lesquels portaient leurs accusations et ordonnèrent le renouvellement complet de la maison du roi.

Quand Richard tenta de contre-attaquer, ils menacèrent de le destituer, laissant entendre qu'ils lui avaient déjà trouvé un successeur. (Ou plus justement, un chroniqueur suggéra qu'ils annoncèrent au roi qu'il avait déjà été déposé, et que seul un différend entre Gloucester et Derby, qui prétendaient tous deux au trône, les avaient empêchés de ratifier sa destitution.) Le 3 février, le parlement se réunit à Westminster. Les Lords et les Communes siégeaient ensemble dans le White Hall, aux murs magnifiquement ornés de scènes évoquant la vie d'Édouard Ier. Le roi prit place devant les parlementaires et se prépara à entendre le pire. Puis, rapporte la chronique de Thomas Favent, « les cinq Lords appelants entrèrent, revêtus d'habits somptueux, se tenant par la main et suivis d'une nombreuse escorte. Ils fixèrent le roi dans les yeux, puis le saluèrent d'une génuflexion. Une foule serrée emplissait la salle, jusque dans les moindres recoins. »

Les jours et les mois qui suivirent se passèrent à égrener d'infinis arguments à l'encontre des cinq « appelés » – dont quatre avaient pris la fuite et étaient jugés par contumace. Seul Nicolas Bembre, l'ancien maire, était présent et son procès s'ouvrit quinze jours après la session inaugurale du parlement.

Que les accusés fussent présents ou pas, le verdict fut le même pour tous. L'archevêque Neville, le duc d'Irlande, le comte de Suffolk et sir Robert Tresilian furent déclarés coupables de trahison *in absentia*. Le duc, le comte et le juge furent condamnés à être traînés sur la claie dans les rues de Londres et pendus aux fourches de Tyburn comme traîtres et ennemis du roi. L'archevêque qui, du fait de son état ecclésiastique, ne pouvait être atteint par la peine de mort, fut quant à lui condamné à l'exil. Les juges ordonnèrent la confiscation de tous les biens des quatre hommes. Bembre, qui était présent, fut quant à lui condamné à mort.

La tension monta lorsque l'un des accusés refit surface. L'archevêque Neville, de Vere et Suffolk avaient réussi à gagner le continent, mais Tresilian n'était pas loin. Six jours après que sa sentence eut été prononcée, quelqu'un remarqua un étrange personnage qui épiait les délibérations du parlement depuis un toit voisin. On envoya des hommes fouiller la maison et l'on débusqua, caché sous une table, le juge Robert Tresilian – celui-là même qui avait fait pendre haut et court tant de rebelles en 1381. Il était déguisé en mendiant et s'était affublé d'une fausse barbe longue et touffue. Ce fut sa voix, reconnaissable entre toutes, qui le trahit. Des cris retentirent : « Nous l'avons ! nous l'avons ! » Le juge-mendiant fut arraché aux bras de sa femme éplorée et, tandis qu'on l'emmenait par la force au parlement, il s'époumonait à demander sanctuaire dans l'église de Westminster. Ce droit lui fut refusé. Il fut sans délai mis sur la claie, tiré par des chevaux jusqu'à Tyburn et poussé sur l'échelle du gibet qu'il gravit en geignant de terreur. En déchirant ses vêtements, on trouva sur lui toute une panoplie d'amulettes. Qu'un juge austère eût ainsi cru échapper à la corde en se bardant de breloques ne manqua pas de soulever les railleries. Le juge superstitieux fut pendu nu ; puis on abrégea ses souffrances en lui tranchant la gorge.

Les Appelants n'en avaient pas fini. Après avoir expédié Brembre et Tresilian à la potence et condamné par contumace les trois autres appelés, le parlement entreprit une épuration sanglante de la maison du roi. Il s'attaqua à un large cercle de proches soupçonnés d'avoir détourné le souverain du droit chemin. Les premières têtes tombèrent en mai : Simon de Burley, le tuteur auquel Richard était si attaché, fut déclaré coupable de crimes de trahison et condamné à mort, au même titre que les chevaliers personnels du roi, Jean de Beauchamp, Jean de Salisbury et James Berners. Les juges qui avaient donné raison au roi en décrétant l'illégalité des ordonnances de l'Admirable parlement furent eux aussi condamnés au gibet – mais avant de se séparer, le parlement se ravisa et commua leur sentence en une peine d'exil en Irlande.

Ce pénible épisode fut pour Richard un traumatisme tel que pratiquement aucun Plantagenêt n'avait éprouvé de semblable. Quatre mois durant, le jeune roi présida aux délibérations du parlement et vit ses amis emmenés un à un à Tyburn pour y être pendus, éviscérés et décapités. Il implora désespérément la grâce de Burley et la reine se joignit à ses suppliques, se jetant à genoux devant les trois premiers Appelants. Plusieurs autres comtes modérés soutenaient cet appel à la miséricorde, dont Edmond de Langley, duc d'York, et même les deux derniers Appelants, les comtes de Derby et de Nottingham. Mais la miséricorde n'avait pas sa place dans cette assemblée qui resterait dans les mémoires sous le nom d'« Impitoyable parlement ». À vingt ans, Richard avait essuyé tant d'humiliations qu'il en resterait marqué toute sa vie.

La royauté réinventée

Pour un roi qui avait connu tant de difficultés durant la première décennie de son règne, les cinq ou six années qui suivirent les bouleversements de l'Impitoyable parlement marquèrent une phase remarquablement paisible. Richard II avait certes perdu beaucoup de ses amis fidèles, mais contestés, que les Lords appelants avaient fait soit exiler, soit exécuter. Pourtant, une fois cette épuration achevée, une étrange paix s'installa sur l'Angleterre. Les Appelants avaient atteint leur but : Richard avait été mis au pas. Il ne restait plus beaucoup d'enjeux à défendre de part et d'autre.

En dépit de ses déconvenues, le jeune souverain avait manifestement tiré quelques leçons des événements de 1388. Il semblait disposé à faire quelques efforts pour se montrer à la hauteur de sa charge. Le 3 mai 1389, il avait marqué un point lors d'une réunion de son grand conseil. Prenant place devant ses barons, il avait interrompu leur séance en demandant qu'on lui dise quel âge il avait. « Vingt-deux ans », répondirent-ils. Alors, Richard se lança dans un grand discours dont Henry Knighton et plusieurs autres chroniqueurs rapportèrent le ton et la teneur :

> *Il y a longtemps que je vis sous votre direction, et je dois rendre grâces à Dieu d'abord, puis à vos Seigneuries, de ce que, par vos soins, ma personne, mon héritage et tout le royaume d'Angleterre [...] ont été défendus de toutes parts.[...] Mais aujourd'hui, Dieu ayant permis que j'atteignisse l'âge légal, je réclame et j'entends exercer librement par la suite le droit de gouverner ma personne et mon héritage, de choisir mes officiers et mes ministres, de les investir de leur fonctions [...] comme aussi d'exclure des charges ceux qui en sont investis, et de les remplacer comme il me plaira.*

Sur ces mots, rapporta Thomas Walsingham, Richard ordonna à Thomas Arundel, archevêque d'York, de lui rendre le sceau du chancelier.

> *« Il le plaça dans un pli de sa robe, se leva soudain et sortit ; puis il revint quelques instants plus tard, se rassit et donna le sceau à William Wykeham, évêque de Winchester. Celui-ci hésita à l'accepter. Après quoi, Richard nomma neuf autres officiers royaux [...] usant en toutes choses de son propre jugement et de son autorité.[...] Il renouvela le conseil, dont il exclut le duc de Gloucester et le comte de Warwick. »*

Cette initiative aurait pu virer à la catastrophe. Il n'en fut rien. Au seuil de cette nouvelle décennie, Richard avait résolu de gouverner de façon beaucoup plus responsable qu'il ne l'avait fait jusqu'à présent. Il affirma son droit de choisir comme il l'entendait les membres de son conseil officiel mais aussi ses conseillers officieux, tout en admettant qu'il se devait d'écouter les avis d'hommes d'expérience tel Wykeham qui, dans les années 1360, avait été un illustre ministre de son grand-père Édouard III.

Tout juste rentré de Castille, Jean de Gand, avec lequel il s'était réconcilié, devint dès lors un fervent partisan du régime et fut un précieux secours. Gand usa de son prestige pour apaiser les tensions entre Richard et les anciens Appelants, organisa de somptueuses chasses pour le roi et la reine, et lorsqu'il en avait l'occasion, se plaisait à se promener seul au bras du roi. Le souverain manifesta ouvertement sa gratitude envers le plus âgé de ses oncles en portant au cou le collier de livrée de sa maison, à esse et cossettes d'argent. En 1390, il l'investit de pouvoirs palatins sur le duché de Lancastre, pouvoirs qui seraient transmis à ses héritiers mâles. Il le nomma également duc d'Aquitaine à vie, rompant ainsi avec la tradition plantagenêt qui, depuis le XIIIe siècle, voulait que l'Aquitaine fût l'apanage du fils aîné et héritier du roi. Ce titre conférait à Jean de Gand un pouvoir considérable et l'incitait en outre, pour la défense de ses propres intérêts, à favoriser une paix avec la France.

Jean de Gand entra au conseil en mars 1390 et un accord stipula que toutes les décisions ayant des implications financières devaient être approuvées par les trois oncles du roi. Richard sembla accepter ces clauses et un nouveau consensus se dégagea. Dès lors, le roi et la classe politique pouvaient à nouveau travailler ensemble, ce qui permit de redresser l'état des finances royales. Entre 1389 et 1396, les recettes publiques augmentèrent de 36 %. Le parlement cessa d'être un théâtre d'affrontement entre le roi, les Lords et les Communes et retrouva sa fonction première de forum de débats pour l'administration royale.

Dans ce climat politique apaisé, une nouvelle culture de cour vit le jour, dont l'objectif premier était de rendre tout son lustre à la royauté. La cour d'Édouard III avait exalté la chevalerie, l'amour courtois et la guerre. Celle de Richard célébrait la magnificence et le faste du roi consacré par le saint chrême. De nouvelles formules de déférence entrèrent en usage. Alors que l'on s'adressait aux rois anglais jusqu'à présent en disant « Monseigneur », des titres directement inspirés de l'étiquette de la cour de France, tels que « Votre Altesse » et « Votre Majesté », firent leur apparition. Par écrit, les titres de civilité étaient encore plus pompeux et déclamatoires : « Très haut et très puissant prince », ou « Votre haute majesté »... Walsingham, qui ne faisait aucun secret de son hostilité envers ce monarque, s'offusquait de « ces honneurs qui « n'étaient pas humains mais divins » et « des mots étranges et flatteurs qui ne convenaient guère à de simples mortels ».

Derrière ces manifestations de révérence grandiloquentes pour la royauté, une véritable politique culturelle émergea, qui produisit quelques-unes des œuvres les plus exquises et les plus brillantes de l'époque. La cour de Richard devint un centre de création littéraire et artistique, et plusieurs des grands écrivains de l'époque travaillèrent sous les auspices du roi. L'intérêt du roi pour la littérature ne fut que passager ; il ne commanda pas lui-même beaucoup d'œuvres littéraires, mais sa cour joua un rôle fondamental dans le développement de la langue anglaise afin d'en faire une langue littéraire de haute tenue. John Gower, le grand savant londonien, fut l'un des rares poètes à bénéficier d'une commande royale : ce fut sur une requête personnelle de Richard qu'il composa en anglais son *Confessio Amantis* [Confession d'un amant], long poème d'amour de plus de trente mille vers qu'il prétendit avoir écrit après avoir conversé avec Richard à bord d'une barge royale en 1386.

La première version du *Confessio* fut publiée en 1390. Elle était dédiée au roi et à Geoffrey Chaucer, qui avait également écrit ses

Contes de Canterbury à l'époque où il fréquentait assidûment la cour de Richard. Lorsqu'il se rendit à la cour d'Angleterre, le chroniqueur français Froissart offrit au souverain un recueil de poèmes français. Le poète gallois John Clanvowe composa d'élégantes strophes, et le cousin de Richard, Édouard duc d'Albemarle, traduisit en anglais un célèbre traité français sur la chasse. Le très martial courtisan Jean de Montaigu, comte de Salisbury et chevalier de la chambre du roi, fut même salué en France par nulle autre que Christine de Pisan pour sa sensibilité littéraire et ses talents de poète.

Le roi se montra plus généreux comme mécène des artistes et des architectes. De nombreux édifices royaux avaient été construits sous l'égide d'Henri Yevele, maître maçon du XIVe siècle. Dans les années 1390, Yevele était un vieil homme de plus de soixante-dix ans. Il avait été particulièrement actif sous Édouard III, mais en 1393, il entama pour Richard son ouvrage le plus célèbre : la réfection de la grande salle du palais de Westminster, dont il rehaussa les murs et dota d'une immense charpente à blochets et d'une entrée majestueuse, digne de celle d'une cathédrale. À l'intérieur, sur un bandeau courant sur toute la circonférence de la salle furent sculptés des cerfs blancs (l'emblème personnel de Richard), et l'on commanda treize statues de rois depuis Édouard le Confesseur jusqu'à Richard lui-même afin de souligner la continuité de la monarchie sous les Plantagenêts.

Un peu plus tard, Richard réceptionna le diptyque de Wilton, magnifique retable portatif qui figure parmi les joyaux de la peinture sacrée, représentant le roi présenté à la Vierge et à l'Enfant par trois saints : Édouard le Confesseur, le roi-enfant saxon Edmond le Martyr, et Jean le Baptiste. Richard était tout aussi attaché au culte du Confesseur que l'avait été Henri III, grand inconditionnel du saint. Tandis que les rois guerriers comme Édouard Ier et Édouard III privilégiaient des soldats légendaires tels le roi Arthur et saint Georges, Richard – comme Henri – se voyait davantage en prince de paix glorieuse, qualité que vantaient les chroniqueurs chez le Confesseur. En 1395, le roi modifia les armes royales, en associant la fleur de lys et les léopards d'or aux armes du Confesseur, et ce n'est pas un hasard si le saint occupe une place de choix sur le diptyque de Wilton.

Sur le Dyptique abondent les symboles cryptiques : des références à la vénérable lignée anglo-française de Richard se mêlent à des signes manifestes de sa croyance littérale dans son statut de souverain de droit divin. Les anges entourant la Vierge portent l'emblème du cerf blanc – comme s'ils avaient été enrôlés dans la garnison personnelle du roi pour le protéger. L'un des panneaux extérieurs représente un cerf blanc couché portant au cou une couronne prolongée d'une chaîne à grosses mailles.

Pourtant, sous le couvert de cette magnifique réinterprétation de la royauté, certains signes indiquaient que même s'il paraissait plus calme et plus posé, Richard n'avait pas vraiment changé. De fait, en ces premières années 1390, il s'employa à imprimer à son règne un caractère beaucoup plus autoritaire et personnel que ne l'avaient fait ses prédécesseurs. La royauté n'était plus définie par la couronne et sa représentation de l'autorité publique, elle l'était par Richard lui-même.

Politiquement, cette tendance s'exprima par l'obstination discrète du roi à se constituer une armée privée. Il commença à faire porter son insigne du Cerf blanc à des chevaliers et écuyers de divers comtés d'Angleterre, dont beaucoup avaient déjà servi dans l'administration royale. Le roi ne fit manifestement jamais confiance aux rouages censés assurer son pouvoir de souverain. Il éprouvait le besoin de s'attacher personnellement ses serviteurs, par des marques ostensibles et des cérémonies, afin de s'affirmer comme leur seigneur privé.

Les grandes festivités publiques laissaient transparaître la rancœur de Richard, qui n'oubliait rien des affronts faits à son autorité. Quand, en 1392, les citoyens de Londres avaient refusé au roi un prêt, il fallut une célébration aussi fastueuse qu'un couronnement pour obtenir de lui une réconciliation. Le roi Richard et la reine Anne défilèrent en grande pompe par les rues de la ville, tandis que les guildes de la cité s'inclinaient avec un respect servile sur leur passage. Ils furent couvert de cadeaux : des garçons, habillés en anges, leur remirent des couronnes d'or ; une table dorée leur fut offerte au Temple ; une grande messe d'action de grâce fut donnée en l'abbaye de Westminster, et s'acheva en apothéose par une procession jusqu'au sanctuaire d'Édouard le Confesseur. Plusieurs mois après, les Londoniens continuaient à faire parvenir au roi des présents en témoignage de leur grand attachement : à l'Épiphanie 1393, Richard reçut ainsi un chameau et la reine un pélican.

Ces manifestations d'obséquiosité faisaient en un certain sens partie intégrante de la royauté. Mais les Plantagenêts qui avaient le mieux réussi – Henri II, Richard Ier et Édouard III – étaient plutôt ceux qui avaient su se mêler à leurs sujets au lieu de s'en distancier totalement par leur attitude altière. Henri II faisait peu de cas des apparats de la monarchie, et n'hésitait pas à débouler à cheval dans un camp de fortune et plaisanter avec tous ceux qui venaient à sa rencontre. Édouard III avait affronté *incognito* ses propres chevaliers dans des tournois et privilégié le rôle des Communes dans la gestion des affaires de l'État. Même le roi Jean, pourtant fort impopulaire, avait siégé dans des tribunaux populaires pour juger des affaires impliquant les pires gredins de son royaume. Mais pour avoir été politiquement menacé dans sa jeunesse, Richard, lui, semblait déterminé dans les années 1390 à faire valoir sa singularité et sa supériorité en faisant étalage du faste de sa cour.

Quelques années après qu'il eut décidé de reprendre la main, il y avait quelque chose de résolument pathologique dans sa volonté de domination. Le roi avait toujours été fragile et enclin à la méfiance, maintenant, il commençait manifestement à perdre la raison. Le 7 juin 1394, la reine Anne s'éteignit dans le palais de Sheen. Elle avait vingt-sept ans. Elle était constamment restée aux côtés de son mari pendant toutes ces années, et Richard lui vouait un amour sincère. Abattu par le chagrin, il ordonna de faire détruire le palais dans lequel elle était morte – et dont il avait commandé la restauration à grands frais pour en faire leur résidence. Puis il prononça un serment mélodramatique à souhait, déclarant que pendant un an, il fuirait de sa présence tous les lieux – excepté l'église – dans lesquels il avait séjourné avec sa chère épouse. Son souci du cérémonial était si extrême qu'il reporta les obsèques de deux mois afin de pouvoir faire venir de Flandre les cierges qu'il désirait pour elle. Mais son attitude n'était pas exclusivement dictée par le chagrin. La mort d'Anne sembla raviver l'impétuosité de sa jeunesse. Richard convoqua tous ses barons à Londres pour les funérailles, fixées au 29 juillet. Le comte d'Arundel arriva en retard. Lorsqu'il se présenta devant le roi, celui-ci le frappa en pleine face, avec une telle force que le malheureux en roula au sol, le visage en sang.

Un autre enterrement donna la mesure de l'étrange comportement du roi. Robert de Vere était mort en exil en France en 1392, blessé par un sanglier dans un accident de chasse. Son corps embaumé fut rapatrié en Angleterre en novembre 1395. Bon nombre de grands du royaume refusèrent d'assister à son enterrement. Ceux qui s'y rendirent virent le roi ordonner d'ouvrir le cercueil de son ami, afin de glisser des anneaux d'or à ses doigts glacés et contempler une dernière fois son visage privé de toute vie depuis trois ans.

Après la mort d'Anne et l'enterrement de Robert de Verre, Richard conçut un intérêt croissant pour son aïeul Édouard II. Il incita l'abbaye de Gloucester, où était inhumé Édouard, à commémorer chaque année le roi assassiné. Et en 1395, il envoya une requête au pape pour faire canoniser son arrière-grand-père. La même année, il commanda une étrange épitaphe pour sa propre tombe à Westminster : « Il a triomphé de tous les ennemis de l'autorité royale ; il a détruit les hérétiques et dispersé leurs amis ». Référence, sans doute, à son implacable répression de la révolte des Lollards – des réformateurs chrétiens adeptes des enseignements de John Wyclif –, mais il y avait également dans ces mots quelque chose de potentiellement sinistre.

Dans l'ensemble, et de loin, il est clair que, bien que dans les années 1390, Richard II se fût astreint à un comportement relativement raisonnable et réservé, il menaçait à tout instant de retomber dans les excès de sa jeunesse. Pas plus que l'ancêtre qu'il souhaitait faire canoniser, il ne comprit jamais véritablement ce qui faisait le succès de la royauté, à savoir l'équilibre subtil entre l'autorité publique et les besoins de son royaume d'une part, et ses désirs privés, ses amis et ses goûts personnels d'autre part. La vénération mêlée de pitié qu'il vouait à Édouard II – un roi qui n'avait apporté au royaume que désunion, violence, corruption et effusions de sang – en disait long sur sa conception des véritables devoirs d'un roi. Qu'il estimât sa position si fragile qu'il éprouvait le besoin de s'assurer l'obéissance de ses serviteurs en les engageant à solde comme l'eut fait un suzerain privé, était révélateur d'une paranoïa profondément ancrée depuis sa plus tendre enfance.

Mais il y avait dans la personnalité de Richard un autre instinct qui, plus que toute autre force, dominerait les dernières années du XIVe siècle, et qui était difficilement conciliable avec l'image d'homme de paix à l'égal du Confesseur que le roi se faisait de lui-même. C'était son inextinguible soif de revanche.

Richard vengé

Après les turbulences qui avaient agité la première décennie de son règne, Richard passa une bonne partie des dix années suivantes à rétablir une certaine confiance dans son pouvoir. De fait, pendant la première moitié des années 1390, on put croire que le roi avait retrouvé un peu de stabilité et contrôlait mieux son tempérament impulsif. Le souverain et son conseil collaboraient efficacement dans la conduite des affaires de l'État. Le parlement ne tentait plus de limoger les ministres du roi ni d'humilier en quelque autre manière le jeune monarque. Les caisses du trésor royal se remplissaient. En 1394, Richard conduisit une campagne de sept mois en Irlande, emmenant à sa suite de nombreux jeunes nobles et 7 000 hommes, pour « châtier nos rebelles et donner à nos fidèles sujets liges un bon gouvernement et un pouvoir équitable », comme il l'écrivit dans une lettre. La campagne fut un succès. Richard fit plus d'avancées en Irlande – à court terme, tout au moins – que n'importe quel roi depuis Henri II.

Sur le front continental, il marqua un autre point, parvenant enfin à poser les conditions de la paix tant attendue avec la France. En mars 1396, il signa avec Charles VI une trêve de vingt-huit ans et conclut un contrat de mariage : le roi d'Angleterre épouserait Isabelle de Valois, fille du roi de France, âgée de sept ans et dotée de la coquette somme de 800 000 francs. En octobre 1396, Richard alla chercher sa promise et retrouva Charles à Ardres, non loin de Calais. Ils consacrèrent leur accord dans des prés envahis de tentes richement ornées, débordantes de joyaux et de présents : des maquettes de navires dorés, des chevaux sellés d'argent et des colliers de perles. Les deux souverains se posèrent en sauveurs de la chrétienté, puisqu'une paix entre l'Angleterre et la France impliquait que l'on pouvait désormais élire un seul pape – et ainsi mettre fin au Grand Schisme. On évoqua l'idée d'une croisade contre les Turcs. Thomas Walsingham eut le sentiment qu'enfin, l'Angleterre « savourait une paix et l'espoir d'un avenir entièrement prospère, par la grâce de la magnificence du roi ».

Puis, le 6 janvier 1397, Richard fêta ses trente ans. C'était un anniversaire important, qui marquait la dernière étape de son long voyage vers l'âge adulte. Enfin, l'Angleterre avait un vrai roi.

Hélas... En dépit de tous les succès apparents qu'il avait enchaînés au cours des trois dernières années, quelques signes inquiétants révélaient que, même au faîte de sa gloire, Richard restait un souverain profondément instable : hypersensible, il manquait douloureusement d'assurance et était sujet à des crises de violence et de colère meurtrières dès qu'il se sentait menacé.

L'un des premiers signes de sa paranoïa apparut précisément durant les pourparlers de paix avec la France. Richard demanda à ce que Charles VI s'engage à lui fournir une aide militaire contre le peuple d'Angleterre s'il estimait un tel secours nécessaire Cette clause ne figura jamais dans la version finale du traité, mais elle n'en était pas moins alarmante. En 1386 déjà, Richard avait hurlé à la face d'Arundel et de Gloucester qu'il n'hésiterait pas à faire envahir son propre royaume par les Français. Qu'il relançât le sujet dans le cadre des négociations avec Charles était bien la preuve que cette pensée ne l'avait jamais véritablement quitté.

Or, des signes plus évidents du mécontentement qui déjà grondait contre lui commencèrent à se manifester à l'occasion du parlement de janvier 1397. Réunis au lendemain de la trêve avec la France, les pairs du royaume firent clairement comprendre au roi qu'ils ne partageaient pas tous son enthousiasme pour le nouvel ordre des choses. De sourdes protestations, émanant au premier chef de Gloucester, rapporte Froissard, se faisaient entendre dans les rangs des barons : « Les gens de ce pays ne désirent que la guerre. Ils ne peuvent vivre décemment sans elle. Ils savent que la paix ne leur vaut rien. » D'autres se plaignirent qu'une reine de sept ans n'était nullement utile à un roi de trente ans qui n'avait pas encore donné d'héritier à la couronne. D'autres encore dénoncèrent la splendeur excessive des célébrations d'Ardres, qui avaient peut-être englouti jusqu'à 15 000 livres – de quoi financer une troupe d'invasion de belle taille. Quand Richard avait demandé au parlement des subsides pour aider le roi de France à lancer une campagne sur Milan, elles lui avaient été sèchement refusées ; il devint alors très agité et répliqua en s'adressant au parlement pour défendre sa politique « par sa bouche propre ». Puis, lorsque les Communes lui soumirent une pétition, rédigée et signée par un certain « Thomas Haxey, clerc », pour se plaindre de certains officiers royaux, de l'insécurité qui régnait sur les marches d'Écosse, de la persistance du roi à recruter des garnisons privées dans les comtés, et « des frais immenses et excessifs » de la maison du roi, Richard entra dans une colère terrible, fit arrêter Haxey et le fit condamner à la peine des traîtres. (En raison de son statut ecclésiastique et sur les instances pressantes des prélats, l'homme fut par la suite gracié.)

Tous ces signes laissaient à penser qu'au début de 1397, le roi, qui se décrirait plus tard devant le même parlement comme « un empereur à part entière de son royaume d'Angleterre », supportait de plus en plus mal les camouflets infligés à sa grandeur impériale. Rien ne l'exaspérait davantage que d'avoir à subir des critiques ouvertes pendant ses moments de gloire périodiques. Il n'était jamais plus dangereux que lorsqu'il était repoussé dans ses derniers retranchements.

En juillet 1397, les trois premiers Lords appelants qui s'étaient opposés au roi dix ans plus tôt, constatèrent que leurs relations avec Richard étaient à nouveau très tendues. Gloucester s'était fait le porte-parole d'une coalition de nobles qui désapprouvaient la trêve avec les Français, et il passait le plus clair de son temps terré dans son château de Pleshey, car, à en croire Froissart, il concevait « une telle haine pour le roi qu'il ne trouvait rien à dire en sa faveur ». Warwick avait été totalement écarté de la vie politique depuis plusieurs années et Richard avait fait en sorte que deux grands procès qui lui avaient été intentés tournent à son désavantage. Quant à Arundel, à la suite de nombreuses querelles avec le roi et Jean de Gand, il se trouvait isolé depuis longtemps. Le comportement du roi lui était si odieux qu'il participait de moins en moins souvent aux réunions du conseil. Avec le recul, ils auraient tous trois dû s'attendre à l'offensive soudaine et violente que Richard lança contre des ennemis auxquels il vouait une rancœur tenace depuis tant d'années.

Le 10 juillet 1397, après dîner, une délégation conduite par Richard en personne se rendit au château de Pleshey. Les hommes, bien armés, portant la livrée et l'insigne du Cerf blanc qui les identifiaient comme de fidèles soldats du roi, chevauchèrent à vive allure en pleine nuit. Ils partaient pour une mission aussi singulière que déterminante : arrêter l'oncle du roi, le duc de Gloucester, et le placer en détention.

Le comte de Warwick était déjà sous les verrous à la Tour de Londres : il avait été convié le soir même à souper par Richard et, au terme d'un banquet fort convivial, le roi s'était levé, avait ordonné de but en blanc l'arrestation du comte et l'avait fait jeter en prison. Richard s'apprêtait désormais à régler son compte au duc de Gloucester.

Il arriva au lever du jour devant les hautes murailles de pierre de la forteresse. Sa troupe avait prévu de livrer combat, mais elle eut tôt fait de s'apercevoir que le duc n'était protégé que par une garde très clairsemée. Les hommes du roi étaient nettement plus nombreux que ceux de Gloucester et ils n'eurent donc aucun mal à pénétrer dans la forteresse. Après avoir salué Gloucester d'un « mon bel oncle », Richard le fit arrêter et, sous bonne garde, conduire jusqu'à un vaisseau qui le mènerait dans une prison de Calais.

Ce fut le point culminant d'un coup d'État aussi fulgurant et efficace que l'arrestation de Roger Mortimer par Édouard III en 1330. En l'espace de vingt-quatre heures, agissant par surprise, Richard avait arrêté les trois principaux Lords appelants de 1386. Gloucester et Warwick furent emmenés par le roi en personne. Arundel se laissa quant à lui persuader par son frère Thomas, l'archevêque de Canterbury, de se rendre, et Richard l'exila à l'île de Wight. La foudre s'était abattue sur les Appelants, dont le châtiment avait été aussi subit qu'ahurissant, et le royaume s'en trouva, selon Thomas Walsingham, « soudain et de façon inattendue jeté dans la confusion ». Pendant les deux années qui suivirent, l'Angleterre trembla sous le pouvoir impitoyable de Richard II.

La vengeance soudaine de Richard contre les Appelants – qui marqua le début de sa tyrannie – donna lieu à des justifications embarrassées et à de multiples interprétations. Au lendemain du coup de force, une série de décrets royaux expliquèrent que les trois seigneurs avaient été arrêtés « pour atteintes à la majesté du roi », mais niaient que ces atteintes fussent en quoi que ce soit liées aux événements de 1386. Presque personne n'était dupe.

Naturellement, toutes sortes de théories se firent jour. Les chroniqueurs de l'époque consignèrent leurs propres soupçons. L'auteur français de la *Chronicque de la Traïson et Mort de Richart Deux roy Dengleterre*, croyait savoir que les Appelants ourdissaient un complot contre Richard, Jean de Gand et le duc d'York. Thomas Walsingham avait pour sa part eu vent de rumeurs selon lesquelles Richard, pressenti pour prendre la tête du Saint Empire romain germanique, pensait que les électeurs voulaient s'assurer qu'il était capable de discipliner ses propres sujets avant de lui confier des centaines de milliers de sujets supplémentaires. D'autres, comme Adam de Usk, déclarèrent sans détour qu'ils ne croyaient pas un mot des protestations de bonne foi du roi, expliquant que Richard nourrissait de vieilles rancœurs contre ses anciens ennemis et qu'il attendait simplement depuis dix ans le moment où il serait politiquement prêt à prendre sa revanche.

Quelles qu'eussent été ses motivations, la rapidité avec laquelle Richard liquida ses ennemis était remarquable. Après les arrestations du 10 juillet 1397, il ne lui fallut pas plus de trois mois pour se débarrasser entièrement de ses anciens adversaires politiques. À la fin du parlement de septembre 1397, Warwick, Gloucester et Arundel avaient tout bonnement disparu.

Quand le parlement s'ouvrit le 17 septembre 1397, il était tout à la fois peuplé de loyalistes à Richard et surveillé par des soldats. La grande salle de Westminster Hall étant en travaux de rénovation, l'assemblée siégea dans une grande structure de bois ouverte. Les Communes et les Lords y prirent place sous le regard menaçant de trois cents archers de l'armée du Cheshire de Richard. Le roi, lui, était installé sur un trône surélevé, duquel, selon le moine d'Evesham, il pouvait « rendre ses jugements » et présider « avec plus de solennité que n'importe quel souverain du pays avant lui ».

Edmond Stafford, évêque d'Exeter et chancelier du royaume, se leva pour prononcer le sermon solennel d'ouverture dont le thème, « Ils auront tous un même roi » (Ézéchiel 37 : 22), donnait le ton de la nouvelle doctrine du gouvernement royal. Ce début n'augurait rien qui vaille. En développant son prêche, l'évêque Stafford donna clairement à entendre à l'assemblée que « si nous voulons que le roi soit assez puissant pour gouverner, il doit être en pleine possession de ses prérogatives royales et de ses droits ». Puis une amnistie générale fut publiée, dont étaient exclues cinquante personnes « qu'il plaira au roi de nommer ». Mais Richard ne fournit aucun nom. Il invita en revanche tous ceux qui estimaient avoir quelque raison de se faire pardonner à solliciter en personne la grâce royale. Au cours de l'année qui suivit, cinq cents personnes demanderaient et obtiendraient son indulgence. Richard contraignait ses ennemis à se démasquer et à se dénoncer eux-mêmes. Ceux qui étaient pardonnés devaient en échange acquitter une lourde amende.

Puis, bien qu'il eût vivement réfuté que Gloucester, Arundel et Warwick avaient été arrêtés pour des offenses vieilles de dix ans, Richard revint sur les événements de 1386. Un mois avant la nouvelle session du parlement, il avait approuvé une requête de révision du procès en trahison contre ses trois ennemis, portée par sept nobles (son neveu et son demi-frère, Thomas et Jean Holland, comtes de Kent et de Huntingdon, et les comtes de Somerset, Nottingham, Salisbury, ainsi que Thomas le Despenser et William le Scrop). La plupart de ces hommes affirmeraient plus tard avoir agi sous la contrainte. Mais leur appel fut pleinement exploité et porta ses fruits. Emmené par le président désigné des Communes, John Bushy, qui, selon Walsingham s'adressait à Richard avec une obséquiosité « qui confinait à la dévotion religieuse », le parlement, bondé et intimidé, annula l'acte établissant le Conseil du roi, et révoqua le pardon octroyé à Gloucester, Arundel et Warwick au lendemain de l'Impitoyable parlement. Quelques jours plus tard, le frère du comte d'Arundel, Thomas, évêque de Canterbury, fut à son tour démis de sa charge et condamné à l'exil.

Pendant tout ce temps, Jean de Gand présida le parlement en sa qualité de Lord Grand Intendant. C'était un rôle cruel à jouer pour un duc vieillissant, mais il devait penser aux intérêts de la maison de Lancastre. Il était en mauvaise santé et, depuis qu'il s'était absenté pour rejoindre son duché d'Aquitaine entre 1394 et 1396, il avait été évincé de la vie politique du royaume. À présent, il espérait tirer parti de la faveur que Richard lui gardait pour protéger son fils aîné, l'ancien appelant Henri de Bolingbroke, et pour légitimer les enfants naturels que lui avait donnés sa maîtresse qui deviendrait bientôt sa troisième épouse, Catherine Swynford. Jean de Gand fit son devoir. Le 21 septembre, il était aux côtés du roi lorsque le comte d'Arundel comparut devant le parlement pour y être jugé, portant une robe et un chaperon écarlate. Il fut officiellement accusé de trahison pour ses actes de 1386, tandis que ses accusateurs dansaient autour de lui et l'abreuvaient d'injures. « Ton pardon est révoqué, traître », lança Jean de Gand à son ancien ennemi, avant de le déclarer coupable de trahison et de prononcer la sentence de mort. Désemparé, Arundel regarda autour de lui et demanda avec amertume : « Où sont les fidèles Communes ? » Puis, se tournant vers Bushy : « Je vous connais, toi et tes compagnons ; je sais que vous avez été réunis non pour faire acte de fidélité mais pour verser mon sang. » Ces paroles ne suffirent pas à le sauver. Il fut conduit hors du parlement et décapité sur Tower Hill. Sa tête vola au premier coup d'épée, et le reste du corps resta debout l'espace du temps qu'il fallait pour réciter un patenôtre.

Selon Thomas Walsingham, le fantôme du comte d'Arundel hantait Richard, « le menaçant d'indescriptibles terreurs ». Si tel était le cas, ces frayeurs ne détournèrent en rien le roi de ses sombres desseins. Le lundi suivant, ce fut au tour de Gloucester d'être traduit en justice. C'était un spectacle bien désolant que de voir une fois de plus un roi anglais chercher à exécuter un duc de sang royal. Thomas Mowbray, comte de Nottingham, avait été envoyé chercher le duc à Calais pour le livrer au parlement. Lorsqu'il pénétra dans la salle, une chape de silence s'abattit sur l'assemblée. Prenant la parole, il annonça une nouvelle stupéfiante : le duc venait de mourir subitement. Ce que Nottingham s'abstint de préciser, c'était que le duc avait été assassiné à Calais sur son ordre – qui était celui du roi. Tiré de sa cellule, on l'avait emmené dans une maison pour l'étouffer sous un matelas de plumes, sans doute dans la nuit du 8 septembre, neuf jours avant l'ouverture du parlement.

Mais au lieu de livrer cette information, Nottingham lut à haute voix une confession politique dans laquelle Gloucester se reconnaissait coupable de nombreux crimes dans le cadre des événements de 1386, allant jusqu'à faire l'aveu douteux selon lequel les Appelants s'étaient entendus pendant plusieurs jours pour déposer le roi, avant de lui renouveler leur hommage faute de pouvoir décider lequel d'entre eux prendrait la place de Richard. L'aveu s'achevait sur une requête touchante : le duc implorait son neveu « de [l]'accepter dans sa miséricorde et dans sa grâce […] bien qu'[il] soi[t] indigne ». Même dans la mort, il n'eut pas droit à cette miséricorde. Il fut condamné comme traître à titre posthume.

Enfin, le vendredi 28 septembre, vint le tour de Warwick. C'était déjà un homme brisé. Quand il se présenta devant le parlement, il fondit en larmes, rejetant sur les autres la responsabilité de son implication et demandant à grands cris la grâce du roi. Ce vieil homme faible, pleurant pour sa vie, donnait un spectacle consternant. Après avoir entendu les dépositions de plusieurs autres lords, Richard le condamna à la prison à vie sur l'île de Man et ordonna la confiscation de toutes ses terres et de tous ses biens. Les Appelants de 1386 étaient enfin terrassés. Un nouvel ordre politique était sur le point de naître.

Richard le fonda sur la redistribution des nombreux domaines enlevés à ses ennemis vaincus, et créa une nouvelle classe importante de grands aristocrates. Les deux Appelants qui avaient échappé au châtiment royal étaient le fils de Jean de Gand, Henri de Bolingbroke, comte de Derby, et Thomas Mowbray, comte de Nottingham. Le premier fut élevé au rang de duc de Hereford, le second de duc de Norfolk, tandis que la grand-mère de Mowbray, Marguerite de Brotherton, se voyait investie du titre de duchesse de Norfolk à part entière. Édouard, le fils d'Edmond duc d'York, devint duc d'Albemarle. Le neveu de Richard, Thomas Holland, comte de Kent, devint duc de Surrey, et le frère utérin du roi, Jean Holland, comte de Huntingdon, fut fait duc d'Exeter. Jean de Beaufort, comte de Somerset, fut promu au rang de marquis de Dorset. Enfin, le roi créa quatre titres de comtes : ses amis et courtisans, Ralph Neville, Thomas le Despenser, Thomas Percy et William le Scrop devinrent, respectivement, comtes de Westmorland, de Gloucester, de Worcester et de Wiltshire. D'immenses domaines, de hautes dignités et des fortunes colossales changèrent ainsi de mains. Ces quinze jours avaient été stupéfiants.

Le 30 septembre, le parlement se sépara sur un rituel calqué sur celui de la session de fermeture de l'Impitoyable parlement : les Lords jurèrent sur le tombeau du Confesseur de respecter toutes les décisions prises. Richard, triomphant, trônait sur sa chaire, couronné, magnifique, et absolu. Le pays tremblait devant lui. Comme l'écrivit avec dégoût John Gower, l'un de ses rares protégés littéraires : « Durant le mois de septembre, la barbarie régna par l'épée. » Elle régnerait encore deux ans.

Richard vaincu

Coventry bruissait d'excitation. Depuis l'aube de ce lundi 16 septembre 1398, la lice de Gosford Green, devant les murs de la cité, s'emplissait de chevaliers et de nobles, d'évêques et de dignitaires étrangers en visite, et d'une foule de curieux. Sur les pelouses, de grandes tentes finement décorées étaient gardées par des écuyers sanglés dans d'élégantes livrées de toutes couleurs et de toutes étoffes, garnies de boucles et de pièces d'armure en argent, et portant au côté des lames dangereusement étincelantes. Un événement rare devait se dérouler à neuf heures ce matin-là – événement pour lequel l'Angleterre entière se passionnait : deux ducs du royaume s'apprêtaient à régler devant le roi un différend dans un combat judiciaire. Avant la fin du jour, soit Henri de Bolingbroke, duc de Hereford, soit Thomas Mowbray, duc de Norfolk, serait sans doute mort. Le vainqueur aurait gain de cause. Et le royaume aurait assisté à l'une des plus grandes rencontres chevaleresques de l'époque.

Bolingbroke et Mowbray s'étaient tous deux ralliés aux Lords appelants en 1386. Ils avaient néanmoins conservé les faveurs du roi après l'épuration de 1397, et non seulement ils n'avaient pas été entraînés dans la chute de Gloucester, Arundel et Warwick, mais ils avaient en outre été généreusement récompensés lors de la distribution de terres et de titres qui avait suivi le coup de force de Richard. Pourtant, ils se vouaient à présent une haine mortelle. Une violente querelle avait dégénéré en de graves accusations de trahison, portées devant le parlement et le roi en personne. Dans sa magnanimité, Richard avait décidé de s'en remettre au verdict des armes.

Le conflit qui opposait les deux comtes était ancien et complexe. Il avait éclaté au parlement de Shrewsbury en 1398, lorsque Bolingbroke avait affirmé devant le roi et les Lords assemblés que Mowbray, bouleversé par la cruelle vengeance de Richard au précédent parlement, l'avait prévenu qu'ils étaient tous deux « sur le point d'être ruinés » pour leur participation aux événements de 1387-1388. À quoi Mowbray avait ajouté que le pardon qui leur avait été octroyé n'avait aucune valeur et qu'il y avait une conspiration – initiée par le roi en personne – pour éliminer Bolingbroke et son père Jean de Gand, révoquer l'amnistie accordée à Thomas de Lancastre en 1387 et confisquer tout le duché de Lancastre pour l'intégrer au domaine royal.

Ces allégations étaient graves. Elles impliquaient soit que Mowbray s'était rendu coupable de la plus noire trahison en fomentant une rébellion contre le roi, soit qu'il était effectivement convaincu que Richard s'apprêtait à anéantir toute la maison de Lancastre, écarter Jean de Gand et son fils de la succession Plantagenêt et, du même coup, s'approprier l'un des plus grands patrimoines fonciers d'Angleterre.

Les causes de la querelle étaient en réalité plus profondes. À la cour de Richard, des scissions s'étaient fait jour entre les nobles proches de Jean de Gand et de la maison de Lancastre, et ceux qui ne nourrissaient que suspicions, hostilité et jalousie à l'égard des Lancastriens. Il semblait plus probable que ce fût Mowbray, plutôt que Richard, qui souhaitât la mort de Bolingbroke et de son père. Après tout, il n'avait guère eu de scrupule à éliminer le duc de Gloucester. Richard était très tenté de penser que son cousin Bolingbroke disait vrai et, en mode de mesure conservatoire, il fit emprisonner Mowbray au pavillon de la Garde-robe royale. Mais aucune preuve ne venait étayer les accusations. Et puisque Mowbray les réfutait en termes des plus vigoureux, refusait une réconciliation avec Bolingbroke et exigeait que la question soit réglée par un combat, ce fut la solution que choisit Richard.

Une tension extrême régnait donc ce jour-là sur Coventry, tandis que des spectateurs fébriles, des soldats en armes et les plus grands seigneurs du pays attendaient impatiemment de voir lequel des deux hommes sortirait vivant de cette nouvelle pantomime sinistre du règne tyrannique de Richard II.

À neuf heures précises, Bolingbroke entra en lice, monté sur un coursier blanc revêtu d'un caparaçon en velours bleu et vert brodé de cygnes d'or et d'antilopes. Escorté par six valets en livrée, il arborait une brillante armure faite de plaques et de mailles qu'il s'était procurée à grand frais auprès de Galeazzo, duc de Milan. Il portait une longue épée, une épée courte et une dague, et son écu argenté était peint d'une croix rouge vif – les armes d'Angleterre et de Saint-Georges. Il s'adressa au connétable et au maréchal d'Angleterre : « Je suis venu défendre mon appel en affrontant au combat Thomas Mowbray, duc de Norfolk, qui est un traître, faux et perfide envers mon Dieu, mon roi, son royaume et moi. » Il prêta serment de la justice de sa cause, fit vérifier et bénir ses armes et reçut une petite portion de nourriture et de vin pour se sustenter durant un combat qui promettait de se prolonger jusqu'au coucher du soleil. Puis, il abaissa la visière de son heaume, se signa, prit la lance que lui tendait son écuyer et se dirigea au petit trot vers son pavillon entièrement décoré de roses rouges, pour attendre Mowbray.

Ensuite, le roi fit son entrée, salué par le bruyant retentissement de trompettes de ses hérauts. Richard, aussi somptueusement habillé qu'à son habitude, était suivi de sa grande armée privée d'archers et d'hommes d'armes du Cheshire. L'air était imprégné d'une violence presque palpable, lorsque John Bushy, le président des Communes loyal à Richard, qui avait condamné Arundel, Gloucester et Warwick, demanda à la foule que personne ne touche les barrières de la lice, sous peine de se faire trancher les mains. Le duc de Norfolk arriva alors, affichant une parure tout aussi raffinée que celle de son rival : un caparaçon de velours rouge brodé de lions d'argent et de mûriers. Il prononça son serment, puis tourna bride pour rejoindre son propre pavillon. « Que le ciel défende le juste ! » cria-t-il en franchissant les barrières.

Le moment de l'affrontement était venu. On mesura la lance de chaque duc, et l'on démonta rapidement leurs pavillons derrière eux afin de dégager la lice pour le combat. Les adversaires enfourchèrent leur monture. Le connétable et le maréchal se reculèrent. Justice allait être rendue. Bolingbroke avança vers son rival. Mowbray ne broncha pas. Les spectateurs, retenant leur respiration, attendaient que le premier coup fût porté.

Soudain, Richard se leva et cria : « Ho ! Ho ! » Tout le monde se figea, abasourdi. Une sourde rumeur parcourut la foule lorsque chaque duc, sommé de déposer sa lance, fut renvoyé à sa tente. Ils y restèrent pendant deux heures, tandis que le roi se retirait pour délibérer en privé. Puis, Bushy reparut et annonça à l'assistance le verdict du souverain : il n'y aurait pas de combat. Cédant à son instinct pour les grandes démonstrations théâtrales et emphatiques, Richard avait tranché : les deux hommes seraient bannis du royaume – Bolingbroke pour dix ans (terme qui fut par la suite ramené à six ans), et Mowbray à vie.

Richard était tout à la fois au faîte de son terrible pouvoir, et pris au piège de son autorité paranoïaque. Avec le procès avorté de Mowbray et Bolingbroke, son absolutisme théâtral, qui avait débuté en 1397, atteignit son apothéose.

Walsingham qualifia fort justement le règne de Richard entre 1397 et 1399 de tyrannie. La pleine puissance du pouvoir et des prérogatives royales, censée protéger les sujets du royaume, se retournait contre eux pour enrichir le roi. Les Plantagenêts avaient assis leur légitimité sur la protection de la terre, des biens et des richesses. Grisé par son propre pouvoir, Richard, comme avant lui Édouard II, prenait la royauté à rebours.

Après avoir exercé son implacable vengeance contre les trois principaux Appelants au parlement de 1397, Richard s'était généreusement servi sur les dépouilles des vaincus. Il avait redistribué les terres confisquées à ses amis et à la nouvelle noblesse. Les domaines d'Arundel, dans le nord-est du pays de Galles, avaient été rattachés au comté de Chester, qui fut érigé en principauté. Richard en fit sa base de pouvoir. Il passait de plus en plus de temps dans le nord-ouest, dans son comté palatin du Chester et dans ses environs, allant jusqu'à convoquer le parlement à Shrewsbury en 1398.

Le roi était entouré de sa garde du Cheshire : des chevaliers, des écuyers et des archers qui portaient sa livrée et l'emblème du cerf blanc et touchaient des gages pour accomplir ce qui aurait dû être leur devoir naturel de vassaux, à savoir protéger leur roi. Richard ne se déplaçait pas sans sa troupe d'archers et d'hommes d'armes, des gens frustes qui parlaient entre eux le grossier dialecte du nord et s'adressaient au roi par le nom familier de « Dycun » – Dickon. La nuit, des gardes de large carrure se postaient devant sa chambre, munis de puissantes haches d'armes, et lui disaient : « Dors donc ben sans crainte, Dycun, c'pendant qu'on te veille. » Selon Adam de Usk, les hommes du Cheshire perpétrèrent d'atroces crimes en toute impunité : « Partout où le roi allait, ils faisaient le guet auprès de sa personne [...] commettant adultères, meurtres et moult autres crimes. »

Outre ses archers, Richard était accompagné dans tous ses déplacements par un gros lévrier féroce, qui avait autrefois appartenu à feu le comte de Kent. Constamment sur ses gardes, constamment menaçant son peuple : le comportement de Richard n'était guère celui d'un roi. Il s'apparentait davantage à celui d'un grand seigneur dominateur, en guerre avec tout le royaume.

À l'été 1397, le roi avait commencé à lever des emprunts forcés auprès de ses sujets. Des lettres patentes, marquées de son sceau privé, furent envoyées dans les comtés traditionnels, exigeant des sommes spécifiques – mais le nom des prêteurs était laissé en blanc. Les officiers royaux remettaient simplement ces formulaires d'extorsion légalisée à tous ceux qu'ils jugeaient assez riches pour payer. Le roi exigea également des chartes, par lesquelles nombre de seigneurs et de bourgeois des grandes cités s'engageaient sur leur vie et sur leurs biens à servir loyalement le souverain. Au cas où ils perdraient la faveur royale, ces chartes pouvaient les ruiner en un éclair. À mesure que la paranoïa du roi s'aggravait, il obligea même ses adversaires à lui délivrer des « chartes en blanc » : de simples pages blanches au bas desquelles un sujet était contraint d'apposer son sceau, et que Richard pourrait utiliser à son gré, comme l'explique Walsingham, « de sorte que lorsqu'il souhaitait attaquer le signataire, il disposât des moyens de l'attaquer individuellement ». Il n'aurait pu y avoir plus flagrante violation de la Grande Charte, ce document fondateur et sacré de la forme de gouvernement anglaise, qui était par coutume renouvelé à chaque parlement.

Tout cela trahissait une peur et une méfiance extrêmes : le pouvoir était fondé sur un réseau de créditeurs, et non sur la foi dans la royauté en tant que source d'autorité publique et de bien commun. Des villes et des comtés entiers furent soumis à ces exactions, contraints d'acheter pour des sommes exorbitantes des lettres de grâces qui les mettaient à l'abri de la colère royale, obligés de débourser des milliers de livres pour gager de leur bon comportement. L'amnistie générale décrétée pour le pays en 1397 était conditionnée par le versement à vie des droits de douanes à Richard. Les ducs d'Albemarle et de Kent (le cousin et le neveu du roi) furent autorisés à se prévaloir des lois sur la trahison pour débusquer les ennemis du roi. Pourtant, Richard s'obstinait à vouloir faire croire que sa main vengeresse apportait la paix à son royaume. Dans une lettre de 1397 à Albert de Bavière, il écrivit que « la sévérité vengeresse » qui avait été « administrée pour la destruction et la ruine » de ses ennemis, avait apporté à ses sujets « une paix qui, par la grâce de Dieu, pourra durer éternellement ».

Rien n'aurait pu être plus éloigné de la vérité. Au lieu de pacifier le pays, le règne de terreur de Richard, s'appuyant sur une armée privée de plus en plus importante, l'entraînait inexorablement vers une guerre civile. À mesure que Richard renforçait ses troupes, ses vassaux accroissaient eux aussi leurs forces. Son entreprise de redistribution massive de terres, après le « parlement de la revanche » 1397, avait profondément bouleversé les structures du pouvoir local. En se déplaçant systématiquement avec ses hommes d'armes, il empiétait sur les sphères d'influence de ses barons et déstabilisait les communautés des comtés dont l'équilibre fragile reposait sur les loyautés aux barons locaux.

Le comportement de Richard relevait parfois de la psychopathie, et effrayait jusqu'à ses propres courtisans. Un rapport saisissant rappelait comment « en des occasions solennelles, lorsque, par coutume, il s'acquittait de rituels royaux, il ordonnait que lui soit préparé un trône dans sa chambre, sur lequel il aimait à s'asseoir fièrement après dîner et jusqu'aux vêpres, ne parlant à personne mais observant tout le monde, et quand son regard tombait sur quelqu'un, quel que fût son rang, la personne devait fléchir le genou devant le roi. »

L'atmosphère de terreur qu'entretenait Richard agita le pays d'une effervescence inquiète. Les mécontentements ne se limitaient plus à la seule aristocratie. La grogne populaire montait et il y avait çà et là des flambées de rébellion. En mars 1398, des gros fermiers de l'Oxfordshire se soulevèrent et menacèrent de s'en prendre à la vie du souverain et des nobles. Vers la même époque, des rebelles du Berkshire tentèrent de prendre le roi en embuscade lors de son passage dans le comté. Et si la plupart des nouveaux aristocrates – qui devaient entièrement leur position à Richard et risquaient de tout perdre sous un seul de ses regards foudroyants – professaient publiquement leur loyauté à leur roi, cette loyauté ne tenait qu'à un fil.

Ce climat malsain avait favorisé la multiplication de querelles, dissensions et complots au sein de la noblesse. Et ce fut ainsi que le différend entre Bolingbroke et Mowbray, qui mettait en évidence tant d'aspects de la tyrannie de Richard, avait pris des proportions d'affaire d'État, dont le point d'orgue fut la réaffirmation par le roi de son propre pouvoir absolu de jugement sur la vie, la mort et les grandes questions politiques.

Quand, en octobre 1398, Bolingbroke quitta Londres pour entamer ses six ans de bannissement, des milliers d'hommes et de femmes descendirent dans les rues, nous dit Froissart, « criant et pleurant après lui : "Ah ! gentil comte Derby, nous laisserez-vous donc ? Jamais il n'y aura joie ni bien en ce pays tant que vous n'y serez revenu." » Ils étaient alors loin d'imaginer que le cousin du roi rentrerait bien vite.

Le 3 février 1399 Jean de Gand décéda au château de Leicester. Il avait quarante-huit ans et fut enterré, selon Adam de Usk, « en grande pompe », à la cathédrale Saint-Paul de Londres, après que son cortège funèbre eût lentement traversé la campagne anglaise, encadré par des proches tout de noir vêtus. Le roi était allé voir son oncle sur son lit de mort et, à en croire une anecdote ultérieure, Jean de Gand, avant d'expirer, aurait montré à Richard des ulcères autour de ses parties génitales afin de le mettre en garde – de façon bien superflue – contre les méfaits de la luxure.

Au cours de sa longue carrière, la popularité de Jean de Gand n'avait pas fait l'unanimité, mais il avait mené une vie d'aventure et était resté farouchement loyal à la famille Plantagenêt, jusque dans les circonstances les plus éprouvantes. Il avait dirigé de grandes armées et de splendides ambassades. Il s'était battu longtemps et avec vaillance pour se faire couronner roi d'Espagne – et bien qu'il n'eût pas gagné le trône qu'il convoitait, ses efforts lui avaient permis de faire de deux de ses filles des reines consorts, l'une du Portugal, l'autre de Castille. À l'intérieur des frontières du royaume, il s'était battu avec tout autant d'opiniâtreté pour protéger les droits de la Couronne Plantagenêt dans les dernières années du règne d'Édouard III, et du duché de Lancastre sous Richard II. Il avait été l'un des premiers défenseurs du théologien réformiste John Wyclif, et une personnalité clé de la vie politique indocile de Londres. Mais surtout, il avait accumulé un patrimoine foncier inégalé, qui rapportait bien plus de 12 000 livres par an. Quiconque hériterait du duché de Lancastre hériterait aussi de la position enviable de Jean de Gand : de très loin le baron le plus riche et le plus puissant d'Angleterre, juste derrière le roi.

La mort de Jean de Gand avait surtout des conséquences pour son fils aîné, Henri de Bolingbroke. Celui-ci était l'héritier de tout le duché de Lancastre, et cela faisait de lui, en 1399, un spectre terrifiant pour son cousin Richard II.

Après le combat judicaire avorté de Coventry, Bolingbroke et Mowbray avaient tous deux quitté l'Angleterre. Mowbray, qui avait été dépouillé de son duché, avait décidé de partir en pèlerinage à Jérusalem et était mort de la peste sur le chemin du retour, à Venise. Mais Bolingbroke, dont l'exil était désapprouvé de tous, avait trouvé asile à la cour de Charles VI à Paris. Il y fut très bien accueilli et disposait là d'un tremplin privilégié pour surveiller de près la situation en Angleterre.

Ce qu'il voyait était un roi luttant pour conquérir son propre pays. Les unes après les autres, les grandes et anciennes seigneuries passaient aux mains de Richard et de ses favoris. Des domaines et des châteaux qui avaient autrefois appartenu à Warwick, Gloucester, Arundel et Norfolk, tombaient un à un dans l'escarcelle royale. En 1398, Roger Mortimer, quatrième comte des Marches et héritier présomptif de Richard par la succession par les femmes de la branche de Lionel d'Anvers, avait été tué en Irlande dans une escarmouche. Son fils Edmond était encore un jeune garçon, de sorte que le comté des Marches et l'enfant avaient été placés sous la tutelle du roi.

Alors que Richard se constituait un immense bloc de pouvoir foncier, un conflit avec le duché de Lancastre était inévitable. Et de fait, des foyers de sédition couvaient dans de vastes étendues des Midlands depuis que les sphères d'influence privées de Jean de Gand et du roi se chevauchaient, et que la concurrence s'intensifiait pour enrôler des armées privées.

Après les funérailles de son oncle, Richard se rendit à King's Langley – la résidence préférée d'Édouard II, où reposait le corps de Pierre Gaveston et où le roi avait médité sa revanche sur son propre ennemi lancastrien. À peine Richard était-il arrivé à King's

Langley qu'il avait déjà pris sa décision. Selon son fidèle serviteur William Bagot, Richard déclara qu'il préférerait encore rétablir dans leurs droits les héritiers de Gloucester, Warwick et Arundel que de permettre le retour de Bolingbroke en Angleterre. Bagot fit parvenir un message à Bolingbroke, l'avertissant qu'il était désormais « l'ennemi juré » du roi. Richard, entre-temps, convoqua un conseil à Westminster le 18 mars et annula officiellement les droits de succession de Bolingbroke sur le duché de Lancastre, le condamnant dans la foulée à un bannissement à vie.

Il venait de mettre la dernière main à sa grande entreprise d'usurpation de domaines. Tout ce que Jean de Gand avait redouté dans ses dernières années venait de se réaliser. Au printemps 1399, de vastes pans du patrimoine confisqué à la maison de Lancastre furent concédés à des amis et partisans du roi : les domaines de Lancastre, de Tutbury, de Kenilworth allèrent au duc de Surrey ; les terres galloises au duc d'Exeter ; Leicester, Pontefract et Bolingbroke proprement dit furent offerts au duc d'Albemarle. Le roi garda pratiquement tout le reste des domaines, dont les immenses revenus affluaient à présent directement dans les coffres du trésor que Richard se constituait dans les châteaux royaux. Les motivations du souverain ne faisaient désormais plus aucun doute pour personne : ce n'était pas pour régler sa querelle avec Mowbray qu'il avait banni son cousin mais, comme l'écrivit Walsingham, « parce que c'était une bonne occasion de se saisir des propriétés du duc ». Richard n'était pas un roi : c'était un gredin qui s'appropriait outrageusement les domaines de ses sujets et un ennemi du bien commun. Il avait scellé sa destinée.

Lorsque, de Paris, Bolingbroke apprit qu'il avait été dépossédé de son héritage, ce fut à peine si la nouvelle le surprit. Il connaissait Richard depuis toujours et, chaque fois que le royaume avait traversé une crise, il s'était trouvé aux premières loges – depuis le jour où il avait été caché dans un placard de la Tour lors de la Révolte des paysans de 1381, jusqu'à la longue guerre de Richard contre les Appelants, où il avait été d'abord contre lui, puis de son côté. Il était bien placé pour savoir que Richard n'était pas un homme de parole.

Mais il fut assurément surpris par les autres nouvelles qui lui arrivèrent à Paris : Richard, apparemment inconscient du danger que lui vaudrait son offensive contre l'héritage lancastrien, s'apprêtait à conduire une deuxième invasion de l'Irlande. Il traverserait la mer d'Irlande avec ses fidèles et une grande part de sa garnison privée, laissant l'Angleterre sans défense pendant plusieurs mois.

L'occasion était trop belle. Richard avait des ennemis en France et en Angleterre. Henri prit contact avec eux. Son premier allié fut Thomas FitzAlan, l'archevêque de Canterbury que Richard avait destitué et exilé au moment même où il faisait exécuter son frère, le comte d'Arundel. Les clans Arundel et Lancastre n'avaient certes pas toujours eu des vues convergentes sur tout, mais ils étaient désormais unis dans leur détestation du roi. En Angleterre, ils prirent contact avec deux grands barons mécontents : Henri de Percy, comte de Northumberland, et Ralph Neville, comte de Westmorland. Plusieurs voix s'élevèrent en Angleterre pour convaincre Henri de Bolingbroke que, s'il envisageait une invasion pour recouvrer son héritage, il rallierait à sa cause suffisamment de grands seigneurs pour mener à bien son projet.

Richard partit pour l'Irlande à la fin du mois de mai et prit pied sur l'île le 1er juin. Il devait se douter qu'une invasion était possible, voire probable, puisqu'il emporta avec lui les couronnes et les attributs du pouvoir royal anglais – les symboles essentiels de la royauté Plantagenêt –, ainsi que Henri de Monmouth, le fils de Bolingbroke dont il s'était arrogé la tutelle. Il entraîna également à sa suite la plupart des nobles qui lui restaient fidèles et un grand nombre d'archers et d'hommes d'armes et, avec eux, il entreprit de soumettre divers chefs irlandais.

Henri quitta la France à la fin de juin, sans rencontrer la moindre objection de la part d'un gouvernement français qui, pour être allié à Richard II, était paralysé par la folie récurrente de Charles VI. Le 4 juillet 1399, il accosta près de Ravenspur, à l'embouchure de l'estuaire du Humber. Il débarqua avec un petit contingent d'à peine plus d'une centaine d'hommes – qui ne ressemblait guère à une redoutable force d'invasion. Mais dès qu'il eut posé pied sur le sol anglais, écrivit l'auteur de la chronique de Kirkstall, « une grande multitude de chevaliers et d'écuyers vint à sa rencontre ». Il rallia à sa cause une large coalition de comtes et de chevaliers des comtés septentrionaux, parmi lesquels le fils de Northumberland, Harry « Hotspur » [vif éperon] – réputé être l'un des meilleurs chevaliers d'Angleterre et ainsi surnommé pour son impétuosité et sa fougue au combat.

Le royaume de Richard, trop longtemps tenu sous le joug des exactions et des menaces, se jeta purement et simplement dans les bras de Bolingbroke. « Il ne se trouva pas un bon fils de famille, écrivit l'auteur de *Traïson et Mort,* qui ne se portât au-devant du duc pour lui offrir ses services et ses biens. » La nouvelle du retour de Bolingbroke se propagea comme une traînée de poudre dans toute l'Angleterre. En son absence, Richard avait confié la régence à Edmond de Langley, duc d'York – oncle du roi et de Bolingbroke –, qui gouvernait avec plusieurs favoris du roi dont John Bussy et Richard le Scrop. Ils tentèrent de mobiliser une armée loyaliste à Oxford à la mi-juillet, mais voyant que les Midlands s'étaient rangées dans le camp de Bolingbroke et se soulevaient en masse, ils furent contraints de se replier vers l'ouest. Adam de Usk estimait que Bolingbroke avait levé 100 000 hommes. Pour une fois, un chroniqueur n'a peut-être pas exagéré.

Richard rentra en Angleterre à la fin de juillet et chercha à lever des troupes en Galles du Sud. Mais Bolingbroke était déjà à Bristol et des rumeurs persistantes venues de l'autre côté de la frontière parvinrent aux oreilles du roi : tout le pays était en train de l'abandonner. Richard se déguisa en moine franciscain et, accompagné de quelques fidèles, faussa compagnie aux hommes qu'il avait mobilisés dans le sud pour rejoindre Conwy, où le comte de Salisbury rassemblait une armée loyaliste. Mais lorsqu'il arriva dans le nord, une nouvelle déconvenue l'attendait : les quelque 40 000 hommes du comte se débandaient, emportant dans leur fuite le trésor et les objets précieux que le roi leur avait laissés en garde – de l'or, de l'argent, des joyaux, de bonnes montures et des vêtements fins.

À la fin août, Bolingbroke régnait pratiquement en maître incontesté sur l'Angleterre. Cependant que Richard, impuissant, passait ses journées au château de Conwy à prier le Seigneur et la Vierge Marie pour qu'ils interviennent, répétant à ses amis qu'il espérait que le roi de France viendrait à son secours, le royaume montra le peu de loyauté qu'il devait à son souverain. Le 5 août, la principauté de Chester – centre névralgique du pouvoir de Richard – demanda la paix. Le 9 août, le château de Chester capitula et se rendit à l'armée d'Henri sans même esquisser un semblant de résistance. Bien que le duc eût interdit tout massacre des hommes du Cheshire, il y eut suffisamment de pillages et de dévastations pour qu'Adam de Usk trouve l'église de Coddington – où il voulut célébrer la messe – vidée de tout son mobilier hormis ses portes dégondées et quelques coffres fracassés.

Richard, qui avait cherché à extorquer la fidélité de ses sujets plutôt que de la gagner, était vaincu. Ses alliés, le duc d'Albemarle et le duc de Worcester, se rallièrent à la cause de Bolingbroke. Les ducs d'Exeter et de Surrey furent faits prisonniers. Bolingbroke, se prévalant de son autorité de Grand intendant du royaume, dépêcha le comte de Northumberland à Conwy avec ordre de ramener Richard. Les conditions de la reddition étaient des plus humiliantes pour un roi encore habité de ses rêves de grandeur monarchique. Il fut sommé de se présenter de son plein gré devant un parlement qu'Henri présiderait en qualité de « juge en chef » d'Angleterre, et qui jugerait pour trahison cinq de ses alliés : les ducs d'Exeter et de Surrey, le comte de Salisbury et l'évêque de Carlisle, et le chapelain Richard Maudelyn. Le roi, comme à son habitude, ne put maîtriser son emportement et se jura de mettre à mort ses opposants : « Il y en a de tels que j'écorcherai vifs ! » fulmina-t-il. Mais il n'avait plus le choix. Il devait suivre Northumberland.

Richard et Henri se rencontrèrent face à face à Flint. Bien que le roi fût à présent le prisonnier du duc, les deux hommes ne dérogèrent en rien au protocole de rigueur entre gens de rang : Bolingbroke s'inclina bien bas devant le roi et Richard l'accueillit en lui donnant du « beau cousin de Lancastre ».

Selon l'auteur de *Traïson et Mort*, qui assista à la scène, Bolingbroke expliqua alors à Richard qu'il était rentré en Angleterre « plus tôt que vous ne m'avez mandé » car, « vous avez par l'espace de vingt ou vingt-deux ans très mauvaisement et très rigoureusement gouverné votre peuple. [...] Et donc, avec le consentement des communes, je vous aiderai à le mieux gouverner.

— Beau cousin de Lancastre, puisqu'il vous plaît, il nous plaît bien », répliqua Richard. Sur ces mots, il se livra à son rival. Henri fit donner deux petits chevaux chétifs au roi et à Salisbury qui, encadrés d'une bonne garde, suivirent Bolingbroke et se mirent en marche pour Chester. Ce n'était plus le havre militaire d'un roi paranoïaque mais sa prison, où il fut définitivement et intégralement dépouillé de toute sa magnificence et sa splendeur.

Richard seul

Le 21 septembre 1399, le frère du comte de Warwick, William de Beauchamp, alla rendre visite au roi Richard dans sa geôle de la Tour de Londres. Il était accompagné d'Adam de Usk qui nota dans sa chronique que la date de cette entrevue coïncidait avec le deuxième anniversaire de la décapitation du comte d'Arundel. Beauchamp et Usk, farouches partisans de la cause de Bolingbroke, venaient « dans la seule intention de sonder l'humeur et le comportement » de Richard.

Le souverain était emprisonné depuis dix-neuf jours. Il avait été transféré du château de Chester à la fin août sur ordre du duc Henri, et était arrivé dans la capitale le 2 septembre. Ses visiteurs le trouvèrent fort déprimé : privé de ses serviteurs habituels et entouré d'espions lancastriens, le roi déchu était désespérément seul. Il avait perdu jusqu'à son lévrier, qui l'avait abandonné au moment où son maître était dans les Galles du Sud.

L'état d'accablement de Richard était compréhensible. Le duc n'aurait pu choisir lieu plus symbolique que la Tour pour enfermer son cousin. La prison royale était la forteresse dans laquelle ils s'étaient tous deux réfugiés pendant le grand soulèvement de 1381, et où Henri avait bien failli se faire capturer et tuer par les adeptes de Wat Tyler et de John Ball. Richard dut se rappeler le temps où, jeune roi, il contemplait le centre de Londres en flammes depuis une haute fenêtre de la Tour, et voyait tout son pays se soulever. Il était maintenant de retour en ce lieu, et bien que le royaume ne fût plus en proie à l'anarchie paysanne, il s'était à nouveau dressé contre son autorité.

Richard invita ses hôtes à partager son repas et, rapporte Adam de Usk, « commença à discourir tristement » : « Mon Dieu, c'est un pays bien étrange et inconstant qui a exilé, assassiné, détruit et ruiné tant de rois, tant de dirigeants, tant de grands hommes et qui ne cessera jamais d'être agité et miné par les dissensions, les querelles et les haines intestines. »

Puis, le roi historien se mit à raconter à ses invités de tristes récits d'anciens rois anglais défaits par leur peuple. Usk l'écouta ainsi évoquer « les noms et le souvenir de ceux qui avaient connu pareils destins, depuis les temps où le royaume accueillit ses premiers habitants ». La scène était navrante : le roi Plantagenêt, qui s'était tant passionné pour les récits anciens de sa lignée et les hauts faits de ses ancêtres, constatait à présent que l'histoire se répétait et qu'il se trouvait lui-même dans le rôle de la victime. Usk fut profondément marqué par la vue d'un roi – d'un homme – tombé si bas.

> « *Voyant [...] les troubles de son âme, et voyant qu'aucun de ceux qui avaient été dépêchés pour le servir n'étaient en aucune façon liés à lui ni ne l'avaient jamais servi, mais étaient des étrangers qui n'avaient été placés là que pour l'espionner, ce fut avec beaucoup d'émotion que je pris congé, songeant aux gloires de son ancien état et aux fortunes changeantes de ce bas monde.* »

Usk ne consigna pas dans le détail les récits de détresse royale qu'avait contés Richard. Mais on devine sans peine certains noms qu'il put alors évoquer : celui de son héros Édouard le Confesseur, qui avait eu à affronter plusieurs rébellions et mourut au lendemain de la révolte de la Northumbrie ; du roi Jean, premier souverain Plantagenêt dont les prérogatives royales avaient été limitées par la volonté des grands vassaux ; d'Henri III, emprisonné par ses propres barons ; d'Édouard II, son arrière-grand-père, qu'il avait tenté de sauver de l'infamie de l'histoire en demandant sa canonisation au pape en 1395.

À travers ces histoires, c'était sur son propre sort que Richard se lamentait. Pourtant, il avait été un bien plus mauvais roi que tous ceux-là réunis. Comme le Confesseur, il avait privilégié son pouvoir de droit divin au détriment de la nécessité pratique de procréer pour perpétuer la lignée royale. Comme Henri III, il avait eu un souci pointilleux des rituels sacrés, tout en laissant partir à vau-l'eau les possessions anglaises en France. Comme Jean sans Terre, il avait tyrannisé son peuple. Comme Édouard II, il s'était aliéné la maison de Lancastre, avait enlevé leurs domaines à ses nobles, entaché la vie politique de trahison et s'était avéré incorrigible au cours d'un long règne qui lui avait pourtant offert bien des occasions de s'amender. Plus généralement, il avait écouté de mauvais conseillers et fait entrer des hommes de basse extraction dans les rangs de la noblesse. Il avait attaqué et pillé les biens de ses sujets au lieu de les défendre. Il avait enrôlé une armée privée, se posant en grand seigneur agressif, au lieu de remplir son devoir suprême qui l'enjoignait d'être le garant de toute autorité publique. Il avait cru que la royauté était affaire de prestige, et non de gouvernance. Et au bout du compte, il s'était retrouvé dépouillé de tout.

Neuf jours après le dîner que Usk partagea avec le roi, le mardi 30 septembre, les barons d'Angleterre se réunirent avec les Communes à Westminster Hall. C'était un parlement qui ne disait pas son nom – mais sans l'autorité du roi, il ne pouvait pas se prétendre tel. Un trône vide, couvert de drap d'or, se dressait au bout de la salle. Richard, lui, était resté dans la Tour de Londres.

Richard le Scrop, archevêque d'York, se leva et lut une déclaration à l'assemblée. Richard, annonça-t-il, avait accepté en sa pleine liberté de renoncer à la couronne d'Angleterre, convenant de toute son inhabilité et son insuffisance. Thomas Arundel, réintégré dans ses fonctions d'archevêque de Canterbury, se leva à son tour et demanda aux états assemblés s'ils acceptaient cette abdication. Selon le procès-verbal officiel, chaque lord accepta l'un après l'autre. Puis, les Communes exprimèrent leur consentement par acclamation.

Richard avait-il véritablement abdiqué ? Il semble certain qu'il n'ait pas eu le choix. La version officielle était formulée de telle sorte qu'elle donnait l'impression qu'il avait renoncé volontairement à la Couronne, et prétendait citer ses paroles : « Je me reconnais véritablement et de science certaine absolument incapable de gouverné et digne d'être déposé pour mes démérites notoires. » Mais *Traïson et Mort*, une source loyale, offre une autre version des faits. L'auteur fait état d'une violente dispute entre Bolingbroke et Richard, qui éclata la veille du « parlement ». Le second multiplia jurements et imprécations, et exigea de voir sa jeune épouse, mais Bolingbroke refusa de le libérer de la Tour ou de faire quoi que ce fût sans que le parlement en eût préalablement avisé :

> *Le roi était très courroucé, mais il ne put se retenir et dit au duc qu'on lui faisait grand tort, à lui-même et à la Couronne.*
>
> *« Il ne peut encore en être autrement tant que le parlement soit passé », répondit le duc.*
>
> *Le roi fut si courroucé que c'était à peine s'il pouvait parler. Il alla vingt-trois pas dans sa chambre sans dire mot, et quand il parla il dit piteusement : « […] Vous m'avez tenu pour roi vingt-deux ans, comment êtes-vous si hardi de me tenir en telle contrainte ? Je dis que vous faites comme mauvaises gens et traîtres contre leurs seigneurs et que vous êtes tels. Ce que je vais prouver en combattant à moi seul contre quatre des meilleurs de vous, et voici là mon gage ».*
>
> *Sur ces mots, le roi jeta son chaperon.*

Ce coup de colère n'y changea rien. L'assemblée qui se réunit pour accepter la déposition du roi expédia une procédure légale totalement nouvelle et sans précédent. Les pairs et les Communes du royaume écoutèrent l'évêque de Saint-Asaph donner lecture des vingt-trois articles de l'acte d'accusation justifiant la destitution du roi. Les griefs allégués étaient une litanie des manquements de Richard, depuis le début de son règne jusqu'aux derniers jours de sa tyrannie. Ils portaient sur son « mauvais gouvernement » dans les années 1380, et lui reprochaient d'avoir éliminé des Lords appelants (« contre lesquels le roi était extrêmement indigné parce qu'ils voulaient que le roi soit sous bonne gouvernance ») ; levé contre le peuple une armée commandée par Robert de Vere ; utilisé « une grande multitude de scélérats » du Cheshire contre ses sujets ; extorqué des ventes de pardons ; falsifié les archives parlementaires ; refusé un jugement équitable à Bolingbroke ; détourné à son profit les impôts et les prêts ; refusé de « maintenir et défendre les justes lois et coutumes du royaume » ; et encore de s'être rendu coupable à maintes reprises d'extorsions et de tromperies ; d'avoir emporté les joyaux de la Couronne en Irlande et enfreint les dispositions de la Grande Charte ; à quoi s'ajoutait une clause plus générale et cinglante qui déclarait que « le roi a été si changeant et dissimulateur dans ses paroles et ses écrits, particulièrement aux papes et dirigeants hors du royaume, que personne ne pouvait lui faire confiance ».

Lorsqu'il eut achevé la lecture de ces articles, l'évêque de Saint-Asaph prononça la sentence de déposition. Alors, Bolingbroke se leva de sa place, fit le signe de la croix sur son front et sur sa poitrine, et réclama la Couronne d'Angleterre en des termes dont le procès-verbal a consigné le texte même en anglais :

> *Au nom du Père, du Fils et du Saint-Esprit, moi, Henri de Lancastre, réclame ce royaume d'Angleterre et la couronne, avec toutes ses dépendances et appartenances, au nom du sang royal que je tiens directement du bon roi Henri III, et par le droit que Dieu, de sa grâce, m'a donné avec l'aide de mes parents et de mes amis pour le recouvrer, quand le royaume était au point de se perdre par défaut de gouvernement et violation des lois.*

Il fit glisser de son doigt l'anneau de Richard II – affirmant le tenir directement du roi, qui le reconnaissait ainsi implicitement comme successeur –, le montra au peuple de son nouveau royaume, et prit la main de l'archevêque de Canterbury dans la sienne. Celui-ci conduisit Henri de Bolingbroke au trône doré à l'avant de la salle. Henri s'agenouilla sur les marches et fit une courte prière. Quand il rouvrit les yeux, les archevêques de Canterbury et d'York le prirent chacun par un bras et le firent asseoir sur le trône royal. Alors, un tonnerre d'acclamations et d'applaudissement retentit dans la grande salle de Westminster – cœur battant de la couronne Plantagenêt.

Les cris et les vivats du peuple d'Angleterre résonnaient dans la grande salle, s'élevaient vers les arches graciles de la charpente à blochets construite à grands frais par Henri Yvele sur les deniers du Trésor royal. Le tumulte des voix tourbillonnait autour des frises de cerfs blancs qui longeaient les murs, et ricochait sur les statues des treize rois qui avaient gouverné l'Angleterre depuis le Confesseur jusqu'à Richard II. Et il grondait aux oreilles du premier roi d'une nouvelle dynastie : Henri de Bolingbroke, premier représentant royal de la maison de Lancastre.

Un nouveau souverain venait d'être élu. On eut tout aussi bien pu dire que la Couronne d'Angleterre avait été soudainement usurpée. Lors d'une cérémonie qui se tint le 1er octobre 1399, Richard II se vit officiellement retirer les hommages et serments de fidélité qu'il avait reçus et dépouiller de sa Couronne. Il décéderait quatre mois plus tard, succombant à la faim, emprisonné dans le château de Pontefract. Entre-temps, Henri, duc de Lancastre, fut couronné sous le nom d'Henri IV d'Angleterre le 13 octobre, jour de la fête d'Édouard le Confesseur. La date avait été choisie avec soin pour affirmer la légitimité du sang royal d'Henri. Mais elle ne suffisait pas à masquer l'évidence. Après huit générations et deux cent quarante-cinq années de règne, la succession ininterrompue de Plantagenêts venait de se terminer. De grands barons de sang royal pouvaient désormais usurper la Couronne au gré des aléas de la vie politique. Richard II, par sa folie, sa cupidité et sa terrible et destructive incapacité à comprendre pratiquement tous les aspects de la royauté, hormis ceux qui satisfaisaient son désir d'obéissance, avait jeté tout ce dont il avait hérité au bûcher de l'histoire.

Une nouvelle ère venait de s'ouvrir pour la royauté anglaise.

Conclusion

À l'époque de son usurpation, Henri IV fut comparé par son fervent partisan l'archevêque Arundel à Judas Maccabée, héros juif qui avait pris la tête de la révolte du peuple élu contre ses oppresseurs, chassé les imposteurs de Jérusalem et purifié le Temple. L'analogie était habilement choisie : comme Henri, Maccabée s'était dressé pour guider son peuple en alliant valeur personnelle et génie militaire. C'était un roi qui devait sa position à sa vertu plutôt qu'à sa seule naissance.

Le début du règne d'Henri s'accompagna d'une formidable campagne de propagande qui avait pour but de mettre en avant le caractère sacré du nouveau roi tout en soulignant les qualités qui le désignaient à sa fonction. Non seulement il fut couronné le jour de la Saint-Édouard 1399, mais il reçut en outre en cette occasion le saint chrême avec une ampoule d'huile miraculeuse que la Vierge Marie était censée avoir confiée à l'archevêque Thomas Becket et qui, par la suite, était entrée en la possession du grand-père du nouveau souverain – Henri de Grosmont, grand capitaine d'Édouard III. Lors du banquet de couronnement d'Henri, le ton fut définitivement donné quand un chevalier, Sir Thomas Dymock, fit irruption à Westminster Hall en se présentant comme le défenseur de la légitimité du roi, et proclama devant les invités assemblés que si quiconque contestait le droit d'Henri à être roi d'Angleterre, alors « il était prêt à prouver le contraire par sa personne, ici et maintenant ». Un défi que personne ne releva.

Si le statut d'Henri en tant que nouveau roi d'Angleterre semblait incontestable, la mort de Richard de Bordeaux, quatre mois après avoir été déposé, parut, elle aussi, inévitable. Adam de Usk s'étonna de la rapidité du déclin de l'ancien roi, « abattu par la roue du destin, misérablement tombé aux mains du duc Henri, sous les imprécations muettes de votre peuple », et il remarqua que si le roi avait été « guidé en vos affaires par Dieu et le soutien de votre peuple, alors il aurait été, en effet, digne de louanges ». De fait, à en juger par l'aisance et la vitesse avec laquelle Henri de Bolingbroke s'empara du trône, il n'y eut guère plus de gens pour porter le deuil de Richard qu'il n'y en avait eu pour Édouard II.

Quoi qu'il en soit, comme ce dernier, Richard pouvait servir de symbole de ralliement aux favoris déchus de l'ancien régime. En décembre 1399, plusieurs d'entre eux complotèrent, sous l'égide des comtes de Rutland, de Huntingdon, de Kent et de Salisbury. Ils envisagèrent de prendre d'assaut le château de Windsor le jour de l'Épiphanie, le 6 janvier 1400 – quarante-troisième anniversaire de Richard –, de perturber les célébrations des Douze Nuits saintes, d'enlever le nouveau souverain et son fils, le prince Henri (qui avait été fait prince de Galles, duc d'Aquitaine, de Lancastre et de Cornouailles, et comte de Chester), puis de libérer l'ancien roi. Mais il y avait longtemps que la fortune ne souriait plus à Richard et ses fidèles : le complot fut éventé et les rebelles s'éparpillèrent dans toute l'Angleterre, tentant en vain de déclencher des révoltes populaires partout où ils passaient. Les comtes de Kent et de Salisbury furent décapités par les habitants en colère de Cirencester, le comte de Huntingdon connut le même sort à l'aube, à Pleshey (à l'endroit même où Richard était venu se saisir du comte de Gloucester en 1397), et Thomas le Despenser, un autre des conjurés, fut tué par la foule à Bristol. Loin d'avoir pu soulever le peuple au nom de l'ancien souverain, les efforts de ses alliés pour fomenter des troubles dans le pays n'engendrèrent qu'une ire aussi spontanée que généralisée.

L'échec du complot de l'Épiphanie provoqua la fin brutale de Richard. Selon Thomas Walsingham, quand l'ancien roi, qui purgeait sa peine de prison à vie à Pontefract, « eut vent de ces malheureux événements, il en perdit la raison et se tua par le jeûne, comme le veut la rumeur ». L'auteur de *Traïson et Mort,* moins hostile à Richard, parle de crime et soutient que le roi fut assassiné par un certain « Piers d'Exton », qui lui aurait fendu le crâne d'un coup de hache. Il est plus que probable que la vérité se situe entre ces deux extrêmes, et que l'on ait délibérément laissé Richard mourir de faim sur l'ordre du nouveau régime lancastrien, qui ne pouvait pas plus tolérer sa présence dans le royaume que Roger Mortimer n'avait pu souffrir celle d'Édouard II en 1327. Adam de Usk impute la mort de Richard par la faim à un certain « Sir N. Swynford » (plus vraisemblablement Sir Thomas Swynford, un chevalier de la maison d'Henri).

Ce qui est certain, c'est qu'une fois Richard mort – sans doute le jour de la Saint-Valentin, ou au plus tard le 17 février 1400 –, Henri IV fit tout son possible pour exhiber le cadavre de son cousin. Son corps émacié fut transporté de Pontefract à Londres, le visage bien en vue. La dépouille reposa deux jours durant dans la cathédrale Saint-Paul, avant d'être transférée à King's Langley, dans le Hertfordshire, pour y être inhumée.

La déposition de Richard et l'accession au trône d'Henri n'allèrent pas sans susciter l'ébahissement des contemporains. La métaphore de la roue du destin utilisée par Adam de Usk leur semblait particulièrement appropriée. Quand l'ancien roi avait condamné Bolingbroke à l'exil et savouré l'apogée de sa tyrannie, nul autre représentant de sa lignée n'avait paru plus puissant. Mais en l'espace de quelques mois, son pouvoir s'était effondré, et il était mort. La providence divine était vraiment chose merveilleuse. Reste que la chute de Richard n'était pas uniquement le fait d'un caprice divin. Tout le monde s'entendait à reconnaître qu'il avait provoqué sa propre déchéance par son comportement abominable, son règne néfaste et violent et ses mauvais choix en termes de compagnons et de conseillers. Il avait négligé son royaume pour mieux s'enrichir et n'avait cessé de traiter avec mépris son serment de couronnement, la Grande Charte et la dignité du parlement. Il avait facilité les choses pour Henri, son plus proche héritier dans la lignée par les mâles, et lui avait permis de se saisir de la Couronne en invoquant le principe le plus ancien de la royauté Plantagenêt, le principe qui avait été au cœur de chaque grande crise politique et constitutionnelle depuis 1215 : le roi devait gouverner en respectant ses propres lois et en suivant les conseils des hommes les plus dignes du royaume.

En dépit de tous les efforts du nouveau régime pour se parer de légitimité et justifier l'élimination de Richard II, la Couronne ne se remit jamais totalement du traumatisme de sa destitution. Contrairement à Édouard II, Richard n'avait pas été remplacé par son héritier incontesté, mais par un noble qui prétendait avoir assez de sang royal pour s'emparer du trône, et qui l'avait fait, d'un certain point de vue, unilatéralement. Henri était peut-être l'héritier le plus proche de son cousin par la lignée masculine, mais les revendications d'Edmond Mortimer, arrière-petit-fils de Lionel d'Anvers par sa fille Philippa, comtesse d'Ulster, étaient plus légitimes. Henri IV n'était pas Édouard III. Le Rubicon avait été franchi. Les guerres qui éclatèrent au milieu du XVe siècle, connues sous le nom de guerre des Deux-Roses, débutèrent sous la forme d'un conflit politique, mais – à cause des questions laissées en suspens par l'usurpation d'Henri IV – dégénérèrent promptement en guerres de succession pour le pouvoir des Plantagenêts. Et elles ne prirent véritablement fin qu'avec l'accession au trône d'Henri VII, qui n'avait quasiment pas de sang Plantagenêt dans les veines. (En fait, après avoir légitimé sa propre usurpation par une multitude de cérémonies censées démontrer qu'il descendait d'Édouard III, Henri VII et, plus tard, son fils Henri VIII, entreprirent d'assassiner et de détruire les derniers membres de l'aristocratie anglaise ayant encore une once de sang Plantagenêt.) Cette fin sinistre remontait à la destitution de Richard II.

Sous certains aspects, l'accession au trône d'Henri IV renvoya par conséquent la monarchie anglaise à une époque presque oubliée. Depuis qu'Henri II, dans les années 1150, avait supplanté Eustache, le fils d'Étienne, en tant qu'héritier de la Couronne d'Angleterre, jamais la succession royale n'avait aussi ostensiblement associé le droit du sang au principe électoral et à la réalité crue de la prise de pouvoir. Aucune autre dynastie royale ne parviendrait à transmettre la Couronne avec autant de sécurité et de fluidité, et pendant autant de générations que les Plantagenêts de 1189 à 1377.

Certes, la déposition de Richard ne ramena pas le royaume au temps des Normands. La famille Plantagenêt laissait une marque indélébile sur l'Angleterre, car en 1400, le pays avait tant changé qu'il ne ressemblait plus en rien à l'État anglo-normand qui existait au milieu du XIIe siècle.

La fonction du monarque avait été profondément transformée. En 1400, le roi n'était pas seulement l'homme le plus puissant d'Angleterre, jouissant des prérogatives judiciaires, féodales et militaires au nom du royaume. Il était désormais le titulaire d'un mandat dont les droits impressionnants s'accompagnaient de responsabilités écrasantes dans le cadre d'un contrat constitutionnel complexe passé avec les divers états du royaume. Si les rois normands (et leurs prédécesseurs saxons) avaient à l'occasion accordé à leurs sujets des chartes de libertés limitées et extrêmement vagues et gouverné selon la coutume, sous le règne des Plantagenêts s'étaient développés une philosophie politique hautement raffinée qui définissait les devoirs du roi envers son royaume autant que ceux du royaume envers le roi, ainsi qu'un vaste corpus de lois et de statuts qui régissaient l'ensemble du pays. Le roi restait la source de l'autorité universelle dans le royaume, mais son pouvoir se retrouvait au centre d'un système judiciaire et législatif élaboré.

Même avec ces nouvelles réglementations, les actes du roi et sa volonté personnelle jouaient toujours un rôle primordial. La personnalité individuelle des monarques avait considérablement modelé leurs règnes et leur monde, au même titre d'ailleurs que la personnalité de leurs proches – épouses, frères, enfants et cousins. En ce sens, la politique restait fondamentalement imprévisible et instable. Mais dorénavant, la Couronne était aussi distincte du roi, et la mécanique du pouvoir royal, et sa philosophie, plus séparée de la personne du souverain que jamais encore auparavant. Chaque Plantagenêt qui s'était succédé sur le trône, avait été plus modéré que son prédécesseur par un système d'institutions qui impliquaient dans le gouvernement une communauté politique élargie. Les parlements – qui, outre les grands seigneurs spirituels et temporels, comprenaient des représentants élus des populations des comtés – se réservaient le droit d'autoriser la levée d'impôts, et en échange de ce privilège, escomptaient que leurs griefs soient entendus et résolus. Le gouvernement pouvait être passé au crible, des ministres incompétents contraints à la démission, et le roi lui-même risquait d'être détrôné. Même les souverains plantagenêts les plus capables, et qui connurent les plus grands succès, Édouard Ier et Édouard III, vécurent des moments de crise difficiles en 1297, 1341 et 1376. Autant que les champs de bataille, les parlements serviraient de décor à une grande partie des bouleversements politiques qui s'ensuivirent au XVe siècle.

En dehors du parlement, les Plantagenêts avaient donné à l'Angleterre un système complexe et bien ancré de représentation du pouvoir royal au niveau local. Le gouvernement, de ce fait, n'était plus le domaine réservé des serviteurs religieux et séculiers du roi et des grands feudataires qui contrôlaient leurs propres domaines. Au lieu de cela, il était pris en charge par une combinaison de bureaucrates professionnels chevronnés à Westminster et de laïcs dans les comtés, désignés localement mais œuvrant au nom de la Couronne. Juges et avocats, clercs et comptables, shérifs, baillis, coroners et notaires étaient recrutés dans les rangs de la classe moyenne, des hommes qui, en dépit de leurs origines, pouvaient désormais espérer mener une carrière dans l'administration autant que dans l'armée. Par conséquent, la classe politique qui, du temps des Normands, n'était composée que d'une poignée des plus grands évêques et barons, s'était tellement développée que même les paysans les plus aisés – des hommes et des femmes comme ceux qui s'étaient révoltés en 1381 – se sentaient impliqués dans le gouvernement royal et estimaient avoir le droit d'exprimer leur mécontentement en des termes étonnamment raffinés. Les principes de la Grande Charte, dont les rééditions successives avaient été clouées sur les portes de presque toutes les églises du royaume au fil du XIIIe siècle, s'étaient imprimés dans les esprits des hommes de toutes les classes et de toutes les origines. Quand les rebelles de Jack Cade s'insurgèrent contre le pouvoir d'Henri VI en 1450, il était évident que les rangs inférieurs de la société anglaise connaissaient mieux leur place sur l'échiquier politique du pays que jamais encore dans l'Histoire. Si l'Angleterre normande n'avait guère été plus qu'un royaume colonisé, gouverné par le haut et de loin, l'Angleterre créée par les Plantagenêts était devenue un des royaumes les plus participatifs et les plus mûrs d'Europe.

Le symbolisme de la royauté avait évolué, lui aussi. Le pays comptait maintenant deux saints patrons : saint Édouard le Confesseur et saint Georges. Ensemble, ils incarnaient les deux faces de la monarchie Plantagenêt : le roi pieux, sacré, sanctifié, et le guerrier avec Dieu à ses côtés. Les premiers saints anglais, comme saint Édouard le Martyr ou saint Edmond, étaient désormais presque oubliés, tandis que le Confesseur et saint Georges se voyaient habilement insérés dans les récits de l'histoire anglaise, dans l'architecture des grands édifices et l'iconographie de la royauté. Tous deux continueraient d'imprégner fortement l'imaginaire du pays. Saint-Georges, en particulier, deviendrait synonyme de la gloire militaire anglaise. « Criez : "Dieu pour Henri ! Angleterre et Saint-Georges !" » écrivait Shakespeare en revenant sur le règne d'Henri V et l'apogée des victoires anglaises pendant la guerre de Cent Ans. Par ces mots, le culte qu'Édouard III avait encouragé et auquel il avait donné corps par le biais de l'ordre de la Jarretière se trouva immortalisé dans l'imaginaire national.

Les deux saints plantagenêts sanctifiaient les deux piliers essentiels de la royauté anglaise. L'avènement d'Édouard le Confesseur remontait au règne d'Henri III, et son splendide tombeau, au cœur de l'abbaye rénovée, était la pièce maîtresse autour de laquelle avait été édifié le mausolée de la famille Plantagenêt. Il est intéressant de souligner que tous les rois n'avaient pas automatiquement le privilège de reposer dans ce mausolée. Édouard II, bien que portant le nom du Confesseur en personne, avait vécu une vie trop dissolue pour mourir en roi. En guise de châtiment pour son règne scandaleux, il avait été enterré à l'écart du reste de sa famille, en l'abbaye de Gloucester. De même, en 1400, la dépouille de Richard II ne fut pas inhumée à Westminster. Au lieu de cela, la superbe tombe double sur un socle de marbre de Purbeck ornée d'effigies de cuivre qu'il avait commandée en 1395 ne contenait que le corps d'Anne de Bohême. Richard, pour prix littéral de ses pêchés, avait été enterré à King's Langley – dernière demeure du détestable et détesté Pierre Gaveston. Il fallut attendre l'avènement d'Henri V en 1413 pour que le corps de Richard soit transféré à Westminster et rejoigne enfin ceux de son épouse et du Confesseur, sur la tombe duquel il avait prié pour réclamer sa protection avant d'affronter les rebelles de Wat Tyler à Smithfield en 1381.

Si c'était auprès des tombes royales de Westminster que saint Édouard était le plus vénéré, c'était autour des stalles des chevaliers de la Jarretière, dans la chapelle Saint-Georges à Windsor, qu'était célébré le plus récent saint patron du royaume. (La chapelle, reconstruite par Édouard IV, devint plus tard un autre lieu de sépulture pour les monarques anglais, outre Westminster.) La création par Édouard III de l'ordre de la Jarretière, dédié à saint Georges et au code honorable de la chevalerie martiale, réinventa la relation entre le roi guerrier et ses principaux nobles. Elle composait une toile de fond spirituelle et respectable aux guerres destructrices et sans merci qu'Édouard et ses fils menèrent contre la France. Dans une certaine mesure, saint Georges avait supplanté le mythique roi Arthur en tant que héros de la conquête anglaise. Le culte d'Arthur, héros populaire littéralement volé aux Gallois sous Édouard Ier, s'était développé sous les Plantagenêts, et de simple conte populaire, il était devenu un tropisme fiable du décorum royal. De leur côté, les récits populaires avaient fleuri avec la diffusion de ballades sur des hors-la-loi comme Robin des Bois. Mais le culte de saint Georges, tel qu'il s'était développé sous le règne d'Édouard III, était encore plus puissant. Si Arthur avait donné à Édouard Ier une raison imaginaire pour conquérir le pays de Galles et assujettir l'Écosse, la bannière de Saint-Georges, elle, avait eu une fonction plus utile encore : elle avait uni le roi, la noblesse et les chevaliers au nom d'une cause commune, et avait enfin insufflé à l'Angleterre le désir de faire campagne outre-Manche. Depuis 1204, quand Jean sans Terre avait perdu la Normandie et que le royaume anglo-normand avait subi cette partition aussi douloureuse que permanente, aucun roi Plantagenêt n'avait pu accomplir cet exploit.

Saint Édouard et saint Georges ne furent pas les seuls saints qui connurent un regain de popularité sous les Plantagenêts. Ils étaient entourés d'autres héros dont le souvenir était considéré comme sacré, même s'ils n'avaient pas tous été officiellement canonisés. Il s'agissait de ces grands hommes qui avaient perdu la vie en s'opposant aux Plantagenêts. À Canterbury, la tombe de saint Thomas Becket était le centre lucratif du plus beau site de pèlerinage d'Angleterre. L'autel dédié à l'archevêque irascible assassiné par Henri II était entouré d'une aura de sang et de légendes, et sa sainteté rivalisait avec nombre des étapes du chemin de pèlerinage menant de la Sainte-Chapelle de Paris à Saint-Jacques de Compostelle, en Galice. Les Plantagenêts, à commencer par Henri II lui-même, prirent l'habitude de se rendre dans le sanctuaire de saint Thomas, soit pour prier en quête de courage ou rendre grâce pour des victoires. Le site resterait un lieu des plus sacrés jusqu'en 1538, quand Henri VIII ordonna sa destruction dans le cadre de la dissolution des monastères. Le sanctuaire fut rasé et les ossements de Becket jetés dans un ruisseau. Aujourd'hui, seul un petit cierge et une plaque marquent l'endroit, même si le nom de Becket est toujours l'un des plus célèbres de l'histoire anglaise, et que son meurtre reste l'un des grands événements du canon historique du pays. Il est en tout cas plus connu aujourd'hui que les autres grands adversaires des Plantagenêts, Simon de Montfort et Thomas, comte de Lancastre, bien que leurs restes et leurs tombeaux aient en leur temps été eux aussi associés à des miracles.

Le legs de chacun des monarques plantagenêts tenait surtout à leurs succès sur le champ de bataille, et c'est également par le biais de ses exploits guerriers que la dynastie a laissé son empreinte sur l'Angleterre. Tout comme le gouvernement et la culture politique du pays avaient changé sous les Plantagenêts, il en alla de même de presque tous les aspects de la stratégie et des tactiques militaires. Henri II, Richard Ier et Jean avaient beaucoup en commun avec leurs prédécesseurs normands : pour eux, l'art de la guerre se résumait à la poliorcétique. Les grandes batailles du XIIe siècle et du début du XIIIe se déroulèrent presque exclusivement sous les murs de châteaux et de villes fortifiées. Ce fut sous les murs de Toulouse qu'Henri II entreprit, certes en vain, le plus grand déploiement des troupes combinées de ses domaines. Richard Ier se fit un nom en prenant d'assaut Saint-Jean d'Acre et Jaffa, avant de trouver la mort lors d'un autre siège, celui de Châlus-Chabrol. Jean perdit la Normandie quand sa folle tentative pour reprendre Château-Gaillard à Philippe Auguste échoua, en 1203. Son incapacité à vaincre le roi de France sur le champ de bataille, quand ses alliés finirent écrasés à Bouvines en 1214, fut un véritable désastre pour son règne. Trois longues et turbulentes années plus tard, la dynastie des Plantagenêts fut sauvée de l'annihilation des mains du prince Louis, le fils de Philippe, à l'occasion d'un autre siège, quand Guillaume le Maréchal s'empara de la ville de Lincoln au nom d'Henri III et rejeta les Français à la mer.

À partir du milieu du XIIIe siècle, cependant, les Anglais commencèrent à voir dans les batailles rangées une tactique de guerre bien plus décisive que les sièges. Au début, les rois plantagenêts, dont le règne avait sombré dans la guerre civile, n'eurent d'autre choix que de livrer ce type d'affrontement. Simon de Montfort fut massacré sans pitié lors de la bataille d'Evesham en 1263, et Thomas de Lancastre décapité sur le champ de bataille après avoir été vaincu par son cousin Édouard II en 1322. À compter de la fin du XIIIe siècle, les rois d'Angleterre eurent aussi de plus en plus souvent recours à des batailles rangées contre leurs ennemis extérieurs. Les armées d'Édouard Ier anéantirent l'Écosse en remportant la victoire à Falkirk et Dunbar ; Édouard II fut défait à Bannockburn. Édouard III apprit beaucoup de l'art de la guerre lors de sa défaite humiliante à Stanhope Park durant le triste été de 1327, prit sa revanche à Halidon Hill en 1333, et par la suite, le déploiement d'une armée anglaise devint un des spectacles les plus terrifiants qui se pût voir sur un champ de bataille.

Les innovations militaires qui se développèrent sous le règne d'Édouard III – son utilisation de fantassins au corps à corps et d'archers montés pour casser les charges de cavalerie et faire pleuvoir des traits meurtriers sur l'infanterie – lui permettraient de remporter quelques-unes des victoires les plus célèbres de l'histoire d'Angleterre. Pendant la guerre de Cent Ans, le royaume parvint à la parité militaire avec la France, ce qui caractériserait les relations entre les deux pays jusqu'à l'époque napoléonienne. Les noms de Crécy et Poitiers retentissent encore, et cette révolution militaire trouverait sa conclusion avec l'incroyable succès d'Henri V à Azincourt, le jour de la Saint-Crépin 1415, qui acheva de consolider l'image de l'archer anglais invincible. L'importance de ces redoutables archers dans le développement des mythes et légendes anglais est incontournable. Les archers anglais partant au combat sous la croix de Saint-Georges et l'écu aux léopards anglais et fleurs de lys françaises ; les rois d'Angleterre affrontant les Français au corps à corps sur le sol ennemi ; le Prince Noir gagnant ses éperons à Crécy : autant d'images symboliques de l'histoire d'Angleterre, romancées par les générations qui suivirent.

La bataille de Crécy, livrée alors que l'idée de l'ordre de la Jarretière naissait dans l'esprit d'Édouard III, marqua le début de la carrière militaire du Prince Noir et d'une brève, mais remarquable période de suprématie guerrière anglaise encore admirée de nos jours. Une grande partie de l'iconographie royale d'Angleterre – en particulier tout ce qui est lié à l'ordre de la Jarretière – vient des triomphes des Plantagenêts en France. N'oublions pas non plus la force des mythes rattachés au souvenir de Richard Ier, le Cœur de Lion de la troisième croisade. Le mot même de « croisade » a encore un sens politique profond pour les chrétiens et les musulmans qui s'efforcent de vivre côte à côte au XXIe siècle.

Même si cela ne tient pas sur le plan historique, il est extrêmement tentant, pour les rhétoriciens modernes, de contempler le passé et de voir dans notre conflit de civilisations actuel une extension des guerres que menèrent Richard et Saladin il y a plus de huit cents ans.

C'est aussi sur l'héritage militaire des Plantagenêts que reposent les fondations des relations entre l'Angleterre et le reste des îles Britanniques, relations qui, pour l'essentiel, perdurent. Avant les Plantagenêts, seul le légendaire roi Arthur était censé avoir dominé à la fois le pays de Galles, l'Irlande, l'Écosse ainsi que le royaume d'Angleterre. Or, cet objectif d'une Grande-Bretagne unie sous la férule anglaise fut conçu, et presque atteint, par les rois plantagenêts à partir d'Henri II. C'est Henri qui, le premier, fit de l'Écosse un royaume vassal de la Couronne d'Angleterre, en représailles de l'implication de Guillaume le Lion dans la Grande Révolte de 1173. Édouard Ier alla plus loin en exigeant que le roi d'Écosse s'humilie en lui rendant hommage, et en emportant la pierre sacrée du couronnement de l'abbaye écossaise de Scone pour en faire le socle de son propre trône à Westminster, où elle resta pendant sept siècles, avant d'être restituée aux Écossais en 1996. Mais, comme le constatèrent Édouard et son petit-fils Édouard III, jamais il ne fut possible de contraindre les Écossais à aimer la royauté anglaise – et de fait, l'hostilité née des campagnes sans merci lancées par les Plantagenêts au nord de la frontière reste vive aujourd'hui. Le nationalisme écossais puise ses racines dans les événements des XIIIe et XIVe siècles, et si, de nos jours, les nationalistes écossais atteignent leur but et rompent leurs liens avec l'union britannique, beaucoup y verront l'apogée tant attendue d'un processus historique qui a débuté au Moyen Âge.

Au pays de Galles, les Plantagenêts ont laissé des traces presque indélébiles. Le réseau de forteresses édifiées par Édouard Ier à partir des années 1280 est toujours là, monument d'une lointaine conquête qui rappelle encore aux habitants du nord et de l'ouest du pays de Galles le combat pour leur domination qui se déroula il y a si longtemps, et qui imprima durablement sa marque aux relations entre Gallois et Anglais – marque qui persiste jusqu'à nos jours. Il en va de même des griefs des Irlandais à l'égard des conquérants anglais. Pour certains, le début des longues et difficiles relations anglo-irlandaises remontent à la bulle papale *Laudabiliter,* accordée en 1155 par l'unique pape anglais, Adrien IV, au premier roi plantagenêt, Henri II. De tous les souverains de la dynastie, seuls Henri II, Jean et Richard II posèrent le pied en Irlande, et aucun avec des conséquences particulièrement louables. Mais ils firent assez pour imposer l'idée d'une domination anglaise sur l'autre rive de la mer d'Irlande, et pour provoquer la violente résistance des autochtones agressés. Ce n'était là que le début d'une histoire qui n'a pas encore trouvé sa conclusion. Mais c'était tout de même un début.

En dehors de tout cela, les Plantagenêts ont modifié l'Angleterre de façon très visible. Le royaume n'était pas uniquement constitué différemment en 1400, il avait changé d'apparence. Huit générations de bâtisseurs et de mécènes des arts avaient bouleversé le paysage anglais. Les Plantagenêts avaient érigé des châteaux, des palais et des pavillons de chasse grandioses. Ils avaient fait appel aux grands artistes et architectes de leur temps. Westminster, Windsor et les châteaux gallois en étaient les manifestations les plus visibles, mais en deux cent cinquante ans de pouvoir, le royaume s'était également transformé de multiples façons. Londres s'était métamorphosée – la capitale s'était rapidement étendue et était bien partie pour devenir un grand centre du négoce international. À Douvres, l'énorme forteresse reconstruite par Henri II dans les dernières années de son règne dominait les blanches falaises tel un défi aux invasions françaises. Durant l'âge d'or des cathédrales, des flèches et des arcs-boutants gothiques se dressèrent dans tout le royaume. On s'était remis à construire en brique pour la première fois depuis le départ des Romains. De nouveaux ports et villes avaient fait leur apparition – la plupart avant l'effondrement démographique dû à la peste noire. Richard Ier avait donné au royaume le port militaire de Portsmouth, mais d'autres villes, comme Harwich (qui s'était vue accorder sa charte par Henri III en 1238) et Liverpool (fondée par le roi Jean en 1207) avaient elles aussi prospéré sous l'égide des rois. Dans le même temps, à la suite de la catastrophe démographique du XIVe siècle, de nombreux villages avaient été abandonnés, même si ce serait aller trop loin que d'attribuer ce phénomène à l'influence directe des souverains plantagenêts.

Enfin, l'Angleterre des Plantagenêts *parlait* désormais anglais. Quand, dans les années 1140, le jeune Henri II débarqua pour la première fois sur les côtes du pays battues par les vents, il ne comprenait que quelques rudiments de la langue locale. En tout état de cause, il ne la considérait pas comme un vecteur utile pour des conversations importantes. Parmi l'élite de la société, nul ne se serait adressé au monarque en anglais. La langue de la cour d'Henri II était le français de Normandie, et peut-être la langue d'oc que parlait Aliénor d'Aquitaine et ses suivants venus du sud de la France. Quant à la langue des archives officielles, c'était le latin.

Cet état de fait linguistique dura longtemps sous le règne des Plantagenêts et même au-delà, en un certain sens. Car le français restait la langue de cour la plus sophistiquée, la mieux adaptée aux bouches des aristocrates. Le latin, lui, demeurait la langue privilégiée dans les documents officiels de la justice et de l'administration. Mais au XIVe siècle, l'anglais reprit de sa superbe. L'acte des tribunaux, édicté par Édouard III pour célébrer son cinquantième anniversaire lors d'un parlement qui marqua l'apogée de la royauté médiévale anglaise durant la période qui nous intéresse, fit de l'anglais la langue des procès et débats dans les tribunaux royaux et les parlements. Le statut de la grossière langue du pays s'en trouva du même coup rehaussé. À l'époque de Richard II, Geoffrey Chaucer, John Gower, William Langland et le poète de *Gauvain* (entre autres) transformèrent l'anglais, jusque-là langue des rustres et des serfs, en un langage digne des poètes et des savants. Avec le temps, l'anglais ne deviendrait pas seulement la langue des princes et des rois, mais la langue dominante de la planète.

Quand la dépouille de Richard II fut transférée de Pontefract à Londres, l'événement marqua tout à la fois la fin lamentable d'une dynastie et le début d'un nouveau siècle agité de l'histoire d'Angleterre. La destitution de Richard et sa mort affreuse avaient tranché net la lignée directe des rois qui avait commencé avec Henri II, tout en couvrant son royaume d'infamie. Mais elle marqua aussi le point d'orgue d'une période de transformation, de développement et de croissance : une époque qui vit l'Angleterre se muer en une nation forte et sûre d'elle. En 246 ans de règne turbulent, les Plantagenêts avaient façonné le pays à leur propre image. Ils avaient changé un royaume mal gouverné, fragile et prompt aux dissensions pour en faire l'État le plus puissant et le plus raffiné de leur temps. Et surtout, ils avaient à jamais laissé leur empreinte sur l'imaginaire anglais.

ANNEXES

L'empire des Plantagenêts en France à son apogée, vers 1187

La France sous Édouard III, 1360
Mer d'Irlande
Mer du Nord
L'Écluse (1340)
Londres
Winchelsea (1350)
Calais (1346)
FLANDRE
Crécy (1346)
PONTHIEU
0 Miles 50 100
0 Kilomètres 100
Paris
NORMANDIE
BRETAGNE
MAINE
ANJOU
TOURAINE
POITOU
Poitiers (1356)
ANGOUMOIS
SAINTONGE
LIMOUSIN
PÉRIGORD
Golfe de Gascogne
AGENAIS
ROUERGUE
GASCOGNE
ARMAGNAC
Possessions anglaises

REMERCIEMENTS

J'ai pris un immense plaisir à écrire ce livre et j'espère qu'il sera d'une agréable lecture. Plusieurs personnes m'ont aidé à le rédiger. Rien n'aurait été possible sans le concours de ma précieuse agente littéraire, Georgina Capel. Je tiens également à remercier ici le Dr. Helen Castor, pour l'extraordinaire générosité, les conseils avisés et les encouragements qu'elle n'a cessé de me prodiguer tandis que nous discutions pratiquement tous les aspects du livre. Ben Wilson et le Dr. Sam Willis m'ont apporté leurs lumières sur tout ce qui avait trait aux questions navales.

Je remercie Richard Partington pour ses utiles conseils sur Édouard III. Walter Donohue, Paul Wilson et Toby Wiseman ont apporté de précieux commentaires sur le manuscrit à différentes phases de la rédaction. Je reste bien entendu entièrement responsable des erreurs qui pourraient subsister.

Mon éditrice chez Harper Press, Arabella Pike, s'est montrée plus patiente que jamais, et je tiens à saluer ici la perspicacité de ses observations et de ses notes sur le texte. Un grand merci aussi à son équipe, et notamment à Kerry Enzor, Sophie Ezra, Steve Cox et Caroline Hotblack, pour leur bienveillance et leur tolérance. Le personnel de la British Library, de la London Library, des National Archives, des London Metropolitan Archives et de la Guildhall Library ont été d'une gentillesse exceptionnelle, tout comme les conservateurs, guides et employés des innombrables châteaux, cathédrales et champs de bataille que j'ai été amené à visiter lors de ce voyage d'études dans trois siècles d'histoire européenne.

Je tiens surtout à dire ma reconnaissance à Jo, Violet et Ivy Jones, qui ont supporté mes griffonnages incessants et qui méritent bien que ce livre leur soit dédicacé.

LECTURES COMPLÉMENTAIRES

Cette note bibliographique propose quelques pistes pour les lecteurs qui souhaitent en savoir davantage sur certains des thèmes et personnages les plus importants évoqués dans ce livre.

La source de référence pour tout ce qui touche à la vie des rois d'Angleterre – ou toute autre personnalité marquante de l'histoire britannique – est sans conteste l'*Oxford Dictionary of National Biography* (en anglais), disponible en ligne sur abonnement à l'adresse oxforddnb.com. (Certaines bibliothèques et institutions spécialisées offrent un accès gratuit.)

Le site Internet *British History Online* (britishhistory.ac.uk) est une autre source précieuse : il s'agit d'un portail permettant d'accéder à de nombreuses sources primaires et secondaires et archives gouvernementales (en anglais). Il peut également être consulté gratuitement à partir de certaines bibliothèques. On y trouvera notamment les archives parlementaires de l'Angleterre médiévale (*Parliament Rolls of Medieval England*), également accessibles directement à l'adresse sd-editions.com/PROME/home.html.

Les lecteurs désireux de consulter les sources primaires de la période commenceront par *English Historical Documents*, présenté par David C. Douglas, et en particulier les tomes 2, 3 et 4, qui couvrent la période 1042–1485. *The History of the King's Works*, de H. M. COLVIN (2 tomes, 1963), offre un guide détaillé de tous les ouvrages architecturaux construits pendant cette période.

LE TEMPS DES NAUFRAGES (1120–1154)

Robert BARTLETT, *England Under the Norman and Angevin Kings* (2000) : une étude générale très instructive sur cette période ancienne.

C. Warren HOLLISTER, *Henry I* (2001) : la biographie de référence d'Henri Ier.

Helen CASTOR, *She-Wolves: The Women Who Ruled England Before Elizabeth* (2010) : parmi les études récentes sur la vie de Mathilde, l'analyse la plus intéressante.

Marjorie CHIBNALL, *The Empress Matilda: Queen Consort, Queen Mother and Lady of the English* (1993) : la dernière biographie complète de l'Emperesse.

Lisa HILTON, *Queens Consort: England's Medieval Queens* (2008) : un ouvrage également très intéressant sur Mathilde et toutes les autres reines anglaises de cette période.

David CROUCH, *The Reign of King Stephen* (2000) et Edmund King, *The Anarchy of Stephen's Reign* (1994) : la même période, offrant un éclairage plus particulier sur le roi Étienne.

Les chroniques les plus révélatrices de ce « temps des naufrages » sont l'*Histoire ecclésiastique* d'Orderic Vital (on se réferera à l'édition anglaise, traduite du latin et présentée par Marjorie Chibnall, 1968-1990) ; Les *Historiae Novellae* de Guillaume de Malmesbury (édition anglaise, traduit par K. R. Potter et présenté par Edmund King, 1998) ; et les *Gesta Stephani* (édition anglaise, traduit et présenté par K. R. Potter, 1976).

LE TEMPS DE L'EMPIRE (1154–1204)

W. L. WARREN, *Henry II* (1973) : le portrait le plus complet à ce jour du fondateur de la dynastie Plantagenêt. Il est toutefois recommandé de le lire en parallèle avec le recueil d'essais présenté par Nicholas VINCENT et Christopher HARPER-BILL, *Henry II: New Interpretations* (2007).

Ralph V. TURNER, *Aliénor d'Aquitaine* (Fayard, 2011) : la dernière étude biographique en date de la première reine consort Plantagenêt. Voir aussi :

Bonnie WHEELER et John CARMI PARSONS (éds.), *Eleanor of Aquitaine: Lord and Lady* (2003).

John GUY, *Thomas Becket : Warrior, Priest, Rebel; a Nine-hundred-year-old Story Retold* (2012) : la dernière biographie en date de l'implacable archevêque d'Henri II.

Michael STAUNTON, *The Lives of Thomas Becket* (2001) : autre approche intéressante sur la vie et la mort de Becket, qui renvoie à d'autres sources.

Frederick POLLOCK et F. W. MAITLAN, *A History of English Law Before the Time of Edward I* (1968) : comporte un bon résumé des réformes législatives entreprises sous le règne d'Henri II, éd. Noésis, 1996.

John GILLINGHAM, *Richard I* (1999) : la biographie de référence de Richard Cœur de Lion.

Thomas ASBRIDGE, *The Crusades: The Authoritative History of the War for the Holy Land* (2010) : les croisades de Richard en Outremer résumées et replacées dans leur contexte.

Frank MCLYNN, *Lionheart and Lackland: King Richard, King John and the Wars of Conquest* (2006) : une biographie comparative de Richard Cœur de Lion et de Jean sans Terre, avec une excellente perspective sur les guerres de Richard contre Philippe II.

W. L. WARREN, *King John* (2e éd., 1978) : biographie complète et détaillée, dans laquelle l'auteur propose une vision équilibrée des défauts de Jean sans Terre et de ses réalisations administratives.

D'autres biographies plus anciennes et plus sévères, telles celles de Kate NORGATE, *John Lackland* (1902) et J. T. APPLEBY, *John, King of England* (1959), gagnent à être lues à la lumière du recueil d'essais de S. D. CHURCH (éd.), *King John: New Interpretations* (1999).

David CARPENTER, *The Struggle For Mastery: Britain 1066–1284* (2003) : un panorama essentiel des guerres des Plantagenêt en Grande-Bretagne et en Irlande.

Daniel POWER, *The Norman Frontier in the Twelfth and early Thirteenth Centuries* (2004) : met en relief l'importance de la perte de la Normandie.

Jim BRADBURY, *Philip Augustus: King of France 1180–1223* (1998) : la biographie la plus récente sur le grand ennemi français de Jean sans Terre.

English Historical Documents, tomes 2 et 3 : on trouvera dans ces volumes de longs extraits de chroniqueurs tels Guillaume de Newburgh, Gauthier Map, et Giraud de Barri.

A. J. HOLDING (éd.), *The History of William the Marshal* (traduit par S. Gregory, notes historiques de David Crouch, 3 tomes, 2002-2006) : un panégyrique de William le Maréchal qui mérite d'être lu de bout en bout.

H. T. RILEY (éd.), *The Annals of Roger de Hoveden* (1853) : la traduction anglaise de la chronique de Roger de Howden.

Richard FITZNIGEL (éd), *Dialogus de Scaccario : The Dialogue of the Exchequer,* suivi de *Constitutio Domus Regis* (traduction anglaise d'Emilie Amt et S. D. Church, 2007) : deux documents fondamentaux de l'histoire médiévale anglaise, apportant un éclairage sur les modes de gouvernement et d'administration.

LE TEMPS DES OPPOSITIONS (1204–1263)

J. C. HOLT, *The Northerners: a Study in the Reign of King John* (1961) : l'étude classique sur la révolte contre Jean sans Terre.

J. C. HOLT, *Magna Carta* (2ème éd., 1992) : une brillante étude technique de la Grande Charte, comportant les textes intégraux des versions de 1215 et de 1225.

Ralph V. TURNER, *The King and His Courts: The Role of John and Henry III in the administration of justice, 1199–1240* (1968): un examen approfondi du rôle de Jean sans Terre dans l'exercice de la justice.

H. J. RICHARDSON, *The English Jewry Under Angevin Kings* (1960) : le sort des juifs d'Angleterre sous le règne de Jean sans Terre.

Anthony JULIUS, *Trials of the Diaspora : a History of Anti-semitism in England* (2010) : l'expulsion des juifs d'Angleterre replacée dans son contexte historique.

F. M. POWICKE, *Henry III and the Lord Edward: The Community of the Realm in the Thirteenth Century* (1947) : à défaut de biographie moderne sur Henri III, on consultera avec profit cet ouvrage ancien, que l'on complètera par les ouvrage suivants :

D. A. CARPENTER, *The Minority of Henry III* (1990).

D. A. CARPENTER, *The Reign of Henry III* (1996) : recueil d'essais.

D. A. CARPENTER, « King Henry III and Saint Edward The Confessor: the Origins of the Cult », *English Historical Review,* 122 n° 498 (2007) : un article abordant l'intérêt obsessionnel d'Henri pour ses ancêtres royaux.

Nicholas VINCENT, *Peter des Roches, Bishop of Winchester 1205–38: An Alien in English Politics* (1996) : autre ouvrage important pour cette période.

J. R.MADDICOTT, *Simon de Montfort* (1994) : à propos des guerres des années 1250 et 1260.

Marc Morris, *A Great and Terrible King: Edward I and the Forging of Britain* (2008) : un excellent récit des débuts de l'implication du « Seigneur Édouard » dans la crise politique.

« Edward I and the Lessons of Baronial Reform », *Thirteenth Century England, 1* (1986) : un bon article sur la formation politique d'Édouard avant son accession au trône.

Roger de WENDOVER, *Flowers of History* [*Flores historiarum*] (traduction anglaise de J. A. Giles, 1849) : une chronique très instructive sur les différends de Jean sans Terre avec ses barons.

Matthieu PARIS, *Matthaei Parisiensis, Monachi Sancti Albani, Chronica Majora* (présenté par H. R. Luard, 7 tomes, 1872–1873) : le continuateur de la chronique de Wendover, dont les écrits étaient publiés en latin, était un proche de la cour d'Henri III.

W. W. SHIRLEY (éd.), *Royal and Other Historical Letters Illustrative of the Reign of King Henry III,* (2 t, 1862–1886) : recueil de la correspondance de la cour d'Henri III.

R. F. TREHARNE et I. J. SANDERS (éds.), *Documents of the Baronial Movement of Reform and Rebellion 1258–1267* (1973) : recueil de textes et documents portant sur la guerre contre Simon de Montfort.

P. CROSS (éd.), *Thomas Wright's Political Songs of England* (1996) : recueil de poèmes et de documents datant du « temps des oppositions ».

LE TEMPS D'ARTHUR (1264–1307)

Deux biographies complètes d'Édouard Ier :
Michael PRESTWICH, *Edward I* (1988)
E. L. G. STONES, *Edward I* (1968)

Marc MORRIS, *A Great and Terrible King,* (2008) : cet ouvrage, déjà cité, fait la part belle à l'intérêt passionné d'Édouard Ier pour l'arthurisme et le roi Arthur.

R. S. *Loomis*, « Edward I: Arthurian Enthusiast », *Speculum* 28 (1953) : les rapports d'Édouard Ier et du roi Arthur envisagés dans le détail.

Geoffroy DE MONMOUTH, *Histoire des rois de Bretagne* (Paris, Belles-Lettres, 1992) : l'œuvre fondatrice de l'architecte originel de l'arthurisme.

À propos de la construction de châteaux sous Édouard Ier :

A. J. TAYLOR, « Master James of St George », *English Historical Review* 65 (1950)

Marc MORRIS *Castle: A History of the Buildings That Shaped Medieval Britain*, (2003)

H. M. COLVIN (ed.) *The History of the King's Works* (2 t, 1963) : présentation de chacun des châteaux commandités par Édouard

À propos des conquêtes d'Édouard au pays de Galles :

R. R. DAVIES, *The Age of Conquest: Wales 1063–1415* (2000)

R. R. DAVIES, *Domination and Conquest* (1990).

Sur Édouard Ier et l'Écosse :

A. A. M. DUNCAN, *The Kingship of the Scots, 842–1292* (2002)

F. WATSON, *Under the Hammer: Edward I and Scotland 1286–1306*, (1998).

M. T. CLANCHY, *From Memory to Written Record* (2ème éd. 1993) : une description des processus législatifs à long terme, mettant en valeur le caractère déterminant des modalités de législation par statuts amorcées sous le règne d'Édouard Ier.

Michael J. HODDER, *Baronial Opposition to Edward I: the Earls and the Crisis of 1297* (1976) : une présentation de l'année la plus difficile du règne d'Édouard.

A. LUDERS, T. E. TOMLINS, J. FRANCE, W. E. TAUNTON et J. RAITHBY (éds.), *The Statutes of the Realm* (tome 1, 1810) : recueil des lois votées sous le règne d'Édouard Ier.

E. L. G. STONES et G. G. SIMPSON (éds), *Edward I and the Throne of Scotland 1290–1296: An Edition of the Record Sources for the Great Cause.* (2 vols, 1977) : recueil des textes concernant la Grande Cause .

M. PRESTWICH (éd.), *Documents Illustrating the Crisis of 1297–98 in England* (1980) : pour les sources portant sur le gouvernement d'Édouard à l'épreuve de la crise.

Thomas GRAY OF HETON, Knight, *Scalacronica*, présenté par Joseph Stevenson (1836) : bien qu'il ne s'agisse pas d'un texte contemporain, cette chronique offre un bon éclairage sur les guerres d'Édouard Ier.

LE TEMPS DES VIOLENCES (1307–1330)

Seymour PHILLIPS, *Edward II* (2010) : la nouvelle biographie de référence d'Édouard II, qui complète utilement celle de Roy Martin HAINES, *King Edward II* (2003).

Gwilym DODD et Anthony MUSSON (éds), *The Reign of Edward II: New Perspectives* (2006) : envisage des aspects complémentaires de la vie et du règne d'Édouard II.

Natalie FRYDE, *The Tyranny and Fall of Edward II 1321–1326* (1979) : une analyse de la fin du règne d'Édouard II.

J. S. HAMILTON, *Piers Gaveston, Earl of Cornwall* (1988) : une étude sur la folie du roi pour son favori.

J. R. MADDICOTT, *Thomas of Lancaster* (1970) : biographie de l'ennemi juré du roi. Michael PRESTWICH, « The Charges Against The Despensers,1321 », *Bulletins of the Institute of Historical Research* 48 (1985) : un article sur ses autres favoris après la mort de Gaveston.

Le règne d'Édouard II replacé dans son contexte historique :

M. MCKISACK, *The Fourteenth Century* (1959)

Michael PRESTWICH, *Plantagenet England, 1225–1360* (2005).

H. JOHNSTONE, « Isabella, the She-Wolf of France », *History*, nouvelle série 21 (1936–1937) : quelques éléments biographiques sur l'épouse d'Édouard, Isabelle « la louve de France ».

Théories sur la survie supposée d'Édouard :

Ian MORTIMER : *The Greatest Traitor: The Life of Sir Roger Mortimer, Ruler of England 1327–1330* (2003).

Ian MORTIMER : « The Death of Edward II in Berkeley Castle », *English Historical Review* 120 (2005).

Vita Edwardi Secundi (présentation et traduction anglaise de Wendy R. Childs, 2005) : la chronique essentielle de cette période.

The Chronicles of Lanercost, 1272–1346, traduction anglaise de Sir

Herbert Maxwell (1913) : offre un bon aperçu de la guerre entre Édouard II et la famille de Bruce.

Pierre de Langtoft, *Le règne d'Édouard Ier*, édition critique et commentée par J.-Cl. Thiolier (Créteil, C.E.L.I.M.A., Université de Paris XII, 1989) : une lecture également très instructive.

H. ROTHWELL (éd.), *English Historical Documents*, t. 3. (1975) : recueil d'autres extraits de chroniques contemporaines traduites en anglais.

LE TEMPS DE LA GLOIRE (1330–1360)

W. Mark ORMROD : *Edward III* (2011) : une nouvelle biographie d'Édouard III, très bien menée.

Ian MORTIMER, *The Perfect King: The Life of Edward III, Father of the English Nation* (2006) : un autre ouvrage récent très agréable à lire.

J. S. BOTHWELL (éd), *The Age of Edward III* (2001) : recueil d'essais édifiants, notamment sur l'évolution de l'art militaire.

R. BARBER, *Edward, Prince of Wales and Aquitaine* (1978) : une étude sur la vie et la carrière du Prince Noir.

Anthony GOODMAN, *John of Gaunt: The Exercise of Princely Power in fourteenth-century Europe* (1992) : le parcours politique de Jean de Gand ;

Le meilleur guide qui soit sur les phases initiales de la guerre de Cent Ans :
Jonathan SUMPTION, *The Hundred Years War I: Trial by Battle* (1990).
Jonathan SUMPTION, *The Hundred Years War II: Trial by Fire* (1999).

Natalie FRYDE, « Edward III's Removal of his Ministers and Judges, 1340–1 », *Historical Research* 48 (1975) : sur la crise de 1341,

E. L. G. STONES, « The Folvilles of Ashby-Folville in Leicestershire, and their associates in crime », *Transactions of the Royal Historical Society,* 5e série, 7 (1957) : un exemple des troubles à l'ordre public en Angleterre durant les premières années du règne d'Édouard III.

John HATCHER, *The Black Death: an Intimate History* (2008) : l'une des meilleures études récentes sur la crise démographique de 1348.

Hugh E. L. COLLINS, *The Order of the Garter, 1348–1461* (2000) : une introduction à la chevalerie sous Édouard III.

Le Vœu du héron (Mons, 1939) : le poème qui révèle les origines supposées des guerres d'Édouard contre la France.

Jean Froissart, *Chronique de Froissart* (Paris, Verdière, J. Carez, 1824-1828) : une chronique qui, pour être quelque peu désordonnée, offre un récit essentiel et vivant des guerres replacées dans leur contexte historique. Elle est calquée sur le modèle de la *Chronique de Jean le Bel*, présentée par J. Viard et E. Déprez (2 t., Renouard, 1904–1905).

On trouvera une perspective monastique de l'époque dans la *Chronique de St Albans*, ou *Chronica Maiora* de Thomas WALSINGHAM (traduction anglaise et présentation par J. Taylor, Wendy Childs et L. Watkiss, 2003).

LE TEMPS DE LA RÉVOLUTION (1360–1399)

George HOLMES, *The Good Parliament*, (1975) : décrit en détail les événements du mouvement d'opposition de 1376.

G. L. HARRISS, *Shaping The Nation: England 1360–1461* (2005) : fournit un contexte essentiel, un panorama complet et une analyse utile de la politique intérieure et étrangère.

Nigel SAUL, *Richard II* (1997) : la biographie incontournable du dernier des Plantagenêt, Richard II.

Michael BENNETT, *The Revolution of 1399* (1999) : une analyse détaillée des dernières années de règne de la dynastie.

Jonathan SUMPTION, *The Hundred Years War III: Divided Houses* (2009) : le déclin de la présence anglaise en France.

Dan JONES, *Summer of Blood: The Peasants' Revolt of 1381* (2009) : un récit de la grande révolte populaire et de ses suites.

Nigel SAUL, « Richard II and the Vocabulary of Kingship », *English Historical Review* 60 (1995) : une étude de la conception de la royauté et de la majesté selon Richard II.

Caroline BARRO, « The Tyranny of Richard II », *Bulletins of the Institute of Historical Research* 41 (1968) : comment Richard a opprimé son peuple dans les dernières années de son règne ?

B. WILKINSON, « The Deposition of Richard II and the Accession of Henry IV », *English Historical Review* 54 (1939) : le récit de la destitution de Richard II.

English Historical Documents t. 3 (voir ci-dessus) : recueil de documents sur la déposition de Richard.

R. B. DOBSON, *The Peasants' Revolt of 1381* (2ème éd. 1983) : sources sur la Révolte des paysans et bien d'autres épisodes du règne de Richard.

Parmi les chroniques du règne de Richard, on consultera utilement celle de Thomas Walsingham (voir ci-dessus), la *Knighton's Chronicle, 1337–1396* (présentée par G. H. Martin, 1995), et *The Chronicle of Adam of Usk, 1377–1421* (traduction anglaise et présentation par C. Given-Wilson, 1997). La *Chronicque de la traïson et mort de Richart Deux roy Dengleterre*, publiée par la English Historical Society (1846), est écrite d'un point de vue favorable à Richard, et donne de nombreux détails personnels sur sa déposition.

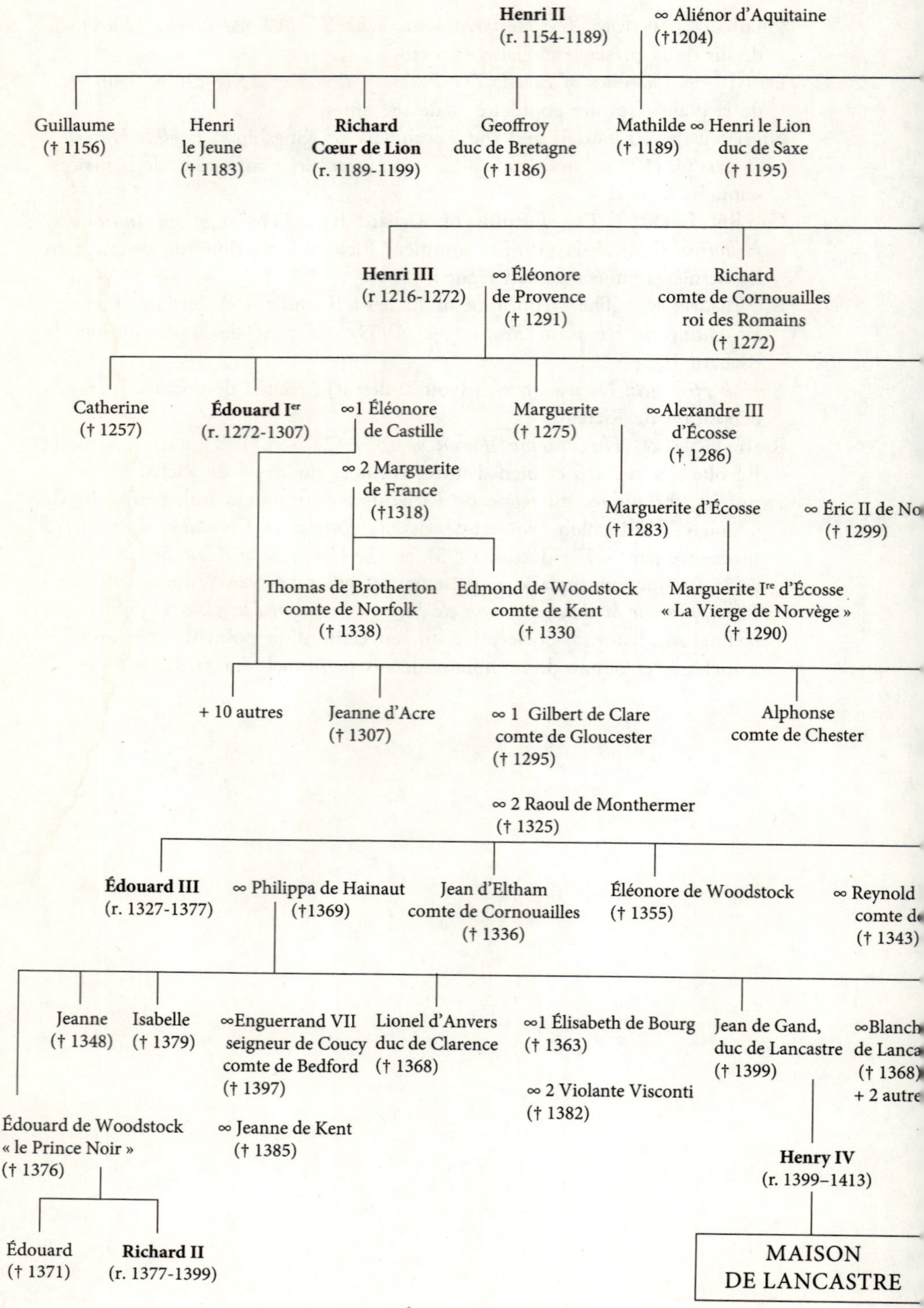
Henri II
(r. 1154-1189)
∞ Aliénor d'Aquitaine
(†1204)
Guillaume
(† 1156)
Henri
le Jeune
(† 1183)
Richard
Cœur de Lion
(r. 1189-1199)
Geoffroy
duc de Bretagne
(† 1186)
Mathilde
(† 1189)
∞ Henri le Lion
duc de Saxe
(† 1195)
Henri III
(r 1216-1272)
∞ Éléonore
de Provence
(† 1291)
Richard
comte de Cornouailles
roi des Romains
(† 1272)
Catherine
(† 1257)
Édouard Ier
(r. 1272-1307)
∞1 Éléonore
de Castille
∞ 2 Marguerite
de France
(†1318)
Marguerite
(† 1275)
∞Alexandre III
d'Écosse
(† 1286)
Marguerite d'Écosse
(† 1283)
∞ Éric II de No
(† 1299)
Thomas de Brotherton
comte de Norfolk
(† 1338)
Edmond de Woodstock
comte de Kent
(† 1330)
Marguerite Ire d'Écosse
« La Vierge de Norvège »
(† 1290)
+ 10 autres
Jeanne d'Acre
(† 1307)
∞ 1 Gilbert de Clare
comte de Gloucester
(† 1295)
∞ 2 Raoul de Monthermer
(† 1325)
Alphonse
comte de Chester
Édouard III
(r. 1327-1377)
∞ Philippa de Hainaut
(†1369)
Jean d'Eltham
comte de Cornouailles
(† 1336)
Éléonore de Woodstock
(† 1355)
∞ Reynold
comte d
(† 1343)
Jeanne
(† 1348)
Isabelle
(† 1379)
∞Enguerrand VII
seigneur de Coucy
comte de Bedford
(† 1397)
Lionel d'Anvers
duc de Clarence
(† 1368)
∞1 Élisabeth de Bourg
(† 1363)
∞ 2 Violante Visconti
(† 1382)
Jean de Gand,
duc de Lancastre
(† 1399)
∞Blanch
de Lanca
(† 1368)
+ 2 autre
Édouard de Woodstock
« le Prince Noir »
(† 1376)
∞ Jeanne de Kent
(† 1385)
Henry IV
(r. 1399–1413)
Édouard
(† 1371)
Richard II
(r. 1377-1399)
MAISON
DE LANCASTRE

LES PLANTAGENÊTS

Aliénor (†1214) ∞ Alphonse VIII de Castille († 1214)

Jeanne († 1199) ∞ 1 Guillaume de Sicile († 1189)
∞ 2 Raymond comte de Toulouse († 1222)

Jean sans Terre (r. 1199-1216) ∞1 Isabelle de Gloucester
∞ 2 Isabelle d'Angoulême († 1246)

Jeanne († 1238) ∞Alexandre II roi d'Écosse († 1249)

Isabelle d'Angleterre († 1238) ∞ Frédéric II Saint empereur romain († 1250)

Aliénor († 1275) ∞Simon de Montfort comte de Leicester († 1265)

Béatrice († 1275) ∞ Jean II de Bretagne duc de Bretagne († 1305)

Edmond comte de Lancastre († 1296)

vège

Thomas comte de Lancastre († 1322)

Henri comte de Lancastre († 1345)

Édouard II (r. 1307-1327) ∞ Isabelle de France († 1358)

Henri Grossmont comte de Lancastre († 1361)

I le Noir
Gueldre

Jeanne d'Angleterre († 1362) ∞David II d'Écosse († 1371)

e
stre
s

Edmond de Langley duc d'York († 1402) ∞Isabelle de Castille († 1392)

Marie († 1362) ∞Jean IV duc de Bretagne († 1399)

Marguerite († 1361)
∞Jean de Hastings 2e comte de Pembroke († 1375)

Thomas de Woodstock 1er duc de Gloucester († 1397)
∞Éléonore de Bohun († 1399)

INDEX

TABLE DES MATIÈRES

Édition exclusivement réservée aux adhérents du Club,
Le Grand Livre du Mois.

Composition et mise en pages
Nord Compo à Villeneuve-d'Ascq

Cet ouvrage a été achevé d'imprimer en octobre 2015
dans les ateliers de Normandie Roto Impression s.a.s.
61250 Lonrai
N° d'impression : 1502846
Dépôt légal : octobre 2015

Imprimé en France